スタートアップ
ファイナンス・M&A ハンドブック

Handbook for
Startup Financing
and M&A

森・濱田松本法律事務所 外国法共同事業
弁護士 飯島隆博 [著]

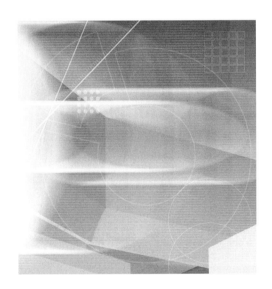

中央経済社

はしがき

　本書は，いわゆる「スタートアップ」と呼ばれる企業の創業，シード期からレイター期までの株式等のエクイティや融資等のデットによる資金調達，ストックオプション等のエクイティ・インセンティブを含めた資本政策，大企業との連携やファンド組成，そして IPO（上場）や M&A といった「エグジット」という，スタートアップ・ファイナンスにまつわる全体像を通じて，契約や法務，税務，ビジネス上の典型的な論点に関して，スタートアップ・エコシステムの全ての関係者の参考になるべく解説しようと試みている。

　筆者が法律実務家としてのキャリアを始めた当初は，スタートアップのファイナンスや M&A に関して体系的にアクセスできる情報は限られていた。筆者の実務家としてのキャリアを通して，スタートアップ関連業務で大きな影響を受けた増島雅和弁護士は，当時の日本のスタートアップ・ファイナンスについて，ウェブ上で信頼できるほぼ唯一の情報源であったと記憶している。それから10年近くを経る中で，起業家やファイナンス担当者，投資家，各種の専門家が「スタートアップ」の個別のトピックや動向について発信することも増大した。特にウェブ上で得られる無料の情報は量的にも質的にも増大し，生成 AI も台頭する中で，エコシステムにおけるインプットのために自らが世に出せる付加価値については，常に疑問を抱きながら日々の業務に追われていた。

　それでもなお，プレイヤーの多様化や取引の大型化・複雑化が進み，スタートアップ振興政策も各種法制や税制に結実していく中で，実務や政策・制度形成に携わった経験をふまえ，日本における単著でのカバー範囲としてはこれまでにはない，スタートアップ・ファイナンスにまつわる全体像について解説した書籍を世に出すことにも意味はあるものと考え，本書を上梓することに決めた。ここに至るには，キャリアを開始した所属法律事務所での法務・税務・知財関係の業務，米国等の海外での学習や研修，縁のあった JAXA（宇宙航空研究開発機構）や金融庁での執務，その他の形での政策や法制度整備への関与といった，多様な場での経験を得られたことが大きい。これらのいずれかでも欠けていれば，この試みを世に出すまで至らなかったはずである。

　もっとも，「競合がいないのはブルーオーシャンではなく，ニーズがないか

らである」という典型的なスタートアップの失敗事例に立ち返るまでもなく，単著で広範囲をカバーしようという試みに対しては，専門的知見を結集した共著や個別トピックの著作と比較しても，バックグラウンドも異なる読者の皆様から，それぞれ至らないと感じられる部分も各所にあることも確信している。それでも，まずは世に出し，厳しいご意見を頂戴しながらアジャイルで前に進むことは，この分野に携わる身として避けては通れないことから，覚悟を決めて上梓する次第である。その最後の一押しとなった石綿学弁護士にも感謝したい。

　覚悟を決めてからは，様々な方々にご協力を頂くと共にご不便をおかけした。中身については事業者や VC の方々や，官公庁を含めた過去と現在の同僚等の多くの方々から，貴重なご意見を頂いた。ミスの多い原稿の確認を，通常業務の合間に行って頂いた事務所スタッフの方々にも，普段の業務以上に感謝申し上げたい。

　中央経済社の露本敦氏には，遅々として進まない進捗の確認から，想定以上の分量となった原稿への対応まで，完走させるために多大なご協力を頂いた。報いるに足りる書籍となったことを祈る。

　当然ながら，本書に記載されている見解は，筆者の個人的な見解であって，今現在所属し，又は過去に所属した組織の見解ではない。ミスも全て筆者に帰属する。

　全てのアウトプットは，全てのインプットに依拠している。公私，官民，研究・教育，なんらかの形で関わり，これまでの自分を作り上げて下さった皆様に，感謝を申し上げる。このアウトプットが，次の誰かのインプットとアウトプットに繋がることを願って。

2024年11月

飯島　隆博

※　本書脱稿後の公表情報等についての補遺を，中央経済社ウェブサイト「ビジネス専門書 Online」の本書のページにアップロードしていますので，あわせてご覧ください。

https://www.biz-book.jp/isbn/978-4-502-52231-4

目　次

第1部　スタートアップ・ファイナンス：総論

第1章　スタートアップの特徴——ビジネスモデルと資金調達——2

第1節　スタートアップのビジネスモデル／3

第2節　スタートアップの資金調達・出口戦略／5

 1　会社の資金調達方法：デット（負債）とエクイティ（資本）／5

 2　スタートアップにおけるエクイティ（株式）による資金調達／6

 3　資金供給者とスタートアップの事業の成長スピード／7

第2章　スタートアップの成長ステージと資金調達————11

第1節　段階的資金調達／11

第2節　スタートアップの成長ステージ／13

 1　概　要／13

 2　シード・ステージ／15

 3　アーリー・ステージ／15

 4　ミドル・ステージ（グロース／エクスパンション）／16

 5　レイター・ステージ／16

 6　各ステージの目安と資金調達戦略／16

第3節　資金調達ラウンドと資本政策／17

 1　総論：成長ステージと資金調達ラウンドの関係／17

 2　シード・ラウンド／18

 3　シード以降の株式による資金調達ラウンド／18

 4　エクイティ報酬／19

 5　負債による資金調達／20

第3章　スタートアップの企業価値の評価と分配────────21

第1節　株式による資金調達と企業価値評価（バリュエーション）／21

第2節　スタートアップにおける企業価値の分配／23

第3節　プレ・マネーとポスト・マネー／25

第4節　資本政策と資本政策表（キャップテーブル）／26

第2部　創業期・シード期の資本政策・資金調達

第1章　創業者の株式・ガバナンス────────37

第1節　創業者の持株割合と株価のメカニズム／38

　　1　創業者が高い持株割合を維持する必要性／38

　　2　創業者と投資家が有する株式の価格差／39

第2節　知的財産の取扱いと株価／41

第3節　複数創業者の持株割合／49

第4節　離脱創業者の取扱い─創業株主間契約・ベスティング（vesting）／50

　　1　ベスティングの仕組み／50

　　2　M&A時のベスティングの処理─アクセラレーション（acceleration）と引継ぎ／54

第5節　創業者のポジション：代表取締役，取締役，従業員／60

第2章　シード期資金調達────────63

第1節　普通株式／64

　　1　概　要／64

　　2　普通株式を外部の資金提供者に与えることの是非／64

第2節　シード種類株式／66

第3節　コンバーティブル・エクイティ（J-KISS 型新株予約権）／67

　　1　コンバーティブル型証券の概要／67

　　　⑴　株式による資金調達を行う際の負担・バリュエーションの問題／67　　⑵　コンバーティブル型証券の発展／68　　⑶　コンバーティブル型証券のメリット／69

　　2　コンバーティブル・デットからコンバーティブル・エクイティへ／72

　　3　コンバーティブル・エクイティの具体的な設計／74

　　　⑴　新株予約権の内容と引受契約／74　　⑵　発行プロセス・規制／75　　⑶　コンバーティブル・エクイティの重要ターム／76

第4節　クラウドファンディング／89

　　1　概　要／89

　　2　多数の個人株主が登場することへの対応／92

第5節　創業期・シード期の融資／93

第3部　株式による本格的な資金調達

第1章　シリーズ A 資金調達：概要————97

第1節　段階的資金調達とシリーズ A ラウンドの重要性／97

第2節　投資家の種類：誰から資金調達をするか？／98

　　1　投資家の種類・属性／98

　　2　リード投資家／100

第3節　シリーズ A 資金調達におけるドキュメンテーション／101

　　1　タームシート／101

　　2　定款・契約／101

第4節　参考：海外のモデル定款・契約／104

第2章　優先株式の設計（定款と一定の契約）——————107

第1節　前提：スタートアップの資金調達における株式の利用と課題／107

第2節　種類株式の概要／108

第3節　優先残余財産分配権・みなし清算／111

1　優先株式による起業家と投資家の企業価値の分配／113

2　優先残余財産分配権・みなし清算／115

⑴　優先残余財産分配権の概要／115　　⑵　M&A時のアップサイドのための「みなし清算」／115　　⑶　みなし清算の規定方法／116

3　優先分配の分類：参加型・非参加型／119

4　異なるラウンドの投資家間の関係／124

⑴　異なるラウンドの投資家間の優先関係／124　　⑵　ダウンラウンド／126

第4節　その他の典型的な優先株式の内容／127

1　剰余金の配当（優先配当）／127

⑴　概　要／127　　⑵　優先配当の分類：参加型・非参加型，累積型・非累積型／129

2　普通株式への転換請求権（株式を対価とする取得請求権）／130

⑴　転換請求権の概要／130　　⑵　希釈化防止条項（ダウンラウンド・プロテクション）／133

3　普通株式を対価とする取得条項（強制転換条項）／142

⑴　上場（IPO）申請時の取得条項／142　　⑵　資本政策・資本再構築目的での取得条項／144

4　金銭を対価とする取得請求権（償還請求権）／145

⑴　みなし清算における償還請求権／146　　⑵　参考：一定期間経過後の償還請求権／148

5　議決権・種類株主総会（拒否権）／148

⑴　議決権（全体株主総会・種類株主総会）／148　　⑵　種類株主総会決議事項（拒否権）／150　　⑶　種類株主総会の手続（株主総会に係る規定の準用）／155

6　役員選解任権／156

　　7　譲渡制限／157

　　8　株式の分割・併合等の取扱い／157

第3章　投資実行までの権利関係：株式引受契約・投資契約
───159

　第1節　株式引受契約の概要／159

　第2節　株式引受契約の主な内容／160

　　1　出資の基本的な条件／161

　　2　出資・新株発行の手続／162

　　3　表明・保証（Representations and Warranties）／162

　　4　投資実行前の誓約事項（コベナンツ・Covenants）／165

　　5　投資実行の前提条件（Conditions Precedent）／166

　　6　資金使途／167

　　7　補償（Indemnity）・賠償／167

　　8　株式買取請求権・償還請求権／167

　　9　追加クロージング・追加発行／168

　　10　その他・一般条項／170

第4章　投資後の権利関係：株主間契約・分配に関する合意
───171

　第1節　株主間契約：総論／171

　第2節　ガバナンス・会社組織に関する条項／173

　　1　スタートアップの意思決定機関の設計／173

　　2　投資家による取締役の選解任権／176

　　⑴　デフォルトルールと投資家の取締役選解任権の意義／176　　⑵
　　取締役選解任権の条項例／177　　⑶　役員選解任権を内容とする種
　　類株式との関係／179　　⑷　投資家派遣取締役の地位（善管注意義
　　務等）／179

　　3　投資家によるオブザーバーの指名権／180

(1) オブザーバーの意義／180　　(2) オブザーバー指名権を有する投資家の範囲／181

4　投資家に対する重要情報・財務情報の提供（情報請求権）／182

(1) 情報請求権の意義と概要／182　　(2) 投資家による重要情報の調査・監査／184　　(3) 投資家による追加的権利の要求・サイドレター／185

5　投資家の事前承諾（拒否権）・事前協議・通知事項／185

(1) 事前承諾事項（拒否権）の意義／185　　(2) 事前承諾権を有する投資家／186　　(3) 事前承諾の対象となる事項／187　　(4) 参考：デッドロックの場合／190　　(5) 事前承諾事項と拒否権付種類株式との関係／191　　(6) 事前協議・通知／191

第3節　運営等に関する事項／192

1　優先引受権（新株等引受権）／192

(1) 優先引受権の意義：既存投資家の持分割合の維持／192　　(2) 優先引受権の主体と対象（株式等）／193　　(3) 優先引受権から除外される取引／194　　(4) 投資家による追加出資義務・Pay to Play 条項／195　　(5) 優先引受権の実際上の処理／196

2　スタートアップの経営者の義務／196

(1) 職務専念義務及び辞任・再任拒否等の制限／196　　(2) 競業避止義務／198

3　経営者のエクイティ・インセンティブ，経営株主間契約／200

4　ストックオプション・プール（役職員のインセンティブ）／201

(1) ストックオプション・プールの概要／201　　(2) ストックオプション・プールの規模・定め方／201

5　投資家の出資制限・競業避止義務や協業／203

(1) 投資家による競合他社への出資／203　　(2)事業会社による出資の場合の留意点／204

第4節　株式の取扱い等に関する事項／204

1　株式の処分とその制限／204

⑴　創業者・経営株主による株式の処分の制限／204　　⑵　投資家による株式の処分／206

2　先買権とタグ・アロング（売却参加権・共同売却権）／207

⑴　先買権（Right of First Refusal）／208　　⑵　タグ・アロング（Tag-Along Right, 売却参加権・共同売却権）／211　　⑶　契約条項の機能と実際の処理—事前のアレンジと Waiver Letter／214

3　ドラッグ・アロング（強制売却権・同時売却請求権）／215

⑴　概　要／215　　⑵　主な要件・留意点／216

4　株式買取請求権（プット・オプション）・償還請求権／219

⑴　概　要／219　　⑵　株式買取請求権の発動要件／221　　⑶　株式買取請求権の買取義務者の範囲（スタートアップ・創業者）／222　　⑷　買取価格／224　　⑸　株式買取請求権の機能と運用上の留意点／224　　⑹　株式買取請求権の規定箇所（株式引受契約・株主間契約）／226

第5節　みなし清算条項／228

第6節　エグジット（IPO・M＆A）に関する条項／228

1　IPO 等のエグジット努力義務／228

2　IPO と拒否権・事前承諾事項／230

3　IPO に至らない場合と株式買取請求権／231

第7節　IPO 時における株主間契約・種類株式の取扱い（停止・終了・復活）／231

1　上場申請時の優先株式・株主間契約の処理／231

⑴　上場申請時の優先株式の取得と普通株式の発行／231　　⑵　上場申請時の株主間契約の効力停止・終了／231

2　申請後上場に至らなかった場合の処理の必要性／232

⑴　株主間契約／232　　⑵　優先株式から転換した普通株式／233　　⑶　実務上の問題：株式の譲渡制限と近時の動向／234

第8節　最恵待遇条項／236

第9節　その他・一般条項／238

第5章　シリーズＡ資金調達のプロセス・規制————239

第1節　新株発行に係る会社法の手続／240

1　前提：取締役会設置会社か否か／240

2　株式の発行に関する取締役（会）・株主総会決議／242

⑴　株主総会で募集事項の決定をする場合／243　　⑵　株主総会決議により募集事項の決定の委任をする場合／247　　⑶　委任状（議決権の代理行使）／250

3　種類株主総会決議（複数の種類の株式が発行済みである場合）／250

4　書面によるみなし株主総会・取締役会決議／253

5　株式引受契約・株主間契約の締結，利益相反取引の承認決議／254

⑴　重要な業務執行の決定と業務執行／254　　⑵　利益相反取引の承認／255

第2節　シード資金の株式への転換を行う／256

1　株式への転換（権利行使・取得条項）／256

2　取得する株式の種類／256

3　株主間契約等への参加／257

第3節　金融商品取引法の規制—勧誘規制／258

1　業規制（金融商品取引業者としての登録等）／258

⑴　スタートアップ自身による勧誘／258　　⑵　参考：金融商品取引業者による勧誘／258

2　開示規制／259

⑴　概　要／259　　⑵　「勧誘」の意義とスタートアップにおける留意点／260

第4節　外資規制—外為法の事前届出・事後報告／262

1　事前届出（対内直接投資等・特定取得）／262

⑴　事前届出の要件・行為規制の概要／262　　⑵　規制内容（事前届出義務・禁止期間と実行報告）／263　　⑶　外国投資家（①届出

の主体）／265　　⑷　指定業種（②スタートアップの事業内容）／
267　　⑸　対内直接投資等・特定取得（③外国投資家の取引・行為
の内容）／269　　⑹　事前届出に係る審査・質問対応／273

2　事後報告（対内直接投資等・資本取引）／274

⑴　対内直接投資等に係る事後報告／274　　⑵　資本取引／275

第6章　資金調達と資本金・減資─────276

第1節　株式による資金調達と資本金・資本準備金／276

第2節　資本金の額の減少（減資）／277

1　資本金の額と税務上の取扱い／277

2　令和6年度税制改正／278

3　減資の手続／279

第7章　シリーズB以降の資金調達における留意点────281

第1節　多様な投資家層を反映した権利関係・プロセスの重要性
／281

第2節　投資家間における優先権の階層構造─「ラウンド」「シ
リーズ」／282

第3節　プロセス／285

1　取締役会／286

2　株主総会・種類株主総会／286

3　事前承諾事項への対応／288

4　優先引受権（Pre-emptive Right）の処理／289

5　株主間契約の修正・参加（加入）／289

⑴　修正株主間契約と参加契約（Joinder）／290　　⑵　参考：新た
な株式引受契約の内容／292

第4節　ダウンラウンドを行う／293

1　概　要／293

2　ダウンラウンドで発行される優先株式の内容／294

3　ダウンラウンド時の既存の優先株式の処理／295

(1)　デフォルト：転換価額の調整／295　　(2)　例外：転換比率の調
　整を行わない処理／296　　(3)　応用①：転換比率の調整のドキュメ
　ンテーション／296　　(4)　応用②：議決権数との関係─株式分割・
　単元株・属人的定め／297

　　4　ダウンラウンド IPO・IPO ラチェット／300

第5節　ダウンラウンドの回避・他の資金調達手法／300

　　1　既存株式のセカンダリー取引とのミックス／300

　　2　ブリッジファイナンス／301

　　3　優先株式＋ワラント／302

第8章　役員の派遣を受ける・モニタリングを受ける (Investors Relation)────303

第1節　取締役派遣のビジネス上の留意点／304

　　1　派遣のタイミング・人数／304

　　2　実効的なモニタリングと派遣取締役の能力・資質／305

　　3　上場時の退任／306

第2節　取締役派遣の法的留意点／306

　　1　善管注意義務・忠実義務／306

　　2　利益相反／307

　　3　情報管理・守秘義務／308

　　4　責任限定契約・補償契約／308

　　(1)　責任の減免／309　　(2)　責任限定契約／310　　(3)　補償契約／
　310

第9章　事業会社等の戦略投資と出資・連携における適正さ ────312

第1節　オープンイノベーションのジレンマと出資の工夫／313

　　1　オープンイノベーションとそのジレンマ／313

　　2　コンバーティブル型証券の活用／315

　　(1)　企業価値評価や DD 等のコストの低減／315　　(2)　スタートアッ

プと事業会社の双方のコミットメントの維持／316

第2節　事業連携・出資の発展と問題事例への対応／317

1　事業連携・出資指針／317

2　知的財産の取扱い／324

⑴　共同研究開発等における知的財産の帰属の実務と問題点／324

⑵　モデル契約と留意点／325

第10章　補論：VC・CVC ファンドの組成とファンドへの出資

―327

第1節　VC ファンドのストラクチャーと特徴／328

1　総論／328

⑴　組合型ファンド／328　　⑵　投資事業有限責任組合の制約と海外ファンド／328

2　VC ファンドの活動／329

⑴　VC ファンドの活動とライフサイクル／329　　⑵　VC ファンドの投資回収モデルと LP 投資家／331

第2節　VC ファンドに対する金融規制／332

1　VC ファンドによる資金の調達（ファンド持分の取得勧誘）に関する規制／334

⑴　業規制／334　　⑵　開示規制／337

2　VC ファンドによるスタートアップへの投資に関する規制／337

⑴　原則（投資運用業）／337　　⑵　主要な例外（適格機関投資家等特例業務）／338　　⑶　その他の例外（投資運用権限の全部委託・デミニマスルール）／339

第3節　事業会社による LP 出資と CVC ／340

1　事業会社によるスタートアップ投資の類型／340

2　CVC 活動と CVC ファンド／341

第4部 役職員向けのインセンティブ設計ー
ストックオプション・持株会等

第1章 役務提供者に対する価値の分配――――――――347

第1節 スタートアップの役務提供者向けインセンティブ／347

第2節 役職員向けストックオプションの特徴／348

第2章 ストックオプションの分類・税務上のポイント――350

第1節 税務上の取扱いの全体像／350

第2節 税制非適格ストックオプション／352

　　1 付与対象者の課税関係／352

　　　(1) 税制非適格ストックオプションの付与時／352　　(2) 税制非適格ストックオプションの権利行使時／352　　(3) 税制非適格ストックオプションの行使により取得した株式の譲渡時／354

　　2 発行会社（スタートアップ）の課税関係／354

　　　(1) 税制非適格ストックオプションの付与時／354　　(2) 税制非適格ストックオプションの権利行使時／354　　(3) 税制非適格ストックオプションの行使により取得した株式の譲渡時／357

第3節 税制適格ストックオプション／357

　　1 課税関係／357

　　　(1) 付与対象者の課税関係／357　　(2) 発行会社（スタートアップ）の課税関係／358

　　2 税制適格要件／358

　　　(1) 概　要／358　　(2) 対象者／360　　(3) 発行態様／361　　(4) 権利行使期間／362　　(5) 権利行使価額／363　　(6) 年間の権利行使価額の上限／375　　(7) 株式の保管委託要件・発行会社による株式管理要件（令和6年度税制改正）／378　　(8)権利行使時の手続及び書面の保管／381　　(9) 付与契約等の内容変更／382

第4節 有償ストックオプション／383

　　1 概　要／383

2　付与対象者の課税関係／384

　　　⑴　有償ストックオプションの付与時／384　　⑵　有償ストックオ
　　　プションの権利行使時／384　　⑶　有償ストックオプションの行使
　　　により取得した株式の譲渡時／385

　　3　発行会社（スタートアップ）の課税関係／385

　第5節　信託型ストックオプション／385

第3章　ストックオプションの主要条件・ターム————388

　第1節　権利行使価額／389

　　1　税制適格ストックオプション／389

　　2　税制非適格ストックオプション／389

　　3　有償ストックオプション／389

　第2節　権利行使期間／390

　　1　税制適格ストックオプション／390

　　2　税制非適格ストックオプション，有償ストックオプショ
　　　ン／391

　第3節　権利行使条件①—ベスティング（在籍条件・権利確定）
　　　／391

　　1　ベスティングの概要／391

　　2　具体的な設計／392

　　　⑴　権利確定時期／392　　⑵　アクセラレーション（acceleration）
　　　／392

　　3　ベスティングと会計処理／394

　第4節　権利行使条件②—IPO，M&A／395

　第5節　権利行使条件③—退職後の権利行使の可否／396

　第6節　権利行使条件④—株価条件・業績条件／397

　第7節　ドラッグ・アロング（強制売却権・売却強制権）／399

　　1　新株予約権と契約上の拘束／399

　　2　M&A時の新株予約権の処理とドラッグ・アロングの意義
　　　／399

14

第4章 ストックオプションの発行に係るプロセスと規制——411

第1節 会社法の手続／411

1 株主総会の決議／412

(1) 決定すべき事項：新株予約権の募集事項／412　(2) 募集事項の決定の委任と「ストックオプション・プール」／414　(3) ストックオプションと有利発行規制／417　(4) ストックオプションと役員報酬規制／417　(5) ストックオプションと取締役の利益相反規制／419

2 取締役会決議とストックオプションの割当て・総数引受契約／420

(1) 会社法上のプロセス／420　(2) 付与契約と総数引受契約／420

第2節 契約上のストックオプション・プールの処理／421

第3節 金融商品取引法の規制（勧誘規制・開示）／422

1 金商法の規制の概要／422

(1) 業規制／422　(2) 開示規制／422

2 ストックオプション開示特例／423

(1) 概要と実務上の対応／423　(2) 税制適格要件との関係／425

3 少人数私募／426

(1) 概要と実務上の対応／426　(2) 参考：転売制限・告知義務／427

第4節 取引所の規則（ロックアップ・開示等）／427

第5章 従業員持株会————————431

第1節 概　要／432

第2節 従業員持株会に対する規制／433

1 集団投資スキーム持分と適用除外／433

2 奨励金／435

3 上場前規制／437

4 上場時の従業員持株会による株式の引受け（親引け）／437

第5部 デット（負債）を用いた資金調達

第1章 スタートアップ振興のための融資制度（政策金融公庫・信用保証協会）――――――442

第1節 日本政策金融公庫のスタートアップ向け融資／443

第2節 信用保証協会による保証とスタートアップ創出促進保証制度／445

第3節 新たな信用保証制度等（保証料率の上乗せによる経営者保証の撤廃）／447

第2章 ブリッジファイナンス――――――448

第1節 ブリッジファイナンスの意義／448

第2節 新株予約権付社債（コンバーティブル・ボンド，CB）の主要ターム／450

　　1 次回資金調達ラウンドに向けたコンバーティブル・デット／450

　　2 スタートアップの破綻期における救済融資／452

第3節 社債と会社法の規制・発行手続／453

　　1 発行手続／453

　　　(1) 募集事項の決定（原則：取締役会決議）／453　　(2) 割当て・引受け（総額引受契約の締結）／453

　　2 社債原簿と社債の譲渡／454

　　3 社債管理者／454

第4節 社債における金融商品取引法上の留意点／455

　　1 業規制／455

　　2 開示規制（少人数私募）／455

第5節 ブリッジファイナンスにおけるコンバーティブル・エクイティ／457

第3章　経営者保証と事業性融資・企業価値担保権―――459

第1節　経営者保証／459

1　経営者保証に関するガイドライン／460

2　経営者保証改革プログラム／461

3　監督指針の改正／461

4　スタートアップ支援に関する申し合わせ／462

5　新たな信用保証制度等／464

第2節　事業性融資・企業価値担保権／465

1　経緯・概要／465

2　企業価値担保権の概要／466

⑴　活用のイメージ／466　　⑵　企業価値担保権の設定及び効力等／467

第4章　ベンチャーデット―――470

第1節　総　論／470

1　狭義のベンチャーデット：概要／470

2　タイミング：エクイティ出資の伴走・補完／472

3　ベンチャーデットの利点とリスク／473

⑴　スタートアップ・関係者にとっての利点／473　　⑵　スタートアップ・関係者にとってのリスク／473

第2節　欧米におけるベンチャーデット／475

1　米国のベンチャーデットの状況／475

⑴　金額・件数／475　　⑵　成長ステージ／476

2　欧州のベンチャーデット市場の状況／478

第3節　ベンチャーデットの主な条件（ターム）／481

1　金額規模／482

2　償還期限／482

3　利息・手数料／484

4　ワラント（新株予約権）／485

5　担　保／487

⑴　全資産担保とその意義／487　　⑵　知的財産の取扱い／489

　6　コベナンツ／489

　　⑴　財務コベナンツとワラントのトレードオフ／489　　⑵　アファー
　　マティブ・コベナンツとネガティブ・コベナンツ／490

　7　金融機関とベンチャーデット・ファンドの諸条件の対比
　　／491

　8　補論：ディールの再構築／492

第4節　日本におけるスタートアップ向けデットファイナンス／
493

　1　総　論／493

　2　新株予約権付融資と新株予約権付社債／494

　3　金融機関による新株予約権付融資等／496

　　⑴　銀行法等の規制（5％ルール，投資専門子会社等）／496　　⑵　新
　　株予約権部分についての利息制限法の適用／499

　4　金融機関によるレイター・ステージの融資（シンジケー
　　トローン・融資枠等）／500

　5　ベンチャーデット・ファンド／501

　　⑴　ベンチャーデット・ファンドの実例／501　　⑵　ベンチャーデッ
　　ト・ファンドのストラクチャー／501

　6　事業価値証券化／506

第6部　プレIPOファイナンス・IPO

第1章　IPOの概要・スケジュール—————512

第1節　上場準備から上場までのスケジュール／512

　1　上場申請までのスケジュール・準備／512

　2　上場申請〜上場承認まで／514

　3　有価証券届出書提出・上場承認〜上場まで／517

⑴　仮条件の範囲外での公開価格設定，売出株式数の柔軟な変更／518

⑵　上場日程の期間短縮（承認前提出方式，S-1方式）／519　　⑶　上場日程の柔軟化（承認前提出方式・承認時提出方式共通）／521

第2節　上場審査と上場時期／523

第3節　募集と売出し／530

第4節　価格決定メカニズムと主幹事証券会社・競争政策／531

1　公開価格と初値の乖離／531

2　公開価格の決定プロセスにおける主幹事証券会社との関係／533

第5節　海外投資家への販売（旧臨時報告書方式・グローバルオファリング）／536

第6節　参考：TOKYO PRO Market／538

第2章　上場前における金融商品取引法の規制（届出前勧誘規制・開示規制）————541

第1節　届出前勧誘規制／541

1　「勧誘」に該当しない行為類型／542

2　海外勧誘（いわゆる「外＝外」）／546

第2節　プレIPOラウンドにおける考慮（開示資料の虚偽記載等リスク・情報の目的外利用の禁止等）／547

第3章　上場承認前・届出書提出前の投資家コミュニケーション————549

第1節　上場承認前・届出書提出前の投資家コミュニケーションの重要性／549

第2節　インフォメーション・ミーティング等／551

1　インフォメーション・ミーティングと中期経営計画／551

2　プレディール・リサーチレポート／552

第3節　プレ・ヒアリング／552

目　次　19

第4章　レイター・プレIPOファイナンスのアレンジ───554

第1節　ディール・ストラクチャーと規制／554

1　投資家の属性／555

2　発行・取引する株式の種類／555

3　金融商品取引業者によるプロ投資家向け勧誘（J-Ships）／556

4　セカンダリー譲渡（株主構成の組み換え）／558

(1)　上場前の株主構成の組み換えニーズ／558　(2)　制度ロックアップ・開示／559　(3)　事前勧誘規制・開示書類の虚偽記載リスク等／560　(4)　非上場株式の流通活性化のための制度整備／560

第2節　クロスオーバー投資／562

1　概　要／562

2　金商法等の留意点／563

(1)　届出前勧誘規制／563　(2)　開示資料の虚偽記載等リスク・情報の目的外利用の禁止／564

第3節　ダウンラウンドIPOとIPOラチェット条項／564

1　概　要／564

2　手　法／566

(1)　種類株式形式／566　(2)　新株予約権形式（コンバーティブル・エクイティ）／567　(3)　契約形式／568

第5章　上場前ファイナンスにおける開示とロックアップ───569

第1節　制度ロックアップ・開示（取引所規則）／570

1　上場前の株式等の譲受け又は譲渡（開示）／571

(1)　上場前の株式等の移動の状況に関する記載／571　(2)　上場前の株式等の移動に関する記録の保存等／571

2　上場前の第三者割当等による募集株式の割当て等（制度ロックアップ・開示）／572

(1)　募集株式の割当て及び所有に関する規制（制度ロックアップ）／572　(2)　募集新株予約権及びストックオプションの割当て及び所

有に関する規制（制度ロックアップ）／576　　(3)　第三者割当等による募集株式等の割当ての状況に関する記載等（開示）／582

第2節　任意ロックアップ／583

第6章　IPO時の投資家への配分─────585

第1節　親引け・コーナーストーン投資家／585

1　親引けの概要／585

2　親引けが認められる場合とコーナーストーン投資家／586

3　届出前勧誘規制との関係／588

4　投資家への情報提供に関する論点／589

5　親引け・コーナーストーン投資家の参加が中止になった場合／589

第2節　Indication of Interest（IoI）／589

第7章　上場申請・上場中止時における優先株式・株主間契約の処理─────591

第8章　上場後の諸規制─────592

第1節　上場株式を取引する際の金商法や取引所規則の規制／592

1　大量保有報告／593

2　インサイダー取引規制／594

第2節　上場会社に適用される開示やコーポレート・ガバナンスに関する規制／594

1　開示とその適切性・体制整備／595

2　コーポレート・ガバナンス及び内部管理体制／596

第7部 スタートアップのM&A・組織再編

第1章 スタートアップM&Aの特徴①：プロセスとリスク管理————601

第1節 初期的プロセスの重要性／601
1 通常のM&Aとスタートアップ M&A の異同／601
2 重要事項の合意のタイミング：基本合意／603
3 独占交渉権を設けるかどうか／604

第2節 スタートアップ M&A におけるデュー・ディリジェンス／605
1 スタートアップ M&A のデュー・ディリジェンス：総論／605
2 法務デュー・ディリジェンスの調査事項／606
⑴ 株主・資本関係／607　⑵ 事業モデルの適法性やコンプライアンス体制／610　⑶ 知的財産・無形資産／611　⑷ 人材と労務戦略を含む企業文化／614　⑸ スタートアップ優遇／616

第3節 M&A に影響を与える株主の権利／616

第4節 多様な株主と買収プロセス／617
1 多数の株主の説得／617
2 売主一本化とその限界／619
⑴ 売主を創業者に一本化するニーズ／619　⑵ 売主一本化の問題点と「株主代表」としての経営陣／620

第2章 スタートアップ M&A の特徴②：買収対価と価格調整・リスク分配————622

第1節 スタートアップの「買収対価」の全体像／623
1 原則：エクイティ価値の分配／623
2 補足：早期事業売却の際の買収対価の分配／625
⑴ 早期事業売却の特徴／625　⑵ 買収対価の分配：コンバーティ

ブル型証券の処理／625　⑶　アクイハイア（タレント・アクイジ
ション）とストラクチャー／627

　　3　「買収対価」の再検討／628

　　⑴　原則的な株主価値の分配とその調整の必要性／628　⑵　ス
タートアップ買収における対価の分配の全体像／629

第2節　アーンアウト／631

　　1　バリュエーションの難しさと買収後のインセンティブ確
保への対応／631

　　2　アーンアウトの概要と留意点／632

　　3　インセンティブとしてのアーンアウト／634

　　4　補償責任の履行確保としてのアーンアウト／635

　　5　アーンアウトと税務・会計上の問題／636

　　⑴　個人である売主の所得区分／636　⑵　法人である買収者の税
務・会計上の考慮／637

第3節　表明保証と補償責任／638

　　1　M&Aにおける表明保証と補償責任：総論／638

　　2　スタートアップM&Aにおける表明保証と補償責任：多
様な株主がどのように責任を負うか／639

第4節　ホールドバックとエスクロー／640

　　1　起業家のリテンションとホールドバック／640

　　2　エスクローのアレンジメント／641

第5節　表明保証保険／642

第3章　ストックオプションの処理と対価の分配————644

第1節　ストックオプションの処理：総論／645

　　1　確認：ベスティング（vesting）条項とアクセラレーショ
ン（acceleration）／645

　　2　ベスティング状況に応じたストックオプションの処理の
例／645

　　⑴　M&Aまでに権利行使が可能なストックオプションの処理／646

⑵　M&Aまでに権利行使できないストックオプションの処理／647

第2節　税制適格ストックオプションとM&A／647

　　1　概　要／647

　　2　株式の保管委託要件・発行会社による株式管理要件（令和6年度税制改正）／648

第3節　有償ストックオプションとM&A／648

　　1　税務上の取扱いの概要／648

　　2　M&A時の有償ストックオプションの処理／649

第4章　エクイティの対価以外の分配・インセンティブ──651

第1節　マネジメント・カーブアウト（Management Carve-out Plan, Change of Control Bonus）／652

　　1　マネジメント・カーブアウトの概要／652

　　2　マネジメント・カーブアウトの税務／654

第2節　株式を有しない役職員へのカーブアウト・プラン／657

　　1　前提：株式を保有しない役職員へのM&A時のリターン／657

　　2　株式を有しない役職員向けカーブアウト・プランの設計／658

　　　⑴　総　論／658　　⑵　役職員向けカーブアウト・プランの設計／659

第3節　その他のインセンティブ設計／660

　　1　業績連動型報酬（業績連動給与）／660

　　2　買収後のキーパーソンに対するインセンティブ／661

第5章　スタートアップM&Aのストラクチャー──662

第1節　ストラクチャー検討の重要性／662

第2節　全株式の取得による買収とプロセス／663

　　1　総論：多数株主の存在と買収後のインセンティブ構造／663

2　全株主の同意を得られない全株式買収／664

　⑴　ドラッグ・アロング（強制売却権・同時売却請求権）／665　　⑵
　スクイーズ・アウト（キャッシュ・アウト）／665

3　キャッシュ・アウトと拒否権／666

　⑴　種類株主総会／667　　⑵　契約上の事前承諾事項／668

第3節　段階的買収／668

1　段階的買収の背景と特徴／668

2　各フェーズで買取りの対象となる株式やプロセスの検討
　／669

　⑴　株主の属性と買取対象株式の検討／669　　⑵　段階的買収を規
　律する既存のアレンジの確認と検討／670　　⑶　段階的買収とス
　トックオプション／670

3　段階的買収と追加的な買取オプション／671

4　段階的買収とアーンアウトの税務的考慮／672

5　段階的買収と株式対価買収（株式交付）／673

第4節　スイングバイ／674

1　スイングバイ：概要／674

2　段階的買収との相違―「オープン」な資本業務提携によ
　る成長モデル／674

3　スイングバイとセカンドオプション／676

第5節　支配しない群戦略／676

第6章　株式対価によるスタートアップ買収――678

第1節　株式対価によるスタートアップ買収：総論／678

1　株式対価によるスタートアップ買収の意義／678

2　外部投資家との関係／680

第2節　株式対価による買収手法の概要／681

第3節　株式交換／683

1　概　要／683

2　手　続／685

3　税　　務／686

　　　　⑴　買収先スタートアップの課税関係／687　　⑵　スタートアップ
　　　　の株主の課税関係／688　　⑶　買収者の課税関係／689

　第4節　株式交付／689

　　　1　概　　要／689

　　　2　手　　続／691

　　　3　税　　務／693

　第5節　現物出資／693

第7章　買収契約と買収後の運営・株式の取扱い――695

　第1節　スタートアップの買収の実行に係る最終契約（株式譲渡
　　　　　契約等）／695

　　　1　最終契約：総論／695

　　　2　株式譲渡契約の内容／696

　　　　⑴　株式・新株予約権の譲渡と譲渡価額／697　　⑵　クロージング
　　　　（株式・新株予約権の譲渡の実行）／698　　⑶　表明保証／699　　⑷
　　　　誓約事項／700　　⑸　前提条件／701　　⑹　補償条項／702　　⑺
　　　　解除条項・一般条項／702　　⑻　当事者と署名欄・加入契約／702

　第2節　スタートアップの買収後の運営・株式の取扱い／703

　　　1　スタートアップの買収後を見据えた契約とその内容：総
　　　　　論／703

　　　2　スタートアップの運営に関する合意／705

　　　3　経営株主の株式の取扱い／707

　　　　⑴　経営株主の株式の譲渡制限／708　　⑵　経営株主の株式の買取
　　　　り（買収の完了のためのステップ）／708　　⑶　買収者が第三者に
　　　　スタートアップの株式を譲渡する場合の処理／709

第8章　M&Aの実行・クロージングに影響を与える事項――710

　第1節　株式譲渡承認・名義書換請求／710

　第2節　独占禁止法／711

1　競争制限行為と事前届出／711

2　キラー・アクイジション／713

第3節　外為法／714

第9章　オープンイノベーション促進税制————715

第1節　新規出資（新規発行株式の取得）／715

第2節　M&A（既存株式の取得）／717

第10章　コーポレート・インバージョン等（クロスボーダー組織再編・上場）————719

第1節　海外→日本／720

1　日本の金融商品取引所に外国会社が上場する方法／720

⑴　原株式上場とJDR上場／721　　⑵　外国会社上場とインバージョン上場（コーポレート・インバージョン）／722

2　コーポレート・インバージョン／723

⑴　概　要／723　　⑵　三角合併の形式（正三角合併）／724　　⑶　株式の種類／726　　⑷　株主の同意・新たな株主間契約／727　　⑸　ストックオプションの交付／727　　⑹　開示規制／728　　⑺　外為法・外資規制／728

第2節　日本→海外／729

1　海外上場を目指す方法／729

2　コーポレート・インバージョンの概要／729

3　コーポレート・インバージョンの手続上の留意点／731

⑴　会社法上の三角合併／731　　⑵　株式の種類／732　　⑶　株主の同意・新たな株主間契約／732　　⑷　ストックオプションの交付／733　　⑸　開示規制／733　　⑹　外為法・外資規制／734

4　三角合併の税務・コーポレート・インバージョン対策税制／734

⑴　適格要件／734　　⑵　基本的な課税関係／735　　⑶　コーポレート・インバージョン税制／736

第11章　大企業からのスピンアウト————————————737

第1節　スピンアウト型スタートアップ：概要／737

第2節　スピンアウト型スタートアップの設立～初期の資本政策／740

　　1　キーパーソンとスピンアウト元企業の株式の価格差・持分割合／742

　　⑴　キーパーソンとスピンアウト元企業の持分割合／742　　⑵　株式の価格差・持分割合の正当化／743

　　2　スピンアウト事業のバリュエーションと外部投資家の役割／744

　　3　知的財産・シーズのスピンアウトの手法／745

　　⑴　会社分割・現物出資による株式の取得／745　　⑵　ライセンス・新株予約権（コンバーティブル・エクイティ）の活用／746

第3節　スピンアウト型スタートアップの税務／749

　　1　スピンアウト元企業（分割会社）／749

　　⑴　会社分割の場合／749　　⑵　現物出資の場合／753

　　2　スタートアップ（分割承継会社）／753

　　3　キーパーソン・外部投資家（分割承継会社の株主）／754

索　引／755

凡例・略語一覧

【文献名】

相澤ほか・論点解説：相澤哲＝葉玉匡美＝郡谷大輔編著『論点解説 新・会社法 千問の道標』（商事法務，2010年）

WM（ウェルス・マネジメント）法務・税務：小山浩＝飯島隆博＝間所光洋『ウェルス・マネジメントの法務・税務』（税務経理協会，2020年）

江頭：江頭憲治郎『株式会社法〔第9版〕』（有斐閣，2024年）

エクイティ・ファイナンスの理論と実務：森・濱田松本法律事務所キャピタル・マーケッツ・プラクティスグループ編著『エクイティ・ファイナンスの理論と実務〔第3版〕』（商事法務，2022年）

M&A契約：戸嶋浩二＝内田修平＝塩田尚也＝松下憲『M&A契約 モデル条項と解説』（商事法務，2018年）

M&A戦略：大石篤史＝酒井真＝小山浩＝栗原宏幸編著『税務・法務を統合したM&A戦略〔第3版〕』（中央経済社，2022年）

M&A法大系：森・濱田松本法律事務所編『M&A法大系〔第2版〕』（有斐閣，2022年）

小川＝竹内：小川周哉＝竹内信紀編著『スタートアップ投資ガイドブック』（日経BP，2019年）

会社・株主間契約：田中亘＝森・濱田松本法律事務所編『会社・株主間契約の理論と実務』（有斐閣，2021年）

会社法コンメ（3）：山下友信編『会社法コンメンタール3 株式［1］』（商事法務，2013年）

会社法コンメ（7）：岩原紳作編『会社法コンメンタール7 機関［1］』（商事法務，2013年）

会社法コンメ（8）：落合誠一編『会社法コンメンタール8 機関［2］』（商事法務，2009年）

会社法コンメ（11）：森本滋＝弥永真生編著『会社法コンメンタール11 計算等［2］』（商事法務，2010年）

会社法コンメ（16）：江頭憲治郎編『会社法コンメンタール16 社債』（商事法務，2010年）

会社法コンメ（18）：森本滋編『会社法コンメンタール18 組織変更，合併，会社分割，株式交換等［2］』（商事法務，2010年）

金商法コンメ（1）：神田秀樹＝黒沼悦郎＝松尾直彦編著『金融商品取引法コンメン

タール第 1 巻〔第 2 版〕』（商事法務，2018年）

GCP（グロービス・キャピタル・パートナーズ）：グロービス・キャピタル・パートナーズ著・福島智史編著『ベンチャーキャピタルの実務』(東洋経済新報社，2022年)

クロスボーダー M&A 契約：森幹春編著『クロスボーダー M&A の契約実務』（中央経済社，2021年)

宍戸＝VLF：宍戸善一＝ベンチャー・ロー・フォーラム編『スタートアップ投資契約—モデル契約と解説』（商事法務，2020年)

商業登記ハンドブック：松井信憲『商業登記ハンドブック〔第 4 版〕』（商事法務，2021年)

スタートアップ買収の実務：増島雅和＝飯島隆博＝岡野貴明＝SMBC 日興証券株式会社編著『スタートアップ買収の実務』（日本経済新聞出版社，2023年)

戸嶋：戸嶋浩二『株式・種類株式〔第 2 版〕』（中央経済社，2015年)

桃尾・松尾・難波：桃尾・松尾・難波法律事務所編『ベンチャー企業による資金調達の法務〔第 2 版〕』（商事法務，2022年)

＊

Venture Deals：Brad Feld, Jason Mendelson "Venture Deals: Be Smarter Than Your Lawyer and Venture Capitalist [Fourth Edition]" (Wiley, 2019)

【法令等名】

LPS 規：投資事業有限責任組合契約に関する法律施行規則

LPS 法：投資事業有限責任組合契約に関する法律

LPS 令：投資事業有限責任組合契約に関する法律施行令

開示府令：企業内容等の開示に関する内閣府令

会社規：会社法施行規則

会社令：会社法施行令

外為法：外国為替及び外国貿易法

外為令：外国為替令

業府令：金融商品取引業等に関する内閣府令

銀行規：銀行法施行規則

金商法：金融商品取引法

金商令：金融商品取引法施行令

兼営法：金融機関の信託業務の兼営等に関する法律

財基通：財産評価基本通達

産競法：産業競争力強化法

出資法：出資の受入れ，預り金及び金利等の取締りに関する法律

消基通：消費税法基本通達
消法：消費税法
消令：消費税法施行令
所基通：所得税基本通達
所法：所得税法
所令：所得税法施行令
租特規：租税特別措置法施行規則
租特法：租税特別措置法
租特令：租税特別措置法施行令
担信法：担保付社債信託法
直投命令：対内直接投資等に関する命令
直投令：対内直接投資等に関する政令
定義府令：金融商品取引法第二条に規定する定義に関する内閣府令
登税法：登録免許税法
独禁法：私的独占の禁止及び公正取引の確保に関する法律
独禁令：私的独占の禁止及び公正取引の確保に関する法律施行令
振替法：社債，株式等の振替に関する法律
法規：法人税法施行規則
法基通：法人税基本通達
法法：法人税法
法令：法人税法施行令
労基法：労働基準法

【ガイドライン・報告書等】
開示ガイドライン：金融庁企画市場局「企業内容等の開示に関する留意事項につい
　　て（企業内容等開示ガイドライン）」（令和6年4月）
外為法Q&A（資本取引編）：日本銀行国際局国際収支課　外為法手続グループ「外為
　　法Q&A（資本取引編）」（令和6年10月改訂）
外為法Q&A（対内直接投資・特定取得編）：日本銀行国際局国際収支課　外為法手続
　　グループ「外為法Q&A（対内直接投資・特定取得編）」（令和6年10月改訂）
カーブアウトガイダンス：経済産業省・研究開発成果を活用した事業創造の手法と
　　してのカーブアウトの戦略的活用に係る研究会「起業家主導型カーブアウト実践
　　のガイダンス」（令和6年4月）
経産省・主たる留意事項：経済産業省「我が国における健全なベンチャー投資に係
　　る契約の主たる留意事項」（令和4年3月改訂）

経産省・スタートアップ M&A 調査報告書：経済産業省・令和 2 年度産業経済研究委
託事業（企業の成長投資・オープンイノベーション促進に向けた環境整備のため
の調査研究）「大企業×スタートアップの M&A に関する調査報告書（バリュエー
ションに対する考え方及び IR のあり方について）」（2020年）

経産省・成長ファイナンス：経済産業省「スタートアップの成長に向けたファイナ
ンスに関するガイダンス」（2022年 4 月）

公開価格 WG 報告書：日本証券業協会「公開価格の設定プロセスのあり方等に関す
るワーキング・グループ」報告書（2022年 2 月28日）

公取委・実態報告書：公正取引委員会「スタートアップの取引慣行に関する実態調
査報告書」（令和 2 年11月27日）

公取委・調査結果：公正取引委員会「スタートアップをめぐる取引に関する調査結
果について」（令和 4 年12月23日）

公認会計士協会・価値評価実務：日本公認会計士協会　経営研究調査会研究報告第
70号「スタートアップ企業の価値評価実務」（2023年 3 月16日）

コンバーティブル・ガイドライン：「コンバーティブル投資手段」に関する研究会
「『コンバーティブル投資手段』活用ガイドライン」（2020年12月28日）

事業連携・出資指針：公正取引委員会＝経済産業省「スタートアップとの事業連携
及びスタートアップへの出資に関する指針」（令和 4 年 3 月31日）

上場規程：有価証券上場規程（東京証券取引所）

上場規程施行規則：有価証券上場規程施行規則（東京証券取引所）

上場審査ガイドライン：上場審査等に関するガイドライン（東京証券取引所）

新規上場ガイドブック（グロース市場編）：東京証券取引所「2024 新規上場ガイド
ブック（グロース市場編）」

ストックオプション Q&A：国税庁「ストックオプションに対する課税（Q&A）」（最
終改訂令和 5 年 7 月）

VC 推奨・期待事項：ベンチャーキャピタルに関する有識者会議「ベンチャーキャピ
タルにおいて推奨・期待される事項」（2024 年10月17日）

第 **1** 部

▼

スタートアップ・
ファイナンス：
総論

第1章

スタートアップの特徴
――ビジネスモデルと資金調達

> 本書が対象とする「スタートアップ」とはそもそも何か。スタートアップと「中小企業」は何が異なるか。
> スタートアップのビジネスモデルに伴い，資金調達はどのような特徴を有するか。
> スタートアップへの資金提供者は誰か。資金提供者の投資回収方法は。

　スタートアップという用語は，日本でも随分浸透してきた。スタートアップは，スタートアップ企業，ベンチャー，ベンチャー企業等とも呼ばれる。本書はスタートアップのファイナンス，すなわち資金調達や資本政策を中心として，企業を成長させる手法や役職員のインセンティブ，IPO（上場）やM&A（買収）によるエグジットについて検討する。そのため，本書が対象とする「スタートアップ」について，主な特徴について簡単に触れたい。

　「スタートアップ」は多義的であるが，米国のシリコンバレーで著名なアクセラレーター（スタートアップの支援組織）であるY Combinatorの創設者Paul Graham氏は，「スタートアップは急成長を志向する組織である」と述べた[1]。

　本書で取り上げるスタートアップが，一般的な非上場の中小企業から区別される要素として，二点が挙げられる。

1　http://www.paulgraham.com/growth.html

> ① 新規性のある技術やビジネスモデルにより事業の急速な成長を志向し，資金ニーズが高い（ビジネスモデル）
> ② 株式や新株予約権といったエクイティ性の資金調達手法を中心に，特有の資金調達や資本政策の戦略をとる[2]（資金調達・出口戦略）

第1節　スタートアップのビジネスモデル

　まず，典型的なスタートアップと伝統的な中小企業では，ビジネスモデルが異なる。伝統的な中小企業として，例えば街の飲食店や，IT企業でも大企業の下請けとして継続的な業務を行う事業者等，既存のビジネスモデルが確立した分野における事業活動を営む事業者が想定される。これらの事業者は，徐々に規模を拡大することで，線形的に成長する事業計画を想定し，これに伴って採用や人事労務，給与等も設計される。初期的な投資を行った段階から，顧客に対して売上を立てることも可能であり，売上を増加させるための設備投資や人的資本の投資は，模式的には安定的なものとなることから，ビジネスモデルとしては投資と成長が比例的な関係にある。

　これに対して，いわゆるスタートアップは，典型的には，需要が十分に顕在化していない分野等で事業活動を行うことが想定される。ITを用いた新たなビジネスの創出や，大企業では資金を振り向けることが難しい新規性のある創薬・バイオ領域での活動等，創業者やチームが持ち合わせる革新的なアイデアや技術，販路等をもとに，製品・サービスを作り上げ，マーケットでのプレゼンスを一気に高めることを志向する。場合によっては，それまでに存在しなかった製品・サービスについて，新たなマーケットを創出することをリードする。

　このように新規性のあるモデルを志向するため，スタートアップは初期的には大きな赤字を計上し，市場に製品やサービスを投入できずに売上が十分に立たない期間が長く続くことが多い。東京証券取引所（東証）等の金融商品取引所（証券取引所）にその株式が上場する時点でも，利益は赤字であるという場合も珍しくない（いわゆる赤字上場[3]）。このように，スタートアップは一時的

2　近時はスタートアップ向けに工夫されたデット（負債）性の資金調達も活発化している。これらについては，第2部第2章第5節及び第5部で詳述する。

4　第1部　スタートアップ・ファイナンス：総論

に赤字を計上し，その後収益化する段階において短期間で大きく売上を伸ばすモデルが描かれる。このような事業計画のイメージは，模式的には，時間軸に照らして「J」のような形を描くため，いわゆる「Jカーブ」とも呼ばれるが（下図参照），投資と成長が比例的な関係ではなく指数関数を描くモデルとなる（ただし，特に一定規模になると投資と売上が比例する面もある）。特に，投資額が大きい自動運転や航空宇宙領域といった，いわゆる「ディープテック」と呼ばれるようなスタートアップであれば，投資額は大きく，マイナスのキャッシュフローの時期は長期にわたる（Jカーブが「深く」なる）。

【スタートアップと一般の中小企業の特徴】

	スタートアップ	中小企業
事業活動分野	需要が十分に顕在化していない分野等における事業活動	既存のビジネスモデルが確立した分野における事業活動
事業計画	一時的に赤字を計上し，その後収益化する段階において短期間で大きく売上を伸ばす（いわゆる「Jカーブ」）	徐々に規模を拡大することで，線形的に成長
資金調達	出資（金融機関の融資にハードル）	融資（・出資）
出口	上場かM&Aを想定	上場やM&Aを必ずしも想定せず

スタートアップの事業計画イメージ　　中小企業の事業計画イメージ

出典：経済産業省「事業会社と研究開発型ベンチャー企業の連携のための手引き（第二版）」をもとに筆者作成

3　スタートアップの多くが上場する東証グロース市場は，上場基準において赤字上場が認められている。帝国データバンクの調査によれば，2022年にグロース市場（2022年4月4日以前はマザーズ）に上場した70社のうち，経常損益が赤字の企業が23社（32.9％）であったとのことである（https://www.tdb.co.jp/report/economic/61vr5ysmy/）。

第2節　スタートアップの資金調達・出口戦略

1　会社の資金調達方法：デット（負債）とエクイティ（資本）

　スタートアップに限らず，会社（法人）が資金調達をする場合，すなわち投資家側から見ると会社に投資をする場合，その方法は大きく分けて，デット（Debt，負債）とエクイティ（Equity，株式等）の2種類が存在する。

　デット（Debt，負債）の特徴は，会社のリターンを分配する場合に，元本と利息というあらかじめ決められたリターンを得て，それ以上のリターンはない代わりに，リターンを受ける場面においてエクイティよりも優先することにある。代表的なものに，銀行等の金融機関からの借入れがある。

　エクイティ（Equity，株式等）の特徴は，デットよりも分配が劣後する代わりに，アップサイドをとれる点にある。すなわち，発行会社がデットに対して決まった元本と利息を支払った後に，株主は残余財産しか分配を得ることができず，残余財産が株式の取得価格よりも少ない場合には，損失が生じる可能性

【スタートアップによる資金調達方法の概略】

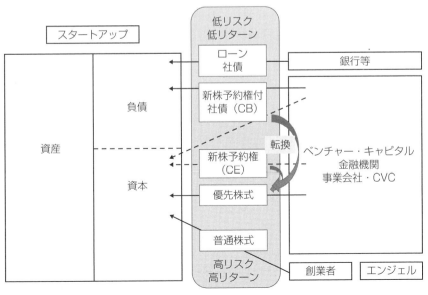

がある。一方で，デットのリターンは元本と利息で上限が決まっているため，会社がデットの元本と利息を支払った後に多くの財産が会社に残っていれば，その分のリターンを得られ，アップサイドに上限は基本的に存在しない。代表的なエクイティに，株式がある。

そのため，相対的には，デットは低リスク・低リターン，エクイティは高リスク・高リターンという関係になる。そして，デットとエクイティの間には，グラデーションを持ちながら，中間的なリスクとリターンを有する性質の資金調達方法（メザニン）が存在する。例えば，株式に近い負債（新株予約権付社債等）や，負債に近い株式によって資金調達がなされることがある。

2　スタートアップにおけるエクイティ（株式）による資金調達

第1節で述べたように，スタートアップは，新規性のあるビジネスモデルにおいて，研究開発，プロトタイプの開発，市場への投入，販路の拡大，製品やサービスのアップデートといったフェーズごとに，強い資金ニーズがある。

このような資金ニーズを，創業者やその親族・友人等のごく近しい個人のみで賄うことは通常は困難となる。そのため，必然的に外部の者から資金を調達することになる。このような資金は，金融機関からの借入れによって達成することも考えられる。もっとも，研究・開発等の途上であって製品・サービスを上市するにはまだ相当の期間が必要であるとか，サービスや製品の販売等が開始されていたとしても売上・利益が十分に上がっていない場合には，多額の資金を継続的に借入れ（デット，Debt）によって調達することは困難となる（ただし，近時はその環境も変化しつつあり，後述する[4]）。そのため，スタートアップの多くは，主として株式（エクイティ，Equity）を発行することにより資金調達を行うことになる[5]。

この資金の拠出者となる外部の者が，いわゆるエンジェル投資家や，ベンチャー・キャピタル（VC）等の投資家である。加えて，近時は，事業上のシナジー等を期待して，事業会社やその投資部門であるコーポレート・ベンチャー・キャピタル（CVC）がマイノリティとしての出資を行いつつ，事業

4　スタートアップが活用しやすい融資としては，信用保証協会を利用した金融機関からの融資や，日本政策金融公庫が提供するスタートアップ向け融資が存在する（第2部第2章第5節，第5部第1章参照）。このほか，いわゆる「ベンチャーデット」としてスタートアップ向けの融資や社債により資金を提供する例も出てきている（第5部第4章参照）。

提携を行う例も増えてきている。

スタートアップのファイナンスにおいて最も特徴的な資金提供者がVCである。VCは，スタートアップの売上・利益が十分に上がっていない段階から，スタートアップに対して資金を供給し，リターンを得ることを志向する。そのため，リスク資産であるスタートアップの株式等に対応した資金調達とその資金提供方法が開発されてきた。すなわち，VCは，事業の成長段階に応じ，段階的に株式を取得することで，スタートアップに資金を提供する。スタートアップのビジネスの初期段階は低い企業価値（安い株価）となり，プロダクトが市場ニーズに合致していることが確認できて，顧客が増えて売上や利益が上がるにつれて株価も上がっていく。その上で高額になった株式を売却すること（典型的には上場やM&Aが想定されるが，非上場時のセカンダリー譲渡等もある）で投資を回収するのがVCのビジネスモデルとなる。

3　資金供給者とスタートアップの事業の成長スピード

VC等の資金供給者のビジネスモデルは，資金需要者の事業計画に決定的な影響を与える。銀行から貸付けを受ける伝統的な飲食店や町工場は，元本と利息を着実に支払うよう，銀行からモニタリングを受ける。元本には満期があり，着実に売上を稼いで返済できるような事業計画を立てることとなる。

これに対し，スタートアップに出資を行うVCは，VCへの資金提供者（いわゆるLP投資家[6]）から資金提供やその約束・コミットを受けて投資主体・資金プールとしての「ファンド」を組成し，資金をスタートアップに投資・出資する。LP投資家は，「高リスクのスタートアップに投資するVCに投資をする」ことでリスクマネーを供給するため，相対的に短期間での高い収益率（内部収益率，Internal Revenue Rate：IRR等）を求める[7]。そのため，LP投資家の要請により，ファンドには10〜12年程度の存続期間が設定され，大まかには最

5　中小企業庁「中小企業者のためのエクイティ・ファイナンスの基礎情報」（令和4年12月22日更新）（https://www.chusho.meti.go.jp/kinyu/shikinguri/equityfinance/index.html）では，冒頭に「中小企業者の多くは，資金調達が必要な際に金融機関による融資を利用しており，株式発行による資金調達（エクイティ・ファイナンス）を利用するケースはほとんどありません。」という記述がある。本書が対象とする典型的なスタートアップと対比される中小企業についての記述である。

6　LPとは，Limited Partner（有限責任組合員）を指す。株式会社の株主と同様，責任が出資額に限定される。運営を担うGP（General Partner）と対比される。第3部第10章参照。

初の5〜6年の間に投資を行い(「投資期間」や「出資約束期間」)、残りの5〜6年の間に投資回収をするように設計される(下図参照)。そのため、VCは、多くのスタートアップに分散投資し、ポートフォリオ全体で投資額を上回る利益を上げるよう活動する。1社への投資実行から投資回収までの期間は、例えば3年から5年程度を想定している。ただし、例えば、シード期(第2章第2節2)を中心に投資するVCの投資回収期間は必然的に長期となる等、VCの対象とするステージによっても異なるほか、スタートアップ側もディープテック領域等の長期の成長・投資回収期間が想定されるものが増加しており、そのような場合にはLP投資家の理解を得た上でファンドの存続期間や投資回収期間が相対的に長期に設定されたり、延長が認められたりする。

【スタートアップに対する資金提供者の投資回収】

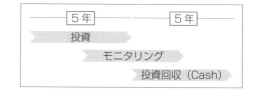

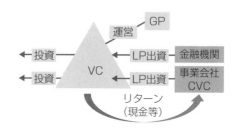

その上で、VCの投資回収は、スタートアップの株式等を売却することでキャピタルゲインを得ることが典型である。そのため、VCから投資を受けるスタートアップには、例えば3〜5年程度でVCが株式を売却する機会を提供することが求められ、そのような前提の下で、担当キャピタリスト(投資担当者)等

---

7 投下資本に対する投資回収に係るキャッシュマルチプル(MOIC：Multiple on Invested CapitalやMoM：Multiple of Money)も重要な判断要素とされることもある。

のVCから事業のモニタリングを受ける。未上場会社であるスタートアップが，株式等を売却できる機会を提供するためには，株式を金融商品取引所に上場する（Initial Public Offering：IPO）か，株式や事業自体を売却すること（M&Aやセカンダリー譲渡）が主要な選択肢となる。そのため，VCから資金を調達するスタートアップは，一から始めて短い期間でビジネスモデルを創り上げ，株式を上場するか事業売却をする事業計画を描く必要がある。

このように，スタートアップが急成長する，ある種「生き急ぐ」イメージは，ビジネスモデルやマーケットの競争環境，起業家のパーソナリティに大きく起因することがある一方，リスクマネーの供給モデルにも起因する。スタートアップへの出資者（VC等）自体がさらに背後の投資家から「生き急がされている」ことによって，その先のスタートアップが「生き急ぐ」という構造を有している。

ただし，この「生き急がされる」構造について，近時は一定の批判や緩和しようという動きもある。ディープテック系スタートアップ向けファンド等を中心としたファンドの存続期間の長期化や，投資家等が短期間でのIPOを求めたり小規模上場となったりする現状を緩和するプラクティス，非上場株式のセカンダリー市場の活性化といった対応もなされ始めており，それぞれ各箇所で検討する。

【スタートアップの資金調達・資金提供者の概要】

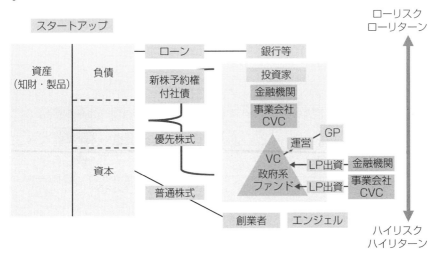

【スタートアップが背後の出資者から一定期間で成長を求められるモデル①】

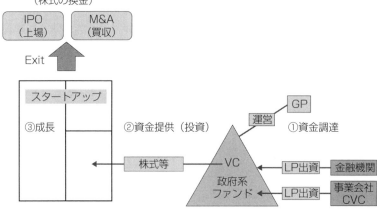

【スタートアップが背後の出資者から一定期間で成長を求められるモデル②】

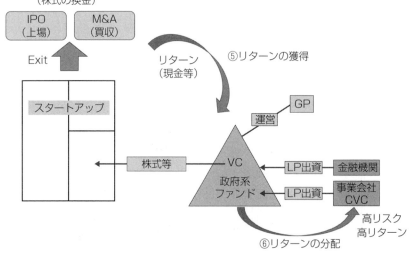

第2章

スタートアップの成長ステージと資金調達

「シード・ステージ」や「アーリー・ステージ」といったスタートアップの「ステージ」とは何か。「ラウンド」とは異なるか。

ステージと資金調達方法の関係は何か。「段階的資金調達」とは何か。

第1節　段階的資金調達

　創業者と投資家の利益調整の結果，スタートアップは「段階的資金調達」という戦略により，投資家に株式を発行することがプラクティスになっている。

　すなわち，創業者はスタートアップの立ち上げ後，自らのインセンティブを最大化するために，少ない株式を発行して多額の資金を調達したい。他方，投資家は，リスクに見合った価格で投資をし，成功した暁には高く株式を処分することでリターンを得たい。

　そのため，投資家によるスタートアップに対する投資は，スタートアップが描く事業計画における成長ステージに応じてフェーズを分ける。まずは第一フェーズを達成するための資金を拠出し，第一フェーズを達成できたら次は第二フェーズを達成するための資金を拠出する，という形で段階的に投資をしていく。このような投資フェーズを，後述の通り「ラウンド」や「シリーズ」と呼ぶ。これによって，投資家は段階的にリスク判断を行いながら，出資の可否を決めていくことができる[1]。

12　第1部　スタートアップ・ファイナンス：総論

【段階的資金調達のメリット】

> ✓　投資家：リスクに応じた資金提供によるリターンの最適化
> ✓　創業者：自身の持株比率の希釈化を緩和
> 　　　　　　各フェーズで必要な支援が期待できる投資家からの資金調達

　他方，創業者にとっても，フェーズを分けて段階的に資金調達することにはメリットがある。1つは，創業者自身の持株比率の希釈化を抑えることができる。投資家のリスクテイクの度合いに対応して，創業者は，スタートアップの成長ステージを分けて，ステージごとに時価総額が上がっていくモデルを描き，それぞれのステージで投資家と時価総額の交渉をして，最適な条件を提示する投資家から資金を調達することを試みる。これによって事業計画の実現リスクをより効率的に株価に反映することができ，持株比率の希釈の程度を抑え，効率化することができる。

　また，創業者にとってもう1つ重要なメリットとして，「お金には色がある」ことが強調されることもある。調達をフェーズごとに行い，成長ステージを分けることで，フェーズごとに目標を達成するために必要な非金銭的な支援の内容が明確になる。例えば，スタートアップが最初に資金調達をするシード・ステージは，典型的には創業者が設定した社会課題に対し，構想する解決方法がマッチしているかを検証するための投資ステージといえる。このようなステージに求められる投資家の特性と，製品が市場ニーズに応えたものであることが検証され，一気に市場を獲得することを目標とするグロース・ステージに求められる投資家の特性は，大きく異なる。段階的資金調達の方法を採用することにより，創業者は単にエクイティを節約することができるだけではなく，その成長ステージに応じた支援を得られる投資家からの「色のついたお金」を調達することができることが強調される[2]。

　なお，既存株主の持分の希釈化を可能な限り小さくするためには，必要なタ

1　スタートアップのビジネスのリスクはその時々により異なり，また，「ピボット（pivot）」によりビジネスモデルそのものが変わる可能性すらある。スタートアップ・創業者側として，ビジネスの展開に応じて資金調達を行うことが効率的となる。投資家としても，資金ニーズに応じて出資をする方が，余剰資金を流用されるリスクが抑えられる。投資に対する内部収益率（IRR）も高まり得るため資金効率がよい。
2　以上の記載について，スタートアップ買収の実務34～36頁も参照。

イミングで資金を調達しつつ，投資家に発行する株式の一株当たりの発行価格を高く設定する必要がある。一方，投資家としても株式の内容に一定のプロテクションを含めることで，自らのリスクを低減できる。これらのニーズを達成するための方法が優先株式であり，段階的資金調達と優先株式は密接に連動している。優先株式の仕組みについては第3部第2章で詳しく述べる。

第2節　スタートアップの成長ステージ

1　概　要

　段階的資金調達においては，スタートアップの株式の流動化（エグジット）に至るまでの期間をいくつかの成長フェーズに分けた上で，資本戦略が練られる。この成長フェーズの分け方には色々な考え方があるが，シード・ステージ，アーリー・ステージ，ミドル・ステージ（グロース／エクスパンション），レイター・ステージ等に分けて考えるのが一般的である。ただし，ステージ区分に厳密な定義はなく，各種団体や文献によって定義も異なる[3]。そのため，あくまで典型的なものではあるが，それぞれのステージは，主にインターネット系のプロダクトの開発を主に念頭に置くと，おおむね以下の通りとなる[4]。時価総額や必要資金の目安の記載については，個社の事情により異なり，必ずしも汎用的な分類ではないことには注意されたい。

---

[3]　日本・海外の主要団体におけるステージの区分（3～6ステージ）をまとめたものとして，公認会計士協会・価値評価実務19～20頁参照。

[4]　なお，創薬やハードウェアの開発・販売を目指す研究開発型スタートアップでも成長フェーズに応じて調達戦略を練ることは同様であるが，これらのビジネスを手がけるスタートアップの成長フェーズには厳密さを要し，長期間となることが多い。以上について，スタートアップ買収の実務42～45頁参照。

【スタートアップの成長ステージ区分の一例①】[5]

ステージ区分	概要と特徴
シード	商業的事業がまだ完全に立ち上がっておらず、研究及び製品開発を継続している企業
アーリー	製品開発及び初期のマーケティング、製造及び販売活動を始めた企業
エクスパンション	生産及び出荷を始めており、その在庫又は販売量が増加しつつある企業
レイター	持続的なキャッシュフローがあり、IPO直前の企業等

【スタートアップの成長ステージ区分の一例②】[6]

ステージ区分	概要と特徴	必要資金目安
創業	ニーズ特定／事業コンセプト確立	数百万円
シード	プロダクト開発・初期セグメントでのPMF	数千万円
アーリー	ユニットエコノミクス・スケーラビリティの確立	数億円
ミドル	単月黒字化・規模化や事業拡張への着手	数億〜数十億円
レイター	ガバナンス整備・IPO	数十億円〜

【スタートアップの典型的な成長ステージ・資金調達ラウンド】

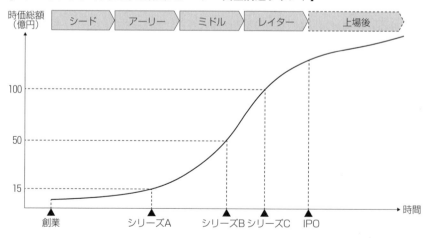

出典：PwCコンサルティング合同会社 ストラテジーコンサルティング（Strategy&）「Strategy & Foresight vol.23」[7] 13頁

以下では，シード，アーリー，ミドル（グロース／エクスパンション），レイター
の各ステージにおいて，典型的な特徴について概説する。

2　シード・ステージ

シード・ステージは，商業的事業がまだ完全に立ち上がっておらず，研究及
び製品開発を継続しているステージを主に指す。創業にあたって設定した社会
課題と，これを解決する方法・アプローチがマッチしているかを検証するステー
ジといえる。設定した社会課題がそもそも正しい問いなのか，構想する問題解
決の方法が設定した社会課題の解決のために最適な方法なのかを，ヒアリング
やMVP（Minimum Viable Product：最低限に機能するプロダクト）による実
験等を通じて検証する。この検証活動はしばしばPSF（Problem Solution Fit）
と呼ばれている。このフェーズでは，創業者の構想そのものに対して投資する
ものであるため，伝統的には，必ずしも経済合理性のみではなく創業者を支援
する，エンジェル投資家と呼ばれる個人が資金拠出を担うことが多かった。一
方，近時は，シード・ステージに投資するVCも増加してきている。

3　アーリー・ステージ

アーリー・ステージは，製品開発及び初期のマーケティング，製造及び販売
活動を始めたステージを主に指す。検証された課題解決のための方法をプロダ
クトに落とし込むステージといえる。プロダクトを市場に投入し，顧客からの
フィードバックを受けながら改善を繰り返していき，最適な顧客体験を届ける
ことができるようにプロダクトを磨き上げる。このステージの目標は，プロダ
クトを市場の需要に最適な形でフィットするものにすること（PMF：Product
Market Fit）で[8]，スタートアップにとっての最大のチャレンジといえ，事業
分野に詳しいVCがリスクをとって投資をするステージといえる。

5　一般財団法人ベンチャーエンタープライズセンター（VEC）「ベンチャー白書2023」I -23
頁。

6　GCP 100～101頁。

7　https://www.strategyand.pwc.com/jp/ja/publications/periodical/strategyand-foresight-
23.html

8　近時は，Founder Market Fit（起業家と市場がどのくらい合致しているか）の重要性も
指摘される。

4 ミドル・ステージ（グロース／エクスパンション）

　アーリー・ステージにおいてPMFが達成されると，ミドル・ステージに入る。ミドル・ステージは，生産及び出荷を始めており，その在庫又は販売量が増加しつつあるステージとされる。プロダクトを市場に普及させて市場シェアを獲得するステージといえる。このステージでは，マーケティングをはじめとして販売体制の確立に向けて大きく投資をしていくことになり，求められる投資家も，スタートアップのディールソースとなったりマーケティングに寄与できたりする事業会社等が視野に入ってくる。

5 レイター・ステージ

　レイター・ステージは，持続的なキャッシュフローがあり，IPO直前の企業等のステージとされる。市場シェアの獲得に成功し，安定的な売上を得ることができるようになると，スタートアップは，創業者による属人的な経営スタイルから，組織として持続的に成長することができるよう経営スタイルを変更するレイター・ステージに入っていく。レイター・ステージは，スタートアップの「上場準備」の過程でもある。この過程では，属人性を排して組織として経営していくために，所掌分野を分け，内部のルールを設定し，そのルールが守られるためのモニタリングが行われるよう，ガバナンス体制の整備を行う。このような体制整備は，スタートアップが上場し，独立企業として多数の投資家を市場から迎えて経営する資格を得るために不可欠なプロセスといえる。海外投資家を含めた機関投資家や，近時はPEファンドによるグロース資金提供，上場株式向けファンドによるクロスオーバー投資等も目立つ。

6 各ステージの目安と資金調達戦略

　インターネット系のプロダクトの開発を行うスタートアップを主に念頭に置くと，典型的には，前述のそれぞれのステージを1年〜1年半程度で進むことを目指す。

　このようなスピード感を前提とすると，資金調達戦略としては，資金が尽きると倒産してしまうので，一定のバッファを持って，各ステージにつき1年半〜2年程度の，キャッシュが尽きるまでの期間（ランウェイ）を確保しておくといった対応が多い。

ランウェイを伸ばす方法として，ステージごとのエクイティによる資金調達に加えて，ブリッジファイナンスや，いわゆるベンチャーデットといった，負債（借入れ・社債）による資金調達も目立ってきている。第5部で詳細について検討する。

【成長ステージ，資金調達ラウンド，人材確保やエクイティ報酬のタイムライン】

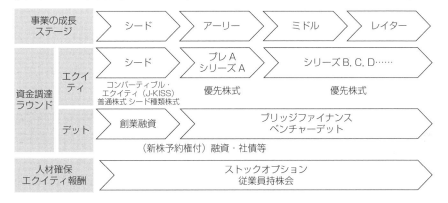

第3節　資金調達ラウンドと資本政策

1　総論：成長ステージと資金調達ラウンドの関係

　前述の通り，スタートアップの事業における成長ステージはおおむねシード，アーリー，ミドル（グロース／エクスパンション），レイターに分けられ，ステージごとに成長目標が設定される。そして，段階的資金調達戦略に基づき，ステージ目標を達成するために必要な資金を段階的に調達する。

　段階的資金調達戦略によれば，スタートアップの成長ステージと，資金調達のラウンドはおおむね一致する。現在の実務では，シード期の資金調達ラウンドである「シード・ラウンド」，アーリー期の調達ラウンドとして「シリーズAラウンド」や「シリーズBラウンド」，ミドル・グロース期の調達ラウンドとして「シリーズCラウンド」，レイター期の調達ラウンドとして「シリーズDラウンド」といった具合に，マイルストーンの達成ごとに資金調達ラウンドを構成する。また，資金繰りや調達環境等の状況を見ながら，例えばシリーズAラ

18 第1部 スタートアップ・ファイナンス：総論

ウンドの前に「プレAラウンド」を挟んだり，シリーズCラウンドに入る前に，借入れによるブリッジファイナンスを挟んだりして，財務基盤を確保する。近時は，ブリッジにとどまらない積極的な負債の活用も重視されている。

このような資金調達手法の選択やその具体的な内容についての検討（資金の入らない，後述のエクイティ報酬等の潜在・顕在株式の構成についての検討を含む）を，スタートアップ・ファイナンスでは「資本政策」と呼ぶことが多い。

2　シード・ラウンド

スタートアップの現在の実務では，シード・ラウンドでは「コンバーティブル・エクイティ」を用いて資金を調達することが多くなっている。コンバーティブル・エクイティは，次の株式資金調達（具体的にはシリーズAラウンド）に先立ってエクイティ性の資金を拠出して，次の株式資金調達の際に発行される株式（具体的にはA種優先株式）と実質的に同様の株式[9]を，その際に金銭出資する投資家よりも安く手に入れる権利を獲得する投資手法である。

日本では，現在では有償新株予約権によって設計するのが一般的で，Coral Capital（旧500 Startups Japan）がひな形を提供しているJ-KISSがよく知られている。米国等の海外ではKISS（Keep it Simple Securities）や，Y CombinatorのSAFE（Simple Agreement for Future Equity）等の投資契約のフォームが知られている。詳細については，第2部第2章第3節で述べる。

3　シード以降の株式による資金調達ラウンド

シード・ラウンド以降の株式による資金調達ラウンドは，主に優先株式を用いて行われる。アーリー・ステージの調達ラウンドであるシリーズAラウンドを皮切りに，シリーズB，シリーズC，シリーズDといった形で調達ラウンドを重ねていき，A種優先株式，B種優先株式，C種優先株式，D種優先株式といった形で条件の異なる優先株式を発行していく[10]。

優先株式の内容のうち重要な一つとして，M&Aに際しての買収対価が優先残余財産分配権に従って具体的に分配される方法が定められる。投資家が，マ

9　詳細は第3部第5章第2節参照。

10　後述の通り，IPOが視野に入ったレイター期以降では，むしろ普通株式による場合もある。詳細は第6部第4章第1節2参照。

イノリティ投資としての資金調達ラウンドに参加し，優先株式を引き受ける際には，「自らがM&Aの売り手になった場合に，どのような優先順位で，どれだけの分配を受けられるか」という視点で，条件交渉を行い，投資判断を行うことになる。

一方で，M&Aによる買い手として株式の全てや過半数を取得しようとする際には，「自らが支払う対価が，誰に，どのように分配されるか」のデフォルトルール（株主構成と優先順位）は，株式の内容や契約で決まっている。その状態を分析し，取引が成立するためのインセンティブ構造を見極める必要がある。

新たに優先株式を引き受ける際の視点については第3部で，優先株式を発行しているスタートアップのM&Aに際して買収者となる際の視点については第7部で，それぞれ検討する。

4 エクイティ報酬

株式や新株予約権といったエクイティを，創業者以外の者に分け与えることは，資金調達目的に限らない。スタートアップでは，高い資金ニーズがビジネスモデルの構築・発展に振り向けられるため，通常，役職員に対して多額の報酬を金銭で支払うことは困難である。スタートアップや起業家個人のビジョンに共感して参画する役職員には，ビジネスモデルが成功した時のリターン（パイ）を十分に配分することを約束することで，インセンティブを確保するのが直截的となる。

そのため，資金ニーズとインセンティブという両面を達成するために，スタートアップの企業価値（株主価値・株式価値）[11]が上昇した場合に，株式を取得した上で利益を得られる「ストックオプション」としての新株予約権を報酬として付与するほか，従業員持株会を通じて集合的に株式を保有してもらい，インセンティブを一致させる対応がとられることがある。このように，スタートアップの人事労務戦略と資本政策は不可分一体となる。スタートアップにおけるストックオプションや従業員持株会の特徴については，第4部で取り扱う。

---

11 負債性の調達を行っていないスタートアップでは基本的に企業価値＝株主価値（個々の株式価値の合計）となるため，本書において厳密には区別をしていない場合がある。

5　負債による資金調達

　スタートアップは事業のリスクが高く，資金提供者に十分なリターンが返ってこないというリスクが高いことから，スタートアップが行う資金調達は，伝統的には借入れや社債の発行といったデット（負債）ではなく，株式や有償の新株予約権の発行といったエクイティ（資本）によることが中心であった。

　他方，スタートアップにおいても，デットによる資金調達は行われてきた。通常の銀行融資や当座貸越等も用いられてきたが，必ずしも十分な信用を有しないスタートアップに特徴的な類型としては，①創業期スタートアップの支援のために政策的に設けられた融資や，②ブリッジファイナンスによるつなぎ融資・救済融資がメインであった。

　これに対して，日本のスタートアップでも，創業期に限られない，③積極的な事業拡大のための運転資金を目的とした，金融機関による融資や社債によるデット性の資金調達も拡大してきている（いわゆる「ベンチャーデット」）。負債による資金調達についても重要性が増していることから，詳細について第5部で検討する。

【スタートアップの資本構成のイメージ】

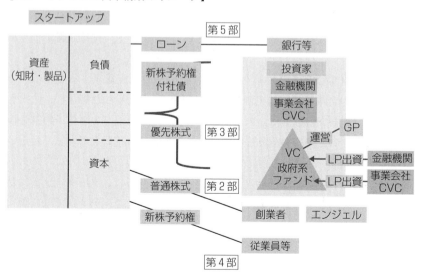

第3章

スタートアップの企業価値の評価と分配

スタートアップが株式による資金調達を行う際に決めるべきことは何か。
企業価値と株式の価格の関係はどのようなものになるか。
「バリュエーション」「プレ／ポスト・マネー」「キャップテーブル」とは何か。

第1節　株式による資金調達と企業価値評価（バリュエーション）

　前述の通り，スタートアップは，主に段階的資金調達の方法により，株式を発行することで資金調達を行うことが通常であった。他方，株式を発行することで資金調達を行う場合には，一定の負担も生じる。様々な負担があるが，大きな点の一つとして，会社の企業価値評価（バリュエーション）[1]を行った上で，一株当たりの発行価格を決める必要があることが挙げられる。

　企業価値評価は，通常は，①各事業の「事業価値」を算出し，②事業価値から企業全体の「企業価値」を算出し，③そこから有利子負債等を差し引いて「株主価値」を算出する（その上で，④異なる種類株式の価値評価においては，株主価値を株式の種類ごとに配分し「株式価値」を算出することになる）[2]。ただし，負債性の調達を行っていないスタートアップでは基本的に企業価値＝株主

1　「バリュエーション」という用語は，企業価値そのものや，企業価値の評価を行うこと，あるいは一株当たりの評価額等，様々な場面で用いられ，厳密には使い分けられていないことも多い。本書でも記載を平易にするために厳密に区別していない場合がある。

2　公認会計士協会・価値評価実務27〜28頁参照。

価値（個々の株式価値の合計）となるため，本書において，厳密には区別をしていない場合がある。特に本章で記述している企業価値評価（バリュエーション）は，株主価値の評価と言い換えることも可能である。

　その上で，仮に，企業価値や一株当たりの発行価格が，実態（本来あるべき金額）と異なる高額・低額で評価された場合，実質的には関係者の誰かが損を被る。例えば，投資家が本来よりも低い対価で株式を取得した場合は多くの持分を得るため，既存の株主（創業者や既存投資家）の持分が相対的に少なくなり損をする。さらに，事実関係次第で，株主等の間で利益移転があったとして贈与税や法人税等の税務上のリスクも否定できない。

　また，ひとたび，あるべき企業価値よりも高く評価を行い，投資家が高額で株式を取得した場合も問題が生じる。つまり，過去に高い企業価値評価が行われた企業の新規投資家候補は，追加で出資をしても得られる持分が少ないか，十分な持分を取得するために多額の資金を出資しなければならない。そのため，投資を差し控え，結果的にスタートアップの資金調達が困難になり得る。仮に資金調達ができても，それ以前よりも低い企業価値評価に基づく資金調達（いわゆる「ダウンラウンド」）にしか投資家が応じないこともあり得る。近時も，金融緩和等で高いバリュエーションに基づく資金調達が積極的に行われたことを背景に，スタートアップの企業価値が割高と判断され，その後の資金調達が難しくなるという事態も見られる。

　そのため，株式による資金調達・投資を行う際には，その時点における一定の企業価値評価（バリュエーション）が重要になる。このバリュエーションは困難であり[3]，どの程度厳密にバリュエーションを行うかも，会社のステージや金額の規模感に応じた差がある。しかし，株式という，企業価値（株主価値）に基づいて一株当たりの発行価格が決まる手法によって資金調達を行う以上，一定のバリュエーションを行う必要がある。

　このようなバリュエーションは，スタートアップや創業者（＋既存投資家）と，新規投資家との間で，新規出資の検討に際しての最大の議論ポイントになる。場合によっては，バリュエーションが折り合わないことで資金調達自体が頓挫することも珍しくない。このような，株式による出資に伴うバリュエーショ

3　スタートアップの事業価値の評価が困難であることの理由・特徴として，例えば①限定的な過去の実績，②将来予測情報の不確実性，③企業存続の不確実性が挙げられる。公認会計士協会・価値評価実務27頁参照。

ンの問題を解決する，あるいは「先送りする」手段として，株式によらない出資・融資という発想が生まれる。例えば，シード期における有償新株予約権を用いたコンバーティブル・エクイティ（第2部第2章第3節）や，ブリッジファイナンスとしての新株予約権付社債（コンバーティブル・ボンド〔第5部第2章第2節参照〕）等である。詳細についてはそれぞれ後述する。

第2節　スタートアップにおける企業価値の分配

　その上で，評価された企業価値（株主価値）を株主や潜在株主にどのように分配するかも重要な問題になる。

　スタートアップの株主は，主として，創業当初からの株主である創業者・経営者等個人やエンジェル投資家と，ベンチャー・キャピタル（VC）等の外部投資家とで構成される。大きく，経営者チームと投資家チームと考えられることもある。スタートアップは，必要な資金調達を行うため株式の発行を繰り返す結果，株主の数も順次増すことになり，成長のステージ次第で，100名を超えることも稀ではない。

　さらに，スタートアップは，役職員に対して多額の報酬を金銭で支払うことに困難もあるため，割安な普通株式を活用したエクイティ・インセンティブ，特に新株予約権を用いたストックオプションを報酬パッケージとして与えることも多い。そのため，株主に加えて，役職員を中心とする新株予約権の保有者（潜在的な株主）が相当数存在することも多い。

　株主・新株予約権者の属性ごとの（潜在的な）持株比率は，スタートアップの成長ステージや資金調達額により異なる。Jカーブを「深く掘る」ディープテック系・研究開発型スタートアップのように，売上・利益を計上するまでに長期間を要する企業の場合，多額の外部資金でキャッシュフローを賄い，対価としてエクイティ（株式）を発行するため，外部投資家の持株比率が増加し，外部投資家全体で，発行済株式総数の多数，場合によって過半数を保有することも稀ではない。他方，（プロダクト等次第だが）ソフトウェア系のスタートアップのように，創業早期からサービスを開始でき，資金調達額も相対的に多額ではない場合，創業者らが発行済株式の過半数を維持することも多い。

　いずれにしても，スタートアップは急速な成長によってラウンドごとに時価総額を急速に大きくすることで，株式持分の希釈化を最小化しながら多額の資

金を外部投資家から調達する資本戦略を描く。そのため，創業者らがスタートアップの設立初期に引き受ける一株当たりの株式の発行価格を相当に低額にする一方で，成長してフェーズが進むにつれてスタートアップの企業価値が上昇し，外部投資家への一株当たりの発行価格は相対的に高額になるように設計することによって，外部投資家からの資金調達額は多額であっても，外部投資家が取得・保有する株式の割合は低くなる。

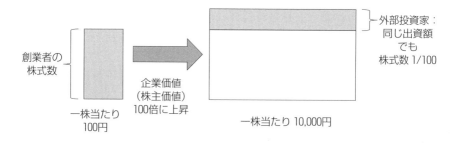

このように，起業家・創業者の持株比率が十分に確保されている状態を作り出すことが，創業者のリターンの源泉となり，スタートアップを上場（IPO）やM&Aによりエグジットさせようとする創業者のモチベーションとなる。この点については，第2部第1章で詳細に説明する。他方で，持株比率の維持のみにこだわると，十分な資金調達ができずに企業の成長にアクセルがかからないという側面もある。

そのため，創業者は，事業の成長・拡大には多額の資金が必要になり，持分を希釈化する必要があることと，持株比率の維持との間で，適切なバランスをとらなければならない。

一方で，自らは事業にコミットしない外部投資家も，リターンを得るためには創業者のモチベーションを低下させないことが何より重要になる。そのため，外部投資家の目線としても，創業者の持株比率の維持に気を配る必要がある。

これに加えて，事業の成長・拡大を支えるキーパーソンを中心とする役職員にも，高いモチベーションを維持してもらうために，エグジットの果実を分配する必要があり，エクイティを保有してもらうことになる。

これらが，スタートアップの企業価値という「パイ」の切り分けの問題であり，パイを切り分ける「角度」（持株比率）にこだわりすぎると，「パイ全体の大きさ×角度」で計算される，起業家自らのリターン自体が小さくなってしま

う。常に将来を見据えた資金調達を考え，最適な資本構成を創業者と外部投資家が作り上げていく。これが，いわゆる「資本政策」のコアとなる。

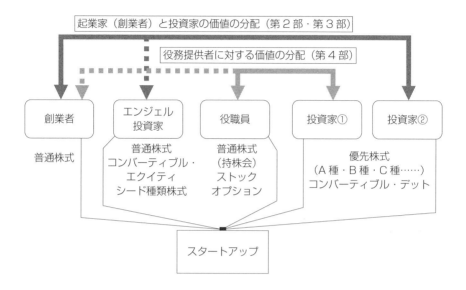

第3節　プレ・マネーとポスト・マネー

　企業価値評価（バリュエーション）において，いわゆる「プレ・マネー」（プレ・バリュー）や「ポスト・マネー」（ポスト・バリュー）を区別しておくことは一定程度有益である。

　プレ・マネーは，新たな出資直前の企業価値（株主価値）を指し，ポスト・マネーは出資直後の企業価値（株主価値），すなわち「プレ・マネー＋新規出資額」を意味する。実際は，エグジット時やポスト・マネーの企業価値を大まかに考え，そこから投資家が得たいリターンを達成するために取得したい持分割合を考え，新規出資額を決めるという逆の方向で考えることもある。

　次の図で，「企業価値（株主価値）100倍に上昇」としているときの「企業価値（株主価値）」は，プレ・マネーとポスト・マネーのいずれを指すかが，当事者によって異なる場合がある。

　例えば，一株当たり100円で1,000株を発行済み（既存出資額が10万円）の

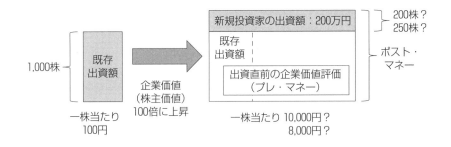

　会社が，新たに200万円を調達して株式を発行しようとする場合を考える。プレ・マネーが100倍に上昇しているのであれば（評価額1,000万円），一株当たり10,000円で200株発行し，ポスト・マネーが1,200万円になる（ポスト・マネーは120倍に上昇している）。

　他方，ポスト・マネーが100倍（評価額1,000万円）に上昇していると考えている立場からすると，プレ・マネーが800万円（1,000万円−200万円）で，新規投資家には，一株当たり8,000円（800万円÷1,000株）で，250株（200万円÷8,000円）を発行することになる。企業価値評価の方法によって，いずれの考え方もあり得るが，いずれにしても，「バリュエーションがXX円」として起業家と投資家との間で会話をする際には，それがプレ・マネー・バリュエーション（Pre-money Valuation）か，ポスト・マネー・バリュエーション（Post-money Valuation）のいずれを指しているかを明確にして議論する必要がある。次に触れる資本政策表（キャップテーブル）で議論することも有益である。

第4節　資本政策と資本政策表（キャップテーブル）

　これまで述べたような資本政策（誰から，いつ，どのように資金調達を行い，どのようなインセンティブ報酬を発行するか等）は「後戻りが効かない」といわれる。特に，資金さえあれば通常は返済により消滅させることができる融資・社債（デット）と異なり，株式は一度発行すると，株主から買い戻すこと等により失わせることは容易にはできない。

　極端な例では，初期にエンジェル投資家から500万円の出資を受ける代わりに2分の1の株式（持分）を与える場合を考える（企業価値評価は1,000万円ということになり，また創業者はエグジットで得られる利益が全体の2分の1

になる）。その後，VCから運転資金として1億円を調達したいが，これ以上創業者の持分比率を減らしたくないことに気づき，例えばVCを10%の持分に留めようとすると，VC出資後の企業価値（ポスト・マネー）を10億円と考える必要がある。他方，VCは，エンジェル投資家の20倍の出資を行うのに，持分が少なく，高い企業価値評価に容易に応じることはない。低い企業価値評価の場合，逆にエンジェル投資家は，自らに不利になる資金調達に対し，株主として株主総会で反対の議決権を行使することも考えられる。

　エンジェル投資家から株式を買い戻そうとしても，強制することは原則としてできず，任意で交渉することになり，困難が予想される。

　このような「後戻りが効かない」ことが，資金ニーズに応じて段階的資金調達を行う理由の1つであり，また，その際に，時期や金額（企業価値の評価額を含む），投資家の属性といった内容を検討し決定していく，資本政策が重要な理由である。

　資本政策は，ゴール（エグジット）から逆算して策定していく必要がある。もっとも，当然ながら創業時や，ある時点の資金調達時に立てたゴールとそれに至る道筋を正確にたどることはほとんどなく，随時修正が必要になる。その意味で，資本政策は常に将来に向けた計画（pro forma，プロフォーマ）であり，事業と資金調達の進展に応じて修正していくことになる。

　このような資本政策を反映したドキュメントが，いわゆる「資本政策表」である。「キャップテーブル」（CapTable, Capitalization Table）とも呼ばれる。スタートアップ自身が資本政策を構築する際のツールであり，投資家候補が投資判断を行う際に開示を行うことになる。作成をしていない場合，初期のVCやインキュベーター，アクセラレーターが作成支援を行うこともある。

　資本政策表は，作成過程を反映して2つの側面がある。①1つは，過去から現在までの資金調達やエクイティ報酬の結果としての株式・新株予約権の発行状況（事実）を示した部分であり，②もう1つは，現在から将来に向けた資金調達等と株式・新株予約権の発行予定（計画・予定）を示した部分である。①のみ記載された「資本政策表」を作成している場合もあるが，将来に向けた正しい資本政策の策定と投資判断に資するためには，ゴール・目標から逆算した②の部分も含めて作成することが望ましい。そこから，確定した部分が①となっていく。②も含めた資本政策表を，計画であるため，プロフォーマ・キャップテーブル（Pro Forma CapTable）と呼ぶこともある。新規投資家候補との間で，

バリュエーション（プレ／ポスト）と，一株当たり発行価格・発行株式数について正確に合意するために，そのラウンドのためにプロフォーマ・キャップテーブルを更新しつつ議論・合意することも重要である。

　例えば，上場までを念頭においたプロフォーマ・キャップテーブルの例として次の【参考資料】のようなものを作成する[4]。

4　キャップテーブル例の作成には，株式会社400Fの CFO（出版時）である鵜月健太郎氏の多大なる協力を得た。誤りがあった場合の責任は筆者にのみ帰属する。

Column　株主名簿とCapTable

　会社法上，株式会社は「株主名簿」を作成し，本店[5]に備え置かなければならないとされている（会社法121条，125条1項）[6]。株主名簿には，記載・記録しなければならない法定の事項が定められている（以下は株券発行会社でない場合）。

> ①　株主の氏名又は名称及び住所
> ②　①の株主の有する株式の数（種類株式発行会社にあっては，株式の種類及び種類ごとの数）
> ③　①の株主が株式を取得した日

　株主名簿は，紙ではなく電磁的記録として作成することも可能である。また，法定事項以外が記載されていてもかまわない[7]。例えば，エクセルで作成したCapTableが①から③の記載事項を含んでいれば，株主名簿の作成義務を果たしているということも可能である。ただし，例えば正式名称，取得日や住所が正確に記載されていない等の事例も見受けられるため注意が必要である。

　株主名簿（書面）やその記録事項を表示した電磁的記録は，株主や債権者等が，一定の不当な目的等による場合を除き，閲覧・謄写（コピー）をすることが認められている。

　なお，株主名簿と同様に新株予約権については新株予約権原簿，社債については社債原簿の作成が求められ，それぞれ法定の記載事項が定められており注意が必要である（会社法249条，252条，681条，684条）。これらもCapTableで兼ねることも可能であるが，株主名簿よりは記載事項が細かくなるため，発行時に別のファイル（別シート）として一元管理をすることも考えられる。

5　株主名簿管理人がある場合にあっては，その営業所に株主名簿を備え置くこととされている。スタートアップが株主名簿管理人を設置するのは，上場準備に際し，上場後の証券代行業務を担う信託銀行に依頼するタイミングが通常である。

6　この備置義務に違反した場合，100万円以下の過料の制裁も設けられている（会社法976条8号）。

7　会社法コンメ(3)270頁〔前田雅弘〕参照。

30　第1部　スタートアップ・ファイナンス：総論

【参考資料】プロフォーマ・キャップテーブル

日付	2025年1月						
ラウンド	設立						
ラウンド概要	共同創業者2名で計1000万円を拠出して起業						
株式種類	普通株						
名称	顕在			潜在株式数		潜在含む総株数	潜在含む持株比率
	増減株数	保有株数	持株比率	増減株数	保有株数		
代表取締役社長	17,000	17,000	85.00%	—	—	17,000	85.00%
共同創業者	3,000	3,000	15.00%	—	—	3,000	15.00%
シリーズA投資家	—	—	0.00%	—	—	—	0.00%
シリーズB投資家	—	—	0.00%	—	—	—	0.00%
シリーズC投資家	—	—	0.00%	—	—	—	0.00%
従業員	—	—	0.00%	—	—	—	0.00%
IPO投資家	—	—	0.00%	—	—	—	0.00%
合計	20,000	20,000	100.00%	—	—	20,000	100.00%

発行済総株式数【潜在除】	20,000株
発行済総株式数【潜在含】	20,000株
株価（円）	500円
Pre-Money Valuation (fully-diluted)	—
純資産増加額（円）	10百万円
Post-Money Valuation (fully-dilulted)	10百万円
累計調達金額	10百万円

日付	2027年6月						
ラウンド	シリーズB						
ラウンド概要	Pre-Money50億円で10億円調達						
株式種類	B種優先株式						
名称	顕在			潜在株式数		潜在含む総株数	潜在含む持株比率
	増減株数	保有株数	持株比率	増減株数	保有株数		
代表取締役社長	—	17,000	58.54%	—	—	17,000	56.22%
共同創業者	—	3,000	10.33%	—	—	3,000	9.92%
シリーズA投資家	840	4,840	16.67%	—	—	4,840	16.01%
シリーズB投資家	4,200	4,200	14.46%	—	—	4,200	13.89%
シリーズC投資家	—	—	0.00%	—	—	—	0.00%
従業員	—	—	0.00%	—	1,200	1,200	3.97%
IPO投資家	—	—	0.00%	—	—	—	0.00%
合計	5,040	29,040	100.00%	—	1,200	30,240	100.00%

発行済総株式数【潜在除】	29,040株
発行済総株式数【潜在含】	30,240株
株価（円）	198,400円
Pre-Money Valuation (fully-diluted)	5,000百万円
純資産増加額（円）	1,000百万円
Post-Money Valuation (fully-dilulted)	6,000百万円
累計調達金額	1,210百万円

2026年6月 — シリーズA（Pre-Money10億円で2億円調達）A種優先株式

顕在 増減株数	顕在 保有株数	顕在 持株比率	潜在株式数 増減株数	潜在株式数 保有株数	潜在含む総株数	潜在含む持株比率
—	17,000	70.83%	—	—	17,000	70.83%
—	3,000	12.50%	—	—	3,000	12.50%
4,000	4,000	16.67%	—	—	4,000	16.67%
—	—	0.00%	—	—	—	0.00%
—	—	0.00%	—	—	—	0.00%
—	—	0.00%	—	—	—	0.00%
—	—	0.00%	—	—	—	0.00%
4,000	24,000	100.00%	—	—	24,000	100.00%

24,000株	
24,000株	
50,000円	
1,000百万円	
200百万円	
1,200百万円	
210百万円	

2026年7月 — SO（従業員にインセンティブとしてSO付与（発行済株式総数の5%まで））普通株式

顕在 増減株数	顕在 保有株数	顕在 持株比率	潜在株式数 増減株数	潜在株式数 保有株数	潜在含む総株数	潜在含む持株比率
—	17,000	70.83%	—	—	17,000	67.46%
—	3,000	12.50%	—	—	3,000	11.90%
—	4,000	16.67%	—	—	4,000	15.87%
—	—	0.00%	—	—	—	0.00%
—	—	0.00%	—	—	—	0.00%
—	—	0.00%	1,200	1,200	1,200	4.76%
—	—	0.00%	—	—	—	0.00%
—	24,000	100.00%	1,200	1,200	25,200	100.00%

24,000株	
25,200株	
50,000円	
1,200百万円	
—	
1,200百万円	
210百万円	

※SO付与の際のバリュエーション表記は参考

2027年7月 — SO（従業員にインセンティブとしてSO付与（発行済株式総数の10%まで））普通株式

顕在 増減株数	顕在 保有株数	顕在 持株比率	潜在株式数 増減株数	潜在株式数 保有株数	潜在含む総株数	潜在含む持株比率
—	17,000	58.54%	—	—	17,000	53.22%
—	3,000	10.33%	—	—	3,000	9.39%
—	4,840	16.67%	—	—	4,840	15.15%
—	4,200	14.46%	—	—	4,200	13.15%
—	—	0.00%	—	—	—	0.00%
—	—	0.00%	1,704	2,904	2,904	9.09%
—	—	0.00%	—	—	—	0.00%
—	29,040	100.00%	1,704	2,904	31,944	100.00%

29,040株	
31,944株	
198,450円	
6,001百万円	
—	
6,001百万円	
1,210百万円	

2028年11月 — シリーズC（Pre-Money100億円で20億円調達）C種優先株

顕在 増減株数	顕在 保有株数	顕在 持株比率	潜在株式数 増減株数	潜在株式数 保有株数	潜在含む総株数	潜在含む持株比率
—	17,000	47.98%	—	—	17,000	44.35%
—	3,000	8.47%	—	—	3,000	7.83%
1,067	5,907	16.67%	—	—	5,907	15.41%
924	5,124	14.46%	—	—	5,124	13.37%
4,399	4,399	12.42%	—	—	4,399	11.48%
—	—	0.00%	—	2,904	2,904	7.58%
—	—	0.00%	—	—	—	0.00%
6,390	35,430	100.00%	—	2,904	38,334	100.00%

35,430株	
38,334株	
313,050円	
10,000百万円	
2,000百万円	
12,000百万円	
3,210百万円	

※SO付与の際のバリュエーション表記は参考

32　第1部　スタートアップ・ファイナンス：総論

【参考資料】プロフォーマ・キャップテーブル

日付	2028年12月						
ラウンド	SO						
ラウンド概要	従業員にインセンティブとしてSO付与（発行済株式総数の15%まで）						
株式種類	普通株式						
	顕在			潜在株式数		潜在含む	潜在含む
名称	増減株数	保有株数	持株比率	増減株数	保有株数	総株数	持株比率
代表取締役社長	—	17,000	47.98%	—	—	17,000	41.72%
共同創業者	—	3,000	8.47%	—	—	3,000	7.36%
シリーズA投資家	—	5,907	16.67%	—	—	5,907	14.50%
シリーズB投資家	—	5,124	14.46%	—	—	5,124	12.58%
シリーズC投資家	—	4,399	12.42%	—	—	4,399	10.80%
従業員	—	—	0.00%	2,410	5,314	5,314	13.04%
IPO投資家	—	—	0.00%	—	—	—	0.00%
合計	—	35,430	100.00%	2,410	5,314	40,744	100.00%

発行済総株式数【潜在除】	35,430株
発行済総株式数【潜在含】	40,744株
株価（円）	330,680円
Pre-Money Valuation (fully-diluted)	12,676百万円
純資産増加額（円）	—
Post-Money Valuation (fully-dilulted)	12,676百万円
累計調達金額	3,210百万円

※SO付与の際のバリュエーション表記は参考

2030年9月							2030年10月						
転換＆株式分割							IPO						
1：500							完全希釈化後ベース300億円で上場						
優先株式→普通株式							普通株式						
顕在			潜在株式数		潜在含む総株数	潜在含む持株比率	顕在			潜在株式数		潜在含む総株数	潜在含む持株比率
増減株数	保有株数	持株比率	増減株数	保有株数			増減株数	保有株数	持株比率	増減株数	保有株数		
8,483,000	8,500,000	47.98%	—	—	8,500,000	41.72%	—	8,500,000	44.27%	—	—	8,500,000	38.89%
1,497,000	1,500,000	8.47%	—	—	1,500,000	7.36%	—	1,500,000	7.81%	—	—	1,500,000	6.86%
2,947,593	2,953,500	16.67%	—	—	2,953,500	14.50%	(2,953,500)	—	0.00%	—	—	—	0.00%
2,556,876	2,562,000	14.46%	—	—	2,562,000	12.58%	(1,562,000)	1,000,000	5.21%	—	—	1,000,000	4.58%
2,195,101	2,199,500	12.42%	—	—	2,199,500	10.80%	—	2,199,500	11.46%	—	—	2,199,500	10.06%
—	—	0.00%	2,651,686	2,657,000	2,657,000	13.04%	—	—	0.00%	—	2,657,000	2,657,000	12.16%
—	—	0.00%	—	—	—	0.00%	6,000,000	6,000,000	31.25%	—	—	6,000,000	27.45%
17,679,570	17,715,000	100.00%	2,651,686	2,657,000	20,372,000	100.00%	1,484,500	19,199,500	100.00%	—	2,657,000	21,856,500	100.00%

	2030年9月	2030年10月
	17,715,000株	19,199,500株
	20,372,000株	21,856,500株
	661.36円	1,400円
	—	28,521百万円
	—	2,078百万円
	—	30,599百万円
	3,210百万円	5,289百万円

第 **2** 部
▼
創業期・
シード期の資本政策・
資金調達

36 第2部 創業期・シード期の資本政策・資金調達

序

　第2部では，第1部の総論をふまえ，スタートアップの創業期・シード期における資本政策や資金調達について取り扱う。具体的には，創業者らの株式の取扱いや，それに関連するガバナンス・組織形態（第1章）と，シード期における資金調達の手法（第2章）について主に検討する。なお，本書では，主に上場を有力な選択肢とする非上場スタートアップを念頭に，その形態として株式会社を前提にしている。

Column　合同会社

　「会社」には，株式会社，合名会社，合資会社及び合同会社が存在し（会社法2条1号），近時は合同会社の活用も進んでいる。合同会社は，株式会社と同じく，持分を有する者が出資額以上の責任を負わない（有限責任である）一方で，株式会社よりも柔軟な機関設計ができること等が理由である。

　もっとも，東京証券取引所等の日本の金融商品取引所では，上場できる金融商品が株式会社の株式等に限られており，合同会社の社員持分は認められていない。そのため，少なくとも上場前の一定のタイミングで株式会社に組織変更をする必要があり，翻って上場を目指すことを前提にVC等の投資家が合同会社に対して出資を行うことも稀である。ただし，例えば，スタートアップの組織再編の一環として合同会社を一時的に用いることはある。第7部第10章参照。

第1章

創業者の株式・ガバナンス

> 創業者が有する株式について検討すべき事項は何か。
>
> 創業者が高い持株割合を確保する必要がある理由は何か。資金の少ない創業者が持株割合を維持するためのロジックや仕組みはどのように考えればよいか。
>
> 創業期のガバナンスや各人の役職について検討すべき事項は何か。

　スタートアップの創業者である起業家[1]は，一般的にはそのスタートアップの事業にフルコミットするため，創業期から高いリスクをとる。このリスクに見合う高いリターンを得るための手段が，創業時に取得したスタートアップの株式[2]を売却・処分することによるキャピタルゲインである[3]。

1　「創業者」は特定のスタートアップを立ち上げた者を，「起業家」は特定のスタートアップに限らずに新たな事業を立ち上げることをその性質や目標としている者を指すニュアンスがあり，本書では文脈に応じて用いているが，厳密に区別していない場合がある。

2　創業者は，株式会社であるスタートアップを設立するために主に以下の手続を行い，スタートアップの株式を取得する。
・「定款」（株式の内容やガバナンスを規定する，会社の基本的文書）を作成する
・公証人による定款の認証を受ける
・あらかじめ定めた金額の出資を履行する（1円でも可能）
・設立の登記をする（これにより株式会社が成立する）
　近時，法務省は，スタートアップ支援のための定款認証に関する取組みを行っており，日本公証人連合会と協力して「定款作成支援ツール」を公開したり，一定の地域で一定の場合は定款認証と登記を合わせて72時間以内に完了させる運用を開始したりしている（https://www.moj.go.jp/MINJI/minji03_00076.html）。

3　ただし，上場後も，大株主や経営者としての創業者による株式売却には規制やビジネス上の制約が伴う。創業者がキャッシュを確保するためには保有する株式の一定割合を担保に融資を受けることも多い（株式担保貸付け，株担融資）。担保に供することのできる上限は各証券会社，借入金額や銘柄の流動性，金融市場等の状況等によって異なる。

38　第2部　創業期・シード期の資本政策・資金調達

　また，創業者は，株主総会で議決権を有する株式を一定割合保有することにより，その後，外部投資家から資金調達を受けて株式を発行した場合であっても，一定の経営支配力を維持することで，自らのビジョンを推進する。

　このように，創業者の株式に係る経済的な側面と経営・支配に関する側面や，これらに伴うガバナンスやマネジメントが将来にわたって極めて重要であるため，創業期の段階から，例えば，次のような点を検討する必要がある。

✓　創業者の株式の価格を低額に抑え，持株割合を維持・確保すること（第1節）
✓　創業者が保有していた知的財産の取扱い　　　　　　　　　　　　（第2節）
✓　創業者が複数の場合の持株割合　　　　　　　　　　　　　　　　（第3節）
✓　離脱する創業者の株式の取扱い　　　　　　　　　　　　　　　　（第4節）
✓　創業者らによるガバナンス（役職・マネジメント）　　　　　　　（第5節）

第1節　創業者の持株割合と株価のメカニズム

　まず，創業者が高い持株割合を確保する必要がある理由と，資金の少ない創業者が持株割合を維持するためのロジックや仕組みについて検討する。

1　創業者が高い持株割合を維持する必要性

　前述の通り，起業家が創業期からとった高いリスクに見合う高いリターンを得る主な手段は，スタートアップの株式を売却・処分することによるキャピタルゲインである。株式からの配当[4]や，役員報酬を過大に得るよりも，キャッシュ（現金・金銭）はスタートアップの成長に振り向けられる。

　そのため，創業者がリターンを確保するためには，高い持株割合[5]を確保することが重要となる。創業者が議決権を有する株式を一定数保有することを通じ，スタートアップの運営を安定させる目的や効果もある。

　成長に必要な資金調達によって外部に株式を発行しても，スタートアップの

4　会社法上，配当可能利益（分配可能額，会社法461条）の限度で配当が可能となる。スタートアップは設立後，利益を得るまで時間がかかることから，法的に配当を行うことができないことも多い。

創業者が一定の持株割合を確保・維持することにより，IPO（株式上場・公開）が実現した段には，（市場の需給を崩さないことや安定的な運営を確保する等の実際上の限度はあるが）株式を売却可能となり，持株割合に応じた利益を得られる[6]。

また，二大エグジットのもう1つであるM&Aが実施される場合，十分なリターンが分配されるためには，IPOと比べても一層，創業者や経営陣[7]の持株割合が一定程度確保されている必要性が高い。スタートアップの創業者や経営陣等は，M&Aの対価について優先権が存在しない普通株式を保有しているところ，特に参加型の優先分配（第3部第2章第3節3）が定められている場合等，単純に持株割合で価値が分配されるIPOに比べて普通株主に対する一株当たりの分配額が少ない場合がある。

2 創業者と投資家が有する株式の価格差

これに対し，創業者と投資家の間には，資金力に大きな差があることが多い。スタートアップに対する金銭出資額がそのまま持株割合に反映されれば，一株当たりの価格が同じ場合，創業者らの持株割合は非常に低くなってしまう。

そのため一般には，創業者らが創業時・初期に（普通）株式[8]一株を取得する対価として払い込む金額（払込金額[9]）は，相当に低い価格に設定する。そ

---

5 「持株割合」の他に，「持株比率」や「持分割合（持分比率）」といった用語も用いられる。例えば，ストックオプション等の新株予約権は，株式ではないが株式を取得する権利であるため「潜在株式」とも呼ばれるところ，このような潜在株式も考慮して創業者を含めた株主等の取り分を検討する場合，「持分割合（持分比率）」という表現が考えられる。もっとも，ストックオプション等の潜在株式を発行することが通常であるスタートアップでは，潜在株式が普通株式に転換した場合の「完全希釈化後ベース」（完全希釈化後株式数）をもとに「持株割合（持株比率）」と呼ぶことも多い。そのため，本書では厳密には区別していない場合も多い。

6 後述の通り，日本ではIPOが行われる場合，その直前に，投資家の優先株式が，取引所で流通する普通株式に全て転換されるのが通常である（第3部第4章第7節）。そのため，株式構成が，普通株式・A種優先株式・B種優先株式といった優先構造ではなくなり，創業者も普通株式の持株割合に応じた利益を得られることになる。ただし，実際は創業者がキャッシュを確保するためには保有する株式を担保に融資を受けることが多いことは前述した。

7 スタートアップを創業した「創業者」と，その後に参画した者等を含む「経営陣」は異なる場合も多い。後者の方が広い場合が多いが，創業者が経営から離れる場合もある。本書では文脈に応じて，マネジメント層である個人を厳密に区別せずに「創業者（ら）」や「経営陣」等と呼ぶことがある。

の後，投資家が引き受ける株式の払込金額は相対的に高額に設定される。このような価格差がどのような理由で，具体的にいくらとなるかについては問題になり，創業者らと投資家の交渉事項になる。

【創業者と投資家が有する株式の価格差の根拠】

> ①　企業の成長による価格差
> ②　株式の内容による価格差

　株式の価格差は，①企業の成長（時間）による差と，②株式の内容の差によって生じ得る。①まず，創業者がスタートアップの普通株式を引き受けた時点と，投資家が株式を引き受けた時点が異なれば，払込金額の差異は，その間にスタートアップが成長したことによる企業価値・株主価値（バリュエーション）の上昇で説明が可能になる。成長したスタートアップの持分を手に入れるには，同じ割合であっても，当然高い金額の出資が必要になる。成長フェーズに応じて小刻みに出資を行うことによって，さらに効果的に価格差をつけようとする資金調達方法が，段階的資金調達であった。

　また，②投資家が引き受ける株式が，優先残余財産分配権や優先配当権が定められている優先株式（第3部第2章参照）であれば，仮に普通株式と同時期に発行されたとしても，優先株式一株当たりの公正な価額は，普通株式一株当たりの公正な価額より高く，相対的に高額の払込金額になり得る。なお，この場合，低い価額である普通株式の発行が有利発行である，あるいは高い価額である優先株式の発行が不利発行であったと扱われ，投資家から創業者へ株式の価値の移転が生じたとして，関係者に課税が生じないかが問題となり得る。もっとも，特に優先残余財産分配権や優先配当権が定められている優先株式は，普通株式とは異なる価格体系となると考えるのが合理的である。そのため，具

8　創業時から，投資家等に異なる種類株式（いわゆる優先株式等）を発行するまでの間は，株式は一種類しか発行されておらず，また発行可能な株式の種類も定款上で分けて記載していないことが通常である。この間は，創業者らが取得・保有する株式は，単に定款・登記上は「株式」とされる。もっとも，わかりやすさのため，本書では，優先株式等の種類株式が発行されていない間の株式も，「普通株式」と呼ぶことがある。

9　会社法上，募集株式一株と引換えに払い込む金銭又は給付する金銭以外の財産の額を「払込金額」という。実務上は「発行価格（発行価額）」「取得価格（取得価額）」等ともいうため，本書では文脈に応じてわかりやすさのために区別せずに用いることがある。

体的な価格次第にはなるが，合理的な交渉の結果定められた価格であれば，優先株式の払込価額を普通株式と異なる価格に設定することのみで，直ちに株主間で価値の移転が生じるものではないと考えられる[10]。

第2節　知的財産の取扱いと株価

　次に，スタートアップにおいて成長の源泉となる無形資産・知的財産の取扱いと，創業者が取得する株式の関係について検討する。これは，前述の①スタートアップの成長に伴う株価の差を正当化する最初のステップとして，極めて重要である。

　例として，創業者Aが70万円を拠出し（一株当たり100円で，7,000株の取得），創業者Bが30万円を拠出し（一株当たり100円で，3,000株の取得），XYZ株式会社を設立したとする。XYZ社の企業価値は設立直後に合計100万円となり，創業者Aは70％，創業者Bは30％の持分をそれぞれ保有する。

　このとき，現在検討しているプロダクトのプロトタイプを完成させるには約1,000万円の資金が必要であるとする。この場合，設立時にXYZ社に払い込まれた100万円の現金では不足する。創業者Bが，XYZ社の設立手続を進めるのと並行して，友人経由でエンジェル投資家にリーチし，ピッチを行った結果，1名当たり500万円，2名から計1,000万円の出資の内諾を受けられたとする。このとき，エンジェル投資家は，貸付けを行って，数年後に元本の保証と利息（数％）を得ることを期待しているわけではない。XYZ社がプロトタイプの開発に成功し，さらなる改良と量産化を進め，マーケットに投入すること等で，成長した企業価値からリターンを受けることを期待している。典型的には，上場した株式を売却することによる利益である。その一方で，通常は，失敗した場合に出資額が返還されないことは覚悟している（覚悟すべきである）[11]。

10　2011年11月に経済産業省の「未上場企業が発行する種類株式に関する研究会」が公表した「未上場企業が発行する種類株式に関する研究会報告書」に記載された，国税庁への照会結果も参照。また，ストックオプションに関する近時の税務通達も参照（第4部で詳述する）。

11　少なくとも，投資家はそのように覚悟することが規範的には求められており，創業者が最善を尽くしたにもかかわらず，事業が失敗してリターンが得られなかった時に，創業者に対して不合理に苛烈な対応をとるようなエンジェル投資家は，スタートアップ・コミュニティにおいて悪評が立ち，その後の投資機会を得ることも難しくなる。

42　第2部　創業期・シード期の資本政策・資金調達

　このような考慮で，エンジェル投資家は，貸付けや社債ではなく，創業者と同じくXYZ社のエクイティ持分を取得することを求める。このエンジェル投資家が取得するエクイティの法形式については第2章で検討するが，いずれにしてもXYZ社の企業価値（株主価値）が増加した上での数十倍・数百倍のリターンを期待した，ハイリスク・ハイリターンの出資であり，わずかな利息相当額のリターンを期待しているわけではない。

　もっとも，仮に，当初資本が100万円であるXYZ社が，1,000万円の出資に対して，創業者A・Bと同じ株価（一株当たり100円）で株式を発行すると，下表の通り，創業者A・Bの持分割合は70％と30％から，約6.4％と約2.4％に一気に低下する。これでは，（考えにくいものの）仮に追加で株式を一切発行せずにXYZ社が成長しても，創業者2名であわせて10％を下回る分配しか受けられないことになる。

【創業者と投資家が同じ株価で株式を取得する場合】

株主	出資額	一株当たり取得価格	株式数	持株割合
創業者A	70万円	100円	7,000株	7/110（約6.4％）
創業者B	30万円		3,000株	3/110（約2.7％）
エンジェル投資家C	500万円		50,000株	50/110（約45.5％）
エンジェル投資家D	500万円		50,000株	50/110（約45.5％）
合計	1,100万円	—	110,000株	100％

　創業者A・Bは自らの人生を賭けてフルコミットでXYZ社の事業に注力することが多い。他方，エンジェル投資家C・Dは，資金提供に加えて人材や起業家ネットワーク，他の投資家を紹介すること等の支援を行うことはあるものの，それ以上のコミットはしないことも多い。このような場合に，創業者A・Bの持株割合が低い場合，十分なモチベーションにならず，スタートアップの事業は長期的には立ち行かなくなる。

　そのため，創業者A・Bの持分割合を可能な限り高く維持する必要があるが，そのためにはエンジェル投資家C・Dの取得する株式数を少なくする必要がある。取得する株式数は「出資額÷一株当たり価格」で算出される以上，出資額が同じであれば一株当たり価格を増加させる必要がある。スタートアップの設

立直後に，創業者が取得した株式よりも，外部投資家が取得する株式の一株当たりの価格が増加する根拠，すなわちスタートアップの企業価値（株主価値）が設立直後に増加する根拠が何かが問題になる。

　スタートアップにおいて，創業・法人設立直後における企業価値の増加要素は，創業者の労務だけでなく，創業者が保有する広い意味での知的財産を，法人に帰属させることにある。この「知的財産」は，特許を受ける権利や登録を受けた特許権等，必ずしも個別の法律によって保護を与えられた「権利」に限らない（後掲のコラム参照）。スタートアップの創業直後の企業価値の増加の根拠となる知的財産は，権利に至らない，例えばプロダクトやサービスを作り上げてビジネスモデルを遂行する上でのアイデア・ノウハウを含めた広い意味での無形資産（intangible property）を含む。およそ「第三者からの侵害や類似品の作成に対して法的に保護を受けられるか」どうかではなく，キャッシュフローを生み出す価値があれば足りる。創業者A・Bが，労務そのものに加えて，知的財産を含む無形資産を法人としてのXYZ社に帰属させ，他では用いないようコミットすることで，当初出資された現金以外に存在しなかったXYZ社の企業価値が増加する。

【創業直後のスタートアップの企業価値の源泉】

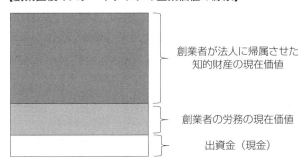

　設立直後の法人であるスタートアップに対して無形資産・知的財産を帰属させる方法は，複数考えられる。例えば，金銭以外の財産を法人に帰属させ，引換えに株式を取得する方法として，会社法上の現物出資（28条1項1号）や事後設立（467条1項5号）がある。もっとも，これらは今の検討事項にはそぐわない[12]。ここでの問題は「創業者のインセンティブを確保するために，創業者

が少額の現金を出資することによる法人設立時の株式の一株当たり取得価格よりも，その後に外部投資家が取得する株式の一株当たり取得価格を大幅に増加させるための根拠」である。現物出資や事後設立によって創業者が知的財産を法人に拠出すると，引換えに創業者が得る株式の取得価格は，その知的財産の時価となる。この場合，外部投資家と同じかそれに近い，高額な一株当たり取得価格で株式を取得するため，「創業者が低い一株当たり取得価格を維持することでインセンティブを確保する」という目的を達成できない[13]。

　ここでの問題は，外部投資家による企業価値・株主価値の評価・値付けの問題である。外部投資家としては，創業者が価値を生み出す源泉が，法人であるスタートアップに独占的に帰属しており，別の法人や事業で源泉が用いられないことの担保が重要になる[14]。そのため，例えば，創業者間合意・創業株主間契約等で，法人であるスタートアップも当事者とし，創業者らが保有する知識・アイデア・ノウハウ等を含めた一切の無形資産・知的財産を，法人であるスタートアップに帰属させることを合意・誓約するといった対応も見られる。アイデア・ノウハウは創業者らの頭の中にあるため，創業者らがスタートアップに対して職務専念義務を負うことを明確化することも意味がある。端的に，外部投資家に対してそのような処理を誓約・保証することも考えられる[15]。外部投資家は，知的財産・無形資産について適切な対応がなされていることを確認した上で，法人設立時に創業者らが引き受けた株式の一株当たりの取得価格よりも高い一株当たり取得価格で，相対的に少ない数の株式を取得することに合理性

12　本文のような場面と異なり，例えば，大企業・事業会社からのスピンアウト（カーブアウト）型スタートアップであれば，スタートアップに対して移管する権利について，現物出資や事後設立によることが適切な場合もある。ただし，現物出資の検査役による検査といった課題もある。スピンアウト型スタートアップについて，第7部第11章参照。

13　創業者個人が，既に特許権や特許を受ける権利を保有している場合には，設立時や設立後の現物出資（会社法199条1項3号，207条），事後設立等によって法人に権利を移転し，対価として株式を取得することも検討する必要がある。この場合でも，創業者利益を可能な限り確保するために，権利の移転対価（時価）を低く抑えられるアレンジを検討することになる。

14　厳密には，そのスタートアップの事業において達成することを目指すために必要な範囲の知識・アイデアということになる。多くの場合は，創業者のフルコミットと，持てる全ての知識・アイデアになるが，全く別の事業に用いることが期待できて，他のスタートアップや事業会社の事業で活用が予定されている知識・アイデアについては，明示的に除外する場合もある。

15　後述の，投資家を含めた株主間契約等で定めることも考えられる。

があると考えて,出資を行うことになる。これによって,「出資額総額は創業者よりも多額であるが,一株当たり取得価格が高いことにより,持分割合は相対的に創業者よりも低い」という状態が達成される[16]。

【外部投資家の持分割合が出資額にかかわらず低くなるメカニズム】
① 創業者が法人に無形資産・知的財産を帰属させず,外部投資家が創業者と同じ一株当たり取得価格で株式を取得した場合

---

16 結果的に,創業者の持分割合よりも,外部投資家の持分割合の「絶対値」が大きい(例:創業者49%,外部投資家51%)という場合は生じ得る。特にスタートアップが成長していく中で,外部投資家から数億円・数十億円単位での資金調達を繰り返すことが想定される以上,このような場合は生じる。これに対し,本文での論点は,外部投資家の持分割合の絶対値が増加する速度や「相対的な」割合である。

② 創業者が法人に無形資産・知的財産を帰属させ，その後に外部投資家が出資した場合

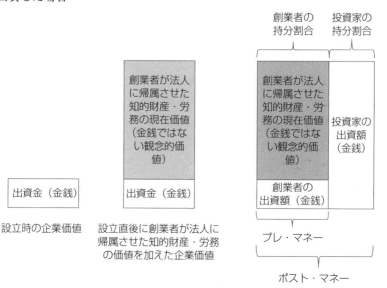

　これにより，例えば，創業者A・Bが法人であるXYZ社に帰属させた知的財産・労務の現在価値をあわせると，XYZ社の企業価値（株主価値）が1億円相当に上昇していると考えられるとする。エンジェル投資家C・Dも，この考えに納得し，エンジェル投資家C・Dが500万円ずつ，合計1,000万円を出資した場合，合計約9％の持株割合になる（1,000万円／（1億円＋1,000万円））。

【投資家が創業者よりも高額で株式を取得する場合】

株主	出資額	一株当たり取得価格	株式数	持株割合
創業者A	70万円	100円	7,000株	7/11（約63.6％）
創業者B	30万円		3,000株	3/11（約27.3％）
エンジェル投資家C	500万円	10,000円	500株	1/22（約4.5％）
エンジェル投資家D	500万円		500株	1/22（約4.5％）
合計	1,100万円	—	11,000株	100％

元の例で，エンジェル投資家C・Dが一株当たり100円の取得価格で株式を取得する場合，合計で約91％（1,000万円／（100万円＋1,000万円））の持株割合を得ていた。これと比較すると，エンジェル投資家C・Dの持株割合が大幅に減少し，創業者A・Bの持株割合が約９％から約91％に増加しており，スタートアップの成長によって期待できる創業者利益が増加する。

　この外部投資家による「値付け」の考えが，スタートアップに対して出資・投資を行う際に問題となる企業価値評価（バリュエーション）における，いわゆる「プレ・マネー」（プレ・バリュー）や「ポスト・マネー」（ポスト・バリュー）である（第１部第３章第３節）。上の事例では，出資直前の企業価値であるプレ・マネーが１億円，出資直後の企業価値であるポスト・マネーが1.1億円となる。株式による本格的な資金調達を行う際には，その時点のスタートアップのバリュエーションが論点となる。この論点が，スタートアップの設立・創業直後にも問題となる。特に創業直後のアイデア段階や，ビジネスが本格的に展開していない段階では，プレ・マネーの源泉として，創業者が法人に知的財産を帰属させることが肝要であるという形で表れる。

　創業期・シード期には必ずしもファイナンスの専門家が十分に関与しないことも多いため，このコアの考え方がドキュメントに落とし込まれていない場合がある。日本のスタートアップでは，投資家との合意・契約（株主間契約等）により，創業者や主要な役職員に対して競業避止義務を課すことで，事実上同様の効果を得ようとしているとも言い得るが（第３部第４章第３節２），本来的な処理は，「法人であるスタートアップに，広い意味での無形資産・知的財産を帰属させること」（法人を離れた属人的なものとして取り扱わないこと）である[17]。特に知的財産の処理がスタートアップの企業価値に著しい影響を与え得る場合で，投資家がデュー・ディリジェンスを行った結果，創業期に適切な処理がなされていないことが確認されると，可及の対応として，法人であるスタートアップと創業者個人との間で確認書・合意書を締結させるよう投資家が

17　法人に知的財産を帰属させること，及びそのドキュメンテーションの重要性について，Venture Deals 20〜21頁，103〜104頁参照。例えば，シンガポールの契約ひな形パッケージである VIMA（https://www.svca.org.sg/model-legal-documents）（第３部第１章第４節参照）には，"Founders Agreement"や"Employee Deed of Assignment of Intellectual Property"が含まれており，Founders Agreementでは，別途結ばれる知的財産譲渡契約により創業者が会社に知的財産を譲渡する義務が定められている（3.3条）。

求めることがある。

Column　知的財産・知的財産権

　本書は，知的財産権の書籍ではないが，スタートアップとのオープンイノベーションの達成を目的とするファイナンスの理解の前提として簡潔に触れる。「知的財産」「知的財産権」は多義的であり，用いられる場面に応じて意味が異なる場合もある。もっとも，「知的財産」は典型的には以下のようなものを指すことが多い（知的財産基本法2条1項の定義参照）。
① 発明，考案，植物の新品種，意匠，著作物その他の人間の創造的活動により生み出されるもの（発見又は解明がされた自然の法則又は現象であって，産業上の利用可能性があるものを含む。）
② 商標，商号その他事業活動に用いられる商品又は役務を表示するもの
③ 営業秘密その他の事業活動に有用な技術上又は営業上の情報
　これに対して「知的財産権」は，知的財産に関して法令により定められた権利又は法律上保護される利益に係る権利をいう（同条2項の定義参照）。①に対応する知的財産権として特許権（特許を受ける権利を含む），実用新案権，育成者権（種苗法），意匠権，著作権等，②に対応する知的財産権として商標権や商号，商品等表示（不正競争防止法）等がある。③は，知的財産と知的財産権の境界があいまいになる程度が高くなるが，営業秘密に加えてアイデアやノウハウ，限定提供データ等が含まれ，典型的には不正競争防止法によって保護される場合がある。
　「知的財産権」というときに，①と②の一部のみ（○○権という名称の権利）を指す場合もある。知的財産権としての保護を受けるためには，出願・登録を受ける必要があるもの（特許権，実用新案権，育成者権，意匠権，商標権等）や，出願・登録を受けずに権利として保護されるもの（著作権等）等がある。

> **Column** 起業とエンジェル税制（日本版QSBS）
>
> スタートアップへ投資を行った個人投資家に対して税制上の優遇措置を行う制度としてエンジェル税制が存在する。一定の要件を満たすスタートアップに対して，主に株式を取得することで出資を行った場合に，一定額分を出資した年の総所得又は株式譲渡益から控除することや，株式の売却で損失が生じた場合に一定期間の他の株式譲渡益と通算することによる税優遇が受けられる。ファンド（民法組合・投資事業有限責任組合）や株式投資型クラウドファンディングを通じて株式を取得した場合にも用いることができる。本書の性質上，詳細について解説はしないが，例えば経済産業省のウェブサイト[18]等を参照。
>
> 令和5年度の改正により，一定の要件を満たす自己資金による起業も非課税措置の対象とされた（起業特例，いわゆる日本版QSBS（Qualified Small Business Stock））。起業特例では，発起人として一定の要件を満たす企業を設立する際に，自己資金による出資額全額が，20億円を上限としてその年に得た株式譲渡益から控除され，非課税となる。典型的には，他のスタートアップのエグジットによりキャピタルゲインを得た起業家が，その年に新たなスタートアップを立ち上げる場面（いわゆる連続起業家等）を想定し，税優遇を設けることで起業を促進しようとしている。

第3節　複数創業者の持株割合

ここまでで，「創業者」とその後の投資家との価値の分配について検討した。この「創業者」が複数人でスタートアップを起業する場合（共同創業者がいる場合），各人のスタートアップに対するコミット度合いや（専業・副業・アドバイザー等），貢献できるスキル（アイデア，技術，営業等）等は様々となる。創業者がスタートアップの成長から得られる利益が，株式の値上がりによるキャピタルゲインであることからすると，創業者が取得・保有する株式の割合は極めて重要になる。一方で，複数人による経営の意思決定を行うという観点も無視できない。例えば，完全に均等にすると，デッドロックにより意思決定

18　https://www.meti.go.jp/policy/newbusiness/angeltax/index.html

50　第2部　創業期・シード期の資本政策・資金調達

が行えなくなる場合もある。

　そのため，共同創業者間での持株割合は常に問題になる。経済的利益は会社に対する貢献度合いに応じるべきである，という考え方からすると，最終的な貢献度合いは予想・見込みでしかない創業時には，会社の貢献度合いに対する期待値に基づいて持株割合を決めることになる[19]。もっとも，共同創業者間で異なる取扱いをすることは，ある種の優劣をつける作業であるとして，経済的なインセンティブや感情的なモチベーションへの影響を及ぼす。最終的には各共同創業者の置かれた状況や関係性によって決定されるため，優れた手法が何かを一概に決めることは難しい。例えば，以下のような分類が見られる[20]。

| 代表者に持分を集中 | 代表者以外に割り当てる時期
✓　創業時
✓　創業後～外部資金調達前
✓　外部資金調達後 |
| 共同創業者間でおおむね均等 | ✓　共同創業者間で完全に均等
✓　若干の差を設ける（例：60％と40％） |

第4節　離脱創業者の取扱い―創業株主間契約・ベスティング（vesting）

　次に，複数人の創業者の一部が離脱した場合に，離脱創業者が株式を保有し続けることによる問題をふまえ，離脱創業者の株式についての取扱いとして「ベスティング」と，それを合意する創業株主間契約の意義を検討する。

1　ベスティングの仕組み

　スタートアップでは，創業者らがスタートアップの経営に継続して従事することを事実上確保するためのインセンティブを，契約で定めることがある。すなわち，一定の期間が経過するまでの間は，創業者らは，普通株式を（法的には自らが保有しているものの）確定的に取得できないものとし，その期間の経

19　山岡佑『実践スタートアップファイナンス』（日経BP，2021年）328頁参照。
20　日本の事例について，山岡・前掲注19）329～334頁参照。

過前に役職員でなくなる等，スタートアップの運営から離脱した場合には，その離脱の時に「未確定」（unvested）である株式が，スタートアップや他の共同創業者によって買い取られるという「ベスティング」（vesting，権利確定）ないし「リバース・ベスティング」（reverse vesting）の仕組みが採用されることがある[21]。

　創業時には，共同創業者の間でビジョンが共有されており，離脱を前提としていないことが通常である。もっとも，時間の経過につれて意見の相違やコミットの変化等により，退任や解任を選ばざるを得ないこともある。また，ライフステージの変化や疾病，死亡といったビジネス的な対立以外による離脱もあり得る。万一の死亡による場合，相続が発生し，ビジネスに関与しない相続人（妻子等）に対して株式が分散するリスクもある。このような点もふまえて，創業者間契約の締結・ベスティングについて検討・議論を行う必要がある。

　いずれにしても，このような考慮から，ベスティングの仕組みは，海外の実務では一般的に採用されており[22]，日本でも「創業株主間契約」「創業者株主に関する覚書」といった形式・名称の創業者間契約により，創業者らが保有する普通株式がベスティングの対象とされる例も多い[23]。

　創業者間契約におけるベスティングでは，例えば「１年間継続勤務するごとに，25％ずつ株式の売却義務が免除されていく」といった形や，「１年目の継続勤務により40％，２年目の継続勤務により30％，３年目の継続勤務により20％，４年目の継続勤務により10％の株式の売却義務が免除されていく」といった形で定められる例が多い。一定期間の勤務により企業価値の向上に寄与した分の株式は，離脱後も保有することが公平である，という考えによる[24]。

　なお，一定期間の勤務後に離脱した創業者が，ベスト（権利確定）された割

21　このような株式は「制限株式」（Restricted Stock）等と呼ばれることもある。なお，ベスティングは段階的な権利確定，リバース・ベスティングは段階的な権利の剝奪と整理することができるが，各国の法律や税務上の理由で，形式が異なる場合もある。本書では，ベスティングとリバース・ベスティングを厳密に区別せず，主に「ベスティング」を用いることが多い。

22　NVCAタームシートひな形脚注28では，ベスティングが通常定められているとしている。また，シンガポールのVIMA（前掲注17）における "Founders Agreement"では，デッドロックや退職時における創業者株式の取扱いについて定めている。

23　創業者間契約を締結していない場合に，VCから，出資の条件として締結することを求められる事例もある。このような内容は，VCの投資契約や株主間契約のひな形に含まれていることがある。第３部第４章第３節３参照。

合の株式を保有し続けると，その後のスタートアップの円滑な運営に対する制約にもなり得る。単純に離脱創業者と連絡が取りにくくなる場合にとどまらず，離脱創業者と残存創業者の関係悪化による離脱のような場合には，敵対的な少数派株主が残るため，将来の経営に対するリスクになる。そのため，離脱時に，ベストされた分の株式についても，買取りや新規参画経営陣への譲渡といった処理をし，離脱創業者との資本関係を清算することも考えられる。もっとも，前述のような典型的なベスティングの場合には，あくまで任意の交渉になるため，離脱創業者との間で買取価格等の条件がまとまらない事態も生じ得る。この場合，その後のスタートアップの企業価値の上昇見込みや，離脱創業者のその時点におけるキャッシュニーズ等に基づいて交渉がなされる。場合によっては当初の創業者間合意で，公正な時価等を対価に全ての買取りを行う余地を設けておくことや，離脱時に，将来の買取りについて定めた新たな株主間の契約を締結すること等もあり得る。

【ベスティングの例】

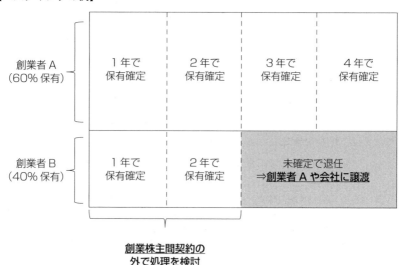

24 なお，ベスティング期間は4年とされることが比較的多いが，自明ではない。創業から上場までの期間が長期化する傾向にあり，他方で非上場時のセカンダリー市場が活性化しつつある中で（第6部第4章第1節4），株式や後述のストックオプションのベスティング期間について，適切な期間を検討・設定すべきという指摘もある。

第1章　創業者の株式・ガバナンス　53

【条項例】 創業株主間契約（ベスティング）

株式会社●●

創業株主間契約

　株式会社●●（以下「本会社」という。）及び本書末尾「創業者一覧」記載の者（以下「創業者」という。）は，創業者が保有する本会社の普通株式の創業者間の又は本会社による取得に関して，以下の通り合意する（以下「本契約」という。）。

第1条（創業者の株式）

　　本会社及び創業者は，本契約の締結日における各創業者が保有する本会社の株式の種類及び数並びにその取得価額が「創業者一覧」に記載の通りであることを確認する。

第2条（創業者保有株式の取得）

1．創業者のいずれか（以下「離脱創業者」という。）がその理由の有無を問わず，本会社の役員，従業員，アドバイザー又はコンサルタント（以下「役務等提供者」という。）でなくなった場合（創業者の死亡若しくは就業不能，又は辞任若しくは解雇による場合を含む。），他の創業者（以下「残存創業者」という。）は，継続して本会社の役務等提供者であることを条件として，離脱創業者が本会社の役務等提供者でなくなった日から●日の間（以下，当該期間の末日を「創業者による取得請求権の行使期限」という。），離脱創業者から，その保有する本会社の株式（以下「離脱創業者株式」という。）のうち次条に従い本取得請求権の対象とならなくなった株式を除くもの（以下「取得対象株式」という。）の全部を，一株当たり，「創業者一覧」に記載される当該離脱創業者の一株当たり取得価額[25]（ただし，取得対象株式につき株式の分割，株式無償割当て，株式の併合又はこれに類する事由があった場合には，適切に調節される。）で

25　買取価格については税務上の取扱いに留意する必要がある。離脱時の直近に資金調達を行って企業価値評価を行っている場合等，時価と取得価額が一致していない可能性もあるところ，その場合には株式の低額譲渡又は高額譲渡として税務上のリスクも生じ得る。もっとも，税務上の評価額が低額になりやすい配当還元方式での評価が可能な場合もあることや，創業者が安易に離脱するインセンティブとならないよう，実務上は取得価額を買取価格に設定していることが多いと思われる。また，創業者個人から発行会社が買い取る場合（自己株式の取得），低額譲渡の場合に個人における低額でのみなし譲渡課税（所法59条1項2号）が問題になる。発行会社には資本等取引であるため原則として課税はないが，例外的に受贈益課税（法法22条2項，低額譲渡の場合）や寄附金認定（法法37条1項・7項，高額譲渡の場合）も問題になり得る。非上場株式の取引価格・自己株式の取得価格に応じた課税関係やリスクについては小山浩＝間所光洋編著『非上場株式取引の法務・税務　相続・事業承継編』（税務経理協会，2023年）194～207頁参照。

54　第2部　創業期・シード期の資本政策・資金調達

取得する権利（以下「本取得請求権」という。）を有する。

2．残存創業者のいずれもが前項に基づき本取得請求権を行使しなかった場合，創業者による取得請求権の行使期限の翌日から●日の間に限り，取得対象株式につき本会社が本取得請求権を行使することができるものとする。【注：買取価格については前掲注25も参照】

3．本取得請求権の行使は，離脱創業者（ただし，離脱創業者が死亡した場合にはその遺言執行者又は相続人。以下本条において同じ。）に対して書面により通知することにより行われるものとする。本項に基づく通知をもって，取得対象株式は残存創業者又は本会社に移転するものとし，離脱創業者はかかる移転についてここにあらかじめ異議なく承諾する。

4．本会社及び創業者は，本条に基づく取得対象株式の移転が速やかに実行されるよう，必要となる手続及び措置（株式譲渡の承認手続及び株主名簿名義書換手続を含むがこれに限られない。）を速やかに執るものとする。

第3条（本取得請求権からの解放）

　　各創業者が以下のそれぞれの日までの間，継続して本会社の役務等提供者としての地位を保持している場合，当該日の経過をもって，以下に記載されるそれぞれの数の各創業者が保有する本会社の株式につき，本取得請求権の対象とならなくなるものとする。なお，本取得請求権の対象とならなくなる各創業者の保有株式の数の算出において，1株未満の端数は切り捨てるものとする。

(1)　本契約の締結日から12か月後の日：「創業者一覧」記載の保有株式数の25％に相当する数

(2)　本契約の締結日から24か月後の日：「創業者一覧」記載の保有株式数の25％に相当する数

(3)　本契約の締結日から36か月後の日：「創業者一覧」記載の保有株式数の25％に相当する数

(4)　本契約の締結日から48か月後の日：「創業者一覧」記載の保有株式数の25％に相当する数

2　M&A時のベスティングの処理―アクセラレーション（acceleration）と引継ぎ

　創業者らが保有する株式にベスティングやリバース・ベスティングが採用された場合には，ベスティング期間の進行中にM&Aが生じた時に，未確定（unvested）の株式がどのように処理されるかが問題となる。

ベスティングの趣旨は，創業者らが，ベスティングが完了するまでの間，会社に対して貢献した期間に応じて株式を確定的に取得する資格を得るということにある。この趣旨を貫くと，一定の期間が経過していない以上は，その行使や権利保有は当然には認められないという考え方もあり得る。この場合，あらかじめ，ベスティングが未了の間にM&Aが生じた場合には，退職時と同様，未確定の株式は，発行会社であるスタートアップや共同創業者，あるいは指定された第三者に対して売り渡さなければならないものとすることが考えられる。

　他方で，第三者によるM&Aという必ずしも役職員にとってコントロールできない事情によって未確定の部分の権利が一切失われるのは一方的であり，そのような定めがあると創業者らがM&Aに協力しないリスクもある，という考え方もあり得る。そこで，M&Aが行われることになった場合に，ベスティングが完了したものとみなす早期確定条項（アクセラレーション（acceleration）条項）を定めておくことが考えられる。この場合，「M&Aが実行される際に株式を剥奪されることはない」ということが事前に合意で定められているため，M&Aの買収者という第三者との交渉でも，アクセラレーションの対象となった株式に対しても対価を割り付けるよう求めることが自然な対応になる。

　なお，全ての株式に係る対価として現金を一括で受領すると，役職員が買収後の会社・グループで引き続き勤務をするインセンティブが失われてしまうおそれがある。そのため，常にM&Aの実行時に全ての株式が権利確定をした上で株式譲渡等による換金を認めるのではない対応が考えられる。①1つには，アクセラレーション事由として，M&Aが発生したことだけではなく，一定期間（例：6か月や1年）以内に正当な理由により離脱（辞任・辞職）した場合や，逆に正当な理由がないのに買収者に解任された場合[26]がアクセラレーション事由とされることがある[27]。②また，買収者が，新たに，未確定な部分に対応する買収者のエクイティ・インセンティブであるストックオプションや株式等を付与し，エクイティ・インセンティブを引き継ぐといった対応等も考えられる[28]。これは，買収者との交渉によることになる。

26　米国等では，termination without "cause"（正当な理由なき解任・解雇）や，resignation with "good reason"（正当な理由に基づく退任・辞任）等と表現される。

27　このように，複数の事由（例：M&Aに加えた一定の事由）がアクセラレーション事由となることを，一つの要因をトリガーとするアクセラレーション（Single-Trigger Acceleration）と対比して，Double-Trigger Accelerationと呼ぶことがある。

【アクセラレーションの例】

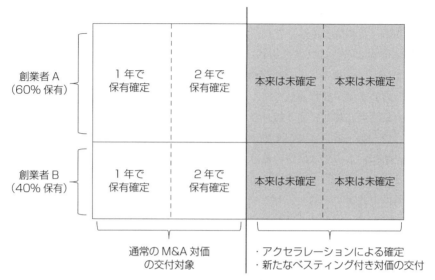

【条項例】創業株主間契約（アクセラレーション）

第4条（支配権移転事由におけるアクセラレーション）
1. 前条の規定にかかわらず，各創業者における本会社の役務等提供者としての地位が，支配権移転事由の発生後●か月以内に正当な理由がなく本会社により喪失された場合，その直前において本取得請求権の対象から外れていない各創業者の保有株式のうち●％に相当する株式につき，ただちに本取得請求権の対象とならなくなるものとする。
2. 本契約において「支配権移転事由」とは，以下に掲げる事由のいずれかの事由をいう。なお，ある株主につき関係者である株主が存在する場合には，当該関係者の保有する議決権数を当該株主の保有する転換後株式数に合算するものとする。
   (1) 合併，株式交換又は株式移転（ただし，かかる行為の直前における本会社の株主が，存続会社又は完全親会社の総株主の議決権の過半数を有する

---

28 役職員向けのストックオプション（新株予約権）の未確定の部分についても，アクセラレーションや買収者のエクイティ・インセンティブによる引継ぎが問題になる。ストックオプションのベスティングとアクセラレーションについて，第4部第3章第3節，第7部第3章第1節参照。

ことになる場合を除く。）

⑵　事業の全部又は実質的に全部の譲渡（ただし，かかる行為の直前における本会社の株主が，譲受会社の総株主の議決権の過半数を有することになる場合を除く。）

⑶　本会社の事業の全部又は実質的に全部が承継される吸収分割又は新設分割（ただし，かかる行為の直前における本会社の株主が，承継会社又は新設会社の総株主の議決権の過半数を有することになる場合を除く。）

⑷　本会社の株式等の譲渡又は移転（ただし，かかる取引の直前における本会社の株主が，当該取引の直後において引き続き総株主の議決権の過半数を保有することになる場合を除く。）

⑸　本会社の株式等の発行（ただし，かかる取引の直前における本会社の株主が，当該取引の直後において引き続き総株主の議決権の過半数を保有することになる場合及び主として資金調達を目的として本会社が株式等を発行する場合を除く。）

3．本契約において「正当な理由」とは，(i)各創業者が役務等提供者としての職務を適切に遂行していない旨を本会社が通知した後も引き続き，各創業者が役務等提供者としての職務を適切に遂行しないこと（ただし，就業不能の場合を除く。），(ii)各創業者が犯罪その他の不正行為に関与したこと，(iii)各創業者が本会社又は関連会社の事業に適用される業法その他の法令に違反したこと，(iv)各創業者が本会社との間で締結した秘密保持義務，競業避止義務，知的財産権の譲渡に関する義務に違反したこと，又は(v)各創業者が反社会的勢力に該当し，反社会的勢力を本会社の経営活動に関与させ，自ら又は関係者をして資金提供その他の行為を行うことを通じて反社会的勢力の維持，運営に協力若しくは関与し，又は反社会的勢力と交流を持つことをいう。

Column　夫婦財産契約（婚前契約）

　本文で，創業者の死亡により株式が妻子等の相続人に移転・分散する場合について述べた。株式が移転・分散するのは，創業者の相続だけでなく離婚の場合もあり得る。例えば，米アマゾン・ドット・コムの創業者ジェフ・ベゾス最高経営責任者とマッケンジー・ベゾス夫人が2019年7月に離婚し，財産分与で同社株式の約1,970万株（当時のレートで約4兆1,500億円）がマッケンジー夫人に譲渡されると報道された。このような報道もあり，日本でも，これまで利用数が少なかった「夫婦財産契約」（いわゆる「婚前契約」。異同については後述）が，スタートアップの創業者等において注目されている。

(1) 夫婦の財産関係と離婚時の財産分与（民法の原則）

　日本の民法上，夫婦の財産は別産制が原則であり，①夫婦の一方が婚姻前から有する財産及び②婚姻中自己の名義で得た財産は，「特有財産」（一方が単独で所有する財産）となる（民法762条１項）。したがって，一方の所得を原資として取得した財産は，その者の特有財産となり，夫婦の共有とはならない。もっとも，夫婦のいずれに属するか明らかでない財産は，その共有に属するものと推定される（同条２項）。婚姻後に創業者が会社を設立した場合でも，その原資等の事実関係次第で，当該会社の株式が夫婦の共有に属すると推定されるおそれも否定はできない[29]。

　その上で，夫婦が離婚する場合，一方は相手方に対して財産の分与を請求することができる（民法768条１項）。夫婦の財産は別産制であるが，婚姻後の財産は夫婦の協力により獲得されるため，一方の所有権に帰属するとしても清算する必要があると考えられている。そのため，婚姻後に創業者が会社を設立した場合，当該会社の株式は（共有と扱われるか否かにかかわらず）財産分与の対象とされる可能性がある。また，夫婦各自が婚姻前に取得した「特有財産」であっても，婚姻中の夫婦の協力によって特有財産が維持・増加したと認められる部分については，清算的財産分与の対象となる。婚姻前に創業者が設立していた会社の株式が，婚姻中に夫婦の協力によって値上がりして含み益が生じているといえる場合（例えば，夫が社長，妻が財務・経理担当役員として協同して会社を運営した場合など），このような取扱いを受けるおそれも否定はできない。

　また，株式そのものが財産分与の対象となる財産でないにしても，財産分与の額及び方法について，裁判所は，当事者双方がその協力によって得た財産の額その他一切の事情を考慮する（同条３項）。具体的には，夫婦の関係（専業主婦・主夫であるか，会社の運営に助力していたか）や，一方の配偶者の専門的な技術や才能によって取得した財産であるか等をふまえて，請求する配偶者の貢献度によって判断される。また，離婚後の相手の扶養・補償的要素や慰謝料的要素も，財産分与の割合・金額に影響する。これらに基づき支払金額を定めると，創業者が有する株式がほぼ唯一の財産のような場合，その一部を処分しなけれ

---

[29] 夫婦が共働きで得た収入で取得した不動産は，夫婦の一方の単独名義でも夫婦の共有に属すると推定する裁判例や，夫名義の預金債権についても夫婦の共有に属すると推定し，妻は預金債権につき準共有者として夫に対し２分の１の持分を主張できるとするとする裁判例がある（青山道夫＝有地亨編『新版注釈民法（21）』（有斐閣，2010年）462〜463頁〔有地亨〕，二宮周平編『新注釈民法（17）』（有斐閣，2017年）262〜265頁〔大伏由子〕参照）。

ば財産分与による現金を支払うことができない場合も考えられる。

(2) 夫婦財産契約による例外的な調整

民法の原則と異なる夫婦の財産関係を定めるため，民法上の「夫婦財産契約」を締結することができる。ただし，夫婦財産契約は婚姻の届出前に行わなければならない（民法755条）。また，一旦夫婦財産契約を締結した場合，婚姻の届出後には変更できない（同法758条１項）。

その上で，民法上の原則と異なる夫婦財産契約を締結したときは，婚姻の届出までに登記をしなければ，夫婦の承継人及び第三者に対抗することができない（756条）。その内容が登記されると，第三者に閲覧される可能性があることに留意が必要である[30]。

民法上の「夫婦財産契約」の内容として定められるのは，夫婦財産の所有関係（特有財産か共有か），財産の管理処分権（いずれの権限か，共有か），婚姻中の債務の責任関係，離婚時の清算関係が考えられる[31]。清算について，民法では離婚時の清算方法や，財産分与の際の寄与分の割合を定めていない。そのため，夫婦財産契約で離婚時の夫婦財産の清算方法や寄与分の割合を定めておくことは可能であり，意義を有することがあるとされる[32]。

このように，創業者が婚姻後にスタートアップを立ち上げた場合は利用が難しいが，婚姻前に立ち上げていた場合，婚姻前に夫婦財産契約を締結し，スタートアップの株式を財産分与の対象から除外するなどを定めておくことには一定の意義があり（万一の際にスタートアップの運営に影響し，VC等の投資家にとっても将来大きな影響を及ぼす場合がある），近時は締結例も増加している。

(3) 夫婦財産契約と「婚前契約」

なお，一般的には夫婦財産契約は「婚前契約」という名称で知られていることが多い。一方，民法上の「夫婦財産契約」は，前述の通り，夫婦の財産関係に関する契約である。日常的な家事の分担（人生の一定期間の大半をスタートアップの運営に捧げる創業者にとっては，平穏な婚姻・家族関係のために死活問題であることもあろう）や，相続等について締結することは可能であるが，民法上特別の意味を有する「夫婦財産契約」ではない。また，公序良俗（民法90条）や，

30　夫婦財産契約の登記の事務は，氏を称することとなる方の者の住所地を管轄する法務局等（支局・出張所）が管轄し，当事者の共同申請による（外国法人の登記及び夫婦財産契約の登記に関する法律５条１項，７条）。

31　青山＝有地編・前掲注29）407頁〔有地〕，二宮編・前掲注29）228頁〔大伏〕

32　青山＝有地編・前掲注29）410頁〔有地〕

相続に関する法定の規律に反する合意をしても無効となる[33]。実務上は，登記される「夫婦財産契約」と，それ以外の「婚前契約」を別個に結ぶことも考えられる。

いずれにしても，夫婦財産契約・婚前契約を締結するか，翻ってそのような話をパートナーに対して持ち出すかどうかは，スタートアップの将来のリスクと，（日本で夫婦財産契約が利用されてこなかった理由の1つでもあるが）創業者個人の間近に迫った平穏な婚姻・家族関係のスタートに及ぼすリスクや相手の理解に照らして検討をすることになる。

第5節　創業者のポジション：代表取締役，取締役，従業員

「創業者」は，法人であるスタートアップでの法的な役職を指す用語ではない。①株式を保有している立場に着目すれば株主であるし，②会社の業務執行やモニタリングをする役職という立場に着目すれば，（代表）取締役や従業員といった位置付けになる。創業者の地位は，この2つの側面から考えることになる。

前節までで，複数人で創業する場合に，①各創業者が株式を保有するか否かや，その金額・配分，離脱時の株式の処理について検討してきた。②これに加えて，各々がどのような役職に就任するか，ガバナンスをどのように設計するかも，会社の運営に重要な点として検討する必要がある。考慮要素は，例えば以下のようになる[34]。

33　相続に関しては，別途，遺言に関する規律（内容・形式）に従う必要がある。

34　単純化のため，創業から時間が経っていない時期において取締役（会）のみが置かれることを想定する。創業直後に取締役会設置会社であることは多くないと思われるが，取締役会設置会社に移行した後も一定程度念頭に置く。監査等委員会設置会社や，指名委員会等設置会社は想定しない。

論点	考慮要素
取締役を何人にするか？株式が少数又は保有しない創業者等も取締役になるか？	✓ 取締役の役割 ➢ 下記の意思決定に従い，それぞれ業務を執行。それぞれに業務執行の「決定」を分担（委任）することもできるが，一定の重要事項の決定については委任できない（会社法348条，362条2項1号）。 ➢ 取締役会設置会社：他の取締役の職務の執行の監督も行う（同項2号）。
	✓ 取締役の意思決定 ➢ 原則として頭数の多数決（会社法348条2項，369条1項） 　⇔ 株主の意思決定は，原則として資本多数決（株式数による多数決） ⇒ ・日々の業務執行の決定は頭数になるため，持株割合が少ない共同創業者もプレゼンスを発揮可能。 　・ただし，選任・解任は最終的に持株割合によること（後述）を念頭に置く必要。 　・対外的には取締役として名乗る方が厚遇を受けられる可能性もある一方，例えば「CFO」や「CTO」といった肩書は取締役でなくても名乗れるため，不可欠ではない。
取締役である創業者と揉め事が生じた場合はどう処理されるか？	✓ 取締役の選任・解任 ➢ 株主が取締役の選解任権を有しているため，一定数の株式を保有している方が取締役を解任できる。ただし定足数・決議要件を満たす必要（会社法341条）[35] ➢ 解任された取締役は，解任に正当な理由がある場合を除き，株式会社に対し，解任によって生じた損害の賠償を請求することが

---

[35] 役員を選任・解任する株主総会の決議は，以下の要件を満たす必要がある。
① 定足数：議決権を行使することができる株主の議決権の過半数（定款で3分の1まで引下げ可能）を有する株主が出席すること
② 決議要件：出席した株主の議決権の過半数（※定款で過半数を上回る割合を定めることが可能。これに対し，決議要件を定款で引き下げることは認められない）

62　第2部　創業期・シード期の資本政策・資金調達

	できる（会社法339条2項）
	⇒ ・持株割合に応じて解任の可否が変わる想定で，創業者間の持株割合を検討。 ・ただし，不利な時期の解任には金銭処理が発生する可能性にも留意。
創業者複数が取締役になる場合，代表取締役をどうするか？[36] いずれも代表になるか？	✓　代表取締役の選定・解職 　➤　取締役会非設置会社：定款，定款の定めに基づく取締役の互選又は株主総会の決議（会社法349条3項） 　➤　取締役会設置会社：取締役会決議（会社法362条2項3号）
	✓　代表取締役が複数の場合の役割 　➤　各自が会社を代表し，対外的な取引を行うことが可能（会社法349条2項）[37] 　⇒ ・代表でない取締役も，業務執行権限を有する限り対外的に権限ある行為を行うことができるため，主には対外的な「見え方」の問題[38]（ただし，権限に制限を加えたときの取扱いについて注意。同条5項）。 ・最終的には持株割合により交代する余地がある（代表は取締役会が選定・解職するが，取締役会のメンバー自体を株主総会決議で選任・解任するため）。

36　代表取締役の住所は原則として登記に掲載され，公示される。これに対して，プライバシー等の懸念により，2024年10月1日から，代表取締役等の住所の一部を登記事項証明書やウェブ上の登記情報提供サービスに表示しないこととする「代表取締役等住所非表示措置」が施行された。この措置が講じられた場合，登記事項証明書等において，代表取締役等の住所は最小行政区画（市区町村（東京都では特別区，指定都市では区））までしか記載されない。就任等の登記申請時に併せて申し出る必要があり，一定の必要書類を要するほか，取引に際する本人特定事項として制限が生じるといった点に留意する必要がある。

37　代表取締役は，株式会社の業務に関する一切の裁判上又は裁判外の行為をする権限を有する。この権限について，内部的な制限を加えることはできるが，権限に加えた制限は，善意の第三者に対抗することができない（会社法349条4項・5項）。

38　「CEO」も法定の用語ではないので，ビジネス上の判断で付与できる。ただし，"Chief"と聞いた者は，通常その者一人しかいないと考えるであろうから，複数の代表取締役が存在する場合には，いずれかが「CEO」を名乗ることが多いように思われる。「代表取締役CEO」「代表取締役CTO」等がある。

第2章

シード期資金調達

創業後，シード期に株式で資金調達をする場合の検討事項は何か。
株式以外に資金調達の方法はあるか。J-KISSやコンバーティブル・エクイティ
とは何か。
創業直後のスタートアップは借入れを行うことができないのか。

　スタートアップを創業することで，創業者らは株式を保有する。その後，初
期段階（シード期）に必要な資金調達をする場合，複雑なアレンジにコストが
かかるため，シンプルな方法が望まれる。シンプルなエクイティ性の資金調達
手段として，①普通株式を発行すること（第1節）や，②簡素なシード種類株
式を発行すること（第2節）に加え，③近時はコンバーティブル・エクイティ
（J-KISS型新株予約権）（第3節）を発行する方法が増えている。また，④インター
ネット上で個人を含む多数の投資家から小口の資金を調達し，株式や新株予約
権を発行する「株式投資型クラウドファンディング」についても紹介する（第
4節）。
　また，エクイティではなく，創業からシード期のスタートアップに対する設
備投資・運転資金目的での金融機関の融資も近時は拡充されてきている。第5
部で紹介するが，本章でも若干触れる（第5節）。
　なお，その他，金額規模が必ずしも大きくはないことや，融資よりも要件が
厳しいことが多いといった留意点があるものの，返済不要の公的な補助金や助
成金も存在する[1]。近時のスタートアップ振興の流れも受けて随時変動してい

1　例えば，東京都であれば，東京都中小企業復興公社の創業助成事業等。

64 第2部 創業期・シード期の資本政策・資金調達

るため，本書では詳細には触れないが，自治体や民間のスタートアップ支援者から最新の情報を可能な限り多く取得することが，創業からシード期の資金確保において特に重要になる。

第1節　普通株式

1　概　要

まず，シード期の資金調達では，シンプルに創業者と同じ種類の株式（普通株式）を発行することも一応考えられる[2]。普通株式を創業者以外の資金提供者に発行すると，経済的利益と議決権は，以下の通りとなる。

> ①　創業者と同じ順位で，株式数に応じて，価値の分配を受ける
> ②　創業者と同じ立場で，株式数に応じて，株主総会・種類株主総会での議決権を有する

仮に，創業者と投資家等の外部の資金提供者が，同じ一株当たり取得価格で同じ種類の株式を取得すると，外部の資金提供者の方が多額の資金を出資できることが多いので，創業者の持株割合・議決権比率が低下してしまうことは既に述べた（第1章第1節）。

そのため，創業者としては，資金提供者に発行する株式の一株当たりの発行価格を創業者よりも高くし，発行する株式の数を減らそうとする。このような処理をするために，創業者が自らの保有する無形資産・知的財産を法人としてのスタートアップに帰属させて，その企業価値（株主価値）が上昇した後，外部の資金提供者に株式を発行することを述べた（第1章第2節）。

2　普通株式を外部の資金提供者に与えることの是非

他方で，「普通株式を，少ない割合であっても外部の投資家に発行してよいか」という問題は別途生じる。前述の通り，普通株式よりも残余財産の分配や配当を優先して受領できる，普通株式と異なる種類株式である「優先株式」を

2　この場合，一つの種類の株式しか発行されないため，通常は定款で単に「株式」と規定されるが，説明の便宜上「普通株式」と呼ぶ（前章の注8も参照）。

発行することによって，創業者が保有する普通株式の時価を相対的に低額にとどめつつ，投資家への発行株式数を抑えることができる（第1章第1節2）。また，株主全体の株主総会に加えて，普通株主のみを構成員とする種類株主総会を要する事項もあり（第3部第2章第4節5(2)），外部投資家が普通株式を保有すると運営が煩雑になることや，比率次第で株主全体の株主総会よりも投資家が容易に拒否権を持ってしまう場合もある。

　また，近時は，優先株式を発行することの意義の1つとして，税務上の通達が改正されて取扱いが明確になったこともあり，普通株式を取得できる権利である「税制適格ストックオプション」を有利な条件で役職員に交付することができ，役職員に対するインセンティブが確保されることも強調される（詳細は第4部第2章第3節2(5)参照）。詳細は後述するが，税制適格ストックオプションは，「付与契約時の普通株式の一株当たりの時価以上」を権利行使価額として設定する必要があるところ，優先株式を発行することでこの権利行使価額を低額に抑えられるため役職員に有利になるのに対し，普通株式を高い価格で外部投資家に発行すると，その価格を基準とする必要が生じる等で役職員に不利になり，採用戦略に悪影響も及ぼし得る。

　これらのデメリットをふまえても，シンプルかつ迅速に資金提供を受けたい場合，普通株式を用いることが考えられる。創業者が比較的多くの普通株式を保有し，普通株式の株価を大きく上げなくても資金調達できる場面や，創業者と同時期に出資した親族や近親者が普通株式を保有する場合等が考えられる[3]。

3　ただし，スタートアップの事業と関連性の薄い近親者等が株式を保有していることについて，経済的インセンティブやガバナンスの観点から，投資家がネガティブにとらえることもあり得る。一定の場合の近親者からの買取りについて事前に定めておくことや，近親者らが直接スタートアップに出資をするのではなく，創業者の資産管理会社に出資をし，資産管理会社がスタートアップの株主になるといった対応等も考えられる。

第2節　シード種類株式

　創業者と同じ普通株式によりシード期の資金調達を行うことによる問題点を
ふまえて，異なる種類の株式であるが，後述の本格的なシリーズAラウンド以
降で用いられる詳細な内容を定めない，シンプルな種類株式を発行する場合も
見られる。日本では「シード種類株式」や「シード優先株式」と呼ばれ[4]，「S
種優先株式」や「AA種優先株式」といった名称で発行されることがある。

　シード種類株式にもバリエーションが存在するが，シンプルな内容として，
例えば下表のようになる。「出資者に対して優先的なリターンを与えること」
を主な目的とし，それ以外の経済的権利や議決権等のガバナンスに関する権利
は最小限となることが多い。

　株式の内容については，シリーズA以降の本格的な資金調達で用いられる優
先株式の典型的な内容について第3部第2章で説明を行い，シード種類株式は
その派生・シンプル化したものであるため，詳細は対応する項目を比較・参照
されたい。

シード種類株式の内容の例	シリーズAの各事項 （第3部第2章）
①　優先残余財産分配：通常設ける 　＝普通株式よりも，清算時の残余財産の分配やM&A 　　の際に優先する	第3節
②　ダウンラウンド・プロテクション：設けない場合 　　がある 　＝シリーズA以降と異なり，ダウンラウンドの資金 　　調達が行われた際の，普通株式への転換価額の調 　　整（ラチェット）条項が設けられない場合がある	第4節2
③　株主総会での議決権：有しない場合がある	第4節5(1)
④　種類株主総会決議事項：法定の最小限の項目	第4節5(2)

4　米国では Series Seed Preferredや，Light Preferred（Simple Preferred）と呼ばれること
がある。Venture Deals 8頁，314頁，318頁参照。

第3節 コンバーティブル・エクイティ
（J-KISS型新株予約権）

1 コンバーティブル型証券の概要

⑴ 株式による資金調達を行う際の負担・バリュエーションの問題

　普通株式でもシード種類株式でも，スタートアップが株式を用いた資金調達をするためには，投資家が「いくらで，何株を，総株式の何割として取得するか」を決める必要がある。

　その前提として，株式発行時点のスタートアップの企業価値（株主価値）がいくらであるかを評価（バリュエーション）する必要がある[5]。スタートアップの立ち上げ後，最初にバリュエーションの問題が顕在化する場面として，創業者が取得する株式と，その直後に投資家が取得する株式の価格差があった（第1章第1節）。このようなバリュエーションの問題は，株式を発行して段階的資金調達を行うスタートアップでは，常に問題になる（第1部第3章参照）。

　また，株主として投資家が参加する場合，優先株式の内容や，投資家の権利義務について，定款や契約の内容を交渉して定める必要がある。

　このように，株式を用いた資金調達は，スタートアップ・投資家双方にとって負担が大きく，時間がかかる場合も少なくない。

【株式による資金調達において検討・交渉・合意が必要な事項】

> ✓ 企業価値の評価（プレ／ポスト・バリュー）や，株式一株当たり発行価格
> ✓ 発行する株式の内容（優先株式の内容等）
> ✓ 契約上の権利義務（投資家の権利やスタートアップ・経営株主の義務等）

5　「バリュエーション」という用語は，企業価値そのものや，企業価値の評価を行うこと，あるいは一株当たりの評価額等，様々な場面で用いられ，厳密には使い分けられていないことも多い。本書でも記載を平易にするために厳密に区別していない場合がある。

(2) コンバーティブル型証券の発展

　このような問題点に対処するため，米国のシード期の資金調達では，株式の代わりに「コンバーティブル・ノート（Convertible Note）[6]」や「コンバーティブル・ボンド（Convertible Bond）[7]」型の資金調達手法が発展してきた。これらは，スタートアップが元本と利息の返済義務を負う，負債（デット）性の資金調達手段である。以下では，特段の区別が必要な場合を除いて，負債性の資金調達手法を「コンバーティブル・デット（Convertible Debt）」と総称する。

　さらに，コンバーティブル・デットの問題点を克服しようと，近年は，米国をはじめとした各国で，負債性を取り除いた「コンバーティブル・エクイティ（Convertible Equity）」型の資金調達手法がシェアを拡大してきた。日本でも，シード期の資金調達においてコンバーティブル・エクイティ型新株予約権（特に，いわゆるJ-KISS）を用いて行われることが多くなっている[8]。

　なお，コンバーティブル・デットも，コンバーティブル・エクイティも，将来の一定時点で株式に転換（コンバート）されることが想定されている。そのため，本書では，コンバーティブル・デットや，コンバーティブル・エクイティを総称して「コンバーティブル型証券」という[9]。日本では，コンバーティブル・デットに対応するものとして，（転換社債型）新株予約権付社債が，コンバーティブル・エクイティに対応するものとして，新株予約権そのものを有償で発行すること（有償新株予約権）が，法形式として用いられることが多くなっている（負債性のコンバーティブル・デット型と，負債性を取り除いたコンバーティブル・エクイティ型の差異については下記2参照）。

6　Note（Promissory Note等）は，日本では約束手形に近い。

7　Bondは，日本では社債に近い。

8　日本におけるコンバーティブル・エクイティの例として，VCであるCoral Capitalが公表しているJ-KISS型新株予約権ひな形（https://coralcap.co/2016/04/j-kiss/）及び，後述の「キャップ」をポスト・バリューをもとに定めている（ポストキャップ）「ver. 2.0」（https://coralcap.co/2022/04/j-kiss-2/）参照。

9　デット性の資金調達のうち，第5部で紹介する新株予約権付融資（ローン，貸付け）は，通常は，融資残高が株式に転換することは想定されておらず，融資債権は金融商品取引法上の有価証券ではない。これに対して，シード期資金調達で用いられる有償新株予約権や転換社債型新株予約権付社債は，株式に転換する資金提供手段が金融商品取引法上の有価証券でもあることから，本書では「コンバーティブル型証券」と呼ぶ。

第2章　シード期資金調達　69

(3)　コンバーティブル型証券のメリット

コンバーティブル型証券のメリットとして，例えば，経済産業省の資料[10]では以下の3つが挙げられている[11]。

> ⓐ　株式（普通株式や優先株式）による投資と異なり，スタートアップの企業価値評価（バリュエーション）の実施を将来に先延ばしできること
> ⓑ　株式取得に比べて交渉・手続が簡素であり，迅速にファイナンスを実現できること
> ⓒ　株式への転換条件の定め方によってインセンティブを柔軟に設計でき，事業会社等とのオープンイノベーションの促進等への活用が期待されること

ⓐ　企業価値評価（バリュエーション）の実施を将来に先延ばしできること

シードやアーリーといった初期ステージでは，製品やサービスが固まっておらず，市場で安定的な収益を得ていないことから，事業の発展次第で企業価値が大きく変動する。そのため，スタートアップと投資家候補との間で，投資時点の企業価値評価のコンセンサスが取れずに「バリュエーションが折り合わない」事態や，そもそもバリュエーション自体が極めて困難である等の理由で，株式による資金調達ができない事態が生じ得る。

これに対して，コンバーティブル型証券を用いて資金調達を行う場合，スタートアップのバリュエーションを，株式を用いた次回の正式な資金調達ラウンドや，事業上の条件（シナジーの実現等）を満たしたタイミング等へ，一定程度先延ばしすることが可能になる。これは，新株予約権が「一定の条件が達成された場合に，株式に転換できる権利」であることによる[12]。新株予約権の発行時に，その新株予約権が「何株に転換されるか」は定めず，「転換価額（新株予約権の転換により発行される一株当たりの株式の価額）を決定する時の計算式」のみを定めておくことが可能である（下記3(3)ⓑ）。そのため，資金調達時

10　経済産業省は，「将来の一定時点において株式に転換（コンバート）される」という，コンバーティブル型証券の特徴に照らして，これらの手法を「コンバーティブル投資手段」と総称した上でコンバーティブル・ガイドラインを公表して，その特徴や活用場面の例を示すことで関係者の理解を深め，活用を促そうしている。

11　コンバーティブル・ガイドライン16頁等。

12　役職員向けインセンティブであるストックオプションは，この性質を利用している。

には,一株当たりの転換価額や,転換する株式の数を決定・固定する必要がないため,バリュエーションは簡易か,そもそも行わなくて済むというメリットがある。

ただし,後述の「キャップ」(下記3(3)(c))との関係で,バリュエーションの繰延べにも一定の限界があることに注意が必要である。

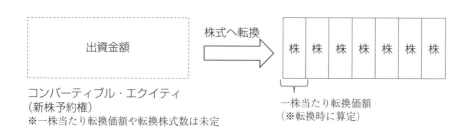

(b) 株式取得に比べて交渉・手続が簡素であること

投資家に対して株式を発行する場合,リターンの優先分配等の経済条件や,ガバナンスに関する権利義務の内容について交渉し,定款や契約で定めることになる。日本でも近時,米国等の実務をもとに実務上の交渉ポイントが体系化されてきているが,それでも交渉ポイントは多岐にわたり,定款や契約の分量も比較的多くなる。

これに対して,特に新株予約権(付社債)で出資をする場合,株式に転換されるまで投資家は株主ではないため,優先株式に比べるとファイナンス・タームとして定めるべきポイント・論点が絞り込まれ,株主間契約の締結も基本的には不要になる。そのため,相対的に,契約交渉等の手続が簡素であり,迅速な資金調達が可能になり得る[13]。

また,各国で,特にシード資金調達で用いられるドキュメントについてひな形の公表が進められることで,簡便化が一層図られてきた。例として以下が挙げられる。

米国	"SAFE" (Simple Agreement for Future Equity) [14] "KISS" (Keep It Simple Security) [15]
シンガポール	"CARE" (Convertible Agreement Regarding Equity) [16]
日本	"J-KISS"

　日本では，主にシード期に投資するベンチャー・キャピタルであるCoral
Capital（旧500 Startups Japan）が，新株予約権の形式による契約ひな形や株
主総会議事録といったパッケージである"J-KISS"を公開しており[17]，シード期
のコンバーティブル・エクイティのベースとして普及している。

⒞　柔軟なインセンティブ設計による事業会社等とのオープンイノベーショ ンの促進

　コンバーティブル型証券が株式に転換する条件は，原則として自由に定める
ことができる。そのため，インセンティブを柔軟に設計することでスタートアッ
プ・投資家の双方で事業成長へのコミットメントを高めること等が期待できる
とされている。

13　新株予約権の内容や契約事項をひな形から変えることは，交渉次第で可能である（契約
　自由の原則）。公表されているひな形がスタートアップ・フレンドリーで簡素なものであ
　るため，投資家がスタートアップに重い表明保証を求めることや，場合によっては取締役
　の選任権を求めること等が見受けられる。
　　これに対して，「出資候補者の中には，コンバーティブル・エクイティの本来の精神を
　理解しないで出資者に有利な条件を入れてこようとするケースも多く，その説明及び契約
　内容の修正コストも小さくはなかった」といったスタートアップ側からのヒアリング事例
　も紹介されている（コンバーティブル・ガイドライン40頁等）。
　　投資家側とスタートアップ側の双方が，コンバーティブル型証券の趣旨を理解し，共通
　理解を持った上でコストを下げる取組みが望まれる。この点，SAFEひな形やJ-KISS ver.
　2.0では，記入すべき数値等以外はひな形から変更されていないことを確認する文言が付
　されている。変更を試みる投資家は，（その文言を削除・編集して用いることになるため）
　事実上の説明義務を負うことになる。
14　米国シリコンバレー拠点のアクセラレーターである Y Combinator作成による（https://
　www.ycombinator.com/documents/）。
15　米国のVCである500 Startups作成による。米国の著名法律事務所であるCooleyは，金
　額等の一定の必要事項を入力していくと，KISSのドキュメントが作成されるジェネレー
　ターを公開している（https://www.cooleygo.com/documents/kiss-convertible-debt-equity-
　agreements/）。
16　シンガポールのVIMA（第1章の注17）のパッケージの一つとして公表されている。
17　前掲注8参照。

72 第2部 創業期・シード期の資本政策・資金調達

　例えば，事業会社とスタートアップの出資を伴う協業では，シナジーの実現やPoC（Proof of Concept，概念実証）の実施といった事業上の条件を株式への転換条件に設定することで，条件達成に向けた双方のコミットメントを高めることができるといった活用方法が示されている[18]。

　このような，事業会社とのオープンイノベーションの達成を目的としたコンバーティブル型証券の活用は，シード期の資金調達と若干場面が異なる。そのため，株式による出資の応用として，別途第3部第9章第1節で詳細を検討する。

2　コンバーティブル・デットからコンバーティブル・エクイティへ

　コンバーティブル型証券の特徴・メリットである，①バリュエーションが先延ばし可能，②簡素な契約交渉等の手続，③柔軟なインセンティブ設計といった点は，負債（デット）でも資本（エクイティ）でも達成し得る。

　従来，米国のシード資金調達では，これらのメリットを達成しつつ資金調達を簡易に行うために，株式の代わりにコンバーティブル・デットが用いられる実務が発展してきた。もっとも，これらのコンバーティブル・デットは，形式上は負債に当たる。満期や利息が定められ，満期までに株式への転換条件を満たさない場合には，元本や利息の支払義務を果たさなければならない。スタートアップのための制度であるという趣旨から，実際には返済を求めないという実務慣行が米国（特に西海岸）で確立していたものの，負債であることには変わりはなく，実際には返済が求められるケースも見られた。また，バランスシートに負債として計上されることから，金融機関や新規投資家等の第三者が審査を行う際に不利に扱われるリスクもあった。

　このようなコンバーティブル・デットの問題点を克服するために実務が深化し，近年では，コンバーティブル・エクイティが，各国でそのシェアを拡大している。コンバーティブル・エクイティは，コンバーティブル・デットから元本支払の満期や利息の概念を取り除いたものといえる。払い込んだ金額をもとに一定の株式に転換する権利を取得するのはコンバーティブル・デットと同様だが，元本支払の満期が存在せず，利息も発生しないため，スタートアップ側は法的には返済を強制されることがない[19]。バランスシートに負債として計上

18　コンバーティブル・ガイドライン16頁等。

されないメリットもある[20]。

このような特徴から，コンバーティブル・エクイティは，特にシード期のスタートアップの資金調達に活用されている。そして，前述の通り，これらの場面で用いられることを想定して，米国（SAFE, KISS）や日本（J-KISS）でひな形が公表・活用されている（上記1(3)(b)）。J-KISSは，米国の実務を参考に，日本法の下でも同様の経済条件・契約実務を達成するために試行錯誤がなされた結果[21]，資金調達の対価として有償で新株予約権そのものを発行し，次の資金調達ラウンドの際に株式に転換できる旨を定めておく，新株予約権型のコンバーティブル・エクイティである。

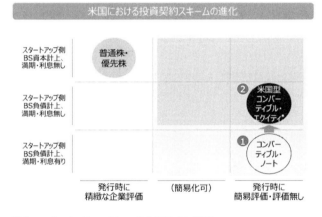

出典：コンバーティブル・ガイドライン28頁

---

19 投資家にとって，シード期に負債性のコンバーティブル・デットで資金調達を行うことは，金額規模が小さい一方で元々回収可能性が高くないため，大きな保護・利益にはならない一方，スタートアップ側には負債を負うことが大きなデメリットになる（パレート最適でない）ことも多い。また，個々の投資家や事業会社が自らの利益のみを追求しようとすると，全体最適がはかられず，スタートアップの企業価値向上に向けた取組みが阻害される可能性が挙げられる（囚人のジレンマ）。事業会社等の担当者が社内で稟議を通すためには，このようなバランスにより実務が固まっていることを説明することが考えられる。
20 ただし，米国のコンバーティブル・エクイティについても，バランスシート上，資本として計上できるという見解が必ずしも確立しているわけではなく，負債として取り扱われるという見解もある（コンバーティブル・ガイドライン28頁参照）。
21 現在の有償新株予約権形式に至るまでの，日本におけるコンバーティブル型証券の法形式の発展について，コンバーティブル・ガイドライン32頁参照。

74 第2部 創業期・シード期の資本政策・資金調達

> ● **C**olumn　J-KISS型新株予約権と政策的措置 ━━━━━━━━
>
> 　J-KISS等の新株予約権は，株式と異なり，出資の時点で資本金の額は増加しない。もっとも，近時は政策的に，株式と類似した取扱いを行う場面が拡大している。
>
> 　例えば，エンジェル税制について，令和6年度税制改正により，個人投資家が新株予約権の行使によって発行会社の株式を取得した時点でエンジェル税制の全ての要件を満たす場合，J-KISS型新株予約権の取得に要した金額（出資額）も，税制の対象である，株式の取得に要した金額に含めることとされた。
>
> 　また，外国人が日本において事業を起こし，又は既存の事業の経営又は管理に従事する場合，その活動は，出入国管理及び難民認定法上の「経営・管理」の在留資格に該当し，その中の要件の一つとして「資本金の額又は出資の総額が500万円以上であること」が求められているが（出入国管理及び難民認定法第七条第一項第二号の基準を定める省令の「経営・管理」の項2号ロ），J-KISS型新株予約権について出資した金額も，将来権利行使された際に出資金の額として計上することの誓約書を提出すること等で，この要件を満たせるようになった（出入国在留管理庁「『経営・管理』の在留資格の明確化等について」（令和6年3月改訂）参照）。

3　コンバーティブル・エクイティの具体的な設計

　コンバーティブル・エクイティを発行する際には，(1)新株予約権の内容と，それを発行するための引受契約の内容を定め，(2)法定の発行プロセスと規制に従う必要がある。これらを見た上で，(3)典型的に問題になる重要タームについて解説する。

(1)　新株予約権の内容と引受契約
(a)　「募集事項」と「新株予約権の内容」

　現在の日本の実務で多い，有償の新株予約権を前提とすると，コンバーティブル・エクイティでは，いつ，どのような新株予約権を発行するのかという基本的な事項として，会社法上の「募集事項」（会社法238条1項）を定めることになる[22]。募集事項の中には「新株予約権の内容」も含まれており（同法236条

1項），これらの事項は，実務上は「（新株予約権の）発行要項」という名称の書面として作成されることも多い。ストックオプションでも同様であるため，募集事項や新株予約権の内容については第4部第4章第1節参照。

なお，会社法上，新株予約権の内容のなかには「新株予約権を行使することができる条件」（行使条件）は明記されていない。もっとも，これは当然に定めることができると考えられている[23]。コンバーティブル・エクイティにおける主な行使条件として「一定の要件を満たした株式による資金調達ラウンド（適格資金調達）が生じた場合」を定めておくことがポイントになる（下記(3)(a)参照）。

(b) 投資契約・引受契約

法定の新株予約権の内容以外の権利義務も，基本的にはスタートアップと投資家間の合意・契約で自由に定めることが可能である。優先株式による資金調達と同様，実務上は投資契約（引受契約）で定めるが，コンバーティブル・エクイティの場合には相対的に簡易になる。この契約に，情報請求権や優先引受権といった一定の権利が定められる（下記(3)(g)参照）。

(2) 発行プロセス・規制

コンバーティブル・エクイティとしての新株予約権を発行する場合，①会社法のプロセスや，②金融商品取引法（金商法）の規制に留意する必要がある。原則的なプロセスは，ストックオプション目的の新株予約権と基本的に変わりはないため，詳細は第4部第4章を参照。

ただし，金商法との関係で留意すべき点として，例えば，ストックオプション目的であれば役職員向けに発行する場合の開示規制の特例があるのに対し，コンバーティブル・エクイティとしての新株予約権の場合には，そのような特例がない。金商法上の開示規制を受けないための主な手法として，少人数私募の枠内で，限られた人数の相手方に，一定の条件の下で行うことが通常である。

なお，交渉の結果，コンバーティブル・エクイティではなくコンバーティブル・デット（新株予約権付社債）を発行する場合には，社債も併せて発行すること

22　新株予約権付社債（コンバーティブル・デット）でも，新株予約権を発行することに変わりはないため，新株予約権についての募集事項（会社法238条1項）を定めることになる。加えて，募集社債に関する事項の決定（同法676条）等も必要になる。

23　「新株予約権の行使の条件を定めたときは，その条件」を登記するものとされている（会社法911条3項12号ニ）。

になり，踏むべきプロセス・規制が追加されるため注意が必要である。例えば，新株予約権そのものの発行にはない少人数私募の転売制限・告知義務がある。

【会社法・金商法のポイント】

	ポイント	詳細の説明箇所
会社法	✓ 募集事項の決定（社債の対応する事項も） ✓ 割当て（総数引受契約の締結）	第4部第4章 第1節
金融商品取引法	✓ 通常は少人数私募の規制 ✓ コンバーティブル・デット（社債）の場合は転売制限・告知義務に注意 ✓ ストックオプションのような開示特例なし	第4部第4章 第3節 第5部第2章 第4節（社債）

(3) コンバーティブル・エクイティの重要ターム

　コンバーティブル・エクイティは，株式による本格的な資金調達までに，簡易な企業価値評価により迅速に資金調達を行う手段である。そのため，想定通りシリーズAでの資金調達（適格資金調達）が成功すれば，コンバーティブル・エクイティは，A(2)種優先株式に転換されることが原則として設計されている（下記(a)から(d)）。

　他方，適格資金調達が一定期間行われない場合もある以上，その場合の処理についても定めておく必要がある。具体的には，M&Aが行われた場合（下記(e)）及び一定の転換期限までに適格資金調達もM&Aも行われなかった場合（下記(f)）である。

【コンバーティブル・エクイティの全体像】

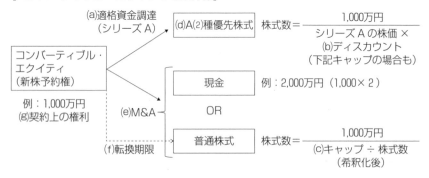

このような3つのシナリオに基づき，コンバーティブル・エクイティを発行する際に標準的に交渉・決定すべき事項として，主に次の事項がある。紙幅の関係上，条項例を省略し，記述も簡略化しているため，条項例を含めて各事項の詳細な検討については別稿[24]や実際のJ-KISSひな形等を参照いただきたい。

> (a) 株式転換がなされる次回資金調達ラウンド：適格資金調達
>
> (b) 転換される株式の数の算定方法①：ディスカウント
>
> (c) 転換される株式の数の算定方法②：キャップ
>
> (d) 転換される株式の種類：A1種とA2種
>
> (e) M&A エグジット時における分配の取扱い
>
> (f) 転換期限
>
> (g) 契約上の権利（情報請求権や優先引受権等）

(a) 株式転換がなされる次回資金調達ラウンド：適格資金調達

コンバーティブル・エクイティは，株式による本格的な資金調達までに，簡易な企業価値評価により迅速に資金調達を行う手段であった。その性質から，より詳細な企業価値評価が行われる次回の株式による資金調達の時に，コンバーティブル・エクイティも株式に転換されることが想定される。この株式による資金調達は，「適格資金調達」や「次回資金調達」等と定義される[25]。本書では「適格資金調達」と呼ぶ。適格資金調達が，新株予約権の行使の条件や取得条項の発動要件とされることで，株式への転換メカニズムが設計される。

(i) 適格資金調達の定め方　　適格資金調達は，「金額規模にかかわらず，株式による資金調達であれば何でも構わない」わけではないことも多い。例えば，次の資金調達でエンジェル投資家がわずかな額を出資し，普通株式や簡易なシード種類株式をわずかに発行した場合に，コンバーティブル・エクイティが同様の株式に転換されるのでは，コンバーティブル・エクイティによる投資の目的が達成されない。

そのため，適格資金調達は，企業価値評価を行うべき，次のステージに事業

24　拙稿「『コンバーティブル・エクイティ』をはじめとしたいわゆる『コンバーティブル投資手段』の概要および実務Q&A」（https://www.businesslawyers.jp/articles/929）及び各Q&A参照。なお，同稿はJ-KISSひな形ver. 2.0公表前のものである。

25　J-KISSひな形では，「次回株式資金調達」と表現されている。

78　第2部　創業期・シード期の資本政策・資金調達

を進めるために必要な規模の資金調達としてふさわしいラウンドといえる規模の資金調達が該当するように，一定の金額以上とすることも多い[26]。

(ii)　行使条件と強制取得条項　　M&Aエグジットの場合（下記(e)）や，適格資金調達が行われずに一定の期間が経過した場合（下記(f)）を除き，コンバーティブル・エクイティが適格資金調達より前に株式に転換されることは原則として想定されない。そのため，適格資金調達が行われることが新株予約権の行使条件とされ[27]，それまでは原則として投資家が株式に転換できないことを定める[28]。

　逆に，適格資金調達が行われたにもかかわらず，投資家が株式に転換せずに新株予約権を保有し続けると権利処理が複雑になる。そのため適格資金調達は，スタートアップ側から強制的に新株予約権を取得して，株式を発行（転換）することが可能な「取得条項」（転換条項）の発動要件ともされる。これは，上場申請をする際に，投資家が保有する優先株式を強制的に普通株式に転換する強制取得条項と類似している（第3部第2章第4節3(1)参照）。

(b)　転換される株式の数の算定方法①：ディスカウント

　コンバーティブル・エクイティが転換される株式数は「払込金額の総額÷（一株当たり）転換価額」という形で定められる。分母である一株当たりの「転換価額」が低い価額であるほど，投資家が取得できる株式の数は多くなる。

【転換株式数の計算】

$$株式数 = \frac{払込金額の総額}{転換価額}$$

※　「新株予約権の行使により一株未満の端数が生じるときは，一株未満の端数は切り捨て，現金による調整は行わない」と定めることが多い[29]。

26　SAFEひな形の場合，転換条件である "Equity Financing" が "a bona fide transaction or series of transactions with the principal purpose of raising capital, pursuant to which the Company issues and sells Preferred Stock at a fixed valuation, including but not limited to, a pre-money or post-money valuation." とされており，真正な取引であることや，決まったバリュエーションで優先株式が発行されること，といった形で限定している。

27　会社法上の新株予約権の内容には，「新株予約権を行使することができる条件」が含まれていないが，これは前述の通り当然に定めることができると考えられている（上記(1)(a)）。

28　J-KISS発行要項5.(5)(a)参照。なお，本書でJ-KISSひな形の契約や発行要項に言及する場合，ver. 2.0とそれ以前のひな形で共通している場合には，単に「J-KISS」とのみ記載する。

転換価額は，適格資金調達における株式の一株当たり発行価格をベースとするが，通常は，それ以前にコンバーティブル・エクイティで出資をしてリスクをとった投資家へのリターンとして，①転換価額を低くする「ディスカウント」や，②転換価額が高くなりすぎないようにする「キャップ」が，投資家との大きな交渉ポイントになる。まず，ディスカウントについて検討し，次の(c)でキャップについて検討する。

【転換価額の計算】

> 転換価額は，以下のうちいずれか低い額とする。
> (1) 適格資金調達における募集株式の一株当たりの払込金額に［O.X］を乗じた額【注：ディスカウント】
> (2) ［XXX］円（評価上限額）を，適格資金調達の払込期日の直前における完全希釈化後株式数で除して得られる額【注：キャップ】

(i) ディスカウントの考え方　　ディスカウントは，適格資金調達において発行される株式一株当たり発行価格の「0.9倍（90%）」や，「0.8倍（80%）」といった形で定められる。例えば，適格資金調達においてA種優先株式を一株当たり1,000円で発行するとき，ディスカウント割合を0.8（80%）と定めていた場合，新株予約権は一株当たり800円で株式に転換される。

　これと異なり，仮に適格資金調達と同じ一株当たり1,000円で転換されると，事後にA種優先株式を引き受けて新規出資した投資家が得られる株式数は，単に出資総額に比例し，同じ出資額であれば同じ株式数になる。そのため，早期投資のリスクに見合ったリターンを得られるよう，ディスカウントが定められる。

29　J-KISS発行要項5.(1)参照。このような「端数切捨て」の定めを置かない場合，投資家が新株予約権を行使して転換した株式数に1株未満の端数が生じた際に，端数に相当する額の現金を新株予約権保有者に対して支払う必要が生じる（会社法236条1項9号）。
　　一方，スタートアップが取得条項に基づいて新株予約権を取得し，株式を交付する場合には，投資家の請求に基づく行使とは異なり，保有者の意思にかかわらず強制的に新株予約権を取得することになる。そのため，このような取得条項に基づく強制取得の場合には，投資家保護のため，単純な切捨てはできず，端数の合計数（合計して1株以上になった場合の整数部分）を競売等の方法により換金して，得られた代金を当該者に交付しなければならない（会社法234条1項4号，275条1項）。そのため，実務上は，新株予約権の保有者から行使請求書を提出してもらい，端数が生じないようにアレンジをする方が便宜である。

80　第2部　創業期・シード期の資本政策・資金調達

(ii)　ディスカウントの水準　　ディスカウントの割合は，出資のタイミング，適格資金調達が見込まれる時期，出資対象のスタートアップのリスクの大きさ等によって様々考えられる。

　例えば，あるコンバーティブル・エクイティ（CE1）を発行した後に，実質的に同内容のコンバーティブル・エクイティ（CE2）を発行するケースもある。「早く出資してリスクをとった投資家のリターンを大きくすべき（ディスカウント・レートを大きくすべき）」という発想からは，例えば，CE1のディスカウント・レートが0.8，CE2が0.9等とディスカウント・レートに差をつけて，転換価額や転換株式数を変えることになる。

　他方，次の「キャップ」をつけるかどうかで投資家の納得度が変わるケースも少なくない。「キャップをつけない代わりにディスカウント・レートを0.7に下げてほしい」等の交渉がなされることもあり，案件に応じた検討が必要になる。

(c)　転換される株式の数の算定方法②：キャップ

　前述の通り，コンバーティブル・エクイティが転換される株式数は「払込金額の総額÷（一株当たり）転換価額」という形で定められる。分母である一株当たり「転換価額」が低い価額であるほど，投資家が取得できる株式の数は多くなる。早く出資をしてリスクをとった投資家へのリターンとして，この転換価額が高くなりすぎないようにするメカニズムが②「キャップ」であった。

(i)　キャップの概要　　大まかに，キャップは「次の適格資金調達までのスタートアップの企業価値の上昇をどの程度とみるか」「どの程度までであれば投資家は許容できるか」という発想で交渉・決定がなされる。

　キャップを定める場合，前記の「転換価額の計算」例のように，新株予約権の転換価額が「(1)ディスカウントによって決まる一株当たり株価」と，「(2)［XXX］円（評価上限額）÷完全希釈化後株式数」の「低い方」とされ，転換価額の「上限」を定めるため，キャップと呼ばれる。

　実務上，ディスカウントは多くの事案で設定されるが，キャップは，交渉の結果，定めないこともある[30]。

(ii)　キャップを定めない場合のリスク　　次回の適格資金調達時にスタートアップの企業価値が大きく上昇していた場合，適格資金調達において発行され

30　米国のSAFEひな形は，ディスカウントあり・キャップなしや，キャップのみ・ディスカウントなし，といった複数のテンプレートを用意している。

るA種優先株式の一株当たり発行価格が多額になり得る。その結果，ディスカウントによる株式への転換価額も多額になり得る。

　例えば，1,000万円をコンバーティブル・エクイティで出資した後に，適格資金調達においてA種優先株式が一株当たり1,000円で発行された場合，ディスカウント・レートが0.8であれば，転換によって一株当たり800円で，A(2)種優先株式を1.25万株（1,000万円÷800円）取得する（※株式の種類は下記(d)参照）。

　これに対して，やや極端な例だが，適格資金調達時に，スタートアップの企業価値が当初の想定の10倍である10億円と評価され，A種優先株式が一株当たり10,000円（1,000円の10倍）で発行される場合を考える。この場合，ディスカウントのみでは，コンバーティブル・エクイティの転換によって，A(2)種優先株式を一株当たり8,000円で1,250株（1,000万円÷8,000円）しか取得できない。

　ディスカウントのみを定める場合は，コンバーティブル・エクイティの一株当たり転換価額は青天井であり，転換できる株式数は極小になり得る。

(ⅲ)　キャップの定め方　　このように，少ない株式しか取得できないという事後的な（*ex post*）リスクがあるのであれば，事前（*ex ante*）のリスク回避のために，投資家がコンバーティブル・エクイティによる出資を避けることも考えられる。そのため，スタートアップと投資家との間の将来の企業価値の見込みのバランスを取るために，キャップ（評価上限額）が定められることがある。キャップを定める場合，一株当たりの転換価額の上限を以下の通りとする。

$$
転換価額上限 ＝ \frac{キャップの額（企業価値の見込み）}{適格資金調達の直前の完全希釈化後株式数^{31}}
$$

　例えば，前述のように，適格資金調達時に何らかの理由でスタートアップの企業価値が10億円と評価され，A種優先株式が一株当たり10,000円で発行される場合を考える。あらかじめ5億円を「事前の見込みとしての企業価値」のキャップとして設定していれば，例えば適格資金調達の直前の完全希釈化後株

31　「完全希釈化後株式数」は，通常は株式及び新株予約権が転換され，全て普通株式になった場合の数をいう。その上で，J-KISSにおいて，キャップ（分子）をプレ・バリューで算定する場合，分母の完全希釈化後株式数に，コンバーティブル・エクイティは含まない。他方，キャップ（分子）をポスト・バリューで算定する場合（J-KISS ver. 2.0），分母の完全希釈化後株式数に，キャップをもとに転換したコンバーティブル・エクイティの数を含む。J-KISS（ver. 2.0）発行要項5.(2)(a)(y)参照。

式数が10万株である場合，コンバーティブル・エクイティの保有者は，一株当たり転換価額が5,000円（5億円÷10万株）で，A⑵種優先株式を2,000株取得することになり，キャップがない場合の一株当たり転換価額8,000円よりも価額は低く，取得する株式数もキャップがなかった1,250株よりも増えている。

(ⅳ) 個別事情に応じたキャップの設定の必要性　このように，スタートアップと投資家双方が「次の適格資金調達時点までのスタートアップのバリュエーション（企業価値）の上昇をどの程度とみるか」という大まかな発想のもと，一定の将来のバリュエーションの見込み・許容水準をもとに交渉をするのがキャップである。そのため，必ずしも一律の水準があるわけではないため，スタートアップ側にとっては，キャップの概念の理解をふまえた自社のシナリオの構築・説明・交渉を要する。

　キャップの決定が難しいと，翻って「企業価値評価（バリュエーション）の先延ばしによる簡易迅速な資金調達の達成」というコンバーティブル・エクイティのメリットが減殺されかねない。「次の適格資金調達時点までのスタートアップのバリュエーション（企業価値）の上昇をどの程度とみるか」というキャップのコンセプトはふまえつつ，コンバーティブル・エクイティの目的である「簡易・迅速な資金調達」という大前提に基づき，スタートアップと投資家との間で地に足の着いた具体的な議論を行うことが求められる。

(d)　転換される株式の種類：A1種とA2種

(ⅰ) 適格資金調達をもとに「調整」した株式　コンバーティブル・エクイティは，典型的には適格資金調達が生じた場合に，その際に発行される優先株式をもとに一定の調整を加えた種類の株式に転換されるよう設計される。

【転換される株式の種類】[32]

> ・新株予約権の目的である株式の種類：普通株式[33]
> ・ただし，適格資金調達で普通株式以外が発行される場合：以下のいずれか
> 　(ⅹ) 当該種類株式の発行価額が転換価額と同一の場合：当該種類株式
> 　(ⅴ) 当該種類株式の発行価額が転換価額と異なる場合：当該種類株式の内容につき，一株当たり優先残余財産分配額及び当該種類株式の取得と引換えに発行される普通株式の数の算出上用いられる取得価額が転換価額と等しくなるよう適切に調整され，その他必要な調整が行われた当該種類株式とは異なる種類株式

(ⅱ) 適格資金調達をもとに「調整」する意味（A種か，A2種か）　このように転換される株式が「適格資金調達において発行された種類株式」そのものではなく，一定の調整を加えた，異なる種類の株式であることが重要である。これは，ディスカウントやキャップをもとに，通常は適格資金調達における株式の発行価格よりも低い一株当たり転換価額で株式に転換され，転換される株式数が増えることに起因している。

　例えば，適格資金調達においてA種優先株式を一株当たり1,000円で発行するとき，ディスカウント割合を0.8（80％）と定めていた場合には，新株予約権は一株当たり800円で転換される。この場合，転換価額（800円）をA種優先株式（1,000円）と異なるものとし，一株当たり優先残余財産分配額も同様の調整を行うこと以外は，A種優先株式と実質的に同じ内容に設計した，「A2種優先株式」が転換によって発行される実務になる[34]。

(e)　M&Aエグジット時における分配の取扱い

　適格資金調達が起こる前のシードやアーリー期に，スタートアップがM&Aによるエグジットを果たす場合も考えられる。早期のM&Aとしては，人材獲得を目的にするアクイハイア（第7部第2章第1節2）や，場合によっては競合となるスタートアップの芽を潰すキラー・アクイジションを目的としたM&A（第7部第8章第2節2）等が考えられる。

　コンバーティブル・エクイティでは，この場合の投資家のリターンを定める必要がある。具体的には，(ⅰ)出資額やその2倍等の金額を支払うか，(ⅱ)キャッ

32　J-KISS（ver. 2.0）発行要項5.(1)(a)参照。

33　新株予約権の目的である株式の種類を，原則として「普通株式」とする旨を記載しているのは，適格資金調達が生じずにM&A（下記(e)）や転換期限（下記(f)）において転換する場合に，シード期であればそもそも（普通）株式しか発行していないことが多いため，転換対象を特定できないためである。

34　仮に，転換で得られる株式を，適格資金調達により発行されるA種優先株式そのものにする場合，それに準じたA2種優先株式にする場合に比べて，M&Aの際の優先分配において，いわゆる参加型の優先分配の場合（第3部第2章第3節3）に，「新規に調達したA種よりも低い転換価額」と，「ディスカウントやキャップによって多い転換株式数」による，利益の二重取りのような状態が生じる。この点については，拙稿「コンバーティブル・エクイティとコンバーティブル・ノートの具体的な設計(3)−転換する株式の種類」（https://www.businesslawyers.jp/practices/1347）参照。
　リスクに見合ったリターンという経済条件からすると，新株予約権付社債を用いたブリッジファイナンスの場合（第5部第2章第2節1）等も，転換する株式の種類は同様の設計にすることが考えられる。

84　第2部　創業期・シード期の資本政策・資金調達

プと同様の考えで設定された想定バリュエーションをベースに普通株式に転換し，買収者が買い取るシナリオの2つが考えられる。投資家が実質的にどちらか高い方の価格でエグジットすることを選択できるように設計されることが通常である。

(i)　M&A時の金銭の交付　　まず，M&Aエグジットの場合には，「M&Aを行うことを決定した時点で，スタートアップが新株予約権を取得し，その対価として新株予約権の保有者に対して一定の金額を支払う」ものと定めておくことで（金銭を対価とする取得条項），新株予約権者のエグジットを確保する場合がある。

　新株予約権の保有者に対して支払う「一定の金額」は交渉ポイントにもなることもある。日本のJ-KISSひな形上は出資金額の2倍，米国のSAFEひな形では出資金額の1倍と定められている。

　なお，スタートアップ自身には新株予約権の買取りを行う原資がないことが多いであろうから，買収者自身が代わりに新株予約権の買取りを行うという形でM&Aの対価の分配がされることもある[35]。

(ii)　M&A時の株式への転換　　他方，規模の大きなM&Aの場面では，出資額の1倍や2倍といった固定額ではなく，株式に転換して買収者に譲渡することでアップサイドをとるニーズもある。そのため，M&Aの決定を行った場合に，投資家は金銭でのエグジットではなく「新株予約権を行使して株式に転換することができる」という定めを置く場合が多い。これにより，投資家がいずれか有利な方を選択できるようにするのが実務である。

　なお，M&Aシナリオの場合，優先株式を念頭に置いた適格資金調達は生じていない状態が通常である。そのため，転換される株式の種類は，それまでに何らの優先株式も発行されていない限り，通常は普通株式となる。

(f)　転換期限

　コンバーティブル・エクイティの場合，社債や貸付けといった負債が伴っていないため，理屈上は，いつまでも適格資金調達もM&Aエグジットも起こらない場合，投資家がほぼ何らの権利も保有していない「塩漬け」の状態が続く。

　このようなリスクを考えると（*ex ante*），投資家がコンバーティブル・エク

35　新株予約権が残っていると買収後に行使され得ることから，100%買収を達成するためには，買収者は新株予約権を処理するインセンティブがある。

イティによる投資を行わない可能性があるため，適格資金調達を行う見込みのある（行うべき）一定の転換期限を定めた上で，それまでに適格資金調達又はM&Aエグジットが起こらなかった場合には，投資家の請求により（普通）株式に転換する等の処理が定められることがある。

米国のSAFEひな形では，転換期限（expiration/maturity date）は組み込まれていない。他方，J-KISSひな形では，転換期限が18か月とされている[36]。この場合，「18か月以内にはスタートアップがPoCや事業開発等を進め，次の事業ステージに進むための適格資金調達をしてほしい」という趣旨になる。転換期限を設定するかどうか，また設定するとしてどの程度の期間を設定するかうかは，スタートアップの置かれた状態によって調整・交渉をする余地がある。

(i) 転換期限が到来する場合の対応　転換期限が経過するまでに，適格資金調達やM&Aを行う目途が立たない場合もあり得る。このような場合，スタートアップと投資家との間で交渉が行われ，株式への転換を猶予することがある。適格資金調達に至らなくても，別のコンバーティブル・エクイティやコンバーティブル・デット，金融機関による融資等によって事業資金を確保して事業を継続することが可能な場合もあるためである。

このような場合，多数の投資家が納得したものの小口の投資家が納得せずに転換しようとすると，コンバーティブル・エクイティの趣旨が損なわれる。そのため，「出資額の過半数」等，一定の多数投資家からの要望があった場合に限って株式への転換を認める場合が見られる[37]。

(ii) 転換期限の延長　このような，多数投資家による事実上の転換猶予が実効的なものになるよう，多数投資家との契約上の合意により転換期限そのものを延長する対応も考えられる。

さらに，転換期限を，前述の会社法上の「新株予約権の内容」として定めた場合には，その内容の変更も可能である。もっとも，新株予約権の内容を事後に変更する場合[38]，(a)新株予約権の発行決議をした機関において，当該新株予約権の内容を変更する旨の決議をすること，(b)取締役会（又は取締役の過半数の一致）により内容変更の決議をした場合において，株主以外の者に対し特に

36　J-KISS発行要項5.(2)(b)。

37　同上。

38　新株予約権の内容が変更された場合には，変更内容を登記することが必要とされている（会社法915条1項）。

86　第2部　創業期・シード期の資本政策・資金調達

有利な条件となるときは，さらに，株主総会の特別決議を得ること，(c)原則と
して，新株予約権者全員の同意があることが必要と考えられている[39]。

　新株予約権や新株予約権付社債の引受契約・投資契約において，「多数投資
家の合意があった場合には，新株予約権の内容が変更され，他の投資家は新株
予約権の変更につき必要な手続に協力しなければならない」旨を定め，このよ
うな処理が円滑になされるよう規定している場合もある[40]。

(g)　情報請求権や優先引受権等の契約上の権利

　コンバーティブル・エクイティにおいて，新株予約権の形式で資金調達をす
る場合，投資家は株式を保有していないため，株主に会社法上認められる各種
の権利も保有していない。

　新株予約権付社債（コンバーティブル・デット）の場合には，満期がくれば
支払（償還）を受ける権利を有するが，新株予約権そのもの（コンバーティブ
ル・エクイティ）は，発行会社に強制的に支払を求める権利を有しない。その
ような性質があるからこそ，コンバーティブル・エクイティはスタートアップ・
フレンドリーな投資手段として発展してきた。

　他方，スタートアップに対するモニタリングができずに事業や財務の状況を
把握できないことや，将来希釈化するリスクを負うのであれば，事前のリスク
判断として（*ex ante*），コンバーティブル・エクイティを用いた出資を行う投
資家が現れない可能性がある。

　そのため，特にシード期では，例えば(i)情報請求権や(ii)持分比率維持のため
の優先引受権のような，シード期の投資家に与えることが公平と思われる権利
を契約で定めることが多い。なお，スタートアップが投資家にこれらの権利を
必ず与えなければならないわけではなく，逆にそれ以上の権利を与えてはいけ
ないものでもない。スタートアップと投資家の共通理解・交渉の下で，必要に
応じて定められることに注意が必要である。

(i)　情報請求権　　基本的な権利として，いわゆる情報請求権が投資家に与
えられることが多い。株主は，会社法に基づき計算書類の閲覧請求権（会社法
442条3項）等，一定の情報を取得する権利を有する。また，株主総会決議事

39　商業登記ハンドブック358頁参照。
40　J-KISS投資契約5.13条2項参照。ただし，事後的に少数派投資家が反対した場合の効力
　　やエンフォースメントは問題になり得る。

項について決議する場合，その前提について会社に説明を求めること等が可能である（同法314条）。これらの権利により，会社の状況をモニタリングすることができる。

コンバーティブル・エクイティは，新株予約権から株式に転換することを念頭に置いた，つなぎ出資である。そのため，シリーズA等の株主と完全に同様の権利を与えることまではしないものの，例えば以下のような，投資家が通常モニタリングに必要な財務情報や事業情報にアクセスできるような情報請求権を定めるケースが多く見られる[41]。

- ✓ 貸借対照表や損益計算書，キャッシュフロー計算書等の計算書類（年次・半期・四半期）の提供
- ✓ 投資家が請求した場合，随時（合理的な範囲での）会社の財務状態・事業運営に係る情報の提供

情報請求権の範囲は個別事情により変動し得る。例えば，事業会社等の内規で，投資先管理のために求められる情報等があり得る。他方，コンバーティブル・エクイティでは小口の投資を集める場面も少なくない。全ての投資家に対して一律に情報提供を行う義務を負うと，スタートアップの管理コストが高くつく。そのため，情報請求権を持つ投資家は，一定の金額以上の出資をした投資家（「主要投資家」等）に限る，といった対応をするケースも見られる[42]。

(ii) 優先引受権　　　情報請求権の他に投資家への付与が検討される権利として，持分の希釈化防止のための優先引受権がある。コンバーティブル・エクイティによる調達後，転換が行われる適格資金調達前に，他のコンバーティブル・エクイティやコンバーティブル・デット，あるいは適格資金調達の規模に至らない株式による資金調達が行われる可能性もある。

そのため，希釈化防止のために，コンバーティブル・エクイティの保有者が，その後の資金調達と同一の条件で株式や新株予約権を引き受けることができる優先引受権を保有することがある。

ただし，優先引受権を小口の投資家を含む全ての投資家に与えると，スター

41　J-KISS投資契約5.2条(1)号参照。
42　J-KISS投資契約1.1条(5)号では，例として500万円以上の払込みをした投資家を「主要投資家」として，情報請求権や後述の優先引受権を有するものとしている（出資する投資家の属性や人数等の事情に応じて，交渉や調整の余地が想定されている）。

トアップ側の管理コストが高まるため，情報請求権と同様に，一定の金額以上の投資家（「主要投資家」等）に限って権利を付与するケースがある[43]。

(iii) それ以外の権利の可能性　　いわゆる契約自由の原則により，契約の内容は，スタートアップと投資家の交渉の結果，法令上の新株予約権や社債の内容に反しない限り，原則として自由に定めることができる。これにより，コンバーティブル・エクイティやコンバーティブル・デットの保有者に対して，優先株式による適格資金調達を行った場合と同程度か，それに至らないまでも比較的強い権利を与える契約を締結する例も見られる[44]。

　他方，次回の本格的な資金調達の前段階としてスタートアップの迅速な資金調達を実現する，というコンバーティブル・エクイティのコンセプトに基づき，特にシード期では，投資家の必要最小限度の権利として情報請求権や優先引受権等を定めることで交渉コストを抑えるという実務に収斂してきた点は無視できない。投資家の側は，そのようなコンセプトに基づく合理的な対応が求められる。少なくとも，株式に転換した際には，そのタイミングで株主間契約等の当事者となることで他の投資家と同様の権利を取得することが想定されている（第3部第5章第2節3）。他方で，スタートアップ側は，投資家に与える権利がどのような帰結を生むのかについて，慎重に検討した上で，投資家の要求に対応する必要がある。

43　J-KISS投資契約5.2条(2)号参照。なお，優先引受権を付与する場合には，優先引受権に一定の上限を設定することで，次回ラウンドの投資家の参入しやすさとのバランスをとることも考えられる。J-KISS投資契約では，投資金額の2倍に相当する金額を，優先引受権の上限（参加上限額）として定めている（1.1条(4)号，5.2条(2)号参照）。

44　包括的に，いわゆる最恵（国）待遇条項を設け，「今後の有利な契約内容に自動的に調整される」等と定める例も見られる。もっとも，投資額等にかかわらず強い効果を有する問題や，「有利」な権利の判断が必ずしも明確でない等の問題もある。そのため，最恵（国）待遇条項を設ける場合には，スタートアップと投資家双方に慎重な対応が求められる。
　　J-KISS投資契約では，「最恵国待遇条項」が定められているが，「自動的に契約内容や新株予約権の内容が変更される」という建付けではなく，資金調達を行う場合に，事前に投資家に通知することを義務付けた上で，投資家の選択で，契約の内容を変更して事後の資金調達における契約条項と同内容の条項を含めることや，新株予約権を新たな内容の新株予約権に交換することを請求することができる，という建付けになっている（5.1条各項参照）。

第4節　クラウドファンディング

1　概　要

クラウドファンディング（CF）は，スタートアップがインターネットを通じて，個人を含めた公衆から少額ずつ資金調達する仕組みである。金融商品取引法（金商法）の改正により2015年に投資型 CF 制度（「少額電子募集取扱業務」に関する規制枠組み）が導入された[45, 46]。これにより，少額電子募集取扱業務のみを行う場合には，簡易なライセンスでCF業者が金融商品取引業を営むことが可能となった（通常の第一種金融商品取引業の登録を受けた上で株式投資型CFを営むことも可能である）。本書では，株式や新株予約権の取扱いを行う業務を「株式投資型CF」として主に取り扱う[47]。

45　金融商品取引業の分類（第一種金融商品取引業，第二種金融商品取引業）に対応して，投資型 CFにも，株式や新株予約権，社債券等の取扱いを行う「第一種少額電子募集取扱業務」や，いわゆるファンド持分の取扱いを行う「第二種少額電子募集取扱業務」（ファンド型 CF）が存在する。

46　クラウドファンディングには，（株式）投資型 CF以外にも，いわゆる寄付型 CF（原則としてリターンが生じないもの）や，購入型 CF（返礼品として一定の商品・サービスを得られるもの）がある。これらも，広い意味ではスタートアップの資金調達手段となり得るが，本書では詳細については省略する。

47　クラウドファンディングは必ずしもシード期に限られるものではないが，例えばスタートアップへのアンケート結果では「クラウドファンディング（融資型，ファンド型，株式型）」による調達金額は1,000〜5,000万円未満が85.7%，残りが1,000万円未満というデータがある（一般財団法人ベンチャーエンタープライズセンター「ベンチャー白書2023」）。また，寄付型 CFや購入型 CFは1,000万円未満が83.3%，残りが1,000〜5,000万円未満とされる。

【株式投資型CFの概要】

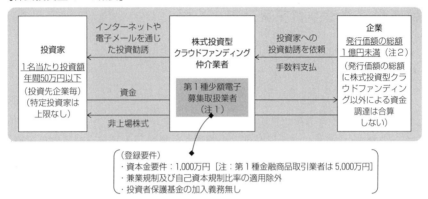

(注1) 第1種金融商品取引業者も株式投資型CFを実施することが可能。
(注2) 特定投資家からのCFによる資金調達も含めて1億円未満とする必要。

出典：金融審議会 資産運用に関するタスクフォース第1回（2023年10月3日）事務局資料を基に筆者加工

日本における株式投資型CFの特徴は，以下の通りである[48]。株式投資型CFの活用が拡大してきていることに伴い，見直し・緩和も図られる予定である。

項目	現行	見直しの方向性
発行可能な有価証券の総額	年間1億円未満[49]	5億円未満まで引上げ（2024年末まで目途，必要な開示を行う前提[50]）

---

[48] 金融審議会 市場制度ワーキング・グループ「資産運用に関するタスクフォース報告書」（2023年12月12日）（以下「資産運用TF報告書」という。）参照。
[49] CF業者が1年間に同一企業の募集と私募双方の取扱いを行った場合，両者を合算して発行総額上限を計算することになっている。もっとも，発行総額上限については，一般投資家も含めた勧誘がなされる前提で投資家保護の観点から定めているものであり，特定投資家私募を少額電子募集取扱業務として実施する場合は，一般投資家も含めた勧誘と合算して5億円未満とする発行総額上限を設定する必要はないと考えられるとされる。ただし，私募を行う場合であっても，非上場株式というリスクが高いものであることをふまえると，少額電子募集取扱業務として扱える範囲に一定の上限を設定することが適当であるとされる（資産運用TF報告書18頁）。

投資家の投資上限額	・年間50万円（一般投資家） ・特定投資家は上限なし	CF事業者が顧客の年収や純資産を把握し，投資家の年収や純資産に応じて，CFの投資上限を定めることを可能とする（一定金額以内の少額であれば，年収や純資産の確認をしなくても投資ができる仕組みとすることが考えられる）
投資勧誘の方法	ウェブサイトによる表示＋電子メール[51]	法人の特定投資家に対して電話・訪問による勧誘の解禁を検討

【発行総額の上限の引上げ等】

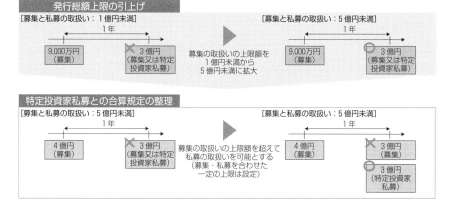

出典：金融審議会 資産運用に関するタスクフォース第1回（2023年10月3日）事務局資料を基に筆者加工

50　50名以上の一般投資家に勧誘する調達金額1億円以上5億円未満の有価証券の募集（少額募集）は，有価証券届出書の提出が必要であるものの，連結情報を記載する必要がなく記載内容が簡素化されている（開示府令第2号の5様式）。ただし，少額募集に係る有価証券届出書の利用状況は，直近10年間で5件程度と，利用実績が限られている。そこで，資産運用TFでの議論において，スタートアップの資金調達に係る情報開示の負担軽減・合理化の観点から，当該届出書に係る開示内容等がより簡素化されることとされている。

51　日本証券業協会の自主規制規則による。

2　多数の個人株主が登場することへの対応

　株式投資型CFでは，個人株主が多数いることを嫌う機関投資家もいることや，多数の個人株主が生じることにより円滑な業務運営が困難となり得ることが指摘されており，スタートアップにおいて，後々に機関投資家からの資金調達が難しくなり得るのではないかとの指摘もある[52]。資産運用TF報告書では，基本的には，スタートアップがそうした可能性も含めて資金調達手段を検討すべきであるが，CF事業者においても，そうした可能性をスタートアップが適切に理解しているか確認する等の対応を行い，また，金融庁においてもCF事業者が適切な業務運営を行っているか等をモニタリングすることが適当であるとされている[53]。

　なお，第二種金融商品取引業と投資運用業に登録し，匿名組合等のファンドを介在させることによって株主の一元化を図ることは可能である（ファンド型CF）[54]。もっとも，ファンド運用に係る投資運用業の登録要件を満たすための体制整備の負担が過大となっているという指摘もある。

　投資運用業の参入要件については，以下の緩和等を盛り込んだ金商法等の改正法案が2024年5月に成立した。このような投資運用業の参入要件の緩和に関する枠組みも活用して，個人株主が多数いることに伴う課題に対応することも考えられる[55]。

52　資産運用 TF報告書18頁。

53　同上。

54　VCと同様の規制である。ただし，日本のVCは，勧誘できる投資家が限定される等の制約・規制に服する代わりに，第二種金融商品取引業と投資運用業の登録を受けずに，届出によりファンド持分の勧誘とスタートアップの株式等への投資を行うことができる仕組みである，「適格機関投資家等特例業務」により行われることが多い（第3部第10章第2節）。

55　他方，株式投資型CF及びファンド型CFは，自主規制規則における規制体系が異なり（株式投資型CFは日本証券業協会，ファンド型CFは第二種金融商品取引業協会の自主規制規則において規制される。），第二種金融商品取引業者が取り扱う場合には少額要件（発行総額上限，投資者の投資上限）が適用されない等の差異があるところ，株式投資型CFと同等の経済的性質を持つ株主一元化スキームであるファンド型CFについては，株式投資型CFに係る規制との平仄を合わせる必要があるという指摘もある（金融審議会「市場制度ワーキング・グループ報告書─プロダクトガバナンスの確立等に向けて─」（2024年7月2日）10～11頁）。

- ミドル・バックオフィス業務（法令遵守，計理等）を受託する事業者の任意の登録制度を創設し，投資運用業者におけるミドル・バックオフィス業務の外部委託を可能とする（登録要件の緩和）
- 金銭等の預託を受けない場合に資本金要件を緩和（5,000万円→例えば1,000万円（第一種少額電子募集取扱業・第二種金融商品取引業の資本金要件と同じ）とする）

【株式投資型CFと株式一元化スキーム（ファンド型CF）】

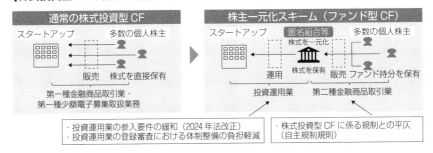

出典：金融審議会第28回市場制度WG（2024年5月24日）事務局説明資料②を基に筆者加工

第5節　創業期・シード期の融資

　日本でスタートアップが資金調達を行う手法は，エクイティ（株式・新株予約権）によることが伝統的であった。他方，グローバルにはデット（負債）による資金調達も広がっており，日本でも徐々に活用が広がっている。

　スタートアップが金融機関からの融資や社債といった負債により資金調達をする場面はいくつか考えられる。例えば，創業初期における政府系金融機関や民間金融機関からの運転資金の借入れがある。また，拡大期に，エクイティ性の資金調達に加えて，デット性の資金調達を行うことでレバレッジをかけて積極的な事業投資を行うような場面も増えている（いわゆる「ベンチャーデット」）。

　創業期やシード期に活用される融資・保証として，直近も，日本政策金融公庫のスタートアップ向け融資が拡充されているほか，信用保証協会における，経営者保証を不要とする創業時の新しい信用保証制度が導入されている。詳細

については第5部第1章で述べる。

【創業期～シード期に活用される融資・保証】

(1) 日本政策金融公庫のスタートアップ向け融資
(2) 信用保証協会による保証と「スタートアップ創出促進保証制度」

第**3**部

▼

株式による本格的な資金調達

序

第3部では，株式による本格的な資金調達と，それにまつわる役員派遣や事業会社の戦略投資，VC・CVCファンド組成時の留意点等についてみていく。

まず，優先株式による最初の本格的な資金調達である，シリーズAラウンドの資金調達における経済条件や契約内容を取り扱うことを通じ，スタートアップの優先株式による資金調達の基礎についてみていく。第1章ではシリーズAラウンドの重要性，投資家の種類，ドキュメントや海外の契約類といった概要に触れる。その上で，優先株式による資金調達に際して検討が不可欠となる3つの柱として，優先株式の内容の設計（第2章），投資実行までの権利関係を定める株式引受契約（第3章），投資後の株式等や運営に関する権利関係を定める株主間契約（第4章）について検討する。

次に，シリーズA資金調達における会社法やシード資金調達（J-KISS等）の株式への転換手続といったプロセスに加え，金融商品取引法や外為法といった，株式による資金調達において重要な規制についても触れる（第5章）。資金調達後典型的に行われる資本金の額の減少（減資）の手続にも触れる（第6章）。

以上のシリーズAや株式による資金調達全般に共通する事項をふまえて，シリーズBラウンド以降の資金調達における留意点について，いわゆるダウンラウンドを含めて検討することにより，資金調達のダイナミズムを取り扱う（第7章）。

これらの株式による資金調達そのものに加えて，付随して行われる取締役派遣の際の留意点や（第8章），事業会社が戦略投資や連携を行う際の課題や解決の方向性（第9章）について検討する。

最後に，若干ではあるが，スタートアップの主要な資金提供者であるVCファンドの組成におけるストラクチャーや規制，またCVCファンドへの応用について補足する（第10章）。

第1章

シリーズＡ資金調達：概要

株式による資金調達において，最初のシリーズAラウンドはどのような重要性を
もつか。
各ラウンドにはどのような投資家がいるか。株式による資金調達において必要
な書類・ドキュメンテーションは何か。

第1節　段階的資金調達とシリーズAラウンドの重要性

　第1部で，スタートアップの資本戦略は，シード，シリーズA，B，Cラウ
ンド……といった段階的資金調達によることを説明した。

　本第3部では，優先株式による最初の本格的な資金調達である，シリーズA
ラウンドの資金調達における経済条件や契約内容を中心に検討する。なお，本
書のうち，シリーズAラウンドを中心とした株式による資金調達に関する解説
が相応の分量を占める。これは，段階的資金調達に基づいて，シリーズAの際
の株式の設計や契約内容が，その後のシリーズB，C以降の資金調達に大きな影
響を及ぼすためである。シリーズAにおける設計が，シリーズB以降に新規投
資家からの資金調達の妨げになる事例や，契約の修正について問題を先送りし，
結果としてIPOやM&Aの段階で問題が顕在化する場面も見られる。そのため，
実際の案件では，シリーズA段階から創業者を含めた関係者が株式や契約の中
身を適切に理解した上で検討・交渉をし，ディールを完了することに時間とコ
ストを惜しむべきではない。本書の紙幅に限界もあり，最後は案件ごとの個別
事情によるが，理解をする際の一助になるよう記述を試みている。

98　第3部　株式による本格的な資金調達

　まずはシリーズAを念頭に，スタートアップが優先株式による本格的な資金
調達を行う際の経済条件や契約内容について検討した上で，シリーズB以降に
おける固有の検討事項について，各パートで補充していく。

第2節　投資家の種類：誰から資金調達をするか？

1　投資家の種類・属性

　シリーズAラウンドは，アーリー・ステージを中心に行われる資金調達であ
るところ，検証された課題解決のための方法をプロダクトに落とし込むステー
ジであり，事業分野に詳しいVCがリスクをとって投資をすることが多い。もっ
とも，近時は，スタートアップが持つイノベーションの可能性に早期にアクセ
スするために，事業会社や，その投資部門・投資組織であるコーポレート・ベ
ンチャー・キャピタル（CVC）等が，比較的早期から出資・投資を行う例も
増えてきている。

　シリーズAに限らず，スタートアップがエクイティによる資金調達を行う主
な投資家の種類・属性や，それぞれの典型的な資金調達ラウンド，期待される
役割例は，以下のようになる。

【投資家の属性の例】[1]

①　エンジェル投資家	✓主にVCの投資対象となる以前の設立間もないスタートアップに対して投資を行う個人投資家等。自己資金による投資を行う。 ✓成功した起業家が投資活動を行うことも多く，有益なアドバイスも期待できる。
②　ベンチャー・キャピタル（VC）	✓スタートアップの株式や新株予約権付社債等を投資対象としたファンド。 ✓VCごとに投資戦略（対象とするステージやインダストリー等）や，投資後の関与の仕方が異なる（シード段階特化型のVCや，シードからレイターまで伴走・

1　PwCコンサルティング合同会社 ストラテジーコンサルティング（Strategy&）「Strategy
　& Foresight vol.23」13頁も参照。

		フォロー投資するVC等）。
③	事業会社	✓自社の既存事業の強化や新規事業の開発・連携のため，スタートアップとの共同研究や業務提携に加え，出資も行う例が増加。 ✓競合の事業会社からの出資を受け入れにくくなる等の「色がつく」出資の側面を有し，また期待される役割に照らし，ミドル（グロース）・ステージ以降の出資が多いが，近時は出資が早期化する傾向もある。
④	コーポレート・ベンチャー・キャピタル（CVC）	✓事業会社が，スタートアップに対する投資を目的として，自己資金により組成する投資組織。単に自社の戦略的投資予算を切り出したものをCVCと呼ぶケースや，子会社形式をとるケース，専門のVCと組合型ファンドを組成するケース等がある（第10章第3節参照）。 ✓スタートアップからの投資リターンのみならず，事業上のシナジーの獲得も目的とする②と③の中間的属性が特徴であるが，CVCによって目的にグラデーションがある。
⑤	プライベート・エクイティ・ファンド（PEファンド）	✓近年レイター・ステージのスタートアップに，数億〜数十億円の規模でPEファンドが投資を行う事例が出てきている。 ✓伝統的にバイアウトを中心としてきたPEファンドが，大規模なグロース資金の提供者・ガバナンスの高度化等の成長支援も担う投資家として存在感を増しつつある。
⑥	クロスオーバー投資家	✓主に非上場のレイター・ステージ，プレIPOステージから出資をし，上場後も株主として残存することが想定される機関投資家。PEファンドのグロースキャピタルを含めることがある。 ✓上場株式を主な投資対象とするファンドが，上場が視野に入った非上場スタートアップも投資ポートフォリオに含める例が増えている[2]。

2　2023年12月に投資信託協会の自主規制規則が改正され，非上場株式を公正価値測定を用いて時価で評価した上で，一定の範囲で投資信託財産への組入れが認められることとされた。このような投資信託も，クロスオーバー投資家となり得る。

【スタートアップのステージと投資家・役割例】[3]

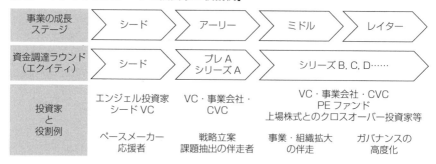

2 リード投資家

　ある資金調達ラウンドに複数の投資家が参加する場合に，出資の主要な条件等に関するスタートアップとの交渉や投資家間の利害調整を主導する投資家を，リード投資家（リード・インベスター）と呼ぶことが多い[4]。あるラウンドにおける出資額が最も高額な投資家がリード投資家となることが多い[5]。

　リード投資家は，出資時まではその条件交渉を主導し，出資後は経営支援（ハンズオン）を積極的に行うことが期待されている。取締役の派遣（第8章参照）を行って経営への参画やモニタリングを行う等，外部株主の中で最も重要な役割を果たすことから，シリーズAに限らず，スタートアップへの出資に熟練しているVCがその役割を担うことが多い。事業会社がリード投資家となることは，必ずしも多くない。

---

[3] 各ラウンドの投資家層や，投資家の役割例の記載について，GCP 27頁，100頁の図表も参考にしている。
[4] Venture Deals 313頁参照。
[5] 全ラウンドを通じて最も出資持分（持株割合）の多い外部投資家を指すこともある。GCP 106頁参照。

第3節　シリーズA資金調達におけるドキュメンテーション

1　タームシート

　優先株式の内容（定款）や投資契約類は，複雑かつ長文化することがあり，また，後述のように当該資金調達ラウンドの契約当事者だけでなく既存投資家等を含めた利害調整が行われることも多い。そこで，定款や投資契約類を作成する前に，主たる条件を列挙したタームシート（Term Sheet）を作成し，関係者間において基本条件を明らかにして調整・交渉を行うことで，優先株式や契約の内容を円滑に整理していくことが有用であることも多い[6]。

　米国等の諸外国では，投資家がタームシート案を作成・提供し，タームシートのレベルで実質的な交渉を行ってから契約書のドラフトを作成することが多い。他方，日本では，短時間で交渉が行われることもあり，（メール等の簡単な議論をもとに）契約書ベースで議論されることもある。この場合，ドラフトベースで非効率なやり取りとなる可能性もあるので注意が必要である。

　また，タームシートを作成する場合でも，諸外国では投資家とスタートアップが署名（サイン）をするBinding Term Sheetとすることも多い。他方，日本では必ずしもこのような形式ではなく，あくまで相互の認識合わせに留まることも多いように思われる。いずれにしても，タームシート自体は契約書ではないため，優先株式の内容や株式・ガバナンスに関する当事者の権利義務は定款や契約で確定される。ただし，例えばタームシートで一定期間の独占交渉権（No-Shop Agreement）等を設け，これらは法的拘束力を有するものとすることもある[7]。

2　定款・契約

　優先株式の内容を定めるのは会社の基本的文書である「定款」である。また，

6　経産省・主たる留意事項19頁参照。
7　米国ではNo-Shop Agreementが通常設けられるとされる。Venture Deals 107～109頁参照。

株式・ガバナンスに関する当事者の権利義務は，いわゆる投資契約類で定められる。投資契約類は，主に「株式引受契約」と「株主間契約」に分類される。以下でそれぞれ見ていく。

1	優先株式の設計（定款）	（第2章）
2	株式引受契約	（第3章）
3	株主間契約・財産分配契約	（第4章）

　なお，株式引受契約と株主間契約を「投資契約」と総称して1つの契約で定めることも可能であり，従来はそのような事例も多かった。もっとも，スタートアップ投資は複数回行われることが通常であるところ（段階的資金調達），特にシリーズBラウンド以降の投資では，株式引受契約を締結すべき当事者と株主間契約に参加すべき当事者が異なってくる（株主間契約に参加すべき当事者の方が多い）こととなり，これを分けることが便宜となる[8,9]。後続のラウンドで株主間契約に参加する投資家についての処理は，第7章で検討する。

8　例えば，シリーズAラウンドの際に一つの「投資契約」が締結され，その中に投資実行そのものに関する事項と，投資実行後の運営・株式の処分等に関する事項が定められていた場合，シリーズBラウンドの際に，投資実行後に関する事項は株主間契約に集約して締結しなおす（シリーズAの投資契約のうち，重複する部分は失効させる）といった対応が考えられる。

9　株主間契約に定められる内容の中でも，みなし清算条項やドラッグ・アロング（売却強制権）等，M&Aによる投資回収や株主間での対価の分配に関する規定のみを定めた契約を，「財産分配契約」「買収にかかる株主分配等に関する合意書」等の呼称で別契約として締結することもある（経産省・主たる留意事項11〜14頁参照）。背景として，みなし清算条項やドラッグ・アロングは，実効性を確保するため，株主全員を当事者として拘束する必要性が高い。他方，株主間契約の事項は少数株主にとってはほとんど関連のない事項も含まれている一方，全株主を当事者として要求すると，資金調達ラウンドが進むにつれて締結や変更が煩雑になるといった指摘がある。

第1章 シリーズA資金調達：概要

【定款・契約の概要】

	当事者	目的・内容
優先株式の設計（定款）	✓ スタートアップ ✓ 既存株主（総会で承認） ※ 株式引受契約の内容（別紙）とされることもある	経済的権利（残余財産や配当の優先権），普通株式への転換，コントロールに関する権利等，会社法上の所定の事項が定められる
株式引受契約（投資契約）	✓ 当該ラウンドの投資家 ✓ スタートアップ（発行会社） ✓ 創業者等の経営株主	株式等の発行・引受けという投資実行自体を中心に規律（前提条件や表明保証，違反した場合の補償等）
株主間契約（＋財産分配契約）	✓ 原則：既存投資家を含めた全ての投資家（一定の事項に必須でない者も） ✓ スタートアップ（発行会社） ✓ 創業者等の経営株主	投資実行後の，株式の処分・対価の分配や，会社運営に関する株主の権利・義務を中心に，継続的に規律 （一定の事項に必須でない当事者も存在し，契約を分割する場合もある）

【契約・定款】

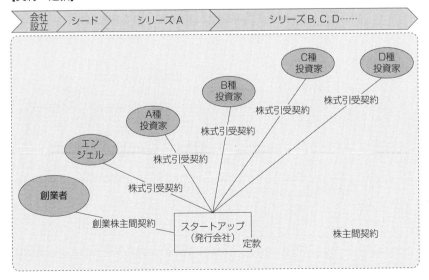

104 第3部 株式による本格的な資金調達

また，定款や契約の承認・締結や，株式の発行について一定の機関決定（株主総会・取締役会決議等）が必要になることや，株式の発行に伴う資本金の額の取扱いや，外資規制（外為法）対応等に必要な手続・文書もある。これらも以下で見ていく。なお，法定のものではないが，資本政策表・CapTableを作成・更新することについては既に述べた（第1部第3章第4節）。

【その他のドキュメントの例】

✓ 機関決定（取締役決定，取締役会議事録，株主総会招集通知，委任状，株主総会議事録等）（第5章第1節）
✓ 外為法の手続（第5章第4節）
✓ 資本金の減少（減資）（第6章）

第4節　参考：海外のモデル定款・契約

海外では，例えば米国，英国やシンガポールで，スタートアップ投資に関する定款や各種契約のモデルが公表されている例がある。

米国	NVCA Model Legal Documents（いわゆるNVCAひな形） ※National Venture Capital Association (NVCA) によるスタートアップ投資に関する定款 (Certificate of Incorporation) や各種契約のモデル[10]
英国	BVCA Model Documents for Early Investments ※British Private Equity & Venture Capital Association (BVCA) によるシリーズAにおける定款 (Articles of Association) や各種契約のモデル[11]
シンガポール	Venture Capital Investment Model Agreements (VIMA) ※Singapore Academy of LawとSingapore Venture and Private Capital Associationによる，シリーズA・プレシリーズAにおける定款 (Constitution) や各種契約のモデル[12]

---

10 https://nvca.org/model-legal-documents/
11 https://www.bvca.co.uk/Policy/Industry-Guidance-Standardised-Documents/Model-documents-for-early-stage-investments

第1章　シリーズA資金調達：概要　105

【日本のドキュメントと米国・英国・シンガポールの各種ひな形】

日本の典型的な ドキュメント	米国NVCAひな形	英国BVCAひな形	シンガポールVIMA
タームシート	Term Sheet	—（公開予定）	Term Sheet – short and long form
定款	Certificate of Incorporation (CoI)	Articles of Association（AoA）	Model Constitution
		※英国系では，Pre-Emption Rights（優先引受権），Right of First Refusal（先買権），Tag-Along Right（共同売却権），Drag-Along Right（ドラッグ・アロング）といった株式の処理のほか，Directorの選解任権等も定款に（も）記載	
株式引受契約	Stock Purchase Agreement (SPA)	Subscription Agreement	Subscription Agreement
株主間契約・ 財産分配契約	Investors' Rights Agreement (IRA) — Registration Rights（上場時の登録請求権） — Information Rights（情報請求権） — Right of First Offer（優先引受権） — Covenants（会社の誓約事項）	— Shareholders' Agreement — Registration Rights Agreement（米国市場上場時の登録請求権）	Shareholders' Agreement
	Voting Agreement (VA) — Board（取締役会の構成・選解任権等） — Drag-Along Right（ドラッグ・アロング）		
	Right of First Refusal and Co-Sale Agreement (RoFR & Co-Sale) — Right of First Refusal（先買権） — Right of Co-Sale（共同売却権）		
その他	— Management Rights Letter — Indemnification Agreement — Model Legal Opinion　等	— Preferred Sharesの会計上の取扱いについてのTechnical Briefing	— Non-disclosure Agreement — Convertible Note — Employee Share Option Plan Schedule — Environmental, Social and Governance Letter Agreement　等

12　VIMAは2018年に公表された後，2022年にver. 2.0として既存ドキュメントのアップデートや追加がなされた（https://www.svca.org.sg/model-legal-documents）。

106　第3部　株式による本格的な資金調達

　近時は，日本の金融投資家や事業会社がこれらの国のスタートアップに投資をすることも増えており，その場合にはひな形モデルをもとに案件に応じた調整がなされることが多い。それ以外の国でも，NVCAひな形等をベースにしつつ，各国の法令に適合して調整された投資関連契約が締結されることも増えている。

　また，日本や海外の起業家が，米国法人やシンガポール法人として設立したスタートアップについて，日本の取引所に株式を上場させるために，コーポレート・インバージョン取引（第7部第10章）を行ってグループ頂点の親会社を日本法人とし，当該日本法人の株式を上場させる例も増加している。この場合，米国等で締結されていたNVCAひな形ベースの英文の株主間契約類を，インバージョン取引の際に日本法の観点から最小限の調整を行って，そのまま英文契約として日本法人との関係でも締結しなおすことも多い[13]。その上で，インバージョン後の資金調達ラウンドにおいて，その株主間契約類に新規投資家が参加していく形で契約関係が積み重ねられていく。

　近時は，本書で紹介するような日本の優先株式の内容や契約実務は，比較的シンプルではあるが，グローバル・スタンダードに沿ったものとなってきている。他方，日本のスタートアップがグローバルで有利に資金調達を進めるためには，グローバル・スタンダードに従った英文契約としての投資関連契約を締結する意義もあるところ，NVCAひな形等をベースに日本法に基づきアレンジした英文契約書によって資金調達が行われる例も増加する可能性があるため，これらに習熟しておく必要も高い。そのため，本書では，現時点における日本のスタートアップの標準的な契約条項を主に想定して解説していくが，その際にNVCAひな形等の対応する条項にも触れる。

13　定款（優先株式の内容）も調整が必要になるが，契約類は当事者間の合意であるため比較的柔軟である一方，定款は日本の会社法に基づく制約があることから，米国等の優先株式の内容を可能な限り反映するために相当の工夫が必要な場合も多い。また，ストックオプション（新株予約権）も，日本の会社法に従って設計・発行しなおす必要がある。

第2章

優先株式の設計
（定款と一定の契約）

> 投資家が保有する「優先株式」とは何か。優先株式の典型的な内容にはどのようなものがあるか。
> 最も重要な優先残余財産分配権・みなし清算とはどのようなものか。

第1節　前提：スタートアップの資金調達における株式の利用と課題

　スタートアップが資金調達を行う場合，その方法は，大きく分けて，デット（Debt，負債）と，エクイティ（Equity，株式等）の2種類が存在する。特にスタートアップの資金提供者（投資家）は株式を引き受け，資金を払い込むエクイティの形で資金調達が行われることが多い（デットは第5部で後述する）。

　株式による資金調達のなかでも，日本では伝統的に，スタートアップの創業者が保有する株式と同じ内容である「普通株式」の発行による資金調達がメインであった。もっとも，近時はグローバル・スタンダードと同様，会社のリターンの分配において普通株式よりも優先する等の内容を持つ種類株式である「優先株式」による資金調達がメジャーとなっている。

　「優先株式」は，会社法等の法令用語ではない。通常，一定の優先的権利等を標準的な内容とする会社法上の種類株式を指す。まず，会社法において種類株式として定めることができる内容の概要を述べた上で（第2節），スタートアップの優先株式において最も重要な経済的優先権である優先残余財産分配・みなし清算について検討し（第3節），それ以外の典型的なスタートアップの

優先株式の設計について検討する（第4節）[1]。

第2節　種類株式の概要

　会社法上，以下の事項について，異なる定めをした種類の株式を発行できる（108条1項各号）。逆に，これ以外に内容の異なる種類株式は発行できない[2]。

項目	概要
①剰余金の配当	剰余金の配当について内容の異なる株式 例：普通株式に優先して一定額の配当を受けられる優先株式
②残余財産の分配	残余財産の分配について内容の異なる株式 例：普通株式に優先して一定額の残余財産分配を受けられる優先株式
③株主総会で議決権を行使できる事項	議決権を行使できる事項について内容の異なる株式 例：全ての事項について議決権のない無議決権株式 　　一定の事項について議決権のない議決権制限株式
④譲渡制限	株式の譲渡制限の有無及び内容について異なる株式[3] 例：株式譲渡に取締役会決議の承認を要する株式

1　以下では，スタートアップの優先株式の内容として典型的な事項のうち，主要な項目を検討する。全ての条項を網羅しているわけではない。スタートアップの優先株式の内容の解説として，経産省・主たる留意事項23〜29頁，宍戸＝VLF 26〜96頁，会社・株主間契約170〜180頁，桃尾・松尾・難波45〜70頁，小川＝竹内122〜138頁等。
2　例えば，いわゆる「みなし清算」に関する規定が，定款の任意的記載事項として有効かどうかという形で問題が生じる。第3節2(3)参照。
3　非上場会社の株式は，通常は種類を問わず譲渡制限が付される。例えば，普通株式も優先株式も，通常は取締役会や株主総会の承認を要する。もっとも，一部の種類株式のみに譲渡制限を付すことも可能である。また，一定の株式譲渡（例えば，特定の相手に対する譲渡）については譲渡制限の対象外とすることも可能である。ただし，一部の種類でも譲渡制限が付されていなければ，公開会社（会社法2条5号）として扱われ，会社法上の規制が加重される事項がある。

⑤株主による取得請求権	株主がその保有する株式の取得を会社に対して請求することができる株式 ※取得と引換えに会社が株主に対して，会社の他の種類の株式や金銭その他財産を交付することを内容とすることが可能。一般に，対価が他の種類の株式の場合には，「転換請求権」と呼ばれ[4]，対価が金銭の場合には，「償還請求権」と呼ばれる。
⑥会社による取得（取得条項）	一定の事由が生じた場合に，会社が株主の保有する株式を強制的に取得することができる株式 ※取得と引換えに会社が株主に対して，会社の他の種類の株式や金銭その他財産を交付することを内容とすることが可能。一般に，対価が他の種類の株式の場合には，「（強制）転換条項」と呼ばれ，対価が金銭の場合には，「償還条項」と呼ばれる。
⑦株主総会決議による全部取得（全部取得条項）	株主総会の特別決議によりある種類の株式の全部を取得することができる株式 ※取得と引換えに会社が株主に対して，会社の他の種類の株式や金銭その他財産を交付することを内容とすることが可能。また無償取得（対価を交付しないこと）も可能。
⑧種類株主総会の決議事項（拒否権）	株主総会又は取締役会の決議事項について，ある種類の株式の種類株主を構成員とする種類株主総会の決議が必要である旨を定めた株式
⑨種類株主総会における取締役又は監査役の選任（役員選任権付種類株式）	ある種類の株式の種類株主を構成員とする種類株主総会により取締役及び監査役を選任することを認める株式[5] ※この種類株式により選任された取締役・監査役は，定款で別段の定めを設けない限り，その種類株主総会により解任される[6]。

　このような会社法上の種類株式の内容を用いて，スタートアップが投資家に発行する優先株式は，一定の標準のもとで設計される。通常は，以下のような

4　株式の「転換」は，会社法上の用語ではない。ある株式を取得する対価として，他の種類の株式が交付されることを「転換」と呼ぶことが多い。新株予約権の場合は，その行使又は取得により株式を交付することを「転換」と呼ぶことが多い。
5　役員選任権付種類株式は，公開会社（会社法2条5号）ではない会社（発行する全ての種類の株式に譲渡制限のある会社）のみが発行可能である。
6　会社法347条による339条，341条の読み替え。

事項が定められる（後述の通り，一部は定められないものもある）。

> (a) 経済的利益に関する権利（優先配当，優先残余財産分配）
> (b) 経営関与に関する権利（議決権，拒否権，役員の選解任権）
> (c) その他（普通株式への転換請求権，普通株式への強制転換条項等）

　スタートアップの資金調達において投資家が取得する種類株式は，上記の①〜⑨に対応して，①剰余金の配当について普通株式に優先するように設計することがある。また，②残余財産の分配について普通株式に優先するように設計する。そのため，「優先株式」と呼ばれることが多い。

　その上で，普通株式と同様に，③通常は株主総会の全ての決議事項について議決権を有し，④譲渡制限が課される。

　また，⑤投資家である優先株主が請求することで，いつでも優先株式を普通株式に転換できる，普通株式を対価とする取得請求権（転換請求権）が設けられるのが通常である。さらに，取得請求権の対価を金銭とすることで，一定のM&A等の際に投資家に実質的な分配を行う償還請求権を設けることもある。他方で，⑥特に上場・株式公開（IPO）の際にスタートアップが優先株式を一斉に普通株式へ転換することができるように，普通株式を対価とする取得条項（強制転換条項）も設けられる。

　さらに，場合によっては，⑧一定の事項について，投資家である優先株主で構成される種類株主総会の決議を必要とするように定めることもある（拒否権）。また，⑨種類株主総会で一定の人数の取締役等を選任することができるよう定める例もある。ただし，これらは株主間契約に定められることも多く，後述する。

　これらの種類株式の内容は，会社の基本的事項を定める定款に規定される。定款は，設立時に発起人により作成され（会社法26条），公証人の認証を受け（同法30条1項），会社設立後は基本的に株主総会の特別決議によって変更される（同法466条，309条2項11号）。一定の事項については決議要件が異なるため，それぞれの場面で述べる。

【定款のイメージ】

> 第●編　種類株式の内容【注：別紙形式とすることもある。】
>   第●条　（剰余金の配当）
>   第●条　（残余財産の分配）
>   第●条　（普通株式を対価とする取得請求権）
>   第●条　（金銭を対価とする取得請求権（償還請求権））
>   第●条　（普通株式を対価とする取得条項）
>   第●条　（議決権・種類株主総会）
>   第●条　（拒否権・役員選任権）

第3節　優先残余財産分配権・みなし清算

　スタートアップが発行する優先株式のうち最も重要な内容が，優先残余財産分配・みなし清算である。まず，普通株式を保有する創業者（起業家）等と，優先株式を保有する投資家の間の，スタートアップの企業価値・株主価値の分配についての概要に触れ（下記1），優先残余財産分配の具体的な設計について検討する（下記2から4）。

【優先残余財産分配・みなし清算による M&A 対価の分配の規律[7]】

優先株式 （投資家）	✓　ラウンドごとにA，B，C，D種優先株式……と発行される。
	✓　一株当たり発行価格の違いにより枝番号（例：A-1種，A-2種）が振られている場合がある。
	✓　買収（M&A）時には，残余財産の優先分配の規律に従って，買収対価を各種株式に割り付ける。
	✓　ラウンド間の優先関係は，新規投資家と既存投資家との力関係による（新規投資がなければキャッシュが不足する状況を利用して，新規投資家は既存投資家より優先する権利を要求することが通常）。

7　これらのまとめについて，スタートアップ買収の実務148頁も参照。

	✓ 優先分配後に，普通株式への分配に参加できる権利を有する場合（参加型）と，有しない場合（非参加型）がある。非参加型の場合，優先分配以上の対価を得られる見込みがあれば普通株式に転換して分配を受ける。 ✓ 優先分配の金額は，投資元本（株式の発行価格）の場合が多いが，投資家の交渉力が強い場合には2倍，3倍となることもある。 ✓ 参加型であっても，優先株式への分配総額に上限（キャップ）が付されることもある。
普通株式 （創業者）	✓ 優先株主への優先分配後の残額につき分配を受ける。 ✓ 分配額に上限なし。

　なお，優先残余財産分配・みなし清算の規律を検討する場合でも，出資時に新たに権利を取得する場面と，M&Aに際して売主である株主がどのような権利を有しているかを検討する場面では，視点が異なる。

【優先残余財産分配・みなし清算の規律を検討する際の視点】

出資時（マイノリティ投資家）	マイノリティ投資としての資金調達ラウンドに参加するため，将来「自らがM&Aの売り手になった場合に，どのような優先順位で，どれだけの分配を受けられるか」という視点で条件交渉を行い，その結果として投資判断を行う。
買収時（M&Aの買収者）	✓ 既存株主の間では，自ら（買収者）が支払う対価が，誰に，どのように分配されるかのデフォルトルール（株主構成と優先順位）は決まっている。その状態を分析し，取引が成立するためのインセンティブ構造を見極める必要がある。 ✓ 場合によって，投資家である優先株主に多額の対価が支払われ，普通株式やストックオプションを保有する創業者・役職員には対価が十分に支払われない構造になっていることもある。このような場合に，マネジメント・カーブアウト（第7部第4章第1節）等の工夫を提案する等，買収自体を実現するとともに，買収後の役職員のモチベーションを達成するような方策を検討する。

1　優先株式による起業家と投資家の企業価値の分配

　スタートアップの創業者が資金調達に際して重視すべき点は，投資家に過度の株式持分を分け与えずに，自らの持分の希釈化を可能な限り小さくしつつ，次の成長ステージに進むために必要な資金を，段階的資金調達の方法により調達することであった（第1部第2章第1節参照）。

　希釈化を可能な限り緩和するためには，投資家への一株当たり発行価格を高める必要がある。そのための方法が段階的資金調達と優先株式である（第2部第1章第1節）。このうち「優先株式」とは，剰余金の配当や清算時の残余財産分配につき，普通株式に優先する種類の株式の総称であり（会社法上の用語ではない），A種，B種，C種優先株式といった形で優先順位が異なる種類の株式を発行できる。

　普通株式よりも高い優先株式の株価を正当化するのが，M&A時のリターンの分配と関係する優先残余財産分配権（＋みなし清算条項）である。スタートアップ・ファイナンスの実務では，M&Aは会社の解散・清算と同様に株式の流動化（金銭化）イベントとみなされる。そのため，M&Aの場面において，スタートアップの株主価値が，創業者らとVC等の外部投資家の間で分配される（端的には，投資家が優先する）ルールを定めることが，スタートアップにおける優先株式による資金調達の特徴となる。

　このような優先権が付与された優先株式は，普通株式よりも評価額が高いことが正当化されるため，創業者や既存株主の目線からすると，新規投資家に優先株式を発行することで，既存の持株割合を大きく希釈化することなく，必要な資金を調達できる[8]。

　一方，投資家の目線でも，スタートアップに対する投資が一般に高リスクであることから，リスクに見合ったリターンと保護，特に優先的な経済的権利を確保するため，普通株式に比べて様々な優先的な内容を有する優先株式を求めることが多い[9]。

　スタートアップが優先株式を発行して資金調達をすることは，海外，特に米

8　なお，非上場スタートアップのファイナンスで利用する優先株式と，上場会社が資金調達で利用する優先株式は，権利の内容が大きく異なる。例えば，非上場スタートアップは基本的に配当をしないため，配当の優先権の重要性は下がる（第4節1参照）。また，スタートアップの優先株式は，議決権付き株式とすることが通常である（第4節5⑴参照）。

国のシリコンバレー等の実務では幅広く行われてきたが，近年は日本でも新規のスタートアップへの投資の大半は優先株式を用いたものになっている[10]。例えば，一般財団法人ベンチャーエンタープライズセンターの調査報告によると，投資先の会社数ベースで，VCによる株式投資（普通株式及び種類株式による投資）の投資金額に占める種類株式の利用比率は，2010年度には23.4%であったのが，2022年度（2022年4月〜2023年3月）には82.0%まで大幅に増加している[11]。

　なお，仮に投資家の理解度等に基づき優先株式を強く求められない場合，創業者からは，あえて投資家に優先的な権利を与える必要はないと考え，普通株式による出資が行われる場合がある。もっとも，後で詳細を見るように，高い株価の優先株式を発行し，普通株式の安い株価が正当化されることで，ストックオプション等の役職員のエクイティ・インセンティブが実効的になることを，創業者側も認識しておく必要がある。

【資金調達において優先株式を用いる理由】

投資家	✓ 優先的な経済的権利やガバナンス上の権利によるリスク低減
創業者	✓ 優先株式の優先的権利を根拠に，自らが保有する普通株式よりも一株当たり発行価格を高く設定し，持株比率の希釈化を防止 ✓ 優先権が付された異なる種類株式を発行することで，ストックオプションの設計を役職員に有利にすることが可能（第4部第2章第3節参照）

9　なお，投資家の中には，複数のスタートアップの株式や，それ以外のアセット・クラス（債券等）に分散投資をし，リスクの平準化を図ることができる投資家も存在する。もっとも，スタートアップ投資のリスクの高さから，ポートフォリオによるリスク分散ができるか否かにかかわらず，個別のスタートアップへの投資についても様々な権利の確保を求めることが一般的である。ただし，後述の通り，近時，一部の権利については過剰ではないかという指摘もある。

10　優先株式が普及する以前は，投資家としては，普通株式を引き受けた上で，各種の権利を定める投資契約や株主間契約を締結し，契約上の権利を確保するという手法等が用いられてきた（宍戸＝VLF 11〜12頁参照）。

11　一般財団法人ベンチャーエンタープライズセンター「ベンチャー白書」の各年度版。

第2章　優先株式の設計（定款と一定の契約）　115

2　優先残余財産分配権・みなし清算

(1)　優先残余財産分配権の概要

　スタートアップの投資実務では，M&A時のリターンの分配についてのルールを規律する「優先残余財産分配権」あるいは「みなし清算（条項）」と呼ばれるルールが最も重要な内容とされる[12]。

　前述の通り「優先残余財産分配権」は，会社法上の残余財産の分配に関し，種類株式の内容として定めることが認められている（会社法108条1項2号）。優先残余財産分配権は，会社が解散し，清算する場合における残余財産の分配に際して，優先株主が，普通株主に先立って，優先的に一定の金額の分配を受けることができる権利である。

　この，優先して分配される「一定」の金額は，一般には，少なくとも優先株主の投資金額と同額とされ，さらに投資家の立場が強い場合には払込金額の2倍や3倍といった優先額が定められることもある[13]。逆に，スタートアップと投資家の交渉の結果，分配額に一定の上限（キャップ・Cap）が設けられることもある。

(2)　M&A時のアップサイドのための「みなし清算」

　もっとも，本来の「優先残余財産分配権」自体は，スタートアップが法人として解散した場合に，清算手続の中で，投資家が出資した金額分等，一定のリターンが最低限保障されるようにするものにすぎない。スタートアップが解散・清算に至る場合の多くは事業を終了する場合であり，通常は十分な残余財産が残っている見込みが低いため，優先残余財産分配権それ自体は，主に「ダウンサイド」における最低限のプロテクションとして機能するにとどまる。清算時のスタートアップの株主価値がゼロに近ければ，優先的な権利を有していても実際にはリターンは返って来ない。そのため，優先残余財産分配権それ自体は「アップサイド」をとれるような重要な権利とまではいえない[14]。

　他方，優先残余財産分配権が，優先株式の内容の中でも最も重要な条項と考

12　スタートアップにおける優先残余財産分配権，みなし清算の解説として，宍戸＝VLF 39～46頁，78～86頁，会社・株主間契約172～173頁，186～191頁，桃尾・松尾・難波50～55頁，小川＝竹内127～129頁等参照。

13　宍戸＝VLF 40頁参照。

116 第3部 株式による本格的な資金調達

えられているのは，会社の解散に伴う「清算」の場合だけでなく，定款や契約で，スタートアップがM&A・組織再編[15]によって第三者に買収される場合にも拡張して，買収で得られた対価に，清算時と同じような分配の順番（ウォーターフォール）を定めるというプラクティスによる。M&A等を清算とみなすので，一般に「みなし清算（Deemed Liquidation)」条項と呼ばれる。支配権が買収者に移ることである種の区切りがつき，株式の流動化イベントという意味で清算と経済的に同視できるM&A・組織再編も清算と「みなし」て，M&Aの対価をスタートアップの既存株主に割り当てる際に，優先残余財産分配額に相当する額の対価が優先株主に対して優先的に割り当てられることを定める。

米国の西海岸をはじめとした海外におけるスタートアップ投資の実務でも，合併等を「みなし清算事由」（Deemed Liquidation Events）として，優先株主及び普通株主の間で優先残余財産分配額の定めに従った対価の分配を行うという実務が幅広く行われてきており[16]，現在では日本でも通常のプラクティスになっている。

(3) みなし清算の規定方法

日本の会社法上は，あくまで組織再編等は「清算」に該当しないため，みなし清算の仕組みを定款に定めるべき残余財産の分配に関する事項に係る種類株式の内容として規定することはできないと考えられている[17]。そのため，本書

---

14 スタートアップが事業譲渡や会社分割により（一部の）事業をカーブアウトによって第三者に譲渡・承継した後，残りを解散・清算するような場合は，事業譲渡や会社分割で得られた対価がスタートアップに残っているため，優先分配そのものが意味を持つことがある。この点については後述する。

15 いわゆる「組織再編」や「組織再編成」は，合併，会社分割，株式交換等の法定の仕組みに限定して用いられ，株式譲渡による買収は含めないことが通常である。もっとも，本書では実務的なわかりやすさを優先し，「M&A」や「組織再編」といった言葉を，厳密な法務・税務上の分類にかかわらず用いている場合がある。

16 Venture Deals 62頁参照。また，NVCAタームシートひな形において，みなし清算事由は "A merger or consolidation (other than one in which stockholders of the Company own a majority by voting power of the outstanding shares of the surviving or acquiring corporation) and a sale, lease, transfer, exclusive license or other disposition of all or substantially all of the assets of the Company will be treated as a liquidation event (a "Deemed Liquidation Event") " と定義されている。NVCA VAひな形3条（Drag-Along Right）における定義も参照。

17 江頭145頁注8参照。

では詳細は省略するが，みなし清算条項を，どこに（定款か契約か），どのように設計し，記述するかという，ある種のコーディングは，法務面でテクニカルには問題とされてきた。

特に，日本では，株式譲渡によりM&Aが行われる例が多い。株式譲渡は，法的には株主である売主と買主との間の取引であり，株式の発行会社であるスタートアップは当事者になることが必須ではない。そのような株式譲渡における分配の順序について，定款という会社の基本的事項について定める文書で定めることができるのかという点や，定めた場合の効果については議論もある[18]。

その結果，現在の実務では，合併・株式交換・株式移転や，会社分割・事業譲渡，そして株式譲渡・株式交付の形式によりM&Aが行われるときのそれぞれについて，譲渡対価の割当方法について，株主である創業者や投資家を拘束する株主間契約において優先残余財産分配権に従った分配が行われるように「みなし清算」として定め，加えて定款にも同内容の定めを設けることが多くなっている[19]。

なお，これらのうち会社分割や事業譲渡の場合，株式譲渡や合併等と異なり，対価が株主ではなくスタートアップに交付される一方で，スタートアップが解散・清算し分配が行われるとは限らない。そのため，優先残余財産分配権に従った分配が行われることを確保する方法として，定款に基づく優先株式の内容である金銭を対価とする株式の取得請求権（償還請求権）により，分配順序に従った金銭の交付を定めることも多い（詳細について第4節4(1)参照）。これは，会社法に基づく種類株式の内容である取得請求権（108条1項5号）として定められる。

18　宍戸＝VLF 83〜86頁，193〜194頁，304〜305頁参照。これに対して，米国ではM&Aが合併により行われることが多いところ，合併ではスタートアップが必然的に当事者になることから，定款で分配について定める意義があるとされる。宍戸＝VLF 304〜305頁参照。
19　みなし清算条項を定款に記載することの有効性を含めて，みなし清算条項の規定方法について詳細に検討するものとして，M&A法大系878〜882頁，宍戸＝VLF 78〜86頁参照。定款の任意的記載事項として有効になると考えられる（会社法29条）。

118 第3部 株式による本格的な資金調達

【条項例】残余財産の優先分配（定款）

●●株式会社　定款
第●章（優先株式）
第●条（残余財産の分配）
1．当会社は，残余財産の分配をするときは，A種優先株式を有する株主（以下「A種優先株主」という。）又はA種優先株式の登録株式質権者（以下「A種優先登録株式質権者」という。）に対し，普通株式を有する株主（以下「普通株主」という。）又は普通株式の登録株式質権者（以下「普通登録株式質権者」という。）に先立ち，A種優先株式一株につき●円【注：A種優先株式の一株当たりの払込金額の1倍，1.5倍，2倍…等】（以下「A種優先残余財産分配額」という。）を分配する。

【優先分配後の参加／非参加】
参加型
2．A種優先株主又はA種優先登録株式質権者に対してA種優先残余財産分配額の総額が分配された後に，なお残余財産がある場合には，A種優先株主又はA種優先登録株式質権者に対して，普通株主又は普通登録株式質権者と同順位で，A種優先株式一株につき，普通株式一株当たりの残余財産分配の額にA種転換比率[20]を乗じて得られる額の残余財産を分配する。

上限（Cap）付き参加型
2．A種優先株主又はA種優先登録株式質権者に対してA種優先残余財産分配額の総額が分配された後に，なお残余財産がある場合には，A種優先株主又はA種優先登録株式質権者に対して，普通株主又は普通登録株式質権者と同順位で，A種優先株式一株につき，A種優先残余財産分配額との合計額が●円に至るまでを上限として，普通株式一株当たりの残余財産分配の額にA種転換比率を乗じて得られる額の残余財産を分配する。

非参加型
2．A種優先株主又はA種優先登録株式質権者に対してA種優先残余財産分配額の総額が分配された後に，なお残余財産がある場合には，普通株主又は普通登録株式質権者に対し，残余財産を分配する。

20　普通株式への転換比率（優先株式一株当たり，何株の普通株式に転換されるか）として定義することが典型である（第4節2参照）。

第2章　優先株式の設計（定款と一定の契約）　119

【条項例】みなし清算（株主間契約）

●●株式会社　株主間契約
第●条（みなし清算）
1．本株主間契約の当事者は，発行会社が消滅会社となる吸収合併若しくは新設合併，又は発行会社が完全子会社となる株式交換若しくは共同株式移転（以下「合併等」という。）をするときは，普通株式の保有者（登録株式質権者を含み，本項において「普通株主」という。）に先立ち，優先株式の保有者（登録株式質権者を含み，本条において「優先株主」という。）に対し，合併等の日において発行会社が解散したものと仮定した場合に各優先株主が発行会社の定款に従い分配を受けることができる額に相当する額の存続会社，新設会社又は完全親会社の株式及び金銭その他の財産（以下「割当株式等」という。）が割り当てられるよう，必要な措置を講ずる。
2．前項において，割当株式等の額が優先株式一株につき定款に従い分配されることとなる残余財産分配額に不足する場合，割当株式等の全部につき，優先株主に対し，前項に基づきその全ての割当てが行われたものと仮定した場合に，割当てを受けることができたであろう割当株式等に相当する額に応じて按分した割当株式等を割り当てる。
3．本株主間契約の当事者は，発行会社が事業の全部又は実質的に全部を譲渡した場合（事業譲渡，吸収分割，新設分割その他いかなる形式によるかを問わない。），発行会社を速やかに解散し清算するものとし，必要な措置を講ずる。
4．本株主間契約の当事者は，発行会社の総株主の議決権の過半数が第三者に対して譲渡される場合又は発行会社が株式交付子会社となる株式交付をするときは，優先株主に対して，当該取引における対価の合計額（対価が金銭以外の財産である場合には，当該財産の公正価額として発行会社の取締役会の決議により合理的に定められる額）を残余財産の額とみなし，また，当該取引に応じる株主を発行会社の全株主とみなして，当該対価を取得する日において発行会社が解散したものと仮定した場合に各優先株主が発行会社の定款に従い分配を受けることができる額に相当する額に相当する当該取引の対価が割り当てられるよう，必要な措置を講ずる。

3　優先分配の分類：参加型・非参加型

　優先残余財産分配（みなし清算）における優先分配の順番（ウォーターフォール）として，M&Aの対価のうち，①優先株式に優先分配を行った後の，②残存部分をどう分配するかについて，以下の2つの定め方があり得る。

120 第3部 株式による本格的な資金調達

> (a) 参加型：普通株主と優先株主が，持株比率に応じて（プロラタ），同順位で分配を受ける（優先株式の分配額に上限（Cap）が設けられる場合がある）
> (b) 非参加型：優先株主には分配されず，普通株主にのみ分配する

　(1)M&Aにおける買収対価の総額が，優先株式への優先分配額の総額以下となる場合，①で優先分配額の一部を投資家に分配して終わるため，参加型か非参加型で分配額は異ならない。普通株式を保有する創業者に対して分配が行われず，スモールM&Aに対する最低限のプロテクションとして機能する。

　これに対して，(2)買収対価の総額が①優先株式への優先分配額の総額を超える場合には，参加型か非参加型のいずれかで，優先株主への分配総額が異なる。

　まず，(a)参加型の場合，優先株主は①優先分配を受けた後，②残存対価も，普通株式と同順位で，持株比率に応じて（プロラタ），自動的に分配を受ける。ただし，②における分配額に一定の上限額（Cap）を設けることがある。

　他方，(b)非参加型の場合，①優先分配を全額受け取った後は，②優先株主は追加の分配を受けることができない。むしろ，買収対価が高額なM&Aの際には，優先株式の内容として定款に通常定められる「転換請求権」（優先株式を普通株式に転換する権利〔第4節2参照〕）を行使して普通株式に転換し，普通株主として比例的に残余財産の分配を受ける方が，アップサイドをとることができる場面もあり得る[21]。具体的な数値例で見てみる。

【例】

> 普通株式を30万株，（A種）優先株式を20万株発行している会社を考える。その上で，優先株式の普通株式への転換比率は1：1であり，優先株式一株の代わりに普通株式一株を得られるものとする。優先株式の優先残余財産分配額が一株当たり5,000円の例では，A種優先株式の優先残余財産分配額の総額は10億円（5,000円×20万株）となる。

21　日本では普通株式に転換してリターンを得るのに対し，米国の場合，非参加型（non-participating）の優先分配権を有する場合は，優先分配分と，普通株式に転換したと仮定した場合の「いずれか高い方」が自動的に分配されるものとされている（NVCA定款ひな形 Art. Fourth B. 2.1条参照）。英国BVCA定款ひな形も同様である（5.1条）。シンガポールVIMA定款ひな形は日本と類似する（別紙1(2)）。

(a) 参加型の場合

参加型の場合，買収対価の総額が10億円を超えると，①優先株式への分配後，②持株比率に従って，普通株式と優先株式に（同順位・プロラタで）対価が分配される。例えば，買収対価の総額が30億円とすると，優先株式の保有者は，①優先分配額10億円＋②プロラタ分配分8億円の，計18億円を得られる。これは，仮に投資家が，30億円のうち，単に持株割合に応じた分配を得る場合には，投資家のリターンが12億円（30億円×20万株/50万株）にとどまるよりも多額となる。

【参加型の優先分配】

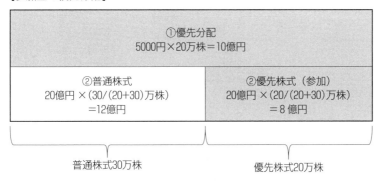

(b) 非参加型の場合

非参加型の場合，買収対価の総額が10億円を超えると，①優先株式への分配後は，②全て普通株式に分配される。買収対価の総額が30億円の例では，非参加型の優先株主は，そのままでは優先分配分10億円以上のリターンを得ることはできない。

【非参加型で，優先株式のまま分配を受ける場合】

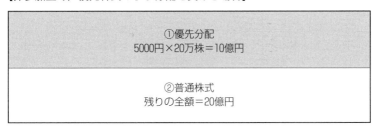

もっとも、この場合、優先株主は、優先株式を普通株式に転換することができるよう設計されているので、元々の普通株式と同順位・同額の、一株当たり6,000円（30億円÷普通株式と優先株式の総数である50万株）、全体として12億円（30億円の2/5）の対価を得られる。優先株式のままの分配額の総額10億円よりも増加している。したがって、通常優先株主はこの場合、普通株式に転換してエグジットを迎える。

【非参加型で、普通株式に転換して分配を受ける場合】

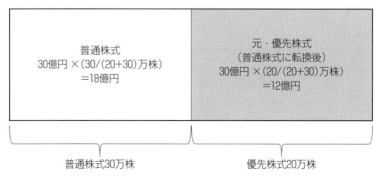

非参加型の場合に、普通株式に転換するか、優先株式のまま優先分配のみを受け取るかは、普通株式と1種類の優先株式のみが発行されている場合には、M&Aにおける買収対価の総額が「一株当たりの優先分配額」×「普通株式＋優先株式の総数」の額を上回るかどうかで決まる[22]。この例では、M&Aの対価の総額が25億円（一株当たりの優先残余財産分配額5,000円×普通株式と優先株式の総数の50万株）を超える場合には、非参加型の優先株主は転換請求権を行使し、普通株主として分配を受ければ、一株当たり5,000円以上の対価を得ることができる。そのため、対価総額が30億円のM&Aの例では、非参加型の場合、優先株主は普通株式に転換した方が有利となる。

---

[22] 非参加型の優先分配が定められている場合、スタートアップが成長し、複数の優先株式を発行している場合には一層複雑になる。特に、異なる種類の優先株主ごとに、自分が普通株式に転換すると有利か否かが変わり得る。例えば、B種、A種優先株式の順に優先する状態で、「いずれかの優先株式は、普通株式に転換した方がアップサイドをとれる規模である」というようなM&Aもあり得る。異なる優先株式を保有する投資家間の優先権については下記4参照。

【みなし清算：参加型 vs. 非参加型】

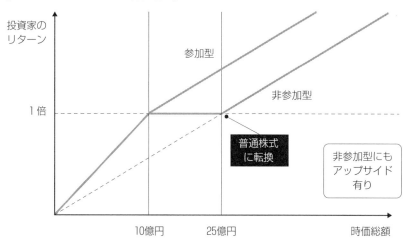

　投資家が保有する優先株式の内容が，参加型となるか非参加型となるかは，投資家が新たに出資をする際の投資家と，経営陣との交渉によって決められる。日本の実務では参加型が多いのに対して[23]，米国の西海岸等では，非参加型が多数を占めている[24]。非参加型では，買収対価の総額が小さく，普通株式に転換したと仮定したリターンが優先分配額を上回らないスモールM&Aでは十分なリターンを得られないが，米国では投資家がそれで十分と考える実務となっていることを示唆する。

　参加型で，分配額の上限（Cap）が設けられていない場合，優先株式を保有する投資家は，M&Aの際には「①優先分配＋②普通株式との株式数に比例したプロラタでの参加分配」を得られる以上，優先株式を普通株式に転換するインセンティブは存在しない。Capが設けられた参加型や，非参加型の優先分配が定められている場合でも，普通株式に転換した場合の分配額が，優先株式の

23　経産省・主たる留意事項24頁参照。
24　米国の大手法律事務所であるWilson Sonsini Goodrich & Rosati（WSGR）のレポートによれば，WSGRが関与したスタートアップ投資案件では，2023年には案件数ベースで約90％が非参加型とされている（残りのうち，約2％がCapなしの参加型，約8％がCapありの参加型とされ，参加型でも優先権は緩和されている）。2019年以降は毎年85〜91％が非参加型であり，優先分配は非参加型が多数である。ただし，前回ラウンドより株価の低いダウンラウンドでは参加型も多い（2023年も約24％がCapなしの参加型，約14％がCapありの参加型）。Wilson Sonsini "Financing Trends for Full-Year 2023" 参照。

124　第3部　株式による本格的な資金調達

ままの分配額を上回らないスモールM&Aの際も同様である。このような場合に，普通株式に割り当てられる買収対価は，優先株式が普通株式に転換した場合よりも少ないか，ゼロになり得る。

【優先株式を普通株式に転換するインセンティブを有しない場合】

参加／非参加	分配額の上限	M&Aの規模
参加型	上限（Cap）なし	無関係（常に転換しない）
	上限（Cap）あり	M&A対価が優先株式のままの分配額を上回らない場合，転換しない
非参加型	―	

　Capなしの参加型が主流である日本では，普通株式を保有する創業者や，普通株式を目的とするストックオプションを保有する役職員等のインセンティブ構造として，M&Aによる十分なリターンが得られず，IPOを望むという指摘もある。そのため，日本でスタートアップM&Aを増やそうとする場合，Capなしの参加型が主流である日本の優先株式のプラクティスについて再考することも考えられるが，日本のスタートアップM&Aの規模，ひいてはスタートアップの成長度合いとの兼ね合いでもある。少なくとも現状のプラクティスを前提に，実務上，普通株式を保有する創業者・経営陣や，ストックオプションを保有する従業員が，M&Aでスタートアップを売却するインセンティブを確保するためには，一定の工夫が必要になり得る。これらの工夫（いわゆる「カーブアウト・プラン」等）については，第7部第4章参照。

4　異なるラウンドの投資家間の関係

(1)　異なるラウンドの投資家間の優先関係

　スタートアップの株式による資金調達は，事業の発展・進捗に応じて段階的に行われるところ，1回ごとの資金調達を「ラウンド」と呼び，そのラウンドにおいて発行される優先株式を「シリーズ」と呼ぶこともあるが，厳密には使い分けられていないことも多い[25]。

　段階的資金調達を行う場合，スタートアップの企業価値（株主価値）の評価額（バリュエーション）は，段階ごとに異なることが多い。そのため，優先株式の発行価格（一株当たりの払込金額）や権利内容も当然異なり得る。優先残

余財産分配権も，異なる優先株式の間で，優先・劣後する関係となるのが一般的である。例えば，B種優先株式の優先残余財産分配権が，A種優先株式に優先するといった形である。ただし，優先株式の発行価格と連動する分配額は異なるが，B種とA種の優先株式間の分配は「同順位」という場合もある。

　ラウンド間の優先関係は，新規投資家と既存投資家との力関係による。その上で，既に優先株式を発行しているスタートアップに対して外部の投資家が出資を行う場合，既存の優先株式に劣後する優先残余財産分配権を受け入れてまで出資をしようとすることは，多くの場合想定し難い。既存の優先株式に劣後する出資をすれば，例えば，自分の出資直後にスモールM&Aや清算が行われた場合，自分が出資した金額の全てが，優先する他の投資家株主に優先分配されてしまうため，そのようなファイナンスに新規投資家は同意し難い。新規投資がなければキャッシュが尽きる状況をふまえ，新規投資家は既存投資家より優先する権利を要求することが通常となる。

　そのため，多くの場合，後から発行される優先株式に係る優先残余財産分配権は，既存の優先株式に係る優先残余財産分配権に優先するか，同順位とされる[26]。

　投資家間で優先残余財産分配権に優劣がある場合には，投資家と創業者（優先株式と普通株式）の間で検討した分配の構造（上記1参照）と同様に，異なるラウンドに参加した投資家の間でも，その優劣に従ってM&Aのリターン（買収対価）の分配を行うことになる。

25　Venture Deals 7〜9頁は，米国でも，呼称は実務上複雑であり，あくまで重要なのはスタートアップの成長ステージに大まかに対応しているということや，投資家がどのような権利を得るかといった点であることを指摘している。

26　前掲注24の米国法律事務所WSGRのレポートでは，2023年には，シリーズB以降の優先株式について，案件数ベースで約26%がそれ以前のラウンドの優先株式よりも残余財産の分配において優先し，約74%が他の優先株式と同順位（プロラタ・パリパス）とされている。2019年以降は毎年24〜35%がそれ以前のラウンドに優先しており，劣後する場合は0〜1%にとどまる（それ以外は前のラウンドと同順位かcomplexとされる）。日本よりも同順位の事案が多いように思われるところ，前回ラウンドのリード投資家が次回ラウンド以降でもリードをつとめる場合が多いこと等によると思われる。

【異なるラウンドの投資家間の優先関係】

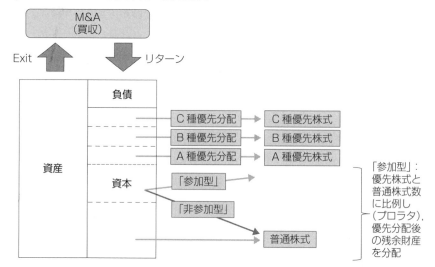

(2) ダウンラウンド

　スタートアップの事業の進展が芳しくない場合には、新規投資家への分配が既存の投資家に優先することだけでなく、企業価値評価や一株当たり発行価格を以前のラウンドよりも引き下げた投資を、新規投資家が求めることがある。いわゆる「ダウンラウンド」である（第7章第4節、第5節参照）。

　ダウンラウンドの場合、新規投資家が引き受ける優先株式の一株当たり発行価格が、以前の資金調達よりも低額になる。このような場合に備えて、通常、シリーズA以降の優先株式には、一定のプロテクション条項が設けられている（ダウンラウンド・プロテクション、希釈化防止条項）。具体的には、ダウンラウンドが発生した場合には、一定の計算に基づき、発行済みの優先株式の普通株式への転換比率（優先株式一株当たり、何株の普通株式に転換されるかの比率）を1倍以上に調整し、優先株式一株が普通株式一株よりも多い数の普通株式に転換されるように定められていることが多い。

　これにより、既存投資家は完全希釈化後ベースでの持分割合が高まることになるため、ダウンラウンドで資本参加する投資家による希釈化に一定程度対応することができる。実務的には、このような希釈化防止条項を設定することで、新規投資家と創業者・経営陣との間の利害関係を調整しつつ、資金調達が図ら

れるようにしている。詳細は第4節2(2)参照。

第4節　その他の典型的な優先株式の内容

　前節で検討した優先残余財産分配（みなし清算）以外に，スタートアップが発行する優先株式に典型的に定められる（あるいは検討・交渉の結果として定めないこととする）内容として，主に以下の事項がある。

---

1. 剰余金の配当（優先配当）
2. 普通株式への転換請求権
3. 普通株式への強制転換（普通株式を対価とする取得条項）
4. 償還請求権（金銭を対価とする取得請求権）
5. 議決権・種類株主総会（拒否権）
6. 役員選解任権
7. 譲渡制限
8. 株式の分割・併合等の取扱い

1　剰余金の配当（優先配当）

(1)　概　要

　スタートアップが投資家に発行する優先株式の内容として，普通株式に先立って剰余金の配当を受けられるよう定めることがある[27]。基本的に優先株式では優先残余財産分配・みなし清算が常に定められるのに対して[28]，優先配当が定められる頻度は下がる[29]。

　理由としては，スタートアップ・ファイナンスでは，投資家が配当によるリ

27　スタートアップにおける剰余金の配当・優先配当の解説として，宍戸＝VLF 35～38頁，会社・株主間契約170～172頁，桃尾・松尾・難波51～52頁，小川＝竹内125～126頁等参照。
28　米国の例について，前掲注24参照。
29　前掲注24の米国法律事務所WSGRのレポートでは，2023年には案件数ベースで約3％が累積型，約46％が非累積型，約51％が優先配当を定めていないとされている。優先配当を定めない例は，2019年の約39％からも増加している。

ターン（インカムゲイン）を期待していない場合が多く，事業の成長・拡大の
ための事業資金に利用して企業価値（株主価値）を高め，株式の譲渡による利
益（キャピタルゲイン）を得る場合が通常である。また，スタートアップの事
業は赤字で推移することが多く，日本の会社法上，分配可能額（461条）が生
じることも多くない。そのため，スタートアップが現実に剰余金の配当を行う
ことは稀である。

　ただし，普通株主に対する配当を通じて利益が流出することを牽制するこ
とや，投資家による投資回収が優先することを示す意味で定めることがある[30]。
また，優先残余財産分配額の計算において，未払いの配当金が累積していくよ
う定める場合，M&Aの際に分配額が増加するという形で機能する[31]。

【条項例】剰余金の配当

第●条　（剰余金の配当）
1. 当会社は，剰余金の配当をする場合，当該配当の基準日の最終の株主名簿
　に記載又は記録されたA種優先株主又はA種優先登録株式質権者に対し，当該
　基準日の最終の株主名簿に記載又は記録された普通株主又は普通登録株式質
　権者に先立ち，A種優先株式一株につき，A種優先株式の一株当たりの払込金
　額に年率●%を乗じ，当該基準日が属する事業年度の初日（同日を含む。）か
　ら当該基準日（同日を含む。）までの期間の実日数につき，1年を365日とし
　て日割計算により算出される額（ただし，計算の結果，1円未満の端数が生
　じた場合，1円未満の端数は切り捨てる。）の配当（以下「A種優先配当」と
　いう。）をする。ただし，既に当該事業年度に属する日を基準日としてA種優
　先株主又はA種優先登録株式質権者に対してA種優先配当をしている場合，か
　かるA種優先配当の累積額を控除した額とする。

【累積型／非累積型】
累積型
2. ある事業年度において，A種優先株主又はA種優先登録株式質権者に対して
　支払ったA種優先株式一株当たりの剰余金の配当の額がA種優先株式の一株当
　たりの払込金額に年率●%を乗じた額に達しないときは，そのA種優先株式一
　株当たりの不足額（以下「A種累積未払配当金」という。）は翌事業年度以降

30　宍戸＝VLF 36頁，会社・株主間契約170〜171頁参照。
31　米国の例として，NVCA定款ひな形 Art. Fourth B. 2.1条とその脚注17参照。英国
　BVCA定款ひな形5.1条，シンガポール VIMA定款ひな形別紙1⑵も同様。

に累積する。A種累積未払配当金については，A種優先配当並びに普通株主又は普通登録株式質権者に対する剰余金の配当に先立ち，A種優先株式一株につきA種累積未払配当金の額に達するまで，A種優先株主又はA種優先登録株式質権者に対して剰余金の配当をする。

非累積型

2．ある事業年度において，A種優先株主又はA種優先登録株式質権者に対して支払ったA種優先株式一株当たりの剰余金の配当の額がA種優先株式の一株当たりの払込金額に年率●％を乗じた額に達しないときは，その不足額は翌事業年度以降に累積しない。

【参加型／非参加型】

参加型

3．A種優先株主又はA種優先登録株式質権者に対して，第1項に従いA種優先配当を行った後，普通株主又は普通登録株式質権者に対して剰余金の配当をするときは，A種優先株主又はA種優先登録株式質権者に対し，普通株主又は普通登録株式質権者と同順位にて，A種優先株式一株につき，普通株式一株当たりの剰余金の配当額にA種転換比率[32]を乗じた額（ただし，計算の結果，1円未満の端数が生じた場合，1円未満の端数は切り捨てる。）の剰余金の配当をする。

非参加型

3．A種優先株主又はA種優先登録株式質権者に対して，第1項に従いA種優先配当を行った後，普通株主又は普通登録株式質権者に対して剰余金の配当をするときは，A種優先株主又はA種優先登録株式質権者に対して剰余金の配当をしない。

(2) 優先配当の分類：参加型・非参加型，累積型・非累積型

　優先配当を定める場合，(a)参加型・非参加型と，(b)累積型・非累積型の分類がある。

(a) 参加型・非参加型

　優先配当を定める場合，全ての優先配当を行っても分配可能額が残存し，普通株主への配当をする場合に，優先株主が残存する分配可能額からさらに配当を受領することができるとするか（参加型），優先株主は残存する分配可能額

32　普通株式への転換比率（優先株式一株当たり，何株の普通株式に転換されるか）として定義することが典型である。下記2参照。

からの配当を受領することができず，普通株主のみに配当するか（非参加型），いずれか定める必要がある[33]。優先残余財産分配と同様である。

(b) 累積型・非累積型

スタートアップの事業売却は基本的に一回であり，優先残余財産分配・みなし清算が複数回行われることは多くない。これに対して，剰余金の配当は毎事業年度行われる可能性があるため，(i)累積型と(ii)非累積型がある。(i)累積型は，優先株主が，無配当等である事業年度に優先配当の全額を受領できなかった場合，不足額を次の事業年度以降に累積して繰り越し，以降の事業年度の配当金から優先して配当する旨定める場合である[34]。

(ii)非累積型は，ある事業年度に優先配当の全額を受領できなかった場合でも，不足額を次の事業年度以降に累積して繰り越さないように定める場合である。

スタートアップ投資では基本的に剰余金の配当を行うことは想定されていないため，優先配当を定める場合でも(ii)非累積型としている事例が多いと思われる[35]。ただし，例えば，前述の通り，累積した未払いの優先配当額が優先残余財産分配額に加算されていくように定めるのであれば，M&Aの場面で一定の意味を持つ。

2　普通株式への転換請求権（株式を対価とする取得請求権）

(1)　転換請求権の概要

スタートアップの優先株式の内容として，その優先株式を取得して，普通株式や金銭を対価として交付する，取得請求権（保有者のイニシアチブ）や取得条項（発行会社のイニシアチブ）が定められる。具体的には，以下を定めることが一般的である。なお，これらにより取得された優先株式は，自己株式として，発行会社であるスタートアップが保有することになる[36]。

33　参加型か非参加型かについて定款に規定がない場合は，優先配当は定率の配当支払について普通株式に優先することを本質的な内容とすることを理由に，非参加型であると解されている（上柳克郎ほか編『新版注釈会社法(3)株式(1)』（有斐閣，1986年）314頁〔菅原菊志〕参照）。

34　累積型か非累積型かについて定款に規定がない場合は，累積型であると解されている（上柳ほか編・前掲注33）315頁〔菅原〕参照）。

35　米国の例について，前掲注29参照。

36　取得した優先株式は，発行会社が保有する自己株式であるため，消却（会社法178条）がなされない限り，発行済株式総数・発行済種類株式総数としてはカウントされる。

第2章　優先株式の設計（定款と一定の契約）　131

【発行会社による優先株式の取得に関して定められる条項】

---

① 普通株式を対価とする取得請求権（転換請求権）（本2）
② 普通株式を対価とする取得条項（強制転換条項）（下記3）
③ 金銭を対価とする取得請求権（償還請求権）　　（下記4）

　本2では，まず①普通株式を対価とする取得請求権（転換請求権）について触れる（会社法108条1項5号，2項5号，107条2項2号）[37]。スタートアップの優先株式は，普通株式よりも有利な権利が認められているため，優先株主が普通株式への転換を希望するのは，残余財産の分配において非参加型が採用されている場合等の一定の場合に限られる。

【普通株式への転換請求権が用いられる例】

(a) 非参加型や，Cap付き参加型のみなし清算条項等で，M&A時に受領できる対価が，優先株式のままよりも，普通株式に転換して比例的に分配を受けた方が高額になる場合（第3節3参照）
(b) 上場（IPO）時に全て普通株式に転換する場合（ただし，下記3の強制転換条項による場合も多い。第4章第7節1参照）

【条項例】 普通株式を対価とする取得請求権（転換請求権）：ベースの規定

第●条　（普通株式を対価とする取得請求権（転換請求権））
　優先株主は，いつでも，当会社に対して，当会社の普通株式の交付と引換えに，その有する優先株式の全部又は一部を取得することを請求することができる。この場合，当会社は優先株主が取得の請求をした優先株式を取得するのと引換えに，以下に定める算定方法に従って算出される数の当会社の普通株式を，当該優先株主に対して交付するものとする。

(1)　取得と引換えに交付する普通株式の数
　優先株式を取得するのと引換えに交付すべき当会社の普通株式の数（以下

37　普通株式を対価とする取得請求権（転換請求権）の解説として，宍戸＝VLF 56〜66頁，会社・株主間契約173〜177頁，桃尾・松尾・難波57〜58頁，小川＝竹内129〜133頁参照。

132　第3部　株式による本格的な資金調達

「転換後普通株式数」という。）は，次の通りとする。

$$転換後普通株式数 = \frac{一株当たり払込金額 \times 取得の請求をした優先株式の数}{取得価額}$$

なお，取得と引換えに交付する普通株式の数に一株に満たない端数があるときは，これを切り捨てるものとし，この場合においては，会社法第167条第3項に定める金銭の交付はしないものとする。

(2)　払込金額

①　優先株式[38]の一株当たり払込金額（以下，単に「払込金額」という。）は，以下の通りとする。

(a) A種優先株式につき●円

〔(b) B種優先株式につき●円〕

②　普通株式につき株式の分割若しくは併合又は株式無償割当てを行う場合，以下の算式により払込金額を調整する。なお，調整の結果，1円未満の端数が生じた場合，小数第1位を四捨五入する。

$$調整後払込金額 = 調整前払込金額 \times \frac{株式の分割・併合・無償割当て前の普通株式の発行済株式数}{株式の分割・併合・無償割当て後の普通株式の発行済株式数}$$

調整後の払込金額は，株式の分割を行う場合は当該株式の分割にかかる基準日の翌日以降，株式の併合又は株式無償割当てを行う場合は当該株式の併合又は株式無償割当ての効力発生日（株式の併合又は株式無償割当てにかかる基準日を定めた場合は当該基準日の翌日）以降これを適用する。

③　上記②に類する事由が発生した場合は，払込金額は，当会社の取締役会決議により適切に調整される。

(3)　取得価額

（以下略・後述）

38　一定の事項については，「A種優先株式」を「優先株式」としてあらかじめ定義しておくことで，B種，C種優先株式といった別の優先株式を追加的に発行する際に，定款の修正事項や分量そのものを減らす工夫がなされることもある。

(2) 希釈化防止条項（ダウンラウンド・プロテクション）[39]

(a) 概　要

一方，取得請求権の条件が調整されるよう定めることで，既存の優先株主の権利・持分比率を保護することができるため，取得請求権にも意味がある。すなわち，スタートアップ・ファイナンスでは，基本的には企業が成長して後の時期のステージ・ラウンドになるほど必要な調達資金の額が多額となり，また，成長に伴って企業価値（株主価値）が上昇し，一株当たり発行価格（個々の株式価値）も高くなることが想定される。しかし，スタートアップの業績が芳しくない場合等には，既発行の優先株式よりも低い一株当たり発行価格で資金調達を行う，いわゆる「ダウンラウンド」が生じ得る。ダウンラウンドの場合，仮に既存投資家と同じ出資総額であっても，新規投資家が取得する持分比率は相対的に高くなる。

このような場合に備えて，通常，優先株式には，持分比率を一定程度維持し，希釈化（希薄化）を緩和するための「希釈化防止条項」が設けられる。「ダウンラウンド・プロテクション」や「アンチ・ダイリューション（anti-dilution）」等とも呼ばれる。実務的には，このような希釈化防止条項を設定することで，新規投資家と創業者・経営陣がダウンラウンドによる資金調達を行うことに対する一定の抑止や，利害関係を調整しつつ，資金調達が図られるようにしている。

希釈化防止条項は，通常，優先株式が普通株式に転換する際の数を調整する仕組みとして，普通株式を対価とする取得請求権（転換請求権）の中に定められる[40]。もっとも，発行会社による取得条項でも，この規定を準用する形で，同様の調整が行われる。

(b) 規定の内容

優先株式に普通株式を対価とする取得請求権を定める場合，当初は，優先株式一株の取得と引換えに，普通株式一株が交付されるよう設計される（上記条項例(1)(2)）。これは，交付される普通株式の数（転換後普通株式数）が上記条

39　ダウンラウンド・プロテクションについて，宍戸＝VLF 61～66頁，会社・株主間契約 173～177頁，桃尾・松尾・難波63～68頁，小川＝竹内130～133頁参照。また，米国の例について Venture Deals 71～75頁参照。

40　なお，取得価額の調整は，株式の分割・併合や無償割当て等の場合にも行われるよう定められる（下記条項例(3)②）。これは，ダウンラウンド・プロテクションとは異なり，比率を正確に反映する目的である。

項例(1)の算式により求められるところ，通常，分母の当初の一株当たり取得価額（「転換価額」と呼ぶこともある）は，当初，優先株式一株当たり払込金額と同額に設定されるため，分子＝分母（1／1）として一株になる。

その上で，ダウンラウンドが生じた場合に，分母の「取得価額」を引き下げる調整が行われるようにすることで（下記条項例(3)③），優先株式の転換により発行される普通株式の数を増加させ，既存の優先株主が把握する株式価値の下落を一定程度（又は全部）軽減することが可能となる。

具体的な取得価額の調整方法としては，大きく分けて①「加重平均方式（コンバージョン・プライス方式）」と②「フル・ラチェット方式」の2つが存在する。①加重平均方式のうちの(i)ブロード・ベース，(ii)ナロー・ベース，そして②フル・ラチェット方式の順に，転換後の普通株式の数が多くなり，対象となる既存投資家に最も有利になる。

【ダウンラウンド・プロテクション（希釈化防止条項）の方式】

①加重平均方式（コンバージョン・プライス方式）	調整後取得価額 $$= \dfrac{既発行株式数 \times 調整前取得価額[41] + 新規発行株式数 \times 一株当たりの払込金額}{既発行株式数 + 新規発行株式数}$$ ✓ (i)ブロード・ベース：「既発行株式数」に潜在株式を含めた完全希釈化後の普通株式の数（＝新規投資家に有利） ✓ (ii)ナロー・ベース：「既発行株式数」に潜在株式を考慮せず，発行済みの（普通）株式とする（＝調整される既存の優先株主に有利）
②フル・ラチェット方式	調整後取得価額を，ダウンラウンド時の一株当たり発行価格と同額まで引き下げる（＝調整される既存の優先株主に最も有利）

---

41 下記条項例（ダウンラウンド・プロテクション）のように，調整前取得価額を分子の外側にくくりだして乗じる算式とする例もある。

①加重平均方式（コンバージョン・プライス方式）は，既存の優先株式の取得価額（転換価額）を，既存の株式総数と，新規に発行される株式総数のそれぞれの払込金額に応じた，加重平均により調整する方式である。特に，(i)上記の算式の「既発行株式数」に潜在株式（ストックオプションやワラントの転換により発行され得る株式の数）を含め[42]，完全希釈化後ベースで計算する方式を「ブロード・ベース」方式と呼び，(ii)「既発行株式数」に潜在株式を含めず，発行済（普通）株式総数のみ[43]をベースに計算する方式を「ナロー・ベース」方式と呼ぶ。

加重平均方式による場合，調整後取得価額は，発行済株式総数と新規に発行される株式総数の加重平均の値となるため，(ii)発行済株式総数に潜在株式を含めない（新規発行株式の方が比重が大きくなる）ナロー・ベース方式の方が，(i)ブロード・ベース方式に比べ，調整後取得価額は新規に発行する優先株式の一株当たり発行価格により近づく（調整の幅が大きくなる）ことになる。したがって，その権利を有する優先株主にとっては，(ii)ナロー・ベース方式の方が，(i)ブロード・ベース方式に比べて有利な調整方式となるため，投資の際に自らの権利として求めることがある。もっとも，加重平均方式による場合，一般的には(i)(ii)のいずれも大きな調整となるものではないこともあって（下記数値例参照）[44]，現在のスタートアップの実務上は，(i)ブロード・ベース方式が採用されることが多いと思われる[45]。

一方，②フル・ラチェット方式は，その優先株式の取得価額を，新規に発行する優先株式の一株当たり発行価格と同じ額になるよう調整（低減）する方式

42　最も広い場合，潜在株式として，未発行のものも含めたストックオプション・プール（第4章第3節4参照）の分を含める場合もある（NVCA定款ひな形脚注58参照）。

43　ナロー・ベース方式では，発行済株式数（普通株式＋優先株式の転換後ベースの数）を計算の分母に含める場合と，発行済普通株式のみを計算の分母に含める場合がある。米国でも，NVCA定款ひな形では，ナロー・ベース方式は発行済普通株式のみを分母に算入し，優先株式の転換によって発行される普通株式を含まない場合もあるとされる（NVCA定款ひな形脚注58）。Venture Deals 73頁も参照。

44　加重平均方式における数値例として，宍戸＝VLF 62〜63頁，桃尾・松尾・難波64〜65頁も参照。

45　前掲注24の米国法律事務所WSGRのレポートでは，2023年には案件数ベースで約98%がブロード・ベース方式，約1%がナロー・ベース方式，ラチェット方式は0%（2%は価格調整を設けていなかった）とされている。2019年以降でも，ラチェット方式は毎年0〜1%にとどまっている。

である。フル・ラチェット方式が適用される場合，既存の優先株主は，保有する優先株式を，新規に発行する優先株式の（安価な）一株当たり発行価格と同額で引き受けたのと同様の結果となるため，ダウンラウンドによる株式価値の下落のリスクを負担しないことになる。

　スタートアップ投資では，投資家は基本的にスタートアップの株主価値（ひいては自己の把握する株式価値）が下落するリスクを負担して投資を行うため，株式価値の下落のリスクを負担しないフル・ラチェット方式で合意がなされることは通常多くない[46]。ただし，スタートアップの経営状況が悪化した状態での救済的な出資等，その時点での企業価値（株主価値）を正当に評価しづらいような場合には，将来の資金調達におけるさらなる株式価値の下落に備えてフル・ラチェット方式が採用される場合もあるという指摘がある[47]。

【数値例】ダウンラウンド・プロテクション

【前提】
・普通株式：200万株発行済
・A種優先株式は，一株当たり1,000円で，20万株発行済（総額2億円調達）
・B種優先株式は，一株当たり5,000円で，30万株発行済（総額15億円調達）
・ストックオプションを25万株分発行済（顕在株式数250万株の10%）
・新たにC種優先株式を，一株当たり4,000円で，50万株発行（総額20億円調達）

【帰結】
・一株当たり払込金額はA種＜C種（1,000円＜4,000円）となり，A種の希釈化防止条項は発動しない。
・他方，一株当たり払込金額がB種＞C種（5,000円＞4,000円）となり，B種の希釈化防止条項が発動する。希釈化防止条項が発動する場合，以下の通りの処理となる。

46　米国のデータについて，前掲注45参照。
47　宍戸＝VLF 63頁，会社・株主間契約176〜177頁参照。なお，IPO時に転換価額を調整する，いわゆる「IPOラチェット（条項）」については，プレIPOに関する第6部第4章第3節参照）。

第2章　優先株式の設計（定款と一定の契約）　137

	A種一株当たり転換価額/転換後普通株式数	B種一株当たり転換価額/転換後普通株式数	C種一株当たり転換価額/転換後普通株式数
ブロード・ベース	1,000円/20万株	4,846円/転換後30万9,533株	4,000円/50万株
ナロー・ベース	1,000円/20万株	【既発行全株式ベース】 4,833円/転換後31万366株 【既発行普通株式ベース】 4,800円/転換後31万2,500株	4,000円/50万株
フル・ラチェット	1,000円/20万株	4,000円/転換後37万5,000株	4,000円/50万株

※調整式は，①調整前取得価額を分子に入れる例と，②調整前取得価額を分子からくくりだす下記【調整式】の例がある（いずれも同じ式である）。定款の優先株式の内容としては下記【調整式】のように，②の記載とされることが比較的が多い。

【調整式】

$$
\substack{調整後 \\ B種取得価額} = \substack{調整前 \\ B種取得価額} \times \frac{既発行株式数 + \dfrac{新規発行株式数 \times 一株当たり発行価額}{調整前B種取得価額}}{既発行株式数 + 新規発行株式数}
$$

【ブロード・ベース調整】（「既発行株式数」＝全株式＋新株予約権）

$$
\substack{調整後 \\ B種取得価額} = 5,000円 \times \frac{(200+20+30+25)万株 + \dfrac{50万株 \times 4,000円}{5,000円}}{(200+20+30+25)万株 + 50万株} = 4,846円
$$

【ナロー・ベース調整】

（「既発行株式数」＝全株式の場合）

$$
\substack{調整後 \\ B種取得価額} = 5,000円 \times \frac{(200+20+30)万株 + \dfrac{50万株 \times 4,000円}{5,000円}}{(200+20+30)万株 + 50万株} = 4,833円
$$

（「既発行株式数」＝普通株式のみの場合）

$$
\substack{調整後 \\ B種取得価額} = 5,000円 \times \frac{200万株 + \dfrac{50万株 \times 4,000円}{5,000円}}{200万株 + 50万株} = 4,800円
$$

【フル・ラチェット調整】

調整後B種取得価額＝4,000円

138　第3部　株式による本格的な資金調達

【条項例】普通株式を対価とする取得請求権（転換請求権）：
　　　　ダウンラウンド・プロテクション

第●条　（普通株式を対価とする取得請求権（転換請求権））
　（略）　※上記条項例を参照
　(3)　取得価額
　　①　優先株式の取得価額は，当初，当該優先株式の払込金額と同額とする。
　　株式の分割・併合・株式無償割当ての調整
　　②　普通株式につき株式の分割若しくは併合又は株式無償割当てを行う場
　　　合，以下の算式により取得価額を調整する。なお，調整の結果，1円未
　　　満の端数が生じた場合，小数第1位を四捨五入する。

$$
\text{調整後}\atop\text{取得価額} = {\text{調整前}\atop\text{取得価額}} \times \frac{\text{株式の分割・併合・無償割当て前の}\atop\text{普通株式の発行済株式数}}{\text{株式の分割・併合・無償割当て後の}\atop\text{普通株式の発行済株式数}}
$$

　　　調整後の取得価額は，株式の分割を行う場合は当該株式の分割にかかる
　　基準日の翌日以降，株式の併合又は株式無償割当てを行う場合は当該株
　　式の併合又は株式無償割当ての効力発生日（株式の併合又は株式無償割
　　当てにかかる基準日を定めた場合は当該基準日の翌日）以降これを適用
　　する。

　　ダウンラウンド・プロテクション
　　③　当会社において以下に掲げる事由が発生した場合には，以下の算式（以
　　　下「取得価額調整式」という。）により取得価額を調整する。なお，調整
　　　の結果，1円未満の端数が生じた場合，小数第1位を四捨五入する。

$$
\text{調整後}\atop\text{取得価額} = {\text{調整前}\atop\text{取得価額}} \times \frac{\text{既発行株式数} + \dfrac{\text{新規発行株式数} \times \text{一株当たり発行価額}}{\text{調整前取得価額}}}{\text{既発行株式数} + \text{新規発行株式数}}
$$

　　　なお，本(3)において，「既発行株式数」とは，調整後の取得価額を適用
　　する日の前日時点における，[(i)] 当会社の発行済 [普通] 株式（当会社
　　が保有するものを除く。）の総数【以上，ナロー・ベース】[と，(ii)当会社
　　の発行済み（当会社が保有するものを除く。）の取得請求権付株式，取得
　　条項付株式，新株予約権（新株予約権付社債に付されたものを含む。以
　　下本(3)において同じ。），その他その保有者若しくは当会社の請求に基づ
　　き，又は，一定の事由の発生を条件として，その取得と引換えに当会社
　　の普通株式が交付され，又は，当会社の普通株式を取得し得る地位を伴
　　う権利又は証券（[(i)の株式を除く。] 以下総称して「潜在株式等」とい
　　う。）の全て（ただし，当該権利又は証券の目的となる普通株式の数が定

まっていない権利又は証券を除く。）について，当該時点において，その取得と引換えに当会社の普通株式が交付され，又は，かかる権利又は証券に代えて当会社の普通株式が取得されたものと仮定した場合に交付され又は取得された当会社の普通株式の総数（当会社が保有するものを除く。）の合計 【以上，ブロード・ベース】 をいう。

(a) 調整前の取得価額を下回る払込金額をもって普通株式を発行（自己株式の処分を含む。以下同じ。）する場合。ただし，(A)株式無償割当ての場合，(B)潜在株式等の行使又は取得の対価として交付する場合，(C)合併，株式交換，株式交付若しくは会社分割により普通株式を交付する場合，又は，(D)会社法第194条の規定（単元未満株主による単元未満株式売渡請求）に基づく自己株式の売渡しによる場合を除く。

なお，本(a)において，当会社が自己株式の処分を行う場合には，取得価額調整式の「発行価額」を「処分価額」に，「新規発行株式数」を「処分する自己株式数」に，それぞれ読み替えるものとする。

本(a)における調整後の取得価額は，払込期日（払込期間が設定される場合はその期間の末日。以下本③において同じ。）の翌日以降，また，株主への割当てにかかる基準日を定めた場合は当該基準日の翌日以降これを適用する。

(b) 調整前の取得価額を下回る潜在株式等取得価額をもって普通株式を取得することができる潜在株式等を発行する場合（無償割当てによる場合を含む）。

なお，本(b)において，「潜在株式等取得価額」とは，普通株式一株を取得するために当該潜在株式等の発行，取得及び取得原因の発生を通じて負担すべき金額の合計額として当会社の取締役会が定める金額をいう。

また，本(b)において，取得価額調整式の「新規発行株式数」は，本(b)による調整の適用の日にかかる潜在株式等の全てにつき行使又は取得がなされた場合に交付される普通株式の数とし，「一株当たり発行価額」は，普通株式一株当たりの潜在株式等取得価額とする。

本(b)において，当会社が自己株式の処分又は自己の保有する潜在株式等の処分を行う場合には，取得価額調整式の「発行価額」を「処分価額」に，「新規発行株式数」を「処分する自己株式数又は処分する自己の潜在株式等の行使又は取得の対価として交付する株式数」に，それぞれ読み替えるものとする。

本(b)における調整後の取得価額は，払込期日の翌日以降，無償割当ての場合にはその効力が生ずる日の翌日以降，また株主割当日がある場合にはその日の翌日以降，これを適用する。

④ 【調整を行わない場合（下記参照）】 (以下略)

140　第3部　株式による本格的な資金調達

(c)　転換価額の調整を行わない場合（ダウンラウンド・プロテクションの例外）

　ダウンラウンドに該当し得る場合であっても，例外的に転換価額（取得価額）の調整を行わない場合として，典型的には以下の2種類が存在する[48]。

【転換価額の調整を行わない典型例】

> (i)　ストックオプション・プール等のエクイティ・インセンティブ
> (ii)　一定数の優先株主による同意

【条項例】　普通株式を対価とする取得請求権（転換請求権）:
　　　　　　転換価額の調整を行わない例

> 第●条　（普通株式を対価とする取得請求権（転換請求権））
> 　（略）
> 　(3)　取得価額
> 　　（略）※ダウンラウンド・プロテクション等
> 　　④　上記③の規定による取得価額の調整は，以下の場合には行われないものとする。
> 　　　(a)　優先株式又は新株予約権の取得により株式が発行又は処分される場合
> 　　　(b)　当会社又は当会社の子会社の役職員又はアドバイザーその他の役務提供者に対してインセンティブ目的として普通株式又は普通株式を目的とする新株予約権が発行又は処分される場合（その目的とする普通株式の累計が，当会社の既発行株式数【※】（ただし，自己株式の数を控除する。）の［10〜20］％（ただし，行使期間満了や放棄等により失効し又は当会社が無償取得した新株予約権が目的とする株式を含まないものと［し，また取締役会の全会一致でより大きな割合を定めた場合には当該割合と］する。）以内である場合に限る。）【※「既発行株式数」が完全希釈化後ベース（ブロード・ベース）で定義されている前提】

48　米国のいわゆる Pay to Play 条項において，新規の資金調達に際して新株を引き受けない投資家に課されるペナルティの一種として，転換価額の調整を行わないという旨が定められる場合がある。前掲注24の米国法律事務所 WSGR のレポートでは，2023年には案件数ベースでシリーズB以降のうち約8％に Pay to Play 条項が設けられていたとされる（転換価額の調整にとどまらず，後述の，より強力な内容が含まれる可能性がある）。
　他方，日本ではそのような Pay to Play 条項が設けられる例はほとんど見受けられない。第4章第3節1(4)，宍戸＝VLF 66頁，75〜77頁参照。

(c)　各種類の優先株式の取得価額の調整について，当該優先株式の総数
　　　　の［過半数／３分の２］を保有する優先株主がかかる調整を不要とし
　　　　た場合

(i)　ストックオプション・プール　　まず，インセンティブ目的で発行される
新株予約権（ストックオプション）等を発行する場合，既発行の優先株式の転
換価額の調整を行わない（適用除外する）ことが通常である（上記条項例(3)④(b)）。
　前提として，投資家の持分割合の希釈化を防止・緩和するダウンラウンド・
プロテクションの趣旨からは，低い発行価格での株式自体の発行だけでなく，
低い価格（権利行使価額）を払い込むことで株式を取得できる新株予約権の発
行も，ダウンラウンド・プロテクションの発動対象とする必要がある（上記条
項例(3)③(b)）。
　一方で，ストックオプションの場合，特に税制適格ストックオプションでは
権利行使価額が発行時の普通株式の時価以上である必要があるところ，普通株
式の時価は，既発行の優先株式の発行価格よりも低いことが想定される[49]。こ
のような場合に投資家の優先株式についてダウンラウンド・プロテクションが
発動すると，役職員の潜在的持株比率が低下し，インセンティブとして機能し
ない。そもそも，投資家はそのような潜在的持株比率による自らの持分の希釈
化を織り込んで投資意思決定を行う。ストックオプション・プールを株主間契
約に定めるのはその表れである（第４章第３節４参照）。そのため，株主間契約
で投資家と合意する一定割合・数のストックオプション・プール（例：完全希
釈化後株式総数の10〜20％）と連動し，その範囲内で発行されるストックオプ
ションは，新株予約権の発行に係る転換価額の調整の対象外とする必要がある。
(ii)　一定数の優先株主による同意　　また，ある種類の優先株主のうちの一定
数（例：発行済A種優先株式数の過半数や３分の２）が同意した場合，ダウン
ラウンドでも，その種類の優先株式（例：A種優先株式）については転換価額
の調整を行わない旨定めることが多い（上記条項例(3)④(c)）。調整を行わないた
めにはその種類の優先株主の全員の同意を要すると定めることも可能であるが，

49　特に，税制適格ストックオプションの権利行使価額について近時公表された税務上の解
　釈通達に従う場合，権利行使価額は相当に低額に設定することが可能となっている。詳細
　は第４部第２章第３節２(5)参照。

142 第3部 株式による本格的な資金調達

多数決原理をあらかじめルールとして定めておくことで，利害関係を有する投資家の多数派が，ダウンラウンドで自らの持分割合が希釈化されても，新たな資金調達を行うことでスタートアップを存続させることにメリットがあると考えた場合に，わずかな優先株主が不合理に反対しても資金調達が妨げられず，円滑に資金調達を行うことが可能になる[50]。実際の処理について，シリーズBラウンド以降に関する第7章第4節も参照。

3 普通株式を対価とする取得条項（強制転換条項）

優先株式の内容として，投資家のイニシアチブによる「取得請求権」だけでなく，発行会社のイニシアチブにより優先株式を取得して普通株式を対価として交付する「取得条項」ないし「強制転換条項」を定めることも一般的である[51]。新規上場（IPO）申請時や，資本政策目的で用いられることがある[52]。

【強制転換条項（普通株式を対価とする取得条項）が問題になる例】

(1) 新規上場（IPO）申請時の取得条項
(2) 資本政策目的での取得条項

---

(1) 上場（IPO）申請時の取得条項

(a) 概 要

東京証券取引所等の証券取引所は，実務上，新規上場申請に際して，原則として優先株式を発行せず，普通株式のみを発行していることを求めている[53]。

---

50 Venture Deals 74頁参照。
51 普通株式を対価とする取得条項の解説として，宍戸＝VLF 71～77頁，会社・株主間契約177～178頁，桃尾・松尾・難波60頁，小川＝竹内133～134頁参照。
52 米国のいわゆる Pay to Play 条項において，新規資金調達時に新株を引き受けない既存投資家へのペナルティとして，ダウンラウンド・プロテクションの除外（前掲注48）に加え，さらに強力なペナルティとして，当該既存投資家の優先株式が普通株式に強制的に転換される旨の条項を定める場合もある。NVCA定款ひな形 Art. Fourth B. 5 A条，宍戸＝VLF 75～77頁参照。
53 上場規程205条10号，211条6号，217条7号。スタートアップの優先株式の内容は，通常は，例外的にそれを発行したまま普通株式を上場できる場合にも該当しない。ただし，安定的なガバナンスの必要性が特に認められ，非上場の種類株式を発行しているCYBERDINEのような例も存在する。同社は，単元株式数を用いて，上場している普通株式の10倍の数の議決権を有するB種優先株式（非上場）を発行している。

そのため，スタートアップは定款において，新規上場（通常は上場申請を行う旨の取締役会決議がなされたこと）を取得事由として，普通株式を対価として優先株式を取得する取得条項（会社法108条１項６号）を定めることが一般的である。これにより，スタートアップが上場を行う場合には，通常は取締役会決議により強制的に全ての優先株式を普通株式に転換し，円滑に上場申請手続を進めることが可能となる。

取得条項に基づき発行される普通株式の数（転換比率）は，投資家による普通株式への転換請求権（普通株式を対価とした取得請求権）の行使により発行される普通株式の数（転換比率）と同様となるよう定められることが通常である。そのため，例えばIPOまでの間にダウンラウンドが行われていれば，IPO時の転換において，ダウンラウンド・プロテクションによる調整後の転換比率に基づく普通株式が交付されることになる。

【条項例】上場申請時の普通株式への強制転換

第●条（普通株式を対価とする取得条項（強制転換））
　当会社が当会社の普通株式について国際的に認知された金融商品取引所（国内外を問わない。）に対し上場の申請を行う旨を取締役会において決議した場合で，かつ，当該上場に関する主幹事証券会社から優先株式を取得し，それと引換えに普通株式を交付するべき旨の要請を受けた場合には，当会社は取締役会決議により定める日をもって優先株式の全てを取得し，それと引換えに当会社の普通株式を交付することができるものとする。かかる取得により優先株主に対して交付すべき普通株式の数その他の条件については，第●条（普通株式を対価とする取得請求権（転換請求権））の規定を準用する。

(b) 適格株式公開（Qualified IPO）の考え方

米国等では，取得条項の発動要件として，公開価格（又は引受証券会社による手数料等を控除した引受価額）が一定の金額規模以上であることを要する「適格株式公開（Qualified IPO）」の仕組みが設けられ，スモールIPOを防ぐ試みがされている[54]。

54　米国について NVCA定款ひな形 Art. Fourth B. 5.1条(a)，英国について BVCA定款ひな形の定義（"Qualifying IPO"）及び9.2条(b)，シンガポールについて VIMA定款ひな形の別紙1(4)(b)(i)，株主間契約ひな形の定義（"Qualifying IPO"）及び4.2条参照。

一方で，日本では，新規上場の実務上，公開価格が決定される前の新規上場申請時に優先株式を普通株式に転換せざるを得ないため，数値基準を設けた適格株式公開の仕組みを設けることが困難である。多くの場合，新規上場は投資家にとって流動性を与え，また公開価格も通常は投資家が取得した株式の一株当たり発行価格よりも高かったため，上場自体がステークホルダーにとっては良いシナリオであり，このような適格株式公開の数値基準を設ける要請が少なかったことも指摘できる。

　もっとも，近時は，レイター・プレIPOステージの資金調達でスタートアップのバリュエーションが過熱する一方で，市況の悪化等により，投資家の一部が取得した株式の一株当たり発行価格よりも低い公開価格が設定される，ダウンラウンドIPOも現れている。そのため，新規上場時の取得条項[55]において，一定の金額基準を設けようとする試みも現れているが，法的な不安定さが残る[56]。実務上は，上場申請時に原則として普通株式に転換されていることを求める上場審査実務が変容することが望まれる[57]。

(c) 上場中止・延期時の株式の種類の巻き戻し

　前述の通り，スタートアップが上場申請を行う場合，実務上，上場申請までに優先株式を処理して普通株式に転換していることが必要となる。新規上場申請に際して取得条項を発動し，全ての優先株式を普通株式に転換したが，上場承認がなされない等，上場が実現できない場合もあり得る。そのような場合，優先株式そのものを普通株式に転換する前の状況に戻す必要があるが，実務上様々な検討事項やハードルがある。この点は，上場申請時に一旦効力を停止した株主間契約の処理とともに問題になる（第4章第7節参照）。

(2) 資本政策・資本再構築目的での取得条項

　上場時のほか，普通株式を対価とする取得条項として，一定割合以上の（あ

55　新規上場時の金額規模を，株主間契約における事前承諾事項とする例もある。

56　例えば，新規上場申請について取締役会が決定する際に，スタートアップの上場時の時価総額として主幹事証券会社が提示した金額（幅がある場合には一定の平均値）を参照時価総額として，参照時価総額が一定以上の上場申請が決定された場合に限り，取得条項が発動できるものとする等の規定ぶりがあり得る。もっとも，実際の案件で機能するかどうか，主幹事証券会社やアドバイザー等と慎重に検討を行う必要がある。日本の実務上，金額基準を設けることの困難さを指摘するものとして，宍戸＝VLF 72頁参照。

57　同趣旨として宍戸＝VLF 73頁。

る種類の）優先株主の承認によって，発行会社が取得条項を発動することがで
きる旨を定めることもある。

　具体的に想定される場面として，典型的には，スタートアップの財務・事業
状況が悪化し，倒産直前まで陥ったような場合で，新規の投資家から救済的な
出資がなされる場合に，既存の株式を大幅に希釈化するような条件で出資が行
われるような，いわゆるウォッシュアウト・ファイナンス等，資本構成を再構
築し，新たな経営体制を構築しようとする場面等が想定される。

　新規出資後も既存の優先株式が残存した場合，特にダウンラウンド・プロテ
クションが発動して普通株式への転換比率が調整されるような場合には，新規
投資家のニューマネーによる利益の一部を，既存の優先株主も享受する。その
ため，全ての優先株式を普通株式に転換すること（優先分配権を失わせること）
も出資の条件とされることがあり，このような場合に円滑に資金調達が行われ
るよう，既存の優先株主のマジョリティの同意により普通株式に転換するよう
あらかじめ設計しておくことが行われることがある。

【条項例】一定割合の優先株主の承認による取得条項

> 第●条　（普通株式を対価とする取得条項（強制転換））
> 　ある種類の優先株式の発行済種類株式総数の［過半数／3分の2］を保有す
> る一又は複数の優先株主が書面により承認した場合には，当会社は取締役会
> 決議により定める日をもって当該種類の優先株式の全てを取得し，それと引き
> 換えに当会社の普通株式を交付することができるものとする。かかる取得に
> より優先株主に対して交付すべき普通株式の数その他の条件については，第
> ●条（普通株式を対価とする取得請求権（転換請求権））の規定を準用する。

4　金銭を対価とする取得請求権（償還請求権）

　スタートアップの優先株式の内容として，一定の場合に，金銭を対価として
交付する取得請求権（償還請求権）を定めることがある（会社法108条1項5号・
2項5号，107条2項2号ホ）[58]。これは，優先株式の保有者である投資家が，発

58　金銭を対価とする取得請求権（償還請求権）の解説として，宍戸＝VLF 67～70頁，会
　　社・株主間契約178～179頁，桃尾・松尾・難波59頁参照。

146　第3部　株式による本格的な資金調達

行会社であるスタートアップに対して，優先株式を取得し，対価として投資家に金銭を支払うことを請求できる権利である。スタートアップでは，みなし清算の一部類型として，一定の類型のM&Aが行われたときに優先株主に対して優先的に金銭を交付するための手法として定められることが多い。

【償還請求権（金銭を対価とする取得請求権）が問題になる例】

(1)　みなし清算の一部類型における償還請求権
(2)　（参考）一定期間経過後の償還請求権

(1)　みなし清算における償還請求権

　償還請求権の発動要件として，事業譲渡又は会社分割により，スタートアップの全部又は実質的に全部の事業が第三者に移転された場合[59]に行使ができるとする償還請求権が実務上見られる。

　すなわち，スタートアップが，事業譲渡又は会社分割により第三者に買収された場合，合併，株式交換や株式譲渡等と異なり，買収対価は株主（投資家）ではなく，法人としてのスタートアップに対して交付される。

59　なお，事業の「実質的に全部」とは，会社法等の法律には規定がないため，解釈が問題になり得る場合があるが，潜脱を防止するために「事業の全部」（会社法467条1項1号参照）の譲渡・移転に限定していない場合が多いと思われる。また，例えば事業の「重要な一部」（同項2号参照）の譲渡・移転も償還請求権の対象とするかどうかも，問題になる。投資家による投資回収の必要性と，重要な一部の譲渡・移転のみではスタートアップが引き続き事業を行うこともでき，みなし清算の枠組みと離れるのではないかといった考慮をもとに，スタートアップと投資家側で議論がなされることもある。宍戸＝VLF 69頁も参照。

【みなし清算における償還請求権】

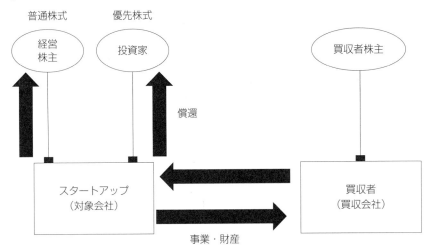

　この場合，まず，株主間契約上，投資家の会社に対する解散請求権を規定し，投資家の請求により会社を解散させ，(みなし清算ではなく清算手続そのもので) 残余財産分配条項に基づいて当該移転の対価を投資家に対して分配させることが考えられる (第3節2参照)。他方，解散・清算手続の実施には時間と費用を要する。また，当事者が株主間契約に違反して解散に必要な株主総会の特別決議が得られない等，会社の解散・清算が現実に行われない場合，投資家の救済は，例えば違反当事者に対する株式買取請求 (契約で定めた場合) や損害賠償請求 (債務不履行や不法行為) によらざるを得ない場合もあり，買収対価を優先的・直接的に取得できないおそれもある[60]。そこで，投資家として直接的にこのような償還請求権を規定することがある。
　もっとも，金銭を対価とする取得請求権は，会社法の財源規制に服し (会社法166条1項ただし書，107条2項2号ホ)，分配可能額の範囲内でしか行使ができないという限界もある[61]。

---

[60] 定め方次第では，例えば解散決議への賛成の意思表示を命じる判決を取得する方法もあり得る。なお，複数の優先順位による優先株式が発行されている場合，その優先分配を達成するための定款の定め方も問題になる。また，優先残余財産分配における参加型・非参加型の分類と同じ経済的ポジションを達成するための定め方も問題となる。それぞれについて，宍戸＝VLF 69頁参照。

148 第3部 株式による本格的な資金調達

【条項例】みなし清算の場面における償還請求権

> 第●条 （金銭を対価とする取得請求権（償還請求権））
> 1. 優先株主は，当会社が，事業譲渡又は会社分割により，当会社の事業の全部又は実質的に全部を第三者に移転させた場合には，かかる移転の効力発生日から●日間（以下「償還請求期間」という。）に限り，その保有する優先株式の全部又は一部を当会社が取得することを請求することができるものとし，当会社はその取得と引換えに本条の定めにより金銭を交付するものとする（かかる請求を，以下「償還請求」という。）。
> 2. （以下略）

(2) 参考：一定期間経過後の償還請求権

　一定期間が経過すれば，理由を問わず，投資家が発行会社に対して投資資金の返還を求めることができる規定も，償還請求権として理論上はあり得る。もっとも，スタートアップ・ファイナンスでは一般的には規定されない。分配可能額等の限界があるものの，このような定めは一種の元本保証として機能し，社債や融資といったデットに近くなる。そのため，投資家がスタートアップの株式を引き受けて高いリスクを取る代わりに，成功した場合に高いリターンを得ることを目的とするエクイティ性の投資とは，本来的にそぐわない。

　既存投資家がそのような権利を有していること自体が資金流出リスクの懸念材料となり，後続の投資家が投資をためらう可能性もあるため，新規投資家候補としても，投資先に規定があることを見つけたら，処理をすることも検討する必要がある。

5　議決権・種類株主総会（拒否権）

(1) 議決権（全体株主総会・種類株主総会）

(a) 原則：一株一議決権

　種類株式の内容として，議決権を行使できる事項について内容の異なる株式を発行することが可能であり（会社法108条1項3号），例えば株主総会（株主

61　実務上は，株主間契約において，分配可能額の増額その他の償還請求権を履行するために必要な手続をスタートアップや経営陣が行う義務や，投資家が協力する義務を定めることも考えられる。もっとも，分配可能額の確保には，決算を行う必要がある等，時間・コストの問題も生じるほか，そもそも実現困難な財務状態である場合もある。

全員を構成員とする総会〔同法295条以下〕）において，全部又は一定の事項について議決権を有しないものとすることも可能である。

　もっとも，スタートアップが投資家に発行する優先株式では，マイノリティ投資家としてスタートアップに対するモニタリングを行うことが重要であるため，全ての種類の株式が，株主総会において一株につき一個の議決権[62]を有するように定めることが多い[63]。

　また，株主全員を構成員とする「株主総会」とは別に，種類株式ごとに種類株主を構成員とする「種類株主総会」（会社法2条14号，321条から325条）では，その種類の株式一株につき一個の議決権を有する。ここでは株主総会と異なり，議決権数について異なる取扱いを定めることはできない[64]。もっとも，次の(2)の通り，そもそも「種類株主総会で決議する必要がある事項」を定款で制限できる。

【条項例】株主総会及び種類株主総会における議決権

第●条　（株主総会及び種類株主総会における議決権）
　優先株主は，当会社の株主総会及び当該優先株主を構成員とする種類株主総会において優先株式一株につき一個の議決権を有する。

【条項例】（参考）株主総会における議決権を有しない場合

第●条　（株主総会における議決権）
　［A種］優先株主は，当会社の株主総会において，全ての事項につき議決権を行使することができない。

62　日本の会社法上，一株ごとに議決権の数が異なる，複数議決権は認められていない。もっとも，単元株（会社法188条）や，非公開会社では株主ごとの属人的定め（同法109条2項，105条1項3号）を用いることで，株式数に比例しない形で議決権の定めをすることができる。属人的定めについて，第7章第4節3(4)(c)や宍戸＝VLF 49〜55頁も参照。

63　何らの定めも置かない場合，会社法のデフォルトルールに従い，全ての種類株式は株主総会で一株につき一議決権を有する（会社法308条1項）。もっとも，実務上，確認的に規定を置くことが一般的である。宍戸＝VLF 48頁参照。

64　会社法308条1項，325条。もっとも，種類株主総会の議決権についても，前述の単元株（同法188条3項，前掲注62参照）を用いることは可能である（同法325条ただし書）。また，属人的定めを用いる場合，当該定めがなされた株主の有する株式について，定められた事項（ここでは議決権）について，内容の異なる種類の株式とみなして取り扱われる（同法109条3項）。

(b) 議決権数・議決権比率の調整

例えば，ダウンラウンドが生じて希釈化防止条項（ダウンラウンド・プロテクション）が発動することで，優先株式の数と，将来，普通株式に転換する場合の数が異なる（転換比率が1：1ではなくなる）場合がある（上記2(2)参照）。

他方，希釈化防止条項では優先株式の数自体は変動しないので，一株一議決権の日本では，株主総会での議決権比率は（ダウンラウンドでない場合と比較すると）相対的に減少する。これに対して，米国等では，株主全体の株主総会における種類株主の議決権数は，普通株式への転換後ベースで定められることから，ダウンラウンドで希釈化防止条項が発動すると，株主総会における議決権が自動的に増加する[65]。日本において，議決権数・議決権比率も調整をしようとする場合，一定の工夫が必要になる。詳細はシリーズB以降に関する第7章第4節3(4)を参照。

(2) 種類株主総会決議事項（拒否権）

種類株主総会の決議を要する事項は，会社法上のデフォルト事項をベースに，定款の定めで増やすことと，一部の事項を除き減らすことの両方があり得る[66]。その上で，株主間契約における投資家の事前承諾事項との関係も問題になる。なお，定款上の種類株主総会決議事項と，株主間契約上の事前承諾事項のいずれも，実務上「拒否権」と呼ぶことがある。

(a) 種類株主総会決議事項（定款）と事前承諾事項（株主間契約）

通常はマイノリティ出資を行い少数派株主となる投資家が，スタートアップの経営への関与やモニタリングをするためには，株主総会において一株一議決権を有するのみでは十分でないと考えることが多い。例えば，役員の選解任権や，一定の経営上の重要事項に関する事前承諾権等が要求される。これらの権利について，①定款で種類株主総会決議事項として定める方法と，②株主間契約で契約上の権利として定める方法がある。

このうち，まず，①定款により，株主総会又は取締役会での決議事項について，当該決議のほか，種類株主総会決議を必要とする種類株式を発行することがで

---

65 米国について NVCA定款ひな形 Art. Fourth B. 3.1条，シンガポールについて VIMA定款ひな形別紙1(3)(c)参照。

66 種類株主総会決議事項（拒否権）の解説として，宍戸＝VLF 90～92頁，会社・株主間契約179～180頁，桃尾・松尾・難波68～70頁，小川＝竹内136～138頁参照。

きる（〔会社法108条 1 項 8 号・2 項 8 号〕役員の選解任権については下記 6 で後述）。種類株式の内容として一定の事項について種類株主総会決議を必要とする旨を定めた場合，当該種類株主総会決議を経ずに行われた事項は発行会社との関係では無効となる（同法323条）。ただし，対外的な効力の取扱いは不明瞭な部分も残る[67]。

　これに対して②株主間契約は，スタートアップが当事者でもあくまで私人間の合意にすぎず，契約上の事前承諾事項に違反して一定の事項が行われた場合でも契約違反にとどまり，効力には影響を及ぼさないと考えられる[68]。そのため，投資家としては権利保護のために①定款で種類株主総会決議事項とするよう求めることも考えられる。

　もっとも，実務上は，②株主間契約のみで事前承諾事項を定め，①定款の種類株主総会決議事項については，会社法上の法定の最小限の事項のみに限定する（下記(b)）ことが多い。例えば，以下のような理由が挙げられる[69]。

✓　種類株主総会決議事項が多いと経営の機動性を害すること
✓　種類株主総会決議事項は登記事項として公開され，将来の資金調達の妨げになるおそれもあること
✓　オペレーションミスとして種類株主総会決議の取得漏れが生じ得ること
✓　定性的な事項等，種類株主総会決議事項の要否が明確でない場合もあること
✓　種類株主総会決議を経なかった行為について，事後的に必要であったと判断されると，発行会社との関係では無効であるという強い効果が生じることや，一方で対外的な取扱いが不明瞭であること（上場審査等でも問題）

(b)　種類株主総会決議を不要とできない事項（次回ラウンドにおける留意）

　定款で別段の定めを設けなかった場合の種類株主総会のデフォルトの決議事項として，会社法に列挙された一定の行為をする場合で，ある種類の株式の種類株主に損害を及ぼすおそれがあるときは，当該行為は，当該種類株主を構成

67　種類株主総会決議を欠いて会社が当該行為を対外的に実行した場合に，第三者との関係でも当該行為が無効になるかは，会社との関係とは別の論点となる。宍戸 = VLF 91頁脚注79参照。

68　宍戸 = VLF 91頁参照。

69　経産省・主たる留意事項39～40頁や，宍戸 = VLF 91頁，95～96頁も参照。

152 第3部 株式による本格的な資金調達

員とする種類株主総会の決議がなければ，その効力を生じないとされる（会社法322条1項）。ただし，多くの事項は，定款で種類株主総会の決議を不要とできる（同条2項・3項本文）。

もっとも，定款でも不要とできない事項（強行法規）が一部存在する。具体的には，①株式の種類の追加，②株式の内容の変更，③発行可能株式総数又は発行可能種類株式総数の増加をしようとする場合の定款変更（単元株の設定をすることは除く）である。これらの行為により，ある種類の種類株主に損害を及ぼすおそれがある場合，種類株主総会を不要とはできない（会社法322条3項ただし書）[70]。

この点がスタートアップ・ファイナンスで重要になる。次回以降の株式による資金調達ラウンドでは，(エクステンション・ラウンド〔第5章第1節2(2)参照〕等でない限り）通常は新たに異なる種類の優先株式が発行され，上記の①から③のいずれかに該当することが多い。そのため，定款の設計にかかわらず，各資金調達ラウンドでは種類株主総会が通常は必要になる。プロセスの詳細について第5章第1節参照。

【会社法上の種類株主総会決議事項】[71]

	決議事項	決議要件 （324条各項）	条文	定款で不要 とすること
①	ある種類の種類株主に損害を及ぼすおそれがある場合の，一定の列挙事項	特別決議[72]	322条1項	△（一部項目可，本文参照）
②	拒否権付種類株式を設けた場合の拒否権の対象	普通決議	108条1項8号，323条	－（設けることは任意）

---

70 オペレーションミスが少なくなるように，種類株主総会を不要とすることができない事項について定款で確認的に明記しておく場合もある。

71 戸嶋347～348頁参照。

72 ある種類株式の発行後に，定款を変更して，当該種類株主総会を不要とする定款の定めを設けようとするときは，当該種類の種類株主全員の同意を得なければならない（会社法322条4項）。新たにA種優先株式を発行する際に，普通株式についても定めを設ける場合に注意が必要になる（後掲注75）。

③	役員選任権付種類株式を設けた場合における取締役・監査役の選解任	普通決議（監査役の解任のみ特別決議）	108条1項9号，347条により読み替えて適用する329条1項，339条1項	－（設けることは任意）
④	種類株式に譲渡制限を付す場合における定款変更	特殊決議	111条2項，108条1項4号	×
⑤	種類株式に全部取得条項を付す場合における定款変更[73]	特別決議	111条2項，108条1項7号	×
⑥	譲渡制限株式の募集	特別決議	199条4項，200条4項	○
⑦	譲渡制限株式を目的とする新株予約権の募集	特別決議	238条4項，239条4項	○
⑧	種類株式発行会社である消滅会社等において，譲渡制限株式等の割当てを受ける種類の株式（譲渡制限株式を除く）がある場合における合併契約等の承認	特殊決議	783条3項，804条3項	×
⑨	種類株式発行会社である存続会社等において交付する株式が譲渡制限株式である場合における合併契約等の承認	特別決議	795条4項	×

【条項例】種類株主総会決議事項を最小限にする例[74]

第●条　（種類株主総会決議事項）
1．当会社が会社法第322条第1項各号に掲げる行為をする場合には，全ての種類株式について[75]，同項の規定による種類株主総会の決議を要しない。ただし，

73　種類株式に（全部取得条項ではなく）取得条項を付すことや，その内容を変更する定款変更（取得条項の廃止を除く）は，当該種類株式を有する種類株主の全員の同意を要する（会社法111条1項）。

74　宍戸＝VLF 95頁以下参照。

154　第3部　株式による本格的な資金調達

同項第1号に規定する定款の変更（単元株式数についてのものを除く。）を行う場合はこの限りでない。
2．当会社がある種類株式に関する募集事項の決定を行う場合には，会社法第199条第4項の規定による当該種類株式の種類株主を構成員とする種類株主総会の決議を要しない。
3．当会社がある種類株式を目的とする新株予約権に関する募集事項の決定を行う場合には，会社法第238条第4項の規定による当該種類株式の種類株主を構成員とする種類株主総会の決議を要しない。

【条項例】（参考）種類株主総会決議事項（拒否権）を定める例

第●条　（種類株主総会決議事項）
　　当会社が以下の事項を行うためには，株主総会又は取締役会の決議のほか，各種類株式の種類株主を構成員とする種類株主総会の決議を必要とする。
(1)　定款の変更
(2)　当会社の株式，新株予約権又は新株予約権付社債の発行
(3)　合併，株式交換，株式交換による他の株式会社の発行済株式の全部の取得，株式移転，吸収分割，吸収分割による他の会社がその事業に関して有する権利義務の全部若しくは一部の承継，新設分割，事業の全部若しくは一部の譲渡又は譲受け，又は事業の全部の賃貸，事業の全部の委任，他人と事業上の損益の全部を共通にする契約その他これらに準ずる行為
(4)　特別支配株主の株式売渡請求の承認
(5)　資本金の額の減少又は準備金の額の減少
(6)　解散
(7)　自己株式の取得，株式の分割若しくは併合，株式若しくは新株予約権無償割当て，又は単元株の設定
(8)　剰余金の配当
(9)　知的財産権その他の当会社の重要な財産の処分
(10)　取締役会規程その他の当会社の重要な規程の制定，変更又は廃止
(11)　当会社の年次事業計画の決定及び修正
(12)　［その他］

75　ここでの種類株式には普通株式を含む。「優先株式」（定款で一定の定義を行う想定）についてのみ種類株主総会決議事項の範囲を限定する規定となっていると，普通株主を構成員とする種類株主総会決議は引き続き必要になるため，注意が必要となる。なお，典型的にはA種優先株式を発行する際に普通株式を含めてこのような定款規定を設ける場合，普通株式の発行後に定款を変更して普通株式について322条2項の規定による定款の定めを設けることになるため，普通株主全員の同意を得なければならない（前掲注72参照）。

(3) 種類株主総会の手続（株主総会に係る規定の準用）

　会社法上，種類株主総会には，基本的に株主総会に関する規定が準用されている（会社法325条，会社規95条）。準用されていない事項は個別に法定されている（種類株主総会の権限に関する会社法321条や，決議要件に関する324条）。

　定款でも，種類株式を発行する場合，株主総会に関する規定を種類株主総会に準用する旨を定めることが通常である。このような定款の規定例は以下の通りである。

【条項例】種類株主総会の手続等

第●条　（種類株主総会）
1．第●条第1項の規定【※基準日に関する規定】は，定時株主総会と同日に開
　催される種類株主総会にこれを準用する。
2．第●条，第●条，第●条第1項及び第●条の規定【※招集権者や議長，決議の
　方法（普通決議）や議決権の代理行使に関する規定等】は，種類株主総会にこれを
　準用する。
3．第●条第2項の規定【※決議の方法（特別決議）に関する規定】は，会社法第
　324条第2項の規定による種類株主総会の決議にこれを準用する。

　なお，定時株主総会と同時に種類株主総会を開催しようとする場合，定時株主総会の基準日に関する規定が種類株主総会に準用されていないと，種類株主総会のために別途公告（会社法124条3項）を行う必要がある。これを避けるために準用規定を置くことが通常である（上記条項例第1項）。

【条項例】（参考）株主総会の基準日（種類株主総会の準用元）

第●条　（基準日）
1．当会社は，毎事業年度末日の最終の株主名簿に記載又は記録された株主を
　もって，その事業年度に関する定時株主総会において権利を行使することが
　できる株主とする。
2．前項のほか，株主又は登録株式質権者として権利を行使することができる
　者を確定するため必要があるときは，取締役会の決議により，臨時に基準日
　を定めることができる。ただし，この場合には，当該基準日を2週間前まで
　に公告するものとする。

---

6 役員選解任権

　前述の通り，種類株主総会により役員（取締役・監査役）選解任権を有する種類株式（会社法108条1項9号・2項9号）を定款で規定し，発行することも可能である[76]。

　一方で，事前承諾事項（拒否権）と同様，実務上は，取締役や監査役の選解任権（指名権）は株主間契約のみで定めることも多い（第4章第2節2）。理由としては，規律が複雑・硬直的になるといったことが考えられる。例えば，以下のような事項が挙げられる。

- ✓ 実務上，各ラウンドのリード投資家が株主間契約で取締役の選解任権を有することが多いところ，当該ラウンドにおける持株比率と種類株主総会の定足数・可決要件が必ずしも合致していない[77]。
- ✓ 定款で別段の定めを設けない限り，原則として選任を行った種類株主総会決議によって解任する必要があり，解任のハードルが上がり得る（会社法347条1項，329条1項，339条1項）[78]。
- ✓ 役員選任権を株式の内容とする場合，全体の株主総会では役員は選任されないため（会社法347条1項），実質的に株主全員の株主総会で一定数の役員を選任したい場合，定款における種類株主総会の定め方に工夫が必要となる（他の種類株主と共同して選任することを定めることになる。会社法108条2項9号ロ，下記条項例第3項参照）。

---

[76] 役員選（解）任付種類株式の解説として，宍戸＝VLF 88〜89頁，会社・株主間契約179〜180頁参照。なお，会社法上の種類株式の内容は「選任」とされるが，本文で記載した通り，定款に別段の定めがない限り，解任も当該種類株主総会で決定することが原則であるため，わかりやすさのために「選解任（権）」とまとめることがある。

[77] 宍戸＝VLF 114頁も参照。なお，株主間契約上の義務として，一定数の賛成等の要件を満たした場合，契約当事者はそれに従って種類株式総会で議決権を行使する義務があるよう定めることも可能であるが（議決権拘束契約），違反した場合の効力や実効性等は問題になる（宍戸＝VLF 148〜150頁も参照）。

[78] 定款における別段の定めとして，全体の株主総会で解任できるものとする条項例については宍戸＝VLF 88〜89頁も参照。

第2章　優先株式の設計（定款と一定の契約）　157

【条項例】（参考）取締役の選解任

第●条　（取締役の選解任）
1．普通株主を構成員とする種類株主総会において，取締役●名を選任することができる。
2．A種優先株主を構成員とする種類株主総会において，取締役●名を選任することができる。
3．［普通株主及び［A種］優先株主を構成員として共同して開催する種類株主総会において取締役●名［以上］を選任することができる。］【注：実質的に株主全員による株主総会で一定数の取締役を選任したい場合】
4．当会社の取締役の選任決議は，取締役を選任する各種類株主総会において，議決権を行使することができる株主の議決権の3分の1以上を有する株主が出席し，その議決権の過半数をもって行う。
5．当会社の取締役の選任決議は累積投票によらないものとする。

7　譲渡制限

　非上場スタートアップでは，譲渡による種類株式の取得について発行会社の承認を要すること（譲渡制限〔会社法108条1項4号・2項4号〕）が定款で通常定められる。株主の個性が重要である場合も多く，また，一部の種類の株式でもこれを定めない限り，発行会社は「公開会社」（会社法2条5号）として会社運営に関する法律上の制約が加重されるため，全ての種類の株式に譲渡制限が付されることが通常である。

【条項例】株式の譲渡制限

第●条　（株式の譲渡制限）
　当会社の発行する株式の譲渡による取得については，当会社の取締役会の承認を要する。

8　株式の分割・併合等の取扱い

　株式の分割や併合を行う場合や，募集株式又は募集新株予約権の割当てを受ける権利を与える場合，また，株式無償割当て又は新株予約権無償割当てを行

158 第3部 株式による本格的な資金調達

う場合に, 種類ごとに (実質的に) 同一の割合で行う旨が定められることが多い。

これらの規定は定款の任意的記載事項であり (会社法29条), このような定めを設けることで, 種類株主に損害を及ぼすおそれがある場合に要する種類株主総会決議が不要になる効果があると考えられている[79]。

【条項例】株式の分割・併合等の取扱い

第●条 (株式の分割・併合等)

1. 当会社は, 株式の分割又は併合をするときは, 普通株式及び優先株式[80]の種類ごとに同時に同一の割合でこれをする。

2. 当会社は, 株主に募集株式又は募集新株予約権の割当てを受ける権利を与えるときは, 各々の場合に応じて, 普通株主には普通株式又は普通株式を目的とする新株予約権の割当てを受ける権利を, 優先株式を有する株主 (以下「優先株主」という。) には当該優先株式又は当該優先株式を目的とする新株予約権の割当てを受ける権利を, それぞれ同時に同一の割合で与える。

3. 当会社は, 株式無償割当て又は新株予約権無償割当てをするときは, 各々の場合に応じて, 普通株主には普通株式の株式無償割当て又は普通株式を目的とする新株予約権の新株予約権無償割当てを, 優先株主には当該優先株式の株式無償割当て又は当該優先株式を目的とする新株予約権の新株予約権無償割当てを, それぞれ同時に同一の割合でする。

---

79 宍戸 = VLF 93～94頁参照。
80 「優先株式」は, A種優先株式及び, 将来発行された場合の B種, C種……優先株式の総称として定義することを想定する。これは規定の文言をシンプルにする趣旨であり, 個別に明記することも可能である。

第3章

投資実行までの権利関係：
株式引受契約・投資契約

株式引受契約（投資契約）にはどのような内容が定められるか。
株主間契約との違いは何か。

第1節　株式引受契約の概要

　スタートアップ投資では，スタートアップが投資家に対して株式を発行し，
投資家がその株式を引き受けて出資をするため，投資家とスタートアップ（＋
創業者等の経営株主）との間で，株式の発行と引受けについて定める「株式
引受契約」が締結される。「投資契約（書）」等の名称である場合もある。海
外の例ではStock Purchase Agreement（米国NVCAひな形）や Subscription
Agreement（英国BVCAひな形，シンガポールVIMA）等と呼ばれる[1]。

　株式引受契約では，主に株式の引受けの主要条件や，表明保証事項，払込み
の前提条件等が規定される。

　また，前述の通り，スタートアップの株式引受契約には，経営者かつ株主（経
営株主）である創業者等が当事者となることが多い。スタートアップの創業者
は大株主であり，かつ経営陣（典型的には代表取締役）として運営に深く携わっ
ていることが通常であるため，法人としてのスタートアップの表明保証や義務

1　Stock Purchase Agreement（SPA）という名称は，日本ではM&Aにおける株式譲渡
　契約を想起することも多いと思われるが，スタートアップの株式引受契約でも用いられる。
　また，Subscription Agreementという名称は，VC・PEファンド組成におけるファンド持分
　の取得に関する申込み・引受けに際して締結される契約に使われることもある。

160　第3部　株式による本格的な資金調達

に違反が生じた場合，投資家が経営株主に対しても責任を追及することを可能にするためである。ただし，その責任追及の内容や範囲（例えば，創業者個人に対する投資家からの株式買取請求権の是非等）については，近時，一定の議論がある。

第2節　株式引受契約の主な内容

　スタートアップの株式引受契約に典型的な事項のうち，主要な項目は以下の通りである。全ての条項を網羅しているわけではない[2]。

【スタートアップ投資における株式引受契約の主な項目と概要[3]】

主な項目	概要
出資の基本的な経済条件	発行する株式等の種類（内容）や数，払込金額，払込期日等の，出資そのものについての基本的事項
出資・新株発行の手続	✓　会社による新株発行と投資家による払込金額の払込みの合意 ✓　必要な決議（定款変更や募集事項の決定等）をいつまでに行うかといった手続
表明保証（Representations and Warranties）	✓　経営株主・スタートアップの表明保証 ✓　投資家の表明保証
投資実行前の誓約事項（Covenants）	経営株主・スタートアップと投資家が投資実行（出資の払込み・株式発行）までに遵守・履行すべき事項
投資実行の前提条件（Conditions Precedent）	出資の払込みと株式発行を行う際に満たしている必要のある条件 例：必要な株主総会・取締役会決議の承認，株主間契約の締結，表明保証の真実性・正確性，誓約事項等の義務の履行，外為法等の手続の履行，重大な悪影響の不存在

2　スタートアップの株式引受契約に典型的に定める事項の解説として，経産省・主たる留意事項20～35頁（種類株式の内容についての記載も含まれている），宍戸＝VLF 216～284頁，会社・株主間契約159～161頁，桃尾・松尾・難波96～129頁，小川＝竹内177～202頁等。

3　会社・株主間契約160頁参照。

資金使途	投資家が払い込んだ資金の具体的な使途 例：研究開発費，人件費
補償（Indemnity）	義務違反や表明保証違反の場合の補償・賠償義務
（投資家の株式買取請求権・償還請求権）	スタートアップや経営株主の表明保証や誓約事項等に違反があった場合に，投資家が，発行会社や経営株主に対してその保有する株式の買取りを請求できる権利 ※　その意義や範囲等について議論がある（後述）
追加クロージング・追加発行	最初の出資後一定期間以内に，他の投資家から同じ種類の株式による追加投資を受け入れることを認める場合
その他・一般条項	契約の解除・終了，秘密保持，案件の公表，費用負担，通知，地位譲渡の禁止，準拠法，管轄等の一般条項

1　出資の基本的な条件

　株式引受契約は，会社から「何を，いつ，いくらで購入するか」という，取引の本質的な事項を定めることが一番の目的である。すなわち，発行する株式等[4]の種類（内容）や数，払込金額，払込期日や払込期間等の，出資の基本的事項が定められる。

　株式の種類は，優先株式の内容として紹介したような項目を別紙に「発行要項」として掲載することもある。他方，ドラフティングコストの低減や誤りの防止のために，「変更後定款（案）」そのものを株式引受契約の別紙として添付し，発行する種類株式の内容として引用することもある。

　いずれにしても，発行会社の誓約事項（義務）や，払込みや株式発行の前提条件としても，「A種優先株式を発行要項の内容の通り発行すること」や「既存の定款を別紙の変更後定款に変更すること（及びこれに必要な機関決定その他の必要な手続がとられていること）」を通常定めることになる。

4　通常は株式のみが発行されるが，後述のワラント（新株予約権）等も併せて投資家に発行される場合がある。これらを一つの引受契約で定める場合がある。

162 第3部 株式による本格的な資金調達

【条項例】株式引受契約に定める出資条件（募集要項）の例

発行する株式の種類及び数	A種優先株式＿＿＿株 （A種優先株式の内容：別紙）
払込金額	一株当たり金＿＿＿＿＿円
払込総額	金＿＿＿＿＿円
増加する資本金の額	会社計算規則第14条に従い算出される資本金等増加限度額に0.5を乗じた額（1円未満の端数切上げ）
増加する資本準備金の額	資本金等増加限度額から増加する資本金の額を減じた額
募集方法	第三者割当 本契約は，（本投資家が全てを引き受けるものでない場合には他の契約により引き受ける者と共同して引き受けることにより）会社法第205条第1項に定める総数引受契約として取り扱われる。
払込期間	＿＿＿年＿月＿日から＿＿＿年＿月＿日
払込取扱場所	＿＿＿銀行＿＿＿支店 普通 or 当座 口座番号＿＿＿＿＿＿＿＿ 口座名義：＿＿＿＿＿＿＿＿＿＿

2 出資・新株発行の手続

1で定められる取引を達成するために，会社による新株発行と，投資家による払込金額の払込みを合意するとともに，必要な決議（定款変更や募集事項の決定等）その他の手続を履践する旨を定める必要がある。

新たな種類株式を発行して資金調達を行うために必要な対内的・対外的な手続については第5章で詳述する。

3 表明・保証（Representations and Warranties）

投資家がスタートアップにマイノリティ出資を行って新株を引き受ける場合，一定の事実が，契約締結時やクロージング時（新株発行時）において真実かつ正確であることを，取引相手方に対して表明し保証する，いわゆる表明保証

（Representations and Warranties）が行われる。表明保証は，当事者間に情報の非対称性があることに基づき，適切にリスクを分配し，対象会社等に対する調査であるデュー・ディリジェンス（DD）と相まって情報開示を促進する機能を有するものとして，M&A契約では典型的な条項であるが[5]，スタートアップ投資でも同様に設けられる。

スタートアップ投資の場合，株式の発行者であるスタートアップによる表明保証と，株式を引き受ける投資家による表明保証に加え，経営株主（創業者等）によるスタートアップと自らに関する表明保証がなされることが多い。

【表明保証事項の例】

スタートアップに関する表明保証
➢ スタートアップの有効な設立・存続
➢ 契約の締結及び履行に関する権限
➢ 内部・外部手続の履践
➢ 契約の有効性・執行可能性
➢ 契約の締結・履行に関する法令・判決・契約等の違反の不存在
➢ 倒産手続の不存在
➢ 株式・潜在株式に関する事項
➢ 計算書類の正確性
➢ 直近の計算書類の基準日以降の後発事象の不存在等
➢ 潜在債務・偶発債務の不存在
➢ 法令等の遵守
➢ 事業に必要な許認可の状況
➢ 反社会的勢力等との関係の不存在等
➢ 重要契約の存続・有効性
➢ 重要な資産（知的財産を含む）の保有及び状況に関する事項
➢ 人事労務・年金等に関する事項
➢ 訴訟・紛争に関する事項等
➢ 税務に関する事項
➢ 情報開示の正確性等

5　スタートアップのM&Aにおける表明保証については，第7部第2章第3節，同第7章第1節2(3)を参照。

164　第3部　株式による本格的な資金調達

投資家（引受人）や経営株主に関する表明保証
➢　契約の締結及び履行に関する権限
➢　内部・外部手続の履践
➢　契約の有効性・執行可能性
➢　倒産手続の不存在
➢　契約の締結・履行に関する法令・判決・契約等の違反の不存在
➢　反社会的勢力等の関係の不存在等
➢　株式に関する事項（経営株主について）

　買収対象会社の支配権を取得するM&A取引と異なり，スタートアップ投資は，典型的にはマイノリティ出資を行い，かつ資金ニーズに従い短期間でDD，投資意思決定から投資実行（新株発行と対価の払込み）が行われる。そのため，M&A取引のような広範かつ綿密なDDが行われることは必ずしも多くなく，重要なポイントに絞る等，一定の強弱をもって行われる。そもそも非上場スタートアップは事業や経営体制が固まっておらず，静的なDDを行うだけでは，必ずしも実効的でない場合も多い。このようなスタートアップのDDの特性を反映して，表明保証条項も一定の特徴を有する。

　すなわち，多くの場合，表明保証条項は，VC等の投資家（特にリード投資家）が用意したドラフトにひな形的に含まれ，新規投資時にそのままの内容を応諾するようスタートアップに求める場合や，逆に，前回以前の株式資金調達ラウンドと内容を統一することをスタートアップが求める場合がある。いずれにしても，特に投資家が用意する表明保証条項は比較的広範・概括的で，事後に表面化した何らかの問題がいずれかの条項に該当し得る場合も多い。その上で，表明保証条項の修正に容易に応じない例も多い[6]。スタートアップへの出資における時間・コストの制約のもとでは，M&A取引ほどに時間とコストをかけたDDを行い，表明保証条項の細部について契約交渉を行うことは必ずしも現実的でない側面もある。

6　交渉の結果，表明保証事項が「重要な」点において真実かつ正確であるという限定や，当事者が「知る限り」や「知り得る限り」の表明保証をするといった緩和をして妥結することもある。もっとも，感覚的な交渉の結果による場合もある。また，「重要な」「知り得る」という評価や規範的な要素が含まれる以上，事後に問題が顕在化した際に，解釈の争いを容易に解決できない場合もある。実務上は，契約交渉時や，表明保証に抵触する可能性が顕在化した際に，スタートアップと投資家との間での丁寧な対話が望まれる。

もっとも，適切なリスク分配・情報開示といった機能を果たすためには，スタートアップが過度に広範な表明保証条項を受け入れるべきではなく，また投資家も現実的なリスクに応じた交渉に応じるべきことになる。このような利害調整において，グローバルに実務上とられる方策の一つとして，自らの情報を最も有しているスタートアップ側が必要に応じて専門家の支援を受けながら表明保証条項や関連する会社の状態を精査し，当該条項に抵触し得る事項があれば，スタートアップ側が，表明保証条項自体は大きく調整せずに別紙形式で当該事項に関する情報開示を行う場合がある（Disclosure Schedule）[7]。Disclosure Scheduleにより開示した事項は，テンプレートの表明保証条項と抵触していても，表明保証違反と取り扱われないことになる。前述の表明保証の機能のうち，情報開示を促進する機能を重視した対応である（ただし，いずれにしても過度な表明保証条項は別途対応されるべき問題である）。

4　投資実行前の誓約事項（コベナンツ・Covenants）

経営株主・スタートアップと投資家が，契約締結から投資実行（出資の払込み・株式発行）までに遵守・履行すべき事項を，誓約事項（コベナンツ）とすることがある。契約締結からクロージング（投資実行）までの期間が数週間〜1か月程度と短期間であることも多いため，クロージング前の誓約事項も比較的簡略である場合も多い。

その上で，誓約事項が遵守・履行されていることが，後述の，投資実行の前提条件とされることが通常である。そのため，投資家が投資検討の際に行ったDDによって発見された問題事項（例えば，知的財産の帰属や権利処理に不備があったことや，必要な法的手続が行われていなかったこと等）についての対応を，誓約事項や前提条件に定めることも多い[8]。

なお，スタートアップ以外の企業における株式引受契約や，M&Aにおける株式譲渡契約で定められるような，クロージング後の誓約事項（Post-closing Covenants）については，スタートアップにおける出資がマイノリティ出資を

7　M&A契約でもDisclosure Schedule（開示別紙）が設けられることがある（M&A契約79頁参照）。

8　もっとも，特にM&Aと比較すると，出資のタイムラインに照らして，投資実行までに問題について対応することが期待できない場合もある。このような場合は，例えばクロージング後一定期間内に対応する義務としての誓約事項とすることもある。

166 第3部 株式による本格的な資金調達

基本とし，投資後に他の株主を含めた多数の当事者間で継続的な関係を積み重ねていくこと等から，株式引受契約ではなく，後述の株主間契約に規定されることもある。

5 投資実行の前提条件（Conditions Precedent）

前提条件とは，投資実行，すなわち投資家による出資の払込みと，発行会社による株式の発行を行う義務をそれぞれ履行する際に，満たしている必要のある条件をいう。各自の義務の履行に係る前提条件を満たしていない場合，各自は履行する義務を免れる（義務違反にならず，責任を負わない）。

前提条件の内容として，通常，これまで述べた，出資・新株発行のための手続が履行されていることや，誓約事項その他の義務が遵守・履行されていること，表明保証が投資実行時も（重要な点で）真実・正確であること等が含まれる。

【株式引受契約における前提条件の例】

共通事項	✓ 必要な意思決定・機関決定が行われていること ✓ 表明保証の真実性・正確性 ✓ 義務や誓約事項の履行 ✓ 一定の必要書類の交付 ✓ 株主間契約が有効に締結され存続していること
スタートアップ側	✓ 新株発行に必要な株主総会や取締役会等の決議の取得 ✓ （経営・財政状態に重大な悪影響の不存在）[9]
投資家側	✓ 外為法上の事前届出等の手続の履行[10]

---

9 契約締結からクロージングまでに発行会社の経営・財政状態に重大な悪影響が生じていないという前提条件は，いわゆる MAC（Material Adverse Change）条項又は MAE（Material Adverse Effect）条項と呼ばれる。判断基準が定性的であることや，後発事象について発行会社に帰責性がない場合にも該当する場合が多いこと等から，スタートアップ側は削除を求めることもある。経営・財政状態に重大な悪影響が生じていないこと等は，表明保証条項に含まれることもある（宍戸＝VLF 242頁参照）。

10 外為法に基づく事前届出義務について，第5章第4節参照。

6 資金使途

出資により払い込んだ金銭の資金使途について，株式引受契約で定めること
がある。発行会社の事業と無関係・不合理な目的で資金が使用されることを防
止する趣旨であり，スタートアップの事業に関連する限り，人材採用や研究開
発，設備投資等，比較的広く定められることも多い。

なお，株式による資金調達ラウンドと並行して行われ，これを補完する負債
性の資金調達であるベンチャーデット（第5部第4章）が隆盛する中で，資金
使途として既存の負債の弁済を広く認めるかどうかは論点になり得る。

7 補償（Indemnity）・賠償

株式引受契約上の義務[11]や表明保証に違反した場合に，契約相手方に生じた
損害を賠償したり，損失を補償したりする責任も定められる。M&Aにおける
株式譲渡契約等の最終契約では，契約上認められた「補償」を民法上の債務不
履行に基づく損害賠償（民法415条）と区別し，違反の場合の救済を「補償」に
明示的に限定することも多い[12]。これに対し，スタートアップにおける株式引
受契約では，補償の方法や範囲等を限定しないことが多いこともあり[13]，補償
と賠償が厳密に区別されていないことや，補償以外の救済手段（損害賠償に加
え，差止め等）を排除しないことも比較的多い[14]。

8 株式買取請求権・償還請求権

株式引受契約上の義務や表明保証に違反した場合に，補償・賠償責任に加え，

---

11 場合によっては株主間契約や提携契約等の契約上の義務を含むこともある。

12 M&A契約158～159頁参照。

13 近時は，出資金額が多額になる場合もあること等を踏まえ，補償期間や補償金額の上限
等が，M&A契約と同様に論点になることもある。BVCA株式引受契約ひな形は，補償上
限額を出資額としている（6.3条）。また，VIMA株式引受契約ひな形は，M&A契約のよう
な補償期間や補償金額の上限・下限を定める選択肢を設けている（8条）。なお，NVCA
SPAひな形では補償に関する規定がなく，実務上も定められないとされるが，これは（州
法によるものの）米国法の一般原則として表明保証には黙示の補償義務が含まれると解さ
れているためであるとされる（宍戸＝VLF 326頁参照）。

14 宍戸＝VLF 198頁，250頁参照。なお，補償・賠償の対象となる「損害等」の範囲に，
各当事者が起用した弁護士等の外部専門家の費用が含まれるかどうかが問題になり，これ
が含まれる旨明記することも多い。

168 第3部 株式による本格的な資金調達

投資家が引き受けた株式について，スタートアップや経営株主が自ら買い取ったり，買取先を探したりすることを求める請求権（スタートアップや経営株主による買取義務）を定めることも日本では伝統的に行われてきた。これについては近時議論もあるところ，仮に定める場合も株主間契約に集約して定めることもあるため，本書では株主間契約のパートで検討する（第4章第4節4）。

9 追加クロージング・追加発行

同時期に複数の投資家がスタートアップに出資を行う場合，それぞれの投資判断に基づきつつも，段階的資金調達における同じリスクを負うよう，それぞれ株式引受契約等を締結し，払込みを行うことが通常である[15]。リード投資家による投資コミットや，スタートアップが提示した事業計画に十分な規模の出資が他の投資家から見込まれることを前提に投資意思決定を行っている投資家も存在するため，あるラウンドの出資は同時期に行われることが原則であり，望ましい。

もっとも，各投資家の内部的な意思決定のスピードの違いや，外為法上の事前届出等の手続（第5章第4節）を要する外国投資家が存在するといった事情により，一部の投資家の意思決定を待つと短期的な資金ニーズを満たせない場合もある。この場合に，投資意思決定がなされた投資家による出資（クロージング）を先行させ，その他の投資家には追加クロージング（追加発行）として，出資の払込みと株式の発行を遅らせることを認める場合がある[16]。

この場合，追加クロージングの期間が長ければ，先行した投資家との間で時間的価値・リスクをふまえた不公平が生じるし，事業年度をまたぐ等でバリュエーションが変動するリスクも生じる。普通株式の時価以上を権利行使価額として発行する税制適格ストックオプション（第4部第2章第3節）の発行にも影響を及ぼし得る。また，当初クロージングで想定されていた数よりも多くの株式が追加投資家により引き受けられると，希釈化（ダイリューション）が生じる。そのため，追加クロージングを認める場合，その期間[17]や株式数の上限

---

15 出資の履行及び株式の発行が，複数の投資家で完全に同日とされることや（会社法上の払込期日），数日〜数週間といった幅を設けること（払込期間）のいずれもあり得る。もっとも，払込期間を設ける場合でも一回の発行（募集）であり，本文の追加クロージング・追加発行（異なる募集決議を行うことが通常である）とは，通常は異なる。

16 経産省・主たる留意事項22頁，宍戸＝VLF 226〜227頁等参照。

第3章　投資実行までの権利関係：株式引受契約・投資契約　169

を株式引受契約又は株主間契約[18]で定めることが多い。以下の条項例は，株主間契約で定める例である。

【条項例】追加クロージング（株主間契約の例）

> 第●条　（追加クロージング）
> 1．本会社は，●年●月●日から●日の間，定款により発行を授権され未だ発行されていない数のA種優先株式につき，株主総会の決議により決定された募集事項に従いなされる取締役会の決議に基づき，本会社が承認する者（以下「追加投資家」という。）に対して発行することができる（以下「追加クロージング」という。）。
> 2．各追加クロージングにおける本会社によるA種優先株式の発行及び各追加投資家による引受けは，本株式引受契約と実質的に同内容の契約に基づき行われるものとする。
> 3．追加投資家が本株主間契約の当事者以外の者である場合，当該追加投資家は，本株主間契約に本投資家として拘束されることを本会社に対して提出する書面により確約するものとし，かかる確約をもって，当該追加クロージングの日から本株主間契約における本投資家としての権利義務を有するものとする。
> 4．本会社は，追加クロージングが行われた場合，改訂後の本投資家一覧を，各本投資家に対して交付するものとする。本投資家及び経営株主は，追加クロージングにあたり本会社が要請する一切の手続及び措置を速やかに執るものとし，追加クロージングを阻害又は遅延する行為を一切執らないものとする。

17　本文で記載したような理由により，追加クロージングの期間は1，2か月程度が多いという指摘もある。宍戸＝VLF 227頁，小川＝竹内183頁等参照。もっとも，個別事案に応じて当事者の交渉で決定されるものであり，場合によっては3か月〜半年程度の追加クロージング期間が定められることもある。

18　追加クロージングは，投資実行という側面をとらえると株式引受契約に定めることになじむ。他方，追加発行による希釈化は，それ以前のラウンドで出資済みの既存株主も広く利害関係を有することや，追加クロージングで加入する投資家は次回以降のラウンドで株主間契約に参加する投資家と同様の参加・加入の処理（第7章第3節5）を行うことが便宜であること等から，株主間契約に定めることになじむ場合もある。そのため，実務上，追加クロージングは株式引受契約と株主間契約のいずれもあり得る。株式引受契約において追加クロージングを定める場合に，株主間契約の定め方に影響する例として，例えば優先引受権や事前承諾事項がある（宍戸＝VLF 169頁脚注106参照）。

10 その他・一般条項

これまで述べた条項以外に，株式引受契約において，典型的には，以下のような条項が見られる。

- ✓ 法令等の遵守
- ✓ 反社会的勢力の排除
- ✓ 解除・契約の終了[19]
  - ➢ 投資実行（クロージング）前に一定の事項が生じた場合の解除（M&Aと同様）等
- ✓ 案件の公表[20]
  - ➢ ディールの公表方法，内容，時期等に関する協議・承諾等
- ✓ 各当事者の義務の非連帯
- ✓ 秘密保持
- ✓ 契約の変更方法等
- ✓ 契約上の地位等の処分等の禁止
- ✓ 通知
- ✓ 準拠法・管轄
- ✓ 誠実協議

---

19 解説として，宍戸＝VLF 251頁，桃尾・松尾・難波117～120頁参照。
20 解説として，宍戸＝VLF 254頁，桃尾・松尾・難波121～122頁参照。

第4章

投資後の権利関係：
株主間契約・分配に関する合意

株主間契約とは何か。スタートアップの株主間契約と，JV等の株主間契約の差異や特徴は何か。株主間契約の典型的な事項にはどのようなものがあるか。
株主間契約には全ての株主が参加するのか。全ての株主が合意すべき事項は何か。

第1節　株主間契約：総論

　スタートアップに対して投資家が出資を行い，株主となった後の会社の運営や株式等に関する権利義務関係を定めるため，株主間契約が締結される。

　複数の株主間で締結される契約として，例えば一般的なジョイント・ベンチャー（JV・合弁）でも，各株主やJVによる設立会社の間で出資後の運営や株式の取扱いに関して合弁契約（株主間契約）が締結される。JVと比較すると，投資家から見たスタートアップの運営や株式の特徴は，例えば以下の通りである。

- ✓ 各投資家は基本的にマイノリティ・少数派株主であり，創業者等の経営株主が大株主
- ✓ 比較的多数の投資家が出資を行うため，外部株主が多い
- ✓ 創業者等の経営株主が運営を担い，投資家はモニタリングを行う
- ✓ 新たな投資家が株主として追加されていくことが想定される

　小口のマイノリティ株主であるスタートアップの投資家は，株主の多数派による運営を基本とする会社法のデフォルトルールに従うと，保護が十分でない

172 第3部 株式による本格的な資金調達

場合がある。そのため，契約上のプロテクションとして，スタートアップの経営やガバナンスに関する定めを求める（例：取締役等の指名権や，一定の重要な事項に関する事前承諾事項）。

また，投資家は，自らの投資が継続する間，原則としてスタートアップに不可欠な舵取りを行う経営株主としての創業者が，株式を処分することを望まない。他方，自らの投資回収を図るために株式の処分を行うニーズがある一方，他の投資家のみが抜け駆け的に投資から離脱できることは避けたいという点で，相互に利害を持つ立場でもある。そのため，経営株主や投資家が保有する株式の取扱いについて一定の規律を求める。

以上から，一般に，スタートアップ投資における株主間契約では，通常，①ガバナンス・会社組織に関する条項，②運営に関する条項，③株式等の取扱いに関する条項が設けられる。

【スタートアップ投資における株主間契約の主な項目[1]】

ガバナンス・会社組織に関する条項
◇　スタートアップの意思決定機関の設計 ◇　投資家による取締役（等）の選解任権 ◇　投資家によるオブザーバーの指名権 ◇　投資家に対する重要情報・財務情報の提供（情報請求権） ◇　投資家の事前承諾（拒否権）・事前協議・通知事項
運営等に関する事項
◇　資金調達に関する既存投資家の持株比率維持等の権利・義務（優先引受権等） ◇　スタートアップの経営者の義務やインセンティブ ◇　役職員のインセンティブ（ストックオプション・プール） ◇　スタートアップと投資家（株主）との間の取引 ◇　競業避止義務 ◇　最恵待遇条項
株式の取扱い・投資回収等に関する事項
◇　経営株主による株式の処分の制限 ◇　先買権

1　会社・株主間契約161頁参照。

◇ タグ・アロング（売却参加権・共同売却権）
◇ ドラッグ・アロング（強制売却権・同時売却請求権）
◇ 投資家による株式買取請求権（プット・オプション）・償還請求権
◇ 投資回収の分配に関する規定（みなし清算条項）
◇ エグジット（IPO・M&A）に関する事項

スタートアップ投資では，経営を担う創業者ら経営株主と，一定の資金を提供してリターンの確保を主眼とする投資家は，性質が大きく異なる。したがって，スタートアップ投資の株主間契約では，経営株主が義務を負担し，投資家が権利を有する条項が多い。

また，ガバナンスや情報提供に関する条項のように，法人としてのスタートアップが義務を負うべき条項もあるため，株主に加えてスタートアップ自体も株主間契約の当事者となることが多い。

以下では，スタートアップの株主間契約に典型的な事項のうち，主要な項目について検討する。全ての条項を網羅しているわけではないため留意されたい[2]。

第2節　ガバナンス・会社組織に関する条項

1　スタートアップの意思決定機関の設計

投資家がスタートアップに対して実効的なモニタリングを行うためには，会社の意思決定機関についても合意しておくことが有益であることも多い。例えばシリーズAラウンド以前には取締役会非設置会社である場合も多いところ，シリーズAの投資家が取締役を派遣すること等により実効的にモニタリングしようとすると，取締役会設置会社に移行することが考えられる。

すなわち，取締役会非設置会社では，株主総会が，会社法に規定する事項に加えて株式会社の組織，運営，管理その他株式会社に関する一切の事項について決議でき（会社法295条1項），株式の多くを保有する創業者の権限が必然的

2　スタートアップの株主間契約に典型的に定める事項の解説として，経産省・主たる留意事項36〜55頁，宍戸＝VLF 100〜212頁，会社・株主間契約161〜170頁，180〜197頁，桃尾・松尾・難波129〜182頁，小川＝竹内203〜232頁等。

174　第3部　株式による本格的な資金調達

に強くなる。これに対して，取締役会設置会社では，株主総会の権限は，会社法に規定する事項及び定款で定めた事項に縮減される（同条2項）。取締役会は，業務執行の決定，取締役の職務の執行の監督，代表取締役の選定及び解職といった重要事項の決定等を行う（会社法362条2項・4項）。そのため，投資家が派遣する取締役が取締役会の一員となることで，経営への関与・モニタリングの度合いを相対的に強めることができる（第5章第1節1，第8章参照）。

　取締役会設置会社にする場合，取締役会の頻度（例：1か月に一回以上[3]）や運用について定めることが多い。さらに，取締役会に加えて，経営会議や株主報告会といった任意の会議体を一定の頻度で行うこともある。取締役選解任権（下記2）やオブザーバー指名権（下記3）を有しない投資家も含めて情報開示や議論を行うメリットや，法定の取締役会手続を必要最小限に済ませるメリット等もある[4]。また，取締役会非設置会社のままとする場合も，取締役会に準ずる取締役の会議体を定期的に開催することについて合意することが多い。

　また，新たな投資家が追加で取締役を指名・選任する場合に，定款上の取締役の人数を増加させる必要もある等，機関設計について株主間契約で合意することが多い[5]。

　なお，このような追加的な対応をとる必要がある場合には，株式引受契約における出資の払込みの前提条件として，必要な定款変更が完了していること（及び事前に交渉した内容通りの株主間契約が締結されていること）を規定することも多い（第3章第2節5参照）。

3　会社法上は，3か月に一度以上，代表取締役・業務執行取締役が，取締役会で職務の執行の状況を報告しなければならず（363条2項），これが最低限の頻度となる。実務上は，毎月一回以上の定例の取締役会と，必要に応じて臨時の取締役会（書面決議を含む）が行われることが通常で，株主間契約にも反映されることが多い。

4　会社法上の取締役会は，議事録作成義務（371条）や法定の招集手続（366条）等の規制を受ける一方，任意の会議体は柔軟な対応ができるメリットがあることが指摘される（宍戸＝VLF 125頁参照）。

5　宍戸＝VLF 111～113頁，会社・株主間契約163頁参照。

第4章　投資後の権利関係：株主間契約・分配に関する合意　175

【条項例】会社の意思決定機関の設計・投資家による役員選任権

第●条　（会社の組織・役員）

1．本会社の組織は以下の通りとする。
　①　取締役会［非］設置会社
　②　監査役［非］設置会社／監査役会［非］設置会社／監査等委員会設置会社

2．本会社の取締役及び監査役の員数は以下の通りとする。
　①　取締役：●名
　②　監査役：●名

3．本契約の当事者は，前二項に抵触する内容を定める定款変更を提案し又はこれに同意しない。

4．本投資家は，共同して，以下の数の者を本会社の取締役（以下「投資家選任取締役」という。）として指名する権利及び投資家選任取締役を解任し，別の者を後任として指名する権利を有するものとする。本投資家がかかる権利を行使した場合，本会社は，当該権利行使に従い本投資家が指名する者の取締役選任又は投資家選任取締役の解任を株主に提案し，経営株主及び他の本投資家は，かかる提案に賛成の議決権を行使するものとし，本会社，本投資家及び経営株主は，その他かかる取締役の選任又は解任がなされるよう法令等に基づき必要な手続を執るものとする。

投資家選任取締役の指名数	＿名	
指名権を持つ本投資家（氏名・名称又は持株割合）とそれぞれの指名数	✓　＿＿＿＿＿＿＿＿＿＿	：＿名
	✓　＿＿＿＿＿＿＿＿＿＿	：＿名
	✓　＿＿＿＿＿＿＿＿＿＿	：＿名

第●条　（取締役会）

1．本会社は，本会社の取締役会（取締役会設置会社でない間は，取締役による合議体をいう。以下同じ。）を原則として毎月1回開催するものとし，経営株主はかかる頻度で取締役会が開催されるよう取り計らうものとする。取締役会では，月次取締役会にて前月の業務及び財務の状況並びに事業計画の進捗状況を報告するほか，本会社の事業に関する重要な事項を協議し，決定するものとする。

2．本会社は，本会社における取締役会の決議事項その他取締役会開催の手続等の明確化を図るため，取締役会の承認を得た取締役会規則その他適切な社内規程を策定するものとする。

第●条　（役員の賠償責任等）

（略）【第8章第2節4(3)の条項例参照】

176　第3部　株式による本格的な資金調達

2　投資家による取締役の選解任権

(1)　デフォルトルールと投資家の取締役選解任権の意義

　投資家がスタートアップの経営に直接的に関与・モニタリングする方法は，取締役を指名・選任や派遣し，取締役（会）における意思決定に関与することである。会社法上のデフォルトルールでは，株主の多数派による株主総会決議によって，取締役や監査役を含む役員を選任し，又は解任することができる（329条1項，341条）。

【取締役等の選任要件】

定足数（出席要件）	議決権を行使することができる株主の議決権の過半数を有する株主が出席 ※定款で議決権の3分の1まで引き下げることが可能
決議要件	出席した当該株主の議決権の過半数 ※定款で過半数を上回る割合を定めることが可能。これに対し，決議要件を定款で引き下げることは認められない

　もっとも，スタートアップの場合，経営株主が会社の議決権の過半数やそれに近い議決権を保有することが多い。また，投資家の数が多く，株式・議決権は分散され，基本的に少数派株主になる。そのため，少数派株主となる投資家は，会社法に従うと取締役を1人も選任できないこともあり得るため[6]，契約により，一定数の取締役を選任・解任する権利を確保することが重要となる。契約上は，一定の投資家が取締役を指名することや解任を求める権利が定められ，他の契約当事者はその指名等に従って株主総会で議決権を行使する義務を負うため，取締役指名権や，取締役選（解）任権と呼ぶことが多い[7, 8]。

---

[6]　累積投票制（会社法342条）が導入されている場合，株主は，株主総会において選任する取締役の数と同数の議決権を有し，1人又は2人以上に投票して議決権を行使することができる。そのため，持株数に比例した人数に近い取締役を選任することが可能になる。もっとも，実務上は，取締役会を円滑に運営できなくなるおそれもあるため，累積投票制が採用される例は多くない。本文も，累積投票制を採用していないことを前提とする。

[7]　一定の投資家にのみ取締役選解任権を与える場合，株主平等原則（会社法109条1項）との関係が問題となり得るが，合理的な理由に基づく限り許容されると考えられる。上場会社を念頭に置いた議論だが，会社・株主間契約331〜332頁参照。

第4章　投資後の権利関係：株主間契約・分配に関する合意　177

　一般には，シリーズA投資家，シリーズB投資家がそれぞれ1（〜2）名といった形で，資金調達ラウンドごとに1（〜2）名程度の取締役の選解任権を有することが多いとされる[9]。基本的には，各ラウンドのリード投資家が取締役の選解任権を有する[10]。もっとも，日本のスタートアップでは，米国等のように，投資家が選任した非業務執行取締役（社外取締役）が過半数を占めるような，モニタリング型ボードが必ずしもメジャーでもない[11]。そのため，取締役選解任権を有しないラウンドもあり得る。なお，契約上は投資家選任権を有するラウンドでも，実際には選解任権を有する投資家が「権利」を行使せず，取締役が指名・選任されていない場合もある[12]。

(2)　取締役選解任権の条項例

　同一ラウンドの投資家が複数存在する場合の選解任権の規定ぶりには，いくつかのパターンが見られる（上記1の条項例も参照）。

①　投資家を特定して取締役の選解任権を与える例

> ［●●ファンド／●●株式会社］は，取締役を1名選任する権利を有するものとする。

8　なお，監査役の選解任権を投資家株主に与えるかどうかも問題となる。取締役会設置会社は，原則として監査役を1名以上置かなければならない（会社法327条2項）。もっとも，監査役は，適法性監査として取締役の業務執行の法令違反をチェックする義務が課される等（同法381条1項），取締役とも異なるモニタリング機能と責任を負う。VCが派遣するキャピタリスト等がこのような役割と責任を負うことを望まず，監査役選解任権まで付与することは実務上多くないとされている（宍戸＝VLF 124頁参照）。実務上，VC等の投資家は，監査役候補の弁護士・公認会計士等を紹介する等の支援をすることがある。

9　宍戸＝VLF 113頁，115頁（シリーズAでは1名以下が多いとされる），会社・株主間契約164頁参照。米国について Venture Deals 217〜218頁参照。

10　GCP 106頁，宍戸＝VLF 115頁，米国について Venture Deals 217頁参照。

11　宍戸＝VLF 314〜315頁参照。

12　実務上は，投資家が指名・選任をしてモニタリングやハンズオン支援を行う具体的な予定がないにもかかわらず，単に抽象的に権利を確保する目的や，以前のラウンドで他の投資家が取締役選任権を取得しているといった理由のみで，投資家選任権を出資の交渉材料とする態度は望ましくなく，具体的な必要性に応じて議論・交渉がなされるべきである。

② あるラウンドの多数投資家に取締役の選解任権を与える例

> A種優先株式の発行済株式総数の［過半数／3分の2］を保有する一又は複数の投資家（以下「多数A種優先株主」という。）は，取締役を1名選任する権利を有するものとする。

上記①の特定の投資家に取締役選解任権を与える例では，当該投資家による株式の一部の処分や，後続の資金調達によって，当該投資家の株式数や持株比率が事後的に変動しても取締役選解任権は失われない。資金調達ラウンドや資本構成の組み換えのタイミングごとに，アドホックな交渉で株主間契約を変更し，投資家から取締役選解任権を剥奪することもあり得るが，取締役選解任権を有している投資家が資金調達そのものを拒否する等，不相応な交渉力を持つリスクが生じる[13]。出資割合や貢献度合いが低下した特定の投資家が既得権益を有し続ける事態を避ける観点からは，上記②の，あるラウンドの多数投資家[14]に選任権を与える方が，運営リスクが低下する場合も多いと考えられる[15]。

③ 投資家全体の多数派に一定の取締役の選解任権を与える例

さらに進めて，後続ラウンドでの資金調達によって特定の投資家の持株比率

---

13 「取締役派遣投資家の保有する［A種優先株式／議決権］の数（割合）が全株式（転換後ベース）の［●％／●株］以上である場合に限る」といった限定を加えることで，このような問題点を緩和することは可能である。経産省・主たる留意事項42頁，宍戸＝VLF 116頁参照。米国の例として，NVCA VAひな形1.2条(a)参照。英国，シンガポールのひな形でも同様である。

14 投資家選解任権を有する多数投資家の判定方法として，優先株式の数や議決権数を基準とする方法と，定款に基づく普通株式への転換後ベース（第2章第4節2参照）の株式数や議決権数を基準とする方法がある（宍戸＝VLF 117頁参照）。本文②のように，各優先株式の保有者の一定割合が投資家選解任権を有する場合は，相対的な割合はいずれでも変わらない。これに対して，前掲注13のような閾値を全株式のうちの割合で設けている場合や，次の③のように投資家全体の多数派に一定の取締役選解任権を与える場合は，ダウンラウンド（第2章第4節2(2)参照）等により，各種類ごとに普通株式への転換後ベースの株式数や議決権数が異なる場合があるため，違いが生じる。米国やシンガポールのひな形は転換後ベース（as-converted basis）で判定することを明記する。

15 これに対して，具体的な投資家ではなく多数投資家に選任権を与えると，スタートアップ自身の関与なしに，株式を譲り受ける等で取締役選解任権を有する投資家が変更され得ることから，経営の安定が阻害されるおそれがあるという指摘もある（宍戸＝VLF 116〜117頁）。ただし，実務上は，非上場の全株式譲渡制限付きのスタートアップにおいて，株主間契約で各種規律が設けられることもふまえ，大株主が変動する場合は発行会社や創業者・経営陣の関与や納得を得ていることも多いと思われる。

が相対的に低下した場合，その投資家が取締役選解任権を有し続ける状態を避けたいのであれば，特定のシリーズの多数投資家ではなく，投資家全体の多数派に対して一定数の取締役選解任権を与えることを基本方針とすることも考えられる。資金調達ラウンドが進むにつれて，後続のラウンドに参加しなかった既存投資家[16]の相対的な持分比率は低下していくためである。

> 優先株式【※】の発行済株式総数の［過半数／3分の2］を保有する一又は複数の投資家（以下「多数優先株主」という。）は，取締役を3名選任する権利を有するものとする。
> ※定義例：「優先株式」とは，本会社が発行する普通株式以外の種類株式をいう。

(3) 役員選解任権を内容とする種類株式との関係

種類株主総会決議により役員（取締役・監査役）選解任権を有する種類株式（会社法108条1項9号・2項9号）を定款で規定して発行することも可能である。

一方で，後述の事前承諾事項（拒否権，下記5）と同様，実務上は，取締役等の選解任権は株主間契約のみで定めることも多い。この背景については前述した（第2章第4節6）。

(4) 投資家派遣取締役の地位（善管注意義務等）

取締役になった者は，選任した会社であるスタートアップへの善管注意義務・忠実義務を負い（会社法330条，355条，民法644条），会社法上の責任（会社又は第三者に対する損害賠償責任）を負い得る（会社法423条，429条等）。そして，特定の株主から派遣されていることやその役職員を兼務していること，選任根拠・プロセスが株主間契約という株主間の合意に基づくことだけでは，基本的に取締役の義務や責任に違いは生じない。そのため，派遣元投資家とスタートアップの利害が対立する場合，スタートアップの最善の利益のために行動する義務を負い[17]，具体的場面ではその役割と行動に苦慮することもあり得る。派遣取締役に期待される役割や起こり得る問題については，第8章を参照。

16　契約上，優先引受権があれば（第3節1），これを行使しなかった場合になる。米国等では追加出資を行わない場合の一定のサンクションとしてPay to Play条項が設けられることがあるところ（第3節1(4)参照），これに近い機能を有することになる。

17　江頭456頁注1，経産省・主たる留意事項42〜43頁，宍戸＝VLF 117頁参照。

3 投資家によるオブザーバーの指名権

(1) オブザーバーの意義

投資家がスタートアップの経営に関与・モニタリングするために取締役の選解任権を確保することは重要であるが，投資家の数が多数の場合も多く，各投資家に個別に取締役の選解任権を与えることは難しい場合も多い。そのため，投資家の選解任権はリード投資家等に限定し，それ以外の一定の投資家には，取締役会その他の重要な会議体にオブザーバーとして一定数を派遣する権利を認めることがある。

このような対応により，スタートアップにとって，多数の投資家が取締役の指名・選任に関与し，意思決定の迅速性が損なわれることを回避し得る[18]。投資家にとっても，オブザーバーは取締役会等の重要な会議体における議決権は有しないものの，傍聴や発言を通じて一定程度経営に関与し，モニタリングを行うことができる[19]。株主間契約上，オブザーバーが発言権を有することや，一方で議決権を有しないことを明記することもある。

18　スタートアップ側がオブザーバーに対して積極的な発言や経営関与を要望する場合がある一方，正式な構成員でない者が取締役会等で多く発言することは議事の進行に支障をきたすという意見もあるとされる。スタートアップと投資家との間で，オブザーバーの位置付けについて認識を一致させておくとともに，例えば，投資家が増えた場合や役員が増加した場合には，オブザーバー派遣に代えて株主報告会を開催する等の柔軟な対応を行うことも考えられる（経産省・主たる留意事項43頁参照）。

19　前述の通り，取締役はスタートアップへの善管注意義務・忠実義務を負い，スタートアップ又は第三者に対する損害賠償責任を負い得る。また，辞任が容易ではない場合等もあり得る。オブザーバーに留まることで，通常はこれらの責任等が課せられない。もっとも，オブザーバーとして得られた情報を派遣元に提供することについての秘密保持義務・守秘義務等は問題になる。

なお，スタートアップに対して善管注意義務・忠実義務や法的責任を負わないオブザーバーの参加を認めることへの一定の批判や，そのような考慮から米国のシリコンバレーにおいてオブザーバー指名権は一般的ではないという指摘もある（宍戸＝VLF 121頁，309頁）。ただし，NVCA IRAひな形3.3条は，オブザーバー指名権の選択的な条項例を設けている。英国BVCA株主間契約ひな形4.2条，VIMA株主間契約ひな形2.3.2条(ii)もオブザーバー指名権の条項例を挙げる。

第4章　投資後の権利関係：株主間契約・分配に関する合意　181

【条項例】投資家によるオブザーバー指名権

第●条（オブザーバー）
1．特定投資家【※】は，それぞれオブザーバー1名を指名することができる。オブザーバーは，本会社の取締役会その他経営上重要な会議に出席することができるものとし，本会社は当該会議の招集通知を，他の出席者と同時にオブザーバーに対しても発するものとする。
2．特定投資家は，取締役会その他経営上重要な会議に出席することによりオブザーバーが適法に知った本会社に関する情報及び本会社から受領した資料を，自らに対する投資者（特定投資家が投資ファンドである場合に限る。）及び関係者の役職員，顧問弁護士その他の専門家に対して開示又は提供することができるものとする。ただし，特定投資家は，開示又は提供の相手方に対し，本契約により特定投資家が負担する秘密保持義務と同等の義務を課すものとし，開示又は提供の相手方によるかかる義務の違反は，当該特定投資家による本契約に定める秘密保持義務の違反とみなされるものとする。

※定義例：
（●）「特定投資家」とは，優先株式又はその転換後株式の総数のうち●%以上の株式を単独で保有する本投資家をいう。なお，ある本投資家につき関係者である本投資家が存在する場合には，特定投資家への該当性の判定上，関係者の保有する転換後株式数を当該本投資家の保有する転換後株式数に合算するものとし，複数の関係者である本投資家のうち当該各関係者が指名した本投資家一名のみを特定投資家として取り扱うものとする。

(2)　オブザーバー指名権を有する投資家の範囲

一方の選択肢として，オブザーバー指名権を有する投資家の範囲を，全ての投資家株主とすることがあり得る。他方，議決権がなくとも会議体に参加・発言する人数が増えることで会議を円滑に行うことができないリスクや，招集通知を送る事務コスト等も増加する。

そのため，一定の持株比率や株式数を有する投資家に限ってオブザーバー指名権を与えることも珍しくはない[20]。上記の条項例は，一定の持株比率や株式数を有する「特定投資家」にのみオブザーバー指名権を与える例である[21]。

4 投資家に対する重要情報・財務情報の提供（情報請求権）

(1) 情報請求権の意義と概要

　マイノリティ出資を行う投資家として，スタートアップに対する継続的なモニタリングを行うために，一定の財務情報（四半期や月次の情報が含まれることも多い）や会社の基本的情報[22]等の重要な情報の提供を会社から受けることは，重要な権利となる。このような権利を情報請求権や情報受領権(Information Rights) といい，株主間契約に定められる。

　特に，マイノリティ投資家が取締役選解任権やオブザーバー指名権を有しない場合，情報請求権はモニタリングに重要な権利である。また，例えば，事業会社である投資家の投資先管理規程等において，投資先から一定の財務情報等の情報を定期的に収集することが求められており，情報請求権を契約上の権利として確保することが出資条件になるような場合もある。

　なお，会社法上，株主に認められる一定の閲覧請求権等，一定の情報を受領する手段も存在する。もっとも，四半期や月次の財務情報等，細かいモニタリングのために必要な情報は含まれていない[23]。また一定の割合の株式を有する株主に対してのみ認められている権利が存在したり，会計帳簿や株主名簿閲覧請求権等，会社が権利行使を拒絶できる場合もあり，権利行使の可否をめぐって争いが生じたりすることもある（特にこれらについては後述の調査権を参照）。そのため，株主間契約において，株主に会社法上認められる権利よりも

20　取締役選解任権に関する議論と同様，一定の投資家のみにオブザーバー選解任権を与えるか否かや，一定の持株比率や株式数の判定基準として，A種等の特定の優先株式を基準とするか，全優先株式を基準とするか，といった検討事項がある（宍戸＝VLF 122～123頁参照）。

21　このような定めをする場合，株主平等原則（会社法109条１項）との関係が問題となり得るが，基本的には合理性を有し，問題とされる可能性は高くないと考えられている。上場会社を念頭に置いた議論だが，会社・株主間契約330頁参照。

22　本文に記載した事項のほか，例えば税務申告書及び明細書，定款，登記事項証明書，株主名簿及び新株予約権原簿を，それぞれ申告や変更があった場合に速やかに提出することが求められることがある（経産省・主たる留意事項40頁参照）。

23　会社法上，年次の計算書類及び事業報告は，定時株主総会に提出され，株主の承認を受け又は取締役による報告がなされる（437条～439条）。他方，事業計画や予算計画といった将来に関する情報や，キャッシュフローに関する情報，四半期・月次の財務情報（計算書類・試算表）は，会社法上の制度として提供・開示がなされない。そのため，契約上の権利として確保することが，投資家にとって重要になる。

幅広い範囲の情報請求権・調査権が設けられることが通常である。

　このような位置付けから，投資家の数が多い場合，全ての投資家ではなく，一定の持株比率（例：5％）を有する一部の投資家のみが株主間契約に基づく情報請求権や調査権を有するものとすることもある[24]。以下の条項例は，定型的な資料で，定例で行われる情報提供は全ての投資家が情報請求権を有し（第1項），それ以外については，オブザーバー指名権と同様に一定以上の出資を行っている「特定投資家」が，それぞれ情報請求権や調査権を持つ例である[25]。

【条項例】情報請求権

第●条（情報請求権）
1．本会社は，以下の各号の書類（子会社を保有することとなった場合には，子会社のものを含む。）を作成し，それぞれにつき規定された時期までに各本投資家に提出する。
　⑴　各事業年度に関する計算書類及び事業報告並びにこれらの附属明細書（監査済みのものとし，日本において一般に公正妥当と認められる会計基準に則り作成されたもの）［，キャッシュフロー計算書］並びに法人税申告書
　　　当該事業年度終了後可及的速やかに（ただし，遅くとも当該事業年度の末日から90日以内）
　⑵　各四半期の未監査の四半期計算書類［及び四半期キャッシュフロー計算書］
　　　当該四半期終了後可及的速やかに（ただし，遅くとも当該四半期の末日から45日以内）
　⑶　次期事業年度の年間事業計画書及び年間予算計画書（各月ごとの財務予測が記載されたもの）
　　　各事業年度終了日の30日前まで

24　宍戸＝VLF 147頁参照。NVCA IRAひな形でも，情報請求権を有するのは，一定の閾値を定められる主要投資家（Major Investor）に限定されている。また，競業関係にある投資家には情報請求権が認められない等の選択肢もあり，日本の実務よりも情報提供の範囲が慎重に定められている（3.1条(f)，3.2条）。英国BVCA株主間契約ひな形（5条），シンガポールVIMA株主間契約ひな形（4.3条）も主要投資家に限定する等の選択肢を設けている。
25　このような場合，株主平等原則（会社法109条1項）等の関係で問題となり得る。もっとも，上場会社を念頭に置いた議論だが，株主によるガバナンスに関する権利の行使が会社及び株主全体の利益に反しない仕組みが組み込まれている場合，同項に反しないという解釈がある（会社・株主間契約331～332頁参照）。

184 第3部 株式による本格的な資金調達

> (4) 各月の未監査の月次計算書類及び月次試算表［並びに月次キャッシュフ
>   ロー計算書］
>   当該各月終了後可及的速やかに（ただし，遅くとも当該月の末日から30日
>   以内）
> 2．本会社は，特定投資家[26]が合理的な理由を示して本会社（子会社を保有する
>   こととなった場合には，子会社を含む。）の営業・財務・経営に関する情報の
>   提供を求めたときは，業務に支障を生じない範囲において，遅滞なくこれを
>   提供する。
> 3．前二項の情報提供がそれぞれ期間内に開催される取締役会において行われ
>   た場合，投資家選任取締役又はオブザーバーを指名した本投資家に対しては，
>   前二項に従って情報提供が履行されたものとみなす。
> 4．特定投資家は，自己の費用で自ら又は会計士その他の代理人を通じて，本
>   会社の業務に支障のない日時及び時間帯において，本会社の事業所を訪問し，
>   特定投資家の費用負担により，本会社の会計帳簿，書類その他特定投資家が
>   合理的に要求する記録及び施設を，閲覧，謄写又は検査することができるも
>   のとし，本会社はかかる閲覧，謄写又は検査につき合理的に必要な協力を行う。

(2) 投資家による重要情報の調査・監査

　情報受領権・情報請求権の実効性を担保するために，投資家による事業所訪問や，会計帳簿，書類その他要求する記録及び施設を，閲覧，謄写又は検査することができる旨等，会社法上のデフォルトルールよりも強力な調査権限を定めることがある[27]（上記の条項例第4項参照）。例えば，経営陣における粉飾や横領等の疑いがあるときに，投資家のイニシアチブで調査を行う権限を設けておくことで，投資家の権利保護が図られる場合がある。

　また，スタートアップによる定期的な情報提供に加えて，投資家が請求した場合には，監査法人等によるショートレビューや監査を受けること，また是正が必要であると認められた事項については是正措置を講じる義務が，契約上設

26　「特定投資家」の定義例については，前記3(1)の「【条項例】投資家によるオブザーバー
　指名権」を参照。
27　会社法上，議決権又は自己株式以外の発行済株式数の3％（これを下回る割合を定款で
　定めた場合にあっては，その割合）以上の株主は，一定の拒否事由を除いて，株式会社の
　営業時間内はいつでも，会計帳簿又はこれに関する資料の閲覧又は謄写を請求することが
　できる（433条1項）。また，全ての株主は，いつでも，計算書類等の閲覧又は謄写を請求
　することができる（442条3項）。本文の契約上の権利は，投資家にさらに強力な調査権限
　を与えるものである（宍戸＝VLF 146頁参照）。

けられることがある。これらの請求権や義務が，前述の財務情報等の提出や調査とは別に設けられる場合，その目的は，財務情報の正確性の担保というよりも，スタートアップにおける上場準備の過程において課題になる事項を洗い出すことについて協力を求めるという意義があるとされる（もっとも，上場準備実務上，ショートレビュー等は当然に行われるため意義も大きくはない）[28]。

(3) 投資家による追加的権利の要求・サイドレター

投資家の持分割合が情報請求権の要件を下回っている場合や，株主間契約に基づき受領できる情報の範囲が投資家の社内の投資先管理ルールに照らして不足している場合がある。

このような場合，投資家候補としては，株主間契約そのものを修正して自らの要望を求めることも考えられるが，その結果，通常は他の投資家の権利も同様に拡張されるので，スタートアップとして受け入れ難い場合も多い。そのため，投資家とスタートアップとの間で個別にサイドレター（Side Letter，覚書）を締結して，追加的に情報を取得できるよう定める例がある[29]。

特に海外スタートアップに対する投資において，マイノリティ出資を行う日本の事業会社等の投資家としては，短い出資検討期間や多くの当事者の存在，それらをふまえた自社の交渉力の低さ等の要因により，株主間契約そのものの修正を求めることが難しいことも多い。出資を検討する際には，デュー・ディリジェンスの一環として，既存の株主間契約におけるInformation Rightsの内容を確認し，自社の置かれた事情に照らして不足がある場合，速やかに投資先にサイドレターによる対応を求めることが極めて重要な場合も多い。

5　投資家の事前承諾（拒否権）・事前協議・通知事項

(1) 事前承諾事項（拒否権）の意義

基本的にマイノリティ株主である各投資家は，スタートアップの株主総会や取締役会決議事項等の一定の重要事項について，契約上の事前承諾権（拒否権）を求めることが多い[30]。株主総会決議事項であれば，創業者ら経営株主が決議

28　宍戸＝VLF 145～146頁参照。
29　株主間契約等でいわゆる最恵待遇条項（最恵国待遇条項）が設けられている場合，他の投資家が同様の権利を取得したり，サイドレターの内容を開示したりする必要が生じ得るため，注意が必要である（第8節参照）。

要件を満たす数の議決権を有していれば投資家が反対しても可決することが可能である。取締役会決議事項の場合は，仮に一部の投資家が取締役の選解任権を有していても，取締役会の過半数を創業者ら経営株主が指名したメンバーが占めていれば，同様に可決することが可能である。そのため，経営や株式に係る一定の重要な事項については，これまで見てきた機関設計や取締役選解任権によるモニタリングだけでなく，事前承諾権（拒否権）も通常求められる。

(2) 事前承諾権を有する投資家

スタートアップの投資家の数は多数にのぼり得るため，特定・個別の投資家に対して拒否権を認めるのではなく，一定のグループに拒否権を認め，そのグループが保有する発行済株式総数の一定割合（過半数や3分の2）以上の同意・承諾を要するとすることが多い[31]。

どのようなグループ単位で拒否権を設定するかについては，①シリーズごとに拒否権が付与されること（例：A種投資家の過半数，B種投資家の過半数）も多いが，②シリーズを問わず，優先株主全体で一個の拒否権を有するものとすることもある（例：投資家株主全体の過半数）。事前承諾事項は個別に定められ，広範になり得ることから，取締役の選解任権よりも一層，②のように投資家グループ全体の一定割合が拒否権を有するように設計するニーズが高く，実際にもそのような事例が多い[32]。

また，投資家の取締役選解任権に基づいて指名・選任された取締役が，取締役会で賛成した事項については，当該取締役選解任権を行使した投資家は，事前承諾事項に係る承諾をしたものとみなす規定が設けられることも多い[33]。

30　拒否権・事前承諾事項は，海外では "Protective Provisions"（NVCA定款ひな形 Art. Fourth B. 3.3条），"Consent Matters"（英国BVCA株主間契約ひな形6条），"Reserved Matters"（VIMA株主間契約ひな形6条）等と呼ばれる。なお，米国では拒否権のうち基本的事項は定款に定められることが多く（宍戸＝VLF 289〜290頁参照，それ以外は取締役会決議事項・投資家選任取締役の承認事項とされる。後掲注33参照），VIMA定款ひな形56条においても，株主間契約を引用する形で定款でも定められている。

31　これに対して，特定の投資家に事前承諾権を与える例として，宍戸＝VLF 125頁, 129頁参照。同書の条項例は，取締役派遣投資家を個別具体的な投資家とした上で，事前承諾権を有する投資家の範囲を取締役派遣投資家としている。

32　経産省・主たる留意事項36〜37頁や会社・株主間契約165頁は，①②のいずれもあり得るとする。また，M&Aに対する拒否権の設計について，スタートアップ買収の実務149〜150頁参照。

(3) 事前承諾の対象となる事項

　投資家による事前承諾を要する事項の範囲は問題になる。投資家は幅広い事項を事前承諾の対象とすることを求める一方，過度に広範な事前承諾事項はスタートアップの機動的な経営の妨げになり，またスタートアップ及び投資家の不注意により事前承諾を得ていない状態も生じ得る[34]。拒否権付種類株式と異なり，株主間契約上の事前承諾を得ていない行為は，契約違反にとどまるため法的に無効となるとは限らず[35]，また事後に承諾を得ることで瑕疵を治癒することもあり得る。もっとも，後続の投資家が投資を検討する際の支障にもなり得る等，投資家自身にも悪影響を及ぼし得る。このような観点から，事前承諾を要する事項の範囲についてはスタートアップと投資家との間で共通理解のもと，適切に協議・交渉がなされた上で設定されるべきである[36, 37]。

　事前承諾事項は，例えば，会社法上の株主総会決議事項や取締役会決議事項をベンチマークに，取締役会決議事項（重要な業務執行の決定）のうち一定のものや一定の金額以下のものについてはスタートアップの通常の事業活動の範囲内であり，経営陣による機動的な意思決定と派遣取締役のモニタリングに依

33　NVCA IRAひな形は，直接的に投資家の指名した取締役の承認を要求する案を示すが（5.5条），取締役が忠実義務を負うこと等をふまえ，非業務執行取締役の過半数の承認を含む取締役会の特別決議事項とする等の選択肢もあるとする（同脚注57）。英国BVCA株主間契約ひな形（6条）やシンガポールVIMA株主間契約ひな形（6条）では，多数投資家の事前承諾と，投資家選任取締役の承認（を含めた取締役会の承認）を要する事項をそれぞれ設けている。

34　経産省・主たる留意事項39頁参照。なお，実務上は，経営陣が投資家に対して都度適切に情報開示を行っている限り，投資家が特段の異議を述べなければ，黙示の承諾があったと解すべき場合もあると思われる。

35　例えば，契約上の債務不履行に基づく損害賠償が主に問題になるが，事前承諾手続を経なかったことによる損害の算定は難しい。他方，投資家による株式買取請求権（第4節4）が定められている場合，発動要件である義務違反として買取請求が行われることも考えられる。事前承諾事項の範囲の設定や実際のオペレーションには慎重になる必要がある。

36　投資家の都合で意思決定が滞らないように，投資家に対して承諾を求めたにもかかわらず，一定期間内に返答がない場合は承諾したとみなす旨の規定を定めることも考えられる（経産省・主たる留意事項40頁参照）。

37　なお，承諾の方法として，後で承諾の有無に争いが生じないよう，書面又は電磁的方法（電子メール等）によることを求めることも多い（経産省・主たる留意事項38頁，宍戸＝VLF 139頁参照）。近時は電子メールやメッセンジャーによることも増えているが，契約上は「書面」とのみ定められている場合もあり注意が必要である。特段の定めがない限り，電子メールやメッセンジャーは「書面」とは解し難いが，他の条項で「本契約上『書面』には電子メール等が含まれる。以下同じ。」という旨を定めている場合もある。

188　第3部　株式による本格的な資金調達

拠して，事前承諾事項から外すことを検討するといった発想がとられる。事前承諾事項となり得る事項は，例えば以下のような分類が指摘される[38]。

> ①　会社の基本的事項（例：定款，社内規則の変更や，合併等の組織再編等）
> ②　資本関係に関する事項（例：株式等の発行[39]，自己株式の取得等）
> ③　会社の事業内容や経営方針に関する事項（例：事業計画の策定・変更，新規事業の開始等）
> ④　個別の事業遂行に関する事項（例：一定の重要な契約の締結，設備投資，借入れ等）

　基本的に主要な投資家の全てが当事者として参加する株主間契約において事前承諾事項（及び事前協議事項・通知事項）を定めている限り，投資家との間で統一的な取扱いがなされる。他方，個々の投資家との株式引受契約（投資契約）で個別に事前承諾事項が定められている例もあるが，投資家ごとに事前承諾事項の内容が異なることもあるため，一部の投資家のみが保有する事前承諾権を見逃して違反するという場合も生じ得る。そのため，事前承諾事項（及び事前協議事項・通知事項）は，株主間契約で統一的に定めるべきである[40]。

　なお，事前承諾事項に関して契約上定められたプロセス・要件に厳密に従おうとすると，タイムライン等に照らして現実的でないこともある。そのため，実務的な対応として，一定の包括的な承諾や，個別案件ごとに関連情報を開示して投資家から承諾権の放棄（いわゆるWaiver Letter）を得ることもある。

【条項例】事前承諾・協議・通知

> 第●条　（事前承認・協議・通知）
> １．本会社は，自己（子会社を保有することとなった場合には，子会社を含む。）

38　経産省・主たる留意事項37〜38頁，宍戸＝VLF 132頁等。

39　優先引受権（第3節1）に服して行われた発行や，ストックオプション・プール（第3節4）内の発行については，重複防止のために，事前承諾事項の対象からは除外されることもある。

40　経産省・主たる留意事項39頁も同旨。過去の株式引受契約において事前承諾事項が定められている場合は，後続の資金調達ラウンド等に際して，投資家にとっても事務的ミスにより不利益が生じ得ること等を説明して理解を得て，当該事前承諾事項を失効させ，株主間契約に集約する対応が考えられる。

について以下のいずれかの事項につき決定する場合には，事前に多数投資家【注：定義例「各本投資家の有する転換後株式の総数の［過半数／３分の２］を有する一又は複数の本投資家をいう。」】より書面による承諾を得るものとする。なお，多数投資家の判定上，投資家選任取締役が取締役会において当該事項につき承認をした場合は，当該取締役を指名した本投資家につき本項に基づく承諾があったものとみなす。なお，本契約の規定に従って本投資家の権利を確保した上で行われるものについて，本投資家はその承諾を不合理に拒絶又は留保することができないものとする。

(1) 定款の変更

(2) 本会社の株式，新株予約権又は社債（新株予約権付社債を含む。）の発行又は処分（ただし，定款に定める潜在株式等の取得原因の発生による場合及び第●条（ストックオプション・プール等）に従った株式又は新株予約権の発行を除く。）

(3) 剰余金の配当及びその他の処分

(4) 資本金又は準備金の額の減少

(5) 自己株式の取得若しくは消却，株式分割，株式併合又は単元株の設定

(6) 定款に定める株式の取得価額及び基準価額の調整

(7) 合併，会社分割，株式交換，株式移転，株式交付その他の組織再編

(8) 事業の全部若しくは重要な一部の譲渡，廃止又は譲受け

(9) 事業の全部の賃貸，事業の全部の経営の委任，他人と事業上の損益の全部を共通にする契約その他これらに準ずる契約の締結，変更又は解約

(10) 事業計画，設備投資計画又は収支計画の策定又は変更

(11) 子会社，関連会社又は合弁会社の設立又は取得

(12) 解散又は清算

(13) 株式譲渡の承認

(14) 知的財産権の処分

(15) １件につき●万円以上の財産の取得又は処分（権利又は資産の取得又は譲渡，借入れその他の債務負担行為，出資，貸付けその他の投融資，設備投資を含む）

(16) 取締役，監査役，会計参与及び会計監査人の選任及び解任並びに代表取締役の選定及び解職

(17) 取締役，監査役及び会計参与の報酬等の決定

(18) 会社法上取締役会の承認を要する本会社の取締役との取引

(19) 本会社の株式の上場予定時期，上場予定市場又は幹事証券会社の決定又は変更

(20) 本会社又はその取締役による破産手続開始，民事再生手続開始，会社更生手続開始，特別清算開始又はこれらに準ずる手続の申立て

(21) 前各号に定める事項の実施又はこれを検討することの合意，変更又は解

除
2. 本会社は，以下の各事項につき，事前に本投資家に通知［し，協議］するものとする。ただし，投資家選任取締役又はオブザーバーが取締役会において当該要通知事項につき報告を受けた場合には，当該取締役又はオブザーバーを指名した本投資家につき当該通知［及び協議］があったものとみなす。
(1) 業務提携又はその変更若しくは解消
(2) 主要取引先又は金融機関の変更又は取引停止その他取引内容の変更又は終了
(3) 新規事業の開始，既存事業の全部若しくは重要な一部の中止又は終了その他当初の事業計画の実現に変化を及ぼす事項
(4) 他の会社の株式又は持分の過半数の取得又は譲渡
(5) 訴訟等の提起又は手続の開始（訴訟等が提起された場合は速やかに通知する。）
(6) 執行役員クラスの人材の登用及び異動
3. 本会社は，以下の各事項につき，その発生後各本投資家に対し速やかに通知するものとする。なお，投資家選任取締役又はオブザーバーが出席する取締役会において当該事項についての報告がなされた場合，当該取締役又はオブザーバーを指名した本投資家については本項に基づく通知がなされたものとみなす。
(1) 主要な人事異動
(2) 本会社の業務又は財務若しくは将来の収支計画に重大な悪影響を及ぼすおそれのある事象の発生
(3) 持株比率5％以上の株主の保有する本会社の株式等の異動
(4) 支払停止，支払不能，手形・小切手の不渡りが生じ，又は破産手続開始，民事再生手続開始，会社更生手続開始，特別清算開始又はこれらに準ずる手続の申立てがなされた場合
(5) 訴訟，仲裁，調停その他の紛争解決手続が提起され，又はその他の司法若しくは行政上の争訟手続が開始された場合
(6) 取引先金融機関から取引停止が申し渡された場合
(7) 本会社に対して，支配権移転事由に該当する取引の提案がなされた場合

(4) 参考：デッドロックの場合

　スタートアップの場合，合弁契約（JV契約）のような，当事者から必要な事前承諾を得られない場合（拒否権を行使した場合）における，デッドロック処理が規定されることは稀である。

　スタートアップは通常，JVに比べて投資家が多数にわたり，各々の持分比率も高くないため，デッドロック処理を定める意義も低い。他方，例えばデッ

ドロック処理として株式のコール・オプションやプット・オプションといった典型的な処理を設けた場合，スタートアップの運営・財務状態に与える影響が過大になり得る（ただし，事前承諾事項に違反したことを株式買取請求権の発動要件にすると，実質的には類似した効果を有する場合がある）。

(5) 事前承諾事項と拒否権付種類株式との関係

前述の通り，定款で定めることで，株主総会又は取締役会での決議事項について，当該決議のほか，種類株主総会決議を必要とする種類株式を発行できる（会社法108条1項8号・2項8号。第2章第4節5(2)参照）。定款で種類株主総会決議を必要とする旨を定めた場合，当該種類株主総会決議なく行われた事項は発行会社との関係で無効となる（同法323条）という強い効果を有するため，投資家の保護に資する面がある。

もっとも，経営の機動性や決議漏れのリスク等から，実務上は，株主間契約のみで事前承諾事項を定め，種類株主総会決議事項は定款で原則として不要とし，法定の最小限の事項のみを種類株主総会決議事項とすることが多いことも述べた。詳細は該当部分参照。

(6) 事前協議・通知

投資家の事前承諾を要することは，スタートアップの機動的な運営に対する大きな制約ともなり得るため，重要性の低い一定の事項については，一定の投資家との事前協議や通知（事前・事後）にとどめる場合もある。また，スタートアップのイニシアチブによらない発生事実（例：第三者からの訴訟提起，突発的な重要事象，取引停止）のような事項は，事後的に通知をすることになじむ。

事前協議や通知の対象となる投資家の範囲についても，事前承諾事項と同様に問題になる[41]。重要性が相対的に低い事項である以上，少なくとも通知は全ての投資家を対象とすることも多いが，協議相手となる投資家を一定の持株比率以上の投資家等に限定するか否かといった論点が生じる。

---

41 宍戸＝VLF 139〜141頁。

第3節　運営等に関する事項

1　優先引受権（新株等引受権）[42]

(1)　優先引受権の意義：既存投資家の持分割合の維持

　スタートアップの投資家には，スタートアップが新規に株式や新株予約権（新株予約権付社債）等を発行して資金調達を行おうとする場合に，持分割合に応じて引受けをする権利（優先引受権：Pre-emptive Right）[43]が契約で定められることが多い[44]。優先引受権は，株式等を発行しようとする際に，事前に一定の主要条件を既存投資家に通知し，一定期間内（15日や30日等）に既存投資家が優先引受権を行使することを認めた上で，当該既存投資家に対しても優先引受権の対象として計算された数の株式等を，新規投資家と同等の条件で発行するものである[45]。

　投資家が持分割合の希釈化を防止するための権利であるが，投資家が成長基調にあるスタートアップへの投資機会を逃さないように優先的に投資できる

42　優先引受権は，スタートアップの株式等の発行時に問題になる規定であることから，株式の取扱いに関する事項に分類されることもある（宍戸＝VLF 167頁以下等）。他方，優先引受権は，既存投資家の持分割合の維持や，株式発行の際に経営陣が服する手続・規律という意味で，スタートアップの運営に関する側面も有していることから，本書では運営等に関する事項として検討する（同様の分類をするものとして，会社・株主間契約166～167頁，桃尾・松尾・難波156～158頁等。小川＝竹内220～222頁は「その他」と分類する）。なお，投資家が転換後ベースでの持株比率（持分割合）を「維持」するための権利であり，「優先」性があるわけではないとして「新株（等）引受権」等と呼ばれることもある。

43　NVCAひな形ではInvestors' Rights Agreement（IRA）に規定され，"Right of First Offer"と称される（4.1条）。英国BVCA定款ひな形（13条）やVIMA定款ひな形（54条）及び株主間契約ひな形（8条）では"Pre-emption right"と称される。

44　会社法上，株主に割当てを受ける権利を与えて株式を発行する場合がある（202条）。もっとも，これは会社の義務ではなく，通常のスタートアップ投資で行われる第三者割当増資では，既存投資家は当然には次回の資金調達ラウンドに参加する権利を有さず，特定の第三者による申込み・割当て（203条，204条）又は総数引受契約（205条）により行われる。優先引受権は，この第三者割当増資における権利であり，会社法上の，割当てを受ける権利を与えて株式を発行する場合とは異なる。

45　スタートアップが契約上の優先引受権に違反して株式を発行した場合に，投資家が，優先引受権の内容を実現するために，スタートアップに対して株式の発行を強制することができるかという論点がある（会社・株主間契約263～267頁参照）。

権利であるという指摘もある[46]。投資家が持分割合の希釈化を防止することは，事前承諾権（第2節5）の行使によることが直截的ではあるが，投資家の多数派で決められてしまう面はあるため，優先引受権も意義を有する。優先引受権に服して行った株式等の発行は，事前承諾権の対象から除外することもある[47]。

(2) 優先引受権の主体と対象（株式等）

優先引受権は，全ての投資家に持分割合を維持する権利として与えられる場合がある一方，少額の投資家であれば，持分割合を維持する意向や財源を有していない場合も多いことから，一定の持分割合以上の投資家（「主要投資家」「特定投資家」等）にのみ権利を付与する場合もある[48]。

また，投資家の最終的なリターンは，潜在株式を含む完全希釈化後ベースでの持分割合に依拠することから，①優先引受権の対象となるのは，株式のみならず，有償の新株予約権（コンバーティブル・エクイティ）や新株予約権付社債（コンバーティブル・デット）等，完全希釈化後株式数（持分割合）に影響を与えるエクイティ性の資金調達方法（株式等）とされるのが通常である。②その上で，優先引受権を行使した際に取得できる株式等の数・割合の上限（維持すべき持分割合）は，完全希釈化後ベースで定められることが多い[49]。

46　会社・株主間契約166頁。なお，NVCA IRAひな形における優先引受権は，既存投資家の一部が優先引受権を行使しない場合に，自らの優先引受権を行使した他の既存投資家が，行使されなかった優先引受権を行使し，持分割合の維持以上を確保すること（オーバーアロットメント）を認めている（4.1条(b)）。英国BVCA定款ひな形（13.2条(b)）も，最初に優先引受権を行使する際に自らの持分割合以上を引き受ける意思を表明しておくことで，剰余があれば引受けを認める。このような場合，投資家が投資機会を逃さないように優先的に投資できる権利であるという趣旨が前面に表れる。日本ではオーバーアロットメントは必ずしも一般的ではないという指摘もある（宍戸＝VLF 171～172頁，315～316頁）。本書の条項例も，追加的な優先引受権の行使は認めていない。

47　会社・株主間契約166～167頁。なお，優先引受権に服して行った株式等の発行を事前承諾権の対象から除外すると，ダウンラウンドにおける既存投資家の保有する一株当たりの株式価値の低下には対処できないことと，一方で希釈化防止条項により一定程度対処がなされる面があることも指摘される。

48　宍戸＝VLF 169頁。米国でも優先引受権はMajor Investorにのみ認められていることが多いとされる（NVCA IRAひな形 4.1条，宍戸＝VLF 315～316頁参照）。英国BVCA定款ひな形（13.2条(b)）やシンガポールVIMA定款ひな形（54条）及び株主間契約ひな形（8条）も同様の選択肢を設ける。その他，一定の持分割合以上の投資家にのみ与えられる場合がある権利として，前述したオブザーバー選解任権（第2節3）や情報請求権（第2節4）等。

194 第3部 株式による本格的な資金調達

【条項例】優先引受権

第●条（優先引受権）
1. 特定投資家は，本会社が株式等【注：下記「【条項例】優先引受権の対象と除外取引（カーブアウト）」の定義参照】を発行する場合には，第2項以下に定める手続に従い，その持株比率【注：完全希釈化後ベースで定義される想定】に応じて株式等の割当てを受ける権利（以下「優先引受権」という。）を有するものとする。
2. 本会社は，株式等の発行に先立ち，特定投資家に対して，かかる株式等につき，発行される株式等の種類及び数，発行価額・行使価額及びその他重要な事項並びに株式等を割り当てる者（以下本条において「割当者」という。）の氏名又は名称を示して，優先引受権を行使するか否かの確認を求める通知書（以下「本確認通知」という。）を送付する。
3. 特定投資家は，優先引受権を行使しようとする場合，本確認通知の受領後[20]日以内に，かかる書面の発送の日における持株比率に新たに発行される株式等の総数を乗じて得られる数（小数点以下は切り捨てる。）又はそれ以下の数で当該特定投資家が特定する数の株式等を引き受けることを，本会社に対して書面にて通知する。本項に定める通知を本項に定める期間内に行わなかった場合，当該特定投資家は当該株式等の発行について優先引受権を失ったものとみなされる。
4. 前各項の規定に基づいて優先引受権の全てが特定投資家により行使されることにはならなかった場合，本会社は，前項に定める期間の満了後[30]日間に限り，本確認通知に記載された条件よりも割当者にとって有利にならない条件で，優先引受権行使の対象とならなかった株式等を割当者に対して発行することができる。

(3) 優先引受権から除外される取引

　一定の取引は，優先引受権の対象から除外されることが通常である。具体的には，①ストックオプション・プール（下記4）の範囲内で付与されるインセンティブ目的の新株予約権・普通株式等や，新株予約権の行使・優先株式の転換による普通株式の発行等の，潜在株式を含めた完全希釈化後ベースでは投資

49　宍戸＝VLF 169～170頁は，持分割合を議決権比率・株式数のいずれで計算するかや，潜在株式を計算に含めるべきか（完全希釈化後ベースとすべきか）は自明ではないと指摘する。ただし，潜在株式を含めた資本構成が投資家の重大な関心事であることから，同書で挙げられている条項例は完全希釈化後ベースとされている。NVCA，BVCA，VIMAのいずれのひな形でも同様である。

家があらかじめ承諾・前提としている取引や、②IPO（新規株式公開）時における株式の発行（公募）や組織再編・M&A等、優先引受権を与えると資本政策に不測の影響を与えるような取引等がある。

【条項例】優先引受権の対象と除外取引（カーブアウト）

> 「株式等」とは、本会社が発行、処分又は付与する本会社の株式（株式の種類を問わず、自己株式を含む。）、新株予約権、新株予約権付社債その他本会社の株式を取得できる権利をいう。ただし、以下のものを除く。なお、本契約において「発行」とは発行、処分又は付与が含まれるものとする。
>
> (i) 第●条（ストックオプション・プール等）の範囲内で発行・付与される普通株式又は新株予約権
>
> (ii) 新株予約権（新株予約権付社債に付されたものを含む。）の行使により発行若しくは処分される株式、又は取得請求権付株式若しくは取得条項付株式の取得と引換えに交付される株式
>
> (iii) 適格株式公開に際して発行又は処分される株式
>
> (iv) 本会社による他の会社の事業の取得（合併等の組織再編行為、事業譲受又は株式譲受のいずれの方法によるかを問わない。）に関連して発行、処分又は付与される本会社の株式又は新株予約権（ただし、本会社の取締役会が承認したものに限る。）

(4) 投資家による追加出資義務・Pay to Play条項

優先引受権と反対に、投資家が新規に発行される株式等を引き受ける義務や違反の場合のサンクションは、日本のスタートアップにおいては多くない[50]。

これに対して、海外を中心に、次回ラウンドで追加投資をしないと、当該投資家が一定の権利を失うことを定める、いわゆるPay to Play条項が検討されることがある。Pay to Play条項の具体的な内容としては、次回ラウンドでの追加投資に参加しない投資家については転換価額の調整をしない（あるいは今後一切調整が行われない）という定め、参加しない投資家の優先引受権を事後的に喪失させるという定め、参加しない投資家の優先株式が強制的に普通株式に転換されてしまうという定め[51]等がある。

---

50 これに対して、合弁（JV）契約では、株主も少数で、個性と持株比率が特に重要であるため、投資家の追加出資義務や資金調達への協力義務等の資金調達に関する条項が定められることがある。

(5)　優先引受権の実際上の処理

　優先引受権を有する既存投資家との関係では，次回以降の資金調達ラウンドにおける実際の処理が問題になる。権利として定めている以上，契約上は，文言通り優先引受権を行使するかどうかを確認するプロセスが原則になる。

　もっとも，投資家に対する一定の通知と検討期間等のプロセスに文字通り従うと，迅速な資金調達ニーズを満たせないおそれや，ラウンド後の株主構成が早期に固まらず，資本政策が不安定になる等の問題が生じる。そのため，実務上は，既存投資家に対してあらかじめ想定される発行条件等を説明し，今回の資金調達ラウンドにおいて追加出資をするか否かの意向を（優先引受権の枠外で）確認した上で，割当先の目途を確定する。その上で，優先引受権を契約上有する投資家からWaiver Letter（放棄書）を取得し，優先引受権を放棄してもらい，契約上のプロセスを経ないで（契約違反とならずに）進めることも多い[52]。このような処理をすることで，優先引受権についてデフォルトで定められたプロセス・期間を短縮できる。シリーズBラウンド等を念頭に置いた，具体的なプロセスについては第7章第3節参照。

2　スタートアップの経営者の義務

　スタートアップ投資では，創業者等の経営者が継続的にスタートアップの経営に従事することを前提として投資家が出資をする。経営者が取締役等の立場でスタートアップの経営に専念し，運営から離脱しないことが重要になる。

　そのため，日本のスタートアップ投資では，株主間契約等で，経営者の離脱や競業を禁止・防止する事項等が設けられることが多い。具体的に問題になるのは以下の類型である。

---

(1)　経営への専念義務や，取締役からの辞任又は再任拒否の制限
(2)　在任期間中及び退任後一定期間，競業避止義務を負うこと

---

(1)　職務専念義務及び辞任・再任拒否等の制限

　株主間契約において，創業者ら経営陣の職務専念義務に加え，スタートアッ

51　宍戸＝VLF 75〜77頁，168頁脚注104，会社・株主間契約167頁，桃尾・松尾・難波158頁参照。
52　宍戸＝VLF 169頁も参照。

プの取締役から辞任をすることや，任期満了時に取締役への再任を拒否することを制限する旨の規定が設けられることが多い。

【条項例】職務専念義務及び取締役の辞任・再任拒否等の制限

第●条（経営株主の専念義務等）
1．経営株主は，重大な傷病その他これに類する特別な事情により職務執行が著しく困難である場合を除き，多数投資家の事前の書面による承諾がない限り，本会社の［代表］取締役を任期前に辞任しないものとし，任期満了時に本会社の取締役として再任されること［(（代表取締役として選定されることを含む。)）］を拒否しないものとする。
2．経営株主は，本会社の役員又は従業員としての地位にある間は，多数投資家の事前の書面による承認がない限り，(i)本会社の役員又は従業員としての職務の遂行に専念するものとし，また(ii)他の会社その他の営利を目的とする団体又は組織の役員，従業員又はアドバイザー（対価を得るものに限る。）を兼務又は兼職してはならない。ただし，本契約締結日現在就任しているものを除く。

　法律上，取締役はいつでも辞任できるが（会社法330条，民法651条1項），会社に不利な時期に辞任したときは，やむを得ない事由があった場合を除き，損害賠償をしなければならない（同条2項）。

　裁判例では，スタートアップの事案ではないが，取締役の辞任の効力が生じないとする特約は無効であり，辞任の効力に影響はないとしたものもある[53]。他方で，学説上は，このような特約を有効とする見解も有力である[54]。特約を一律に無効とするのではなく，特約の必要性と制約の相当性により有効性が判断され得るところ，スタートアップでは，創業者ら経営陣に代替性がないため，経営者の辞任を制約する必要性が認められやすいことや，辞任時（専念義務違反時）に投資家による株式買取請求権（株式買取義務）や損害賠償等のサンクションを通じて，制約の内容の相当性を確保するために柔軟な対応が可能であ

53　大阪地判昭和63年11月30日判時1316号139頁。会社は株主総会決議によっていつでも解任が可能であること（会社法339条1項）とのバランスや，取締役には重い損害賠償責任が課されており，競業取引や利益相反取引に関して制約を受けることが挙げられている。
54　神田秀樹「株式会社法の強行法規性」法学教室148号（1993年）89〜90頁，藤田友敬「判批（大阪地判昭和63・11・30)」ジュリスト982号（1991年）106頁等。

198 第3部 株式による本格的な資金調達

ることから，支持する見解がある[55]。

　このような考慮から，日本の実務上は辞任・再任拒否を制限する規定を設ける例が多い[56]。その上で，重大な傷病や事故等の特別な事情により職務執行が困難である場合には，そもそも取締役としての善管注意義務等の重い責任を負わせることは酷であるため，例外的に辞任・再任拒否を認めることも多い[57]。

(2) 競業避止義務

　創業者ら経営者が，在任中や，取締役等を退任した後，競合する事業に自由に従事できると，スタートアップの企業価値を毀損するおそれもある。そのため，株主間契約で，経営株主の在任中及び退任後一定期間の競業避止義務が定められることもある。

　日本では，取締役は在任中，会社の事業の部類に属する取引（競業）をしようとするときには取締役会（取締役会非設置会社の場合は株主総会）の承認を得なければならず（会社法356条1項1号，365条），競業避止義務が課されている。

　これに対して，取締役を退任した後の競業は，法令上は原則として自由である。取締役退任後の競業避止義務の合意は，当該取締役の職業選択の自由を制約することになるため（憲法22条1項参照），一般的には，一定の事情を総合考慮して，必要性及び相当性が認められる場合に有効になると解されている[58]。スタートアップにおける創業者ら経営株主の重要な地位や，有している情報の質・量に鑑み，スタートアップの企業価値を保護するためには解任後も一定期間（例えば，2年程度）の競業避止義務を課すことにも合理性があると実務上考えられている[59]。ただし，米国の実務上は退任後の競業避止義務が用いられ

55　会社・株主間契約395〜396頁。

56　米国の実務上は，自由意思を重視し，このような辞任・再任拒否を制限する条項は設けられていないとされる（宍戸＝VLF 153頁，313頁参照）。

57　宍戸＝VLF 153〜154頁参照。

58　江頭463〜464頁，東京地決平成5年10月4日金融・商事判例929号11頁。一般に，競業避止義務の内容が，①取締役の社内での地位，②営業秘密の保護や得意先との関係の維持等，競業避止義務を課すべき正当な必要性が認められるか，③競業避止の地理的範囲，期間，④競業避止義務を課すことに対する代償措置の有無やその内容等を総合考慮して，必要性及び相当性が認められる場合に限り，公序良俗に反せず有効になると解されている。会社・株主間契約183頁も参照。

ている例は多くなく[60, 61]，現在の日本でも職業選択の自由が重視される傾向が強まっていることから，政策的には引き続き議論がなされ得るとともに，実務上は，創業者ら経営株主と投資家との間で，個別具体的な事情に応じて協議を行い，このような条項の意義について双方が納得の上で設けられるべきである。

　株主間契約における（有効な）競業避止義務に違反した場合は，損害賠償義務や，場合によっては投資家による株式買取請求権の対象となり得る。

【条項例】競業避止義務

第●条　（競業避止義務）
　経営株主は，多数投資家の事前の書面による承諾なく，本会社の株主，［アドバイザー，］役員又は従業員としての地位にある間及び本会社の株主，［アドバイザー，］役員又は従業員のいずれでもなくなった日から●年間が経過するまでは，自ら又は第三者（他の経営株主，経営株主の投資先及び本会社の役職員を含む。）をして，以下の行為を直接又は間接に行ってはならず，また行わせてはならない。
(1)　本会社（子会社を保有する場合には子会社を含む。次号において同じ。）の事業と競合する事業を直接又は間接に行い（かかる事業を行う法人又はその他の団体の取締役，執行役員又は従業員となることを含むがこれらに限られない。），又は第三者がこれを行うことを支援すること（資本参加，アドバイザー，コンサルタント又は顧問としての経営指導等を含むがこれらに限られない。）
(2)　本会社の役員又は従業員に対し，自ら又は第三者をして，転職，独立その他の理由による離職の勧誘を行うこと（求人広告等による，当該役員又は従業員のみを対象とするものではない一般的な勧誘は除く。）

59　経産省・主たる留意事項43頁，宍戸＝VLF 156頁，会社・株主間契約183頁，桃尾・松尾・難波152〜153頁，小川＝竹内213頁等。

60　宍戸＝VLF 155〜156頁，313〜314頁。なお，米国連邦取引委員会（Federal Trade Commission：FTC）は，2024年4月に連邦規則を採択し，連邦レベルで，一定の退職従業者（個人事業主を含む）に競業避止義務を課すことが不公正な競争方法に該当し違法であり，執行することができないとした。

61　シンガポールのVIMA株主間契約ひな形では，創業者が，株主でなくなってから一定の期間は，競業避止義務や勧誘・退職勧奨禁止に服する旨のコベナンツ（誓約）の例が示されている（18.1.1条，18.1.2条）。ただし注釈として，コベナンツが関係者の正当な利益を保護し，合理性を有するといった特定の条件が満たされなければ，執行可能ではないことに留意すべき旨が示されている。英国のBVCA株主間契約ひな形も，退職後一定期間の競業避止義務や勧誘・退職勧奨禁止を設けている（10.1条(b)）。

3 経営者のエクイティ・インセンティブ，経営株主間契約

　創業者等の経営株主にとってはエクイティ・インセンティブの設計が重要であった。すなわち，経営株主が保有する株式につき，一定の期間が経過するまでは確定的に取得できないとするベスティング（vesting）条項を設け，当該期間の経過前に取締役の地位から退任する等して経営から離脱した場合には離脱時に「未確定（unvested）」の株式が会社やその指定する第三者により買い戻されるよう，創業株主間契約（創業者間契約・経営株主間契約）を締結する例が見受けられる（第2部第1章第4節参照）[62]。

　投資家が出資を検討する際に，このようなベスティングについて定めた創業株主間契約を締結されていなかった場合，株主間契約上の義務として，「創業株主間契約を締結し，維持すること」が求められることもある[63]。また，出資後に経営陣が交代・追加されてベスティングでインセンティブを確保すべき株主が増えた場合も，創業株主間契約を新たに締結・変更することを求めるよう定めることも考えられる。

【条項例】経営株主間契約を締結・維持することを求める条項

> 第●条　（創業株主間契約・経営株主間契約）
> 1．［本会社及び］経営株主は，多数投資家が書面により要請する場合には，発行会社の役員又は従業員のうち多数投資家が書面により指定する者（以下「創業株主等」という。）との間で，各創業株主等が退任又は退職した場合に，経営株主［又は本会社］に対して当該創業株主等が保有する本会社の株式を売却することを内容とする契約（以下「創業株主間契約」という。）を，多数投資家が合理的に満足する内容及び様式により締結するものとする。
> 2．経営株主は，創業株主間契約の内容を自ら履行し，また創業株主等をして履行させるものとし，多数投資家の事前の書面による承認を得ることなく，創業株主間契約を変更又は終了させてはならないものとする。

62　経営株主にストックオプションを割り当てる場合，ベスティングは，通常，ストックオプションの割当契約において定められる（第4部第3章第3節参照）。

63　創業株主間契約を締結する義務をより実効的なものとするためには，株式引受契約における出資の前提条件の1つとして（第3章第2節5参照），創業者間契約が締結されることを明記することも考えられる。もっとも，スタートアップの資金調達の短いタイムラインにおいて，投資意思決定や出資までに創業者間契約を締結することが現実的でない場合も多い。

4　ストックオプション・プール（役職員のインセンティブ）

(1)　ストックオプション・プールの概要

　創業者ら以外の，株式を保有しない役職員にとっては，主にストックオプション（新株予約権）が重要なエクイティ・インセンティブである。スタートアップが優秀な人材を確保するためには，現金報酬に加えて，十分な量のストックオプションを機動的に提供できることが重要になる。他方，ストックオプションは行使・転換されると株式になる潜在株式であり，投資家のリターンが相対的に減少するため，事前承諾等で一定のコントロールを及ぼすことや，希釈化を防止したい誘因がある。

　この点，投資家は，役職員向けのストックオプションの重要性を理解し，一定の潜在的持株比率による持分の希釈化を織り込んで投資意思決定を行っているはずであり，また行うべきことになる。このような利害関係の調整の結果，実務上，主に株主間契約において，一定数・一定割合のストックオプション目的の新株予約権（普通株式等を含める場合がある）については，一定の条件の下でスタートアップの裁量で発行することを認め，投資家の事前承諾事項（第2節5）や，優先引受権（上記1）の対象外とすることを定めることが多い。併せて，定款上の希釈化防止条項（ダウンラウンド・プロテクション）の発動除外ともされるのが通常である（第2章第4節2(2)(c)(ii)）[64]。スタートアップの裁量により発行することが認められるストックオプション（等）の数量・割合（枠）を，「ストックオプション・プール」（発行上限枠）と呼ぶことが多い。

　契約でストックオプション・プールが定められた場合，契約当事者は，その範囲内のストックオプション（等）の発行に係る株主総会で賛成する等，必要な協力をする義務を負うことになる。

(2)　ストックオプション・プールの規模・定め方

　ストックオプション・プールの規模は，実務上大きな問題となる。大まかには，

---

[64]　ストックオプションの場合，その権利行使価額は，税制適格ストックオプションを典型的に念頭に置くと，発行時の普通株式の時価以上である必要があるところ，普通株式の時価は，既発行の優先株式の発行価格よりも低いことが想定される。このような場合に投資家の優先株式についてダウンラウンド・プロテクションが発動すると，役職員等が取得し得る株式比率（潜在的持株比率）が低下し，インセンティブとして機能しない。

202　第3部　株式による本格的な資金調達

その時点における完全希釈化後株式総数の10〜20%程度とされることが多いと思われるが[65, 66]，スタートアップの置かれた事情に照らして個別に協議・設定されるべきである。例えば，ディープテック系スタートアップでは，キャッシュアウトの速度（バーン）も速く，優秀な人材を獲得するために多くのストックオプションを発行できるようにしておくニーズが高い。

　契約上のストックオプション・プールの大きさは，①新株予約権の具体的な個数を定める方法や，②発行済株式総数に対する割合で定める方法がある[67]。①の場合はプールを拡張するために資金調達ラウンドごとに株主間契約を変更する必要があるのに対し，②は必ずしも変更を要しない（新規投資家が，既存のストックオプション・プールの規模に異議を唱えた場合には交渉・変更が必要になり得る）という形でデフォルトルールに違いが生じる。

　近時は，株主間契約で，ストックオプション・プールに基づき発行されるストックオプションに一定の条件を定めることを投資家が求める例も見られる[68]。

【条項例】ストックオプション・プール等

> 第●条　（ストックオプション・プール等）
> 1．本会社は，その行使により発行される普通株式の累計総数が，その発行直後の時点における本会社の全ての株式等の転換後株式数（ただし，自己株式の数を控除し，●条(i)に基づき発行・付与されている普通株式及び新株予約権を含む。）のうち●%（ただし，行使期間満了等により失効し又は本会社が無償取得した新株予約権が目的とする株式を含まないもの［とし，また取締

65　桃尾・松尾・難波154頁，宍戸＝VLF 161頁参照。

66　ストックオプション・プールの規模とは必ずしも連動せず，またスタートアップ以外の新株予約権も含まれているデータと考えられるが，東京証券取引所の新規上場企業におけるストックオプションの事例調査では，2023年の新規上場企業における有価証券報告書提出時の発行済株式総数に対する新株予約権数の割合（潜在株式割合）は，平均値が9.4%，中央値が9.3%とされる（プルータス・コンサルティング「2023年の新規上場企業におけるストック・オプションの事例調査」）。同調査によれば，幅はあるものの，過去5年間の新規上場企業の潜在株式割合の平均値・中央値も，10%を若干下回る程度の数値となっている。

67　②発行済株式総数に対する割合で定めるパターンにも，発行済株式総数の割合（顕在株式ベース）で定める場合と，潜在株式を含めた発行済株式総数の割合（完全希釈化後ベース）で定める場合がある。

68　例えば，新株予約権の権利行使価額の下限や，ベスティングを設けること自体やその内容（ベスティングの年数）等について求められる例が見られる（宍戸＝VLF 160頁参照）。

役会の全会一致でより大きな割合を定めた場合には当該割合]とする。）に至るまでの範囲で，インセンティブ付与を目的として，本会社（本会社が子会社を有する場合には子会社を含む。）の役職員，アドバイザーその他の役務提供者に対して，普通株式又は新株予約権を付与することができる。

2．前項に基づき普通株式又は新株予約権を発行又は付与する場合における条件は，本会社の長期的な企業価値の向上に資するべく，保有者に対して適切なインセンティブを付与するよう設計されなければならない［(当該新株予約権の目的となる株式が普通株式であること，当該新株予約権の行使について合理的な内容のベスティング（権利確定）が定められていること，及び当該新株予約権の行使に係る一株当たりの権利行使価額が，当該新株予約権に係る契約を締結した本会社の普通株式の当該契約の締結の時における一株当たりの価額に相当する金額以上であることを含むが，これに限られない。)]。

5　投資家の出資制限・競業避止義務や協業

(1)　投資家による競合他社への出資

　株主間契約上，経営者が（少なくとも取締役等としての在籍期間中は）一定の競業避止義務を負うのに対し，マイノリティ株主である投資家が，他社への出資制限や競業避止義務を負うことは，現在の実務上多くない。一定の分野を投資対象とするVC等が，広い意味での競業関係にあるスタートアップに対して投資をすることはあり得るところ，VCとして出資制限・競業避止に応じることは難しい場合も多い。この問題に対する対応は，VCと投資先スタートアップとの関係性の問題として処理されるべきという指摘もある。

　少なくともスタートアップとしては，自社が提供する情報の範囲を慎重に限定しつつ，提供した情報の目的外利用の制限を含めた守秘義務・秘密保持義務を厳格に運用することを求めることになるが（VC内での情報ウォール等），モニタリングの実効性という問題はある[69]。なお，VCが取締役を派遣している場

69　公取委・実態報告書80頁では，出資者が，秘密保持義務の対象となるスタートアップの資料を，自らの他の出資先に漏洩し，該当他の出資先が，スタートアップの商品・役務と競合する商品・役務を販売するようになった事例が存在したとされている。これを受けて，同報告書及び事業連携・出資指針39頁では，他の出資先をして当該スタートアップの取引先に対し，当該スタートアップの商品・役務と競合する商品・役務を販売させることは，それによって当該スタートアップとその取引先との取引が妨害される場合には，（秘密保持義務違反にとどまらず）競争者に対する取引妨害（一般指定14項）として，独占禁止法上も問題となるおそれがあることが指摘されている（第9章第2節参照）。

合，取締役にはスタートアップに対する善管注意義務が課せられ，情報の取扱いには特に注意を払う必要がある（第8章第2節参照）。

(2) 事業会社による出資の場合の留意点

事業会社がスタートアップに出資を行う場合，スタートアップとの間で協業・業務提携を伴うことが通常である。事業会社がスタートアップに対して事業に必要な製造機能，調達・販売ネットワーク，人材，研究開発，知的財産権やノウハウ等の経営資源を提供することも多い。他方，スタートアップ側も，協業リソースを割き，重要な技術情報や知的財産を含む機密情報を提供することになるため，その事業会社が競合のスタートアップに出資や協業をすることは許容し難い場合も多い。

事業会社はスタートアップのイノベーションにアクセスすることで事業拡大を目指す互恵関係にある一方，資金力では圧倒的な差があることが多く，一般的には事業会社側の方が競合他社への出資や協業を行いやすい。反面，そのような場合のスタートアップに対する不利益は甚大なものになり得る。

そのため，事業会社が出資を行う場合，事業会社側の出資制限・競業避止を定めることもある。他の投資家とは関係が薄い事項であることから，株主間契約とは別枠で，相対の業務提携契約や覚書（サイドレター）で定めることが多い。規定内容の具体性や拘束力の強さは，事業会社の規模・事業内容や，スタートアップとの間での協業内容やその深度による。事業会社との連携における留意点のうちの一部については第9章を参照。

第4節　株式の取扱い等に関する事項

1　株式の処分とその制限

(1) 創業者・経営株主による株式の処分の制限

投資家は，投資の前提として，創業者ら経営株主の経営へのコミットメントの表れとして，保有する株式を継続保有することを求めることが多い。そのため，通常，株主間契約において，経営株主による株式[70]の譲渡その他の処分に対して一定の制約が加えられる。

前提として，非上場スタートアップでは通常，定款で全ての株式に譲渡制限

が付され（会社法 2 条17号），会社の機関（株主総会や取締役会）による譲渡承認がなされない限り譲渡できない（会社法139条 1 項）。もっとも，株主総会や取締役会の多数派を創業者・経営株主がコントロールできる場合，投資家の反対にかかわらず，株式の譲渡承認をすることも法的には可能である。そのため，契約上も処分を制約する必要がある。当事者は，契約に基づき，議決権の行使等の会社法上の手続を行う義務を負い，又は契約に違反する行為を禁止される[71]。なお，創業者らが契約上の処分制限に違反して株式を処分しようとする場合に，投資家がどのような法的手段をとれるかは問題になる[72]。

株主間契約における，経営株主による株式等の処分に対する制約にはいくつかのパターンがあるが，主に以下の 2 つに分けられる[73]。

> ① 一定数又は全ての投資家の承諾がない限り，株式（等）は処分できない
> ② 先買権やタグ・アロング（売却参加権・共同売却権）の手続に従う限り，株式（等）を処分できる

日本の実務上は，株式の保有が経営へのコミットの表れであることを重視し，一定の承諾がない限り株式の処分を禁止する①のパターンが多いと思われるが，②のパターンもある。

米国では，そもそも経営株主による株式の譲渡を制限することに抵抗もあり，②の投資家による先買権やタグ・アロングに服した上で株式の処分を認めるのが一般的であるとされる[74]。先買権やタグ・アロングについては後述する。

---

70 新株予約権等を含む，株式「等」の処分について制約が課されることも多い。本文では特段の断りがない限り，そのような場合も含み基本的に単に「株式」と言及しているが，区別して株式のみを対象としている場合もある。後掲注78も参照。

71 株式の譲渡を制限する契約の有効性については学説上の議論があるが，現在では，契約自由の原則が妥当し，公序良俗違反（民法90条）となるような場合を除いては有効とする学説が有力とされている。会社法コンメ(3)305～307頁〔前田雅弘〕，神田・前掲注54）88～89頁等参照。

72 例えば，譲渡人に対する契約違反を理由とする譲渡の差止め又は譲渡禁止の仮処分や，発行会社に対する名義書換禁止の仮処分ができるかといった形で問題になる。会社・株主間契約168頁，285～288頁，417～419頁や宍戸＝VLF 176頁参照。

73 宍戸＝VLF 173頁。なお，ベスティングの形で定められる例もある。また，一定の者（資産管理会社や海外では family trust等，いわゆる"Permitted Transferee"）に対しては例外的に譲渡が認められるようにしておく例もある。

74 NVCA ROFRひな形（2.1条，2.2条），宍戸＝VLF 176頁，316～317頁。

206　第3部　株式による本格的な資金調達

【条項例】経営株主による株式（等）の処分

> 第●条　（経営株主による株式等の処分の禁止）
>
> ① 一定数の投資家の承諾がない限り，株式等の処分が禁止される場合
>
> 　経営株主は，多数投資家の書面による承諾を得た場合を除き，その保有する本会社の株式等を第三者に譲渡，担保の設定，その他の方法による処分をすることができないものとする。
>
> ② 先買権やタグ・アロングの手続に従う限り，株式等を処分できる場合
>
> 　経営株主は，その保有する本会社の株式等を第三者に譲渡，担保の設定，その他の方法による処分をすることができないものとする。ただし，経営株主は，本章の規定及び手続に従うことを条件として【注：以下で先買権やタグ・アロングを規定】，その保有する本会社の株式［等］の第三者への譲渡に限り，これを行うことができるものとする。

(2)　投資家による株式の処分

　他方，投資家が保有する株式（等）の譲渡その他の処分は，投資回収のために重要であり，原則として自由とされることが通常である。

　もっとも，特定の投資家のみが抜け駆け的に株式を処分することを防ぐ趣旨で，投資家間で株式の処分を制限することがある。その手法として，経営株主の制限と同様，先買権やタグ・アロング（売却参加権・共同売却権）が多い。そのため，投資家による株式の処分には，主に次の2つのパターンが見られる。

> ① 原則として株式の処分は自由
> ② 先買権やタグ・アロングの手続に従う限り，株式（等）を処分できる

　①の場合であっても，反社会的勢力・反市場勢力や，投資先スタートアップの競合他社等の一定の者に対する株式の処分は禁止する場合もある[75]。

　②については，非上場のスタートアップで個々の投資家の属性は重要であるため，投資家が株式を処分する場合にも，他の投資家や経営株主が先買権を保有するニーズがある。また，IPOやM&Aエグジットの前に，一部の投資家（特に大株主）のみが株式を処分して換金することはリスクであると考えると，他

75　宍戸＝VLF 177頁は，包括的に「対象会社の株式等を保有することにより，対象会社の事業遂行に支障を生じさせる恐れのある者」といった定めをすることも考えられるとする。

の投資家[76]（特に小口株主）が持分割合に応じてタグ・アロングを行使するニーズもある[77]。この場合，投資家は，先買権やタグ・アロングのいずれにも服しなかった株式に限り，第三者に対して処分できるようになる。

【条項例】投資家による株式（等）の処分

第●条（本投資家による株式等の処分）

① 原則として株式の処分は自由とする場合

本投資家は，その保有する本会社の株式等を第三者に譲渡，担保の設定，その他の方法による処分をすることができるものとする。[ただし，当該第三者が反社会的勢力又は反市場勢力である場合を除く。]

② 先買権やタグ・アロングの手続に従う限り，株式等を処分できる場合

本投資家は，本章の規定及び手続に従うことを条件として【注：以下で先買権やタグ・アロングを規定】，その保有する本会社の株式［等］を第三者に譲渡，担保の設定，その他の方法による処分をすることができるものとする。[ただし，当該第三者が反社会的勢力又は反市場勢力である場合を除く。]

2　先買権とタグ・アロング（売却参加権・共同売却権）

一定のプロセスを経た上で経営株主や投資家による保有株式（等）の処分を認める場合，具体的には，株主間契約において以下のような規律が定められることが多い。

76　投資家が株式を処分しようとする場合に，経営株主がタグ・アロングを行使し，一部の株式でも処分ができるアレンジに投資家が合意することは考えにくい。そのため，経営株主が投資家の株式の処分に関与する場合でも，先買権に限られることが多いと思われる。以下では，投資家のみがタグ・アロングを行使できる場合を前提とする。

77　投資家の株式譲渡をタグ・アロングの対象とすると，譲渡を希望する投資家が全ての株式を譲渡できなくなる可能性が生じる。そのため，リード投資家（大口投資家）やフォロー投資家（小口投資家）等の投資家の属性によっても，投資家の譲渡をタグ・アロングの対象としたいかどうかの選好が異なり得る。ファンド満期を理由とした売却は除外するという例もある（経産省・主たる留意事項46頁，宍戸＝VLF 183～184頁参照）。

208　第3部　株式による本格的な資金調達

> ✓ 投資家や他の経営株主が先買権を保有し，行使するか否かを判断する
> ✓ 投資家はタグ・アロング（売却参加権・共同売却権）も保有しており，先買権を行使しない場合，タグ・アロングを行使できる
> ✓ 先買権もタグ・アロングも行使されなかった分の株式は，処分できる

　先買権とタグ・アロングの概要は，それぞれ以下の通りである。

(1)　先買権（Right of First Refusal）

　先買権（Right of First Refusal）とは，ある株主（経営株主又は投資家）が保有する株式（等）[78]を第三者に譲渡することを希望する場合に，他の株主が，当該株式（等）につき，譲渡を希望する株主が当該第三者との間で合意した条件と同一の条件で，優先して買い取ることができる権利をいう。

　実際の契約ごとにバリエーションが存在するが，先買権の行使は，おおむね以下のプロセスに従う。

> ① 株式の譲渡を希望する経営株主又は投資家（売主）が，予定される譲渡の主要な条件を，他の経営株主，投資家及びスタートアップに通知する
> ② 先買権行使者は，一定期間内に，自らが買受けを希望する譲渡対象株式の数を売主及びスタートアップに通知する
> ③ 売主は，先買権行使者に，譲渡対象株式のうち契約で定められた数（例：複数人が先買権を行使した場合の計算後の数）の先買権対象株式を譲渡する（ただし，後述のタグ・アロングの制約を受けることが多い）[79]

78　経営株主や投資家が株式以外のエクイティ性の証券を保有している場合，先買権やタグ・アロングの処理は問題になる。例えば，経営株主がストックオプション（新株予約権）を保有している場合や，投資家が有償新株予約権（コンバーティブル・エクイティ）や新株予約権付社債（コンバーティブル・デット）を譲渡したい場合である。株式の譲渡に制約を課すのであれば，平仄や潜脱防止のためにこれらも株式「等」として先買権やタグ・アロングの対象とするように定めることもある。ただし，売却可能数や価格等の規定ぶりや，実際に機能するかどうかのオペレーション上の問題は生じ得る。本書の先買権やタグ・アロングの条項例は，簡略化のために株式のみを対象としている（宍戸＝VLF 175頁も参照）。

先買権の設計における検討事項として，例えば，以下の事項がある。

譲渡人（先買権の拘束を受ける者）	✓ 経営株主 ✓ 投資家
先買権保有者	✓ 他の経営株主 ✓ 投資家（主要投資家 or 全員）[80] ✓ 発行会社（スタートアップ）を含めるか[81]
先買権行使可能期間	一定期間（例：30日）
買取株式数	✓ 複数人が先買権を行使した場合の算定方法 ✓ 買取希望株式数が譲渡対象株式数に満たない場合の処理[82]

79　先買権を行使した場合の法的効果は論点になり得るが，先買権における意思表示（通知）の当事者の双方が株主間契約の当事者であり，法的に拘束されることに意味がある。これにより，民法の売買契約（民法555条）の本質的要素である目的物（株式）と代金が明確に定められ，株主間契約に従った通知がなされている限り，当該通知は譲渡人と先買権行使者の間の売買の申込みと承諾であり，売買契約が成立すると考えられる（宍戸＝VLF 181〜182頁参照）。

80　少額の出資しかしておらず，ハンズオン支援や追加出資も見込まれない投資家が先買権を有すると，通知等の事務コストが高くなる一方でスタートアップにメリットが小さいことから，先買権保有者を，一定数以上の株式や持分割合を有する投資家（「主要投資家」「特定投資家」等）に限定することもある。本書の条項例では，先買権を有する株主を，経営株主に加えて「特定投資家」としている。特定投資家の定義例については，第2節3(1)の「【条項例】投資家によるオブザーバー指名権」を参照。

81　NVCA ROFRひな形では，経営株主が譲渡を希望する場合，①まず発行会社であるスタートアップが先買権を有し，②次に投資家に先買権が認められている（2.1条(a)，(c)）。日本の場合，①は発行会社による自己株式の取得となり，分配可能額規制が適用され（会社法461条，157条1項），実効性を有しないことも多いことから，発行会社に先買権を認めない例も多いと思われる（宍戸＝VLF 181頁も参照）。

82　NVCA ROFRひな形では，先買権行使者による買取希望株式数が，譲渡人による譲渡対象株式数に満たない場合，実際に先買権を行使したものも含め，全ての先買権保有者が先買権を放棄したものとみなされる条項例がオプション的に設けられている（2.1条(e)）。この場合，譲渡人は譲渡通知に従った数の株式を譲渡できる（タグ・アロングには服する）。この趣旨として，譲渡当事者間では一定数の株式の売買を前提として契約を締結していることから，先買権により一部のみが購入されてしまうと，売買の前提を欠き，取引そのものが成立しなくなることから，全部のみに対する先買権の行使を認めなければバランスを欠くことによるとされる（宍戸＝VLF 180〜181頁も参照）。

210　第3部　株式による本格的な資金調達

【条項例】先買権

第●条　（譲渡通知）

経営株主又は本投資家が，その保有する本会社の株式の全部又は一部（以下「譲渡対象株式」という。）を第三者（以下「譲渡相手方」という。）に対して譲渡することを希望する場合（かかる譲渡を希望する経営株主又は本投資家を，以下「譲渡希望株主」という。），事前に他の経営株主，本投資家及び本会社に対し，(i)当該譲渡希望の旨，(ii)譲渡相手方が真実，譲渡対象株式を購入する意図があること，(iii)譲渡対象株式の数，(iv)一株当たりの譲渡価格（譲渡の対価が金銭以外の財産である場合は，一株当たりの譲渡対価の種類及び数量），及び(v)その他の譲渡に関する主要条件を記載した書面（以下「譲渡条件説明書」という。）とともに書面にて通知（以下「譲渡通知」という。）しなければならないものとする。

第●条　（先買権）

1．前条の場合において，譲渡希望株主以外の特定投資家[83]又は経営株主（以下「先買権保有株主」という。）は，譲渡通知を受領後［30］日以内に，譲渡希望株主及び本会社に対し，その旨書面にて通知することにより，譲渡対象株式の全部又は一部を，譲渡条件説明書に記載された条件と同一の条件で自ら買い取る権利（以下「先買権」という。）を有する（以下，先買権を行使した先買権保有株主を「買取希望株主」という。）。複数の買取希望株主が先買権を行使した場合，各買取希望株主が買い取ることができる株式の数の上限は，(i)譲渡対象株式の数に，(ii)(x)分子を当該買取希望株主が保有する株式に係る譲渡通知の日現在における転換後株式数とし，(y)分母を全ての買取希望株主が保有する株式に係る譲渡通知の日現在における転換後株式数の合計とする係数を乗じて得られる数とする（一株未満の取扱いについては先買権保有株主と買取希望株主との間で協議して決めるものとする）。

2．買取希望株主が前項に基づき買い取ることができる譲渡対象株式のうちその一部についてしか先買権を行使しなかった場合，譲渡希望株主は，前項に基づき買取希望株主が買い取ることができる譲渡対象株式の全部につき先買権を行使した買取希望株主及び本会社に対し，いまだ先買権の行使がなされていない譲渡対象株式（以下「未買取株式」という。）の数を記載した書面を速やかに送付するものとする。かかる書面を受領した買取希望株主は，未買取株式全て（一部は許されない。）を買い取ることを請求することができ，かかる買取りを希望する場合には，かかる書面受領後［15］日以内に，譲渡希望株主及び本会社に対し，その旨書面にて通知するものとする。未買取株式に

83　特定投資家の定義例については，第2節3(1)の「【条項例】投資家によるオブザーバー指名権」を参照。

ついて先買権を行使した買取希望株主が複数いる場合には，かかる先買権を行使した買取希望株主の転換後株式数の割合に応じて按分して買取りが行われるものとする（一株未満の取扱いについては先買権保有株主と当該買取希望株主との間で協議して決するものとする）。

3．前二項に基づき，買取希望株主により譲渡対象株式が買い取られることになった場合には，譲渡希望株主は速やかに，各買取希望株主に対し，当該買取希望株主から，譲渡条件説明書に記載された一株当たりの譲渡価格（譲渡条件説明書に記載された譲渡の対価が金銭以外の財産である場合は，一株当たりの譲渡対価の公正な時価。なお，かかる公正な時価は本会社の取締役会により合理的に決定され，その決定を最終的なものとする。）に基づいて算出される譲渡代金の支払を受けることと引換えに，当該買取希望株主が買い取ることとなった数の株式をそれぞれ譲渡（譲渡希望株主の記名押印済みの株主名簿名義書換請求書の交付を含む。）するものとする。

(2)　タグ・アロング（Tag-Along Right，売却参加権・共同売却権）

タグ・アロング（Tag-Along Right[84]）とは，ある株主が保有する株式を第三者に譲渡することを希望する場合に，他の株主が，自らの株式も，当該第三者に対して同一の条件で譲渡するよう請求する権利をいう。「売却参加権（売却参加請求権）」や「共同売却権」といった名称で定められることもある。

タグ・アロングは基本的に先買権とセットであり，譲渡予定株式のうち，先買権行使者が購入していない残存株式が対象になる。実際の契約ごとにバリエーションが存在するが，タグ・アロングの行使は，先買権のプロセス後，おおむね以下のプロセスに従う。

①　先買権保有者によって購入されていない譲渡予定株式が残存する場合，先買権の行使可能期間後，一定期間内に，タグ・アロングを行使できる投資家[85]は，自らが売却の参加に希望する株式の数を経営株主及びスタートアップに通知する

②　当初の譲渡人（経営株主又は投資家）と，タグ・アロングを行使した投資家は，譲渡相手方に対して契約で定められた数の株式を譲渡することができるものとし，当初の譲渡人は，当該数の株式の全てが譲渡されるために必要な措置を講じる

84　NVCA ROFRひな形では "Right of Co-Sale"とされる（1.21条）。VIMAは "Tag-Along Right"，BVCAは "Tag-Along"ないし "Tag-Sale"とする。

212 第3部 株式による本格的な資金調達

　先買権に基づく譲渡と異なる特徴として，タグ・アロングに係る譲受人は，当初の譲渡人（経営株主又は投資家）が株式を譲渡しようとしていた第三者であり，株主間契約の当事者ではないことも多い。この場合，当該第三者は株主間契約に法的には拘束されず，タグ・アロングを行使した投資家から定められた条件に従って株式を購入することを法的に強制することは難しい。そのため，当初の譲渡人が，タグ・アロングを行使した投資家との関係でその株式が譲渡されるために必要な措置を講じる義務を負い，譲受人との間で交渉を行うことが想定される。譲受人としては，当初の想定と同一の価格で，同一の数の株式を購入できる限り，購入を拒まない可能性もあるが，投資家が保有している株式の種類が異なる場合もあり，また，当初の株式数を複数人から譲り受ける場合には当初の譲渡人が一部の株式を継続して保有する以上，購入後の株主構成が想定と異なるといった差異もあるため，購入に応じない可能性もある[86]。そのため，後述の通り，これらの規定の意義として，経営株主や投資家のエグジット時に，資本構成の組み換えについて交渉を促すといった機能が重要になる。

【条項例】タグ・アロング（共同売却権）

　第●条　（共同売却権）
　1．譲渡対象株式の譲渡において，譲渡対象株式につき前条第1項に定める権利を行使しなかった先買権保有株主（経営株主を除く。）及び他の各本投資家（以下「共同売却適格株主」という。）は，先買権に基づき他の先買権保有株主が取得しなかった譲渡希望株主による譲渡対象株式（以下「残余株式」と

85　タグ・アロングを行使できる投資家の範囲をどう設計するかは問題になる。先買権とセットである以上，先買権を有する投資家のうち，先買権を実際には行使しなかった者とすることも考えられる。この場合，一定以上の持分割合を有する投資家（主要投資家・特定投資家）のみが先買権を有すると，小口投資家はタグ・アロングも有しないことになる。先買権の趣旨が，望ましくない者が株主になることを防止することであるのに対し，タグ・アロングの趣旨が，投資家に対してエグジットの機会を平等に与えることであると考えると，両者の趣旨の違いから，タグ・アロングを行使できる投資家の方を広くして全ての投資家とすることも考えられる。本書の条項例もそのような設計としている。
86　このように，先買権やタグ・アロングが行使されると，当初の譲渡人と譲受人との間での取引内容が前提を欠くことになるため，仮に，先に株式譲渡契約を締結する場合，先買権やタグ・アロングについて適切な処理がなされていること（後述の Waiver Letter により放棄されていることも含む）を株式譲渡実行の前提条件として定めることが考えられる。

いう。）の売却に，譲渡条件説明書に記載された条件と同一の条件にて参加する権利（以下「共同売却権」という。）を有するものとする。

2．譲渡希望株主は，(i)いずれの買取希望株主も前条第1項に定める権利の全ては行使しなかった場合には，同項の通知の期間満了から［10］日以内に，(ii)いずれかの買取希望株主が前条第1項に定める権利の全てを行使した場合で，同条第2項に定める権利を行使した買取希望株主が存在しなかった場合には，前条第2項に定める［15］日の期間満了から［10］日以内に，共同売却適格株主及び本会社に対し，残余株式の数及び共同売却適格株主が共同売却権を有する旨を書面にて通知するものとする。

3．共同売却権を行使する共同売却適格株主（以下「共同売却株主」という。）は，前項の通知の受領後［30］日以内に，売却することを希望する株式数を譲渡希望株主及び本会社に対して書面により通知することを要する。

4．共同売却権を行使した共同売却株主が当該権利に基づき売却することができる株式数は，合計して残余株式の数を上限とする。共同売却株主が売却することを希望する株式数の合計が残余株式の数を上回る場合，共同売却株主が共同売却権により売却することができる株式数は，(i)残余株式の数に，(ii)(x)分子を当該共同売却株主が保有する株式に係る譲渡通知の日現在における転換後株式数とし，(y)分母を譲渡希望株主及び全ての共同売却株主が保有する株式に係る譲渡通知の日現在における転換後株式数の合計とする係数を乗じて得られる数（1株未満切捨て）とする。なお，譲渡相手方が譲り受ける本会社の株式の数を増加することに同意した場合には，かかる増加した本会社の株式の数を上記(i)の残余株式の数に加えるものとする。

5．譲渡希望株主は，共同売却権に基づき共同売却株主が売却することができる株式につき，共同売却株主と譲渡相手方との間で譲渡条件説明書に記載される価格及び条件で譲渡が行われるために必要な一切の措置を講ずるものとする。

第●条（譲渡希望株主による譲渡）

1．第●条（先買権）の規定に基づいて譲渡対象株式全部が買い取られることにはならなかった場合，譲渡希望株主は，前条第3項に定める［30］日の期間の満了後［30］日間（以下「譲渡可能期間」という。）に限り，譲渡条件説明書に記載された条件よりも譲渡相手方にとって有利にならない条件で，買取希望株主による買取りの対象とならなかった譲渡対象株式の全部又は一部を譲渡相手方に譲渡することができるものとする。ただし，本項に基づく譲渡は，前条の制約を受けるものとする。

2．譲渡可能期間内に譲渡されなかった譲渡対象株式については，譲渡希望株主は再度第●条から第●条（譲渡通知，先買権，共同売却権）に規定する手続を経ない限り，これをいかなる第三者にも譲渡することはできないものとする。

214　第3部　株式による本格的な資金調達

> 3．第●条から第●条（本投資家による株式等の処分，譲渡通知，先買権，共
> 　同売却権）の規定は，譲渡希望株主が自らの関係者（譲渡希望株主が投資ファ
> 　ンドである場合には，その業務執行組合員の関係者を意味するものとする。）
> 　や本会社の役職員に保有株式を譲渡する場合には適用されないものとする。
> 4．本章の規定にかかわらず，譲渡希望株主は，その保有する本会社の株式を，
> 　適格株式公開に際して売出しにより譲渡することを妨げられないものとする。

(3)　契約条項の機能と実際の処理—事前のアレンジとWaiver Letter

　以上のように，株主間契約のデフォルトルールでは，先買権とタグ・アロン
グにより，当初の譲渡人が第三者に対して株式を譲渡しようとするときに，段
階的なプロセスを経て，最終的に第三者に対して譲渡できる株式数と譲渡人が
決定される。この規定に機械的に従うと，一定の期間が経過するまで最終的な
譲渡対象株式の数や譲渡人を確定することができず，株式を処分する経営株主
や投資家だけでなく譲受人も，あらかじめ投資判断を行うことが困難になる。

　このように，先買権やタグ・アロングに機械的に従う場合には問題も生じ，
取引が成立しない可能性もあるが，先買権やタグ・アロングが契約上定められ
ることの実質的な意義・機能は，デフォルトルールとして既存株主の交渉上の
ポジションを定めていること自体にあると考えることもできる。株式を処分し
ようとする経営株主や投資家は，デフォルトルールをもとにディールが成立す
るシミュレーションを行った上で，先買権やタグ・アロングを保有する既存株
主に対して事前に頭出しをし，内諾を得つつ譲受人候補との条件交渉を行う[87]。
その結果，場合によっては外部者ではなく既存株主のみが株式の全てを譲り受
けてディールが完結する場合もある。先買権やタグ・アロングには，このよう
な資本構成の組み換えについて交渉を促す機能がある。

　そのため，実務上は，取引条件が固まると，株式譲渡のクロージングまでに，
先買権やタグ・アロングを保有する者から権利の放棄書（Waiver Letter）を
取得し，これらの手続をスキップする対応も取られる[88]。譲受人としては，権
利放棄という選択肢を含めて，株主間契約上の権利処理が完了していることを，

87　宍戸＝VLF 184〜185頁も参照。なお，同書は，経営株主が普通株式を譲渡しようとし，
　投資家がタグ・アロングにより優先株式を譲渡しようとするときに，契約上の処理（同一
　の価格による売却）が機能しない場合を念頭に，契約外での交渉が促進されるとする。

第4章　投資後の権利関係：株主間契約・分配に関する合意　215

株式譲渡のクロージングの前提条件とすることを求めることになる。

3　ドラッグ・アロング（強制売却権・同時売却請求権）

(1)　概　要

　M&Aの際に株主全員から株式の譲渡が実行されるように，一定の株主が第三者に株式を譲渡しようとする場合には，他の株主に対して，その保有する株式を全て当該第三者に譲渡することを請求できる旨の合意をすることがある。このような請求権をドラッグ・アロング（Drag-Along Right）と呼ぶ。

　日本でもスタートアップのM&Aが重要なエグジット方法になっており，ドラッグ・アロングは円滑なM&Aを実現するための手段として株主間契約の典型的な規定となっている。名称は「強制売却権」「売却強制権」といった用語で定められることがあるほか，後述のように，「強制」という側面ではなく経営株主や投資家の協調によるM&Aの実現に資する条項であるとして「同時売却請求権」[89]「一斉売却請求権」[90]といった用語が用いられることもある。

　M&Aに際して，会社法上のスクイーズ・アウト手続（第7部第5章第2節2⑵参照）によらずに買収者が全株式を取得できるためには，全ての株主が強制売却権に対応した義務を契約上負う必要がある。そのため，役員選任権等のガバナンスや株式の処分について，投資家や主要な株主の間で定める「株主間契約」とは別途，ドラッグ・アロングやみなし清算といったM&Aの場合の処理について，全株主間（及びスタートアップ）の間で「財産分配契約」や「買収にかかる株主分配等に関する合意書」等の呼称で別契約として締結することもある[91, 92]。

88　このように，実務上は手続を迅速・簡便に行うために，契約上の規律と異なる取扱いを行うことについての同意や権利の放棄（waiver）がなされるよう，当事者間のコミュニケーションを促進する機能を有する条項は他にも見られる。例えば，事前承諾事項（第2節5）や優先引受権（第3節1）等。

89　経産省・主たる留意事項48頁。

90　宍戸＝VLF 186頁。

91　第1章の注9参照。

92　ドラッグ・アロングが発動されたにもかかわらず，一部の株主が応じない場合に，どのような手段がとれるかという問題がある。契約条項の定め方によるが，第三者（買収者）のためにする契約と考えて買収者が株式の引渡しを請求する方法や，株主間契約の当事者が他の当事者に対して株式売却の申込みの意思表示を命じる判決を取得する方法等が考えられるという指摘がある（会社・株主間契約393〜395頁参照）。

216　第3部　株式による本格的な資金調達

また，出資時点の株主全員との間で合意するだけでなく，その後のラウンドで投資する他の投資家も拘束されるようにする必要がある[93]。

⑵　主な要件・留意点

⒜　売渡条件・対価の分配

ドラッグ・アロングが行使された場合に売渡義務を負う他の株主の売渡条件は，原則として，ドラッグ・アロングを行使した株主による第三者への譲渡条件と同一になる。

もっとも，優先株式と普通株式のように，株主ごとに異なる種類の株式を保有する場合には，各株式に割り付けられる譲渡対価は，優先株式に優先残余財産分配権が付されていることを前提として，みなし清算における分配の順位（第2章第3節2）を反映した価額となるようにあらかじめ確認・合意しておくことになる。

⒝　ドラッグ・アロングの発動主体と要件

スタートアップは外部投資家の数も相当数になる一方，一投資家当たりの出資額・持分割合が小口であることも多い。そのため，ドラッグ・アロングを行使できる主体の定め方としては，特定の単独の投資家ではなく，投資家の一定グループ（例えば，優先株式を保有する投資家のうち，その過半数や3分の2の株式を有する投資家等）が共同で行使することができると定めることが多い。

さらに，スタートアップの買収では，単に株式のみ譲渡しても，創業者等の経営陣が望まない買収であれば，スタートアップの価値を買収者が取得できないケースが多い。そのため，投資家がドラッグ・アロングを行使する際に，創業者の同意や取締役会の承認（後述）を条件とすることを定めるものも増えてきている。このように定めたドラッグ・アロングは，創業者の意向を無視して多数投資家が買収を強行できる権利という位置付けではなく，経営陣も同意している買収案件であるにもかかわらず，一部の少数株主がこれに反対する場合に，売却を実現できるようにする仕組み（ホールドアップ問題の解決策）とし

93　多数当事者間の株主間契約・財産分配契約では，新規投資家が株主になる場合に，契約全体を新たに締結し，全当事者から新たにサインや押印を取得するのではなく，いわゆる"Joinder"として，新規投資家が既存の契約に参加・加入するためのシンプルな「参加契約」や「加入契約」（合意書）により，契約当事者が追加されていくよう設計することが多い（第7章第3節5）。

て位置付けられる[94]。

(c) ドラッグ・アロングと取締役の責任

ただし，取締役会の承認を要件とする場合，取締役が負う法的義務との関係に留意する必要がある。すなわち，取締役は，少数株主を含む株主全体に対して，その利益を最大化する義務（善管注意義務）を負う。そのため，取締役会の承認を要件とする場合，少数株主の利益をも考慮して賛否を判断しなければならないかという問題に直面することもあり得る。

特に，（ドラッグ・アロングによるか否かにかかわらず）スタートアップのM&Aに際しては投資家に対してみなし清算による優先分配が行われることに伴い，あるM&Aが，対価を優先的に受領する優先株主には利益をもたらす反面，普通株主には十分な対価が割り当てられない場合，普通株主には，M&Aを行うよりも，企業価値が増大する可能性に賭けて独立した経営を継続する方が望ましいことがあり得る。このように，優先株主と普通株主の利益が対立する場合，取締役がどのような基準に基づいて行動すべきかが問題となり得る[95]。

ドラッグ・アロングの発動要件を決める際には，このような点もふまえて，慎重に検討をする必要がある。

(d) その他の要件

以上のほか，特に，自らの意思にかかわらず株式の売却を強制され得る創業者らの意向等から，一定の要件が課される場合がある。例えば，創業者としてはIPOをエグジット戦略の第一優先としているケースが多いため，一定時期までに（一定の金額規模等の要件を満たした）IPOが実現できない場合にのみ，ドラッグ・アロングが行使できるように設計することがある。

また，創業者としては，自らにも一定のリターンが分配されるM&Aでない限り売渡義務を負いたくないとして，例えば，M&Aの対価の総額が一定額以上であることをドラッグ・アロングの行使の条件として求めることもある。こ

---

94 NVCA VAひな形の脚注17では，ドラッグ・アロングの目的が，単に投資家グループにM&Aを強制できる一方的な権利を付与するものではなく，一定の割合の株主により承認されたM&Aが，契約に参加している全ての株主により実行されることを保証する権利になり得ることを指摘している。

95 優先株式と普通株式の保有者の利害が対立する場合の，取締役の善管注意義務について，第7部第4章第1節2のコラム及びM&A法大系894〜895頁参照。また，米国における議論として，NVCA VAひな形の脚注18及び47，並びに関連する米国の裁判例として In Re Trados Incorporated Shareholder Litigation（73 A.3d 17〔Del. Ch. Aug. 16, 2013〕）も参照。

218　第3部　株式による本格的な資金調達

のような条件は，前述のような普通株主と優先株主の利害関係の調整や取締役の責任問題の解決にも資することがある。

　加えて，特に海外では，少数株主の経済的利益を保護するために，買収条件に制限が加えられることも多い。具体的には，買取価格は優先残余財産分配権に従って定められたものであること，買取対価の種類が一部の投資家に不利益でないこと，少数株主が締結している（株主間契約等の投資関連契約以外の）既存契約の変更や終了を強制されないこと，ドラッグ・アロングの対象となる少数株主がM&Aに際して行う表明保証を一定の基礎的事項に係るものに限定すること，補償責任は少数株主に支払われた対価の額に限定されること等の条件が定められることがある[96]。日本でも，このような条件の一部が定められる例も見られてきている。

【条項例】ドラッグ・アロング

> 第●条　（ドラッグ・アロング）
> 1．その時点における本会社の全ての種類の発行済株式の転換後株式数の総数（ただし，自己株式の数を控除する。）の［過半数／3分の2以上］の株式を保有する一又は二以上の本会社の株主が，本会社につき支配権移転事由【※】を伴う取引（以下「支配権移転取引」という。）を行うことを決定した場合［（ただし，経営株主が反対の意思を表明した場合を除く。）］，本契約に拘束される全ての株主（以下「対象株主」という。）は，当該決定された条件にて自己の保有する本会社の株式等の全部を支配権移転取引における譲受人に譲渡すること，支配権移転取引の承認に係る議案に賛成の議決権を行使することその他の当該支配権移転取引の実行に必要な行為をするものとする。また，本会社及び経営株主は，支配権移転取引を行うために必要となる場合には，経営株主及び本投資家以外の本会社の株主からの同意の取得その他の支配権移転取引の実行に必要な措置を講じるものとする。
> 2．前項における対象株主の義務の履行は，以下の各号を満たすことを条件とする。
> 　(1)　対象株主が，支配権移転取引における対価として，現金又は十分な流動性のあるエクイティ性証券以外の対価を受領することを強制されないものであること。
> 　(2)　支配権移転取引において各種類の株式につき引換えに交付される対価の種類は，同一種類の株式につき同一であること（一株未満の端数につき現

96　NVCA VAひな形3.3条やBVCA定款ひな形22.6条参照。

金が支払われるものは許容される。)。
(3) 各種類の株式に関し，支配権移転取引の結果，一株当たりにつき受領することができる対価，補償又はエスクロー条項における取扱いは，同一の種類の株式につき同一であること
(4) 株式一株当たりにつき支払われる対価の額は，支配権移転取引の実行日において本会社が清算されたと仮定した場合に定款に基づき各株主が受領することができる額と同額であること。

※定義例：
(●) 「支配権移転事由」とは，以下に掲げる事由のいずれかの事由をいう。なお，ある株主につき関係者である株主が存在する場合には，当該関係者の保有する議決権数を当該株主の保有する議決権数に合算するものとする。
(1) 合併，株式交換又は株式移転（ただし，かかる行為の直前における本会社の株主が，存続会社又は完全親会社の総株主の議決権の過半数を有することになる場合を除く。）
(2) 事業の全部又は実質的に全部の譲渡（ただし，かかる行為の直前における本会社の株主が，譲受会社の総株主の議決権の過半数を有することになる場合を除く。）
(3) 本会社の事業の全部又は実質的に全部が承継される吸収分割又は新設分割（ただし，かかる行為の直前における本会社の株主が，承継会社又は新設会社の総株主の議決権の過半数を有することになる場合を除く。）
(4) 本会社の株式等の譲渡又は移転（ただし，かかる取引の直前における本会社の株主が，当該取引の直後において引き続き総株主の議決権の過半数を保有することになる場合を除く。）

4 株式買取請求権（プット・オプション）・償還請求権

(1) 概　要

伝統的に，日本のスタートアップ投資で，経営株主又はスタートアップが，株式引受契約や株主間契約上の義務に違反した場合や，株式引受契約における表明・保証が真実又は正確でなかった場合等に，投資家が，スタートアップ（や経営株主）に対し，株式の買取りを請求できる株式買取請求権（経営株主やスタートアップにとっては株式買取義務・償還義務）が定められることが多く見られてきた。義務違反や表明保証違反が発覚した場合，損害賠償請求では，賠償額の算定が困難であること等により，実効的な救済が難しい。また，このよ

220 第3部 株式による本格的な資金調達

うな場合には，投資家とスタートアップとの間の信頼関係が損なわれ，投資家は株主であり続けることが困難なことも多い。そこで，投資家とスタートアップとの関係解消を図るために株式買取請求権が設けられることがある[97]。

　もっとも，株式買取請求権は日本に固有とされる。例えば，米国ではNVCAひな形上や実務上も設けられていないことが指摘される[98]。そのため，近時は日本のベストプラクティスについても様々な議論がなされ，株式買取請求権を定めない事例もあるほか，少なくとも株式買取請求権の発動要件を縮減したり，一定の場合における買取義務者から経営株主個人を外したりする等の試みがなされている。

【条項例】株式買取請求権

> 第●条（株式買取請求権）
> 1．本投資家は，次の各号に掲げる場合，本会社［及び経営株主］に対し，各株式引受契約に基づき引き受けた本株式[99]の全部又は一部［(各号のうち，各株式引受契約上の義務又は表明及び保証に関する場合は，当該株式引受契約に基づき引き受けた本株式の数を上限とする。)］を，請求時の一株当たり公正価額を一株当たりの対価として買い取ることを請求することができる。本会社［及び経営株主］は，当該請求の受領後30日以内に，当該株式を，法令等の範囲内で，［連帯して］自ら買い取り，又は第三者をして買い取らせなければならない。

97　経産省・主たる留意事項32頁参照。なお，特に発行会社自身が金銭を対価として株式を買い取る（買い戻す）ことに着目して，「償還請求権」と呼ぶこともある。

98　宍戸＝VLF 201頁，320〜321頁参照。BVCAやVIMAひな形にも株式買取請求権は設けられていない。

99　契約上「保有する本会社の株式（の全部又は一部）」の買取りを請求できるよう定めておく例も見られる（宍戸＝VLF 198頁，244頁，桃尾・松尾・難波140頁等）。この場合，複数回のラウンドで投資を行って複数の株式引受契約を締結している場合，文言上，保有株式の全ての買取りを請求できる余地があるとも読み得る。もっとも，複数回のラウンドで投資を行って複数の株式引受契約を締結している場合，例えば「ある株式引受契約の基準時の表明・保証は真実かつ正確であったが，別の株式引受契約の基準時の表明・保証に違反している」という場合や，一部の契約のみの義務に違反している場合等も考えられる。このような場合に，違反していない株式引受契約に基づいて引き受けた株式を含めて買取りを認めることが，投資家を過剰に保護していないか，株式買取請求権の趣旨とも関係して問題になる。買取りが認められる株式が限定されるように条項を限定的に解釈できるか，また，そもそもそのような限定的な解釈をすべきか，といった点が問題になる。

（1） 本会社又は経営株主が株式引受契約又は本株主間契約に基づく義務に重要な点において違反し，当該違反の治癒を求める本投資家からの通知を受領した後30日以内に，かかる違反が治癒されなかった場合
（2） 株式引受契約における本会社又は経営株主の表明及び保証が重要な点において真実又は正確でなかった場合
2．前項に基づく買取りの対価としての一株当たり公正価額は，以下のうちいずれか最も高い金額とする。
（1） 当該株式の一株当たり払込金額
（2） 財産評価基本通達に定められた「類似業種比準方式」に従い計算された一株当たりの金額
（3） 本会社の直近の貸借対照表上の簿価純資産に基づく一株当たり純資産額
（4） 本会社の直近の株式の譲渡又は増資事例における一株当たりの譲渡価額又は発行価額
（5） 本投資家及び本会社が合意の上選任した独立した第三者により算定された一株当たりの公正価額

(2) 株式買取請求権の発動要件

株式買取請求権を定める場合，典型的には，以下のような場合が発動要件として定められることがある。

✓ 契約上の義務違反（株式引受契約・株主間契約）
✓ 法令・定款違反
✓ 表明保証違反（表明保証が真実又は正確でなかったことが判明した場合）
✓ （十分にIPOできる状態にあるにもかかわらずIPOを行わない場合）

これらについて，株式買取請求権の発動という重大な効果をもたらすことに照らして，例えば「重大な」義務違反や「重要な点における」表明保証違反に限定する場合もある[100]。また，軽微な違反の場合や，一定期間内に違反や瑕疵が治癒された場合は株式買取請求権を行使することを認めない場合もある[101]。
このほか，株式買取請求権の発動要件として定められる例として，伝統的に

100　経産省・主たる留意事項31頁，宍戸＝VLF 198頁，244頁。経産省・主たる留意事項は，重大な契約違反の対象となる条項を具体的に列挙する案を挙げているほか，重大な表明保証違反や契約違反の一般的な例として，粉飾決算，投資資金の目的外利用，反社会的勢力との関係，事前承認事項への違反，重大な法令違反を挙げる（34頁）。
101　桃尾・松尾・難波140〜141頁，宍戸＝VLF 198頁，244頁。

は，VCのファンド満期が近づいた場合も挙げられてきた。もっとも，投資家であるVC側の事情で株式買取請求権の行使ができることは元本保証にも近く，エクイティとしてのリスク・リターンになじまないことから，現在では設けられることは少ないと思われる。

また，「一定時期までに株式公開ができなかった場合」や「株式公開ができるのにしない場合」のように，株式公開・上場（IPO）と紐付ける形で，株式買取請求権の要件が定められる例も伝統的に見受けられる[102]。これに対して，IPOと紐付ける形で株式買取請求権を定めることについては強い批判もある。このような要件もスタートアップ投資の高リスク・高リターンの考え方に合致しないことも多い。また，具体的事情において要件に該当するか否かがはっきりしないことも多い。そのため，後述の「行使条件を満たさない買取請求権の行使」として，独占禁止法の優越的地位の濫用として問題視される可能性にも特に注意すべき類型と思われる（下記(5)参照）[103]。

(3) 株式買取請求権の買取義務者の範囲（スタートアップ・創業者）

株式買取請求権の買取義務者（投資家から見た請求権の相手方）は，発行会社であるスタートアップと，経営株主である創業者らの2種類が考えられる。

経営株主個人が買取義務者となる場合，スタートアップと連帯して買い取る義務を負う（連帯責任を負う）よう定められることが多い[104]。その理由の1つとしては，発行会社自身による買戻しは自己株式の取得として財源規制を受け（会社法461条，157条1項），分配可能額がないことの多いスタートアップが買取義務を法的に履行することは困難で，実効性が欠けることが指摘される。他

---

[102] 株式公開が実現されない場合は，大きく「努力不足型」と「外形標準型」があるとされ，買取価格の決定方法等で異なる取扱いをすることが考えられるという指摘もあった。「ベンチャー企業の創出・成長に関する研究会」最終報告書（2008年4月30日）78頁以下参照。会社・株主間契約193～195頁も参照。

[103] 経産省・主たる留意事項は，一定期間IPOできなかったことのみを理由に買取請求ができる条項を設けることは好ましくなく，避けるべきとする。その上で，投資家のExitに関して株式買取請求のような強力な権利を行使することができるのは，Exit協力義務に対して重大な契約違反が生じたと判断できる場合に限定すべきであるとする。他方，発行会社が十分にIPOできる状態にもかかわらずIPOを行おうとせず，投資者のM&AによるExitにも協力しない場合は買取請求にも合理性がある一方，そのような場合は事前に発行会社とも調整し，明確な条件を設定しておくことが望ましいとする（34頁）。

[104] 宍戸＝VLF 201頁。

方，買取金額の算定式次第であるが，理論上は買取義務の金額も数億～数十億，数百億円単位になり得るところ，個人である経営株主はそのような買取義務に応じる資力がないことも多く，実効性が増すとは限らない一方で，個人によるそのような買取義務は（連帯するか否かにかかわらず）心理的・実際上の負担として過大にもなり得る。融資でも一定の条件を満たしている限り個人保証・経営者保証が求められなくなってきたこともある（第5部第3章参照）。そのため，経営株主個人を買取義務者とすることについては慎重な検討・対応がなされるべきという指摘もなされてきた。

この点，2022年3月に改訂された，公正取引委員会＝経済産業省「スタートアップとの事業連携及びスタートアップへの出資に関する指針」（令和4年3月31日）（「事業連携・出資指針」〔第9章第2節1参照〕）では，オープンイノベーションや雇用を促進していく観点からは，契約で株式買取請求権を定める場合であっても，その請求対象から経営株主等の個人を除いていくことが，競争政策上望ましいと考えられるという指摘がなされた[105]。

このような指摘もふまえ，実務上，スタートアップ・経営株主と投資家との間で，経営株主個人が過度に委縮せず，スタートアップの成長を阻害せずに，投資家保護を図りながら円滑な資金調達がなされるよう，買取請求権を定めるか否かや，定める場合の内容について十分な議論がなされる必要がある[106, 107]。

なお，株式買取りの方法として，スタートアップや経営者による買取りに加え，第三者をして買い取らせることを（努力）義務とする場合も存在する。第

105　事業連携・出資指針47～48頁。ただし，発行会社からの買戻しを確保するための減資プロセスへの経営者の協力義務や，経営株主が会社に損害を与えたことが明確な場合の株主代表訴訟プロセス，法人格否認の法理の適用の考え方等，実務上の整理は進めていく必要があることが指摘されている。なお，同指針の改訂に伴い，経産省・主たる留意事項も，2022年3月に株式買取請求権に関する記載の一部改訂がなされ，「買取請求の対象は発行会社に限定し，創業株主等の個人を除いていくことが望ましい」旨が記載された（32頁）。

106　株式買取請求権に関する記載の一部改訂がなされた際の，経産省・主たる留意事項の2022年3月改訂前文も参照。

107　株式買取請求権に対する様々な評価・考え方をもとに，VC等の投資家が提供するひな形にもバリエーションが見られる。例えば，発行会社による株式買取りは，本文記載の通り会社法の財源規制により実効性が欠けることをふまえ，一定期間内に発行会社による株式買取りがなされない場合は，残りの株式の評価額の全額を発行会社が違約罰（民法420条1項，損害賠償額の予定）として投資家に支払う義務を負う（財源規制に服しない）代わりに，経営株主個人は株式買取請求権の対象としないといった案を提示する例もある。辻口敬生「ベンチャー投資における連帯責任条項の考察」ビジネス法務22巻6号（2022年）153頁以下参照。

224 第3部 株式による本格的な資金調達

三者を株式の買取者とすることで，スタートアップの分配可能額や経営株主の買取原資の問題を回避しつつ，スタートアップに友好的な者を株主として迎え入れることができることが指摘される[108]。

(4) 買取価格

　株式買取請求権を設ける場合の一株当たりの買取価格は，基本的にはその公正な価額とされることが多い。もっとも，非上場株式である以上，いかなる算定方法で算定された価格が公正な価額といえるかには解釈の余地があるため，(1)いくつかの方法を列挙した上で，そのうち(2)買取請求権を行使した者が選択した方法，最も高い価額となる方法，投資家とスタートアップが合意した方法等のいずれかとするパターンが見られる[109]。

　(1)の方法は，例えば，①当該株式の一株当たり払込金額，②財産評価基本通達に定められた類似業種比準方式に従い計算された一株当たりの金額，③会社の直近の貸借対照表上の簿価純資産に基づく一株当たり純資産額，④直近の株式の譲渡又は増資事例における一株当たりの譲渡価額又は発行価額，⑤投資家及び発行会社が合意の上選任した独立した第三者により算定された一株当たりの公正価額，といった方法が挙げられることが多い。

(5) 株式買取請求権の機能と運用上の留意点

　スタートアップにも経営株主個人にも，通常は法的な分配可能額や株式を買い取る原資が無いとすると，株式買取請求権を設ける場合，実際上は，そのよ

108　経産省・主たる留意事項32頁参照。なお，第三者をして買い取らせる義務を契約上定めなくても，第三者が任意に買取りを行った場合，第三者弁済（民法474条）として買取りは有効になり，スタートアップや経営株主は買取義務を免れると考えられる。その上で，スタートアップや経営株主が第三者を買取者として指定した場合に，買取請求権を行使した投資家が拘束されるかどうか（株式の売買契約が指定された第三者との間で成立するか）は，契約条項の定め方によると考えられる。

109　公取委・実態報告書では「著しく高額な価額での買取請求が可能な買取請求権の設定」が問題事例として挙げられており（事例49，50），十分に協議することなく出資額よりも著しく高額な価額での買取請求が可能な株式買取請求権の設定を押し付けるような場合等は，事案によって優越的地位の濫用（独禁法2条9項5号）となるおそれがあることが指摘されている（同報告書83頁，事業連携・出資指針45～46頁）。公取委・調査結果では，スタートアップ791社の回答中，8社（株式買取請求権に関する回答のうち最多数）から該当事例があった旨の回答があったとされている。

うな権利があることを通じた交渉の材料として機能する。このような機能は，競争法（独占禁止法）との関係で問題が生じ得る点に注意が必要となる。

公取委・実態報告書において，独占禁止法上の優越的地位の濫用（独禁法2条9項5号）として問題になり得る事例として，「買取請求権を背景とした不利益の要請」[110]や「行使条件を満たさない買取請求権の行使」[111]が挙げられている[112]。後者の事例は「事業計画の重大な変更」があった場合のような，解釈に幅がある発動要件を定めていた例と思われる。

事業連携・出資指針（44〜47頁）は，それぞれの場面について，取引上の地位がスタートアップに優越している出資者が，正当な理由がないのに株式買取請求権を背景とした不利益な要請や株式買取請求自体を行う場合で，スタートアップが，今後の取引に与える影響等を懸念してそれを受け入れざるを得ない場合には，正常な商慣習に照らして不当に不利益を与えることとなるおそれがあり，優越的地位の濫用として問題となるおそれがあるとしている。

事業連携・出資指針にもある通り，契約違反時の責任追及の手段として株式買取請求権の条項自体が直ちに否定されるものではない。一方で，出資者（投資家）は株式買取請求権を濫用してはならず，契約で定められた株式買取請求権の発動要件を明らかに満たしていない，あるいは無関係な事情にもかかわらず，株式買取請求権が存在することを奇貨として，事実上株式の買取りに応じるよう要求する行為は，そもそも応じるべき契約上の理由もなく，独占禁止法上も問題となり得ることがわかりやすい。例えば，公取委・実態報告書や事業連携・出資指針で問題視されているような，出資者と定めた事業計画上の目標を達成していたにもかかわらず，出資者から知的財産権を無償で譲渡するように求められ，それに応じない場合には株式買取請求権を行使するよう示唆するような行動[113]等が挙げられる。他方，契約の文言に解釈の幅があり得ることは

110　事例48。この事例において，「出資者の意見」としても，買取請求権の使い方として，実際に行使するのではなく，スタートアップの経営を管理し，交渉の材料として提示することがある旨の意見があったことが示されている。一方で，「有識者の意見」として，買取請求権を行使する出資者は少ないが，買取請求権条項を「脅し」にして，スタートアップに対して様々な不利益の要求を行っている旨の意見があったことが示されている。

111　事例51。

112　公取委・調査結果では，スタートアップ791社の回答中，「買取請求権を背景とした不利益の要請」について1社，「行使条件を満たさない株式の買取請求権の行使」について5社から，事例があった旨の回答があったとされている。

やむを得ない以上，例えば「重要な」「重大な」といった解釈に幅があり，株式買取請求権の発動要件を満たしていると考えることに相応の理由・事実関係がある状態で，投資をもはや継続できないとして，まずは裁判外で株式買取請求権をもとに協議をすること自体も直ちに否定されるものではない。

この問題の解決は難しく，どのような事情・態様で行う行為が「濫用」とまでいえるかは事案ごとに異なり，当面は具体的事案でも厳しい議論がなされる可能性がある。事業連携・出資指針でも示唆されているように，株式買取請求権を契約で定める場面（出資の場面）と，実際の発動場面（行使の場面）で，出資者とスタートアップが十分に協議を行い対応することが肝要となる。出資者側としてはそのような協議を行ったということをフロー化・記録することも考えられる。

なお，この論点は，あくまで契約自由の原則のもと，消費者ではなく事業者であるスタートアップが自らの判断と責任で契約内容を定めるべきことが想定・期待されている（その上で，一度合意した契約内容が容易に覆せるわけではない）ことを前提に，当事者の力関係をふまえて独占禁止法による一定の調整余地があるという構造である。そのため，事業連携・出資指針では，株式買取請求権に限らず，スタートアップ側も法的リテラシーを高め，契約内容について十分に理解をして締結をする姿勢が求められることも強調されている。

(6) 株式買取請求権の規定箇所（株式引受契約・株主間契約）

株式買取請求権を，個別の投資家と締結する株式引受契約と，原則として投資家全体と締結する株主間契約のいずれで定めるか，両方で定めるかという論点がある[114]。テクニカルな問題だが，実体的な権利義務関係や交渉に影響を及ぼし得る。過去のファイナンスの経緯等，スタートアップの個別の事情に応じて異なり得るが，重大な効果をもたらすため，シリーズAラウンドの段階から，多数当事者との将来のラウンドでもミスなく統一的な処理をしやすい設計とすることを基本線としたい。

---

113 「買取請求権を背景とした不利益の要請」として公取委・実態報告書82〜83頁や事業連携・出資指針44頁で挙げられている事例。

114 宍戸＝VLF 200〜201頁，桃尾・松尾・難波174頁。

第4章　投資後の権利関係：株主間契約・分配に関する合意　227

【規定方法と特徴・留意点】

規定方法	特徴・留意点
株式引受契約のみで定める場合	✓ 各投資家との個別の交渉という性質が強まる。 ✓ 投資家ごとに，株式買取請求権を定めないことや，スタートアップに不利な条件を定める投資家を限定する余地が生じる[115]。反対に，過去ラウンドの投資家よりも不利な条件で株式買取請求権が定められることも起こり得る。 ✓ 同じ投資家でも，複数ラウンドで出資を行った場合に，内容が異なったり矛盾抵触したりする場合もあり得る。
株主間契約のみで定める場合	✓ 各投資家との権利義務関係が一律かつ明確になる。 ✓ 株主間契約において，異なる各株式引受契約の義務や表明保証が，発動要件として正しくカバーされる必要がある。
株式引受契約と株主間契約の双方で定める場合	✓ 各株式引受契約の義務や表明・保証の差異の問題や，各投資家を一律に取り扱うというニーズを，総合的に満たし得る。 ✓ 定め方次第で株式引受契約と株主間契約の内容が抵触し得る[116]。特に，同じ投資家について両者の内容が抵触する場合や，株主間契約の変更等で事後的に内容が変動した場合の処理が不明瞭になる[117]。

115　実際上は，スタートアップが，各投資家と締結した投資契約を後続ラウンドの投資検討の際に投資家候補に開示する場合，それと異なる内容を交渉するハードルは高い。また，法的には，最恵待遇条項が設けられていると（第8節参照），条項次第で，他の投資家と同内容の株式買取請求権が自動的に定められたと解釈される場合もあり得る一方，発動要件が異なる場合等（表明・保証事項が異なる場合等）にどのような取扱いがなされるか等，必ずしも法的に安定しない。

116　例えば，株式引受契約と株主間契約の双方で，双方の契約の義務違反を買取要件として定めているのに，買取主体や買取価格といった効果が異なって定められている等。

117　例えば，株式引受契約では当該契約上の義務違反と表明・保証違反のみに発動要件を限定し，株主間契約では当該契約における義務違反のみを発動要件とすることで，矛盾抵触は避けられる（宍戸＝VLF 198〜204頁，244頁等）。ただし，株式引受契約と株主間契約における効果（買取対象者や買取価格）が異なったり重なったりする場合もあり得る。

228 第3部 株式による本格的な資金調達

第5節 みなし清算条項

　みなし清算条項（Deemed Liquidation）とは，会社がM&Aを行う場合に，M&Aの対価を，会社を清算したものとみなして，定款における優先株式の優先残余財産分配の定めに従って会社の株主に分配を行うことを定める条項である。

　みなし清算条項を定款や株主間契約のいずれについて定めるかは理論上問題になるが，定款にも規定するかどうかにかかわらず，少なくとも株主間契約において一定の規定が設けられることが実務上多い。その上で，基本的に全ての株主が，M&A時に優先残余財産分配の順位に従うよう合意することが重要であるため，投資家等の主要な株主が参加してガバナンスや株式の処分について定める「株主間契約」と区別し，全株主が当事者となる「財産分配契約」においてみなし清算条項を定めることがある。

　みなし清算条項の詳細や，株主間契約における条項例は，優先株式の内容としての優先残余財産分配のパートを参照（第2章第3節2）。

第6節　エグジット（IPO・M&A）に関する条項

1　IPO等のエグジット努力義務

　株主間契約において，投資家が投資回収を図るための行為規範として，スタートアップと経営陣に，株式公開（上場・IPO）やM&A等の株式公開と同程度の投資回収を投資家にもたらす方法で「エグジット」を実現することに向けた努力義務を定める場合がある[118]。

　努力義務とされるのは以下の理由による。日本の実務上，米国等のように，株式公開の際の公開価格，又は引受人（証券会社）による引受価額の総額や一株当たりの引受価額が一定額以上となる等，一定の要件を満たした株式公開を「適格株式公開（Qualified IPO）」として設定することは難しい（優先株式の内

---

[118] 伝統的には，日本ではIPOが投資家にとっての主要なエグジット方法であることから，IPOに向けた努力義務が定められることが通常であった。近時は，これに加えて，M&A等も条項に含める例も現れてきている。他方，IPO以外を努力義務に含めることで，かえって曖昧な規定になるという指摘もある（宍戸＝VLF 165頁）。

容における，普通株式を対価とする取得条項で問題となる〔第2章第4節3参照〕）[119]。また，仮に一定の時期に株式公開やM&A等のエグジット機会を確保する結果を保証する義務（結果債務）を定めるとすると，投資家がエクイティ出資によるリスクを負う対価としてリターンを得るという，スタートアップ投資の考え方にそぐわない。

そのため，通常は，スタートアップとその経営陣に対して，株式公開をはじめとしたエグジットに向けた経営努力を行う努力義務として定められることが多い[120]。

【条項例】エグジットに関する条項

第●条（株式公開等）
1. 本会社は，●年●月期を直前の事業年度として，適格株式公開【※】又はこれと同程度の投資回収を本投資家にもたらす他の方法（支配権移転取引を含むがこれに限られない。）により，本投資家が保有株式を売却する機会を提供すべく最大限の努力を尽くすものとする。なお，本会社は，株式公開の時期，公開市場又はその規模につき，事前に特定投資家[121]と協議するものとする。
2. 適格株式公開に支障となる事由が発生した場合は，本会社は特定投資家にその旨を報告の上，速やかに解決策を講じるものとする。

> ※定義例：
> (●)　「適格株式公開」とは，本会社の普通株式が，金融商品取引所若しくはこれに類似するものであって外国に所在し国際的に認知されているものに上場され，又は，店頭売買有価証券市場若しくはこれに類似するものであって外国に開設され国際的に認知されているものに登録されることをいう。

119　宍戸＝VLF 72頁参照。ただし，近時は，ダウンラウンドIPOが生じていること等もあり，上場準備・申請過程で示された一定の金額見込み・仮条件レンジ等をもとにした数値基準が要求される事例もある（第2章の注56参照）。

120　努力義務にも全く法的効力が認められないわけではなく，上場を目指した努力すらしていないことが立証できるような場合には，手段債務への違反として，損害賠償請求等の契約上の救済が認められる余地があることが指摘される（宍戸＝VLF 164頁脚注98）。もっとも，実際上は，スタートアップ投資において投資家として株式公開に関する条項の法的拘束力やそれに基づく法的な救済に多くを期待することは難しいことも指摘される（会社・株主間契約192頁）。

121　「特定投資家」の定義例については，第2節3(1)の「【条項例】投資家によるオブザーバー指名権」を参照。

230 第3部 株式による本格的な資金調達

2 IPOと拒否権・事前承諾事項

　株主間契約において，株式公開に関する一定の事項の決定や変更が，投資家の事前承諾事項として定められる場合がある（第2節5参照）。上場申請に向けては，主幹事証券会社等に加えて，各ラウンドのリード投資家を中心とした主要な投資家の協力や指導を得ながら準備を進めていくものであり，また一般的には株式公開により投資家はリターンを得られるため，このような事前承諾事項が現実に問題になる場面も必ずしも多くはなかったようにも思われる。

　もっとも，近時，市場環境が悪化して上場予定時期の延期や中止が問題になることや，予定された上場を行おうとすると公開価格が過去のファイナンスにおける株式価格を下回るような，いわゆるダウンラウンドIPO（第6部第4章第3節参照）となる事例も見られる。そのため，投資家とスタートアップや，異なるラウンドの投資家間の利害対立が生じる場面において，このような事前承諾事項の存在がフォーカスされることもある[122, 123]。

【条項例】 株式公開に関する事前承諾事項

> 　本会社は，以下のいずれかの事項につき決定する場合には，事前に多数投資家より書面による承諾を得るものとする。
> (●)　本会社の株式の上場若しくは登録予定時期，上場予定市場又は［主］幹
> 　　　事証券会社の決定又は変更

122　株主間契約ではなく，各投資家との個別の株式引受契約において，株式公開に関する事項について事前承諾を要するものと定められている場合，各投資家が単独で拒否権を有している事態が生じる（第2節5(3)参照）。
123　契約上の文言内容を主な理由として，株式公開に関する協力に係る各契約条項の法的拘束力を否定した裁判例がある（東京地判平成25年2月15日判例タイムズ1412号228頁）。ただし，一般的なスタートアップ投資の株主間契約における株式公開に向けた一定の義務ではなく，資本提携により発行済株式数の34%を取得した少数派株主による株式公開への協力義務が，株主間の契約において定められていた事例である。この裁判例についての評価も含めて，会社・株主間契約192頁参照。

3　IPOに至らない場合と株式買取請求権

　日本のスタートアップ投資では，伝統的に，「一定時期までに株式公開ができなかった場合」には，投資家が保有する株式をスタートアップや創業者が買い取ることを請求できる株式買取請求権が定められる例も見受けられた（第4節4(2)参照）。近時は，少なくともこのような株式公開の不達成を買取事由（トリガー）とすることは減少してきていると思われる[124]。また，前述の通り「株式公開ができるのにしない場合」を買取事由とすることやその運用についても慎重に検討すべきと考えられる。

第7節　IPO時における株主間契約・種類株式の取扱い（停止・終了・復活）

1　上場申請時の優先株式・株主間契約の処理

(1)　上場申請時の優先株式の取得と普通株式の発行

　東京証券取引所（東証）をはじめとした金融商品取引所は，上場審査の実務上，申請会社が，新規上場申請に際して，原則として優先株式を全て解消して普通株式だけを発行する株式会社になっていることを求めている。

　そのため，上場申請を円滑に行うことができるように，優先株式の内容として普通株式を対価とする取得請求権と取得条項を定め，取得（転換）することで，普通株式のみを発行している状態にできるよう設計することが一般的であった（第2章第4節3(1)参照）。

　普通株式への転換を行いつつ，通常は，上場申請を決定する取締役会決議において，自己株式として取得した優先株式を消却したり，発行可能種類株式総数や優先株式の内容の削除を含む定款変更を決議したりする。

(2)　上場申請時の株主間契約の効力停止・終了

　また，東証に株式を上場する場合，優先株式の処理と同様に，新規上場申請

124　一定の条件を満たす上場を一定期間内に行うことができなかった場合を，株式買取請求権ではなくドラッグ・アロングの発動要件の一つとする例もある（第4節3(2)(d)参照）。

時にスタートアップの発行する株式に係る株主間契約を終了させることが原則とされている[125]。他方で、一旦上場申請をしても、上場が延期・中止される場合がありえ、そのような場合に株主間契約の効力を復活させるニーズがある。そのため、株主間契約において、新規上場申請時に一旦株主間契約の効力が停止し、上場した場合は契約が終了して効力が消滅するが、上場が中止・延期された場合は上場申請時に遡及して株主間契約の効力が生じる（復活する）旨を規定することが多い。上場審査上は、このような典型的なスタートアップの株主間契約については問題なく取り扱われている[126]。

2 申請後上場に至らなかった場合の処理の必要性

もっとも、金融商品取引所に新規上場申請をしても、上場承認がされて実際に上場を果たすとは限らず、上場申請後に審査の状況や市場環境により上場申請を取り下げる場合や、上場承認がされない場合もある。このような場合、投資家は株主間契約の効力や、一旦普通株式に転換した優先株式を復活させて、自らが確保していた権利を取り戻すことを求める。

(1) 株主間契約

一旦上場申請をした後に上場が中止・延期される場合、株主間契約は、前述の通り自動的に効力が復活するように設計されているのが通常である。株主間契約は当事者間の合意であるため、次の優先株式の処理と比べると、相対的に

---

125 例えば、重要事項（大型設備投資）の事前承認や役員任命権の付与等が含まれる契約が締結されている場合を念頭に、「特定の株主に特別な権利を付与する契約の存在は、その他の株主の権利を損なうものとなる懸念が高いことから、申請前に解消されていることが原則」であるとされている（新規上場ガイドブック（グロース市場編）135頁Q44）。ただし、本文の通り、実務上は、上場申請時に株主間契約が完全に終了するわけではなく、上場中止・延期となった場合に復活する旨の契約で審査を通過することが通常である。

126 なお、前掲注125のように、「特定の株主に特別な権利を付与する契約」は上場申請前に解消されることが原則とされているため、権利内容ごとに個別に判断される余地がある。新規上場ガイドブックの例のような、投資家による役員選任権や事前承諾事項については、上場後に特に求められる会社の独立性や株主の平等取扱いに抵触し得ることから、上場申請中、少なくとも効力が停止されていることが求められている。それ以外の権利、例えばドラッグ・アロング（第4節3）等が上場申請中は存続するよう定められていた場合、上場後の株主の平等取扱いが問題になるような場合ではなく、むしろ株主間では統一的な取扱いをした上で上場を中止する（デュアルトラックによるM&Aをする）余地を残す方向に働くため、上場申請後、上場前の間は、上場審査上異なる考慮がなされる可能性がある。

第4章　投資後の権利関係：株主間契約・分配に関する合意　233

処理は容易である。

(2)　優先株式から転換した普通株式

　これに対して，上場前に普通株式に転換された優先株式も，上場が延期・中止される場合，特に投資家としては権利を保護するために元の優先株式に戻す必要がある[127]。上場が中止・延期された場合には元の優先株式に戻すために必要な手続をとる旨が株主間契約において規定される。

　普通株式のうち，投資家が保有していた優先株式に対応する一部を優先株式に変更するためには，以下の手続が必要になると考えられており[128]，これらをもとに登記が行われる。一旦全ての株式が普通株式に転換されているため，株主全員の合意・同意を取得することになる。以下の株主間契約の条項例も，そのような手続を念頭に，各当事者が協力義務を負う条項としている[129]。

127　上場できなかった場合でも，優先株式への巻き戻しは行わずに，各株主が普通株式を引き続き保有するままという選択肢も，場合によってはあり得ないわけではない。特に，非参加型の優先残余財産分配請求権が定められており（第2章第3節3参照），バリュエーションが十分に高く，優先株式としての分配と普通株式の分配が同額であるのであれば，巻き戻しを行わなくても，その直後にM&Aが起こっても投資家としてのリターンに差異はない以上，優先株式による投資家のプロテクションを確保する必要性は高くないという場合があり得ないわけではない。

128　昭和50年4月30日民事四第2249民事局長回答参照。商業登記ハンドブック250〜252頁，宍戸＝VLF 207頁も参照。

129　株主間契約の条項や，定款の優先株式の内容を工夫することで，実際に上場が延期・中止された場合に，追加の手続を行うことなく，あらかじめ定めた合意に従って自動的に元の優先株式に内容が変更されたものと取り扱う処理ができないかが問題になる。もっとも，定款変更を行って発行可能種類株式を追加（復活）させるための株主総会を省略する解釈は難しい。また，上場準備にあたって株式の譲渡制限が撤廃され公開会社となっていたり（後述），株式分割が行われていたりする。さらには希釈化防止条項が発動していた場合，優先株式によっては転換後の株式数が元の優先株式数と異なる等の違いが生じていることもある。そのため，実際上は復活後の契約や優先株式の内容としてあるべき姿は自明でないことも多く，登記申請を行う必要等もふまえると，改めて全株主からの同意を取得するのが実務である。

　制度ないし運用としては，上場申請前，あるいは上場前の相応のタイミングに優先株式が普通株式に転換されなければならないプロセスそのものについて見直しが図られることが望ましい。

234　第3部　株式による本格的な資金調達

---

① 　発行会社と，優先株式に変更される個々の株主との合意
② 　他の普通株主全員の同意
③ 　定款変更を行うための株主総会の特別決議（会社法309条2項11号，466条）

【条項例】上場時の株主間契約・優先株式の取扱い

第●条　（株主間契約の終了等）
 契約の効力についての取扱い
1．本契約は，本会社の普通株式が国際的に認知された金融商品取引所（国内
　外を問わない。）に上場（以下「株式上場」という。）された日に終了する。
2．株式上場の申請が行われた場合には，当該上場申請の日以降，本契約に定
　める各当事者の権利及び義務は効力を停止し，適用されなくなるものとする。
　ただし，当該上場申請の不受理，受理の取消，取下げ，上場承認の取消その
　他の事由により当該上場申請に基づく株式公開が中止又は延期となった場合
　には，当該上場申請の日に遡って本契約当事者の権利及び義務は有効になる
　ものとする。
 優先株式についての取扱い
3．本会社の発行する株式が株式上場の申請が行われることを理由として，各
　本投資家がその保有する優先株式の取得請求権を行使し，又は本会社の定款
　に基づき各本投資家が有する優先株式に係る取得条項が発動され，その結果，
　各本投資家の保有する優先株式が本会社に取得された場合において，その後，
　当該上場申請の不受理，受理の取消，取下げ，上場承認の取消その他の事由
　により当該上場申請に基づく株式公開が中止又は延期となった場合には，本
　会社は，法令上可能な範囲で，各本投資家が保有する普通株式の内容をそれ
　ぞれの各本投資家が保有していた内容又はこれに準ずる内容を有する優先株
　式に変更するよう，必要な措置を講ずるものとし，各当事者は，かかる手続
　を達成するために必要となる一切の手続及び措置（優先株式の取得前より普
　通株主であった者においては，当該変更に同意することを含む。）を執るもの
　とする。

---

(3)　実務上の問題：株式の譲渡制限と近時の動向

　実務上は，上場申請に際しての定款変更により，非上場スタートアップにお
いて通常設けられている株式の譲渡制限を撤廃して，公開会社（会社法2条5号）
となっている（上場規程205条11号参照）。上場申請前と同じ各種類株式の内容
に変更しようとすると，普通株式を含めた全ての種類株式に改めて譲渡制限を

付すことになる。

　一般には，一度譲渡制限が撤廃された株式に譲渡制限を付すと，株主は流動性リスクを負う。そのため，会社法上，各種類株式に譲渡制限を付す定款変更を行おうとする場合，発行会社は定款変更の効力が発生する20日前までに株主に通知をしなければならず（会社法116条3項）[130]，定款変更に反対する株主は，発行会社に対して公正な価格で株式を買い取ることを求めることができる（反対株主の株式買取請求権〔同条1項2号〕）。「公正な価格」は，株主と発行会社との間に協議が調わない場合，株主が裁判所に対して価格の決定の申立てをすることができ（同法117条），裁判所がどのような価格を示すかは不明瞭である。いずれにしても，上場を延期・中止したスタートアップが株式買取に応じるキャッシュはないことが通常であろう[131]。

　大きな方向性としては，投資家は優先権を有する優先株式に復活させることを望むであろうが，上場延期・中止になった以上は反対株主の株式買取請求権による事実上のエグジットを図る投資家が現れる可能性もあり，現状の上場制度・実務では問題が生じる。

　この点，令和6年度税制改正により，税制適格ストックオプションの要件として，譲渡制限株式についてのみ，金融商品取引業者等による株式の保管委託に代えて，発行会社による株式の管理も可能とされた（租特法29条の2第1項6号ロ）。発行会社が上場する場合は株式の譲渡制限を撤廃する必要があるが，管理主体が不在の期間なく適切に，発行会社による株式管理から保管委託に移行する必要がある。そのため，発行会社による株式管理の間は譲渡制限株式であるように，譲渡制限を撤廃する定款変更をする旨の株主総会決議において，定款変更については株式等振替制度への移行時に効力が発生するように条件を付す等の調整をする必要がある旨が，経済産業省から示された（第4部第2章第3節2(7)(b)(i)）[132]。

130　譲渡制限を設ける種類の株式の種類株主を構成員とする種類株主総会の特殊決議も要する（会社法111条2項，324条3項1号）。

131　反対株主の株式買取請求権については，会社法上の財源規制は適用されないが（会社法461条1項参照），払い戻した額が分配可能額を超える場合には，取締役等が会社に対してその超過額を支払う義務を負うとされている（同法464条1項）。「その者がその職務を行うについて注意を怠らなかったことを証明した場合」には責任を免れるが，この証明には実務上困難も伴うと思われる。なお，反対株主の株式買取請求権に対して，復活した株主間契約上の先買権やタグ・アロングが発動するかといった論点も生じる。

236　第3部　株式による本格的な資金調達

　このように，株式の譲渡制限撤廃の効力発生を株式等振替制度への移行時と
することができるのであれば，反対株主の株式買取請求権が生じるリスクは下
がる。加えて，そもそも，優先株式を普通株式に転換すること自体の効力発生
も，上場申請時から同様のタイミングまで遅らせる余地も開かれたようにも思
われるが，取引所における取扱いや開示との関係で，取引所や主幹事証券会社
等と慎重に確認・検討する必要がある。

第8節　最恵待遇条項

　最恵（国）待遇条項（Most Favored Nation Clause: MFN）とは，スタートアッ
プ又は経営株主が，投資家以外の第三者との間で，投資家と締結している株式
引受契約又は株主間契約よりも当該第三者にとって有利な権利を付与する等の
有利な契約を締結する場合に，当該投資家に対して同等の権利内容が与えられ
たものとして取り扱うこと等を内容とする条項である[133]。実務上は，いくつか
のパターンが見られる[134]。

---

①　自動変更：有利な条項が自動的に既存の投資家にも適用される旨の条項

②　通知＋請求：有利な条項が規定された場合には，会社又は経営株主は既存
　の投資家に対する通知義務を負い，通知を受けた既存の投資家はその任意の
　判断で，会社又は経営株主に対して当該条項を自らにも適用するよう請求で
　きる旨の条項

③　通知＋合意：有利な条項が規定された場合には，会社又は経営株主は既存

---

[132]　経済産業省のストックオプション税制に係る HP（https://www.meti.go.jp/policy/new
business/stock-option.html）参照。なお，このような対応をとる場合は，譲渡制限の撤廃
により，有価証券届出書の訂正（訂正届出書の提出）が必要かどうかも問題になり得る。
この点については，当初提出した有価証券届出書において，株式等振替制度へ移行するこ
とを停止条件として定款を変更し，譲渡制限を撤廃する株主総会決議がなされている旨を
明記し，実際も予定通りに譲渡制限が撤廃されるのであれば，投資家の投資判断に重要な
影響を及ぼす場合でない限り，通常は訂正届出書の提出は不要になるとも考えられるが，
個別の事情に照らして検討が必要になる。本文に記載した優先株式の転換についても，同
様の論点がある。

[133]　コンバーティブル・エクイティにおける最恵待遇条項について，第2部第2章第3節
3(3)(g)(iii)参照。

[134]　会社・株主間契約184～186頁参照。

> の投資家に対する通知義務を負うが，会社又は経営株主と既存の投資家の間
> で合意した場合に初めて，当該条項が当該投資家にも適用される旨の条項

　スタートアップ投資では，成長につれて複数回にわたり投資が行われること
が前提であるところ，アーリー期で投資を行った投資家としては，将来締結さ
れる投資契約で，自らが締結した投資契約に比べ新規の投資家により有利な条
件が定められるのであれば，その条項を自らにも適用してもらいたいと考える
ため，最恵待遇条項にニーズがあることが指摘される[135]。

　他方，少額の投資しか行わない投資家に最恵待遇条項を与えた場合，その後
の資金調達ラウンドで新規投資家が投資を控える可能性があることや[136]，特に
上記①の自動変更（場合によっては②の通知＋請求）では，いかなる条件が投
資家にとって有利であるかを一義的に判断できない場合も多く，最恵待遇条項
に基づき各投資家がいかなる権利を有しているかが不明確となる可能性がある
こと[137]等から，最恵待遇条項を規定する場合，慎重に検討する必要がある[138]。

　実務上は，各投資家の投資後の権利関係は，投資家が共同で当事者となる株
主間契約に集約することで可能な限り権利関係を可視化した上で，基本的には
持分割合に応じて権利を定めることを基本とすることになる。

　ただし，事業会社との事業連携等，個別の投資家との間の業務提携契約や，
覚書・サイドレター（Side Letter）によらざるを得ない場合もあり，むしろ個
別性や事業性が強いものについてはサイドレターの方がなじむ場合もある。

135　会社・株主間契約184頁。

136　桃尾・松尾・難波180〜181頁。

137　会社・株主間契約185頁，桃尾・松尾・難波180〜181頁，小川＝竹内226〜227頁等。
　　VCや事業会社といった投資家の属性によって，他の投資家に適用されると適切ではない条
　　項があり得ることも指摘される。

138　公取委・実態報告書では，最恵待遇条項が設けられている既存の出資者が追加出資
　　に協力的でなく，新規出資者から出資を受けられなかった例等が挙げられている（55頁）。
　　また，最恵待遇条項により，出資者とその競争者との競争が阻害され，市場閉鎖効果が生
　　じるおそれがある場合には，拘束条件付取引（一般指定12項）として独占禁止法上の問題
　　となるおそれも指摘されている（85頁）。これを受けた事業連携・出資指針では，最恵待
　　遇条項を受け入れる際には将来をふまえて慎重に決定すべきこと，及び取引条件や対価に
　　関する十分な協議を行い明確化することが重要であるとしている（52頁）。第9章第2節
　　1も参照。

238 第3部 株式による本格的な資金調達

【条項例】最恵待遇条項

> ① 有利条項が自動的に既存投資家にも適用
>
> 　本会社又は経営株主が，本投資家以外の第三者との間で，本投資家に対する本契約の内容よりも第三者に有利な内容を定める契約を締結する場合，本契約は当該有利な内容を含むものに変更されたものとする。
>
> ② 有利条項についての通知義務＋投資家による請求
>
> 　本会社又は経営株主が，本投資家以外の第三者との間で，本投資家に対する本契約の内容よりも第三者に有利な内容を定める契約を締結しようとする場合，本会社又は経営株主は，本投資家に対し事前にその旨を書面により通知するものとし，本投資家が本会社又は経営株主に対して請求した場合，本契約は当該有利な内容を含むものに変更されたものとする。

第9節　その他・一般条項

　以上の点以外に，株主間契約において，典型的には，以下のような条項が見られる[139]。

> - ✓ 法令等の遵守
> - ✓ 反社会的勢力の排除
> - ✓ 追加クロージング（第3章第2節9参照）
> - ✓ 補償・賠償（義務違反等の場合）
> - ✓ 契約の効力・終了
> - ✓ 各当事者の義務の非連帯
> - ✓ 秘密保持
> - ✓ 契約の変更方法等（第7章第3節5参照）
> - ✓ 契約上の地位等の処分等の禁止
> - ✓ 通知
> - ✓ 準拠法・管轄
> - ✓ 誠実協議

---

[139] 条項例やその解説として，宍戸＝VLF 161〜162頁，198頁，205〜212頁，桃尾・松尾・難波178〜182頁参照。

第 5 章

シリーズＡ資金調達の プロセス・規制

最初に種類株式（優先株式）を用いた資金調達であるシリーズＡではどのような手続・期間を要するか。

J-KISS型新株予約権を発行していた場合にシリーズＡで必要な手続は何か。

非上場スタートアップが留意すべき金融商品取引法上の規制は何か。

外為法の規制とは何か。どのようにタイムラインに影響するか。

前章までで、株式による資金調達の実体面（優先株式や契約の内容）を検討してきた。本章では、プロセス・手続や規制の典型的な問題を検討する。基本的には、新株発行のうち、アーリーからミドル程度のラウンドに共通する。シリーズＢ以降における留意点（シリーズＡとの差分）は第7章で、レイターやプレIPOラウンドにおける規制や留意点は、第6部で検討する。

【典型的なシリーズＡラウンドにおける法的論点・手続】

	出資の勧誘・交渉 外為法の検討・手続	新株の発行 契約類	減資等
法律上の手続	・金融商品取引法 （少人数私募等） ・外為法（事前届出）	・会社法上の新株発行手続 ・募集事項の決定 ・割当て（総数引受契約） ・コンバーティブル・エクイティの転換 ・登記	・資本金の額の減少 ・外為法（実行報告・事後報告）
契約類	・タームシート交渉 ・契約交渉（株式引受契約・株主間契約）	・契約締結（株式引受契約・株主間契約）	

240 第3部 株式による本格的な資金調達

第1節 新株発行に係る会社法の手続

　まず，会社法上，新たな優先株式を発行して資金調達を行う場合に典型的に必要になるプロセスを確認する。前提として，会社法上の機関である取締役会を設置しているかどうかで手続が異なるため，取締役会の意義について概観する（下記1）。

　その上で，株式の発行に関する基本的な取締役（会）・株主総会決議について検討し（下記2），加えて，既に複数の種類株式を発行している状態で新たな種類株式・優先株式を発行する場合に必要になる種類株主総会について検討する（下記3）。これらの取締役会決議や株主総会・種類株主総会決議は，実際に開催するのではなく全員の同意による書面決議も可能であり，スタートアップでよく用いられる（下記4）。

　最後に，株式の発行そのものではないが，スタートアップの場合には株式引受契約や株主間契約の締結に伴って必要になり得る，業務執行の決定や利益相反取引の承認に係る取締役会・株主総会決議について検討する（下記5）。

1 前提：取締役会設置会社か否か

　取締役が複数存在しても，会社法上の「取締役会」が設けられているとは限らない。特にシリーズA以前等の初期段階では，取締役会を設置する必要性が必ずしも高くない場合も多い。

　取締役会は，取締役が3名以上必要であり（〔会社法331条5項〕逆に3名以上であっても非公開会社であれば原則として取締役会を設置する義務はない[1]），かつ取締役会の活動をモニタリングする監査役1名以上が原則として必要になる（同法327条2項）。そのため，最低4名以上の役員が必要になり，シリーズA以前のスタートアップとしては負担が重い。

　そもそも，取締役会が必要・有益である場面は，株主自身が経営をモニタリングするのではなく，取締役会を通じた取締役相互のモニタリング（会社法362条2項2号）や，監査役による取締役の職務執行のモニタリング（同法381条

1　公開会社（発行する一部の種類の株式でも譲渡制限が課されない会社。会社法2条5号）等の一定の場合には取締役会を置かなければならない（同法327条1項）。

1項)が有益である場合である。

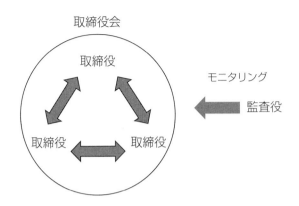

　そのため，株主が少なく，自らモニタリングを行うことができる場合には，取締役会を置く必要性は低い。スタートアップの設立時は，通常は創業者がほぼ全ての株式を保有している。それ以降，株式による初めての本格的な資金調達となるシリーズAラウンドの資金調達を行う以前は，外部株主が存在しても，典型的にはエンジェル投資家を中心とした，小口出資かつ経営・モニタリングへの関与が低い投資家のみであることも多い。シード期・アーリー期向けVC等の金融投資家が出資を行っている場合でも，J-KISS型新株予約権（コンバーティブル・エクイティ〔第2部第2章第3節参照〕）等によって出資を行っており「株主」ではない場合も多い。

　そのため，シリーズA以前のスタートアップでは，典型的には創業者数名が取締役としてそれぞれ業務執行を行い，法定の会議体は設置せずに，密な関係性に基づいて刻々と運営が行われることが多い。その後，本格的な資金調達が行われ，VC等からモニタリングを担う取締役が派遣され（第8章参照），会議体としての「取締役会」を設置する意義が高まる。

　以下では，シリーズB以降の資金調達でも参照できるよう，取締役会非設置会社と，取締役会設置会社の場合を対比しつつ，最初の種類株式であるA種優先株式を設計・発行する場合の手続について述べる。非上場スタートアップにおいて通常である非公開会社（全株式に会社法上の譲渡制限が付された会社）を前提とする。

242 第3部 株式による本格的な資金調達

2 株式の発行に関する取締役（会）・株主総会決議

　スタートアップがA種優先株式を新たに設計し，投資家に対して発行するために会社法上求められる手続は，交渉の結果として出資を行う意向を正式に表明した特定の投資家に対して「第三者割当」を行うことを想定して[2]，大きく三段階に分けられる。

---

① 定款を変更し，A種優先株式を，発行可能種類株式として追加する
② A種優先株式の「募集事項」を決定する
③ A種優先株式を投資家に割り当て，発行する

　後述の通り，実際には，ほぼ一連のプロセスで行われることが多いため，区別が意識されないことも多い。実務上，①と②を区別する意味として，例えば，投資意思決定のタイミング等に基づきA種優先株式の発行を2回以上に分けて追加的に発行する場合，①において定款でA種優先株式を発行するための「枠」が十分に設けられていれば，①をスキップして②が行われる。

　①の定款変更は，原則として株主総会の特別決議が必要である（会社法466条，309条2項11号）[3]。②③は，いくつかのパターンがある。②は，(i)株主総会で募集事項の決定をする場合と，(ii)株主総会で募集事項の決定の「委任」をし，取締役又は取締役会が募集事項の決定をする場合がある。③は，典型的には会社と投資家との間で「総数引受契約」を締結する。

　以下では，(1)株主総会で募集事項の決定をする場合（上記②(i)）と，(2)株主総会で募集事項の決定の「委任」をする場合（上記②(ii)）に分けて説明する。

　なお，新株を発行した場合，株主名簿に記載・記録する必要があるほか（会社法132条1項1号），登記事項に変更が生じることから，当該変更後2週間以

---

[2] 会社法上，既存株主は，当然には持分比率を維持する権利は認められていない。株主に対して株式の割当てを受ける権利を与えて行われることも可能だが（202条），スタートアップでは通常行われない。株主間契約における，一定の投資家が有する持分比率に応じた優先引受権（第4章第3節1参照）も，会社法上は特定の投資家に対する第三者割当として行われる。

[3] 定款で種類株式の内容の要綱を定めた上で，当該種類の株式を初めて発行する時までに，株主総会（取締役会設置会社では，株主総会又は取締役会）の決議により，その具体的内容を定める方法もある（会社法108条3項）。もっとも，スタートアップの優先株式の発行において見受けられることは多くないため，本書では省略する。

内[4]に，本店所在地において変更の登記をしなければならない（同法911条3項，915条1項）[5]。

(1) 株主総会で募集事項の決定をする場合

	取締役会非設置会社	取締役会設置会社
(i)募集事項の決定	株主総会	
(ii)総数引受契約の承認 （割当先の決定）[6]	株主総会	取締役会

　(i)の株主総会の特別決議で，「募集事項」を決定する（会社法199条1項・2項，309条2項5号）。募集事項は，以下の通り，どのような株式を，何株，いつ，いくらで発行し，資本金をいくら増額するかという，株式の発行に関する基礎的な事項である。

募集事項	例
募集株式の種類及び数	A種優先株式　25,000株
募集株式の払込金額[7] 又はその算定方法[8]	一株当たり　金10,000円 （合計　金2億5,000万円）

4　払込期間を定めた場合，株主となる（株式が発行される）のは各投資家が出資の履行をした日だが（会社法209条1項2号），その場合の株式の発行による変更の登記は，払込期間の末日から2週間以内で良いとされる（同法199条1項4号，915条2項）。

5　例えば，資本金の額や（会社法911条1項5号），発行済株式の総数並びにその種類及び種類ごとの数に変更があるほか（同項9号），場合によっては発行可能株式総数や発行可能種類株式総数及び発行する各種類の株式の内容に変更があり得る（同項6号・7号）。なお，各事項について変更があった日から2週間以内に登記が必要であるため，定款変更の効力発生日と株式の発行日が異なる場合等，早い時期に登記が必要な事項も存在する場合があることに留意が必要となる。

6　定款により，別の機関が承認する旨の定めを置くことも可能とされる（会社法205条2項ただし書）。

7　「払込金額」とは，募集株式一株と引換えに払い込む金銭又は給付する金銭以外の財産の額をいう。

8　株式の対価として，金銭以外の財産を出資の目的とするとき（現物出資）は，その旨並びに当該財産の内容及び価額を決定する。スタートアップの通常の資金調達では見受けられることが少ないため，省略する。

244 第3部 株式による本格的な資金調達

払込期日又は払込期間	・払込期日（例）：2024年10月31日 ・払込期間（例）： 2024年10月15日〜2024年10月31日
増加する資本金及び 資本準備金	・増加する資本金の額（例）：金1億2,500万円 ・増加する資本準備金の額（例）：金1億2,500万円[9]

　(ⅱ)の株主総会(取締役会非設置会社)又は取締役会(取締役会設置会社)で,「誰に, 何株ずつA種優先株式を発行するか」を決定する。ここで「募集株式の引受けの申込みをしようとする者への通知」⇒「株主となろうとする者からの引受けの申込み」⇒「割当先の決定」というプロセスを踏むこともあるが（会社法203条, 204条）[10], 実務上は, それまでの投資家との折衝において, 誰に何株を発行するかのアレンジは済んでいる。そのため, シンプルに,「総数引受契約」を各投資家と締結することで, 通知・申込み・割当てというプロセスを省略し,「誰に, 何株を発行するか」を決めることが多い（会社法205条1項）。

　ただし, 非公開会社で, 譲渡の際に株主総会や取締役会の承認を必要とする譲渡制限（会社法2条17号）が付されている株式を総数引受契約により発行する場合, 原則として, 取締役会非設置会社では株主総会の特別決議によって, 取締役会設置会社では取締役会決議によって, 総数引受契約について承認を受けなければならない（同法205条2項, 309条2項5号）[11]。

【条項例】総数引受契約の例

●●株式会社
募集株式総数引受契約書
　●●株式会社（以下「発行会社」という。）と【投資家】（以下「引受人」という。）は,

9　スタートアップの株式による資金調達では, 登録免許税（増加資本金の額の0.7%）を最低額にするために, 本文記載のように, 払込金額のうち2分の1（法定の上限）を資本準備金に計上することが多い（第6章第1節も参照）。

10　上場会社による第三者割当において行われる。なお, 総数引受契約によらずに割当先を決定した場合, 払込期日（払込期間の初日）の前日までに, 申込者に対し, 当該申込者に割り当てる募集株式の数を通知しなければならないため（会社法204条3項）, 1日で手続が完了しない。非上場の非公開会社で, 総数引受契約による場合, 1日で手続が可能である。

11　定款により, 別の機関が承認する旨の定めを置くことも可能とされる（会社法205条2項ただし書）。

募集株式の引受けについて，以下の通り契約（以下「本契約」という。）を締結する。

第1条（募集株式の発行及び引受け）
　発行会社は，以下の発行要項の通り株式を発行し，引受人は本株式のうち●
株を引き受ける。

(1)	募集株式の種類及び数	A種優先株式25,000株
(2)	募集株式の払込金額	一株当たり　金10,000円
(3)	払込金額の総額	金250,000,000円
(4)	増加する資本金の額	会社計算規則第14条に従い算出される資本金等増加限度額に0.5を乗じた額（1円未満の端数切上げ）
(5)	増加する資本準備金の額	資本金等増加限度額から増加する資本金の額を減じた額
(6)	払込期日	2024年10月31日
(7)	割当方法	第三者割当の方法により，［別紙記載の］他の引受人とともにそれぞれ募集株式の総数を引き受ける契約を締結し，それぞれに割り当てる[12]。
(8)	払込取扱場所	（銀行名） （支店名） （口座種類） （口座番号） （口座名義人）

第2条（総数引受）
　発行会社及び引受人は，本契約が会社法第205条第1項に規定される募集株式の総数の引受けを行う契約を構成し，会社法第203条及び第204条の規定が適用されないことを確認する。

第3条（準拠法）
　本契約は，日本法に準拠し，これに従って解釈されるものとする。

12　総数引受契約は，全投資家との間で1通の契約書であることは必要とされておらず，複数の契約書で，複数の投資家とそれぞれ契約を締結する場合であっても，実質的に同一の機会に一体的な契約で募集株式の総数の引受けが行われたものと評価し得る場合は，総数引受契約と解される（相澤ほか・論点解説208頁）。登記実務上問題になる。

第4条（合意管轄）
　発行会社及び引受人は，本契約に関する一切の紛争については，東京地方裁判所を第一審の専属的合意管轄裁判所とすることに合意する。

第5条（誠実協議）
　本契約に定めなき事項及び本契約の内容に疑義が生じた場合には，発行会社及び引受人は誠意をもって協議し，これを解決するものとする。

　本契約の締結を証するため，正本2通を作成し，発行会社及び引受人が各1通保有する。

2024年__月__日

発行会社：

引受人：

　株主総会で募集事項の決定をする場合のタイムラインは，最短で，例えば以下の通りである。

【(1)株主総会決議により募集事項の決定をする場合】
　【(a)取締役会非設置会社】

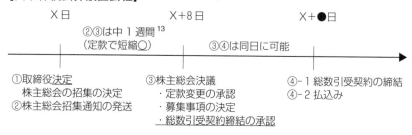

13　株主総会招集決定時に，株主総会に出席しない株主が書面や電磁的方法によって議決権を行使することができることとする旨を定め，いわゆる「書面による株主総会の議決権行使」を認めた場合，招集期間は中2週間となり，定款で短縮も認められない（会社法299条1項，298条1項3号・4号）。取締役会設置会社でも同様である。もっとも，非上場のスタートアップにおいて通常はそのような招集を行わないため，本書では取り扱わない。
　なお，上場会社で想定される「書面による株主総会の議決権行使」と，非上場のスタートアップで頻繁に用いられる「株主総会の書面決議」（みなし決議，下記4参照）は異なる。

【(b)取締役会設置会社】

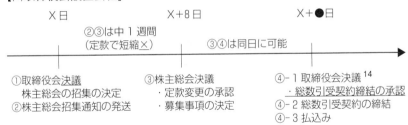

(2) 株主総会決議により募集事項の決定の委任をする場合

	取締役会非設置会社	取締役会設置会社
(i)募集事項の決定の委任	株主総会	
(ii)募集事項の決定	取締役	取締役会
(iii)総数引受契約の承認（割当先の決定）[15]	株主総会	取締役会

　(i)の株主総会の特別決議で，募集事項の決定を，取締役の決定（取締役会非設置会社の場合），又は取締役会決議（取締役会設置会社の場合）に，それぞれ委任することができる。その場合も，株主総会が募集事項に全く関与しないわけではなく，株主総会で最低限，①募集株式の種類及び数の上限と，②募集株式の払込金額の下限を定めなければならない（会社法200条1項，309条2項5号）。

募集事項の決定を委任する際の株主総会決議事項	例
①募集株式の種類及び数の上限	A種優先株式　25,000株（まで）
②募集株式の払込金額の下限	一株当たり　金10,000円（以上）

---

14 「株主総会で定款変更と募集事項が決議されること」を条件として，株主総会の招集を決議する取締役会決議において，併せて総数引受契約の締結を承認することも可能である。
15 定款により，別の機関が承認する旨の定めを置くことも可能とされる（会社法205条2項ただし書）。

248 第3部 株式による本格的な資金調達

募集事項の決定を取締役（会）に委任する意味があるのは，例えば複数の投資家のうち一社が，社内の投資委員会の決議に時間がかかり，スタートアップの株主総会の時点では出資の可否を決められていない状態で，取締役（会）の決定で他からの資金調達をできるようにする場合や，数か月のスパンで他の投資家から同じ種類の株式による追加の資金調達を行えるようにする場合である（いわゆる「エクステンション・ラウンド」[16]ないし追加クロージング）。エクステンション・ラウンドを行う場合，定款の定め次第では，先に発行済みのA種優先株式に係る種類株主総会も問題になるため注意が必要である（下記3）。

なお，募集事項の決定の委任には有効期間がある。払込期日又は払込期間の末日が，委任をした株主総会決議の日から1年以内である株式発行まで有効となる（会社法200条3項）。そのため，1年を超えるエクステンション・ラウンドは設定できず，新たに株主総会が必要になる[17]。

その上で，(ii)募集事項の決定を，委任を受けた取締役会決議（取締役会非設置会社では取締役の決定）により行うことになる。

また，(iii)定款に別段の定めがない限り，取締役会決議（取締役会非設置会社では株主総会決議）で，総数引受契約の締結を承認することで「誰に，何株ずつA種優先株式を発行するか」を決定する。取締役会設置会社であれば，(ii)と(iii)は通常一回の取締役会で行われる。

取締役会設置会社において，株主総会決議によって募集事項の決定を取締役会に委任する場合のタイムラインは，最短で，例えば以下の通りである[18]。

---

16 本文ではあらかじめ追加発行が想定されている。これに対し，元来は同じ種類の追加発行が必ずしも想定されていなかったが，バリュエーションが上昇せず，一株当たりの払込金額を同額で，前ラウンドと同じ種類の株式を発行するラウンド（フラット・ラウンド）をエクステンション・ラウンドと呼ぶこともある。

17 その場合は，スタートアップのバリュエーション自体が変わっていることも多いと思われる。

18 取締役会非設置会社では，(ii)募集事項の決定を取締役に委任することができるが，(iii)定款で別途定めない限り，株主総会で総数引受契約の承認（割当先の決定）をする必要があるので，通常は(ii)の委任をする意義が低くなる。そのため，取締役会非設置会社については省略する。

【(2)株主総会決議により募集事項の決定を取締役会に委任する場合】

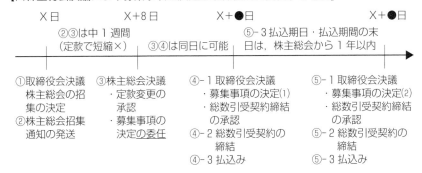

Column　総数引受契約と電子署名

　契約は，書面で行われることが特に法律で求められている場合（例：保証契約〔民法446条2項〕）でない限り，口頭の合意でも有効であり，また電子署名サービスを利用して締結することも可能である。総数引受契約を含めた投資関連契約を電子署名で締結する例も増えている。

　他方，法務局に対して登記申請を行う際には留意が必要になる。総数引受契約を締結することで株式を発行した場合，原則として，総数引受契約が登記申請における添付書類のうちの1つとなる（株式引受契約や株主間契約は添付書類として不要である）。

　総数引受契約の原本を電子署名で保存するよう契約に定めた場合，電子署名を付したファイルを原本として登記申請の添付書類とすることになるが，登記申請の添付書類において法務局が認めている電子署名システムは限定されている[19]。また，引受人が電子署名を行ったことが法務局の目から見て明らかでなければいけないので，同一のアカウントで別の署名を行った場合等，署名者情報において問題が生じる場合もあり，電子署名ファイルを原本として提出する場合はスムーズに登記が完了しない場合がある。

　このような事態を避けるために，登記実務上，引受けがあったことを証する書面において一定の工夫の余地があるが，いずれにしても契約締結・払込みの後に登記申請の過程で問題が生じた場合，（実際上は形式的な修正をした契約で，か

19　法務省HP「商業・法人登記のオンライン申請について」（https://www.moj.go.jp/MINJI/minji60.html#05）「第3　電子証明書の取得」参照。

つ投資家の取得した株式を登記に掲載するための書類に投資家が再度サインをしてくれないという事態は起こりにくいであろうが，）社内説明等で一定の手間や時間もかかる。契約締結前に，登記の観点から，スタートアップ・ファイナンスの経験の多い司法書士等の専門家にあらかじめフォーマットを確認してもらうことが望ましい。

(3) 委任状（議決権の代理行使）

　株主総会を実際に開催する場合，出席ができない株主等もいることから，確実に可決されるよう，必要に応じて事前に大株主から委任状（代理権を証明する書面）を取得しておくことが考えられる（会社法310条1項）。日本の会社法上，代理権の授与は，株主総会ごとにしなければならないとされているため（同条2項），通常は，招集通知と同時に委任状も発送することが多い。

　これに対して，確実に株主の全員から同意を取得することができる場合，書面によるみなし決議を行うこともある。詳細については下記4参照。

3　種類株主総会決議（複数の種類の株式が発行済みである場合）

　優先株式を発行しようとする際には，種類株主総会決議も必要になり得る。例えば，シリーズAラウンドでA種優先株式を発行した後のシリーズBラウンド（普通株式とA種優先株式が発行済み[20]）等，2つ以上の異なる種類の株式が発行済みである場合，一定の場合に種類株主総会が問題となる。資金調達時に種類株主総会決議が必要になり得るのは，典型的には以下の2種類である（およそスタートアップの運営において種類株主総会が必要な場合一般を網羅しているわけではないため注意されたい。例えば，拒否権を種類株主総会決議事項として設けている場合には当該総会も要する〔第2章第4節5(2)参照〕）。

> ① 次回資金調達ラウンド（新たな種類の株式の発行）
> 　株式の種類の追加や，発行可能株式総数又は発行可能種類株式総数の増加をする定款変更を行う場合で，ある種類の株式の種類株主に損害を及ぼすおそ

20　A種優先株式等の優先株式を投資家に発行した場合，それらが種類株式であることは意識されやすい。これに加えて，A種優先株式が発行される時点で，もともと創業者らが保有していた株式も「普通株式」という別の種類株式になることも意識する必要がある。そのため，普通株式の保有者（普通株主）を構成員とする種類株主総会も常に問題になり得る。

れがあるときの各種の種類株主総会（会社法322条1項1号）

典型例：B種優先株式の発行のために，B種優先株式を定款に追加し，発行可
能B種優先株式総数を追加・増加する

② **エクステンション・ラウンド（既発行の種類の株式の発行）**
ある種類の株式（譲渡制限株式）を引き受ける者の募集について，その種類
の種類株主を構成員とする種類株主総会の決議（会社法199条4項）

※ただし，定款で不要とすることも可（第2章第4節5(2)参照）

典型例：シリーズAのエクステンション・ラウンドでA種優先株式を発行しよ
うとする場合，既存のA種優先株主による種類株主総会

①②ともに，種類株主総会の特別決議が必要となる（会社法324条2項2号・
4号）。特別決議の要件は以下の通りである。シンプルには，ある資金調達ラ
ウンドにおいて3分の1以上の金額の出資を行った投資家が単独で拒否権を持
ち得る（当該種類株主のうち一部が出席しなかった場合は，さらに少ない出資
で拒否権が生じる場合がある）。

✓ 定定数：当該種類株主総会において議決権を行使することができる株主の
議決権の過半数（定款で3分の1まで低減させることができる）を有する
株主の出席
✓ 決議要件：出席した当該株主の議決権の3分の2（定款でこれを上回るこ
とができるが，下回ることは認められない）以上に当たる多数をもって決
議を行う

---

②の種類株主総会は定款に定めることで不要とできる。実務上は，定款にそ
の旨が定められることも多い。他方，①は会社法上必須とされており，仮に定
款で定めても不要とはできない（322条2項・3項，第2章第4節5(2)参照）。

なお，株主間契約では通常，投資家全体の多数による事前承諾事項の中に，
新たな資金調達が含まれていることが多い（第4章第2節5参照）。そのため，
新たなラウンドで新たな種類の優先株式を発行して資金調達をしようとする場
合には，(i)このような契約上の事前承諾事項に加え，(ii)会社法上，それ以前の
ラウンドの各種類株主による種類株主総会が通常は必須であり，ラウンドごと
の拒否権がほぼ常に生じる[21]。例えば，新たに定款を変更してB種優先株式を
設計し，発行しようとする場合，普通株主，A種優先株主（コンバーティブル・
エクイティである新株予約権が転換している場合には通常はA1種やA2種優

252　第3部　株式による本格的な資金調達

先株主に分かれている〔第2節2参照〕）のそれぞれに係る種類株主総会での承認が必要になる。種類株主総会を含めたシリーズB以降のプロセスについて，第7章も参照。

Column　電子メール等の電磁的方法による招集通知・同意

　　株主総会や取締役会といった会議体の招集通知や同意を，電子メール等の，書面（紙）以外で行おうとする場合には注意が必要である。

(1)　**株主総会招集通知**

　　取締役会非設置会社では，株主自身が運営に関与することが期待されており，そもそも原則として株主総会の招集は書面によらなくてもよいため（口頭でもよい），電子メール等の電磁的方法で招集を行うことは問題ない。

　　他方，取締役会設置会社では，株主総会の招集は書面で行う必要がある（会社法299条2項2号）。電子メール等の電磁的方法（定義は会社法2条34号，会社規222条）によるためには，「招集通知を電子メール等で送ること」自体について，書面又は電磁的方法（電子メール等）であらかじめ承諾を得ておく必要がある（会社法299条3項，会社令2条1項）。実務的には，株主からの承諾撤回の意思表示がない限り継続して電磁的方法により通知を発することについて（1回の）承諾を得ておく方法が考えられる[22]。スタートアップでも，株式引受契約や株主間契約等で事前に承諾を取得する試み等もあるが，会社法の要件（承諾の取得方法や用いることができる電磁的方法の範囲等）を満たした上で，オペレーションミスがないように注意が必要である。

(2)　**取締役会招集通知**

　　取締役会の招集方法は，会社法で特に規定されていない。書面や電磁的方法による必要はなく，口頭でもよい。そのため，電子メール等の電磁的方法で招集を行うことは問題ない。なお，通知期限はあり（会社法368条1項），会議である以上は日時と場所は通知しなければならないと考えられているが，議題は特定しなくてよい（取締役は当然参加が期待されている）。

(3)　**株主総会・取締役会の書面決議（みなし決議）の同意**

21　米国では，定款上，ラウンドごとではなく全優先株主（投資家）の多数による事前承諾事項とすることが定められることもある。NVCA定款ひな形（Art. Fourth B. 3.3条），宍戸＝VLF 310〜311頁参照。

22　江頭334頁注4参照。

株主総会・取締役会は，書面によるみなし決議が認められている（下記4）。書面又は電磁的記録（電子メール等）による同意が求められるが，(1)の取締役会設置会社における株主総会の招集通知のように，「電子メール等で同意すること」自体について事前に同意をするようなことは求められていない。

4　書面によるみなし株主総会・取締役会決議

　スタートアップの株主総会・種類株主総会や取締役会決議では，「みなし決議」（「書面決議」）が多く用いられる。これは，法律上必要な同意が書面や電磁的記録（電子メール等）により取得できた場合に，決議があったものとみなすものである（会社法319条，325条，370条）。スタートアップでは，各当事者との間であらかじめ個別に議論をしており，あえて実際に法定の会議を開催する必要が低い場合も多いことに加え，関係者（株主や取締役・監査役）の人数も少ないため，同意を速やかに取得できることも多い。もちろん，重要な事項についての議論を「会議」としての場で行いたい場合は各会議が開催される。

会議の種類	みなし決議の要件
株主総会 種類株主総会	ある提案に対して議決権を行使することができる株主の全員からの書面又は電磁的記録（電子メール等）による同意
取締役会	✓　定款で書面決議を認めていること[23] ✓　ある提案に対して議決に加わることができる取締役の全員からの書面又は電磁的記録による同意 ✓　監査役が当該提案について異議を述べない[24]

　この場合，必要な同意が全て得られたときに決議があったものとみなされるので，最短で，提案をした同日に決議があったものとみなすことも可能であ

23　実務上は，取締役会設置会社に移行するために必要な定款変更を行う際に，書面決議を認める条項も定款に規定することが通常であるが，万一定款にその旨の規定が存在しないと書面による取締役会決議が有効になされないため，自社の定款は確認する必要がある。

24　監査役については積極的に「異議を述べた」場合に，取締役会の書面決議が認められないことになる。もっとも，実務上は，早期に書面決議の効力を確定させるために，監査役に対しても取締役と同時に書面・電子メールを送付し，「当該提案について異議を述べない旨」の意思表示を受けることが多い。

る[25]。

　なお，日本では，みなし決議・書面決議を行うためには関係者全員の同意が必要とされるので，1人でも同意しない者が存在する場合には用いることができない[26]。同意するか否かが不明である（返信がない）場合にも用いることができないので，特に株主総会・種類株主総会において，同意書や電子メールの返送に時間がかかったり，連絡がつきにくい株主（退職した役職員等）が存在する場合にも用いることが難しい。その場合，株主総会を実際に開催するとともに，必要に応じて事前に大株主からは委任状を取得しておき（会社法310条），確実に可決されるよう手配することになる。

5　株式引受契約・株主間契約の締結，利益相反取引の承認決議

　これまでの手続は，株式を発行する場合に会社法上一般に必要になる決議であった。これに対し，スタートアップ・ファイナンス特有のものとして，株式引受契約や株主間契約の締結に関する決議も問題になる。

(1)　重要な業務執行の決定と業務執行

　取締役会設置会社であれば，株式引受契約や株主間契約を締結することを会

25　みなし決議・書面決議と異なる方法として，招集手続を省略した上で実際に会議を開催する方法がある。株主総会や種類株主総会は，原則として，株主（種類株主）の全員の同意があるときは，招集の手続を経ることなく開催することができる（会社法300条，298条1項3号・4号，325条）。取締役会も同様に，取締役・監査役の全員の同意があるときは，招集の手続を経ることなく開催することができる（同法368条2項）。もっとも，招集手続を省略することに全当事者の同意が得られる場合は，決議内容自体を知らされ，書面決議のための同意が取得できる場合も多いと思われる。

26　米国では，例えばデラウェア州会社法では，基本定款で別段の定めをしない限り，全ての行使可能な議決権が行使されたと仮定した場合に可決に必要な株式数以上の株主が書面又は電磁的記録により同意した場合，株主総会や種類株主総会があったものとみなされる（General Corporation Law of the State of Delaware（DGCL）§228）。そのため，全ての議決権を有する株主から同意書を取得する必要はない。ただし，議決権を行使可能であり，同意していない株主が存在する場合，当該株主に対して，みなし決議後速やかに書面通知を行う必要がある。

　　取締役会も，基本定款や付属定款に別段の定めがない限り，取締役全員が書面又は電磁的記録により同意した場合には，決議があったとみなされる（DGCL§141(f)）。日本では，逆に，積極的に定款に規定しなければ，みなし決議が認められないことと異なる。以上について，竹田公子編著『米国会社法の実務 Q&A デラウェア州会社法に基づく設立・運営』（中央経済社，2019年）115頁以下も参照。

社として意思決定することは，通常は「重要な業務執行の決定」（会社法362条
4項柱書）として取締役会で決定することになると考えられる。

取締役会非設置会社では，法定・定款上の株主総会決議事項でない限り（会
社法295条1項），業務執行の決定として，定款に別段の定めがある場合を除き，
取締役の過半数で決定する（同法348条2項）。

これらの意思決定をふまえて，実際の株式引受契約や株主間契約の締結（署
名・押印等）は，対外的な業務執行として，通常は創業者等の代表取締役その
他の業務執行取締役が行う（会社法349条，363条）。

(2) 利益相反取引の承認

株式引受契約や株主間契約を締結する際に，取締役についての利益相反取引
の規制が問題になる。取締役は，以下の場合には，取締役会非設置会社であれ
ば株主総会，取締役会設置会社であれば取締役会において，当該取引につき重
要な事実を開示し，その承認を受けなければならない（会社法356条1項，365
条1項）。また，取締役会設置会社では，各取引をした取締役は，当該取引後，
遅滞なく，当該取引についての重要な事実を取締役会に報告しなければならな
い（同条2項）。取締役が会社に対して負う忠実義務（同法355条）の1つの表
れとされる。

【取締役が承認を得る必要のある利益相反取引】

> ① 取締役が自己又は第三者のために株式会社の事業の部類に属する取引をし
>   ようとするとき【競業】
> ② 取締役が自己又は第三者のために株式会社と取引をしようとするとき【直接
>   取引】
> ③ 株式会社が取締役の債務を保証することその他取締役以外の者との間にお
>   いて株式会社と当該取締役との利益が相反する取引をしようとするとき【間接
>   取引】

株式引受契約や株主間契約では，投資家からの資金調達を円滑に進めるため
に，株式引受契約における表明保証や，株主間契約における一定の義務の主体
として，創業者らが経営株主として契約の当事者になることが通常である。す
なわち，スタートアップとその取締役がともに契約の当事者になる。この場合，

256 第3部 株式による本格的な資金調達

取締役とスタートアップとの直接取引（上記②）か，類型的に利益相反の危険性が認められる間接取引（上記③）に該当する可能性がある[27]。そのため，実務上は，直接取引又は間接取引として「重要な事実を開示し，その承認を得た」旨の決議を保守的に行うことがある[28]。

第2節　シード資金の株式への転換を行う

1　株式への転換（権利行使・取得条項）

　スタートアップがシード期に，有償新株予約権の形式でコンバーティブル・エクイティ（いわゆるJ-KISS等。以下本節で「CE」という。）を発行している場合，シリーズAラウンドが金額規模等の「適格資金調達」の要件を満たす場合には，新株予約権の行使条件が充足され，投資家が新株予約権を行使し，又はスタートアップが強制的に新株予約権を取得することで，株式に転換される（第2部第2章第3節参照）。CEではなく新株予約権付社債（CB）の場合でも本節が当てはまる。他方，CE又はCBを発行していない場合，本節は無関係である。

2　取得する株式の種類

　投資家がCEと引換えに取得する株式は，シリーズAラウンドにおいて新

27　会社が取締役から負担のない贈与を受ける場合や，無利息・無担保の貸付けを受ける場合等，抽象的にみて会社に損害が生じ得ない取引は，直接取引の規制を受けないと解されている。他方，会社の債務を取締役が保証する場合，保証料その他の報酬を取締役に支払う旨の保証委託契約がある場合の当該委託契約に直接取引規制が及ぶとされる。また，金額・条件等の点で公正な取引であっても，直接取引の規制が及ぶと解されている。さらに，会社が取締役の債務保証や債務引受を行う取引は間接取引規制が及ぶと解されている（以上，会社法コンメ(8) 78頁，82頁〔北村雅史〕）。例えば，株式引受契約において，創業者の表明保証・義務違反に対して，スタートアップが創業者と連帯して補償責任等を負うこともあり，少なくとも間接取引に該当する場合も多いように思われる。

28　株主総会や取締役会に開示すべき「重要な事実」の内容も，株式引受契約や株主間契約では必ずしも明確ではない。抽象的には，開示が求められる趣旨に基づき，利益相反取引の承認をするべきか否かの判断に足りるだけの重要な事実を開示すべきことになるが，明確な基準はない。そのため，実務上は，承認決議を取得する前に可能な限り投資家と各種契約について交渉を進めてドラフトを確定させていき，例えば，その時点でのドラフトそのものを開示し，承認を得るということが行われる。この点は重要な業務執行の決定との関係でも同様である。

たに発行される優先株式の内容を基準としつつも，一定のディスカウントやキャップで，通常は新規発行株式よりも一株当たりの取得価格（転換価額）が低額になる。そのため，新規に発行されるA種優先株式（仮称。「A1種優先株式」等とされることもある）と実質的に同じ内容であるが，取得価格が異なる「A2種優先株式」が転換によって発行される実務であった。優先残余財産分配・みなし清算に関しては，A(1)種優先株式と，A2種優先株式が，同順位で，取得価格に応じた優先分配を受けるよう定款・株主間契約で定められる。

　このA(1)種優先株式と，CEの転換によるA2種優先株式は，同じシリーズAラウンドで発行された株式であり，実務上・ビジネス上は一体として扱われることもあるが，会社法上は異なる種類の株式であることが重要である。例えば，種類株主総会が必要とされる場合，それぞれについて別個の種類株主総会を開催する必要がある（第1節3参照）[29]。

3　株主間契約等への参加

　CEが株式に転換した際には，そのタイミングで，シリーズAラウンドの新規投資家が締結する株主間契約等の当事者となることで，会社運営や株式処分等に関する一定の権利を取得することが想定されている[30]。

　なお，新規に出資する（ニューマネーを提供する）投資家がそのタイミングで最大の交渉力を有することから，シリーズAラウンドで新規に出資する投資家，特にリード投資家が，株主間契約における契約条件交渉を主導する。CE投資家は，転換時のノミナルな権利行使価額の払込み[31]に加えて，シリーズAラウンドでも新たに資金を提供しない限り，交渉力は必ずしも強くないと思われる。

29　これに対して，契約上の取扱いは，会社法の強行法規に反しない限り，契約自由の原則による。例えば，株主間契約における取締役選解任権（第4章第2節2）については，A(1)種とA2種優先株式の投資家が一体として1，2名を指名できるものとする場合がある。他方，CE投資家は，リスクが高い段階から投資してモニタリングを行っており，異なる役割を果たしているとして，A(1)種投資家とA2種投資家は別々に，1，2名ずつ取締役を指名できるものとすることもある。

30　J-KISSひな形投資契約5.9条も参照。

31　会社法上，非上場会社では新株予約権の権利行使価額を1円以上に定める必要があるため（会社法236条3項1号参照），CEを行使して株式を取得する時には，権利行使価額としてノミナルな額（1円等）を払い込むよう定められることが多い（J-KISSについて，J-KISS発行要項5.(3)参照）。

258　第3部　株式による本格的な資金調達

第3節　金融商品取引法の規制—勧誘規制

　時系列的には，前述の会社法上の決議よりも前になるが（本章冒頭のタイムラインを参照），株式による資金調達を行う際には，非上場のスタートアップであっても金融商品取引法（金商法）が問題になる。特に，何人の投資家候補にでも，どのような情報を伝えて声掛けをしても問題は生じないかといった問題である。

　すなわち，株式も，金商法上のいわゆる一項有価証券として，金商法の適用を受ける（2条1項9号，2項柱書）。金商法は，有価証券の「勧誘」について，大きく①業規制と②開示規制を設ける。①業規制は，有価証券を投資家に勧誘するために，金融商品取引業者（典型的には証券会社）としての登録等が必要になるかという問題である。②開示規制は，有価証券を投資家に勧誘するために，一定の開示が必要になるかという問題である。典型的には新規上場（IPO）時の有価証券届出書の提出や，上場会社による定期的な有価証券報告書の提出による公衆への開示等が問題になるが，「上場」をしないのに開示義務が課せられる場合があるため注意が必要である。

1　業規制（金融商品取引業者としての登録等）

(1)　スタートアップ自身による勧誘

　株式を発行するスタートアップ（発行会社）自身が株式の取得勧誘を行う場合には①の業規制は適用されず，株式の取得勧誘（自己募集・自己私募）を行おうとする場合には金融商品取引業者としての登録は不要である（金商法2条8項7号参照）。株式会社の資金調達を阻害しないようにする観点から，株式，新株予約権，社債等の株式会社による典型的な資金調達手段に係る自己募集・自己私募は，金融商品取引業に該当しないものとされている[32]。

(2)　参考：金融商品取引業者による勧誘

　他方，発行会社以外の者が，発行会社の株式の取得勧誘を業として行う場合には，通常は発行会社からの委託に基づく，募集又は私募の取扱い（金商法2

32　金商法コンメ(1) 152頁〔松尾直彦〕参照。

条8項9号）を業として行うものとして，原則として第一種金融商品取引業の登録を受けている者（典型的には証券会社）でなければ行うことができない（同法28条1項1号）。

また，日本証券業協会の自主規制レベルで，証券会社が非上場スタートアップの株式の勧誘の取扱いを行うことについて規制がある。伝統的には，投資家保護の観点から，証券会社は非上場株式の勧誘の取扱いを行うことが原則として禁止され，一定の範囲でのみ認められていたが，近時，自主規制規則の整備により拡張され，いわゆるプロ向けに非上場株式の取扱いが可能となった（特定投資家向け銘柄制度：J-Ships）。また，非上場有価証券の電子的な取引の仲介に関する私設取引システム（Proprietary Trading System: PTS）についても改正・緩和がなされている。J-Shipsでは一定の開示が求められるため，典型的には，上場に向けて開示に係る体制整備が整ってきたレイター・ステージ以降の資金調達等で用いられることが想定され，実際にレイターでの株式による約30〜50億円規模の資金調達の事例も現れている。また，PTSも上場前のセカンダリー市場の活性化に寄与することが期待される。そのため，これらについては，レイター・プレIPOラウンドのパートで紹介する（第6部第4章第1節）。

2　開示規制

(1)　概　要

前記②の開示規制との関係で，金商法上の一項有価証券である株式を，一定期間内に個人・法人等合計50名以上に対して取得勧誘（募集）をしようとする場合，その発行価額の総額が1億円以上の場合は，原則として，有価証券届出書の提出等による一定の開示が必要になる（金商法4条，5条1項）。すなわち，有価証券届出書の提出義務がある場合，有価証券届出書の提出前に株式に係る取得勧誘行為を行ってはならない（同法4条1項）。また，有価証券届出書の提出後，原則として一定の禁止期間を経るまで株式を取得させること（その合意を含む）は禁止されている（同法15条1項）。これは，①業規制と異なり，発行会社であるスタートアップ自身に適用される。

このとき，実際に株式を引き受けて株主となった人数（出来上がりベース）が50名を下回ったとしても，当該株式の発行される日以前3か月以内に発行された同一種類の株式[33]についての取得勧誘を通算して，50名以上を相手方として取得勧誘をする場合，原則として「募集」に該当し，開示が求められる（金

商法2条3項1号・2号ハ、金商令1条の5、1条の6)[34]。実務上は、このような募集に該当しない類型の1つである少人数私募（49名以下）[35]の枠内で行われることが多い（その他の類型の1つである特定投資家私募については、上記1(2)の通りプレIPOのパートで後述する）。

【少人数私募において通算される勧誘の範囲】

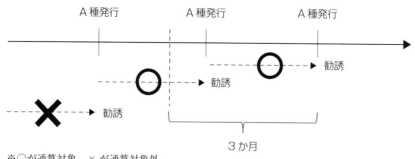

※○が通算対象、×が通算対象外

(2) 「勧誘」の意義とスタートアップにおける留意点

スタートアップが資金調達を行うとする場合、ピッチをはじめとして初期的

---

33 剰余金の配当、残余財産の分配、株式の買受け及び議決権を行使することができる事項が同じ場合に、同一種類の株式と扱われる（定義府令10条の2第1項4号ロ・9号）。
34 対照的なのが、VC等の組合型ファンドを組成する場合に、ファンド運営者がLP投資家等を勧誘する場合である。ファンド持分等のいわゆる二項有価証券に係る取得勧誘において開示が求められるのは、勧誘に応じて500名以上が実際に二項有価証券を取得することとなる場合であり（金商法2条3項3号、金商令1条の7の2）、勧誘を行った人数ではなく取得者数（出来上がりベース）で見る。
35 VC等の組合型ファンドを相手方として取得勧誘する場合、ファンドの個々の組合員ごとに取得勧誘の相手方の人数と数えて49名以下でなくてはならないのかという問題がある。この点については、組合については基本的には業務執行者をもって適格機関投資家と判断されること（定義府令10条1項23号ロ・24号ロ参照）も合わせて考えると、基本的には、いわゆるターゲット型ファンド（適格機関投資家以外の組合員に現物配当することを目的として、特定の有価証券の取得のみのために組成された組合型ファンド、開示ガイドラインB4-5④及び⑤参照）のような潜脱的場合を除き、組合については業務執行者を1名として取得勧誘の相手方の人数と数えてよいと考えられる一方、ターゲット型ファンドについては実務上は慎重に当該ファンド出資者の人数も含めて計算するのが適切であろうという指摘がある（中村聡ほか編著『金融商品取引法——資本市場と開示編〔第3版〕』（商事法務、2015年）75頁、105頁）。二項有価証券に係る取得勧誘（前掲注34）について、平成19年7月31日金融庁パブコメ回答29頁49番参照。

なアプローチや投資意欲の確認を含めると，多くの投資家候補に対して接触を行うことが多い。50名以上にこうした接触を行っている場合も珍しくないため，これらも「勧誘」に該当すると，開示義務が問題になる。

　もっとも，「勧誘」は金融商品取引法で定義されておらず，具体的にどのような行為が「勧誘」に該当するかは解釈に委ねられている。その上で，「勧誘」とは，特定の有価証券について投資者の関心を高め，その取得・買付けを促進することとなる行為を広く含むように解されており，有価証券の発行時期や発行価格等の取引条件を表示することも必要とされていない[36]。勧誘に該当するか否かは，行為態様，発行会社，勧誘者及び被勧誘者の置かれた客観的・主観的状況，有価証券の内容，取引態様に応じて異なり得るもので，実際の判断は難しい。他方で，常にアドホックな解釈を強いられるとすると，実務上の対応が困難になる。

　そのため，主に，有価証券届出書を既に提出している上場会社を念頭に置いたものであるが，開示ガイドラインにおいて，金融商品取引法上の「勧誘」に該当しない一定の行為類型が例示され，セーフハーバーが設けられている[37]。特に，第三者割当の準備行為として，一定の行為は勧誘に該当しないとされていることから，非上場スタートアップによる通常の資金調達の場面でも一定のベンチマークになると思われる。

【開示ガイドラインＢ２-12①　第三者割当の準備行為】

> 　第三者割当を行う場合であって，割当予定先が限定され，当該割当予定先から当該第三者割当に係る有価証券が直ちに転売されるおそれが少ない場合（例えば，資本提携を行う場合，親会社が子会社株式を引き受ける場合等）に該当するときにおける，割当予定先を選定し，又は当該割当予定先の概況を把握することを目的とした届出前の割当予定先に対する調査，当該第三者割当の内容等に関する割当予定先との協議その他これに類する行為

　なお，非上場時における金商法上の開示規制（勧誘規制）は，典型的なシリーズＡ以外のファイナンスやインセンティブ付与でも問題になり，留意事項や実

36　神崎克郎ほか『金融商品取引法』（青林書院，2012年）317頁，金商法コンメ(1)91頁〔谷口義幸〕，エクイティ・ファイナンスの理論と実務190頁，271頁参照。

37　開示ガイドラインＢ２-12①〜⑧。

262　第3部　株式による本格的な資金調達

務上の対応が異なることから，該当部分を参照されたい。

コンバーティブル・エクイティ （J-KISS型新株予約権）による資金調達	第2部第2章第3節3(2)
ストックオプションとしての新株予約権の発行	第4部第4章第3節
新株予約権付社債の発行	第5部第2章第4節
IPO前ファイナンス	第6部第2章

第4節　外資規制—外為法の事前届出・事後報告

　外国投資家から資金調達を受ける際に必要になり得る手続として，外国為替及び外国貿易法（外為法）に基づく手続がある。外為法は，一定の場合に，外国投資家に対して，日本の当局へ事前届出や事後報告等を行うことを求める規制であるが，特に事前届出（下記1）を要する場合，審査が終わるまで投資実行ができない禁止期間（待機期間）があり，クロージングまでのスケジュールに影響する。届出・審査に際してスタートアップ側の協力が必要な事項もあるため，出資を受けるスタートアップ側も，要否の大まかな感覚を持っておく必要がある。近時は経済安全保障の観点からこのプロセスが重視され，規制対象も拡大していることから，審査にも時間がかかり，留意すべきポイントの一つになっている。

　外為法の規制は複雑かつ詳細になっているため，本書ではスタートアップ・ファイナンスに関連する主な事項に絞って，正確性を一定程度捨象しつつ概要について述べる[38]。大きく，事前届出（下記1）と事後報告（下記2）が問題になる。

1　事前届出（対内直接投資等・特定取得）

(1)　事前届出の要件・行為規制の概要

　外為法上，以下の場合に，外国投資家が事前届出を行うことが，原則として義務付けられる[39, 40]。

---

[38]　実務上，日本銀行による解説として，外為法Q&A（対内直接投資・特定取得編）や外為法Q&A（資本取引編）等を参照しつつ，必要に応じて所管省庁等の当局に事前質問・照会をすることも多い。

第5章　シリーズA資金調達のプロセス・規制　263

【外為法上の事前届出義務を負う主な要件】

①主体（投資家）	「外国投資家」が
②客体 （非上場スタートアップ）	「指定業種」を営む日本の会社について （※子会社等の業種が問題になる場合があることに注意）
③取引・行為の内容	「対内直接投資等」又は「特定取得」を行う場合

　これらの要件を満たす場合に，行為規制として，事前届出義務が課せられ，禁止期間中の取引・行為が禁止されるとともに，取引・行為の実行後，一定期間以内に実行報告を行う必要がある。

【外為法上の事前届出に係る行為規制】

規制内容	✓　事前届出義務＋禁止期間中の取引・行為の禁止 ✓　取引・行為の実行後，実行報告

　以下では，案件のイメージのために，まず事前届出に係る規制内容について概説した上で（下記(2)），事前届出義務を負う主な要件について，①主体（投資家），②客体（非上場スタートアップ），③取引・行為内容について見ていく（下記(3)～(5)）。

(2)　規制内容（事前届出義務・禁止期間と実行報告）

(a)　事前届出義務と，禁止期間終了までの投資実行の禁止

　外国投資家が事前届出を行うと，財務省及び指定業種を所管する省庁による審査に服し，審査が終わるまでは，投資の実行や役員選任への同意といった行為を行うことができない（外為法27条2項）。審査が行われる法定の禁止期間は30日であるが，法令の手続に従って，最大で5か月まで延長される（同条3項

39　これ以外に，外国投資家の国籍又は所在国・地域が，日本及び対内直投命令別表第1に掲載されている国・地域（2024年8月現在，163の国と地域）以外である場合や，イラン関係者により行われる一定の行為についても，対内直接投資等に関する事前届出が必要とされる（外為法Q&A（対内直接投資・特定取得編）Q4参照）。本書の性質上，省略する。
40　株式取得を行う場合，事前届出の免除制度も存在する（外為法Q&A（対内直接投資・特定取得編）Q5参照）。ただし，一定の業種（コア業種）に従事する非上場会社に対して投資を行う場合や，役員派遣を行う等の場合には用いることができないこと等に留意が必要である。

264　第3部　株式による本格的な資金調達

〜6項・10項)。

　問題のない案件では禁止期間が短縮されることもあり，一般的なスタートアップに対するマイノリティ出資の場合には，当局からの書面（メール）での質問に速やかに回答をする等の必要な対応を行えば，禁止期間が短縮されることも多い。もっとも，近時は一般的に審査に時間がかかっている[41]。

　そのため，少なくとも「原則30日」という感覚をもった上で，クロージング（着金）予定日から逆算して事前届出をスケジューリングする必要がある。当然，行おうとしている出資に外為法上の事前届出が必要か否かの検討は，先立って行う必要がある[42]。

　審査が終了して取引・行為を実行できる期間がわかる方法として，現在の実務上は，審査が完了した取引又は行為について，日本銀行のウェブサイト上で審査結果が毎営業日の17時過ぎに公表され[43]，原則としてその翌日から取引又は行為を行うことができるようになる。

(b)　実行報告

　事前届出を行った外国投資家が，実際に株式の取得・処分や金銭の貸付け，社債の処分等の一定の取引・行為をした場合には，45日以内に日本銀行を経由して財務大臣及び事業所管大臣に報告する必要がある（実行報告）[44]。実務上，取引・行為後に失念して期限を徒過する例があるため，注意が必要である[45]。

(c)　違反した場合の効果

　外国投資家が，必要な事前届出をせずに取引を行った場合や，禁止期間

41　審査に時間がかかる場合，任意での取下げと再届出を求められることもあり，前述の期間制限を超えて審査が継続することもあり得る。

42　一定の機微性の高い案件では，当局からクリアランスに際して，投資等の実行後における行動について，一定の条件（遵守事項又は誓約事項と呼ばれる。）を要求されることもある。例えば，SaaSよりもディープテック領域ではこのような可能性が高まるほか，投資家の属性（出身国）次第で慎重になるべき度合いが変わり得る。

43　「直投命令第8条に基づく財務大臣及び事業所管大臣による公示（審査結果）」(https://www.boj.or.jp/about/services/tame/index.htm)，外為法Q&A（対内直接投資・特定取得編）Q25-1，26参照。

44　外為法55条の8，直投令6条の5，直投命令7条1項1号〜5号。外為法Q&A（対内直接投資・特定取得編）Q12参照。

45　本文で述べた手続以外に，出資に伴い，居住者が非居住者から支払を受領する場合等において，居住者が「支払または支払の受領に関する報告書」の提出が必要になる場合がある（外為法55条1項）。3,000万円以下の支払等は報告が免除されているほか，日本の銀行等を経由する場合は銀行においてアレンジがなされる場合も多く，本書では詳細は省略する。

満了前に取引を行った場合等の一定の場合には，財務大臣及び事業所管大臣は，対内直接投資等や特定取得によって国の安全等を損なう事態を生ずるおそれが大きいと認めるときには，一定のプロセスを経て，外国投資家に対し，取得した株式の処分等の必要な措置を命ずることができる（措置命令）[46]。

社内調査等の結果，本来ならば事前に届け出るべき取引を無届のまま実行していたことが判明した場合には，財務省ウェブサイト掲載の事案調査票を作成の上，財務省の担当部署宛に速やかに連絡をすることが求められている[47]。放置した場合，措置命令のおそれ等が上場審査の過程等で問題にもなり得るため，無届等が判明した場合には速やかに届出を行うべきである。

(3) 外国投資家（①届出の主体）

前述の通り，外為法上，①外国投資家が，②指定業種を営む日本の会社について，③「対内直接投資等」又は「特定取得」を行う場合には，原則として，事前届出が義務付けられる。

(a) 外国投資家の類型

外為法上，外国投資家は，主に以下のいずれかとされている（外為法26条１項）。非居住者や外国法人等が議決権の50%以上を直接・間接に保有したり，役員の過半数を占めていたりする会社が含まれている等，あるエンティティの設立準拠法のみでは直ちに判断ができず，資本構成や役員構成も確認する必要がある。

---

(1) 非居住者である個人
(2) 外国法令に基づいて設立された法人その他の団体又は外国に主たる事務所を有する法人その他の団体（いわゆる「外国法人」）
(3) (1)(2)が議決権の50%以上を直接・間接[48]に保有する会社
(4) 投資事業を営む民法上の組合や投資事業有限責任組合（LPS）等（外国組合を含む）で一定の要件を満たすもの（「特定組合等」，後述）
(5) 非居住者個人が役員又は代表権限を有する役員のいずれかが過半数を占める本邦の法人その他の団体

---

46 外為法29条。外為法 Q&A（対内直接投資・特定取得編）Q27参照。
47 外為法 Q&A（対内直接投資・特定取得編）Q28参照。
48 間接に保有される議決権とは，外国法人等が50%以上の議決権を有する国内会社又はその子会社が保有する議決権をいう（直投令２条１項）。

266　第3部　株式による本格的な資金調達

(b)　VCファンドと「外国投資家」該当性

VCファンドでは，ファンドの組成・ファンドレイジング（ファンドによる資金調達）と，スタートアップに対する投資の2つの場面で，外為法が問題になる。あるファンドが，事前届出を行う必要が生じ得る「外国投資家」に該当するかどうかは，(i)日本籍ファンドと(ii)外国籍ファンドでそれぞれ問題になる。

(i)　日本籍ファンド　　日本の法律に基づき，民法上の組合や投資事業有限責任組合（LPS）として組成された日本籍ファンドであっても，以下のいずれかを満たすと，外為法上はファンド自体が「特定組合等」（外為法26条1項4号）に該当し，外国投資家としての取扱いを受けることになる[49]。他方，以下のいずれも満たさない場合，ファンド全体が国内投資家扱いとなり，事前届出は不要となる。

---

① 　出資比率の50％以上が非居住者等
② 　GP（業務執行組合員）の頭数過半数が非居住者等

他方，有限責任事業組合（LLP）として組成されたファンドは，外為法上パススルーの取扱いを受け，組合員ごとに外国投資家に該当するかの判定を行い（外為法26条1項1号〜3号・5号），該当する組合員が届出を行うことになる[50]。

(ii)　外国籍ファンド　　近時は，日系のVCファンドであっても，ケイマン諸島や米国デラウェア州法に基づく外国籍ファンドとして設立されることも増えている。海外の機関投資家等からの資金調達ではなじみがあり便宜であること，日本の投資事業有限責任組合（LPS）には法律で投資対象に制約があることや，税務上の理由等による。外国籍ファンドがいわゆるパラレル・ファンドとして設立され，日本のLPSと外国籍ファンド等の複数のファンドによって出資額をおおむね按分して投資が行われることもある。

外国籍ファンドが，外国の法令に基づいて設立されたパートナーシップであって民法組合やLPSに類似する場合，日本籍ファンドと同様に「特定組合等」に該当するかどうかが問題になる。この点，外国籍の組合型ファンドのうち，投資事業を目的とするパートナーシップであって，業務を執行する組合員又は構成員（GP）が存在し，かつ各組合員が組合財産を実質的に共有する関係に

49　外為法 Q&A（対内直接投資・特定取得編）Q2参照。
50　外為法 Q&A（対内直接投資・特定取得編）Q37-1。なお，LLPがファンドのGPになる例も存在するほか，CVCファンド等で用いられる場合がある。

ある場合は，「特定組合類似団体」として上記(i)と同様の基準で「特定組合等」（外為法26条1項4号)に当たるかを検討することになる[51]。それ以外の場合は直ちに外国投資家に該当する（同項2号）。外国の法令上，各組合員がGPに信託的に株式を譲渡する又はGPが各組合員の受託者として株式を取得する形態のパートナーシップを採用している場合，上記の各組合員が組合財産を実質的に共有する関係にある（同項4号による）ものと考えられるとされており[52]，実務上は，パートナーシップ型である外国籍ファンドにおいても上記(i)と同様の基準で判断するかどうかは，個別に検討・確認をする必要がある。

⑷ 指定業種（②スタートアップの事業内容）

⒜ 概　要

前述の通り，外為法上，①外国投資家が，②指定業種を営む日本の会社について，③「対内直接投資等」又は「特定取得」を行う場合には，原則として，事前届出が義務付けられる。

事前届出が必要とされる②指定業種は，対内直接投資等と特定取得で重複もあるが，一定程度異なるものもあり，特定取得に係る指定業種の方が限定されている[53]。例えば，対内直接投資等については以下のような業種である[54]。なお，指定業種における各分類名や番号は，日本標準産業分類の分類を用いて指定さ

---

[51] 外為法Q&A（対内直接投資・特定取得編）Q37-1。なお，同Q&Aは2024年8月に改訂されており，以前は，実務上，多くの外国籍ファンドで，設立準拠法が外国法であることで，2号に基づきファンドが直ちに外国投資家に該当すると判断され，届出を行う必要が生じ得る取扱いとなっていた。

[52] 外為法Q&A（対内直接投資・特定取得編）Q37-1。例えば，ケイマン諸島籍Limited Partnershipはこれに該当し，4号（上記(i)）の基準に従い特定組合等に該当するかどうかを判断することになると考えられる。これに対して，米国デラウェア州籍Limited Partnershipは，根拠法において法人格を有すると考えられており，当局においては，特定組合類似団体にはならず，2号に基づき外国投資家に該当するという整理のようである。

[53] 対内直接投資等に係る指定業種は，「業種を定める告示（対内直接投資等に関する命令第三条第三項の規定に基づき財務大臣及び事業所管大臣が定める業種を定める件）」別表第一及び別表第二に掲げる業種に該当する業種，並びに別表第三に掲げる業種（うち別表第一に掲げる業種以外）に該当しない業種をいう。

これに対し，特定取得に係る指定業種は，「特定取得に係る指定業種を定める告示（対内直接投資等に関する命令第三条第一項及び第四条第二項の規定に基づき，財務大臣及び事業所管大臣が定める業種を定める件）」別表（特定取得告示別表）に掲げる業種をいう。それぞれの詳細について，財務省「対内直接投資審査制度について」（https://www.mof.go.jp/policy/international_policy/gaitame_kawase/fdi/index.htm）等を参照。

268 第3部 株式による本格的な資金調達

れているが，指定業種に関する解釈は外為法の趣旨や指定業種に指定された趣旨等をふまえて行われるものであり，日本標準産業分類における各分類の説明や内容例示は参考にとどまり，必ずしもその通りの解釈がとられるわけではないとされていることに注意が必要である[55]。

- ✓ 武器・航空機（無人航空機を含む）・宇宙開発・原子力関連の製造業，及び，これらの業種に係る修理業，ソフトウェア業
- ✓ 軍事転用可能な汎用品の製造業
- ✓ 感染症に対する医薬品に係る製造業，高度管理医療機器に係る製造業
- ✓ 工作機械・産業用ロボット製造業等
- ✓ 半導体素子若しくは集積回路の製造のために専ら用いられる半導体部素材又は半導体製造装置若しくは半導体製造装置に専ら用いられる部分品若しくは素材等の製造業
- ✓ 蓄電池製造業・素材製造業
- ✓ サイバーセキュリティ関連業種（情報処理関連の機器・部品・ソフトウェア製造業種，情報サービス関連業種）
- ✓ インフラ関連業種（電力業，ガス業，通信業，上水道，鉄道業，石油業，熱供給業，放送業，旅客運送）
- ✓ 警備業，農林水産業，皮革製品製造業，航空運輸業，海運業　等

　ディープテック関連スタートアップでは特に注意が必要である。IT系スタートアップへの出資において，実務上よく問題になるものとして，ソフトウェア業（受託開発ソフトウェア業，組込みソフトウェア業，パッケージソフトウェア業）や，情報処理サービス業，インターネット利用サポート業がある[56]。ま

---

54 財務省パンフレット（https://www.mof.go.jp/policy/international_policy/gaitame_kawase/fdi/20230524fdi_1.pdf）をもとに筆者加工。

55 大澤大『経済産業省における外国為替及び外国貿易法に基づく投資管理と実務上の諸論点』（旬刊商事法務2294号）27頁参照。

56 コア業種に該当する場合を除き，別表第三に掲げる業種に属する事業に付随して同一法人内で実施し，又は別表第三事業のみを営む親会社・兄弟会社のために実施するソフトウェア業，情報処理サービス業，インターネット利用サポート業に属する事業は，指定業種から除かれている（外為法Q&A（対内直接投資・特定取得編）Q78参照）。

　もっとも，実務上「事業に付随して同一法人内で実施し」という取扱いは狭く，また，通常のソフトウェアやアプリケーションの開発を行うスタートアップについて，短時間の出資検討に際して，指定業種から除外されていることを必ずしも明確に確認できるとも限らないことから，保守的に事前届出を行っている例も多いと思われる。

た，電気通信事業法16条の届出をした電気通信事業者は，指定業種（その他の固定電気通信業）を営んでいるという取扱いであり[57]，利用者間のメッセージの媒介や，クローズド・チャットを提供しているSaaS企業等においても注意が必要である。

(b) 実務上の留意点（定款や子会社との関係）

指定業種に該当するか否かは，スタートアップの定款上の事業目的だけではなく，実際に行っている事業活動により判断する必要がある。したがって，仮に定款上の事業目的に明示的に指定業種が記載されていなくても，スタートアップが実際に営む事業に指定業種が含まれている場合には，事前届出の対象となる[58]。他方で，スタートアップの定款の事業目的に指定業種が記載されている場合であっても，実際に営む事業に指定業種が含まれていない場合には，事前届出の対象とはならない。投資家としては，投資先スタートアップからのヒアリングや事業報告等の開示資料を元に，事前届出の要否について判断をする必要がある。スタートアップ側も，出資の阻害要因にならないよう，積極的な協力が必要になる。

また，以下で述べる③外国投資家が行う取引・行為の内容のうち，投資先の株式・議決権の取得や，一定事項（会社の事業内容の変更，取締役・監査役選任議案，事業の全部の譲渡等の議案）への同意，一定額以上の社債の引受けといった，スタートアップ・ファイナンスにおいて典型的に問題になる取引・行為を行う場合，直接の投資先だけでなくその子会社又は議決権半数子会社[59]が営む事業に，指定業種に属する事業が含まれる場合にも規制が適用される。そのため，出資を行おうとする際には，直接の投資先だけではなく，子会社等グループ会社の有無と，その業務内容も確認が必要である。

(5) 対内直接投資等・特定取得（③外国投資家の取引・行為の内容）

前述の通り，外為法上，①外国投資家が，②指定業種を営む日本の会社につ

57　総務省「外為法に基づく届出について（届出電気通信事業者向け）」（https://www.soumu.go.jp/main_content/000824514.pdf）参照。

58　外為法Q&A（対内直接投資・特定取得編）Q4＜注3＞参照。

59　「子会社」（主に議決権の過半数を直接・間接に保有する他の会社）や「議決権半数子会社」（主に議決権数の50％を直接・間接に保有する他の会社）の詳細については，外為法Q&A（対内直接投資・特定取得編）Q4＜注2＞参照。

270　第3部　株式による本格的な資金調達

いて，③「対内直接投資等」又は「特定取得」を行う場合には，原則として，事前届出が義務付けられる。③の取引・行為として，スタートアップに対する出資や，役員派遣が「対内直接投資等」に該当し得る。また，対内直接投資等はセカンダリー譲渡も含むほか，「特定取得」はセカンダリー譲渡のみが該当し得るものであるが，出資と併せて触れる。

	出資者（取得者）	発行会社	外為法上の取扱い
プライマリー（出資）	国内投資家	国内法人[60]	—
		外国法人[61]	資本取引（対外直接投資）
	外国投資家	国内法人	対内直接投資等
		外国法人	—

	株式譲受人	株式譲渡人	外為法上の取扱い
セカンダリー譲渡	国内投資家	国内投資家	—
		外国投資家	（資本取引）
	外国投資家	国内投資家	対内直接投資等
		外国投資家	特定取得

⒜　対内直接投資等

外国投資家が行う場合に「対内直接投資等」に該当する取引又は行為は，外為法に列挙されている[62]。スタートアップに対する出資等で問題になる例として，例えば以下が挙げられる（対内直接投資等に該当する取引や行為を網羅し

60　表における「国内投資家」や「国内法人」は，後述の資本取引との関係で，単純化のために「非居住者」に該当する場合（国内法人の外国にある支店，出張所その他の事務所）を除く。以下同様。

61　表における「外国投資家」や「外国法人」は，後述の資本取引との関係で，単純化のために「居住者」に該当する場合（外国法人の日本にある支店，出張所その他の事務所）を除く。以下同様。

62　外為法26条1項，2項，直投令2条16項1号～7号。外為法Q&A（対内直接投資・特定取得編）Q1参照。

ているものではない）。対内直接投資「等」として，出資だけでなく，一定の役員選任議案への同意等も該当することに留意する必要がある。

- ✓ 上場会社等の株式・議決権の取得で，それぞれ出資比率又は議決権比率が1％以上となるもの（密接関係者[63]である外国投資家が所有するものを合算）
- ✓ 国内の非上場会社の株式・議決権の取得（※）
- ✓ 外国投資家が以下のいずれかに同意すること
  - ① 国内の会社の事業目的の実質的な変更
  - ② 取締役・監査役の選任に係る議案（外国投資家自ら又はその関係者が国内の会社の取締役・監査役に就任する議案[64]）
  - ③ 事業の全部の譲渡等の議案
- ✓ 一定のデット性の資金提供[65]
  - ➢ 国内法人に対する返済・償還期限が1年を超える金銭の貸付け・社債の引受け，かつ
  - ➢ 残高が1億円相当額かつ発行会社の負債の50％を超える場合

（※）　特に，上場会社等の株式・議決権の取得と異なり，非上場株式を一株・一議決権でも取得する場合はこれに該当する。非上場スタートアップへの出資や，国内投資家から外国投資家へのセカンダリー譲渡において典型的に問題になる。ただし，外国投資家が，発行済株式を他の外国投資家からセカンダリーで譲り受ける場合は「特定取得」ないし「資本取引」として取り扱われ得るため，別途検討することになる。

63　密接関係者とは，対内直接投資等を行う者と永続的な経済関係，親族関係その他これらに準ずる特別の関係にある者として列挙されている（外国投資家に該当する者に限る。直投令2条19項各号）。外為法Q&A（対内直接投資・特定取得編）Q6参照。

64　外為法Q&A（対内直接投資・特定取得編）Q1⑷，Q7参照。

65　このように，一定のデット性の資金提供も，外国投資家が行う場合には対内直接投資等に該当する場合があることから，ブリッジファイナンス（第5部第2章）やベンチャーデット（第5部第4章）等でも注意が必要になる。また，新株予約権の付与を受ける場合，その行使により株式を取得する際に，通常の株式の取得と同様，外為法上の事前届出等の規制が問題になることがある（外為法Q&A（対内直接投資・特定取得編）Q42）。

【対内直接投資等（非上場会社への出資等の場合）】

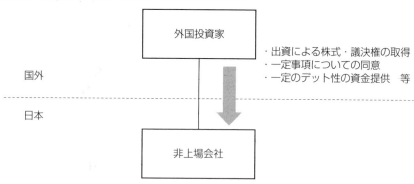

(b) 特定取得

「特定取得」とは，外国投資家が，他の外国投資家から，国内の非上場会社の株式・持分を譲り受けることをいう（外為法26条3項）[66]。特定取得に分類される場合，「対内直接投資等」には該当しないが，同じように事前届出が問題になる。

典型的には，外国投資家（個人・法人・ファンド）が，他の外国投資家（個人・法人・ファンド）から，非上場会社であるスタートアップの発行済株式をセカンダリー取引で取得するような場合が，特定取得に該当する。ただし，前

【特定取得】

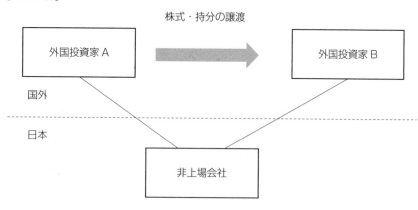

---

66 外為法 Q&A（対内直接投資・特定取得編）Q29参照。

述の通り外為法上の「外国投資家」には，一定の日本法人や日本籍ファンドも含まれることには留意が必要である。

外国投資家が特定取得を行う場合は，投資先又はその子会社・議決権半数子会社[67]の事業に特定取得に係る指定業種（対内直接投資等の指定業種と異なることに注意）が含まれているものに限り，取得する前に，日本銀行を経由して財務大臣及び事業所管大臣に届け出る必要がある（事前届出〔外為法28条〕）。前頁の図では，外国投資家Bが届出を行う主体になる。

一方，投資先やその子会社・議決権半数子会社の事業に，特定取得に係る指定業種が含まれていない場合，特定取得に係る手続は不要とされている。この場合，対内直接投資等とは異なり，事前届出が不要な場合の事後報告（後述）も設けられていない。

なお，特定取得に該当する行為が「居住者」と「非居住者」の間で行われる場合は，資本取引としての手続が必要なケースも存在する。このケースには，投資先等が行う事業に特定取得に係る指定業種が含まれていない場合も該当し得るので注意が必要である。

(6)　事前届出に係る審査・質問対応

事前届出を行うと，事業所管官庁によって審査が行われる（例えばIT系スタートアップであれば，経済産業省等）。その過程で，届出者である外国投資家又は代理人に対して，文書での質問がなされる。一般的なスタートアップ投資であればメールベースでの質問が多いが，M&Aや，マイノリティ出資でも指定業種のうち機微性が高く質問項目が多い場合等は，質問票（ワードファイル等）によることもある。質問が多い場合，届出者（外国投資家）宛と，発行会社（スタートアップ）宛の質問票に分けてもらう等の対応もある[68]。

実務上見受けられる質問事項は，例えば以下のような事項である。発行会社であるスタートアップに対して回答を作成してもらう必要がある事項も含まれていることが多いため，投資家としては円滑なクリアランスを得るために発行会社の協力を得ることの重要性を理解してもらう必要がある。

67　子会社や議決権半数子会社の範囲について，前掲注59参照。
68　この場合でも，届出者（外国投資家）やその代理人としては，自らの届出に関する審査である以上，当局と発行会社の間で直接のやり取りをさせるのではなく，発行会社宛の質問内容も確認し，必要に応じて回答内容を発行会社と協議することが通常である。

274　第3部　株式による本格的な資金調達

(i) 届出者（外国投資家）に関する質問事項の例
(A) 事業内容，設立経緯，設立目的，VCであれば主要な投資先等
(B) 代表者の略歴，外国政府関係者への該当性
(C) 投資の経緯，目的
(D) 投資後の発行会社の経営方針・投資方針
(E) 派遣予定取締役の氏名，国籍，届出者との関係等
(F) 発行会社の秘密情報へのアクセス予定の有無・データ管理状況
(G) 外国政府補助金の有無
(ii) 発行会社や他の投資家に関する質問事項の例
(A) 指定業種の詳細
(B) 発行会社が顧客から取得するデータの種類，保存先（クラウドサービスを利用している場合は，サービス名・リージョン）
(C) 情報管理規程の整備・データ管理状況
(D) 投資後の発行会社の株主の上位一定数の情報（名称，国籍，出資比率，属性（VC等））

2　事後報告（対内直接投資等・資本取引）

　事前届出が不要な場合であっても，一定の取引・行為を行う場合には，事後報告が必要とされる場合がある。大きく，対内直接投資等に係る事後報告と，資本取引としての事後報告がある。

(1)　対内直接投資等に係る事後報告

　事前届出を要しない対内直接投資等のうち，事後報告の対象となる場合がある（これに対し，特定取得については，前述の通り事後報告の制度が存在しない）。事後報告の対象となるのは，例えば，株式取得のケースでは，スタートアップが指定業種を営んでいない等の以下の(1)，(2)，(3)のいずれにも該当し，かつ外国投資家の実質株式ベースの出資比率又は実質保有等議決権ベースの議決権比率が，密接関係者と合わせて10%以上となった場合である[69]。事後報告は，対内直接投資等を行った日から45日以内に行う必要がある。

69　外為法 Q&A（対内直接投資・特定取得編）Q13, 14参照。

(1) 外国投資家の国籍・所在国（地域を含む。）が日本又は直投命令別表1に掲げる国又は地域であるもの（ただし，届出・報告が不要となる対内直接投資等に該当するものを除く。）

(2) 投資先が営む事業（一定の場合に，投資先の子会社又は議決権半数子会社の事業）に指定業種に属する事業が含まれないもの，又は投資先が営む事業に指定業種に属する事業が含まれる場合であって，外国投資家が事前届出免除制度を利用しているもの

(3) イラン関係者により行われる一定の行為以外のもの

(2) 資本取引

　物やサービスの移転を伴わない対外的な金融取引のうち一定の取引は，「資本取引」とされる[70]。そのうち，事後報告の対象になる資本取引は，資本取引のうち①許可の対象になるもの，②事前届出の対象になるもの，③そもそも事後報告の手続が不要なもの，を除いたものである[71]。

　多くは事後報告の手続が不要であるが，事後報告の対象になる資本取引として，スタートアップ・ファイナンスにおいて典型的な場合は，居住者・非居住者間で行われる証券の取得・譲渡のうち，1億円相当額以上のもの（対内直接投資等や特定取得に該当する場合を除く）である[72]。

70　外為法20条，20条の2，外為令10条。外為法 Q&A（資本取引編）Q1参照。

71　外為法 Q&A（資本取引編）Q6参照。なお，①許可の対象となるものは，一定の場合で財務大臣が許可を受ける義務を課した場合に限られる（外為法21条）。また，②事前届出の対象になる資本取引は，資本取引の一形態である対外直接投資のうち，対外直接投資先の業種が指定業種である5業種（漁業（水産動植物の採補事業）や，皮革又は皮革製品・武器・武器製造関連設備・麻薬等の製造業）に該当する投資を行おうとする場合に限られている（外為法23条1項，外為令12条）。外為法 Q&A（資本取引編）Q4，5，8，9参照。

72　資本取引のうち，海外スタートアップへの出資等，居住者と外国法人との間の関係が問題になる「対外直接投資」の場合，事後報告の対象になるのは，居住者と一定の者（完全子会社・共同出資者）による出資比率が10%以上の外国法人や，役員を派遣している等永続的関係にある外国法人の発行する証券の取得（取引類型に応じ，1億円又は10億円相当額以上）や，これにより取得した証券の譲渡に限られる。外為法 Q&A（資本取引編）Q7，10参照。

276 第3部 株式による本格的な資金調達

第6章

資金調達と資本金・減資

> 株式により資金調達を行った際に資本金はいくら増加するか。
> 減資とは何か。スタートアップが資金調達後に減資を行う理由は何か。

第1節 株式による資金調達と資本金・資本準備金

　株式会社の設立又は株式の発行に際して払い込まれた額は，原則として全額が「資本金」の額として計上される。ただし，払込額のうち最大2分の1は，資本金として計上せずに，「資本準備金」として計上することができる。すなわち，資本金の増加額は，株式による資金調達で払い込まれた額の2分の1を下回ることはできない（会社法445条1項～3項）。

	計上額（新株発行時）	登録免許税
資本金	最大：払込金額 最小：払込金額の1/2	7/1000（0.7%） ※この額が3万円に満たない場合，3万円
資本準備金	最大：払込金額の1/2 最小：0	0

　資本金の額も，資本準備金の額も，一度はエクイティ性の金額が会社に払い込まれたことを外部に表示するという意味では同様の機能を有する。
　もっとも，実務上は，新規に株式を発行して資本金の額が増加する場合[1]の

登記に係る，登録免許税の金額に差異が生じる。登記申請 1 件につき，増加した資本金の額の1000分の 7 （この額が 3 万円に満たない場合は 3 万円）が，登録免許税の額とされている[2]。例えば，新株発行により10億円を調達し，全額を資本金の額に計上すると，10億円×0.7％＝700万円の登録免許税を納める必要がある。仮に半分の 5 億円を資本準備金の額に計上すると，登録免許税は350万円となる。

第 2 節　資本金の額の減少（減資）

1　資本金の額と税務上の取扱い

　一般的には，資本金の額が 1 億円超かどうかで税務上の取扱いが異なる[3, 4]。

【資本金の額と税務上の取扱い】

		資本金の額 1 億円以下	資本金の額 1 億円超
法人税	交際費の損金算入	800万円までは全額が損金算入できる	接待交際費の50％以上は損金不算入
	留保金課税	適用なし	適用あり
	貸倒引当金	限度額まで損金算入できる	損金不算入
	減価償却費	取得価額が30万円未満の減価償却資産の全額を損金算入できる	特例なし

1　募集株式の発行として，新株を発行するのではなく，自己株式の処分を行う場合には，資本金の額が増加しない。
2　登税法別表第一第24号㈠ニ。なお，発行可能株式総数や発行可能種類株式総数の変更等，資本金の額以外の登記事項の変更については，別途登録免許税の支払が問題になり得る。
3　詳細について，WM法務・税務197～198頁参照。
4　もう 1 つの基準として，資本金の額を1,000万円以上とするかどうかという基準もある。資本金の額が1,000万円以下の場合，原則として，二事業年度前の課税売上高が1,000万円以下であると，消費税の納税義務は免除となる（消法 9 条 1 項）。

	繰越欠損金	各年度の所得金額まで欠損金控除できる	各年度の所得の50%まで欠損金控除できる
	欠損金の繰戻し還付	可能	不可能
	法人税率	年800万円以下の所得：19% 年800万円を超える所得：23.2%	23.2%
地方税	外形標準課税	適用なし	適用あり
その他	税務調査	税務署調査	国税局調査

　スタートアップは赤字であって，法人所得を課税標準とする法人税等が当面課税されないことも多いところ，いわゆる外形標準課税（地方税である法人事業税の付加価値割・資本割）が適用されるかどうかが重要になる。外形標準課税の適用対象となり，従業員への給与や支払賃料といった付加価値額や，法人税法上の資本金等の額を基準として所得にかかわらず課税がなされると，スタートアップにとってはキャッシュの流出が増加する。

　そのため，期末資本金額が1億円以下になり，外形標準課税非適用法人となるように，資金調達後に資本金の額の減少（減資）を行う例も多い[5]。

2　令和6年度税制改正

　減資を行うことで外形標準課税非適用法人となることには，特に大企業による場合等に一定の批判もあった。これを受けて，令和6年度税制改正では，大企業の減資を念頭に一定の見直しがなされた[6]（2025年4月1日施行予定）。

---

[5]　資本金の額の減少により外形標準課税非適用法人とすることは，現行の法体系に照らせば税務上否認をされるリスクは低いように思われる。もっとも，特に上場会社等ではレピュテーションの問題が生じることはある。また，資本金の額のみで形式的に判断される外形標準課税の制度については，改正の要否について度々議論になるため注意も必要である。令和6年度税制改正で，本文の通り改正が行われた。

[6]　概要について，経済産業省（https://www.meti.go.jp/main/zeisei/zeisei_fy2024/zeisei_k/index.html）や総務省（https://www.soumu.go.jp/main_sosiki/jichi_zeisei/czaisei/czaisei_seido/ichiran04.html）の令和6年度税制改正関係資料も参照。

【令和6年度税制改正における外形標準課税に関する減資に対する対応】

- ✓ 外形標準課税の対象法人について，現行基準（資本金1億円超）を維持する（すなわち，現在外形標準課税の対象外である中小企業・スタートアップは，引き続き対象外）。
- ✓ ただし，当該事業年度の前事業年度に外形標準課税の対象であった法人が資本金1億円以下になった場合でも，資本金と資本剰余金の合計額が10億円を超える場合は，外形標準課税の対象とする。
- ✓ 上記は令和7年4月1日以後に開始する事業年度から適用する。公布日前に外形標準課税の対象であった法人が「駆け込み」で減資を行った場合で，上記の基準に該当するときは，外形標準課税の対象とする等の所要の措置を講ずる。

　この点，スタートアップは借入れによる調達が難しいことも多く，段階的資金調達により株式の発行を行うことから，成長過程において資本金（減資を行った場合には資本剰余金）が増加することが通常であるところ，令和6年度税制改正において配慮がなされた。すなわち，改正前に外形標準課税の対象外である法人及び改正後に新設される法人については，現行基準（資本金1億円超）や，改正により別途設けられた一定の100%子法人等に関する基準に該当しない限り[7]，引き続き外形標準課税の対象外とされる。そのため，独立企業である通常のスタートアップの場合，実務上は，引き続き，株式による資金調達を行った場合，毎事業年度において外形標準課税の対象とならないように事業年度末までに減資を行うことが考えられる。

3　減資の手続

　資本金の額の減少を行う場合の手続として，以下が必要になる。

- ① 株主総会の特別決議
- ② 債権者保護手続（公告・催告）
- ③ 登記の変更[8]

7　令和6年度税制改正では，外形標準課税の見直しとして，減資への対応に加えて，100%子法人等への対応もなされた。詳細について，前掲注6の経済産業省・総務省資料参照。

8　登記申請に係る登録免許税は3万円である。

280 第3部 株式による本格的な資金調達

まず、①資本金の額の減少を行うためには、原則として、株主総会の特別決議が必要である（会社法447条1項、309条2項9号）[9]。減少する資本金の額、減少する資本金の額の全部又は一部を資本準備金とするときはその旨及び準備金とする額、そして資本金の額の減少の効力発生日を定める。資本金の額の減少の効力は、株主総会の決議によって定めた効力発生日に生ずる。

また、②効力発生日までに、債権者保護手続を行わなければならない（会社法449条）。具体的には、効力発生日の1か月前までに、資本金の額の減少の内容、計算書類に関する事項や、債権者が一定の期間内に異議を述べることができる旨を、官報に公告し、かつ、知れている債権者に個別に催告する必要がある。ただし、定款で官報以外の公告方法（電子公告・日刊新聞紙）が定められている場合で、官報公告とのいわゆるダブル公告を行う場合には、債権者へ個別に催告をする必要がない（同条3項）。いずれの方法でも、公告内容をドラフトした上で、官報公告への掲載申込みや、電子公告の証明機関への依頼をする必要があるため、減資の効力発生前までに1か月半〜2か月のタイムラインは確保しておく必要がある。

資本金の額の減少の決議より先に債権者保護手続を開始することも可能であるため[10]、招集手続と並行し、株主総会決議と同じ日を効力発生日として定めることもできると解されている。その場合には、資本金の額の減少の決議により、直ちにその効力を生じる。

いずれにしても、前述の通り、事業年度末の資本金の額によって税務上の取扱いが変わることから、スケジューリングには注意する必要がある。

9　いわゆる欠損填補のための減資は、普通決議で足りる（会社法309条2項6号、会社令68条）。もっとも、本文で目的としているような、増資分の資本金の額の減少とは場面が異なる。

　もう1つの例外として、株式の発行と同時に資本金の額を減少する場合において、減少後の資本金の額が効力発生日前の資本金の額を下回らないときは、取締役の決定（取締役会設置会社では取締役会決議）で足りる（会社法447条3項）。そのため、資本金1億円以下を維持するという場合には用いることが考えられる。もっとも、スタートアップの資金調達のスケジューリング上、資金調達額が確定するのが取引直前になる一方で、債権者保護手続を行う必要があるので、現実的には難しい。

10　相澤ほか・論点解説663頁、686頁、会社法コンメ⑾93頁〔伊藤壽英〕。

第7章

シリーズB以降の
資金調達における留意点

> シリーズB以降の株式による資金調達において，シリーズAと異なる考慮をすべき事項は何か。シリーズBの優先権は，シリーズAとどのような関係になるか。シリーズAと比較したプロセスの留意点は何か。
>
> いわゆる「ダウンラウンド」とは何か。ダウンラウンドを行う場合の留意点は何か。ダウンラウンドを回避しつつ資金調達を行う工夫はあるか。

第1節　多様な投資家層を反映した権利関係・プロセスの重要性

　ミドルやグロース・ステージに至ると，投資家層も多様になり，スタートアップが投資家に求める支援内容も多様かつ専門的になる。

　VCが行う支援も，シード期VCが伴走して行う課題抽出や仮説検証から，組織体制の整備やマーケティングをはじめとした事業活動の拡大等へと広がっていき，これを果たせるVCからの資金調達が求められ始める。海外VCも，大規模な資金提供や海外展開等が視野に入ると，有力なプレイヤーとなる。場合によっては，海外VCがリード投資家になることで，契約類が英文を正文とし，NVCAひな形等のグローバルベースに置き換えることが提案されることすらある。

　また，事業化を進める中で，事業シナジーを期待して出資を行う事業会社やその投資部門であるCVCも存在感を見せ始める。グロースからレイター・ステージになると，より密な事業提携と，大規模な出資を行う主体にもなり得る。

　これらの多様な属性・目的を持った投資家層が参加してくる中で，シリーズB，C以降のラウンドにおいて，B種，C種優先株式といった複数の優先株式

やその中での優先関係，ガバナンスのルールも複雑化してくる。多様な目的を持った投資家たちの意思結集も難易度を増す。そのため，株主間契約に定めるデフォルトルールや実際の処理等も問題になる。事業会社等が入ると，競合からの出資を受けるかどうかや，サイドレターを受け入れるか否か等，投資家間の問題も顕在化してくる。これらをふまえた権利関係の設定・処理や，プロセスを円滑に進めることが，シリーズB以降のラウンドでは特に重要になる。

第2節　投資家間における優先権の階層構造―
「ラウンド」「シリーズ」

　繰り返し述べた通り，スタートアップによる資金調達は，事業の発展・進捗に応じて段階的に行われる（段階的資金調達）。一回ごとの資金調達を「ラウンド」と呼び，そのラウンドにおいて発行される優先株式を「シリーズ」と呼ぶこともあるが，厳密には使い分けられていないことも多かった[1]。

　段階的資金調達を行う場合，スタートアップの企業価値（株主価値）の評価額（バリュエーション）は，段階ごとに異なることが多い。そのため，優先株式の発行価格（一株当たりの払込金額）や権利内容も当然異なり得る。優先残余財産分配権も，異なる優先株式の間で，優先・劣後する関係となるのが一般的である。例えば，B種優先株式の優先残余財産分配権が，A種優先株式に優先するといった形である。ただし，B種とA種の優先株式間の分配は「同順位」という場合もある。

　ラウンド間の優先関係は，新規投資家と既存投資家との力関係による。その上で，既に優先株式を発行しているスタートアップに対して外部の投資家が出資を行う場合，既存の優先株式に劣後する優先残余財産分配権を受け入れてまで出資をしようとすることは，多くの場合想定し難い。既存の優先株式に劣後する出資をすれば，例えば，自分の出資直後にスモールM&Aや清算が行われた場合，自分が出資した金額の全てが，優先する他の投資家株主に優先分配されてしまうため，そのようなファイナンスに新規投資家は同意し難い。新規投資がなければキャッシュが尽きる状況をふまえ，新規投資家は既存投資家より

1　Venture Deals 7〜9頁は，米国でも呼称は実務上複雑であり，重要なのはスタートアップの成長ステージに大まかに対応していることや，投資家がどのような権利を得るかといった点であることを指摘している。

優先する権利を要求することが通常となる。

　そのため，多くの場合，後から発行される優先株式の優先残余財産分配権は，既存の優先株式の優先残余財産分配権に優先するか，同順位とされる[2]。

　投資家間で優先残余財産分配権に優劣がある場合，投資家と創業者の間の分配の構造と同様に，異なるラウンドに参加した投資家の間でもその優劣に従った買収対価（M&Aのリターン）の分配を行うことになる（みなし清算）。

【条項例】発行可能種類株式総数（定款：B種優先株式を発行する場合）

> ●●株式会社　定款
> 【※下線部はB種優先株式に伴う変更箇所】
> 第●章（株式）
> 第●条（発行可能株式総数及び発行可能種類株式総数）
> 1．当会社は普通株式及び優先株式を発行し，優先株式はA種優先株式及びB種優先株式からなるものとする。
> 2．当会社の発行可能株式総数は，1,000,000株とし，普通株式の発行可能種類株式総数は750,000株，A種優先株式の発行可能種類株式総数は200,000株，B種優先株式の発行可能種類株式総数は50,000株とする。

【条項例】残余財産の優先分配（定款：B種優先株式がA種に優先する場合）

> ●●株式会社　定款
> 【※下線部はB種優先株式に伴う主な変更箇所】
> 第●章（優先株式）
> 第●条（残余財産の分配）
> 1．当会社は，残余財産の分配をするときは，B種優先株式を有する株主（以下「B種優先株主」という。）又はB種優先株式の登録株式質権者（以下「B種優先

2　第2章の注24の米国法律事務所WSGRのレポートでは，2023年には，シリーズB以降の優先株式について，案件数ベースで約26%がそれ以前のラウンドの優先株式よりも残余財産の分配において優先し，約74%が他の優先株式と同順位（プロラタ・パリパス）であったとされる。そのうち，前回ラウンドよりも株価が高いアップラウンドでは20%が，ダウンラウンドでは38%が，それぞれ，それ以前のラウンドの優先株式よりも残余財産の分配において優先し，残りは同順位とされている。日本よりも同順位の事案が多いように思われるところ，前回ラウンドのリード投資家が次回ラウンド以降でもリードをつとめる場合が多いこと等によると思われる。

登録株式質権者」という。）に対し，Ａ種優先株式を有する株主（以下「Ａ種
優先株主」という。）又はＡ種優先株式の登録株式質権者（以下「Ａ種優先登
録株式質権者」という。）及び普通株式を有する株主（以下「普通株主」という。）
又は普通株式の登録株式質権者（以下「普通登録株式質権者」という。）に先
立ち，Ｂ種優先株式一株につき●円【注：Ｂ種優先株式の一株当たりの払込金額の
１倍，1.5倍，２倍……等】（以下「Ｂ種優先残余財産分配額」という。）を支払う。

2．Ｂ種優先株主又はＢ種優先登録株式質権者に対してＢ種優先残余財産分配
額の総額が分配された後に，なお残余財産がある場合には，Ａ種優先株主又
はＡ種優先登録株式質権者に対して，普通株主又は普通登録株式質権者に先
立ち，Ａ種優先株式一株につき●円【注：Ａ種優先株式の一株当たりの払込金額
の１倍，1.5倍，２倍……等】（以下「Ａ種優先残余財産分配額」という。）を支
払う。

参加型

3．Ｂ種優先株主又はＢ種優先登録株式質権者に対してＢ種優先残余財産分配
額の総額が分配され，Ａ種優先株主又はＡ種優先登録株式質権者に対してＡ
種優先残余財産分配額の総額が分配された後に，なお残余財産がある場合に
は，(1)Ｂ種優先株主又はＢ種優先登録株式質権者に対して，普通株主又は普
通登録株式質権者と同順位で，Ｂ種優先株式一株につき，普通株式一株当た
りの残余財産分配の額にＢ種転換比率[3]を乗じて得られる額の残余財産を，(2)
Ａ種優先株主又はＡ種優先登録株式質権者に対して，普通株主又は普通登録
株式質権者と同順位で，Ａ種優先株式一株につき，普通株式一株当たりの残
余財産分配の額にＡ種転換比率を乗じて得られる額の残余財産を，それぞれ
支払う。

非参加型

3．Ｂ種優先株主又はＢ種優先登録株式質権者に対してＢ種優先残余財産分配
額の総額が分配され，Ａ種優先株主又はＡ種優先登録株式質権者に対してＡ
種優先残余財産分配額の総額が分配された後に，なお残余財産がある場合に
は，普通株主又は普通登録株式質権者に対し，残余財産を分配する。

【条項例】みなし清算（株主間契約）

第２章第３節２(3)の条項例と同じ

3　普通株式への転換比率（優先株式一株当たり，何株の普通株式に転換されるか）とし
て定義することが典型である（第２章第４節２参照）。

【異なるラウンドの投資家間の優先関係】

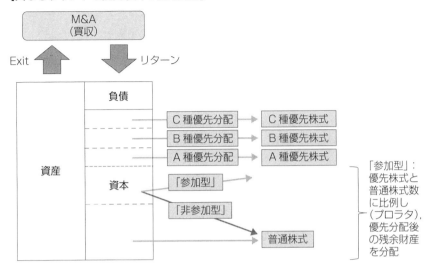

第3節 プロセス

次に、シリーズAラウンドの資金調達後、次回ラウンド以降（シリーズB、C等）において、追加的に行うべき、又は留意すべきプロセスを見ていく。

【典型的なシリーズBラウンド以降における法的論点・手続】

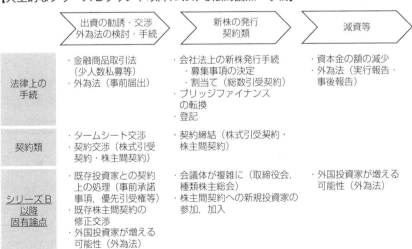

286　第3部　株式による本格的な資金調達

　典型的なシリーズBラウンド以降における手続は，最初の本格的な株式による資金調達ラウンドであるシリーズAよりも，必要なプロセスや要否を検討すべき事項が複雑になる。典型的には，例えば，次の各事項である。

　1．取締役会
　2．株主総会・種類株主総会
　3．事前承諾事項への対応
　4．優先引受権（Pre-emptive Right）の処理
　5．株主間契約の修正・参加（加入）

　各社が置かれた状況・契約関係により検討すべき事項は異なるため，全てを網羅できるものではなく，実際の事案では慎重な検討が必要になることに留意する必要がある。以下では，上で挙げた典型的な事項について確認する。

1　取締役会

　シリーズAと同様，シリーズB以降でも，新たな種類の株式の発行（定款変更や募集事項の決定）に係る株主総会や，割当て（総数引受契約の締結）に係る取締役会決議が必要となる（第5章第1節2）。なお，シリーズB以降は外部株主も増加し，取締役会が設置されていることが多いため，以下では取締役会設置会社であることを前提とする。

　取締役会決議事項・プロセスは，シリーズAラウンド時点で取締役会が設置されていれば基本的に同様である。ただし，シリーズAの出資により投資家から取締役の派遣を受けた場合に違いが生じ得る。例えば，シリーズB以降も，派遣元の投資家が新たに株式を引き受ける場合（フォローオン投資）には新たに株式引受契約を締結するほか，新規投資を行わない場合も既存投資家として株主間契約の当事者となる以上，場合によっては派遣取締役が「特別の利害関係を有する取締役」（会社法369条2項）に該当し，議決に加わることができない場合もあり得る[4]。その他の留意事項について第8章参照。

2　株主総会・種類株主総会

　初めて種類株式を発行するシリーズAラウンドの意思決定時（A種優先株式の発行前）は，1種類の株式（普通株式）のみが発行されており，「株主総会」が株主の意思決定に関する唯一の機関であった。これに対して，一度A種優先

株式が発行され，普通株式とA種優先株式の区分が設けられると，株主の意思決定機関は種類株主総会を含むこととなり，以下の通り3種類以上になる。

【シリーズAラウンド後の株主・種類株主による意思決定機関】

① 全体株主総会（普通株式＋議決権を有する場合のA種優先株式）
② 普通株主による種類株主総会
③ A種優先株主による種類株主総会

※コンバーティブル・エクイティが転換されると，例えば以下の二つに分かれる[5]。

③-1：A1種優先株主による種類株主総会
③-2：A2種優先株主による種類株主総会

その後，B種，C種と，異なる種類の優先株式が発行されていくたびに，①全体株主総会を構成する株主が追加されるとともに（議決権を有する場合に限る），②③以外に各種優先株主を構成員とする種類株主総会が追加されていく。

取締役会設置会社では，シリーズB以降における新たな優先株式の発行に際して，次の事項について株主総会決議・種類株主総会決議が必要となる（種類株主総会について，第5章第1節3も参照）。

【シリーズB以降の新たな優先株式の発行に係る株主総会・種類株主総会決議】

株主総会決議事項	(i) 定款の変更（B種優先株式の追加，発行可能株式総数・発行可能種類株式総数の増加等）[6] (ii) 募集事項の決定 or 募集事項の決定の取締役会への委任[7]

---

4 伝統的な見解は，取締役が他の会社（派遣元）の代表取締役を兼任する場合に，当該他の会社との利益相反取引等に関する承認決議について特別の利害関係を有するが，当該他の会社の代表取締役を兼任しない場合（派遣元の代表権のない取締役，従業員や元役職員である場合）には特別利害関係を有しないとする（会社法コンメ(8) 295頁〔森本滋〕）。これに対し，派遣元の（代表権のない）役職員を兼任している場合等であっても，決議対象事項に応じ，派遣元との関係に基づいて，特別の利害関係が認められるべき場合があるという見解もある（会社・株主間契約318～321頁）。

5 ディスカウントやキャップが異なり，一株当たり転換価額が異なるコンバーティブル・エクイティが複数発行されている場合，A3種優先株式等，3種類以上になる場合もある。

288　第3部　株式による本格的な資金調達

種類株主総会決議事項（普通株式，A種優先株式等，既発行種類株式ごと）	(i)　以下の事項に関する定款の変更（当該種類の株式の種類株主に損害を及ぼすおそれがあるとき）[8] 　①　株式の種類の追加 　②　株式の内容の変更 　③　発行可能株式総数・発行可能種類株式総数の増加 (ii)　エクステンション・ラウンド（既発行の種類の株式の発行）の場合，同種の種類株主総会決議（定款で排除可能〔第5章第1節3参照〕）[9] (iii)　上記以外に種類株主総会決議事項（拒否権事項）が定款で定められている場合（第2章第4節5⑵参照）には当該事項[10]

3　事前承諾事項への対応

　シリーズA以降の株主間契約では，一定の重要事項について，投資家による事前承諾事項（拒否権）が定められることが通常であった（第4章第2節5）。新たな種類の株式を発行する典型的な次の資金調達ラウンドは，事前承諾事項のいずれかに該当することが通常である（例：定款変更，新株の発行，資本構成の変更，株主との間の契約の締結・変更）。そのため，株主間契約に従い，必要な範囲の投資家から承諾を得る対応が行われる[11]。

　なお，契約はあくまで当事者間の合意であり，契約上の権利を有する投資家がそれと異なる取扱いを行うことに合意することや，権利を放棄することは妨

6　会社法466条，309条2項11号。

7　会社法199条2項，200条1項，309条2項5号。

8　会社法322条1項1号，324条2項4号。

9　会社法199条4項，324条2項2号。

10　会社法108条1項8号，2項8号，323条。なお，普通決議とされる（324条1項）。

11　事前承諾事項として契約上列挙された事項に重複して該当することや，いずれに該当するかが不明瞭である場合もあり得るところ，該当する株主間契約上の条項を全て特定して承諾を得なければ無効であるという帰結は現実的ではない。そのため，実務上は，むしろ予定されている取引の概要について投資家に開示・説明をした上で，いずれの事項としての承諾かは必ずしも区別せず，包括的に承諾を取得する例も多いと思われる。投資家が承諾するか否かの検討をするに足りる合理的な情報が開示され，当該情報に基づき投資家が判断している限り，承諾は有効と取り扱われるべきと考えられる。

げられない。例えば「ある事項を決定する2週間前までに書面による事前承諾が必要である」旨定められていた場合に，タイトなタイムラインや，そもそも詳細な投資条件が投資実行直前までに定まらないことで，当該期間内に承諾を得ることが現実的ではない場合もあり得る。このような場合に，投資家に対し，契約の定めに厳密に従ったものではない形の承諾や追認，あるいは承諾権を放棄する対応（いわゆるWaiver Letterの取得）を求めることもある。

4 優先引受権（Pre-emptive Right）の処理

シリーズA以降の株主間契約では，投資家に対して，新たな株式等を発行する場合に持株比率に応じた優先引受権（Pre-emptive Right）が付与されることが多い（第4章第3節1）。事前承諾事項と同様，優先引受権も，投資家が行使するか否かを判断できるように，意思確認を求める書面を一定期間のバッファをもって送付する等のプロセスが定められる。

そのため，タイトなタイムラインや，詳細な投資条件が投資実行直前までに定まらないことにより，株主間契約の規定通りの処理を行うことができない場合も多い。また，優先引受権が行使される可能性がある場合，新規投資家は予定していた持株比率を確保できるかどうかを直前まで正確に把握することができず，投資の目的を達成することができなくなる可能性がある。

そのため，実務上は，契約上のプロセスに機械的に従うというよりも，事前に既存投資家に対して一定の追加出資を行う可能性があるかどうかをヒアリングし，出来上がりの資本構成をあらかじめ想定した上で資金調達を行う。その上で，契約違反にならないよう，予定されている取引の概要を既存投資家に開示・説明した上で，優先引受権を行使しない旨の書面やメール（いわゆるWaiver Letter）を取得することで，契約上のプロセスに代える例も多い。この場合，事前承諾事項に係る承諾（又は放棄）等と一本化して，書面やメールにより一括して処理がなされることも多い。

5 株主間契約の修正・参加（加入）

次に，シリーズAラウンドで締結された株主間契約は，シリーズB以降でどのように処理されるかを見る。契約変更が可能かという点や，新規投資家はどのように取り扱われるかが問題になる。

(1) 修正株主間契約と参加契約（Joinder）

　シリーズBラウンド以降で新規に出資する投資家や株式の譲受人は，既存の株主間契約の追加当事者となること（参加・加入）が想定されている。この際，既存の契約の内容が自らの希望と異なる場合は，特に新規ラウンドのリード投資家を中心として，既存の株主間契約の修正・変更を要望することがある。典型的には，当該ラウンドの投資家による取締役選解任権を追加すること等である。

ⓐ 株主間契約の変更方法

　契約当事者の間の法的拘束力を有する合意である契約は，契約当事者全員で新たな合意を行うことができる以上，全員の合意により変更もできることが原則である。株主間契約も，全員の合意により変更をすることができるよう定めることもある。

　他方，小口投資家をはじめとした多数の株主が当事者となることが想定されている株主間契約では，常に全員の合意を要すると，変更は容易ではない。資金調達の場面でも，新規投資家から求められている株主間契約の変更を行うことができないと，資金調達も行えないおそれがある。

　そのため，特に投資家については，株主間契約の変更・修正には，多数投資家（投資家の転換後株式数又は議決権数の過半数，3分の2，4分の3等）の合意があれば足りるものとすることも多い。このような場合，下記条項例のように，その投資家の同意を要することが不合理とはいえない場合，すなわち持株比率以外の方法で他の投資家と差別的に取り扱うこととなる場合，契約の修正には，差別的に取り扱われる投資家の同意も必要とし，保護のバランスを図ることもある。

【条項例】株主間契約の修正方法

第●条（契約の修正等）

① 契約当事者全員の合意を要する場合

本契約は，本会社，各本投資家及び経営株主が書面により合意した場合には，その合意内容に従い修正されるものとする。

② 多数投資家の合意があれば変更できる場合

1．本契約は，本会社，多数投資家【注：投資家の転換後株式数or議決権の過半数，3分の2，4分の3等が想定】及び経営株主が書面により合意した場合には，その合意内容に従い修正されるものとする。

2．前項の規定にかかわらず，本契約の修正が，ある本投資家を持株比率に応
じたもの以外の方法で他の本投資家と差別的に取り扱うこととなる場合，か
かる本契約の修正には当該差別的に取り扱われる本投資家の同意をも要する
ものとする。

(b)　修正株主間契約と既存株主間契約

交渉の結果，既存の株主間契約を修正することになった場合，いわゆる修正
株主間契約が締結される[12]。修正株主間契約では，既存株主間契約との関係に
ついて明記することで，法律関係を明確化することがある。

【条項例】修正株主間契約と既存株主間契約の処理

第●条（株主間契約の修正）
　　本契約の当事者は，本会社，経営株主及び本投資家の一部が●年●月●日
　付で締結した株主間契約（以下「修正前契約」という。）第●条の規定に従い，
　修正前契約を本契約の通り修正することに合意する。修正前契約は，本契約
　が効力を発生するまでの間，引き続きその条項に従い効力を有するものとし，
　本契約の効力発生をもって本契約の通り修正されたものとして取り扱われる
　ものとする。

(c)　株主間契約の変更によらない方法（新規投資家の参加・加入）

他方，新規投資家が追加される場面等であっても，既存の株主間契約が定め
ている内容を新規投資家も合理的と考え，修正が不要である場合もある。この
ような場合でも，新規投資家が当事者として参加する際に，既存投資家が逐一
署名や記名押印をすることが必須であると，時間とコストがかかる。このよう
な場合は，スタートアップや創業者と，新規投資家のみとの間で，いわゆる参
加契約（加入契約，Joinder[13]）が締結され，プロセスを終了することがある[14]。
特に，「株主間契約」と別途，みなし清算やドラッグ・アロングについて株主

12　株主間契約が修正されて締結されるたびに，既存の株主間契約と混同されないように
　「第一修正株主間契約」「第二修正株主間契約」といった名称で締結されることもある。
13　英国BVCA株主間契約ひな形別紙では "Adherence Agreement" が，シンガポール VIMA
　株主間契約ひな形別紙では "Deed of Ratification and Accession" が，それぞれ対応する書類
　として示されている。

292　第3部　株式による本格的な資金調達

全員との間で「財産分配契約」を別途定めている場合等は[15]，投資家や株主の一定割合に基づいて権利関係があらかじめ定められていること等により，契約内容をラウンドごとに修正する必要がない場合もある。

　なお，このような設計には，新規投資家からの追加的な要求を事実上最小限にすることや，仮に契約全体を新たに締結し直した場合に既存投資家が機会主義的に締結を拒むような事態を避けやすいといった面もある。

【条項例】株主間契約への追加加入

> 第●条　（株主間契約への加入）
> 　1．本会社につき，第三者割当増資，株式譲渡その他の事由により本株主間契約の当事者以外の株主（以下「追加投資家」という。）が出現した場合には，本会社及び経営株主は，追加投資家を本株主間契約の当事者として参加させる義務を負う。
> 　2．前項にかかわらず，本投資家又は経営株主が，自己の保有する本会社の株式を第三者に譲渡等の処分又は承継（以下「譲渡等」という。）しようとする場合，当該本投資家又は経営株主が，譲渡等の相手方（以下「承継人」という。）を本株主間契約の当事者として参加させ，承継人が本株主間契約に定める義務を負うことに同意する旨の契約を締結する義務を負うものとし，この条件が満たされない限り，自己の保有する株式を第三者に譲渡等してはならないものとする。
> 　3．経営株主は，本投資家の代理人として，前各項により本株主間契約に当事者を追加するための加入契約を締結することができるものとし，本投資家は，経営株主に対してかかる権限を付与する。

(2)　参考：新たな株式引受契約の内容

　なお，株式引受契約（投資契約）は，新規投資家とスタートアップや創業者との間で，既存ラウンドの株式引受契約とは別途，新たに締結されるのが基本である。その場合，スタートアップによる表明保証の対象を拡大する等，場合によっては株主間契約の修正に係る要望よりもさらに強く，投資家から修正の

14　このような場面を想定し，既存の株主間契約において，他の投資家等の当事者が創業者やリード投資家に対して，新規投資家との間で株主間契約に係る参加契約を締結することの代理権を与えるよう定めておく場合もある。これにより，代理人がその代理権に基づいて参加契約を締結することになる。

15　第1章の注9参照。

要望がなされることがある。

これに対して，スタートアップ・創業者側からは，既存の株式引受契約と当事者は異なるものの，ラウンドごとに株式引受契約の内容が異なると，契約管理や投資家リレーション（Investors Relation: IR）においてコストがかかることや，投資家ごとに損害賠償や株式買取請求の可否が異なり投資家の平等が図られないといった理由により，既存の株式引受契約と実質的に同様の内容にすることが求められる場合がある。

第4節　ダウンラウンドを行う

ダウンラウンドの概要については，優先株式の設計に際して前述した（第2章第3節4(2)，同第4節2(2)）。実際に，企業価値評価を下げても資金調達を行う必要がある場合に，ダウンラウンドとして，実務上どのような手続が行われ，工夫がなされるかを見ていく。

1　概　要

スタートアップの事業の進展が芳しくない場合には，新規投資家から，（新規投資家が引き受ける優先株式に定める優先残余財産分配権を，既存の投資家が保有する優先株式に優先することに加えて）企業価値評価自体を以前のラウンドよりも引き下げた投資を要求されることがある。この場合，新規投資家による優先株式の投資額（一株当たりの払込金額）も，通常は以前の資金調達時の一株当たりの払込金額よりも低額になる。このような資金調達ラウンドを「ダウンラウンド」と呼ぶ[16]。

このような場合に備えて，優先株式の内容として，ダウンラウンドが発生した場合に優先株式の普通株式への転換比率を1倍以上に調整するプロテクション条項として，ダウンラウンド・プロテクション（「希釈化防止条項」「アンチ・

16　理論上は，前回資金調達後のポスト・マネー（ポスト・バリュー）よりも，新規資金調達時のプレ・マネー（プレ・バリュー）が低下しているが，発行する優先株式の優先権の価値が極めて高いこと等により，新規優先株式の一株当たりの発行価格は前回よりも高額であるといった場合もあり得る。もっとも，実務上はそのような場合も多くはないとも思われ，通常は一株当たりの発行価格が前回よりも低く，希釈化防止条項が発動し得る場合を「ダウンラウンド」と呼ぶことが多いと思われる（このような用例として，例えばVenture Deals 51頁，宍戸＝VLF 61頁）。本書でも基本的にはその文脈で記載している。

294 第3部 株式による本格的な資金調達

ダイリューション」）が定められるのが通常であった（第2章第4節2(2)）。これにより，ダウンラウンドでも，完全希釈化ベースでの持分割合の希釈化を一定程度緩和することができる。あらかじめ，ダウンラウンド・プロテクションを設定することで，新規投資家と創業者・経営陣がダウンラウンドによる資金調達を行うことを抑制し，あるいは適切な利害調整を図りつつ資金調達が行われることが企図されている。

　以下では，実際にダウンラウンドでの資金調達が行われる場合の処理について検討する。

2　ダウンラウンドで発行される優先株式の内容

　ダウンラウンドでも，株式を発行して資金調達を行う場合には，基本的にはそれ以前のラウンドで発行されている優先株式と同様の一定の権利を有する優先株式が発行される。

　創業者や既存投資家からすると，企業価値評価自体が以前のラウンドよりも引き下げられるダウンラウンドでも，新規投資家の持分比率を可能な限り高めないようにする（一株当たりの払込金額を高くする）ニーズはある。また，新規投資家からすると，ダウンラウンドの企業価値（株主価値）評価が行われる際には，スタートアップの投資対象としてのリスクは高まっている。

　そのため，発行される優先株式の内容として，ダウンラウンドではない資金調達ラウンドと同様，既存投資家よりも残余財産分配において優先する株式や，より有利な内容の残余財産分配請求権を求められることもある。例えば，優先分配部分を，払込金額の1.5倍や2倍等にするといった対応である。このような対応は，新規発行株式の公正価値（すなわち一株当たり払込金額）を可能な限り高め，以前のラウンドよりも一株当たり払込金額が下がるダウンラウンドとはしない（以前のラウンドと同じ一株当たり払込金額となるフラットラウンドとするか，それ以上の払込金額とする）ための試みでもある。ただし，このような対応で実質的に意味のある価格差で応諾されるかどうかや，また関係者の利害調整や将来の調達も見据えた対応として適切なものかどうかは慎重に検討する必要がある。

　いずれにしても，こういった対応を検討しても，発行される優先株式の一株当たり払込金額が以前のラウンドの払込金額よりも低額になる場合，ダウンラウンド・プロテクションが発動される。

3 ダウンラウンド時の既存の優先株式の処理

(1) デフォルト：転換価額の調整

　それ以前のラウンドで発行された種類株式よりも，ダウンラウンドの資金調達によって発行される株式一株当たりの払込金額が低い場合，日本の実務上は，定款上の転換請求権で定める通り（第2章第4節2(2)参照），普通株式に転換をする際の転換比率（取得比率）や，その計算の基礎となる優先株式の一株当たりの転換価額（取得価額）が変動するという形で調整が行われることが多い。

　希釈化防止条項に基づく転換比率の調整によって，普通株式に転換される際の株式数が増加することから，普通株式に転換された上で行われるIPO時の投資家の持分の見込みを決めることになる。

　また，M&Aエグジットの際にも，通常は，①参加型の優先残余財産分配において，優先分配後の残額を普通株式との持分比率に応じてプロラタで分配を受ける場面や[17]，②非参加型の優先残余財産分配において，投資家が優先分配額（投資額のX倍）以上のリターンを得られる大きな規模のM&Aの際に，普通株式への転換請求権を行使してIPOの場合と同様にプロラタでのリターンの分配を受ける場合に，プロラタの持分比率を増加させることで分配額を比例的に増加させる形で機能する。

【参考：参加型の優先残余財産分配における優先分配後の参加に関する定款条項】（第2章第3節2(3)参照）

> 2．A種優先株主又はA種優先登録株式質権者に対してA種優先残余財産分配額総額が分配された後に，なお残余財産がある場合には，A種優先株主又はA種優先登録株式質権者に対して，普通株主又は普通登録株式質権者と同順位で，普通株式一株当たりの残余財産分配の額に，それぞれ<u>A種転換比率</u>【注：普通株式への転換比率（一株当たり転換後株式数）として定義されるため，ダウンラウンド・プロテクションで増加する】を乗じて得られる額の残余財産を支払う。

17　これに対して，優先残余財産分配権のうち，普通株式やその他の優先株式に優先して分配を受ける金額は，通常は，投資元本の優先回収という趣旨から，「投資額（一株当たり払込金額）のX倍」という形で定められる（第2章第3節2）。そのため転換価額・転換比率が調整されても影響を受けることはない。米国でも，NVCA定款ひな形（Art. Fourth B. 2.1条）はOriginal Issue Price（一株当たり払込金額）のX倍と定めている（株式分割がなされた場合等の必要な調整は行われる）。

296 第3部 株式による本格的な資金調達

(2) 例外：転換比率の調整を行わない処理

前述の通り，ある優先株式の一定数（過半数や3分の2）を保有する投資家の同意・合意があれば，その優先株式の転換比率を調整しない旨の条項が設けられている場合も多い（第2章第4節2(2)(c)参照）。このような設計にしておくことで，ダウンラウンドが実際に発生する際に希釈化され得る既存投資家のマジョリティが「希釈化防止条項を発動させない方が，新規投資家から円滑に資金調達を受けられ，会社の存続に寄与する」と判断した場合に，マイノリティが反対しても希釈化防止条項を発動せずに新規投資家からの資金調達を促進し得る。

(3) 応用①：転換比率の調整のドキュメンテーション

なお，ダウンラウンドの資金調達の際に転換比率を調整する場合，転換価額（取得価額）や転換比率の具体的な数値の変動は，必ずしも定款上に数値として表れるわけではない。それを前提に，ダウンラウンド時の実際の処理はいくつか考えられる。

処理案	留意事項
① CapTable上（のみ）で転換価額を管理する	普通株式への転換時等，将来誤った処理を行ってしまうリスク
② 既存種類株式の内容を変更し，転換価額を明記する	既存種類株式の内容変更に係る手続や変更登記が必要となる可能性
③ 定款の附則に備忘的な記載を設ける	定款上，転換価額が明確になる 既存種類株式の内容変更や変更登記は不要と考えられる

シンプルには，転換比率の調整は既存の定款記載事項に従って処理を行うものである以上，①社内のCapTable上で転換価額・転換比率を事実上管理することで，法的には足りる。もっとも，定款の文言上は，転換比率が1：1から調整されていることを一見して窺い知ることができなくなる。ファイナンス担当者やアドバイザーが交代する等の原因で，実際に普通株式へ転換する際等に誤った処理を誘発するリスクは残る。

他方，定款における，希釈化防止条項の発動対象となる既存種類株式の内容をアップデートし，調整後の転換価額を明記することも考えられる[18]。もっと

第7章　シリーズB以降の資金調達における留意点　297

も，そのような変更をすること自体が，既存種類株式の内容そのものの変更であると解釈され，会社法上の定款変更手続や，変更登記が必要であると解釈される可能性もある。手続の手間に加えて，登記という公開情報を通じてダウンラウンド・ファイナンスが生じたことが周知されてしまうという有形無形のデメリットも存在する（ただし，優先株式のその他の内容や，資本金の額の増加額等で，いずれにしても一株当たり払込金額は実質的に把握可能である）。

　このような両者のメリット・デメリットを考えると，優先株式の内容としてではなく，③定款の末尾に設けられる「附則」（Miscellaneous）に，備忘的な記載を設けることも検討に値する。

(4)　応用②：議決権数との関係―株式分割・単元株・属人的定め

　ダウンラウンドの資金調達が行われる場合に，通常の希釈化防止条項は，普通株式への転換比率，すなわち普通株式に将来転換した場合の「仮定的な株式数」を調整する処理であった。これにより，希釈化に伴うIPOやM＆A時の経済的リターンの減少を緩和できる。

　他方，既に発行済みの優先株式の「現在の株式数」そのものが調整されない限り，株主全体を構成員とする株主総会（全体株主総会）における既存投資家の議決権比率は保護されない[19]。日本の会社法では，全体株主総会で議決権を有する種類の株式も，一株一議決権が原則である以上（会社法308条1項，第2章第4節5(1)参照），ダウンラウンドで相対的に多くの株式が新たに発行されても，希釈化防止条項で保護される経済的リターンと異なり，議決権数の希釈化は緩和されない。

　そのため，既存投資家の議決権数（議決権割合）を増やそうとすると，例えば，株式分割等により，その種類の株式数そのものを増加させるか（下記(a)），株式の種類ごとに単元株を用いて一議決権の単位に差異を設ける必要がある（下記(b)）。

　他方，米国のNVCAやシンガポールのVIMAの定款ひな形では，全体株主総会における種類株主の議決権数は普通株式への転換後ベースで定められている

18　記載としては「●年●月●日【注：ダウンラウンド時に発行される種類株式の払込期日】以降における●種取得価額は●円である。」といった記載が考えられる。

19　ある種類の株主を構成員とする種類株主総会では，各投資家の株式数が変わらない以上，議決権数・議決権比率も変わらない。

298　第3部　株式による本格的な資金調達

ことから[20]，ダウンラウンドで希釈化防止条項が発動すると，株主総会における議決権数が自動的に増加する。日本でこのような設計をしようとすると，非公開会社に認められている属人的定め（会社法109条2項）を用いることが考えられる（下記(c)）。

(a)　株式分割

まず，ダウンラウンド時に，既存投資家が保有する優先株式の「現在の株式数」そのものを増加させる処理もあり得る。この場合，既存の優先株式の数と，転換後の普通株式数自体がそれぞれ増加し，普通株式への転換比率は1：1のままとなる（実際の転換後の普通株式数は，ダウンラウンド・プロテクションが発動した場合と帰結は同様である）。

優先株式数を増加するためには，希釈化防止条項の対象となる種類の株式について株式分割（会社法183条）を行うことが考えられる[21]。もっとも，スタートアップの優先株式のプラクティスでは，特定の投資家の希釈化防止のために「株式の分割や併合を行うときは，種類株式ごとに，同時に同一割合で行う」旨の規定を定款に定めておくのが通常であった（第2章第4節8参照）。希釈化防止条項の発動対象となる種類の株式のみ株式分割を行うためには，既存の定款の規定と異なる（定款を変更する）処理を行う必要があるため，定款変更に係る株主総会の特別決議が必要になると考えられる[22]。

(b)　単元株

また，単元株（会社法188条3項）の制度を用いて，種類株式ごとに，実質的に一株一議決権とは異なる議決権数を作り出すことはできる[23]。例えば，A

20　NVCA定款ひな形 Art. Fourth B. 3.1条，VIMA定款ひな形別紙1(3)(b)及び(c)参照。

21　株式無償割当て（会社法185条〜187条）を用いることも考えられる。株式分割と異なり，自己株式に対しては株式無償割当てを行うことができない（同法186条2項）といった違い以外は，本文記載の目的との関係では差異は大きくなく，省略する。株式分割と株式無償割当ての差異は，戸嶋131〜132頁参照。

22　会社法466条，309条2項11号。このような株式分割に関する定款規定は，任意的記載事項に該当すると解されており（同法29条。宍戸＝VLF 94頁参照），その変更について，ある種類の株主の全員同意までは求められていないと考えられるが（定款変更のうち全員同意を要する事項は会社法に列挙されている），法的安定性・IR（Investors Relation）の観点からは全員の同意を取得しておくことも考えられる。

　また，株式分割により損害を及ぼすおそれのある種類の株式に係る種類株主総会決議も問題となり得るが（会社法322条1項2号），この種類株主総会については定款の定めで不要とされている場合も多かった（同条2項・3項本文，第2章第4節5(2)参照）。

種優先株式は一株につき一議決権，B種優先株式は100株につき一議決権といった形である。この一議決権の単位株式数を，ダウンラウンドの際の比率に応じて調整することになる。希釈化防止条項の発動対象となる種類の株式のみについて単元株式数の設定を行うためには，以下の処理が必要になると考えられる。

> ✓ 全体株主総会の特別決議（単元株式数の設定・増加に係る定款変更）[24]
> ✓ 種類株主総会の特別決議（単元株式数の設定，変更によって損害を及ぼすおそれのある種類の株主によるもの）[25]

(c) 属人的定め

前述の通り，米国やシンガポール等と同様に，あらかじめ，全体株主総会における種類株主の議決権数を，普通株式への転換後ベースで定めることで，ダウンラウンドにより希釈化防止条項が発動すると，株主総会における議決権が自動的に増加するように設計することも考えられる。

各株主が転換後ベースの持株比率に応じた議決権の数を有するよう定め，自動的に議決権の数が変動する設計として，非公開会社に認められている「属人的定め」（会社法109条2項，105条1項）を用いる手法があり得る。属人的定めとして，①剰余金の配当を受ける権利，②残余財産の分配を受ける権利，③株主総会における議決権に関する事項について，株主ごとに異なる取扱いを行う旨を定款で定めることが認められている。ただし，属人的定めは，株式の種類ごとではなく「株主ごとに」異なる取扱いを行う必要があり[26]，またダウンラウンドを含めて様々なシナリオを想定してあらかじめ定款規定を設計するため，実際に行おうとする場合には，法的・実務上の論点も多い[27]。

23　上場会社の例として，CYBERDINEはこのような処理を行っている。第2章の注53参照。

24　会社法466条，309条2項11号。なお，単元株式数の減少だけを行う場合には取締役会決議で足りる（同法195条1項）。

25　会社法322条1項1号ロ，324条2項4号。ただし，単元株の設定については，定款の定めで，この種類株主総会を不要とできる（同法322条2項・3項ただし書かっこ書参照）。

26　属人的定めを用いる場合，対象となる株主が有する株式について，定められた事項（本件では議決権）について内容の異なる種類の株式とみなして，種類株主総会等の規定が適用される（会社法109条3項）。

27　詳細については，宍戸＝VLF 49～55頁も参照。

300　第3部　株式による本格的な資金調達

4　ダウンラウンドIPO・IPOラチェット

　米国等において，株式公開がなされてその公募価格（調達価額）が優先株主の想定する目標価額を下回った場合に，転換価額を調整する条項が規定されることがある。具体的には，IPO直前の最後の資金調達における一株当たりの発行価額に一定割合（例えば20％）を乗じた価額を公募価格の目標値とし，実際の公募価格が目標値に達しない場合には，その差分に相当する株式を転換により当該投資家が得ることができるように，転換価額を調整するものである[28]。IPOに限らないダウンラウンドの際の転換価額の調整（ラチェット処理）と類似の処理を行うことから，IPOラチェット条項とも呼ばれる。詳細については第6部第4章第3節参照。

第5節　ダウンラウンドの回避・他の資金調達手法

　前節ではダウンラウンドが生じる場合の処理について検討した。ダウンラウンド自体は，企業価値を適正に評価した結果であれば，本来は必ずしも問題とはいえないこともある。もっとも，既存株主の利益に影響を及ぼしたり，レビュテーションの問題が生じたりすることから，実務上，ダウンラウンドを回避するために一定の対応がとられることもある。

1　既存株式のセカンダリー取引とのミックス

　新規投資家から資金調達をする際に，投資家が求める持分割合の全てを新株発行で賄おうとすると一株当たり発行価格がダウンラウンドとならざるを得ないときに，セカンダリー取引と組み合わせる場合がある。すなわち，①一株当たりの発行価格はダウンラウンドにならないよう高く設定しつつ，②同時に，創業者や初期の投資家等の既存株主から①よりも低い一株当たり譲渡価額で譲渡を行い，ダウンラウンドは回避しつつ，新規投資家が取得する一株当たり単価を下げる取引が実務上なされる場合がある。

　②の既存株式の譲渡は，実務上，(a)既存株式の種類を変えずに譲渡する場合（例：A種優先株式のまま譲渡）と，(b)既存株式の種類を変更して譲渡する場

28　宍戸＝VLF 64頁参照。

合（例：A種優先株式を，新規に発行するC種優先株式に変更して譲渡）がある。このうち，(a)既存株式の種類を変えない場合は，当該種類の構成上問題がないか，例えば創業者が普通株式を譲渡する場合には投資家が普通株式を有することによる問題等を検討する必要がある（例：普通株主を構成員とする種類株主総会で議決権を行使できることが問題ないか，株主間契約上問題ない定義がなされているか[29]等）。他方，(b)既存株式の種類を変更して譲渡する場合には，発行済種類株式の一部の種類の変更に必要な手続を正しく履践する必要があるほか[30]，クロージングの前提条件の設定や，税務上の問題に留意する必要がある[31]。

そのほか，セカンダリー取引について会社法上の譲渡承認は当然必要になるほか，先買権やタグ・アロング，事前承諾権等の株主間契約上の取扱いを確認し，履践したり権利を放棄してもらう必要がある。

2 ブリッジファイナンス

次回のエクイティによる資金調達ラウンドの前に，ブリッジファイナンスとして，デット性の資金調達（つなぎ融資）が行われることがある。スタートアップ側に資金ニーズがあり，主に既存投資家としても資金提供の余地があるが，他の投資家，特に価格発見能力の高い投資家や，まとまった額のエクイティ資金を提供できる投資家が参加することを待つニーズがある場合に，既存投資家等を主体としてブリッジファイナンスを行うことが考えられる[32]。

---

29 例えば，外部投資家を意図する定義として「優先株主」等に一定の権利を与えている場合，当該投資家が普通株式を有すると権利関係に影響が出得る。

30 典型的には，優先残余財産分配の内容が異なる種類に変更されるところ，このような場合，新たな種類株式の定めを設ける必要があれば当該定めの設定に係る定款変更が必要になるほか，登記実務上，(i)株式の内容の変更に応ずる個々の株主と会社との合意，(ii)株式の内容の変更に応ずる株主と同一種類に属する他の株主全員の同意，(iii)その他の種類株主（損害を受けるおそれのあるもの）の種類株主総会の特別決議が必要になるとされている（商業登記ハンドブック250～252頁）。

31 同じ種類の株式が，同時期に異なる価格で発行と譲渡がなされる場合，いずれかの取引が低額取引・高額取引であると取り扱われ，会社や株主間での利益移転があったとして税務上の問題が生じる可能性もある。この点については，取引全体としての検討過程・内容の合理性や，単なる親族間・関連当事者間の利益移転ではなく金融投資家を含めた独立した当事者間での交渉の結果としての取引であること等をどう評価するかといった点を含め，慎重な検討が必要になる。

32 Venture Deals 51頁。

302　第3部　株式による本格的な資金調達

　ブリッジファイナンスでは，企業価値（株主価値）評価を次回の株式による
資金調達ラウンドに先送りするために，コンバーティブル・デット（日本では
主に新株予約権付社債）が用いられることが多い。このような手法により，株
式によるダウンラウンドの資金調達で企業価値（株主価値）評価を確定させる
ことを回避することもある。デットを用いたブリッジファイナンスの特徴につ
いては，第5部第2章を参照。

3　優先株式＋ワラント

　新規投資家候補と創業者や既存投資家との間でバリュエーションに折り合い
がつかない場合，以上の方法のほかに，エクイティのみで新規資金調達を行う
手段として，新規投資家に対して，①前回ラウンドと同じ内容の優先株式を同
額で追加発行するとともに，②ワラント（新株予約権）を無償・低額で発行す
ることで，deal sweetenerの機能を持たせる場合もある。この場合，権利行使
価額は，スタートアップが成長すると投資家が行使するインセンティブになる
よう，直近の株式資金調達ラウンドの株価とすることや，次回株式資金調達を
基準に一定のディスカウントを行うことが考えられる。

　なお，同じワラントでも，ベンチャーデットでは，融資や社債と併せてワラ
ントが発行され，銀行等の金融機関やファンドからの負債性の資金調達手法と
して発展してきている（第5部第4章参照）。これに対し，優先株式＋ワラント
はエクイティのみであり，投資家属性としてはVC等のリスクテイクができる
投資家であることが多い[33]。

33　なお，外国投資家が，ワラント（新株予約権）の行使により株式を取得する場合，通
　常の株式の取得と同様，外為法上の事前届出等の規制が問題になることがある（外為法
　Q&A（対内直接投資・特定取得編）Q42）。第5章第4節参照。

第8章

役員の派遣を受ける・モニタリングを受ける（Investors Relation）

> VC等の投資家から役員（取締役）の派遣を受けることを検討する際に考慮すべき事項は何か。派遣取締役の役割としてどのようなものが期待されるか。
> 派遣取締役や派遣元投資家はどのような法的義務を負うか。このような義務をふまえて，派遣を受けるスタートアップが留意すべき事項は何か。

　マイノリティ出資を行う投資家にとって，特に取締役等の役員の派遣を通じて，スタートアップの業務運営のモニタリングを行うことは重要な意義を有する。一方で，人的資源の限られるスタートアップにとっては，派遣を受ける以上はモニタリングや各種のアドバイスを通じた有益な存在である必要があり，能力・資質を有し，かつ創業者らの経営陣や従業員との間で良好な関係を築くことが不可欠となる。他方，特にVCからの派遣取締役は，基本的には上場のタイミングで入れ替わることが想定されており，そのことを視野に入れた人選や引継ぎも必要になる。

　また，派遣取締役もスタートアップの取締役である以上，スタートアップに対して善管注意義務・忠実義務を負う。そのため，派遣に際しては様々な法的な留意事項もある。

　以下，役員のうち，取締役の派遣を念頭に，スタートアップ・投資家・派遣取締役にとってのいくつかの留意点を検討する。

304 第3部 株式による本格的な資金調達

第1節 取締役派遣のビジネス上の留意点

1 派遣のタイミング・人数

　取締役派遣が最初に行われるのは，典型的にはシリーズAラウンドの資金調達時である。主にシリーズAのリード投資家（典型的にはVC）が，担当キャピタリスト等を社外取締役・非業務執行取締役として派遣する[1]。株主間契約において，この選解任権が定められることが多い（第4章第2節2）。その後，資金調達ラウンドごとに，リード投資家を中心に1（～2）名程度の取締役の選解任権を有することが多いとされる[2]。

　もっとも，日本のスタートアップでは，投資家が選任した非業務執行取締役（社外取締役）が取締役会の過半数を占めるような，投資家によるモニタリング型ボードが必ずしもメジャーな形態でもない[3]。そのため，投資家選任権を有しない，又は行使されないラウンドもあり得る[4]。

　なお，日本でも，東京証券取引所を中心とした上場会社のガバナンス改革や，海外をはじめとした機関投資家からの投資促進のため，日本の上場会社でも社外取締役を複数選任することや，社外取締役の割合を増やすといった要請が高まっている[5]。そのため，上場準備の過程で，一定のモニタリング機能を果たせる取締役会の構成とする必要がある[6]。後述の通り，上場準備の過程においてVC等の投資家が派遣する取締役は退任し，上場会社の経営という観点からふさわしいボードメンバーに組み替えられるため，非上場時の取締役会の構成と必ずしも連続性を有するわけではない。スタートアップの置かれた状況・ステージや資本構成に照らして，適切なガバナンス・モニタリングが確保される

1　GCP 106頁参照。

2　宍戸＝VLF 113頁，115頁（シリーズAでは1名以下が多いとされる），会社・株主間契約164頁参照。米国について Venture Deals 217～218頁参照。

3　宍戸＝VLF 315頁参照。

4　同じVCが追加投資を行い，継続的にリード投資家を務める場合，実際に派遣することは1名というケースが多い（GCP 106頁参照）。

5　東証上場会社に適用されるコーポレートガバナンス・コードでは，プライム市場では独立社外取締役を少なくとも3分の1，その他の市場（スタンダード，グロース市場）では2名以上選任すべきとされている（原則4-8）。

よう，派遣取締役や取締役会の構成が検討されるべきことになる。

2　実効的なモニタリングと派遣取締役の能力・資質

　スタートアップに派遣される取締役は，スタートアップの人的資源に限りがあることから，創業者ら他の経営陣の業務執行をモニタリングするという役割と，取締役会の内外で経営・業務の支援活動（経営への助言に加えて，人材獲得やコミュニティ・連携先の紹介等）を行う役割の二面を有する[7]（なお，これらがスタートアップの業務執行に該当すると，後述の通り責任限定に影響を与えるため，注意が必要である）。これらの役割を果たすためには，経営に関する能力に加えて，人的な資質も兼ね備えている必要がある。

　すなわち，モニタリングを担う社外取締役・非業務執行取締役は，取締役会の一員として，他の経営陣の活動のモニタリング（会社法362条2項2号）や，法令遵守等の体制整備（同条4項6号）等を担う必要がある。特にスタートアップの人的リソースは限られ，法令遵守や会計等における体制が十分でないフェーズもあるところ，ハラスメントや不正会計といった問題が生じる場合もある。これらの問題が発生しないような体制・環境をあらかじめ構築することが重要であることに加えて，実務上はこれらの問題が生じたときに早期に発覚できるような体制・環境（派遣取締役が相談・通報を受けられるような関係性を含む）を構築することも重要になる[8]。

　このような体制・環境は，他の経営陣や従業員との日々のコミュニケーションがベースになることから，後述の善管注意義務といった法的な義務を果たす

6　モニタリングの観点から，上場会社の機関設計の要件として，①独立役員1名以上，②社外取締役1名以上を確保した上で，③取締役会・会計監査人に加えて，監査役会，監査等委員会又は指名委員会等のいずれかを設置していることが求められる（上場規程436条の2，437条，437条の2）。上場準備の過程で，これらのうち，社外者の負担感・重複感を考慮しつつ実効的なガバナンスも確保するために，監査等委員会設置会社に移行する場合もある。監査等委員会設置会社は，監査等委員の過半数（最低2名）が社外取締役でなければならない（会社法331条6項）。非上場時にはVC派遣取締役がこれを担う場合もある。

7　VCのキャピタリストが派遣取締役となる場合に果たすべき実務上の役割や留意点について，GCP 106～110頁参照。

8　VCの投資先における，会計不正やコンプライアンス上の問題が発覚するプロセスや実務上の留意点について，GCP 153～154頁参照。ハラスメント等の防止や通報のためのシステムの構築や運用の重要性について，日本ベンチャーキャピタル協会（JVCA）のDE&Iガイドラインも参照。

306 第3部 株式による本格的な資金調達

という視点にとどまらず，他の経営陣や従業員との良好な関係を築くことができる能力・資質も重要になる。これは，経営・業務の支援という，もう1つの役割を実効的に果たす上でも重要な点である。

3 上場時の退任

現状の日本の実務上，非上場スタートアップに投資をしてリターンを得ることを目標とするVCは，投資先スタートアップが株式を上場させた場合，上場時に売出しの対象とならなかった株式については，いわゆるロックアップ（第6部第5章参照）が解除された後，速やかに株式を売却していることが多い。非上場から上場株式へのクロスオーバー投資を戦略として掲げ，必要な体制を備えているような場合を除き，投資担当者に必要なスキルや，上場株式に適用されるインサイダー取引規制等に対する対応等が異なること，またVCのLP投資家の目線からもポートフォリオのリスクが変動するといった事情から，上場後は株式を売却してエグジットする[9]。

これに伴い，VCが取締役を派遣している場合も，上場準備の過程で上場後の取締役会の構成を検討した上で，上場前に新たな取締役を選任の上，派遣取締役は退任することが通常である。この場合でも，スタートアップの経営体制が連続的なものになるよう，体制整備の上，円滑に引継ぎが行われるようにアレンジを行うことが肝要になる[10]。

第2節 取締役派遣の法的留意点

1 善管注意義務・忠実義務

取締役は，選任したスタートアップとの委任関係に基づき善管注意義務・忠実義務を負い（会社法330条，355条，民法644条），会社法上の責任（会社又は第

---

9 これに対して，ロックアップ解除後のVCによる売り圧力とそれを見越した投資行動等が，上場後のスタートアップの株価が低迷している原因の1つであるという指摘もある。近時は，機械的に売却するのではなく，投資先スタートアップやLPの双方のために，売却価値が最大になるよう売却時期や手法について十分に検討することが期待されるという指摘もある（VC推奨・期待事項10〜11頁参照）。

10 上場時の退任・引継ぎに関する実務上の留意点について，GCP 108頁, 136頁参照。

三者に対する損害賠償責任）を負い得る（会社法423条，429条等）。そして，特定の株主から派遣されていること（特定の株主の役職員でもあること）や，その選任根拠・プロセスが株主間契約という株主間の合意に基づくことだけでは，基本的に取締役の義務や責任に違いは生じない。そのため，派遣元投資家とスタートアップの利害が対立する場合，スタートアップの最善の利益のために行動する義務を負い[11]，具体的場面ではその役割と行動に苦慮することもあり得る。

善管注意義務・忠実義務に基づく問題が具体的に表れる場面として，例えば次の利益相反関係の処理や，情報管理・守秘義務の問題がある。

2 利益相反

投資家株主から選任された取締役は，スタートアップに対する社外取締役としての善管注意義務と，自らが属する投資家株主に対する委任・雇用契約等に基づく義務を同時に負う場合があるため，投資家株主とスタートアップとの間で対立が生じた場合，派遣取締役が板挟みとなる状況（利益相反）が生じる。このような場合，スタートアップは，利益相反の程度に応じて，特別利害関係取締役（会社法369条2項）への該当性について判断し，取締役会の審議・議決からその取締役を除外する措置を検討する必要がある[12]。

スタートアップとの利益相反が事後的に生じる典型的な場合としては，当該投資家株主が利害関係の当事者となる場面（当該投資家株主がスタートアップの買収者となる場合や，ファンド等の投資家株主がスタートアップの競合他社に対して投資を行う場合等）や，スタートアップと投資家株主との間で訴訟や紛争が生じる場面等が想定される[13]。

11　江頭456頁注1，経産省・主たる留意事項42～43頁，宍戸＝VLF 117～118頁参照。

12　経済産業省「コーポレート・ガバナンス・システムに関する実務指針（CGS ガイドライン）」（以下「CGSガイドライン」）82頁参照。CGSガイドラインは，主に上場会社を対象とした実効的なコーポレート・ガバナンスの実現に関する指針である。もっとも，2022年のCGSガイドライン改訂（https://www.meti.go.jp/press/2022/07/20220719001/20220719001.html）では，上場会社における，投資家株主の関係者を取締役として選任する事例（上場会社向け投資ファンドからの派遣取締役等）の増加等をふまえて「投資家株主から取締役を選任する際の視点」が追加されており，非上場のスタートアップが投資家から取締役等の役員の派遣を受ける場合にも一定の有意義な視点を提供している。

13　VCからキャピタリストが取締役として派遣された場合に，スタートアップの株主価値の最大化と，ファンド・マネジャーとして自社ファンドの利益最大化に努めるという2つの役割があることに基づく実務上の留意点として，GCP 109～110頁参照。

308　第3部　株式による本格的な資金調達

3　情報管理・守秘義務

　派遣取締役は，スタートアップに対する善管注意義務・忠実義務の一環として，スタートアップに対して守秘義務を負う。法的には，特定の株主から指名・派遣された取締役であることを理由に義務内容に違いは生じないため，自己を指名した投資家株主の意向に沿って情報共有を行った場合に，スタートアップに対する守秘義務に反する場面が生じ得る。

　一方，投資家株主が取締役を指名・選任する場合，投資家株主側としては，その取締役を通じて内部の情報を入手・利用する意図がある可能性があり，スタートアップ側としても，投資家株主の有するリソース等を活用し，サポートを受けるために，当該取締役を介して投資家株主への情報提供を認めることもあり得る。そのため，派遣取締役・投資家株主は重要な情報を必然的に知ることになるため，情報管理に特別の配慮が必要になり得る。

　このような場合，スタートアップや取締役の法的リスク低減の観点からは，取締役本人との間の守秘義務契約や誓約書を締結することに加え，投資家株主との間の合意により，取締役が投資家株主と情報共有して良い範囲や，投資家株主の関係者の秘密保持義務について明確化することも考えられる。

　少なくとも，投資家株主とスタートアップの間で対立が生じている場合等，取締役が投資家株主へ情報開示をすることがスタートアップの利益を害する場合，取締役の守秘義務違反（善管注意義務違反）となり得ることには注意が必要である[14]。また，VC等の投資家がスタートアップの競合他社にも投資を行っている場合や，株主となった事業者自身が当該スタートアップと競合する事業を営んでいるような場合に，派遣取締役がその立場に基づいて知ったスタートアップの事業に関係する情報を，無限定に投資家株主（その役職員等の関係者）に伝達することは，善管注意義務・守秘義務の観点から慎重になる必要がある。

4　責任限定契約・補償契約

　スタートアップの業務執行そのものは行わず，モニタリングを通じてスタートアップの成長を支援し，自らの派遣元の投資リターンを図ろうとする派遣取

14　CGSガイドライン82～83頁参照。上場会社では，インサイダー取引規制やフェア・ディスクロージャー・ルールとの関係が問題になることも指摘されている。

締役（及び派遣している投資家）にとっては，善管注意義務や忠実義務等の法的義務が課せられ，任務を怠った時は損害賠償責任を負い得ること自体はやむを得ないとしても，一定の萎縮効果があり得る。特に，派遣取締役は，投資活動の一環として派遣されるものであり，派遣取締役の職務の対価として報酬を得ないことが通常であり，損害賠償や費用の支出は，取締役の派遣，ひいては投資自体のハードルとなり得る。

このような問題に対応するため，会社法上，(1)責任の減免制度があるほか，(2)責任限定契約や，(3)一定の訴訟費用等に関する補償契約を取締役との間で締結することが認められている。なお，(1)責任の減免制度や(2)責任限定契約は，会社（スタートアップ）に対する損害賠償責任に関するものであり，職務を行うについて悪意又は重大な過失があったときにおける第三者に対する損害賠償責任(会社法429条1項)を減免することはできない。これに対して(3)補償契約は，第三者に対する損害賠償金等を会社が補償することも可能である（一方で，会社に対する責任は対象外とされている）。スタートアップの場合は，コスト面の考慮等から，責任限定契約を締結することで主に対応がなされてきたが，令和元年会社法改正後は補償契約が締結されることも増えている[15]。

(1) 責任の減免

まず，取締役が任務を怠ったときの会社に対する損害賠償責任は，総株主の同意がなければ，免除できないのが原則である（会社法424条）。

ただし，取締役が職務を行うにつき善意でかつ重大な過失がないときは，一定の最低責任限度額を控除した額を限度として，株主総会の特別決議により責

---

15 全株主間と会社で締結される合弁（JV）契約において，それぞれの派遣取締役の善管注意義務を含めた法的義務・契約違反を追及しない旨の規定をおく事例も見られる（会社・株主間契約68～69頁，322～324頁）。他方，スタートアップの派遣取締役には，合弁契約のような株主間の対等・平等な関係や共同事業性はなく，スタートアップのマネジメント層の事業運営のモニタリングのために投資家が取締役等を派遣する関係にあり，その取締役について善管注意義務違反を追及しない旨の規定を置く事例は日本のスタートアップの株主間契約では主流ではなく，後述の責任限定契約や補償契約の締結によって対応することが多いと思われる。なお，会社・株主間契約324頁は，全株主と発行会社が参加する株主間契約でなければ，会社が派遣取締役の損害賠償責任を否定することは会社法424条の趣旨から認められないとしつつ，一部の株主と発行会社の間の契約でも，合意に参加する株主が派遣取締役に対して株主代表訴訟を提起しないこと等を合意することは可能であるとする。

任を免除できる（会社法425条1項，309条2項8号）。派遣取締役が報酬を得ていない場合，最低責任限度額は0円となるため，全額免除も可能である。

また，監査役設置会社（取締役が2人以上ある場合に限る），監査等委員会設置会社又は指名委員会等設置会社は，取締役が任務を怠ったときの会社に対する損害賠償責任について，取締役が職務を行うにつき善意でかつ重大な過失がない場合において，責任の原因となった事実の内容，職務の執行の状況その他の事情を勘案して特に必要と認めるときは，最低責任限度額を控除した額を限度として，他の取締役の過半数の同意（取締役会設置会社では，取締役会の決議）によって免除できる旨を定款で定めることができる（会社法426条1項）。実務上，取締役を派遣し，取締役会設置会社（監査役設置会社となる）に移行する際に，この定款の定めを設けることも多い。

(2) 責任限定契約

非業務執行取締役については，その職務を行うにつき善意でかつ重大な過失がないときは，定款で定めた額の範囲内であらかじめ株式会社が定めた額と最低責任限度額とのいずれか高い額を限度とする旨の契約を，非業務執行取締役と締結できる旨を，定款で定めることができる（会社法427条1項）。取締役を派遣する際に，この定めを設けるよう定款変更を行った上で，責任限定契約を締結することも多い。前述の通り，最低責任限度額が0円であれば，それを上回る額を定めない限り，全額について免責される。

なお，非業務執行取締役として選任されていても，実際に業務を執行してしまうと，非業務執行取締役でなくなり[16]，責任限定契約が将来に向かってその効力を失い（同条2項），責任限定を受けられなくなるため注意が必要である。

(3) 補償契約

取締役に対して責任追及がなされた場合の防御費用や，第三者に対する損害賠償責任を負ったことによる損失（賠償金）等の全部又は一部について，会社が補償することを約する契約（補償契約）を締結することも可能である（会社

---

16 本文で「非業務執行取締役」と記載している者は，会社法上は，「取締役（業務執行取締役等であるものを除く。）」とされている。除かれる「業務執行取締役等」には，代表取締役や，業務執行取締役として選定された者等に加えて，実際に業務を執行した取締役が含まれる（2条15号イ）。

法430条の2）。ただし，前述の通り，補償契約の対象には，会社に対する責任を負ったことによる損失等は含まれていない（(1)(2)による必要がある）。

このような補償契約の内容の決定は，株主総会（取締役会設置会社にあっては，取締役会）の決議による。補償契約を締結すること自体は解釈上認められてきたが，一定の場合には否定的な見解もあったところ，令和元年会社法改正によって手続や要件が明確化され，スタートアップでも用いられる例が増えている[17]。

【条項例】派遣役員の賠償責任等（株主間契約）

第●条　（役員の賠償責任等）
1．投資家選任取締役【注：投資家の指名・選任権により選任された取締役】は非業務執行取締役とし，本会社は，当該取締役を指名した投資家からの要請があった場合には，非業務執行取締役の会社法第423条の行為による賠償責任を同法第425条第1項に定める最低責任限度額とする責任限定契約を当該取締役との間で締結するものとする。
2．本会社は，投資家選任取締役を指名した投資家が要請した場合には，本会社の費用負担で，当該取締役に関する費用等の全部又は一部を本会社が補償することを約する旨の会社法第430条の2に定める補償契約（当該投資家が合理的に満足する内容のもの）を締結するものとする。
3．[本会社は，投資家選任取締役を指名した投資家が要請した場合には，本会社の費用負担で，当該取締役の責任に関して，当該取締役を指名した投資家が指定した内容及び条件の役員賠償責任保険に加入するものとする。]

17　取締役等が責任追及を受けて被った損失を，保険会社が填補する役員賠償責任保険（D&O保険）についても，令和元年会社法改正により，手続や要件が明確化された（会社法430条の3）。規模の大きくないスタートアップではD&O保険まで用いられることは必ずしも多くないように思われる。宍戸＝VLF 120頁参照。

312 第3部 株式による本格的な資金調達

第9章

事業会社等の戦略投資と出資・連携における適正さ

事業会社やCVCがスタートアップに対して出資・戦略投資を行う際のハードルは何か。スタートアップと実効的にオープンイノベーション活動をしつつ事業会社等が資金提供をする方法にはどのようなものがあるか。
事業連携や出資に際して事業会社・VCやスタートアップの双方が留意すべき問題事例や解決の方向性にはどのようなものがあるか。

　ここまで，基本的には株式の引受けを通じた純粋な出資・資金調達の側面について見てきた。もっとも，特に近時は出資者の属性も様々であり，伝統的には出資を伴わない共同研究開発や業務提携等の協業を行ってきた連携事業者やそのグループ企業から，出資も受けることが増えている。典型的には事業会社による直接出資や，その子会社や運営するファンドであるコーポレート・ベンチャー・キャピタル（CVC）からの出資である（CVCについては第10章参照）。「オープンイノベーション」の名の下に，事業会社等によるスタートアップとの連携・出資は目立ってきている。もちろん通常のVCからも，ハンズオン支援として，前述した取締役派遣をはじめとした直接的な経営指導・支援に加えて，提携先候補の紹介を受ける等の支援もあり得る。いずれにしても，スタートアップへの出資には投資家ごとに特徴があり「お金に色がついている」側面が近時は強調されることもある。

　このような事業連携と組み合わせた出資にはジレンマが生じる。一方は，連携先スタートアップを適正に評価できず，連携や出資が進まない可能性である。もう一方は，無理に「連携」や出資を進めようとし，又は進めた結果，スタートアップが「対等な関係でない」という認識を持つ等の問題事例の発生である。

これらについては，課題や一定の対応方針が議論・整理され，経済産業省や公正取引委員会による報告書等も公表されている。直接は株式による資金調達ではない事項を含むが，関連して生じる問題や，その克服のための手法であるため，ここで紹介する。

第1節　オープンイノベーションのジレンマと出資の工夫

1　オープンイノベーションとそのジレンマ

　スタートアップと事業会社等の「オープンイノベーション」という用語は，多義的に使われている。1つには，スタートアップや事業会社をはじめとした多様なステークホルダーが，それぞれの強みを持ち合うことで，既存の産業やそのプレイヤー単独では達成困難な社会の変革を実現する試み，と位置付けることが可能である。

　オープンイノベーションの達成を目指すスタートアップと事業会社が取り得る具体的手段として，資本提携や業務提携がある。資本提携の例として，スタートアップが事業会社から株式等による資金調達を行い，その資金を用いて開発等を進めるといったケースが挙げられる。端的に「出資」ということもできる。

【オープンイノベーションの実施率とパートナーの比較】

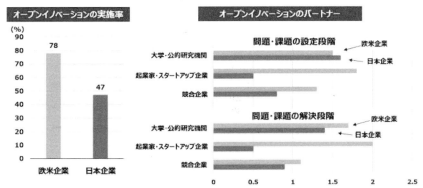

出典：内閣官房 日本経済再生総合事務局「成長戦略実行計画」（令和元年6月21日）13頁

業務提携の例として，共同研究開発や，事業会社がスタートアップの製品の販路拡大を担うといったケースが見られる。資本提携や業務提携を組み合わせた，いわゆる資本業務提携が行われることもある。

他方で，日本におけるオープンイノベーションの実施状況は，欧米と比べて低い水準にあるという点が指摘されてきた。

これらの背景には，主に次のような課題が存在するとされている[1]。

---

① 事業会社によるスタートアップの企業価値評価やデュー・ディリジェンス（DD），株主間契約等の交渉は，大きな時間的・金銭的コストを要する
② スタートアップと事業会社の双方のコミットメントを長期間維持することが難しい場合がある

資本提携と業務提携について，①②の観点から，スタートアップと事業会社側の課題として以下のような点が挙げられる。

【スタートアップと事業会社が協業を行う際の課題[2]】

	資本提携	業務提携
スタートアップ側	● 大企業の関与が強まり自由に経営をハンドリングすることが難しくなるリスク ● 厳格な企業評価やDDに時間を要し，PoC等の実施に支障を及ぼすリスク	資本的な協業がないため，成長に向けて事業会社側からのコミットメントを確保することが難しくなるリスク
事業会社側	株式による出資を行う場合，事前にスタートアップ側の能力・成長性について確認できないと出資を決定することが難しい可能性	出資を行わないため協業のハードルは低いが，（出資をしていない以上）スタートアップ側のインセンティブを引き出すことが難しい可能性

---

1 コンバーティブル・ガイドライン23頁，77頁等参照。
2 コンバーティブル・ガイドライン5頁，23頁参照。

2 コンバーティブル型証券の活用

上記の①②のようなオープンイノベーションの課題に対応する一つの方法として，第2部第2章第3節で述べた，新株予約権付社債や有償の新株予約権（コンバーティブル型証券）による出資を活用することが考えられる[3]。

すなわち，新株予約権（付社債）は，①出資時に厳密な企業価値評価やDD等を必ずしも必要とせず，また，②株式への転換条件を柔軟に定めることができ，事業上のマイルストーンやKPI（シナジーの実現，PoCの実施等）を株式への転換条件に組み込めることから，インセンティブを適切に設計し，コミットメントを確保できるというメリットが指摘されている。ただし，このメリットが最大限発揮されるためには，転換が機能するようにマイルストーンやKPIを適切に設定することが重要になる。

なお，シード期の資金調達では，デット性の新株予約権付社債（CB）ではなくコンバーティブル・エクイティ（CE）による資金調達が増加している。これに対し，事業会社とのオープンイノベーションを念頭に置いた連携は，シード期における少額の純投資とは異なり，事業会社とスタートアップが協業により企業価値を高めていく試みである。そのため，デット性のCBを活用し[4]，スタートアップが返済（償還）義務を負うことで，適切なインセンティブを設計することが可能な場合もある[5]。

(1) 企業価値評価やDD等のコストの低減

まず，①の課題のうち，事業会社によるスタートアップの企業価値評価やDDの時間的・金銭的コストを低減できるという点は，株式と比較した場合の新株予約権（付社債）の性質によるものであり，シード投資と状況は類似する[6]。

---

3 コンバーティブル・ガイドライン23頁，75〜99頁等参照。

4 デットのうち貸付けを行うためには，資金提供者において貸金業登録が必要になる場合がある。通常の事業会社がデット性の資金提供を行う場合は，社債としてCBを引き受けることが多い。

5 事業会社とのオープンイノベーションにおいて，コンバーティブル・デットが用いられた例として，コンバーティブル・ガイドライン81頁，85頁参照。

6 ただし，スタートアップが成長して一定規模の事業を行っている場合，スタートアップのリスクをより厳密に判断するために，シード期よりも一定程度詳細なDDを行う必要がある場面がある。

316　第3部　株式による本格的な資金調達

　ただし，①の課題の一つである契約交渉については，純粋なシード投資の場面とは異なる場合がある。シード期よりもスタートアップの規模や事業が拡大している状況では，事業会社サイドは提携を進めてコミットをするにあたり，投資や事業連携に関して，一定の契約上の権利を保持するニーズが高まる。そのため，迅速な資金調達のニーズはありつつも，一定の契約交渉やサイドレター等による対応が必要になる可能性がある。

⑵　スタートアップと事業会社の双方のコミットメントの維持

　次に，②スタートアップと事業会社の双方のコミットメントの維持が難しいという課題に対してコンバーティブル証券が機能する場面を見る。まず，前述の通り，例えば，新事業開発を進めるにあたり，株式による出資では企業価値評価やDDのコスト等のハードルを理由に，PoC（Proof of Concept，概念実証）の業務提携や共同研究のみで，資本関係を持たない選択肢があり得る。もっとも，資本関係を持たない場合，スタートアップの急速な成長から生じるリターンを分け合う形での双方のコミットメントを担保するインセンティブが弱まり，事業化に至らないこともあり得る[7]。

　こうした場面で，新株予約権（付社債）の株式への転換条件を用いた，インセンティブ設計が機能する場合がある。まず，事業会社は協業先のスタートアップに対し，新株予約権（付社債）による資金提供を行う。その際，株式への転換条件（新株予約権の行使条件）として，シナジーの実現やPoCの実施等の事業上のマイルストーンを盛り込むことが考えられる。これにより，条件達成に向けた双方のコミットメントを高める余地がある。その上で，協業の場面でも，新株予約権（付社債）を株式に転換する場合の一定のディスカウント（第2部第2章第3節3⑶⒝参照）やキャップ（同⒞参照）を設けることで事業会社が得られる株式数を調整・増加し，単なる純投資よりも経済的に有利になる余地を残すことで，事業会社がシナジーの実現にコミットするインセンティブを高めることが可能となる。

　ただし，株式への転換条件が明確でない場合，スタートアップと事業会社の間で，転換条件を満たしているかどうかの主張に食い違いが生じることがある。スタートアップと事業会社との間でKPIを正しく設定することは，通常の事業

7　コンバーティブル・ガイドライン12頁参照。

提携でも重要であるが，特に転換条件（新株予約権の行使条件・取得条件）として法的に機能するためにも，スタートアップと事業会社との間でKPIを正しく設定することの重要性も増す。

なお，スタートアップが負債を負う形でなくてもインセンティブやコミットメントのバランスがとれていると判断できる場合には，CBではなくCEによることもできる。当事者間の検討次第となる。

第2節　事業連携・出資の発展と問題事例への対応

ここまでで，スタートアップへの出資や連携が進まない可能性と，それに対する対応の例について述べた。他方で，出資や連携を進める過程での問題も生じる。

すなわち「オープンイノベーション」の名のもとに，スタートアップとの事業連携や，出資そのものの裾野が広がるにつれて，典型的には立場の弱いスタートアップと，立場の強い大企業グループ等の連携事業者やVC等の出資者との間の問題事例も報告されている。これに対する調査報告や，それを受けたガイダンスや一定のモデル契約等が公表されている。

1　事業連携・出資指針

問題事例の報告等を受け，公正取引委員会はスタートアップと連携事業者や出資者との取引・契約について実態調査を行い，2020年11月，「スタートアップの取引慣行に関する実態調査報告書」（公取委・実態報告書）を公表し，問題を整理した。

これを受けて，公正取引委員会及び経済産業省は，スタートアップと連携事業者との間であるべき契約の姿・考え方を示すことを目的とし，2021年3月，「スタートアップとの事業連携に関する指針」を策定した。その後，出資に係る取引慣行の重要性に鑑み，2022年3月付で「スタートアップとの事業連携及びスタートアップへの出資に関する指針」（事業連携・出資指針）に改正された。

公取委・実態報告書や，事業連携・出資指針は，必ずしも一方（特に，大企業やVC）が問題行動を起こすという前提のもとで公表されているわけではなく，双方が正しく問題状況を認識した上で，解決に向けた丁寧な対話を行い，契約内容に落とし込むことを重視している。示されている問題事例や解決策

の例が独り歩きすべきものではないが，背景となる考え方や解決に向けた方向性は，具体的事案における対話に際してのベンチマークとして有用であるため，紹介する。

事業連携・出資指針は，スタートアップとの事業連携に関する指針（事業連携指針）と，スタートアップへの出資に関する指針（出資指針）から構成される。それぞれにおいて，公取委・実態報告書で指摘された問題事例をもとにした類型ごとに，独占禁止法（独禁法）上の考え方や，スタートアップと連携事業者・出資者との間での解決の方法等が示されている。

事業連携指針では，(1)NDA（秘密保持契約）関係，(2)PoC（技術検証）契約関係，(3)共同研究契約関係，(4)ライセンス契約関係，(5)その他一般的な事項（例：顧客情報の提供，報酬の減額・支払遅延等）が問題類型として挙げられている。

出資指針では，(1)（NDAを締結しないままの）営業秘密の開示，(2)NDA違反，(3)無償作業，(4)委託業務の費用負担，(5)不要な商品・役務の購入，(6)株式の買取請求権，(7)研究開発活動の制限，(8)取引先の制限，(9)最恵待遇条件が問題類型として挙げられている。

それぞれについて，契約に関連する問題が起こる場面は多様であるが，前述の通り，事業連携・出資指針は，その主な背景要因は一方のみにあるのではなく「スタートアップ側の法的リテラシーの不足」，「オープンイノベーションに関するリテラシーの不足」，「対等な立場を前提としたオープンイノベーションを推進する上で望ましくない慣習の存在」の3つのパターンに基礎付けられ，その背景をもとに解決の方向性が導かれるとしている。

事業連携指針，出資指針において挙げられている問題の概要と，独禁法上の考え方，解決の方向性等の概要は，次の表の通りである。

独禁法上の考え方として，典型的に問題になるのは，①優越的地位の濫用（独禁法2条9項5号）や，不公正な取引方法（昭和57年公正取引委員会告示第15号（一般指定））のうち②排他条件付取引（11項），③拘束条件付取引（12項）又は④競争者に対する取引妨害（14項）が挙げられる。もっとも，具体的に違反となるのは，類型に応じて，行為者が一定の優越的地位にあることや，公正な競争を阻害するおそれ（市場閉鎖効果等）が生じること等が前提となる。また，独禁法上直ちに問題になるとまでは示されず，⑤競争政策上望ましい，とされている項目もある（株式買取請求権〔第4章第4節4も参照〕）。

第9章　事業会社等の戦略投資と出資・連携における適正さ　319

【事業連携に関する指針の概要】

問題の概要		独禁法上の考え方	解決の方向性等
(1)　NDA（秘密保持契約）に係る問題			
NDAの非締結・営業秘密の開示	NDAを締結しないまま，営業秘密の開示を要請された。	①優越的地位の濫用のおそれ	双方が秘密情報の社内管理を厳格化し，お互いが開示しようとする秘密情報の使用目的・対象・範囲について共通認識を持った上で，双方が管理可能な方法でNDAを締結することが重要。事業担当者は，早期に知財・法務担当者を巻き込んだコミュニケーションの場を設定することも検討することが望ましい。
片務的なNDA等の締結	スタートアップ側にのみ秘密保持・開示義務が課される片務的なNDAや，契約期間が短く自動更新されないNDAの締結を要請された。	①優越的地位の濫用のおそれ	スタートアップと連携事業者の双方が秘密情報（例：技術情報や素材サンプル等）を出し合う際に，互いに提示される情報の重要性を認識した上でNDAを締結し，適切に情報を管理・利用し，互いの事業を不当に阻害することがないよう努めることが重要。
NDA違反	連携事業者がNDAに違反してスタートアップの営業秘密を盗用し，競合する商品・役務を販売された。	④競争者に対する取引妨害のおそれ	NDAに違反した場合の法的責任の追及が具体的にできるように，責任追及の場面から逆算してNDAの各規定を検討することが重要（例：秘密情報の具体的な特定，損害賠償責任の範囲・金額・請求期間の明確化）。
(2)　PoC（技術検証）契約に係る問題			
無償作業	連携事業者から，PoCの成果や，PoCの実施後に求められたやり直しに必要な報酬が支払われなかった。	①優越的地位の濫用のおそれ	PoC以降の事業展開を見据えた際に，適切な契約内容となっているか慎重に検討することが重要。口約束や契約外の作業を行うことで生じるリスクを避けるために，PoC契約の交渉を通じて，PoCのゴール（目的・終了要件），対価設定，共同研究開発への移行条件について共通認識を明確化することが重要。

320　第3部　株式による本格的な資金調達

問題の概要		独禁法上の考え方	解決の方向性等
(3)　共同研究契約に係る問題			
知的財産権の一方的帰属	共同研究の成果に基づく知的財産権を連携事業者のみに帰属させる契約の締結を要請された。	①優越的地位の濫用のおそれ	双方が適切な法務・知財の知識を備えた上で，バックグラウンド情報の範囲の明確化や事業展開の機動性と自由度を見据えた知的財産権の帰属・利用（例：スタートアップへの知的財産権の帰属及び連携事業者に事業領域や期間等の面で一定の限定を付した独占的利用権の設定）を設定することが重要。自社の知財戦略の明確化・共同研究で生み出したいものの共通認識が重要。
名ばかりの共同研究	共同研究の大部分がスタートアップによって行われたにもかかわらず，共同研究の成果に基づく知的財産権を連携事業者のみ又は双方に帰属させる契約の締結を要請された。	①優越的地位の濫用のおそれ	共同研究開発において期待される貢献（役割分担）について双方が共通認識を持ち，その貢献に応じて納得したリターン（例：費用負担のみではなく成果物創出の貢献度をふまえた帰属・対価）を設定した上で契約書を締結することが重要。
成果物利用の制限	共同研究の成果に基づく商品・役務や，共同研究の経験を活かして開発した新たな商品・役務の販売先が制限された。	②排他条件付取引又は③拘束条件付取引のおそれ	事業展開の機動性と自由度を見据えた知的財産権の帰属・利用（例：スタートアップへの知的財産権の帰属及び連携事業者に事業領域や期間等の面で一定の限定を付した独占的利用権の設定）を設定することが重要。自社の知財戦略の明確化・共同研究で生み出したいものの共通認識が重要。
(4)　ライセンス契約に係る問題			

第9章　事業会社等の戦略投資と出資・連携における適正さ　321

問題の概要		独禁法上の考え方	解決の方向性等
ライセンスの無償提供	連携事業者から，知的財産権のライセンスの無償提供を要請された。	①優越的地位の濫用のおそれ	双方が自社のビジネスモデルを構築するために必要な知的財産権利用に関する許諾条件（許諾範囲，独占・非独占，ライセンス料等）を明確化し，ライセンス契約を締結することが重要。
特許出願の制限	スタートアップが開発して連携事業者にライセンスした技術の特許出願の制限を要請された。	①優越的地位の濫用のおそれ	双方が共同研究開発のテーマについて共通認識を持ち，新たに発明された知財が共同研究によって生まれたものか（発明主体が誰なのか）を明確化することが重要。
販売先の制限	連携事業者により，他の事業者等への商品・役務の販売を制限された。	②排他条件付取引又は③拘束条件付取引のおそれ	双方が自社のビジネスモデルを構築するために必要な知的財産権利用に関する許諾条件（許諾範囲，独占・非独占，ライセンス料等）について利害を調整した上で設定することが重要。
(5)　その他（契約全体等）の問題			
顧客情報の提供	連携事業者から，顧客情報の提供を要請された。	①優越的地位の濫用のおそれ	顧客情報が不正競争防止法上の営業秘密やNDA等における守秘義務・目的外利用の禁止として保護される措置を講じることが重要。
報酬の減額・支払遅延	連携事業者から，報酬を減額されたり，報酬の支払を遅延された。	①優越的地位の濫用のおそれ	契約締結時に，報酬支払条件及び報酬額や製品等に係る保証について共通認識を持ち，契約で規定することが重要。
損害賠償責任の一方的負担	連携事業者から，事業連携の成果に基づく商品・役務の損害賠償責任をスタートアップのみが負担する契約の締結を要請された。	①優越的地位の濫用のおそれ	損害賠償責任が発生する条件を一定の場合に制限することや，賠償額そのものを制限するといった双方が納得できる条件を当事者が模索することが重要。

322 第3部 株式による本格的な資金調達

問題の概要		独禁法上の考え方	解決の方向性等
取引先の制限	連携事業者により，他の事業者との取引（販売，仕入等）を制限された。	②排他条件付取引又は③拘束条件付取引のおそれ	双方が自社のビジネスモデルを構築するために必要な主張をし，利害調整をした上でのオプションとして合理的に機能するものであるかの共通認識を持つことが重要（例：共同研究開発において，スタートアップに共同研究開発の結果の成果物の知的財産権を単独で帰属させる一方で，連携事業者が競合他社との関係で競争優位性を保てるように，スタートアップに対し，連携事業者の競合他社との取引を制限することは一定の合理性を有する場合もあると考えられる）。
最恵待遇条件	最恵待遇条件を設定された。	③拘束条件付取引のおそれ	双方が自社のビジネスモデルを構築するために必要な主張をし，利害調整をした上でのオプションとして合理的に機能するものであるかの共通認識を持つことが重要。

【出資に関する指針の概要[8]】

問題の概要		独禁法上の考え方	解決の方向性等
(1) NDAの非締結・営業秘密の開示	NDAを締結しないまま，営業秘密の無償での開示を要請された。	①優越的地位の濫用のおそれ	出資についての具体的な検討が始まる際に，必要に応じて，双方が管理可能な方法でNDAを締結することが重要。

---

8 経済産業省資料（https://www.meti.go.jp/press/2021/03/20220331010/20220331010-4.pdf）をもとに筆者加工。

問題の概要		独禁法上の考え方	解決の方向性等
(2) NDA違反	NDAに違反して営業秘密を他の出資先に漏洩し，当該他の出資先が競合する商品等を販売するようになった。	④競争者に対する取引妨害のおそれ	NDAに違反した場合の法的責任の追及が具体的にできるように，責任追及の場面から逆算してNDAの各規定を検討することが重要（例：秘密情報の具体的な特定，損害賠償責任の範囲・金額・請求期間の明確化）。
(3)無償作業	契約において定められていない無償での作業を要請された。	①優越的地位の濫用のおそれ	出資の契約交渉において，双方がスタートアップの経営状態に応じて発生する作業等について調整・協議をすべき。
(4)委託業務の費用負担	出資者が第三者に委託して実施した業務に係る費用の全ての負担を要請された。	①優越的地位の濫用のおそれ	双方が，委託業務等の内容を調整，協議した上で，費用負担についての共通認識を持つことが重要。
(5)不要な商品等の購入	他の出資先を含む出資者が指定する事業者からの不要な商品等の購入を要請された。	①優越的地位の濫用のおそれ	出資者の紹介等で購入する商品・役務が，スタートアップの業務に必要なものか，費用負担をどうするかについて調整し共通認識を持つことが重要。
(6)株式の買取請求権	知的財産権の無償譲渡等のような不利益な要請を受け，その要請に応じない場合には買取請求権を行使すると示唆された等。	①優越的地位の濫用のおそれ	買取請求権を濫用してはならず，行使条件は十分協議の上，重大な表明保証違反等に明確に限定し，行使を示唆した不当な圧力を阻止するべき。
	スタートアップの経営株主等の個人に対する買取請求が可能な買取請求権の設定を要請された。	⑤競争政策上，請求対象から個人を除いていくことが望ましい	グローバル・スタンダード，融資上の経営者個人保証の制限，起業等インセンティブ阻害等の観点により，請求対象から個人を除くことが望ましい。

問題の概要		独禁法上の考え方	解決の方向性等
(7)研究開発活動の制限	新たな商品等の研究開発活動を禁止された。	③拘束条件付取引のおそれ	多様な成長可能性を有するスタートアップにとって，研究開発活動の制限は事業拡大の障害になる可能性が高く，基本的に望ましくないと考えられる。
(8)取引先の制限	他の事業者との連携その他の取引を制限されたり，他の出資者からの出資を制限された。	②排他条件付取引又は③拘束条件付取引のおそれ	スタートアップの事業拡大を考慮した利害調整をした上でのオプションとして，当該制限が合理的に機能するものかの共通認識を持つことが重要。
(9)最恵待遇条件	最恵待遇条件を設定された。	③拘束条件付取引のおそれ	スタートアップの今後の資金調達の方向性を見越した利害調整をした上でのオプションとして，合理的に機能するか，共通認識を持つことが重要。

2 知的財産の取扱い

(1) 共同研究開発等における知的財産の帰属の実務と問題点

　事業連携・出資指針において挙げられている問題事例（共同研究契約に係る問題や，取引先の制限等）において，解決の方向性として挙げられる例の中に，共同研究開発等において，①スタートアップへ知的財産権を帰属させた上で，②連携事業者に事業領域や期間等の面で一定の限定を付した独占的利用権を設定するという解決策が見られる。

　この背景には，大企業とスタートアップが連携するにあたり，スタートアップから，大企業と共同研究すると特許権が大企業に独占されたり，周辺の特許を大企業に囲い込まれたりする，といった契約実態を指摘する声があるとされてきた[9]。

　いずれにしても，事業連携・出資指針では，①スタートアップによる知的財産の単独帰属＋②連携事業者への一定の独占的利用権，というような知的財産の帰属に係る解決策が示される背景として，オープンイノベーションにおいてスタートアップと大企業がそれぞれ果たす役割と，それが実務慣行により妨げ

られていることが指摘されている。

　すなわち，共同開発による発明成果物について，十分な検討がされないまま「とりあえず共有帰属」とする例が散見される一方，スタートアップはオープンイノベーションの過程で他分野や他用途への知的財産権の活用（ライセンス）が当然に想定されるが，その都度，共有者である連携事業者の承諾を得る必要が生じ，多大な交渉コストや事業制約を受け，自由な事業展開が拒まれることが指摘される。他方，連携事業者としては，研究成果に係る知的財産権を取得せずとも，研究成果を自社に必要な範囲で独占的に利用できれば事業戦略上支障はない場合も考えられる。

　そこで，共同で創出された発明の最大活用の観点からは，スタートアップが自社で知的財産権を保有することの重要性にも配慮し，スタートアップに知的財産権を帰属させつつ，連携事業者の意向に沿う形で事業領域や期間等について一定の限定を付した独占的利用権を設定する形で調整することが考えられるという指摘である。

(2)　モデル契約と留意点

　この点，特許庁と経済産業省は，共同で，秘密保持契約書（NDA），PoC契約書，共同研究開発契約書，ライセンス契約書等について，オープンイノベーション促進のためのモデル契約書を公表している[10]。この中でも，オープンイノベーションを成功させるためには研究成果についての知的財産権の共有は極力避けることが望ましいとしつつ[11]，スタートアップに知的財産権を帰属させ，連携事業者の意向に沿う形で事業領域や期間等について一定の限定を付した独占的利用権を設定する形で調整することが，1つの条項案として示されている（モデル契約書「共同研究開発契約書（新素材）」7条参照）[12]。

　もっとも，発明に係る知的財産権をスタートアップに単独帰属させた場合，

9　事業連携・出資指針1頁参照。ただし，これらの事象は，意図的に偏った契約を締結したわけではなく，「キャッシュフローや知財・法務部等が脆弱なスタートアップが，その脆弱性を原因として，不当な契約を甘んじて受け入れてしまう，又は無防備に極めて不当な契約を受け入れてしまう」，「従来の取引慣行に従った大企業が，下請契約等と同様な形で契約締結をスタートアップに迫った結果，交渉に時間がかかってしまう」等，大企業とスタートアップそれぞれの思惑と実態がずれてしまった結果として偏った契約締結に至った実態も多い，との声もあるとされる。

10　https://www.jpo.go.jp/support/general/open-innovation-portal/index.html

スタートアップに経済的不安が生じた場合等の状況に応じて，事業会社に当該知的財産権の買取りの交渉オプションを与えることや，独占的通常実施権の独占期間を協議により延長することができるものとすること等で，事業会社に配慮するケースもあり得る（同モデル契約書7条8項参照）。

さらに，スタートアップは一定期間中，事業会社の競合他社との共同研究開発を行わない等の競業避止義務を定めることで，知的財産権をスタートアップに帰属させることによる事業会社の懸念にも配慮することも考えられる（同モデル契約書14条参照）。

なお，「スタートアップ」側が，事業連携・出資指針やモデル契約書を形式的な理由とし，具体的な状況にかかわらず成果物の知的財産権がスタートアップに単独で帰属することを主張する場面も見られるが，当然ながら双方が利害関係の調整を試みて，個別に条項を交渉・調整する必要があることには留意が必要である[13]。

いずれにしても，大企業とスタートアップの連携において典型的に問題になる知的財産の帰属を例に問題事例と解決の方向性を見たが，この論点に限らず，両者が知見を高め，置かれた状況に応じて丁寧な議論をすることが望まれる。

11　知的財産権の共有がスタートアップに好ましくない理由の例として以下のような点が挙げられる。①特許権を共有にする場合，日本法上，原則として各共有者が自由に当該特許発明を実施できるものの（特許法73条2項），特許の第三者へのライセンスには原則として共有者の許諾を要するため（同条3項），共有者である事業会社の社内決裁に時間がかかったり，許可が下りずに計画が頓挫したりする可能性がある。②共有特許に係る共有持分の譲渡にも共有者の同意が必要になることから（同条1項），例えば，スタートアップがM&Aによるエグジットを行う際，スキームによっては当該特許の共有持分を個別に買収者に譲渡する必要があるところ，事業会社の許諾が必要となるため支障となり得る。モデル契約書「共同研究開発契約書（新素材）」（逐条解説あり）16頁参照。

12　他方，例えばAIの領域では，事業会社が提供した学習用データを利用して共同開発したカスタマイズモデル（学習済みモデル及び追加学習済みモデルを用いたサービス）をスタートアップが当該事業会社に独占的に提供すると，カスタマイズモデルの精度や頑健性が低下することや，インフラの調達コストが著しく上昇することになり，それをサービス提供価格に転嫁せざるを得ないといった問題が生じることから，カスタマイズモデルについては当該事業会社以外の第三者にも提供できる，非独占的な提供とすることが合理的であるという指摘もある。モデル契約書「利用契約書（AI編）」（逐条解説あり）参照。

13　関口尊成＝田附周平＝山本飛翔『CVCによるスタートアップ投資』（商事法務，2024年）228～229頁〔山本〕参照。

第10章

補論：VC・CVC ファンドの組成 とファンドへの出資

スタートアップに対する主要な資金供給主体であるVCはどのように組成されて，どのような規制を受けるか。スタートアップに直接出資するのではなく，VCに出資しようとする場合にはどのような留意点があるか。
事業会社がCVCを組成する場合はどのような点に留意する必要があるか。

　本書はファンド組成に関する書籍ではないため，紙幅の関係上詳細な記述はできないが，スタートアップ・ファイナンスの主要な資金供給主体であるベンチャー・キャピタル（VC）がどのように組成され，どのような規制を受け，実務上どのような留意点があるかを理解しておくことは重要であるため，ここで改めて簡潔に補足する。
　事業会社がスタートアップへの出資や連携を行うにあたっても，初めから直接投資を行う場合もあれば，まずはVCに対する出資（いわゆるLP出資）を行い，情報を収集し，スタートアップへの直接投資や場合によってはM&Aに繋げるという意義を有することもある。また，自社でコーポレート・ベンチャー・キャピタル（CVC）を組成する場合も，VCの応用としてストラクチャーを考える場合もある。

第1節　VCファンドのストラクチャーと特徴

1　総　論

(1)　組合型ファンド

　VCでは，いわゆる「組合型ファンド」が用いられる。組合型ファンドが投資ビークルとして用いられる大きな理由は，株式会社のように会社法等の規制を受けるエンティティに比べ，ガバナンスや利益分配を契約で柔軟に定められることや，税務上いわゆるパススルーとして取り扱われ（所基通36・37 共-19，法基通14-1-1），各組合員に直接損益が帰属し，二重課税が生じないことにある。

　VCでは，基本的に，民法上の組合の特例である投資事業有限責任組合契約に関する法律（LPS法）に基づく投資事業有限責任組合（Limited Partnership: LPS）や，海外における類似のLimited Partnership等が主に用いられる。LPSは，海外のLimited Partnershipの仕組みを参考に，民法上の組合（民法667条）の特例として設けられた。日本のVCは，当初は民法上の組合として組成されていたが，民法上の組合では全組合員が出資額を上限とせずに無限責任を負うため（同法674条），投資家からの資金調達に限界もあった。LPSでは無限責任組合員（General Partner: GP）と有限責任組合員（Limited Partner: LP）が区別され（LPS法9条），ファンドの運営者がGPに，資金提供者である投資家がLPになることが通常である。

(2)　投資事業有限責任組合の制約と海外ファンド

　近時は，日系のVCファンドであっても，ケイマン諸島や米国デラウェア州法に基づくLimited Partnershipとして設立されることも増えている。日本の投資家だけでなく，海外の機関投資家等から資金調達する際にはなじみがあり便宜であること，日本の投資事業有限責任組合（LPS）には法律で投資対象に制約があることや，海外投資家に関係する税務上の理由等による。

　投資対象の制約として，LPS法はLPSが行うことのできる事業を列挙している（3条1項各号）。日本のスタートアップの株式，新株予約権，社債を取得・保有することに制限はないが（同項2号・3号），LPS法が事業者への円滑な資金供給・健全な成長発展を図り，日本の経済活力の向上に資することを目的と

第10章 補論：VC・CVCファンドの組成とファンドへの出資 **329**

しているため，外国法人の発行する株式等の取得・保有は取得価額の合計額が出資総額の50％未満に限定されている（同項11号，LPS令4条）。2024年改正で，日本法人の子会社・関連会社に相当する外国法人や，自然人である日本人が議決権の過半数を有していたり[1]，財務及び営業又は事業の方針の決定に対して重要な影響を与えることができる等の要件を満たす外国法人の株式，新株予約権，社債等についてはこの制限が課せられないこととなったが（LPS法2条1項，3項2号，LPS令1条，LPS規2条，3条），純粋な海外スタートアップへの投資については制約が残っている。

　もっとも，LPSは，海外のLimited Partnershipを参考に設けられた制度であり，契約実務も近時はグローバルな内容に近づいている（契約は相対的にはシンプルなことが多い[2]）。そのため，基本的な考え方はLimited PartnershipにLP出資をする際にも参考になる。

2　VCファンドの活動

(1)　VCファンドの活動とライフサイクル

　ファンドの活動は，主に二段階に分けられる。

> ①　ファンドによる資金調達：
> 　GPが，LPとなる投資家から資金を集めてファンド（LPS等）を組成する
> ②　ファンドによる投資：
> 　ファンドが，スタートアップに対して投資して回収する

　スタートアップが資金を調達して自らの事業を営むのと同じように，スタートアップに投資するVCも，その運営者であるGPが，①出資者（LP投資家）から資金を調達して，②スタートアップへの投資活動という自らの事業を営む。

　VCは，その事業活動として，投資先候補を探索し（ソーシング），膨大な候補の中から絞り込んだ上で，一定数の投資先スタートアップの株式等のエクイ

1　複数の日本人で議決権の過半数を有している海外スタートアップも含むと考えられる。
2　経済産業省はLPSに係る組合契約のモデル契約として，H22モデル契約（投資事業有限責任組合モデル契約（平成22年11月））及びH30モデル契約（投資事業有限責任組合契約（例）及びその解説（平成30年3月））を公表している。H22モデル契約はバイアウト・ファンド，H30モデル契約はVCファンドを主に念頭に置いているが，VCファンドの組成においてもH22モデル契約をベースにすることもある。

ティを主に取得する出資(ポートフォリオ投資)を行い,必要に応じて投資先支援(ハンズオン)や取締役派遣等によるモニタリングを行い,投資先のエグジットにより投資を回収し(典型的にはIPOやM&Aによる株式の処分だが,その前のセカンダリー譲渡等もある),LP投資家に分配を行う。

LP投資家はこのようなGPの事業活動からのリターンを期待して資金を提供する。なお,LP投資家は,資金効率や収益率のために,ポートフォリオ投資に必要な都度等にGPの要請に応じて実際の資金を払い込むこととされることが多いが(キャピタルコール方式),バイアウト・ファンド等と比べてVCの場合はポートフォリオ投資が小口で数が多く,出資検討期間も短いため,一定水準の資金ニーズが生じた都度の払込みや,当初に一括払込みとされることもある。

GPはその事業活動を通じ,ファンド契約に従って一定の管理報酬[3](人件費を含むファンドの組成・運営費用)をファンド(≒LP投資家)から受領するとともに,投資先のエグジットによる分配の一定額(典型的にはLPの出資額を超える分のリターンの20%)を成功分配(キャリー:Carried Interestないし成功報酬)として受領する(いわゆる「20/80」)。

【VCのライフサイクル】

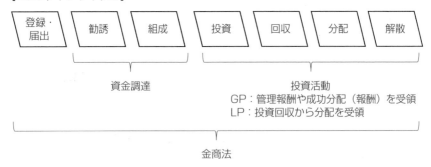

---

[3] 投資期間終了前は出資約束金額(コミットメント金額)をベースに一定割合(2%や2.5%等)とすることが多く,投資期間終了後は,出資約束金額の一定割合で算定する場合と,ファンドに残存する投資総額の一定割合で算定する場合があり得る。実際に想定されるファンド総額(出資約束金額)を基に計算して得られる見込額との関係で,GPが確保したい水準等をふまえて検討することになる。

【VCの組成】

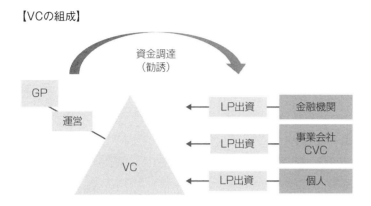

(2) VCファンドの投資回収モデルとLP投資家

　VCは、LP投資家から資金提供やその約束・コミットを受けて投資主体・資金プールとしてのファンドを組成し、資金をスタートアップに投資・出資する。LP投資家は、「高リスクのスタートアップに投資するVCに出資する」ことでリスクマネーを供給するため、相対的に短期間での高い収益率（内部収益率（IRR）等）を求める[4]。そのため、LP投資家の要請により、ファンドには10～12年程度の存続期間（Term）が設定され、大まかには最初の5～6年の間に投資を行い（「投資期間」(Investment Period) や「出資約束期間」(Commitment Period)）、残りの5～6年の間に投資回収をするように設計される（次図参照）。そのため、VCは、多くのスタートアップに分散投資し、ポートフォリオ全体で投資額を上回る利益を上げるよう活動する。1社への投資実行から投資回収までの期間は、例えば3年から5年程度を想定している。ただし、例えば、シード期を中心に投資するVCの投資回収期間は必然的に長期となる等、VCの対象とするステージによっても異なるほか、スタートアップ側もディープテック領域等の長期の成長・投資回収期間が想定されるものが増加しており、そのような場合にはLP投資家の理解を得た上でファンドの存続期間や投資回収期間が相対的に長期に設定されたり、延長が認められたりする。

4　投下資本に対する投資回収に係るキャッシュマルチプル（MOIC: Multiple on Invested Capitalや MoM: Multiple of Money）も重要な判断要素とされることもある。

【VCの投資・回収の構造】

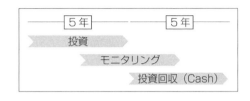

・ファンドは出資者に高い
　リターンを与える必要
・期間：10年程度（満期）
　・5年程度の投資期間
　・その後の運用，回収期間

・投資先（スタートアップ）にも
　相応の成長スピードとExitを求
　める
・見込めないスタートアップには
　投資しにくい

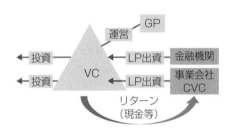

このように，スタートアップが急成長する，ある種「生き急ぐ」イメージは，VCというスタートアップへの主要なリスクマネーの供給者自体が，さらに背後の投資家から「生き急がされている」ことにも起因する。その上で，この「生き急がされる」構造について，近時は一定の批判や緩和しようという動きもある（総論について第1部第1章第2節3参照。例えば，非上場株式の流通促進について第6部第4章第1節4(4)参照）。

第2節　VCファンドに対する金融規制

前述の通り，ファンドの活動は，主に，①ファンド（GP）によるLP投資家からの資金調達と，②ファンドによるスタートアップに対する投資・回収活動の二段階に分けられる。

①ファンドによる資金調達では，GPがLP投資家に対してファンド持分（組合員の地位）の取得を勧誘し，LP投資家はファンド持分の取得の対価としてファンドに資金を提供し，分配を受けることができる地位を得る。ファンド持分の取得勧誘に対しては，金商法上，(a)一定の業規制（登録・届出義務）や，(b)有価証券届出書の提出のような開示規制が問題になる。

また，②ファンドによるスタートアップへの投資（株式，社債や新株予約権

第10章　補論：VC・CVCファンドの組成とファンドへの出資　333

の取得や売却）は，投資家から集めた資金の運用であるため，一定の業規制が及ぶ。

　なお，金商法上は，LPS法に基づく投資事業有限責任組合の組合持分（集団投資スキーム持分）と，海外Limited Partnershipの持分（外国集団投資スキーム持分）は，基本的に同様の取扱いを受ける（金商法2条2項5号・6号）。例えば，外国集団投資スキーム持分の取得を国内の投資家に対して勧誘する場合には，金商法が適用される。そのため以下では，外国集団投資スキーム持分にのみ適用される規制を除き，両者を特段区別していない。

【ファンド持分の勧誘と運用に対する規制】

ファンド持分の勧誘規制	ファンド持分の権利内容	対象行為（業）		原則（金融商品取引業の登録）	例外（特例業務の届出）
	二項有価証券（全般）	持分の発行者自ら勧誘	自己募集	第二種金融商品取引業	×
			自己私募		○（一定の要件）
		委託先による勧誘	募集の取扱い		×（ただし委託元＝発行者は届出も不要）
			私募の取扱い		
ファンド持分の運用規制	権利内容	対象行為（業）		原則（金融商品取引業の登録）	例外（特例業務の届出）
	主として（＝運用財産の50％超）有価証券又はデリバティブ取引に係る権利	自己運用（持分の発行者自ら）		投資運用業	○（一定の要件）
		投資一任運用（持分の発行者が委託）			×（ただし委託元＝発行者は届出も不要）
	上記以外	自己運用・投資一任運用		―	―

1 VCファンドによる資金の調達（ファンド持分の取得勧誘）に関する規制

(1) 業規制

(a) 原則（第二種金融商品取引業）

　金商法上，LPSの組合持分（ファンド持分）の発行者であるGPが自ら業としてファンド持分の取得勧誘を行う場合，第二種金融商品取引業に該当し（金商法28条2項1号，2条8項7号ヘ），登録を要するのが原則である（同法29条）。もっとも，第二種金融商品取引業者として登録を受けるためには，金商法等の法令及び監督指針に従い，一定の人的・財務要件（例えば，資本金の額又は出資の総額が1,000万円以上）を具備した上で，態勢整備を行わなければならない等，負担が大きい。そのため，VCファンドでは一定の例外に依拠することも多い。

(b) 例外（適格機関投資家等特例業務）

(i) 概　要　　VCファンドを設立して投資活動をしようとする場合，登録の例外のうち主に用いられる「適格機関投資家等特例業務」（以下，単に「特例業務」という。）の届出の枠内で，自らファンド持分の取得勧誘（自己私募）を行うことが考えられる[5]。対象となる投資家が限定されるため，「プロ向けファンド」とも呼ばれる。

　特例業務の届出を行った者は，自ら私募を行うこと（自己私募）のみが認められる。組合型ファンド持分の「私募」とは，新たに発行されるファンド持分の取得勧誘のうち「募集」に該当しないもの，すなわちファンド持分を取得する投資家が500名未満となる取得勧誘をいう（金商法2条3項3号，金商令1条の7の2）。そのうち，特例業務の届出で行うことができるのは，以下の要件を満たす「自己私募」である（金商法63条1項1号，金商令17条の12，業府令233条の2以下）。

　なお，特例業務として行う場合でも，説明義務等の一定の行為規制は第二種金融商品取引業のものが準用される（金商法63条11項）。

5　登録を受けている他の第二種金融商品取引業者にファンド持分の取得勧誘を委託し（募集の取扱い，私募の取扱い〔金商法2条8項9号〕），自らは勧誘を行わないことで，登録・届出をしないことも考えられる。

第10章　補論：VC・CVCファンドの組成とファンドへの出資　335

【特例業務における自己私募で，組合型ファンドの持分を取得する者の要件】

> ✓　組合型ファンドの持分を取得する者が500名未満（「私募」としての要件）
> ✓　投資家の属性（特例業務固有の要件）
> > ➢　適格機関投資家1名以上が含まれる
> > ➢　適格機関投資家でない者は，（一定の要件を満たす）特例業務対象投資家であり，かつ49名以下

(ii)　適格機関投資家　　適格機関投資家は，有価証券に対する投資に係る専門的知識及び経験を有する者として類型化された一定の法人及び個人が，内閣府令（定義府令）で列挙されている（金商法2条3項1号，定義府令10条1項各号）。適格機関投資家1名以上が含まれることが特例業務の要件であるため，GPとしては確保することが極めて重要になる。

　このうち，VCファンドにおいて，実務上，ファンドが適格機関投資家として出資を募る投資家は，例えば以下である。

> ✓　銀行，保険会社等の金融機関（金融商品取引業者は，第一種金融商品取引業者のうち一定の者と投資運用業者に限る）（定義府令10条1項1号～16号等）
> ✓　投資事業有限責任組合（同項18号）（ただし，唯一の適格機関投資家である場合，一定の制約あり）
> ✓　直近日の保有有価証券残高が10億円以上であり，適格機関投資家としての届出[6]を行った法人（外国法人を含む）（同項23号イ）
> ✓　直近日の保有有価証券残高が10億円以上であり，かつ金融商品取引業者等に有価証券取引口座を開設してから1年を経過している，適格機関投資家としての届出を行った個人（外国人・非居住者を含む）（同項24号イ）

　後述のように特例業務として組合型ファンドのCVCを組成し，事業会社が唯一のLPになる場合，直近日の保有有価証券残高が10億円以上であり，適格

6　届出を行った法人又は個人が適格機関投資家として取り扱われるのは，届出が行われた月の翌々月の初日から2年を経過する日までであり，失効しないように新たに届出をする必要がある。

336　第3部　株式による本格的な資金調達

機関投資家としての届出を行う必要がある。

(iii)　特例業務対象投資家　　特例業務では，適格機関投資家でない者は，（一定の要件を満たす投資家である）特例業務対象投資家であり，かつ49名以下である必要がある[7]。特例業務対象投資家は，原則として，①投資判断能力を有するものと見込まれる一定の類型の投資家（金融商品取引業者や上場会社等）や，②ファンド運営者と密接な関係を有する一定の者（ファンド運営者の役職員等）が列挙されている（いわゆる「原則的対象投資家」〔金商法63条1項1号，金商令17条の12第1項，業府令233条の2〕）。

【原則的対象投資家の例】

✓　投資判断能力を有すると見込まれる投資家
- ➤　国，日本銀行，地方公共団体
- ➤　金融商品取引業者等（第二種金融商品取引業者・投資助言業者等），その子会社等又は関連会社等
- ➤　組合型ファンド運営者（特例業者等）
- ➤　上場会社・その子会社等又は関連会社等
- ➤　資本金又は純資産の額が5,000万円以上の法人・その子会社等又は関連会社等
- ➤　特定目的会社
- ➤　一定の企業年金基金
- ➤　外国法人

✓　ファンド運営者の密接関係者
- ➤　役員・使用人（＋配偶者・三親等以内の親族）
- ➤　親会社等・子会社等・兄弟会社等とそれらの役職員
- ➤　運用権限の全部又は一部の委託を受けた者と役職員（＋配偶者・三親等以内の親族）
- ➤　投資助言業者とその役職員（＋配偶者・三親等以内の親族）

7　2016年に改正金商法が施行される以前は，ファンド運営者が特例業務を行う対象の投資家は，適格機関投資家1名以上であることのみが要件とされ，それ以外の投資家については原則として要件は課されていなかった（一定の不適格投資家を除く）。これに対して，悪質業者による投資家に対する被害が多く生じたことが問題視され，金商法が改正されて特例業務の対象となる投資家とその人数が限定された。

また，ファンド運営者が特例業務のうち一定の要件を満たすファンド（いわゆるVCファンドが想定されるが，それに限定されない）を運営する場合には（いわゆる「VC特例」）[8]，原則的対象投資家に加えて，投資に関する知識及び経験を有する一定の類型の投資家（上場会社の役員やスタートアップの創業者等）も相手方にできる（いわゆる「VC特例対象投資家」〔金商令17条の12第2項，業府令233条の3〕）。

(2) 開示規制

ファンド財産の50%を超える額を充てて有価証券に対する投資を行う場合，ファンド持分は「有価証券投資事業権利等」に該当し，ファンド持分の「募集」又は「売出し」[9]を行う場合に，（上場企業における開示のような）有価証券届出書を提出することによる公衆への開示が必要となり得る（金商法3条3号イ(1)(2)，金商令2条の9第1項，2条の10第1項5号）。ファンドが取得することになる株式，社債や新株予約権は一項有価証券であるため（金商法2条1項5号・9号，2項柱書），この開示が問題になり得る。

もっとも，特例業務の枠内でファンド持分の取得勧誘を行う場合，前述のように，募集に該当しない「私募」（自己私募）として行う必要がある以上，開示も不要となる。

2 VCファンドによるスタートアップへの投資に関する規制

(1) 原則（投資運用業）

ファンド持分の発行者であるGPが，ファンドの資産を，主として（基本的に，運用財産の50%超を）有価証券又はデリバティブに係る権利に対する投資として自ら運用する場合，「自己運用」として投資運用業に該当する（金商法28条4項3号，2条8項15号ハ，平成19年7月31日金融庁パブコメ回答79～80頁190-192番）。ファンドが取得することになる株式，社債や新株予約権は一項有価証券であるため，投資運用業者としての登録を要するのが原則である（金商法29条）。

---

8 経済産業省のH30モデル契約（前掲注2）は，VC特例を満たすLPS契約の例として公表されている。

9 「売出し」とは，原則として，既発行のファンド持分の売付け・買付けの申込みの勧誘のうち，その勧誘に応じることによって，勧誘に係るファンド持分を500名以上の者が所有することとなる場合をいう（金商法2条4項3号，金商令1条の8の5）。

(2) 主要な例外（適格機関投資家等特例業務）

　もっとも，投資運用業者として登録を受けるためには，金商法等の法令及び監督指針に従い，一定の人的・財産的な要件（投資運用業者であれば，第二種金融商品取引業者よりも厳格に，資本金の額又は出資の総額が5,000万円以上）を具備した上で，態勢整備を行わなければならず，負担が大きい。

　自己運用については，前述のファンド持分の自己私募と同様に，一定の要件を満たした上で特例業務の届出を行うことで，投資運用業の登録を受けずに行うことが可能となる。特例業務として行うことができる自己運用は，主に，以下の要件を満たす場合である（金商法2条8項15号ハ，63条1項2号，金商令17条の12）。

　なお，特例業務として行う場合でも，分別管理義務等の一定の行為規制は投資運用業のものが準用される（金商法63条11項）。

【特例業務における自己運用の主な要件】

✓ 自己運用の要件
- ➢ 金融商品の価値等の分析に基づく投資判断に基づいて
- ➢ 主として（基本的にファンド財産の50%超を）有価証券又はデリバティブ取引に係る権利に対する投資として
- ➢ ファンドに係る権利（持分）を有する者から出資又は拠出を受けた金銭その他の財産の運用を行うこと

✓ 投資家の属性（特例業務固有の要件）
- ➢ 適格機関投資家1名以上が含まれる
- ➢ 適格機関投資家でない者は，（一定の要件を満たす）特例業務対象投資家であり，かつ49名以下

【VCファンドの活動とファンド持分の勧誘・運用規制】

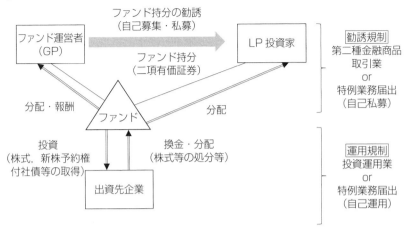

(3) その他の例外（投資運用権限の全部委託・デミニマスルール）

　なお，自己運用に該当する行為のうち，一定の行為は，業として行っても，金融商品取引業（投資運用業）に該当しないため，投資運用業の登録や，特例業務の届出は不要とされている（除外運用行為〔金商法2条8項柱書，金商令1条の8の6第1項3号・4号，定義府令16条1項10号～13号〕）。主に株式等に出資するVCファンドやPEファンドにおいて用いることが考えられるのは，(a)投資運用権限の全部委託や，(b)外国集団投資スキームの投資運用（デミニマスルール）である。(a)は，GPエンティティが運用権限の全部を委託するために，監督を受けている投資運用業者と投資一任契約を締結すること等の一定の要件を満たす場合である（定義府令16条1項10号）。(b)は，日本の投資家が一定のプロ投資家に限定されていて，人数及び出資額が一定以下（デミニマス）であるような外国ファンドの自己運用である（同項13号）。外国ファンド（外国集団投資スキーム）における自己運用も，金商法上投資運用業に該当し（金商法2条8項15号ハ，2項6号），登録又は特例業務の届出等を行う必要があるのが原則であるところ，これを厳格に適用すると，優良な外国ファンド運営者が日本における登録・届出を回避するために，日本の機関投資家等からの出資を許容しない場合等，日本の機関投資家等にとって多様なグローバル投資の機会に支障を生ずるおそれがあるため[10]，一定の場合に例外を認め，日本の投資家が参加できるようにするものである。

340 第3部 株式による本格的な資金調達

第3節 事業会社によるLP出資とCVC

1 事業会社によるスタートアップ投資の類型

事業会社が広い意味でのスタートアップ出資・投資を行おうとする場合，いくつかの類型がある。

---

① 事業会社による直接投資

② CVC子会社・ファンドを通じた投資

③ VCファンドへのLP出資

---

①事業会社自身による直接投資については，これまで述べてきた。金融投資家による投資と比較すると，純粋な金銭的リターンにとどまらず，資本業務提携を通じた戦略的リターンを得ることを目的とすることが多い。その特徴から生じる留意点や問題事例についても述べた。なお，後述の③VCファンドへのLP出資と対比すると，VCファンドではGPが基本的にその裁量により投資先スタートアップを選定し，その過程で得られた情報を複数のLP投資家に共有するという形で，LP投資家によるスタートアップへの投資関与は間接的であり，必ずしもコントロールできない。①事業会社による直接投資や，②CVC子会社・ファンドを通じた投資であれば，（②はストラクチャー次第だが）事業会社自身が投資先選定やその後の業務提携に直接関与する。

それでもなお③VCファンドへのLP出資が行われる意義は，投資先選定に長けたVCの投資担当者（キャピタリスト）による，複数のスタートアップに対する分散・ポートフォリオ投資を通じて，スピード感をもって投資を実行することや，出資の失敗リスクを低減するとともに，相対的に多くのスタートアップの情報を得られる可能性が高まること等が挙げられる。

その意味で，事業会社によるスタートアップ出資・投資は，①直接投資と③VCファンドへのLP出資が並走し，あるいは③から入ってスタートアップ・コミュニティに参加しつつ，徐々に，②自ら積極的に複数のスタートアップへ出資し，成長からのキャピタルゲイン（財務リターン）と事業連携による戦略リ

---

10 金商法コンメ(1) 187頁〔松尾直彦〕。

ターンを，バランスを取りつつ確保するためのCVC投資を行うといった形で
深化していくことがある。

2 CVC活動とCVCファンド

改めて，CVC（コーポレート・ベンチャー・キャピタル）は多義的である。

---

① 事業会社による直接投資（戦略投資のための予算・組織）

② (a) 投資子会社（法人）による投資

② (b) 組合型ファンドを組成し，ファンドを通じた投資

CVCと呼称していても，企業によっては，前記1と同様に①の事業会社に
よる直接投資を指し，通常のスタートアップ投資として念頭に置かれている姿
と変わりがないことも多い。「CVC」とブランディングすることにより，戦略
投資のための予算・組織が企業（法人）内に組まれ，スピード感を持った投資
判断が可能になる場合もある一方，同一法人内である以上，レポーティングラ
インが既存のものと変わらずに時間がかかる可能性，投資担当者は同一の報酬・
給与体系でスタートアップ投資に対する特段のインセンティブが湧かない可能
性，数年での通常の人事ローテーションに組み込まれてノウハウが蓄積しない
可能性といった限界が生じる場合もある。

これに対して，前記1の②のように，スタートアップに出資する別エンティ
ティを「CVC」として設立する場合は，法人形態とファンド形態がある。②
(a)投資（専門）子会社を設立し，子会社がスタートアップに出資する場合，完
全子会社であれば企業グループの管理・人事・報酬等の体系に同様に組み込ま
れることが原則であるが，同一法人内の組織よりも，グループ管理規程や人事・
報酬体系等の企業グループ全体に適用される規程・ポリシーを一部修正・適用
除外すること等の緩和も可能である。また，レポーティングラインとして，子
会社のみで投資判断が完結し，投資判断を迅速に行うことができる場合もある。

②(b)組合型ファンドを組成して投資を行う場合，典型的には，投資子会社（GP
運営子会社）がGPとなり，事業会社がLPとなってCVCファンドを組成する例
が多かった。これに対しては，事業会社によるLP出資のコミットメント額を
予算として確保できるというメリットはある一方，GP子会社が100%子会社で
ある限り，②(a)の投資子会社が直接スタートアップに出資する場合と大きく変
わらないという指摘もあった。

近時は、独立系のVCファンドを運用する運用会社がGPを組成して連携し（GP会社が、当該運用会社と事業会社のJV的に設立される場合もある）、事業会社が唯一のLP投資家となってファンドを組成する、いわゆる二人組合の例も増えている[11]。

【CVC（二人組合）の組成】

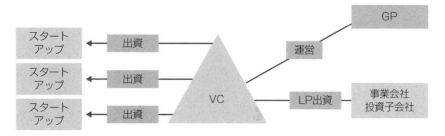

事業会社からは、他の方式と比較して以下のような意見があるとされる[12]。

- ✓ ③の他のVCが組成したファンドに他の複数の投資家とともにLP投資家として参加した場合、事業会社が求めている方向性・ターゲットとは異なる分野・企業に投資がなされることがある。
- ✓ ②(b)のうち、事業会社自身がGPとなる従来型のCVCでは「投資先の発掘、投資判断、DDやファンド運営に手間がかかり、スピードの鈍化や投資先企業との協業によるシナジー創出に十分なリソースを投入できない」との課題がある。二人組合の場合は事業会社の意向を投資判断に反映したファンド運営が可能になり、投資活動に十分な知見を有するベンチャー投資を専門とするVCと組むことにより、投資に係る一連の業務をVCに委託するメリットがある。

---

11 二人組合としてファンドを組成する場合、民法上の組合、LPS、有限責任事業組合（LLP）等が用いられる。LPSは、GPが業務執行を行い、LPは業務執行を行わないことから、最終的な投資判断をGPに委ねることになる。そのため、民法上の組合や、各組合員がその個性をもって業務を分担するLLPが用いられることがある。

12 一般財団法人ベンチャーエンタープライズセンター「ベンチャー白書2023」Ⅰ-14頁参照。

もっとも，運用会社が自前でVCファンドを運営していたり，他の事業会社のCVC運営も受託していたりする場合，当該VC・CVCファンドが投資先候補に出資することによって，自社のCVCの投資機会が失われるおそれもある。このような利益相反について，ファンド契約等において一定の手当てをしておく必要がある。

第**4**部

▼

役職員向けのインセンティブ設計——ストックオプション・持株会等

序

第4部では，スタートアップの役職員向けのインセンティブ・プランを設計する際の検討に合わせて，まず，ストックオプション（新株予約権）について，以下の順に検討していく。

第1章　役務提供者に対する価値の分配 第2章　ストックオプションの分類・税務上のポイント 第3章　ストックオプションの経済条件・行使条件等の主要ターム 第4章　ストックオプションの発行プロセスと留意すべき規制 　　　　第1節：プロセス（会社法） 　　　　第2節：契約上の処理 　　　　第3節：開示規制（金融商品取引法） 　　　　第4節：ロックアップ・開示等（取引所規則）

また，従業員が集合的に株式を保有する従業員持株会についても若干検討する（第5章）。

第1章

役務提供者に対する価値の分配

役職員等がスタートアップの成長に向けたインセンティブを得られるように，企業価値を分配するためにはどのような手段があるか。その特徴は。

第1節　スタートアップの役務提供者向けインセンティブ

　第2部や第3部では，主に，普通株式を保有する創業者や経営陣と，優先株式を保有する外部投資家との間で，スタートアップの企業価値（株主価値）がどのように分配されるかを検討した。

　本第4部第1章では，基本的に個々人で普通株式を保有しない役職員等の役務提供者に対するスタートアップの企業価値（株主価値）[1]の分配について検討する。そのような役職員に対して，スタートアップのインセンティブ・プランとして採用される手法は，主に以下のようなものがある。

1　負債性の調達を行っていないスタートアップでは基本的に企業価値＝株主価値となるため，本書において，厳密には区別をしていない場合がある。もっとも，通常は，①各事業の「事業価値」を算出し，②事業価値から企業全体の「企業価値」を算出し，③そこから有利子負債等を差し引いて「株主価値」を算出する（その上で，異なる種類株式の価値評価では，株主価値を株式の種類ごとに配分「株式価値」を算出することになる）。公認会計士協会・価値評価実務27〜28頁参照。

348　第4部　役職員向けのインセンティブ設計―ストックオプション・持株会等

インセンティブ設計	概要
ストックオプション （新株予約権）	一定の要件・条件を満たした場合に普通株式を取得できる権利
従業員持株会	従業員が少額ずつ拠出し，若干の株式を保有する仕組み

　後者の従業員持株会は，普通株式を保有する場合，通常は株式数がそれほど多くなく，スタートアップの経営に対する影響力が高くないことを除けば，創業者らが保有する普通株式に対する価値の分配と同様になる。従業員持株会については第5章で若干検討する。

第2節　役職員向けストックオプションの特徴

　投資家と創業者の間の価値の分配において，創業者がスタートアップの成長に十分なインセンティブを有するためには，創業者が初期に取得する普通株式の払込金額が十分低い必要があった（第2部第1章第1節）。同様に，役職員に対しても十分なインセンティブとなるストックオプションを付与しようとすると，株式を取得するために権利を行使する時に会社に払い込む金額である「権利行使価額」が十分低いことが必要になる。

　その理由は，無償で付与されるストックオプションを念頭に置くと，ストックオプションの行使により得られる利益は「『ストックオプションの権利行使時の株式の時価』－『権利行使価額』」の差額であり，その差額が十分に大きくなければ，魅力的なストックオプションとならないからである。

　他方，権利行使価額を引き下げることには税務上の限界もある。伝統的に，役職員に付与するストックオプションは，IPOによるエグジットを念頭に，租税特別措置法上の「税制適格ストックオプション」であることが望ましいとされてきた。税制適格ストックオプションは，原則的なストックオプション（いわゆる「税制非適格ストックオプション」）と比較すると，保有者[2]に対する課税上の取扱いにおいて，大きく以下のような特徴がある。

2　以下，本書では，特段の断りがない限り，ストックオプションの保有者は日本居住者を前提とする。

① ストックオプションの付与時に課税が生じない
② ストックオプションの行使時にも課税が生じない（源泉徴収も無し）
③ ストックオプションの行使により取得した株式の売却時まで課税が繰り延べられる
④ 株式の売却時にフラットレートの税率（居住者について20.315%）[3]による申告分離課税が行われる譲渡所得等として扱われる[4]

　税制適格ストックオプションとしての取扱いを受けるためには，その要件の1つとして，権利行使価額が，割当契約時の一株当たりの価額以上として設定されることが要求される（租特法29条の2第1項3号。要件の詳細は第2章第3節参照）。権利行使価額が割当契約時の一株当たりの価額を下回って設定されると，理屈上は直ちに行使をして利益を得られるようになってしまうため（イン・ザ・マネー），政策的な優遇税制を適用するべきインセンティブとはならないからである。

　そのため，従業員のインセンティブのためには，税制適格の要件を満たす範囲で，権利行使価額を可能な限り引き下げて発行することが考えられる。この点については，後述の通り，近時，国税庁による通達やQ&Aが公表され，動きがあった。次の第2章では，税務上の分類を見ていく。

3　所得税15%・住民税5%・復興特別所得税0.315%。租特法37条の10第1項・37条の11第1項（本書では復興特別所得税に関する引用は省略する）。

4　本書執筆時の税率。これにより，他の所得と合算された総合課税によって限界税率が高くなり得る給与所得（本書執筆時は，地方税・復興特別所得税をあわせて最大55.945%の総合税率）よりも，有利になり得る。

350　第4部　役職員向けのインセンティブ設計―ストックオプション・持株会等

第2章

ストックオプションの
分類・税務上のポイント

> ストックオプションにはどのような分類があるか。それぞれの特徴や，税務上
> の取扱いはどのようになるか。税制適格ストックオプションの使い勝手が向上
> するよう，近時どのような法改正や通達上の取扱いがなされているか。

第1節　税務上の取扱いの全体像

　ストックオプションの税務上の取扱いを検討する際には，3つのタイミング
が問題になる。

① 　ストックオプションの付与時
② 　ストックオプションの行使時
③ 　ストックオプションの行使により取得した株式の譲渡時

　①から③のそれぞれが，ストックオプションを付与された役職員等と，発行
会社であるスタートアップの双方で問題になる。この観点から，ストックオプ
ションは，税務上，主に3つに分類できる[1]。

1　後述の通り，ストックオプション（新株予約権）の付与時に役職員等に課税がなされ
ないためには，有償ストックオプションを除き，ストックオプションに譲渡制限が付され
ていることが前提になる。本書では，ストックオプションには譲渡制限が課せられている
ことを前提とする。

第2章 ストックオプションの分類・税務上のポイント

> ✓ 税制非適格ストックオプション（原則）
> ✓ 税制適格ストックオプション
> ✓ （時価発行型）有償ストックオプション

3つの分類の課税関係の全体像は，以下の通りである。

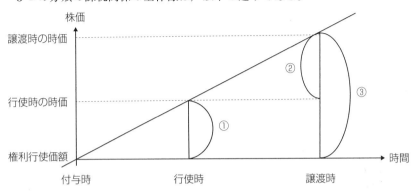

		付与時	行使時	譲渡時
税制非適格ストックオプション	役職員等の課税関係	×	○ ①につき 給与・退職所得課税 発行会社が源泉徴収	○ ②につき 譲渡所得課税
	発行会社における損金算入の可否	×	○ 損金算入の額はオプション・バリュー	×
税制適格ストックオプション	役職員等の課税関係	×	×	○ ③につき 譲渡所得課税
	発行会社における損金算入の可否	×	×	×
有償ストックオプション	役職員等の課税関係	×	×	○ ③につき 譲渡所得課税 （払込価額は取得費となる）
	発行会社における損金算入の可否	×	×	×

352 第4部 役職員向けのインセンティブ設計―ストックオプション・持株会等

以下では，ストックオプションの類型別に，役職員等と発行会社の課税関係について説明する。なお，この3分類以外の，いわゆる「信託型ストックオプション」については，国税庁から，必ずしも従前の実務上の考え方通りではない税務上の取扱いをするという解釈が示されたため，第5節で簡単に検討する。

第2節　税制非適格ストックオプション

次の第3節で説明する税制適格要件を満たさない，原則的な形態のストックオプションを，一般に「税制非適格ストックオプション」という。スタートアップのストックオプションは，インセンティブを確保するために，税制適格ストックオプションとして発行されることが多い。もっとも，一定の理由で最初から非適格として付与したり，権利行使時に税制適格要件を満たさないこと等により非適格として扱われたりすることもある。そのため，まず，ストックオプションの原則的な課税関係である「非適格」の場合の課税関係について触れる。

1　付与対象者[2]の課税関係

(1)　税制非適格ストックオプションの付与時

ストックオプション（新株予約権）に譲渡制限が付されている場合は，付与される役職員において，そのストックオプションを譲渡して所得を実現させることができないことから，課税は生じないと考えられている[3]。

(2)　税制非適格ストックオプションの権利行使時

役職員において，ストックオプションの権利行使によって取得した株式につき，以下の通り計算した金額が，所得金額の計算上，収入金額となる（所法36条2項，所令84条3項)[4]。

2　付与対象者として，業務委託先等の，法的な役員（取締役等）や従業員（雇用契約を結んでいる使用人）以外に対してストックオプションを付与することもある。ただし，本書では，簡潔にするため，ストックオプションが付与される個人をまとめて「役職員」と呼ぶことがある。

3　ストックオプションQ&A問1参照。

当該株式の取得日（払込日）の時価（所令109条1項3号） − ストックオプションの取得価額（無償発行の場合は0円[5]） − 行使の際に払い込むべき価額

　所得の分類は，発行会社と付与対象者との法律関係等の実態に応じて異なる。雇用契約又はこれに類似する関係に基因して付与が行われたと認められる場合は，一般的には給与所得とされる[6]。スタートアップでは税制非適格ストックオプションとして発行される場合でも，インセンティブ目的であることが多く，給与所得として扱われることが多いと思われる[7]。

　ただし，業務委託先等，委任・請負契約その他これに類する契約に基づき，役務提供の対価として付与されたストックオプションに係る経済的利益は，事業所得又は雑所得に区分される[8]。

　なお，ストックオプションを行使した株式の取得日（払込日）の時価は，その株式が上場している場合には公表された最終価格等による[9]一方，非上場時には時価の算定方法が問題になる。この点については，2023年7月に改正された通達において，税制適格要件のうち権利行使価額について後述のセーフハーバーが設けられた際に，税制非適格ストックオプションにおける権利行使時の株式の時価についても，通達が一部改正され，税制適格要件と一定程度類似の考え方が示されている[10]。もっとも，税制適格ストックオプションが税制優遇

4　同上。

5　いわゆる相殺構成でストックオプションを発行する場合も含め，取得価額はゼロとなる。国税庁HP「金銭の払込みに代えて報酬債権をもって相殺するストックオプションの課税関係」（https://www.nta.go.jp/law/shitsugi/shotoku/02/33.htm）参照。

6　最判平成17年1月25日民集59巻1号64頁，所基通23〜35共－6。なお，税制非適格ストックオプションに業績達成等の一定の行使条件が付されている場合もあるが，行使条件の成就は，役職員の課税関係には影響を及ぼさない。

7　権利行使期間が退職から10日間に限定されているストックオプションの権利行使益に係る所得区分については，退職所得と取り扱われる（国税庁HP「権利行使期間が退職から10日間に限定されている新株予約権の権利行使益に係る所得区分について」https://www.nta.go.jp/about/organization/tokyo/bunshokaito/gensen/07/02.htm）。もっとも，スタートアップでは，ストックオプションはリテンション目的に利用され，退職金代わりにストックオプションを付与する例はあまりないと思われるため，詳細は省略する。

8　ストックオプションQ&A問1参照。なお，そのストックオプションに係る経済的利益が，所得税法204条に規定する報酬料金等に該当する場合には，源泉徴収の対象とされる。

9　所基通23〜35共－9(1)。

354 第4部 役職員向けのインセンティブ設計―ストックオプション・持株会等

のために政策的に設けられたものであることもふまえ，税制非適格ストックオプションでは通達上の有利な取扱いを受けることができない事項がある。非上場時の株式の時価の考え方については，税制適格要件における権利行使価額の項目で詳述する（第3節2(5)参照）。

(3) 税制非適格ストックオプションの行使により取得した株式の譲渡時

権利行使により取得した株式を譲渡した場合，譲渡価額と株式の取得価額（所令109条1項2号）との差額が，株式等に係る譲渡所得等（キャピタルゲイン）に該当し，分離課税となる（租特法37条の10，発行会社が上場している場合には37条の11）[11]。

なお，税制非適格ストックオプションを行使した直後に株式を時価で譲渡する場合，取得した株式の取得価額は払込みをした日における時価であるため，譲渡価額との差額が生じず，譲渡益は生じない。

2 発行会社（スタートアップ）の課税関係

(1) 税制非適格ストックオプションの付与時

発行会社は，ストックオプションを発行するのみであり，資産に変動はないため，特段の課税関係は生じない。

(2) 税制非適格ストックオプションの権利行使時

税制非適格ストックオプションが行使される場合，従業員（雇用契約に基づ

10　ストックオプションQ&A問5参照。税制非適格ストックオプションの行使時課税の場面においても，所基通 23〜35 共 −9 の例（原則方式）における取引相場のない株式の算定方法を用いることができる。非上場会社では，売買実例がない等の要件を満たせば，「権利行使日等又は権利行使日等に最も近い日におけるその発行会社の一株当たりの純資産価額等を参酌して通常取引されると認められる価額」を株式の時価として用いることができ（所基通23〜35共−9(4)ニ），この算定によっても，付与対象者の課税額を抑えることができる。ただし，税制非適格ストックオプションでは，税制適格ストックオプションと，主に以下の2点で異なる。
　①この株価算定ルールは，「著しく不適当と認められるとき」（例えば，財産評価基本通達の例により算定した普通株式の価額が，会計上算定した普通株式の価額の2分の1以下となるような場合）には適用されない。
　②特例方式（配当還元方式や純資産価額方式）を用いることができない（ストックオプションQ&A問7参考1注1等参照）。

11　ストックオプションQ&A問1参照。

いて給与を受けている者）か役員かで，発行会社において，法人税法上の損金算入ができるかどうかが異なってくる。

ⓐ 従業員が行使する場合

従業員が税制非適格ストックオプションを行使する場合，従業員に対する給与等として，発行会社であるスタートアップは損金に算入できる。発行されたストックオプションが「特定新株予約権」[12]に該当すると，発行会社は，特定新株予約権を付与された者に給与所得等（給与所得，事業所得，退職所得及び雑所得）が生ずべき事由（給与等課税事由）が生じた日において，役職員から役務の提供を受けたものとして，特定新株予約権が交付された時の時価である，オプション・バリュー相当額（企業会計上のストックオプションの費用と原則として一致）を損金算入できる（法法54条の2第1項，法令111条の3第2項）[13]。

ⓑ 役員が行使する場合

役員が税制非適格ストックオプションを行使する場合，お手盛り防止等の観点から法人税法上設けられている，役員給与の損金算入制限規定（法法34条1項から3項）の適用を受ける。具体的には，スタートアップが損金に算入することができるためには，①定期同額給与，②事前確定届出給与又は③業績連動給与のいずれかの要件を満たす必要がある。

もっとも，税制非適格ストックオプションの権利行使益は，行使によって得られる一時的な所得であるため，①定期同額給与には該当しない。また，②事前確定届出給与として損金算入されるためには，ストックオプションの行使により交付される株式が原則として上場株式であること（適格新株予約権〔法法34条1項2号ハ〕）が求められているため，非上場のスタートアップが発行したストックオプションは，事前確定届出給与の要件を満たすことができない。さらに，③業績連動給与として損金算入されるためには，有価証券報告書に記載されるべき事項によって調整される指標等に連動するもののみが該当するため，非上場のスタートアップでは，通常，業績連動給与の要件を満たすことができない。

したがって，役員がストックオプションを行使する場合，通常は非上場スター

---

12 「特定新株予約権」とは，譲渡制限付新株予約権であって，①取得と引換えにする払込みに代えて役務の提供の対価として生ずる債権で相殺されるか，②実質的に役務の提供の対価と認められるものという要件を満たすものをいう。

13 ただし，特定新株予約権の交付が正常な取引条件で行われた場合に限る。

トアップにおいて損金算入することはできない。ただし，退職給与として与えられる場合（業績連動給与に該当する場合を除く），不相当に高額な部分の金額を除いて，損金算入できる（法法34条2項）。

ⓒ　発行会社による源泉徴収

ストックオプションの付与対象者において，その権利行使益が給与所得又は退職所得に該当する場合，発行会社は源泉徴収義務を負う（所法183条，199条）。発行会社は，権利行使した役職員に対しては株式を交付するのみで，現金を交付するわけではないので，ストックオプションの行使のタイミングで源泉徴収相当額の現金も賞与として支給して（グロスアップした金額分について）源泉徴収するか，別途役職員に対して源泉徴収相当額の現金を請求する必要がある（同法222条）[14]。

なお，発行会社が役職員に対して現金で報酬・給与を支払っている場合，その分と源泉徴収相当額の現金を相殺したとしても，賃金の全額払いの原則（労基法24条）には反しないと解されている。もっとも，役職員とのトラブルを避けるためには，ストックオプションに係る割当契約等で，源泉徴収に係る取扱いについては明記しておくことが望ましい。

ⓓ　法定調書及び明細書の提出

発行会社は，税制非適格ストックオプションの行使があった場合，ストックオプションの行使に関する調書（及び合計表）を，行使をした日の属する年の翌年1月31日までに税務署長に提出しなければならない（所法228条の2，所令354条1項2号）。

また，発行会社は，自らの確定申告時に，ストックオプションの付与時の価額，付与数等を記載した明細書を確定申告書に添付する必要がある（法法54条の2第4項）。

14　ストックオプションQ&A問4も参照。仮に，発行会社が，ストックオプションを行使した者に源泉所得税を求償しないこととした場合には，その者に債務免除に係る経済的利益を与えたことになり，求償しないこととした時に，税額に相当する金額の税引後の手取額で給与や報酬の追加払いをしたものとして，その金額に係る源泉所得税を計算（グロスアップ計算）することとなる（所基通221-1，181～223共-4）。なお，源泉所得税を一時に納められない場合には，税務署に申請を行うことにより，原則として1年以内の期間に限り，納税の猶予等が認められる場合がある。

第2章　ストックオプションの分類・税務上のポイント　357

(3)　税制非適格ストックオプションの行使により取得した株式の譲渡時

　役職員が株式を譲渡し，株主に異動が生じるだけなので，発行会社には特段の課税関係は生じない。

第3節　税制適格ストックオプション

　前述の通り，付与を受けた役職員の課税関係として，大きく以下のような特徴を有しているストックオプションを「税制適格ストックオプション」と呼ぶ。

---

① ストックオプションの付与時に課税が生じない
② ストックオプションの行使時にも課税が生じない（源泉徴収も無し）
③ ストックオプションの行使により取得した株式の売却時まで課税が繰り延べられる
④ 株式の売却時にフラットレートの税率（居住者について20.315%）による申告分離課税が行われる譲渡所得等として扱われる[15]

1　課税関係

(1)　付与対象者の課税関係

　ストックオプションが税制適格要件を満たす場合は，ストックオプションの付与時に課税は生じず，権利行使時にも給与所得等としての課税も生じない（租特法29条の2）。その後，ストックオプションを行使して取得した株式を譲渡したときに，譲渡価額と権利行使価額との差額につき，株式等に係る譲渡所得等として申告分離課税されることになる（租特法37条の10，発行会社が上場している場合には37条の11）。

　したがって，税制適格ストックオプションの場合，課税の時期が株式譲渡のタイミングまで繰り延べられるのと同時に，譲渡所得等として申告分離課税の対象となるため，税務上，有利な取扱いを受けることになる。

15　本書執筆時の税率（前掲注3参照）。これにより，他の所得と合算された総合課税によって限界税率が高くなり得る給与所得（本書執筆時は，地方税・復興特別所得税をあわせて最大55.945%の総合税率）よりも，有利になり得る。

358　第4部　役職員向けのインセンティブ設計―ストックオプション・持株会等

⑵　発行会社（スタートアップ）の課税関係

　税制適格ストックオプションの場合，付与対象者に給与等課税事由（第2節2⑵(a)参照）が生じないため，ストックオプションの付与，行使，株式の譲渡等のいずれの段階においても，発行会社における損金算入は認められない（法法54条の2第2項）[16]。

2　税制適格要件

⑴　概　要

　税制適格ストックオプションの主な要件は，以下の通りである。

対象者	✓　発行会社又は当該会社が直接・間接に50%超の株式（議決権のあるものに限る。）等を保有する法人の取締役・執行役・使用人又はこれらの相続人。ただし，付与決議日における大口株主やその特別関係者を除く（租特法29条の2第1項，租特令19条の3第3項から5項） ✓　中小企業等経営強化法の一定の要件を満たす場合には，一定の社外高度人材も対象（令和6年度税制改正で社外高度人材の要件を緩和）	
発行態様	金銭の払込み・金銭以外の資産の給付をしないで発行 （租特令19条の3第1項）	
付与契約の内容	発行会社と付与対象者との間の付与契約（割当契約）において，以下の条件が定められていること	
	権利行使期間	付与決議の日[17]後2年を経過した日から付与決議の日後10年（※）を経過する日までに行うこと（租特法29条の2第1項1号） ※令和5年度税制改正で，設立後5年未満の非上場会社は15年に緩和

16　なお，発行会社が税制適格ストックオプションを付与した場合，付与をした日の属する年の翌年1月31日までに，特定新株予約権等の付与に関する調書を税務署長に提出しなければならないため，注意が必要である（租特法29条の2第6項）。その他手続的な点については本書では詳細には立ち入らない。

17　付与決議の日とは，新株予約権の割当てに関する決議の日をいうとされている（ストックオプションQ&A問6参照）。

	権利行使価額	✓ 権利行使価額の年間の合計額が1,200万円 （※）を超えないこと（租特法29条の２第１項２号） ※令和６年度税制改正で，以下の緩和 ➤ 設立５年未満の会社が付与したもの： 2,400万円/年 ➤ 設立５年以上20年未満の会社（非上場又は上場後５年未満の上場企業）が付与したもの：3,600万円/年 ✓ 権利行使価額が付与契約の締結のときにおける一株当たりの価額に相当する金額以上であること（租特法29条の２第１項３号） ※通達によるセーフハーバーあり
	ストックオプションの譲渡制限	新株予約権の譲渡をしてはならないこと（租特法29条の２第１項４号）
	株式発行	会社法238条１項に反しないで行われること（租特法29条の２第１項５号）
	株式の管理（保管委託又は発行会社による管理）	✓ 権利行使により取得した株式が，取得後直ちに，一定の方法によって金融商品取引業者等の振替口座簿に記載等されること，又は ✓ 発行会社による一定の管理（令和６年度税制改正）（租特法29条の２第１項６号）
手続		新株予約権を付与された者が，権利行使時に，付与決議日において大口株主及びその特別関係者に該当しなかったことの誓約等の一定事項を記載した書面を発行会社に提出すること（租特法29条の２第２項）

　このうち，上表の「付与契約の内容」に記載されている一定の事項は，ストックオプションの付与契約（割当契約）に定める必要がある。ストックオプションを発行する際の割当契約の実務については，第３章も参照。

　上の表に記載した通り，令和６年度税制改正によって，スタートアップが税制適格ストックオプションを利用しやすいように，主に次の３点について，税制適格要件が緩和されている。以下ではその点についても触れる。

① 付与対象者としての社外高度人材の緩和	付与要件を緩和・認定手続を軽減する等

②　年間権利行使価額の限度額の引上げ	ステージに応じ2,400万円又は3,600万円も可
③　保管委託要件の緩和	発行会社自身による株式管理スキームの創設

(2)　対象者

(a)　役職員・相続人

　税制適格ストックオプションの付与対象者は，基本的に，発行会社やその子会社・孫会社の「取締役，執行役若しくは使用人」のみである必要がある。ただし，付与対象者が付与時に取締役等であれば足り，権利行使時にこれらの地位にあることは税制適格要件とはならないと考えられている[18]。また，付与対象者がストックオプションを行使できる期間内に死亡した場合，新株予約権を行使できる相続人も対象となり得る（租特令19条の3第5項）。

　なお，一定の大口株主は付与対象者から除外される。付与決議日において，次の区分に応じて次に掲げる数の株式を有していた個人をいい（租特令19条の3第3項），一定の株式を保有する創業者等が該当しない場合があるため注意が必要である。

株式の区分	基準
上場株式	発行会社の発行済株式総数の10%を超える数
非上場株式	発行会社の発行済株式総数3分の1を超える数

(b)　社外高度人材

　(a)の原則的な付与対象者に加えて，令和元年度（平成31年度）税制改正により，中小企業等経営強化法上の一定の要件を満たした場合には（中小企業等経営強化法13条），一定の社外の専門家等に対しても税制適格ストックオプションを付与することが可能となった。現金が豊富ではないスタートアップにおいて，キャッシュアウトを伴うことなく高度な専門知識を有する専門家の登用が可能になるためメリットがある。

18　日本証券業協会「ストックオプション制度に係る税務上の取扱い（Q&A）」（平成10年9月4日）Q11，冨永賢一『現物給与をめぐる税務』（大蔵財務協会，令和4年度版）588頁。

第2章　ストックオプションの分類・税務上のポイント　361

もっとも，経済産業大臣による計画の認定が必要であること等から，社外高度人材の特例制度はあまり活用されてこなかった。そのため，令和6年度税制改正では，新たに，非上場企業の役員経験者等を追加し，国家資格保有者等に求めていた3年以上の実務経験の要件を撤廃する等，対象が拡大された。また，計画認定に際して必要な申請書類を簡素化する等，手続負担も軽減された[19]。

(c)　金融商品取引法の開示規制との関係

なお，役職員ではない外部協力者や，子会社の役職員等，付与対象者の属性次第では，金融商品取引法に基づく開示規制も問題になる。すなわち，投資家に発行する株式だけでなく，ストックオプション（新株予約権）も有価証券であるため，その勧誘・発行を行う際には，金融商品取引法が設けている投資家（勧誘対象者）保護のための規制が問題になる。アレンジ次第では，非上場であるのに，上場会社と同様の有価証券届出書・有価証券報告書の提出による開示義務が発生してしまうことがある。

非上場のスタートアップでは通常は開示義務が発生しないようにアレンジがなされるが，税務上の税制適格要件を満たす付与対象者と，金融商品取引法上の開示義務の特例を用いることができる対象者の範囲が異なるため，注意が必要である。規制の比較を含めて，詳細は第4章第3節参照。

(3)　発行態様

税制適格ストックオプションの発行態様の要件として，金銭の払込みをさせないことが必要とされている。この場合の法律構成として，2種類が考えられる。

すなわち，ストックオプション自体を職務執行の対価と考え，金銭の払込みを要することなくストックオプションを付与する方法（いわゆる「無償構成」）の場合には，この要件を充足することに問題はない。しかし，ストックオプションの公正価値相当額の金銭債権を役職員に付与するのと同時に，当該公正価値相当額を払込金額としてストックオプションを付与し，払込金額について会社が有する債権と役職員が有する金銭債権とを相殺する方法（いわゆる「相殺構成」）の場合，法的には債権の払込みがあったことになることから，相殺構成

19　要件の詳細について，経済産業省「社外高度人材に対するストックオプション税制」（https://www.meti.go.jp/policy/newbusiness/stockoption.html）参照。

362　第4部　役職員向けのインセンティブ設計―ストックオプション・持株会等

の場合にこの要件を充足するかが問題となり得る。無償構成と相殺構成とで経済実質は同じであるところ，国税庁は，質疑応答事例において，相殺構成であっても税制適格要件を充足し得ることを明らかにしている[20]。

　なお，現在では，無償構成でも相殺構成でも，役務提供に対するインセンティブとして税制適格ストックオプションを発行する場合には，基本的には，いわゆる有利発行には該当しないと考えられていることが多いと思われる[21]。

(4)　権利行使期間

　税制適格ストックオプションの行使は，原則として，ストックオプションの付与決議の日後2年を経過した日から，その付与決議の日後10年を経過する日までの間に行わなければならない。この「付与決議の日」は，ストックオプションの割当てに関する決議の日をいうとされている[22]。

　この10年という権利行使期間の満期は，令和5年度税制改正により，付与決議の日において，発行会社が設立から5年未満の非上場会社である場合，15年に延長されている（租特法29条の2第1項1号，租特規11条の3第2項）。

【令和5年度税制改正後の権利行使期間】

①　原則	付与決議の日後2年を経過した日からその付与決議の日後10年を経過する日まで
②　付与決議の日において設立から5年未満の非上場会社	付与決議の日後2年を経過した日からその付与決議の日後15年を経過する日まで

　権利行使期間は，実際に権利行使がされた日がその期間内であることだけでなく，ストックオプションを発行する際の付与契約（割当契約）であらかじめ定めておく必要がある（上記(1)参照）。実務上は，任意で設定するベスティングの期間との関係も問題になる（第3章第3節参照）。

20　国税庁HP「金銭の払込みに代えて報酬債権をもって相殺するストックオプションの税制適格の要否」（https://www.nta.go.jp/law/shitsugi/gensen/03/39.htm）

21　M&A戦略270頁。なお，会社法上，有利発行（「特に有利な条件」）に該当すると，募集事項の決定又は委任を行う株主総会で，理由を説明する必要がある（会社法238条3項1号）。

22　ストックオプションQ&A問6参照。

(5) 権利行使価額

ⓐ 概要・問題状況

税制適格要件の1つとして，「新株予約権の行使に係る一株当たりの権利行使価額」（新株予約権を行使して一株を取得するために払い込む金額）は，当該新株予約権に係る契約（付与契約・割当契約）を締結した株式会社の株式の当該契約の締結の時[23]における一株当たりの価額に相当する金額，すなわち付与契約時の株式の時価以上でなければならない（租特法29条の2第1項3号）。付与時にイン・ザ・マネー[24]でないこと（アット・ザ・マネー又はアウト・オブ・ザ・マネーであること）を求めることで，付与を受けた役職員が直ちに行使して利益が出るのではなく，その後の勤務等により株式価値が上昇することで利益を得られるインセンティブとなることを，政策的に求めている。

発行会社が非上場会社である場合，「新株予約権に係る契約を締結した株式会社の株式の当該契約の締結の時における一株当たりの価額」をどのように算出すべきか問題になる。特に，従前，種類株式（優先株式）を発行しているスタートアップが，普通株式を目的とする税制適格ストックオプションを発行する際の普通株式の一株当たりの時価の算定ルールが明確ではなかった。この点について，近時，税務当局からセーフハーバーとしての通達やQ&Aが公表され，大きな動きが見られた。

ⓑ 近時の改正通達に基づく権利行使価額

国税庁は，2023年7月7日に「租税特別措置法に係る所得税の取扱いについて」（法令解釈通達）を改正した（以下，改正後の通達を「改正通達」という）。改正通達は，税制適格ストックオプションにおける一株当たりの権利行使価額の算定ルールを明確化すること等を目的に公表された。これにより，非上場の

---

23 時価を判定する「当該契約の締結の時」については，ストックオプションの付与に係る契約の締結の日が，ストックオプションの付与に関する決議の日やストックオプションの募集事項の決定の決議の日から6か月を経過していない場合には，これらの決議の日として差し支えないとされている（ストックオプションQ&A問6）。これにより，本文で述べるセーフハーバーとあわせて，株価の算定が簡易・容易になった。

24 イン・ザ・マネーとは，オプション取引のうち，ある権利を行使することによって原資産相当の価値を得られるコール・オプションにおいて，①原資産価額（ストックオプションであれば普通株式の価額）が，②コール・オプションの行使価額（ストックオプションであれば一株当たりの権利行使価額）を上回っていることにより，オプション保有者が権利行使した場合に利益が出る状態をいう。①＝②の状態をアット・ザ・マネー，①＜②の状態をアウト・オブ・ザ・マネーという。

スタートアップが発行する税制適格ストックオプションの一株当たりの権利行使価額は、これまでの実務に比べて相当低額に抑えられ、付与対象者へのインセンティブをより発揮させることが可能になった。特に優先株式を発行し、赤字が継続するスタートアップでは、税制適格ストックオプションの権利行使価額を1円にまで抑えられる場合がある。

改正通達における重要なポイントは、主に以下の通りである。

(i) 権利行使価額として、割当契約時の株価の算定において参照される株式の最近の売買実例は、株式の種類ごとに判定すること（普通株式を目的とするストックオプションでは、優先株式等、他の種類株式の取引価格によらなくてよいこと）

(ii) 財産評価基本通達に基づく株価を、ストックオプションの権利行使価額として用いることができること（いわゆるセーフハーバー）

　① 優先株式を発行しているスタートアップにおいて、原則的評価方式である「純資産価額方式」を相当低額に抑えることができること

　② 例外的評価方式である「配当還元方式」を用いることができること

国税庁は、改正通達とあわせてストックオプションQ&Aも公表している。改正通達とストックオプションQ&Aにより、これまで不明確な点が多かったストックオプションに対する課税関係を明確にし、セーフハーバーを設定することで、スタートアップ振興を税務面から支援している。

(i)時価の算定は他の種類株式の売買実例によらなくてよいこと　スタートアップを含む未公開会社（非上場会社）の場合、割当契約時の一株当たりの価額（時価）の算定において、株式の最近の売買実例がある場合にはそのうち適正と認められる価額が参照される[25]。改正通達のポイントの1つとして、内容の異なる種類株式を発行している場合には、割当契約時の一株当たりの価額の算定において参照される株式の最近の売買実例は、株式の種類ごとに判定することが明確化された[26]。

25　所基通23〜35共‑9⑷イ。売買実例のある株式とは、最近（おおむね6か月以内）において売買の行われた株式をいい、一事例であっても売買実例に当たる。なお、増資は売買実例として取り扱う。そのため、普通株式が新たに発行された場合には税制適格ストックオプションとの関係で売買実例に該当する。他方、その株式を対象とした新株予約権の発行や行使は、売買実例には該当しない（ストックオプションQ&A問7注3参照）。

役職員向けストックオプションは，普通株式を目的とし，行使によって普通株式を取得できることが通常であるところ，優先株式等の種類株式を発行していても，この売買実例には該当しない。これにより，例えば権利行使価額を，直近でスタートアップが発行した優先株式の発行価額以上としなくても，税制適格要件に直ちに反しない。普通株式を目的とするストックオプションを役職員に対して付与する際の権利行使価額は，理屈上は，直近で投資家が引き受けた優先株式の払込価額等の取引価格ではなく，優先残余財産分配（第3部第2章第3節参照）を受けられないために低額になる，普通株式の時価以上に設定すればよいことになる。

その上で，簡易に，かつ低額な権利行使価額を定めるのに役立つのが，次の，財産評価基本通達に基づく株価がストックオプションの権利行使価額として是認されることによる「セーフハーバー」である。

(ii)財産評価基本通達に基づく株価を利用できること（セーフハーバー）　　改正通達は，非上場スタートアップの税制適格ストックオプションの権利行使価額の要件における，付与契約時の一株当たりの時価の算定について，原則として，所得税基本通達23～35共-9の例における取引相場のない株式の算定方法（「原則方式」）によるが，一定の条件の下，財産評価基本通達の例（「特例方式」）によって算定した「契約時の一株当たりの価額」以上であれば，権利行使価額の要件を満たすとした[27]。

財産評価基本通達は具体的な株価算定ルールを定めている。比較的簡易に株価を算定することができ，かつ，通常，流動性の低い非上場株式の株価は低くなる[28]。この財産評価基本通達に基づき算定された一株当たりの価額以上の額で権利行使価額を設定している限り，税務当局が原則として否認しないこととされるため，「セーフハーバー」が設けられた[29]。ただし，後述のように，会計上の取扱い等との関係もふまえて，実際の権利行使価額を設定する必要があることには注意が必要である。

26　所基通23～35共-9⑷イ。この点は，2011年11月に経済産業省の「未上場企業が発行する種類株式に関する研究会」が公表した「未上場企業が発行する種類株式に関する研究会報告書」において，経済産業省により国税庁確認済とされていたが，改めて通達の改正により明確化された。

27　新設された，租税特別措置法関係通達29の2-1。

28　財産評価基本通達は，元来，相続や贈与により財産が移転する際の相続税や贈与税の計算の基礎となる財産を評価するためのルールを定めるものである。

366 第4部 役職員向けのインセンティブ設計―ストックオプション・持株会等

改正通達により，特例方式で算定した株価が是認されることで，税制適格ストックオプションを付与される役職員に税務上の大きなメリットが期待される。主には，①特に優先株式を発行しているスタートアップにおいて，特例方式のうちの原則である「純資産価額方式」が大きく引き下げられることと，②特例方式のうちの例外である「配当還元方式」を用いることができることの2点が挙げられる。すなわち，以下の表の，右下のボックスを用いることがポイントである。

【株式の区分ごとの株式の価額（原則方式・特例方式の選択の可否）】

区分			株式の価額	
			原則方式	特例方式[30]
株式	取引相場のある株式	上場株式	取引相場価額	選択不可
		気配相場等のある株式	気配相場価額 公募等の価額	
	取引相場のない株式	売買実例のある株式	売買実例価額	選択可
	※基本的な非上場スタートアップの場合	売買実例のない株式	類似会社の株式の価額	①原則的評価方式 ・純資産価額方式 ・類似業種比準方式 ・併用 ②配当還元方式 ※純資産価額方式の評価額が低い場合そちらを利用可能
			純資産価額等を参酌して算定した価額	

出典：ストックオプションQ&A問7をもとに筆者加工

29　優先株式が発行されている場合の株価算定ルールが，税制適格ストックオプションの権利行使価額以外の株式評価の局面（例：事業承継の局面における相続税評価や，個人が法人に非上場株式を譲渡する場合における所基通59-6に基づく所得税法上の時価を計算する場合）において，改正通達の内容をそのまま当てはめることができるかという問題がある。ストックオプションQ&Aは，特例方式は，税制適格ストックオプションの権利行使価額に関する要件に係る付与契約時の株価の算定でしか選択することができないとしており（問7参考1注1），改正通達の射程を限定している。

30　特例方式は，税制適格ストックオプションの権利行使価額に関する要件に係る付与契約時の株価の算定でしか選択することができないとされる（ストックオプションQ&A問7参考1注1）。すなわち，税制非適格ストックオプションの権利行使時の時価の算定等には用いることができない。前掲注10参照。

第2章　ストックオプションの分類・税務上のポイント　367

【財産評価基本通達で定める「特例方式」の分類】

① 同族株主等が取得した株式：「原則的評価方式」
　・会社の規模に応じて，純資産価額方式と類似業種比準方式，又はその併用
　・純資産価額方式の評価額が低い場合は，純資産価額方式を利用可能
② 同族株主等以外の者が取得した株式の評価額：「配当還元方式」
　　原則的評価方式（純資産価額方式）の評価額が低い場合は，原則的評価方式を利用可能

---

① 優先株式を発行する場合の純資産価額方式のインパクト

　非上場スタートアップにおいて最も重要な点として，改正通達では，財産評価基本通達における（特例方式のうちの）「純資産価額方式」[31]を計算する際に，優先株式の優先分配部分を控除して，普通株式一株当たりの価額を計算できることが示された[32]。VC等の投資家から資金調達を行って優先株式を発行しているスタートアップにおける，税制適格ストックオプションの権利行使価額の下限となる普通株式の株価算定ルールが明確化され，かつ，そのルールに従って算定される評価額が低額に抑えられることになった。

　純資産価額方式は，評価会社の資産・負債を，財産評価基本通達に基づく時価で評価した上で，資産と負債の差額である純資産価額[33]を株式数で除して計

31　特例方式のうち，一定の範囲の支配株主（大株主グループ）に対して適用される「原則的評価方式」には，「類似業種比準方式」と「純資産価額方式」がある。いずれの方式を採用するかは，評価会社の規模等で異なるが，純資産価額方式の方が低い場合には，純資産価額方式を選択適用することが認められている。そのため，優先株式を発行しているスタートアップの税制適格ストックオプションの権利行使価額の計算では，原則的評価方式を用いる場合でも，類似業種比準方式よりも純資産価額方式が用いられることが多いと思われる。また，後述の通り，例外である配当還元方式よりも純資産価額方式が低い場合も，純資産価額方式を用いることができる。

32　新設された，租税特別措置法関係通達29の2-1。ストックオプションQ&A問9の計算例も参照。

33　純資産価額は，直前期末の決算に基づき算定して差し支えないが，次のような場合には，ストックオプションの付与に係る契約時に仮決算を組んで算定する必要があるとされている（ストックオプションQ&A問8（注1））。

　①　ストックオプションの付与契約日が直前期末から6か月を経過し，かつ，その日の純資産価額が直前期末の純資産価額の2倍に相当する額を超えている場合
　②　直前期末からストックオプションの付与契約日までの間に，株式を発行している場合（①に該当する場合を除く。）

算する。改正通達では、税制適格ストックオプションの対象となる普通株式の評価において、この純資産価額について優先株式の残余財産分配の内容を考慮して、一株当たりの評価額を算定することができる点が大きなポイントである[34]。具体的なイメージは以下の通りとなる。

【純資産価額が優先分配額を上回る場合】

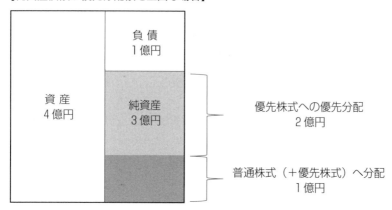

※資産、負債は一定の時価評価後

改正通達では、例えば、上の例で、優先株式に係る残余財産分配の優先内容が、「1倍優先」である（出資額分について優先的に分配を受ける）場合には、優先分配分を除いた純資産価額は1億円となる。

その上で、「参加型」（優先分配後に普通株式と優先株式が比例的に分配を受けるもの）である場合は、1億円を優先株式数と普通株式数の合計数[35]で除した金額が、普通株式の一株当たりの評価額とされる。「非参加型」（優先分配後に普通株式のみが分配を受けるもの〔第3部第2章第3節〕）である場合には、優先分配分を除いた純資産価額1億円を、普通株式数のみで除した金額が普通株式の一株当たりの評価額とされる[36]。

---

[34] 改正通達では、その株式の発行法人が、種類株式（会社法108条1項に掲げられる事項について内容の異なる種類の株式）を発行している場合には、その内容を勘案して当該株式の価額を算定するとされている（所基通25〜35共-9(4)ニ（注）2）。

[35] 発行済株式数は、ストックオプションの付与時の株式数であり、直前期末の株式数とすることはできないとされている。ストックオプションQ&A問9（注4）参照。

第2章　ストックオプションの分類・税務上のポイント　369

　なお，純資産価額の算定は，いわゆる簿価純資産ではなく，評価会社の資産・負債について，財産評価基本通達の規定に基づき税務上の時価を評価していく必要がある[37]。もっとも，非上場スタートアップが時価評価の対象になる土地や建物等の不動産や，上場有価証券を保有しているケースは多くないと思われる。これら以外の資産で時価評価の対象になる可能性のある資産の例として，のれん（営業権）や特許権等の知的財産権が考えられる。ただし，財産評価基本通達上，営業権は，直近3年間における課税所得（税務上の利益）を計算の基礎とするため（財基通165，166），そもそも課税所得が生じていなかったり，課税所得が多額ではなかったりするスタートアップの場合には，営業権を評価することによるインパクトは限定的であるように思われる。また，知的財産権のうち多くのスタートアップに関連がある特許権については，自らが特許発明を実施している場合，営業権に含めて評価されることとされており（財基通145），営業権と同様に，特許権が純資産価額の計算に与えるインパクトはあまり大きくないと思われる。

　その上で，スタートアップのなかには，設備投資や運転資金，人件費の支出等による赤字が相当期間継続しているような会社も少なくない。この場合，税務上の純資産価額は，投資家から受けた累計資金調達額よりも低くなっている可能性がある。このようなケースで，優先株式に係る残余財産の優先分配が，「1倍優先」以上であるとすると，会社全体の純資産価額から優先株式分配額を差し引いた残額はマイナスになり，参加型・非参加型問わず，普通株式に係る純資産価額はマイナス（普通株式の価額は0円）になる。

　この場合，日本の非上場会社ではストックオプションの権利行使価額を1円以上に定める必要があるため[38]，普通株式に係る一株当たりの時価以上として，最も低い権利行使価額は1円ということになる[39]。

36　ストックオプションQ&A問9（注4）
37　ストックオプションQ&A問7（参考3）は「純資産価額（時価ベース）」と表現する。
38　上場会社の場合には，取締役に対してストックオプションを発行するとき，権利行使価額を0円とすることが認められている（会社法236条3項1号）。
39　ストックオプションQ&A問9（注2）参照。

【純資産価額が優先分配額以下の場合】

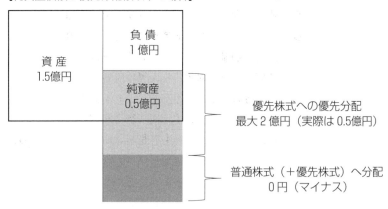

※資産，負債は一定の時価評価後

　なお，特例方式における「純資産価額方式」と表現が類似するが，異なるものとして，原則方式のうちの1つに，財産評価基本通達の例によって算定した「純資産価額等を参酌して算定した価額」がある（所基通23〜35共-9(4)ニ）。純資産価額等を参酌して算定した価額については，特例方式と異なり，「著しく不適当」と認められる場合，例えば，財産評価基本通達の例により算定した普通株式の価額が会計上算定した普通株式の価額の2分の1以下となるような場合には，選択することはできないとされている[40]。これに対して，特例方式（①の純資産価額方式や下記②の配当還元方式）には，このような「著しく不適当」という例外は設けられていない。そのため，特例方式によって算定された価格を，そのまま付与契約時の一株当たりの時価と取り扱って，税制適格ストックオプションにおける権利行使価額を定めることができるという意味で，「セーフハーバー」が設けられたといえる。

② 例外的評価方式である「配当還元方式」を用いることができること

　改正通達におけるもう1つのメリットは，特例方式のうちの例外的評価方式である「配当還元方式」を用いることができることにある。財産評価基本通達

---

[40] ストックオプションQ&A問7（注4）。税制非適格ストックオプションの権利行使時の課税額を算定するための株価評価でも同様とされる（ストックオプションQ&A問5）。前掲注10参照。

第2章　ストックオプションの分類・税務上のポイント　371

における非上場株式の株価算定にあたっては，いわゆる支配株主と少数株主で別々の算定方法が定められており，少数株主については「配当還元方式」を用いることができる。

　参考として，財産評価基本通達が定める株主区分ごとの評価方法を図にしたのが以下である。本書の性質上，詳細は省略する[41]。

【株主区分の判定表】

株主の態様別による各評価方法の判定表　　株式移動後の議決権割合により判定

株主の態様					評価方法
同族株主のいる会社	同族株主	取得後の議決権割合5％以上			原則的評価方式
		取得後の議決権割合5％未満	中心的な同族株主がいない場合		
			中心的な同族株主がいる場合	中心的な同族株主	
				役員又は役員となる株主	
				その他	配当還元方式
	同族株主以外の株主				

株主の態様					評価方法
同族株主のいない会社	議決権割合の合計が15％以上のグループに属する株主	取得後の議決権割合5％以上			原則的評価方式
		取得後の議決権割合5％未満	中心的な株主がいない場合		
			中心的な株主がいる場合	役員又は役員となる株主	
				その他	配当還元方式
	議決権割合の合計が15％未満のグループに属する株主				

　スタートアップの役職員は，通達が定める一定の少数株主に該当し，「配当還元方式」による株価を税制適格ストックオプションの権利行使価額として採用できることが多いと思われる。そして，配当還元方式による評価額は，一般に低額になる。

　「配当還元方式」の算定方法は以下の通りである[42]。少数株主は会社に対す

――――――――――――――――

41　株主区分の判定については，WM法務・税務428頁以下参照。

372　第4部　役職員向けのインセンティブ設計―ストックオプション・持株会等

る支配権を有しておらず，もっぱらその経済的価値は会社から支払われる配当に依存するため，過去に支払われた配当が評価の基準要素となる。

【配当還元方式の算定方法】

$$\frac{配当金額（※）}{10\%} \times \frac{一株当たりの資本金等の額}{50円}$$

（※）　一株当たりの資本金等の額を50円とした場合の配当金額。
　　　配当金額が2.5円未満の場合は2.5円で計算。

　「配当還元方式」では，発行会社が配当を支払っていなくても，一株当たり2.5円[43]の配当を支払ったと仮定して算定する必要がある。すなわち，無配であったとしても，配当還元方式による株価が0円になることはない。この点は，①の純資産価額方式と異なる。

　その上で，通常，スタートアップは配当を行わずに再投資に資金を振り向けるため，シンプルには「一株当たりの資本金等の額÷2」で計算することができることが多い（2.5円÷(10％×50円)）。「資本金等の額」は，税務上の資本金等の額であり，会計とは一致しない。ただし，資本の払戻し等を行っていない通常のスタートアップであれば，大まかに資本金と資本準備金の合計として，これまでの累計調達額をもとに考えることができることも多い。

　配当還元方式は，伝統的には，優先株式を活用しているスタートアップではない非上場会社の相続税・贈与税の算定において用いられてきた。支配株主に対して用いられる原則的評価方式（類似業種比準方式，純資産価額方式又はその併用方式）と比較すると，大きく株価が下がる傾向にある。もっとも，①の通り，優先株式を活用しているスタートアップでは純資産価額方式の評価額の方が低額になる場合もある。税制適格ストックオプションにおいて配当還元方式を用いるのは，優先株式を発行していない場合や，黒字が続き純資産価額方式の方が高額の場合等が考えられる。

42　算定方法については，ストックオプションQ&A問7（参考3）も参照。
43　正確には，一株当たりの資本金等の額を50円とした場合の年配当金額をいう（財基通188-2）。

第2章　ストックオプションの分類・税務上のポイント　373

(c)　実務上の留意点

(ⅰ)残余財産の優先分配割合やJ-KISS型新株予約権の取扱い　　純資産価額方式に関する上の例では，優先株式に対する優先残余財産分配の割合が「1倍優先」（出資額分について優先的に分配を受けるもの）の場合を検討した。他方，優先株式の優先分配額が投資額を超える場合（例えば1.5倍や2.0倍の場合）でも，その優先分配額を差し引いて普通株式の価額を算定することが明らかにされている[44]。

　また，いわゆるJ-KISS型新株予約権等，残余財産の優先分配を受けることのできる新株予約権（第2部第2章第3節）も，残余財産の優先分配を受けることのできる優先株式として取り扱うことができるものとされている[45]。

　これらが明確にされたことにより，日本におけるスタートアップの通常のエクイティ・ファイナンスの実務によっている限り，基本的に，改正通達による簡易かつ低額に算定された権利行使価額というセーフハーバーを用いることができる。

(ⅱ)会計上の取扱い・会社法上の論点　　改正通達により，税制適格ストックオプションの税務上の株価算定ルールが明確化されたが，会計上の問題は別途生じる。通達に従って算定された普通株式の価額を用いると一株当たりの権利行使価額が非常に低額となった場合，会計上，税制適格ストックオプションにつき，株式報酬として費用計上する必要があるのかが問題になる。非上場会社が税制適格ストックオプションを発行した場合，これまではストックオプションの本源的価値はゼロと評価し，費用計上していない例が多かったように思われる。

　しかし，特に改正通達に従い一株当たりの権利行使価額が非常に低額となった場合，ストックオプションの本源的価値がゼロという点について，少なくとも会計上は疑義が生じる。そのため，仮に権利行使価額を税務上の一株当たり純資産とした場合，算定時点におけるストックオプションの原資産である株式の会計上の評価額と差額が生じる場合には，ストックオプションの単位当たり本源的価値にストックオプション数を乗じて算定した額のうち，当期に発生し

44　ストックオプションQ&A問9（注3）

45　例えば，日本のJ-KISSひな形上は，M&Aエグジット時に，J-KISS保有者に対して出資金額の2倍が返還されるように設計されている（第2部第2章第3節3(3)(e)参照）。

374　第４部　役職員向けのインセンティブ設計—ストックオプション・持株会等

たと認められる額を費用（株式報酬費用）として計上する必要が生じることと
なると考えられる[46]。

　なお，このような場合，会社法上の論点（有利発行や，善管注意義務等）も
生じ得ることには留意が必要である[47]。

　特にレイター・プレIPO期では，株式報酬費用が会計上の費用として計上さ
れると，IPOにおける企業価値評価や公募価格の決定の際に，その費用を控除
した数値により検討しなければならず，公募価格が引き下げられるおそれもあ
ることから，主幹事証券会社や監査法人等の関係者も含めて慎重に検討を行う
必要がある。

(ⅲ)契約変更・ストックオプションの再発行　　改正通達の取扱いは，2023年7
月7日に通達が発遣された後に行われる新株予約権の行使について適用される。
未行使の税制適格ストックオプションが付与されている場合，ストックオプ
ションQ&Aでは，通達改正が，税制適格ストックオプションに係る権利行使
価額が，税制適格を否認されないために高めに設定していたという実務をふま
えたものであること等を理由に，税制適格の要件を満たしている契約について，
（その他を含めて税制適格要件を引き続き満たすことを前提に）権利行使価額
を引き下げる契約変更を認めることが明らかにされた[48]。このような取扱いを
行う場合，権利行使期間に変動はなく，新たに発行しなおす場合よりも役職員

46　企業会計基準委員会「企業会計基準第8号　ストック・オプション等に関する会計基準」
（平成17年12月27日）（以下「ストックオプション会計基準」という。）4項，5項。日本公
認会計士協会「国税庁「『租税特別措置法に係る所得税の取扱いについて』（法令解釈通達）
等の一部改正（案）」に対する意見」（2023年6月27日）や，企業会計基準委員会（ASBJ）
副委員長名義による「税制適格ストック・オプションに係る会計上の取扱いについて照
会を受けている論点に関する解説」（https://www.asb-j.jp/jp/wp-content/uploads/sites/4/
20230707_manual.pdf），国税庁「契約の締結の時における一株当たりの価額の算定方法に
関する措置法通達の解説」（2023年7月7日）も参照。

47　税制適格ストックオプションを発行する際に，一株当たりの権利行使価額を非常に低額
に定めた場合，会社法上，有利発行に該当しないか（会社法238条1項3号，239条2項1
号）は問題になり得る。しかし，ストックオプションは，原則として，ストックオプショ
ンに見合う役務提供が行われるという前提で発行するため，直ちに有利発行には該当しな
いように思われる。

　ただし，一株当たりの権利行使価額が非常に低い税制適格ストックオプションを発行す
ると，取締役の善管注意義務や，役職員によるスタートアップの企業価値向上に向けた実
効的なインセンティブとして機能するかも問われる。これらの様々な事項に留意した上で，
税制適格ストックオプションの発行ボリュームや経済条件について検討し，資本政策を構
築する必要がある。

等の付与対象者にとって有利になる。

　実務上は，このような契約変更を行うことがよい場合もあれば，権利行使価額を引き下げることに伴って資本政策を再検討し，役職員に対するアロケーションの見直し等により新たに税制適格ストックオプションを発行しなおす企業もあり得ると思われる[49]。この場合，権利行使期間を，付与議決後2年を経過した日以降に設定しなおす必要がある。改正通達とストックオプションQ&Aをふまえ，会社や役職員の置かれた状況に応じて対応を検討することになる。

(6)　年間の権利行使価額の上限

(a)　概　要

　権利者が税制適格ストックオプションの行使をすることにより，その年における当該行使に際し払い込むべき額と，当該権利者がその年においてした税制適格ストックオプションの行使に係る権利行使価額との合計額が，1,200万円を超えることとなる場合には，当該1,200万円を超えることとなる税制適格ストックオプションの行使による株式の取得に係る経済的利益については，権利者にとって有利な課税上の取扱いを受けられないとされてきた（租特法29条の2第1項ただし書）。次のような帰結になる。

> ✓ ある権利者が税制適格ストックオプションAと税制適格ストックオプションBを保有しているとき，AとBそれぞれについて，権利行使価額が年間1,200万円を超えてはならない（租特法29条の2第1項2号）
> ✓ 税制適格ストックオプションAと税制適格ストックオプションBの権利行使価額が年間1,200万円を超えた場合，1,200万円以下の部分は税制適格となるが，それを超える部分（※超えることとなる行使分全てであることに注意）については税制適格としての取扱いを受けられなくなる

　そのため，例えば上場後にストックオプションを行使しようとしても，税制

48　ストックオプションQ&A問10。ただし，権利行使価額の変更は，新株予約権の内容の変更を伴うことが多いところ，新株予約権の内容を変更するには，(a)新株予約権の発行決議をした機関において，当該新株予約権の内容を変更する旨の決議をすること，(b)取締役会（又は取締役の過半数の一致）により内容変更の決議をした場合において，株主以外の者に対し特に有利な条件となるときは，株主総会の特別決議を得ること，(c)原則として，新株予約権者全員の同意が必要と考えられている（商業登記ハンドブック358頁）。

49　この場合，既存のストックオプションは放棄をしてもらう等の対応が考えられる。

376 第4部 役職員向けのインセンティブ設計—ストックオプション・持株会等

適格の恩恵を受けるためには，ある年の行使上限額の範囲内で行使をし，翌年以降に残りを行使することになるため，業績や市況等で役職員等がリスクを抱えることになる[50]。スタートアップが大きく成長するためには，レイター期から上場前後の企業価値が高くなった時期に，さらなる成長に必要な優秀な人材を採用する必要があるところ，成長してストックオプションの権利行使価額が上がるほど税制適格要件を満たしにくくなると，例えばレイター期に参画した一定のCxO職等の重要な役職員に多くのストックオプションを付与してもメリットが低減されること等が指摘されていた。

(b) 令和6年度税制改正

令和6年度税制改正では，この権利行使価額の年間上限額が，一定のステージのスタートアップが発行する場合に，それぞれ2,400万円又は3,600万円に「引き上げられ」た。厳密には，年間上限額1,200万円という金額は変わらず，各ストックオプションが付与された際の会社のステージごとに，行使時の年間上限額1,200万円を算定する際に，各ストックオプションの権利行使価額に1/2又は1/3を乗じるという調整を行った上で合計するため，上の帰結自体は変わらない。ステージごとの取扱いは，以下の通りである（租特法29条の2第1項ただし書，租特規11条の3第1項）。

付与時の会社のステージ		年間の権利行使上限額（概要）
付与決議時に，設立5年未満		2,400万円/年 （一個当たり権利行使価額に1/2を乗じる）
付与決議時に，設立5年以上20年未満	非上場	3,600万円/年 （一個当たり権利行使価額に1/3を乗じる）
	上場後5年未満	
	上場後5年以上	1,200万円/年
付与決議時に，設立20年以上		

---

50 さらに，ストックオプションを発行する際に，権利行使期間内のいずれの年においても1,200万円を超えることがないように規定されていることが必要である旨の見解もある（冨永・前掲注18）549頁）。税制適格ストックオプションの権利行使期間は付与決議の日後2年を経過した日から，その付与決議の日後10年（一定の場合には15年）を経過する日までの間であり，最長8年間（延べ年数で9年）という限定がある。したがって，この見解を前提とすると，1人当たりの権利行使価額の総額を1,200万円×8年（延べ9年）＝9,600万円（1億800万円）以内とせざるを得ない。

ある付与対象者について，例えば，以下の通りとなる。1年で全てのストックオプションを行使した場合，実際の権利行使価額として払い込む金額は合計3,200万円である。他方，税制適格の取扱いを受けるかどうかの権利行使価額の算定では合計1,100万円と扱われる。そのため，全てが税制適格ストックオプションとしての取扱いを受けることができる[51]。

付与決議時の ステージ	付与個数	権利行使価額 （実際）	権利行使価額の 年間上限額の算定
設立後2年目	200個	1万円/個 （計200万円）	100万円 （＝200＊（10,000/2））
設立後7年目 （非上場）	500個	6万円/個 （計3,000万円）	1,000万円 （＝500＊（60,000/3））
合計	700個	計3,200万円	計1,100万円

(c) 付与契約と令和6年度税制改正を受けた変更

なお，役職員等に付与された新株予約権が税制適格ストックオプションとしての取扱いを受けるためには，付与契約において，権利行使価額の年間の合計額が1,200万円を超えないことも定めていることが要件とされている（上記(1)概要を参照）。

改正後の取扱いは，2024年以後の所得税について適用され，2023年以前の所得税については適用されない[52]。施行日（2024年4月1日）以前に付与され，改正後の緩和された年間の行使上限額を定めていない付与契約が締結されているストックオプションについては，2024年12月31日までに改正後の行使上限額を定める変更契約を締結することで，改正後の緩和された取扱いを受けることができる[53]。

---

51 本文(5)で述べた，改正通達による権利行使価額のセーフハーバーを用いると，レイター期であってもストックオプション一個（一株）当たりの権利行使価額を低額に抑えられ，権利行使価額の合計の年間上限に抵触しにくくなる。もっとも，会計上の評価額との差額が出る場合には費用計上が必要になり（上記(5)(c)(ii)），特にレイター・プレIPO期では上場時のバリュエーションに影響するため費用計上を避けたいニーズが高い場合も多いと考えられ，会計に従った権利行使価額が設定され，緩和された年間上限額が意味を持つ場合も多いと思われる。

52 所得税法等の一部を改正する法律（令和6年法律第8号）附則31条1項。

378 第4部 役職員向けのインセンティブ設計―ストックオプション・持株会等

(7) 株式の保管委託要件・発行会社による株式管理要件（令和6年度税制改正）

(a) 株式の保管委託要件

　税制適格ストックオプションの要件の1つとして，権利行使により取得した株式が，取得後直ちに，一定の方法によって金融商品取引業者等の振替口座簿に記載等されること（いわゆる株式の「保管委託要件」）が必要とされてきた（租特法29条の2第1項6号イ）。そして，このような保管委託要件は，付与契約で定めることが必要とされてきた（上記(1)概要を参照）[54]。

　もっとも，非上場のままで，例えば発行会社のM&Aやセカンダリー取引に際して税制適格ストックオプションを行使して株式を取得・譲渡しようとすると，非上場会社向けに保管委託サービスを提供している金融商品業者等が少なかったこともあり，要件を満たすことが必ずしも容易ではなく，また時間やコストもかかる。そして，付与契約の定めにかかわらず，結果的に保管委託が行われなければ，その行使時に税制非適格として扱われる。この場合，ストックオプションの行使時に，行使時の株式の時価を収入金額として，付与対象者には通常は給与所得として総合課税がなされ，スタートアップは源泉徴収義務を負う。その上で，保有者の株式の譲渡時には，行使時の株式の時価と株式の譲渡価額の差額が譲渡所得等として課税される（第2節）。

　このように，税務上有利な取扱いが，事後的な事情で受けられなくなる以上，税制適格ストックオプションを付与された役職員に対し，非上場時のM&AエグジットではなくIPO，しかも権利行使期間である付与決議から10年内の早期上場を志向するよう動機付ける一因になっており，日本の税制適格ストックオプションがIPOに偏っている側面を有していたといえる。

(b) 発行会社による株式管理要件（令和6年度税制改正）

(i)概要　　このような状況を受け，令和6年度税制改正では，発行会社自身に

53　所得税法等の一部を改正する法律（令和6年法律第8号）附則31条2項。

54　なお，保管委託要件について，条文上，非上場会社では，株券発行会社でないと株式の保管委託要件を満たすことができないという解釈もあり得る（租特令19条の3第8項参照）。ストックオプションQ&Aでは，発行会社が非上場かつ株券不発行会社である場合，一定の要件を満たした場合に，株券不発行会社のままで，保管委託要件を満たす旨が示された（ストックオプションQ&A問11）。Q&Aの公表前に付与されて，未行使の税制適格ストックオプションも，株券の保管の委託に関する契約の変更及び株式の異動を確実に把握できる措置を講じることで，この取扱いを受けられるとされている（同注2）。

よる株式管理スキームが新設され，保管委託要件といずれかを用いることができることとされた。すなわち，譲渡制限株式（非上場のスタートアップの多く）について，発行会社による株式の管理等がされる場合には，金融商品取引業者等による株式の保管委託に代えて，発行会社による株式の管理も可能とされた（発行会社による株式管理要件〔租特法29条の2第1項6号ロ〕）。これにより，非上場時にストックオプションを行使し，株式を売却する場合であっても，証券会社等の関与が不可欠でなく税制適格の恩恵を受けられることとなった。

　発行会社による株式管理要件は主に以下の通りであり，①発行会社と付与対象者との間で株式の管理に関する取決めがなされ，②実際に行使された株式について，発行会社が株式の管理を行うことになる。

---

①　発行会社と付与対象者との間で，行使により交付される株式の管理に関する取決めがなされること
- 株式は譲渡制限株式に限る
  （※上場会社等の公開会社では引き続き保管委託要件）
- 管理に関する取決め（契約）の形式・内容
  - 当該管理に係る契約が権利者（付与対象者）の別に締結されること
  - 発行会社が，交付株式につき帳簿を備え，権利者の別に，当該株式の取得その他の異動状況に関する事項を記載・記録することで，同一銘柄の他の株式と区分して管理をすることその他の政令[55]で定める要件が定められること

②　当該取決めに従い，政令[56]で定めるところにより，ストックオプションの行使による株式の取得後直ちに，当該発行会社により株式の管理がされること（区分管理帳簿の作成，権利者への写しの交付，帳簿の閉鎖の日の属する年の翌年から5年間の保存義務等）

　また，税務当局による適正な納税情報の把握という観点から，これまでの株式の保管委託では証券会社等が異動調書等を提出していたのに対し，発行会社による株式管理では，発行会社自身が毎年1月31日までに，所管の税務署に対

55　租特令19条の3第9項各号，租特規11条の3第4項，「租税特別措置法施行令第19条の3第9項第2号に規定する対象株式等の区分管理の方法として経済産業大臣が定める要件」（令和6年経済産業省告示第69号）。

56　租特令19条の3第10項。

して異動調書(「特定株式等の異動状況に関する調書」)を提出することも求められている(租特法29条の2第7項)等,法令に基づく要件を満たす必要がある。加えて,発行会社が上場する場合は株式の譲渡制限を撤廃する必要があるが(上場規程205条11号),発行会社による管理の対象となる株式は譲渡制限株式である必要があることから,管理主体が不在の期間なく適切に,発行会社による株式管理から保管委託に移行する必要がある。上場承認前に,株式保管を行う金融商品取引業者等との間で保管委託に係る契約を締結して必要な情報を連携することや,発行会社による株式管理の間は譲渡制限株式であるように,譲渡制限を撤廃する定款変更をする旨の株主総会決議において,定款変更の効力は株式等振替制度への移行時に発生するように条件を付す等の調整をする必要がある等の留意点がある(上場申請時の実務との関係について,第3部第4章第7節2(3)も参照)。

　実際に発行会社による株式管理の方法による場合には,法令等に基づく管理方法や関係書類を事前に確認しておく必要があり,発行会社には一定の事務負担が生じるため,留意が必要である[57]。

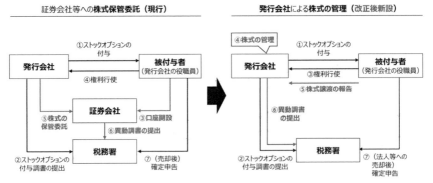

出典:経済産業省(令和5年12月)「令和6年度(2024年度)経済産業関係 税制改正について」

---

[57] 経済産業省のストックオプション税制に係るHP(https://www.meti.go.jp/policy/newbusiness/stock-option.html)では,要件の概要や区分管理帳簿のフォーマット例が公表されている。

(ii)留意点：売委託又は譲受人の限定　　また，株式の保管委託の場合，ストックオプションの付与対象者が行使して得た株式を譲渡した際に，保管委託を受けていた証券会社等が譲渡の対価の額を認識できることから，その情報を含めた調書を税務署に提出すること（租特令19条の３第28項，租特規11条の３第16項９号等）によって，譲渡所得等を税務当局が把握できる。これに対して，発行会社による株式管理の場合，付与対象者である役職員等から株式が譲渡された場合，誰がこの情報を税務当局に対して提出するかという問題が生じる。

　その観点から，発行会社による株式管理により，譲渡時に税制適格としての取扱いを受けるためには，取得した株式の譲渡は，当該取引についての調書が提出されるように，①金融商品取引業者等への売委託又は②法人に対する譲渡（国内において譲渡対価の支払を受ける場合に限る。）により行うことが必要とされた（租特令19条の３第９項３号）。非上場時に役職員等が株式を換金する方法として，新たに参画した役職員等の個人に対して，金融商品取引業者等への売委託をせずにシンプルに相対で譲渡するだけでは，税制適格として取り扱われないため，注意が必要である。

(iii)契約変更　　令和６年度税制改正の施行日（2024年４月１日）以前に付与され，発行会社による株式管理要件を定めていない付与契約が締結されているストックオプションについては，2024年12月31日までに発行会社による株式管理要件を定める変更契約を締結することで，改正後の緩和された取り扱いを受けることができる[58]。

(8)　権利行使時の手続及び書面の保管

　税制適格ストックオプションを付与された者が，権利行使をする際，付与決議日において大口株主及びその特別関係者に該当しなかったことの誓約書及び新株予約権の行使の日の属する年における権利者の他の新株予約権の行使の有無（行使があった場合には当該行使に係る権利行使価額及びその行使年月日）等の事項を記載した書面を発行会社に提出することが必要であり，提出がなければ，税制適格としての取扱いを受けられない（租特法29条の２第２項）[59]。発行会社は，これらの書面を５年間保存する必要がある（同条３項）。

58　所得税法等の一部を改正する法律（令和６年法律第８号）附則31条２項。
59　全国株懇連合会は，新株予約権行使請求書モデルを公表している。

382 第4部 役職員向けのインセンティブ設計―ストックオプション・持株会等

(9) 付与契約等の内容変更

(a) 非適格→適格への内容変更の禁止

　税制適格要件を満たすかどうかは，当初の付与契約・割当契約によって判断される。そのため，適格要件を満たしていないストックオプションの契約内容を，事後的に適格要件を満たすような内容に変更した場合であっても，税制適格ストックオプションとなるわけではないと解されている[60]。

(b) 適格→適格への一定の内容変更の許容

(i)権利行使価額の引下げ　　ストックオプションQ&Aでは，税制適格の要件を満たしている契約について，権利行使価額を引き下げる契約変更を認めることが明らかにされた[61]。すなわち，2023年7月の通達改正は，税制適格ストックオプションに係る権利行使価額が，税制適格を否認されないために高めに設定していたという実務をふまえたものであり，同通達が公表されていれば，権利行使価額を高めに設定しなかったであろう点に鑑み，税制適格ストックオプションの要件を満たしている契約について，通達改正後に権利行使価額を引き下げる契約変更を行った場合で，かつ，当該契約変更後の権利行使価額が同通達に定めた権利行使価額に関する要件を満たしているときは，税制適格ストックオプションとして認められる[62]。

(ii)年間の権利行使価額の上限，株式管理要件　　前述の通り，令和6年度税制改正の施行日（2024年4月1日）以前に付与され，改正後の緩和された年間の権利行使価額の上限や，発行会社による株式管理要件を定めていない付与契約が締結されているストックオプションについては，2024年12月31日までにこれらの要件を定める変更契約を締結することで，改正後の緩和された取扱いを受けることができる[63]。

(iii)その他　　従来から税制適格要件を満たしている割当契約について，引き続

60　国税庁HP「ストックオプション契約の内容を税制非適格から税制適格に変更した場合」（https://www.nta.go.jp/law/shitsugi/shotoku/02/28.htm）。

61　ストックオプションQ&A問10。

62　新株予約権の内容の変更手続（取締役会・株主総会決議等）も必要になることが多いと思われる（前掲注48参照）。ストックオプションQ&A問10は，税制適格ストックオプションは「当該新株予約権の行使に係る株式の交付が当該交付のために付与決議がされた会社法第238条第1項に定める事項に反しないで行われるものであること」も要件とされていること（租特法29条の2第1項5号）にも言及している。

63　所得税法等の一部を改正する法律（令和6年法律第8号）附則31条2項。

き税制適格要件を満たした形で内容変更をすることが，通達改正に伴う権利行使価額の引下げや，法改正に伴う年間の権利行使価額の上限や株式管理要件の手当て以外にも認められるか（例えば，権利行使期間の延長等）は，必ずしも明らかではない。

　例えば，ストックオプションQ&Aにおいて，前提として，新株予約権に係る契約により与えられた新株予約権を当該契約に従って行使することが税制適格要件とされているため，当該契約で定めた事項を変更した場合，原則として税制適格ストックオプションに該当しないとしつつ，「（改正）通達が公表されていれば，権利行使価額を高めに設定しなかったであろう点に鑑み」として，権利行使価額について契約変更を認める理由付けをあえて記載して謙抑的な姿勢を示していること等からすると，上の例以外の契約変更（特に，税制適格要件に関するもの）については慎重に検討すべきと思われる。

第4節　有償ストックオプション

1　概　要

　付与時の時価の払込みを受けて発行する，いわゆる有償ストックオプション（時価発行型有償ストックオプション）は，税制適格ストックオプションの制約や問題点を回避しつつ，付与対象者や発行会社の課税関係は，税制適格ストックオプションと原則として同様になるという特徴を持っている。すなわち，租特法上の税制適格要件を満たす必要はないことから，税制適格の付与対象者ではない大株主や業務委託先等に付与できることや，株式保管委託要件が不要であるといった，税制適格の制約・限界を乗り越えようという側面を持っている。一方で，課税上の取扱いとしては，税制適格と同様に付与対象者において株式譲渡時まで課税が繰り延べられるとともに，所得区分としては原則としてキャピタルゲインとしての課税を受ける。

　ストックオプションQ&Aでも，勤務先から適正な時価で有償取得したストックオプションの課税関係は，実務上の取扱いと同様となることも示された[64]。

64　ストックオプションQ&A問2。なお，Q&Aでは，有償ストックオプションは「税制非適格ストックオプション（有償型）」と呼称されている。本書では単に「有償ストックオプション」という用語を用いる。

384　第4部　役職員向けのインセンティブ設計―ストックオプション・持株会等

　有償ストックオプションの発行に際しては，公正な評価額（オプションの適正な時価）が払い込まれることになる[65]。一定の業績達成条件や株価条件を付加し，「一定の業績・株価条件を満たした場合にはそれ以降行使できる」という形や「一定の業績・株価条件を下回ると行使できなくなる」（ノックアウト条項）という形で，行使にハードルを設けることで，普通株式を原資産とするコール・オプション（デリバティブ）であるストックオプションの付与時の時価を引き下げることもある（第3章第6節）。特にこのような条件を付けた場合の時価評価方法には専門性が必要なことや，事後的に「払込金額が付与時の時価ではなかった」と扱われた場合の税務上のインパクトが大きいことから，株価算定会社や専門家が時価評価を行うことが多い。

2　付与対象者の課税関係

　付与対象者が勤務先から適正な時価で有償取得したストックオプション（SO）の課税関係は，おおむね以下の通りとなる。

①	SOの付与時	課税関係は生じない
②	SOの行使時	経済的利益（SOの値上がり益）は税務上認識しない
③	株式の売却時	株式譲渡益課税

(1)　有償ストックオプションの付与時

　付与対象者が新株予約権の公正価額を実際に払い込んだ場合，付与対象者に所得は生じず，課税も発生しない。そして，実際に払込みをした金額が当該ストックオプションの取得価額となる（所令109条1項1号）。

(2)　有償ストックオプションの権利行使時

　有償ストックオプションの場合，「役務の提供その他の行為による対価」（所令84条2項2号かっこ書）には該当しないことを前提に，その権利行使により取得した株式の取得価額は，権利行使価額に新株予約権の取得価額を加算したものとされている（所令109条1項1号）。そのような有償ストックオプション

65　有償ストックオプションの場合は，公正な価額が現実に払い込まれる限りにおいて，「特に有利な条件」（会社法238条3項1号）での発行には該当しないと実務上整理されている。

第2章　ストックオプションの分類・税務上のポイント　385

の権利行使時には，行使時の経済的利益（ストックオプションの値上がり益）は，所得税法上，認識しないこととされ，課税関係は生じない[66]。

　なお，有償ストックオプションに付された条件が成就しなかったり，行使により取得できる株式の時価が権利行使価額に満たなかった等の理由により行使されずに失効した場合でも，付与対象者において課税が生じない。すなわち，付与対象者は有償ストックオプションの付与を受けるにあたってその公正価額の払込みを行っているものの，失効した場合にはその分の支出を税務上の経費や損失として取り返すことはできない。

⑶　有償ストックオプションの行使により取得した株式の譲渡時

　ストックオプションの行使により取得した株式を譲渡した場合，譲渡時の株価から「新株予約権の取得価額＋権利行使価額」を差し引いた額が，付与対象者の株式等に係る譲渡所得等（キャピタルゲイン）として，分離課税される（租特法37条の10，発行会社が上場している場合は37条の11）[67]。

3　発行会社（スタートアップ）の課税関係

　有償ストックオプションの場合，付与対象者に給与等課税事由が生じないため，いずれの段階においても，発行会社における損金算入は認められない（法法54条2項）。

　有償ストックオプションが行使されずに失効した場合には，有償ストックオプションの帳簿価額相当額が，新株予約権消滅益として益金に算入される。

第5節　信託型ストックオプション

　従前，税制適格ストックオプションには一定の要件が課されていること等を背景として，実務上，スタートアップが信託を利用して新株予約権を発行する，いわゆる信託型ストックオプションの仕組みが発展してきた。信託型ストック

66　ストックオプションQ&A問2参照。
67　なお，IPO（上場）後の譲渡と，非上場時のM&A・セカンダリーにおける譲渡のいずれにおいてもキャピタルゲイン課税を受けるが，税務上は，それぞれ「上場株式等に係る譲渡所得等」と，「一般株式等に係る譲渡所得等」として区別される。両者の譲渡所得と譲渡損失を損益通算することはできない。

オプションについては，受託者から役職員や業務委託先がストックオプションの行使により取得した株式を譲渡したタイミングで，キャピタルゲイン（株式譲渡益）課税として，申告分離課税の取扱いを受けるものとして実務上考えられてきた。

これに対して，ストックオプションQ&Aでは，信託型ストックオプションに係るスキームを，「税制非適格ストックオプション（信託型）」と呼称した上で，信託型ストックオプションについては，発行会社が役職員等に対して，役職員等の経済的負担なくストックオプションを付与しているものと認定し，ストックオプションの発行や行使，株式の譲渡の場面において，以下のような課税関係になるとしている[68]。

① 信託の組成時	法人課税信託として，発行会社又は発行会社の代表取締役等が信託会社に信託した金銭に対して，法人課税が行われる
② 時価によるSOの発行時	経済的利益が発生しないことから，課税関係は生じない
③ 役職員に対するSOの付与時	課税関係は生じない[69]
④ SOの行使時	・役職員に給与所得課税[70] ・委託・請負等の場合は事業所得・雑所得課税[71] ・発行会社は，役職員の経済的利益（＋一定の委託報酬等）について源泉所得税を徴収・納付する義務を負う[72]
⑤ 株式の売却時	株式譲渡益課税 （「譲渡時の株価」と「行使時の株価」の差額）

---

68 ストックオプション Q&A問3〜5。

69 所法67条の3第2項。なお，役職員は，信託が購入の際に負担した払込金額を取得価額として引き継ぐ（同条1項）。

70 所法28条・36条2項，所令84条3項。行使時の経済的利益の額は，行使時の株価から「新株予約権の取得価額＋権利行使価額」を差し引いた額になる。

71 ストックオプション Q&A問3の1つ目の○の（注2）参照。

72 ストックオプションに係る経済的利益が，一定の報酬料金等に該当する場合には，源泉徴収の対象とされる（所法204条）。

特に，ストックオプションの権利行使時に役職員に対して給与所得課税がなされ，発行会社は源泉徴収義務を負うことが示された[73]。さらに，行使済みのストックオプションについても適用がなされることが明示され，行使済みの場合に発行会社が源泉所得税の納付をしていない場合には，速やかに源泉所得税を納付する必要があるとされている[74]。

ただし，役職員に対する付与時に，税制適格要件を実質的に満たすようなアレンジをすれば，その信託型ストックオプションは税制適格ストックオプションとして認められる旨が示されたため，役職員に未付与の信託型ストックオプションを維持しつつ税制適格要件を満たす選択肢もある[75]。本書では詳細は省略する。

73　ストックオプションQ&Aでは，実質的には発行会社が役職員にSOを付与していること，役職員に金銭等の負担がないこと等の理由から，信託型SOの行使による経済的利益は労務の対価に当たり，給与として課税されるとされている（問3の2つ目の〇④注3）。

74　ストックオプションQ&A問4。

75　ストックオプションQ&A問12。

第3章

ストックオプションの
主要条件・ターム

ストックオプションにおいて通常定められる内容にはどのようなものがあるか。インセンティブとして機能するためにどのような工夫をする必要があるか。ストックオプションは退職したら行使できないのか。

　ストックオプションを発行する際には，後述のように，会社法に従って「新株予約権の内容」を含めた「募集事項」を定める必要がある（第4章第1節1(1)）。また，これらと別に，割当契約で一定の事項を定めることも多い。以下では，そのいずれかで定められる主要なタームについて見ていく。有償ストックオプションの公正価額を引き下げるための株価条件・業績条件等の一部を除き，ストックオプションの税務上の区分にかかわらず共通する項目が多い。

1．権利行使価額
2．権利行使期間
3．権利行使条件①—ベスティング（在籍条件・権利確定）
4．権利行使条件②—IPO, M&A
5．権利行使条件③—退職後の権利行使の可否
6．権利行使条件④—株価条件・業績条件
7．ドラッグ・アロング（売却強制権・強制売却権）

第1節　権利行使価額

ストックオプションから付与対象者が最終的に得られる税引前の利益は，ストックオプションを行使して得た株式の処分時の時価（通常は対価の額）と，権利行使価額（有償ストックオプションの場合，発行時の払込金額を合算した金額）の差額であった。そのため，権利行使価額を可能な限り低額にすることがインセンティブとして重要になる。

1　税制適格ストックオプション

普通株式を目的とする税制適格ストックオプションの場合，権利行使価額を，ストックオプション付与契約締結時の普通株式の一株当たり価額（時価）以上に設定することが必要になる。近時の改正通達により，権利行使価額を相当低額に抑えられる場合があることは詳述した（第2章第3節2(5)）。

2　税制非適格ストックオプション

権利行使価額に特段の制約はない。ストックオプション発行時の普通株式の時価よりも低額に設定すること（イン・ザ・マネー）も可能であるが，適切な中長期的なインセンティブとするためには，権利行使期間や行使条件等の設計に留意する必要がある。

3　有償ストックオプション

税制適格ストックオプションと同様の税務上の取扱いを受ける，時価発行型有償ストックオプションは，ストックオプション発行時の払込金額がオプションの時価であることが求められる。これに対し，行使により株式を取得する際に払い込む権利行使価額に特段の制約はない。

もっとも，多くの実務は，権利行使価額をストックオプション発行時の普通株式の時価以上とした上で（アット・ザ・マネー又はアウト・オブ・ザ・マネー），普通株式を原資産とするオプションの時価として，ストックオプション発行時の払込金額を算定することが多いと思われる。原資産である普通株式を取得するための権利行使価額を引き下げれば，コール・オプションであるストックオプションのフェアバリュー（払込金額）は，通常は上昇する。

390 第4部 役職員向けのインセンティブ設計—ストックオプション・持株会等

> **Column** ストックオプションとダウンラウンド・プロテクション条項
>
> 　ストックオプションとして発行される新株予約権において，投資家が保有する優先株式に定められる，ダウンラウンドにおける希釈化防止条項（アンチ・ダイリューションやダウンラウンド・プロテクションとも呼ばれる。第3部第2章第4節2⑵参照）と類似の条項が設けられることがある。
>
> 　すなわち，ストックオプションの権利行使価額の定めとして，一株当たりの時価を下回る価額で普通株式の発行等（新株予約権の行使の場合を除く。）が行われる場合，優先株式の希釈化防止条項と類似の算式により権利行使価額を調整し，ストックオプションを行使して取得することができる株式数を増加させることで希釈化を防止する条項を規定することも見受けられる。
>
> 　ポイントは，投資家ではない，スタートアップの事業を推進する役務提供者である役職員等に，ダウンラウンドが生じた場合の保護を与えることが全体最適につながるフェアな条件か否かである。このような条項があることは役職員には有利だが，事業を遂行していく過程で企業価値が向上せずにダウンラウンドが生じても一定の保護を受けられると，インセンティブ確保という趣旨にそぐわない側面もある。ダウンラウンド・プロテクションのない普通株式を保有してリスクを負う創業者ら（場合によっては普通株式を保有する他の役職員）と，役務提供者である役職員をどの程度同列に取り扱うべきかや，役職員に対してどれほど有利なストックオプションを与えて採用を強化するかといったポリシーによって最後は決せられる面もあると思われる。ただし，グローバルには，役務提供者に対するEmployee Stock Option Plan（ESOP）においてダウンラウンド・プロテクションを設ける例は多くないようにも思われる。なお，税制適格ストックオプションの場合は，権利行使価額が割当契約締結時の普通株式一株当たりの時価以上であること（第2章第3節2⑸）との関係も問題になり得る。

第2節　権利行使期間

1　税制適格ストックオプション

　ストックオプションを行使して株式を取得できる期間である権利行使期間は，

税制適格ストックオプションでは，付与決議の日（新株予約権の割当てに関する決議の日をいう[1]）後２年を経過した日から，付与決議の日後10年（設立後５年未満の非上場会社は15年）を経過する日までという制約がある（租特法29条の２第１項１号，租特規11条の３第２項。第２章第３節2(4)）。

2　税制非適格ストックオプション，有償ストックオプション

権利行使期間に特段の制約はないが，インセンティブとして適切な内容に設定すべきことになる。有償ストックオプションでは，オプションの評価モデルにおいて，フェアバリューとしてのストックオプション発行時の払込金額の算定に影響すると思われる。

第３節　権利行使条件①―ベスティング（在籍条件・権利確定）

1　ベスティングの概要

創業者が保有する普通株式について，（法的には自らが保有しているものの）確定的に取得できないものとし，その期間の経過前に役職員でなくなる等，スタートアップの運営から離脱した場合には，その離脱の時において「未確定」（unvested）である株式が，スタートアップや他の共同創業者によって買い取られるという「ベスティング」（vesting，権利確定）ないし「リバース・ベスティング」（reverse vesting）の仕組みが採用されることがあることについて説明した（第２部第１章第４節）。

役職員が保有するストックオプションについても，一定期間が経過していくごとに権利行使可能な新株予約権の個数が増加していく，ベスティングが設けられることが多い。ベスティングにおいて権利行使可能な個数が確定していく期間と，対応する個数は，会社法（第４章第１節1(1)）や税制適格要件（第２章第３節2(4)）における権利行使期間とは別途，各社がそのポリシーに従って定めることになる。

すなわち，税制適格ストックオプションには，権利行使期間が付与決議の日

1　ストックオプションQ&A問6参照。

392 第4部 役職員向けのインセンティブ設計—ストックオプション・持株会等

後2年経過した日から10年（設立後5年未満の非上場会社は15年）を経過する日までという制約がある。そのため，ベスティングは，割当契約や発行要項において別途定め，二重の制約を受けることになる[2]。ベスティングが始まっていても，税制適格となるように設定された権利行使期間が始まっていなければ行使できないようにする必要があるし，逆に，例えば付与決議の日後2年経過しても全てのストックオプションを行使できるようにする必要はない。

税制非適格ストックオプションや有償ストックオプションでは税制適格要件を考慮する必要はなくなるが，インセンティブ設計の観点から，ベスティング期間を定めることがある。

2 具体的な設計

(1) 権利確定時期

具体的な期間や個数として，創業株主が保有する普通株式におけるベスティングと同様，会社のポリシー次第で，バリエーションが考えられる。多くの場合は，行使できる権利が段階的に確定していく「クリフ」が設けられる。

✓ いわゆる「クリフ」（以下は例）
　➢ 「1年継続勤務をするごとに25％，4年間にわたって権利確定」
　　（「1か月継続勤務をするごとに1/48，4年間（48か月）にわたって権利確定」）
　➢ 「1年の継続勤務により40％，2年経過で30％，3年経過で20％，4年経過で10％の権利確定」
✓ 権利行使期間の始期が到来したら，100％行使できる

---

(2) アクセラレーション（acceleration）

また，権利確定期間（ベスティング期間）が満了する前にM&Aが生じた場合，ストックオプションをどのように処理するかが問題となる。この点も，創

2　国税庁に対する照会事例では，付与契約において，税制適格要件を満たすための権利行使期間要件に加え，「一定の事由が生じた場合に，権利行使期間内の一定の期間に限り権利行使ができる旨の行使条件」（照会事例では，M&Aが生じる場合の一定期間）が追加的に付されている場合でも，税制適格要件を満たすとされている。国税庁HP「税制適格ストックオプションについて，一定の事由が生じた場合には権利行使期間内の一定の期間に限り権利行使ができる旨の条件を付した場合の税務上の取扱いについて」（https://www.nta.go.jp/about/organization/tokyo/bunshokaito/shotoku/181018-2/index.htm）参照。

業者らが保有する普通株式とおおむね同様となる（第2部第1章第4節2参照）。

　すなわち，第三者によるスタートアップの買収という役職員によってはコントロール外ともいえる事情により未確定の部分の権利が失われるような設計では十分なインセンティブとはならないこともある。そこで，ストックオプションにも，M&Aが行われることになった場合には，ベスティングが完了したものとみなす早期確定条項（アクセラレーション（acceleration）条項）を定めておくことが考えられる。この場合，役職員は，M&Aが実行される際に，ストックオプションの未確定部分についても一括して権利行使をして株式を取得し，M&Aで売却することが可能になる。他方で，アクセラレーションが行われる場合でも，新株予約権のまま買収会社へ譲渡されることや，発行会社であるスタートアップが有償又は無償で取得する等，新株予約権のまま処理がなされることもある（M&A時の処理について第7部第3章参照）。

　もっとも，M&Aの時点で全て権利が確定し，買収の対価として現金を受領してしまうと，役職員が買収後のスタートアップで引き続き勤務をするインセンティブが失われるおそれもある。そのため，M&Aの際には，未確定の部分に対応する買収会社のストックオプションや株式等のエクイティ・インセンティブを与えられることもある。翻って，ストックオプションの発行時点では，「M&Aが発生した場合には，発行会社の裁量で，未確定な部分を権利放棄させる・取得することも，早期確定もいずれも可能である」ように規定しておき，実際のM&Aの際には，スタートアップの創業者ら経営陣と，買収者が，従業員のリテンションを図るために交渉をした上で，新たに，未確定な部分に対応する買収者の新たなエクイティ・インセンティブ（ストックオプションや株式等）をオファーするといった処理がなされることもある。

　また，そもそもアクセラレーション事由として，M&Aが発生したことだけではなく，一定期間（例：1年）以内に正当な理由により離脱（辞任・辞職）した場合や，逆に正当な理由がないのに買収者に解任された場合[3]等がアクセラレーション事由とされることがある[4]。

　その他，アクセラレーション条項には，未確定部分の全てか一部のみを確定させるか，といったバリエーションがあることも，創業者らが保有する株式の

3　米国等では，termination without "cause"（正当な理由なき解任・解雇）や，resignation with "good reason"（正当な理由に基づく退任・辞任）等と表現される。

394 第4部 役職員向けのインセンティブ設計―ストックオプション・持株会等

場合と同じである。

3 ベスティングと会計処理

会計基準では，ストックオプションの権利付与日から権利確定日までの対象勤務期間を基礎とする方法その他の合理的な方法に基づき当期に発生したと認められる額を，各会計期間に費用計上することとしている[5]。このように費用計上にあたっては，ストックオプションの権利付与日から権利確定日までの対象勤務期間を決定する必要がある。

他方，非上場スタートアップが発行するストックオプションには「上場するまで行使できない」といった上場縛り要件（第4節）や，ベスティング条件が付されていることが多い。この場合，どのように「権利確定日」を決めて費用計上すればよいのかが明確でないため，上場準備スタートアップは，株式報酬費用に関する信頼性のある予算策定が実質的にできない状態に陥っているとの意見が寄せられているとされている[6]。

この点，条件の達成に要する期間が固定的ではない権利確定条件が付されている場合，まずは権利確定日は合理的に予測される日を見積もり[7]，株価条件が付されている等，権利確定日を合理的に予測することが困難なため，予測を行わないときには，対象勤務期間はないものとみなし，付与日に一時に費用を計上することが考えられるとされる[8]。

---

4 このように，複数の事由（例：M&Aに加えた一定の事由）がアクセラレーション事由となることを，1つの要因をトリガーとするアクセラレーション（Single-Trigger Acceleration）と対比して，Double-Trigger Accelerationと呼ぶことがある。他の Double-Trigger Accelerationの例として，通常のベスティング期間の到来に加えて，毎期における一定の経営目標が達成されていること，といった要件等もあり得る。

5 ストックオプション会計基準5項。

6 企業会計基準委員会（ASBJ）副委員長名義による「税制適格ストック・オプションに係る会計上の取扱いについて照会を受けている論点に関する解説」（https://www.asb-j.jp/jp/wp-content/uploads/sites/4/20230707_manual.pdf）参照。

7 企業会計基準委員会「企業会計基準適用指針第11号　ストック・オプション等に関する会計基準の適用指針」（以下「ストックオプション適用指針」という）17項(3)。

8 ストックオプション適用指針18項，前掲注6の解説参照。

第4節　権利行使条件②―IPO，M&A

　スタートアップがその株式を上場させるまでの間は，ストックオプションが行使されて，創業者らと同じ普通株式の保有者が増加すると，株主管理コストが増大する。特に，退職により連絡が取れない場合や，関係性が悪化した（元）役職員が現れると，株主総会や種類株主総会の招集・運営の問題が一層大きくなる。また，非上場の間にM&Aで事業を売却しようとする際にも，売却対象である株式の保有者が小口で管理が困難であることによってM&Aが円滑に進まなかったり，スクイーズ・アウト（第7部第5章第2節2(2)）を行わざるを得なかったりすることでコストが増大することもある。

　このような考慮から，ストックオプションについて，株式が上場していることやM&Aが行われること（承認決議があったこと）を権利行使条件に設定し，条件が満たされるまでは権利行使ができないようにする例もある。

　もっとも，後述の退職後の権利行使の可否（第5節）との関係で，仮に一定の個数がベストされていたにもかかわらず，上場やM&A前に退職をすると全ての新株予約権を行使できなくなると，従業員にとって酷である。そのため，仮に退職後は原則として行使できないように設計をする場合も，一定の場合には行使を認めるよう設計することもある。上場やM&Aが起こっていなくても，退職前に権利行使をして株式を取得できるように設計をする場合には，退職従業員が株主になるため，株主総会の際等に通知・連絡がつくよう実務上の対応をすることや，後述のドラッグ・アロング（第7節）を設ける等，小口の株主が会社運営や重要なディールの妨げにならないための対応が重要になる。

　なお，スタートアップは株式上場を主要なエグジット目標にしていることから，伝統的に，株式上場だけが権利行使条件として明記されている例もある。このような場合，非上場時のM&Aに際して権利行使条件を満たせない。スタートアップのM&Aが選択肢として増加していることに伴って，近時は，M&Aが生じた場合にも権利行使ができることをあらかじめ明示的に規定する例も増えている[9]。

9　M&Aの際に権利行使できる設計になっていない場合，M&Aが現実的になった段階で（M&A契約締結後，クロージング前等），新株予約権の内容の変更手続が必要になる（第2章の注48参照）。

第5節　権利行使条件③—退職後の権利行使の可否

　伝統的には，ベスティング期間がどれだけ進行しているかにかかわらず，例えば「権利行使時に役職員等の地位を有していること」が権利行使条件に含まれていることによって，結果的に，退職後は一切権利行使ができない設計となっている例も見られた。

　近時は，そのような取扱いがフェアか否かについて議論もあり，少なくとも退職までにベスティング期間が進行してベスト（権利確定）した分のストックオプションは，退職後も行使を認めるべきという考え方も強い。

　例えば，「新株予約権は，新株予約権者が，権利行使時においても，当社，子会社又は関連会社の取締役，監査役，従業員，顧問，又は社外協力者その他これに準ずる地位を有していなければならない。ただし，当社が正当な理由があると認めた場合は，この限りではない。」といった形で，原則・例外を定めた場合，ただし書に従って会社が行使を認める余地がある。役職員が退職する際の状況にも様々なものがあり，スタートアップと退職者の関係性や，退職・解雇理由等に応じて，退職者が株主となることが望ましくない場合もあるため，いかなる状況であっても退職後の行使を認めるのではなく，行使を認めるかどうかの余地を残しておく方が望ましいという要請を強調すると，このような定め方が考えられる[10]。

　また，前述の通り，「IPOやM&Aが生じたこと」も権利行使条件に含めることで，非上場で独立した運営を行っている間，退職者が権利行使をして株主となりスタートアップの迅速な運営が妨げられるリスクは緩和できる。退職者の換金の道が閉ざされる可能性があることを理由に，そのような「IPOやM&A

10　本文の例とは逆に「原則は退職後も行使可能。例外的に会社が合理的・正当な理由に基づき行使を認めないことが可能」という定め方もあり得る。ただし，このように定めると，会社側が，行使を認めない合理的・正当な理由があることを立証する必要がある。また，この条項に違反して行使がなされた場合の効果に不明瞭さは残り，少なくとも会社としては，行使を認めなかったことが正当であると裁判等で確定するまでの間も株主として取り扱わないと，事後的にそれまでの取扱いが無効になるリスクが生じる等の問題も残る。

　なお，運用による恣意性を防止したい場合，在籍等と紐づけた権利行使条件そのものを削除することも，会社のポリシーとしては考えられる。この場合は退職従業員が非上場時に小口株主となるため，一定の手当てを検討する必要がある（第7節等参照）。

が生じたこと」を権利行使条件として設けるべきではないと考えるかどうかは，現状のスタートアップのエグジットにおいてIPOやM&A以外のシナリオがどこまで現実的か，特にストックオプションやそれを行使して得た株式を，退職後にセカンダリー取引で換金する選択肢を増やすことができるか，また増やすべきかという議論につながる[11]。

なお，税制適格要件との関係では，付与時に役職員等の一定の法律上の付与対象者であることが求められているが（第2章第3節2(2)），行使時には退職していても税制適格としての取扱いを受けることができる[12]。

第6節 権利行使条件④—株価条件・業績条件

主に有償ストックオプションにおいて，権利行使条件として，例えば，以下のような一定の株価や業績指標を定めることがある。

> ✓ 一定の株価・業績指標を上回らなければ行使できない
>   （＝上回るまでは行使できないが，一度上回ったら以後は常に行使できる）
> ✓ 一定の株価・業績指標を下回ったら（以後常に）行使できない
>   （いわゆるノックアウト条項）

これらの条件は，付与対象者に対するインセンティブとしての機能を強めるほか，時価発行型有償ストックオプションの発行時の払込金額となる，オプションのフェアバリュー（時価）を押し下げることができるため用いられる。上の例では，後者のノックアウト条項の方が，権利行使のハードルが上がるため，通常はオプションのフェアバリューが低減される。

このような条件を定める際の留意点として，例えば，株価についてノックアウト条項を定めると，創業株主間契約において定めた離脱時の買戻し（第2部第1章第4節）等，一定の取引がノックアウト条項に抵触して，ストックオプションが行使不能とならないかが問題になる。その他，ダウンラウンドによる株式の新規発行や，M&Aやセカンダリー譲渡における株式の取引が抵触してしま

---

11 行使して取得した株式を非上場の状態で売却し換金しようとする場合，セカンダリー取引のマーケットが存在・整備されている必要がある。この点について，近時，金商法の改正等によって整備が進んでいる（第6部第4章第1節3，4(4)参照）。
12 第2章の注18参照。

398 第4部 役職員向けのインセンティブ設計—ストックオプション・持株会等

わないか等，株式や新株予約権に関する取引をする際に，常にノックアウト条項の存在を失念せず，適用の有無を確認する必要がある。

【条項例】株価に関するノックアウト条項[13]

● 新株予約権の内容
 ● 新株予約権の行使の条件
  (●) 新株予約権者は，新株予約権の割当日から行使期間の末日までにおいて次に掲げる各事由が生じた場合には，残存する全ての新株予約権を行使することができない。
  (ⅰ) 行使価額を下回る価格を対価とする当社普通株式の発行等が行われた場合（払込金額が会社法第199条第3項・同第200条第2項に定める「特に有利な金額である場合」，株主割当てによる場合その他普通株式の株式価値とは異なると認められる価格で行われる場合を除く。）。
  (ⅱ) 新株予約権の目的である当社普通株式が日本国内のいずれの金融商品取引所にも上場されていない場合，行使価額を下回る価格を対価とする売買その他の取引が行われたとき（ただし，資本政策目的等により当該取引時点における株式価値よりも著しく低いと認められる価格で取引が行われた場合を除く。）。
  (ⅲ) 新株予約権の目的である当社普通株式が日本国内のいずれかの金融商品取引所に上場された場合，当該金融商品取引所における当社普通株式の普通取引の終値が，行使価額を下回る価格となったとき。
  (ⅳ) 新株予約権の目的である当社普通株式が日本国内のいずれの金融商品取引所にも上場されていない場合，第三者評価機関等によりDCF法及び類似会社比較法等の方法により評価された株式評価額が行使価額を下回ったとき（ただし，株式評価額が一定の幅をもって示された場合，当社の取締役会が第三者評価機関等と協議の上本号に該当するかどうかを判断するものとする。）

---

13 株式公開をしたスタートアップの開示書類や登記情報をもとに加工したもの。イメージとして掲載しているもので，株価や業績条件に係る条項の文言は，ストックオプションの評価を行う評価機関等が評価を行う前提になるため，実際の評価機関等の用意した条項をベースに用いる等，実際に発行する際に個別に検討をする必要がある。

第3章　ストックオプションの主要条件・ターム　399

第7節　ドラッグ・アロング（強制売却権・売却強制権）

1　新株予約権と契約上の拘束

　株式については，株主間契約においてM&A時のドラッグ・アロング（強制売却権・同時売却請求権）を定める実務が定着してきている（第3部第4章第4節3）。ドラッグ・アロングでは，一定の投資家や創業者らがM&Aを行うことを決議・承諾した場合に，契約当事者の全ての株主がその取引で株式を処分する義務を負うことが定められる。

　一方，新株予約権者は株主ではなく，新株予約権を保有している間は通常は株主間契約の当事者にはならず，拘束されない。新株予約権を行使して株主になる際に，実務上必要な範囲で一定の拘束を受けることが必要になる。もっとも，前述の通り，税制等の理由でストックオプションはIPO後に行使されることが多かったこと等から，新株予約権や行使して取得した株式について，M&A時の処理を契約等で規律する実務が発展してきたのは比較的最近である。

　その上で，スタートアップにおいてもM&Aを円滑に進める必要性が高まる中で，ストックオプションや行使して取得した株式についても，ストックオプションを付与する際（遅くとも行使かM&Aの実行まで）に，割当契約や覚書等で，会社と付与対象者との間でドラッグ・アロングについて定める例も増えてきている。

2　M&A時の新株予約権の処理とドラッグ・アロングの意義

　伝統的に，新株予約権の割当契約や発行要項において，M&Aが発生する場合の新株予約権の処理について，以下のような取扱いを定めていることが多いと思われる。

---

　①　新株予約権の内容として，合併等の組織再編に伴う新株予約権の取扱いを定める（下記発行要項例2.(7)参照）

　　※このように定めた場合，組織再編に際してこれに従った新株予約権が発行されるか，発行されない場合には新株予約権の買取請求権が生じる（会社法787条，807条）。

　②　M&Aについて決定された場合に，発行会社が新株予約権を無償取得するこ

400　第4部　役職員向けのインセンティブ設計―ストックオプション・持株会等

とができる（下記発行要項例2.(6)(a)参照）

※このように定めておき，M&Aの際にはスタートアップのマネジメントが買収会社と交渉をし，買収会社のエクイティ・インセンティブに引き継ぐ。主にアンベスト分について想定される（第7部第3章参照）。

ただし，①は合併や株式交換等の法定の組織再編のみに適用され，スタートアップの典型的なM&Aである株式譲渡による買収はスコープ外である。また，役職員のエクイティ・インセンティブに対する意識の高まりや，税制適格要件の緩和や有償ストックオプションの活用等，M&Aの際に有利な課税上の取扱いを受けられる実務が進展していること等から，ストックオプションの上場前行使や，新株予約権のままの譲渡等，ストックオプションにまつわる取引も多様化している。

そのため，上の取扱いに加えた選択肢として，特に株式買収によるM&Aの場合を念頭に，新株予約権や，行使して取得した株式についても100%買収が円滑に行われるよう，新株予約権の付与時にあらかじめドラッグ・アロングを定める例も増えてきている[14]。

【条項例】ストックオプションに係るドラッグ・アロング

第●条（ドラッグ・アロング）
1. 引受人が，株式譲渡買収【注：資金調達時のドラッグ・アロングにおけるM&Aの定義との整合性に注意】を行おうとする場合において，発行会社又は経営株主が引受人に要求する場合には，株式譲渡買収において普通株式に割り当てられる一株当たり対価その他の株式譲渡買収における主要な条件において同様の内容［（ただし，本新株予約権を譲渡その他の方法により処分する場合，本新株予約権一個当たりの対価は，普通株式一株当たりの対価から本新株予約権における普通株式一株当たりの権利行使価額を控除した額とする。）］で，引受人が保有する本新株予約権［の全部及びその］の行使によって保有する発行会社の普通株式の全部を，株式譲渡買収の相手方として発行会社又は経営

14　ただし，税制適格ストックオプションの場合，割当契約において，当該新株予約権については，譲渡をしてはならないこととされていることを定める必要があることから（租特法29条の2第1項第4号），割当契約に新株予約権そのもののドラッグについて定めると，当該要件との関係が問題になり得る。この点については「譲渡をしてはならないこと」の射程が明確でないことから，保守的には，あくまで行使によって取得した株式についての規定とすることも考えられる。

株主が指定した者に譲渡することその他の処分をしなければならない。この場合，引受人は，当該譲渡その他の処分の完了のために必要な一切の協力をするものとする。

2．引受人が前項に違反する場合，発行会社は，引受人が保有する本新株予約権［の全部及びそ］の行使によって保有する発行会社の普通株式の全部を無償で取得することができるものとする。

【条項例】新株予約権の割当契約・発行要項のサンプル[15]

株式会社●●
第●回新株予約権割当契約書

　●●株式会社（以下「甲」という。）と●●●●（以下「乙」という。）は，新株予約権の割当てに関して，以下の通り契約（以下「本契約」という。）を締結する。

第1条（募集新株予約権の発行）
　甲は，甲の●年●月●日付株主総会決議及び●年●月●日付取締役会決議に基づき，別紙1記載の要項（以下「本要項」という。）にて募集新株予約権●個（以下「本新株予約権」という。）を発行し，乙に対し，●年●月●日（以下「割当日」という。）において，そのうち●個を割り当てる。乙は本契約をもって，他の引受人とともに，本新株予約権の総数を引き受けるものとする。

第2条（払込みに関する事項）
　乙は，本新株予約権の引換えに金銭の払込みを要しない。

第3条（総数引受契約）
　甲及び乙は，本契約が会社法第244条第1項に規定される募集新株予約権の総数の引受けを行う契約を構成するものであり，本新株予約権の発行に会社法第242条及び第243条の規定が適用されないことを確認する。

第4条（税制適格ストック・オプション）※税制適格ストックオプションの場合
　別紙1を含む本契約のいかなる規定にもかかわらず，甲及び乙は，租税特別措置法第29条の2第1項本文の規定の適用を受けるため，次に掲げる事項に従うことを確認する。
　(1)　本新株予約権の行使はかかる権利行使期間のうち，付与決議の日後2年

─────────────

15　本条項例に限らず，本書の条項例はそのまま用いることができることを保証しているものではなく，実際の案件で参考にする際には，法務・税務アドバイザーと相談されたい。

を経過した日から付与決議の日後10年を経過する日（当該付与決議の日において甲がその設立の日以後の期間が5年未満であることその他の財務省令で定める要件を満たすものである場合には，当該付与決議の日後15年を経過する日）までの期間内に行わなければならないものとする。なお，本契約において「付与決議」とは，本新株予約権にかかる会社法第238条第2項の決議（同法第239条第1項の決議による委任に基づく同項に規定する募集事項の決定及び同法第240条第1項の規定による取締役会の決議を含む。）を意味するものとする。

(2)　乙による1年間（各年の1月1日から12月31日まで）の本新株予約権の行使価額（付与決議の日において甲がその設立の日以後の期間が5年未満のものである場合には当該権利行使価額を2で除して計算した金額とし，甲がその設立の日以後の期間が5年以上20年未満であることその他の財務省令で定める要件を満たすものである場合には当該権利行使価額を3で除して計算した金額とする。本号において同じ。）の合計額は1,200万円を超えないものとし，乙はその範囲内でのみ本新株予約権を行使できる。なお，1年間に行使される本新株予約権の行使価額の合計額が1,200万円を超えない場合であっても，本新株予約権とは別に他の甲の特定新株予約権等（租税特別措置法第29条の2に定める意味を有する。）の行使価額とあわせて1,200万円を超える場合には，その1,200万円を超えることとなる新株予約権の行使については租税特別措置法第29条の2の課税の特例の適用を受けることはできない。

(3)　前項に定める金額は，租税特別措置法第29条の2第1項柱書又は同項第2号に定める金額が改正された場合は，当該改正を含む改正租税特別措置法の施行日に，当該改正後の金額に自動的に変更されるものとする。

(4)　甲及び乙は，別紙1記載の行使価額が，本契約締結時における甲の普通株式1株当たりの価額以上であることを確認する。

(5)　乙は，本新株予約権につき，第三者に対する譲渡，担保設定その他の処分をすることはできない。

(6)　本新株予約権の行使による株式の交付が，当該交付のために付与決議がされた会社法第238条第1項に定める事項に反しないで行われるものとする。

(7)　本新株予約権の行使により取得をする株式につき，次に掲げる要件のいずれかを満たすものとする。

①　乙は，本新株予約権の行使により取得する株式につき，当該行使に係る甲と金融商品取引業者又は金融機関（以下「金融商品取引業者等」という。）との間であらかじめ締結される新株予約権の行使により交付される甲の株式の振替口座簿への記載若しくは記録，保管の委託又は管理及び処分に係る信託（以下「管理等信託」という。）に関する取り決めに従い，当該取得後直ちに，甲を通じて，当該金融商品取引業者等の振替口座簿

に記載若しくは記録を受け，又は当該金融商品取引業者等の営業所若しくは事務所に保管の委託若しくは管理等信託を行うこと。なお，かかる金融商品取引業者等については，別途，甲から乙に通知する。

②　甲と乙との間であらかじめ締結される新株予約権の行使により交付をされる甲の株式（譲渡制限株式に限る。）の管理に関する取決めに従い，当該取得後直ちに，甲により管理がされること。

(8)　その他本新株予約権の行使手続等に関する細目事項については，租税特別措置法第29条の2，関係政省令及び通達等に規定されるところに従って，別途甲が指定するものとする。

(9)　本新株予約権の行使に係る甲の株式の取得について租税特別措置法第29条の2に定める非課税措置が適用されず，かつ，行使により受ける経済的利益に対して乙が所得税を課され，当該所得税について甲が源泉徴収義務を負う場合には，乙は，甲の請求に基づき，甲の指定する日時までに，甲の指定する銀行口座に現金にて源泉徴収額相当額を振り込むものとし，当該源泉所得税額相当分の払込みがなされない限り，乙は本新株予約権を行使することができないものとする。

第5条（ベスティング）

　本新株予約権は，下記記載の時期に，乙が割当てを受けた新株予約権の総数（以下「割当総数」という。）のうち下記記載の割合に相当する個数の新株予約権について権利が確定するものとし，（以下，本項に基づき新株予約権の権利が確定することを「ベスティング」という。），乙は，他の本新株予約権の行使の条件を充足していることを条件に，ベスティングされた本新株予約権のみを行使することができるものとする。ただし，乙が甲の取締役，監査役若しくは従業員［又は業務委託先その他の役務提供者］のいずれの地位も失った場合には，当該時点以降のベスティングは中止される（甲の取締役会（取締役会非設置会社の場合は取締役の過半数による決定。以下同じ。）によりベスティングの継続が決議された場合を除く。）。

(1)　割当日から12か月が経過した日：割当総数の4分の1

(2)　上記(1)に定める日から1か月が経過する都度（割当総数の全てについて権利が確定するまで）：割当総数の48分の1

第6条（新株予約権の取得事由）

　甲は，本要項に定めるほか，乙が前条ただし書に規定する場合に該当し当該時点以降のベスティングが中止された場合も（甲の取締役会によりベスティングの継続が決議された場合を除く。），取締役会の決議により別途定める日において当該時点でベスティングされていない本新株予約権の全部又は一部を無償で取得することができる。

404　第4部　役職員向けのインセンティブ設計―ストックオプション・持株会等

第7条（組織再編行為等に基づく取得に関する事前通知義務）
　甲は，本要項2.(6)(a)に基づき乙の本新株予約権を無償で取得する場合には，乙に対し，当該取得の取締役会決議又は取締役決定の10営業日前までにその旨を通知し，行使可能である本新株予約権を行使する機会を与えなければならない。

第8条（放　棄）
　未行使の本新株予約権が本契約又は本要項に定める無償取得事由に該当し，かつ，甲から要請があった場合には，乙はかかる未行使の本新株予約権を法令上可能な範囲で放棄したものとみなす。

第9条（本新株予約権の行使手続）
1．乙は，本新株予約権を行使するときは，甲所定の新株予約権行使請求書その他甲が指定する書類を甲に提出し，本新株予約権の行使に際して出資する財産の全額を甲が指定する金融機関に払い込まなければならない。
2．甲が，会社法第124条第1項に基づき，一定の日（以下「基準日」という。）を定めて，基準日において株主名簿に記載され，又は記録されている株主をその権利を行使することができる者と定めた場合には，乙は，基準日の5営業日前の日から基準日までの間，本新株予約権を行使することができない。

第10条（確約書の締結）
　甲の株式公開の前に，甲が要請した場合には，乙は，本新株予約権及び本新株予約権の行使により交付される株式について，甲との間で，金融商品取引所又は認可金融商品取引業協会の定める様式による新株等の継続所有等に関する「確約書」を締結するものとし，かかる確約書の締結がない場合には，乙は本新株予約権を行使することができない。新株予約権に関する金融商品取引所又は認可金融商品取引業協会の規則等に変更があった場合には，乙は甲の指示に従い必要な手続を行う。

> ドラッグ・アロングに関する規定を設けることも検討（第7節）

第11条（意思表示及び通知の方法）
1．本契約に基づく甲の乙に対する意思表示及び通知，その他甲が必要に応じて乙又はその代理人に対して行うべき通知は，新株予約権原簿に記載されたそれらの者の住所地に宛てて書面を発送する方法で行う。ただし，甲は，乙が役員又は従業員として甲に在籍している場合には，その就業場所において書面を交付する方法によりこれを行うことができる。
2．前項の書面は，新株予約権原簿に記載された乙又はその代理人の住所又は

国内連絡場所宛に発送後，通常到達すべきであった時に到達したものとみなす。

第12条（法令遵守）

乙は，本新株予約権の行使，その行使により取得した株式の売却，売却前後の株式の買付等に関連して，会社法，金融商品取引法その他の関係法令及び甲の内部者取引に関する規程その他の社内規程を遵守するものとする。

第13条（税務処理）

乙は，本新株予約権の引受，行使及び行使により取得した株式の売却等により課せられる所得税その他一切の租税公課を自らの負担と責任において納付するものとする。

第14条（細則制定権）

甲は，本契約の実施に関する細目を規定するため，「新株予約権割当契約に関する細則」を制定しこれを改廃することができる。

第15条（契約の変更）

関連法令の本契約締結後の改廃その他合理的な理由により，甲が本契約の修正の必要があると認めたときは，乙はこれに同意するものとする。

第16条（管轄裁判所）

甲及び乙は，本契約に関する一切の紛争につき，東京地方裁判所を第一審の専属的合意管轄裁判所とすることを合意する。

第17条（規定外の事項の処理）

本契約に定めなき事項は，甲及び乙間で協議の上，信義誠実に従いこれを決定する。

上記合意の証として本契約書2通を作成し，甲及び乙は記名押印の上，各1通を保有する。

●年●月●日

甲　（住所）　●●●●
　　（氏名）　株式会社●●

乙　（住所）　●●●●
　　（氏名）　●●●●

406　第4部　役職員向けのインセンティブ設計―ストックオプション・持株会等

株式会社●●
第●回新株予約権発行要項

1．新株予約権の数
　　●個

2．新株予約権の内容
　(1)　新株予約権の目的である株式の種類及び数
　　(a)　新株予約権1個当たり普通株式1株とする。
　　(b)　当社が株式分割又は株式併合を行う場合，次の算式により目的である
　　　　株式の数を調整するものとする。ただし，かかる調整は新株予約権のうち，
　　　　当該時点で行使されていない新株予約権の目的である株式の数について
　　　　行われ，調整の結果生じる1株未満の端数については，これを切り捨て
　　　　る（以下(b)(c)において同じ。）。

　　　　　（調整後株式数）＝（調整前株式数）×（分割・併合の比率）

　　(c)　当社が株主割当ての方法により募集株式の発行又は処分を行う場合，株
　　　　式無償割当て，合併又は会社分割その他これらに類似する当社の資本構
　　　　成の変更を行う場合は，当社によって必要とされる措置をとり，(b)に準
　　　　じて新株予約権の目的である株式の数を調整するものとする。
　　(d)　(b)(c)のほか，第(2)号に定める行使価額の調整事由が生じた場合にも，各
　　　　新株予約権につき，調整後株式数に調整後行使価額を乗じた額が調整前
　　　　株式数に調整前行使価額を乗じた額と同額になるよう，各新株予約権の
　　　　行使により発行される株式の数は適切に調整されるものとする。
　　(e)　本(1)号の定めに基づき新株予約権1個当たりの目的たる株式数の調整が
　　　　行われる場合には，当社は関連事項の決定後遅滞なく，新株予約権を保有
　　　　する者（以下「新株予約権者」という。）に対して，その旨並びにその事由，
　　　　調整後の株式数及び適用の日その他の必要事項を通知するものとする。
　(2)　新株予約権の行使に際して出資される財産の価額又はその算定方法
　　(a)　各新株予約権の行使に際して出資される財産の価額は，各新株予約権
　　　　を行使することにより交付を受けることができる株式1株当たりの払込
　　　　金額（以下「行使価額」という。）に当該新株予約権の目的である株式の
　　　　数を乗じた金額とする。
　　(b)　行使価額は，金●円とする。
　　(c)　新株予約権発行後に，株式分割又は株式併合が行われる場合，行使価
　　　　額は次の算式により調整されるものとし，調整により生じる1円未満の
　　　　端数は切り上げる。

$$
調整後行使金額 ＝ 調整前行使金額 \times \frac{1}{分割・併合の比率}
$$

第3章　ストックオプションの主要条件・ターム　407

 (d)　新株予約権割当日後に，前(1)号(c)(d)に該当する場合には，当社は適当
と認める行使価額の調整を行うものとする。

 (e)　本(2)号の定めに基づき行使価額の調整が行われる場合には，当社は関
連事項決定後遅滞なく，新株予約権者に対して，その旨並びにその事由，
調整後の行使価額及び適用の日その他の必要事項を通知するものとする。

(3)　新株予約権を行使することができる期間

 ●年●月●日から●年●月●日まで（ただし，行使期間の最終日が当社
の休業日に当たる場合は，その前営業日まで）

(4)　新株予約権の行使の条件

 (a)　行使条件

  ①　新株予約権の行使は，行使しようとする新株予約権又は新株予約権
者について第(6)号に定める取得事由が発生していないことを条件とし，
当該取得事由が生じた新株予約権の行使は認められない。ただし，当
社が特に行使を認めた場合はこの限りでない。

  ②　[新株予約権は，新株予約権者が，権利行使時においても，当社，子
会社又は関連会社の取締役，監査役，従業員，顧問，又は社外協力者
その他これに準ずる地位を有していなければならない。ただし，当社
が正当な理由があると認めた場合は，この限りではない。]

  ③　新株予約権者は，当社の株式のいずれかの金融商品取引所への上場
又は支配権移転取引がなされるまでの期間は，新株予約権を行使する
ことはできないものとする。なお，「支配権移転取引」とは，●●をい
う。【注：「支配権移転取引」については，株式による資金調達時のみなし清
算条項やドラッグ・アロングにおけるM&Aの定義との整合性に注意】

  ④　新株予約権の行使は1個単位で行うものとし，各新株予約権の一部
の行使は認められないものとする。

  ⑤　権利者が1個又は複数の新株予約権を行使した場合に，当該行使によ
り当該権利者に対して交付される株式数は整数でなければならず，1
株未満の部分についてはこれを切り捨て，株式は割り当てられないも
のとする。かかる端数の切り捨てについて金銭による調整は行わない。

 (b)　相続の場合の行使条件

  新株予約権の相続は，新株予約権者の法定相続人に限りこれを認める。
この場合においては上記(a)[のうち②以外]の行使条件に服するものと
する。ただし，当該法定相続人は，新株予約権者の死亡から6か月を経
過した後は，当該新株予約権を行使することができない。

(5)　譲渡による新株予約権の取得の制限

 譲渡による新株予約権の取得については，株主総会（当社が取締役会設
置会社となった場合は，取締役会）の承認を要する。

(6)　新株予約権の取得条項

(a) 当社は，以下の議案につき株主総会で承認された場合（株主総会決議が不要な場合は，取締役が決定した場合。ただし，当社が取締役会設置会社となった場合は，取締役会で決議した場合とする。）は，取締役（当社が取締役会設置会社となった場合は，取締役会）が［当該日から14日経過後のうち］別途定める日に，新株予約権を無償で取得することができる。

① 当社が消滅会社となる合併契約承認の議案

② 当社が分割会社となる会社分割契約又は会社分割計画承認の議案

③ 当社が完全子会社となる株式交換契約又は株式移転計画承認の議案

④ 新株予約権の目的である種類の株式について当社が株主総会の決議によってその全部を取得することについての定めを設ける定款の変更の承認

⑤ 新株予約権の目的である種類の株式についての株式の併合（当社が，当該種類の株式に係る単元株式数を定款に定めている場合にあっては，当該単元株式数に株式併合の割合を乗じて得た数に１に満たない端数が生ずるものに限る。）

⑥ 特別支配株主による株式売渡請求が，当社株主総会で承認されたとき（株主総会による承認が不要な場合は，当社取締役会決議がなされたとき）

(b) 当社は，新株予約権者が新株予約権の全部又は一部を放棄した場合は，取締役（当社が取締役会設置会社となった場合は，取締役会）が［当該日から14日経過後のうち］別途定める日に，当該新株予約権を無償で取得することができる。

(c) 当社は，新株予約権者が新株予約権の割当契約の条項に違反した場合その他の割当契約の定めにより新株予約権を行使することができなくなったときは，取締役（当社が取締役会設置会社となった場合は，取締役会）が［当該日から14日経過後のうち］別途定める日に，無償で同人所有の新株予約権を取得することができる。

(7) 組織再編に伴う新株予約権の承継

当社が，合併（当社が合併により消滅する場合に限る。），吸収分割，新設分割，株式交換又は株式移転（以上を総称して以下「組織再編行為」という。）をする場合において，組織再編行為の効力発生の時点において残存する新株予約権（以下「残存新株予約権」という。）の新株予約権者に対し，それぞれの場合につき，会社法第236条第１項第８号のイからホまでに掲げる株式会社（以下「再編対象会社」という。）の新株予約権を以下の条件に沿ってそれぞれ交付する。この場合においては，残存する新株予約権は消滅し，再編対象会社は新株予約権を新たに発行するものとする。ただし，本号の取扱いは，本号に定める条件に沿って再編対象会社の新株予約権を交付する旨を，吸収合併契約，新設合併契約，吸収分割契約，新設分割計画，株

式交換契約又は株式移転計画において定めた場合に限るものとする。

① 交付する再編対象会社の新株予約権の数

残存新株予約権の新株予約権者が保有する新株予約権の数と同一の数をそれぞれ交付する。

② 新株予約権の目的である再編対象会社の株式の種類

再編対象会社の普通株式とする。

③ 新株予約権の目的である再編対象会社の株式の数

組織再編行為の条件等を勘案の上，第(1)号に準じて決定する。

④ 新株予約権の行使に際して出資される財産の価額

交付される各新株予約権の行使に際して出資される財産の価額は，組織再編行為の条件等を勘案の上調整した再編後の行使価額に上記③に従って決定される当該新株予約権の目的である株式の数を乗じて得られるものとする。

⑤ 新株予約権を行使することができる期間

第(3)号に定める新株予約権を行使することができる期間の開始日と組織再編行為の効力発生日のいずれか遅い日から，第(3)号に定める新株予約権を行使することができる期間の満了日までとする。

⑥ 譲渡による新株予約権の取得の制限

譲渡による新株予約権の取得については，再編対象会社の承認を要するものとする。

⑦ 再編対象会社による新株予約権の取得

第(6)号に準じて決定する。

⑧ 新株予約権の行使により株式を発行する場合における増加する資本金及び資本準備金に関する事項

第(8)号に準じて決定する。

(8) 新株予約権の行使により株式を発行する場合における増加する資本金及び資本準備金に関する事項

　(a) 新株予約権の行使により株式を発行する場合において増加する資本金の額は，会社計算規則第17条第1項に従い算出される資本金等増加限度額の2分の1の金額とし，計算の結果端数が生じたときは，その端数を切り上げるものとする。

　(b) 新株予約権の行使により株式を発行する場合において増加する資本準備金の額は，上記(a)記載の資本金等増加限度額から同(a)に定める増加する資本金の額を減じた額とする。

(9) 新株予約権の行使により発生する端数の処理

新株予約権を行使した新株予約権者に交付する株式の数に1株に満たない端数がある場合には，これを切り捨てるものとする。

(10) 新株予約権証券

新株予約権にかかる新株予約権証券は発行しない。

3．新株予約権の払込金額又は算定方法
【無償ストックオプションの場合】
新株予約権と引換えに金銭の払込みを要しないこととする。

【有償ストックオプションの場合】
新株予約権1個と引換えに払い込む金銭の額は金●円とする。なお，当該金額は，第三者評価機関である●●が，当社の株価情報等を考慮して，一般的なオプション価格算定モデルである●●によって算出した結果を参考に決定したものである。

4．新株予約権を割り当てる日
●年●月●日

5．新株予約権と引換えにする金銭の払込みの期日を定めるときは，その期日
【無償ストックオプションの場合】
該当なし

【有償ストックオプションの場合】
●年●月●日

6．その他
会社法その他の法律の改正等，本要項の規定中読み替えその他の措置が必要となる場合には，当社は必要な措置を講じる。

第4章

ストックオプションの発行に係る
プロセスと規制

ストックオプションを発行するためにはどのようなプロセスが必要か。ストックオプション・プールとは何か。
ストックオプションを何人に何個発行しても問題ないか。
ストックオプション取得者が上場前後に服する規制にはどのようなものがあるか。

本章では，ストックオプションの発行を行う際のプロセス及び金融商品取引法（金商法）や取引所規則といった留意すべき規制面について触れる。主に，以下の留意点が存在する。

第1節　会社法の手続
第2節　ストックオプション・プール
第3節　金融商品取引法の規制（勧誘規制・開示）
第4節　取引所の規則（ロックアップ・開示等）

第1節　会社法の手続

ストックオプションの発行を行う際，会社法上，主に以下の手続や論点が存在する[1]。

1　なお，本書を通じて，取締役会設置会社のうち，非上場スタートアップで典型的である監査役設置会社を原則としつつ，近時は上場準備の過程で移行することもある監査等委員会設置会社にも触れる。非上場スタートアップで見られることが少ない指名委員会等設置会社については基本的に対象としない。

412 第4部 役職員向けのインセンティブ設計―ストックオプション・持株会等

```
1  株主総会：募集事項の決定とガバナンス
 (1)募集事項の決定
 (2)募集事項の決定の委任
 (3)有利発行規制
 (4)役員報酬規制
 (5)取締役の利益相反規制
2  取締役（会）：実際に誰に割り当てるか
  ＋実際の割当て・総数引受契約の締結
```

1　株主総会の決議

⑴　決定すべき事項：新株予約権の募集事項

⒜　募集事項と新株予約権の内容

　会社法上，ストックオプションの発行時に，発行会社は新株予約権の「募集事項」を決定する必要がある（会社法238条1項各号）。主な項目は以下の通りである。

【新株予約権の募集事項】

```
 ①  新株予約権の内容・数
 ②  新株予約権と引換えに金銭の払込みを要しないこととする場合にはその旨
 ③  新株予約権の払込金額又は算定方法
 ④  新株予約権を割り当てる日
 ⑤  新株予約権と引換えにする金銭の払込みの期日を定めるときは，その期日
```

　その上で，募集事項のうち①「新株予約権の内容」はさらに細かく規定されている。主な項目は以下の通りである（会社法236条1項各号）。

【新株予約権の内容（概要）】

```
・新株予約権の目的である株式の数等及び新株予約権の個数
・新株予約権の行使に際して出資される財産の価額又はその算定方法
・新株予約権を行使することのできる期間
```

第4章　ストックオプションの発行に係るプロセスと規制　413

- 譲渡による新株予約権の取得について株式会社の承認を要することとするときはその旨
- 新株予約権に関する取得事由等
- 組織再編時における新株予約権の取扱い
- 交付する株式の数に一株に満たない端数がある場合において，これを切り捨てるものとするときはその旨
- 新株予約権証券を発行するときはその旨

(b)　募集事項の決定機関：株主総会と種類株主総会

新株予約権の募集事項の決定は，非公開会社であるスタートアップでは，原則として株主総会における特別決議により行う必要がある（会社法238条2項，309条2項6号）。

また，新株予約権の目的である株式が譲渡制限株式である場合（その譲渡について株主総会や取締役会による承認が必要である場合）には，その株式の種類株主総会における特別決議も必要とされる（会社法238条4項，324条2項3号）[2]。非上場スタートアップにおいて典型的な，譲渡制限が付された普通株式を目的とするストックオプションを発行するには，普通株主（典型的には，創業者等）による種類株主総会の特別決議が必要になり得る[3]。

ただし，実務上は，定款でこの種類株主総会を不要とすることが多い（会社法238条4項ただし書）[4]。

2　この種類株主総会は，投資家に優先株式を発行する際に，その種類が譲渡制限株式であるときは，当該種類の株式に関する募集事項の決定やその委任について，定款の定めで不要とされている場合を除き，当該種類株主総会の決議が必要とされていること（会社法199条4項，200条4項）と同様の趣旨である。
3　一定の事項につき，ある種類の株式の種類株主に損害を及ぼすおそれがあるとき，当該種類の株式の種類株主を構成員とする種類株主総会の特別決議が必要であった（会社法322条1項各号，324条2項4号。第3部第2章第4節5(2)(b)参照）。
　　新株予約権の発行の場合にも，この種類株主総会が必要とされる場合があり得る。ただし，株式の発行よりも限られた場合に問題になり，株主に新株予約権の割当てを受ける権利を与える場合や，株主（種類株式発行会社にあっては，ある種類の種類株主）に対して新株予約権の無償割当てを行う場合に限られる（会社法322条1項5号・6号，324条2項4号，241条1項各号，277条）。これらについては種類株主総会を不要とするよう定款で定めることも可能であり（同法322条2項・3項），スタートアップではこの定款の定めを設けていることも多い。
4　代わりに，契約上の事前承認事項とすることが多い（第3部第4章第2節5参照）。

(2) 募集事項の決定の委任と「ストックオプション・プール」

(a) 募集事項の決定の委任：取締役（会）

上記(1)(b)にかかわらず，次の一定の事項について株主総会・種類株主総会[5]で決定した上で，募集事項の決定について取締役会（取締役会非設置会社の場合は取締役）に委任することが可能である（会社法239条1項・4項）。この委任は，株式の募集事項の決定を取締役（会）に委任する場合と同様（第3部第5章第1節2(2)），ストックオプションの割当日が，株主総会決議の日から1年以内の日である募集についてのみ有効である（同条3項）。

【募集事項の決定を委任する場合に株主総会で決議すべき事項】

- 委任に基づいて募集事項を決定できる新株予約権の内容・数の上限
- 新株予約権につき金銭の払込みを要しないこととする場合，その旨
- 新株予約権につき金銭の払込みを要する場合，払込金額の下限

留意点として，「新株予約権の内容」（会社法236条1項各号）を株主総会において決定しなければ，取締役・取締役会にストックオプションの募集事項の決定を委任することはできない。「新株予約権の内容」は(1)(a)で挙げた通り会社法で細かく定められており，例えば，新株予約権の行使に際して出資される財産の価額（権利行使価額）や，権利行使期間が含まれている。そして，税制適格ストックオプションの要件に，次のような一定の事項が含まれている（第2章第3節2(1)，(4)，(5)）。

- 権利行使価額：付与契約の締結のときにおける一株当たりの価額に相当する金額以上
- 権利行使期間：付与決議の日後2年経過した日から10年（設立後5年未満の非上場会社は15年に延長）

これらの事項の決定も取締役（会）に委任できないと，例えば委任可能な期間である株主総会から1年の間に株価が上昇し，取締役（会）の決定・決議により個々の役職員に対して付与しようとしても，あらかじめ株主総会で定めた

5　種類株主総会の決議は，（取締役会への委任ではない）募集事項の決定と同様，定款の定めによって不要とすることができる（会社法239条4項ただし書）。

権利行使価額が「付与契約の締結のとき」には「一株当たりの価額に相当する金額以上」を満たさない場合もあり得る。このような制約から，特に後述の「ストックオプション・プール」を投資家との間で定めているにもかかわらず，実際には株主総会を頻繁に行って，投資家を含めた株主から逐一同意を得なければ，実効性のある形でストックオプションを発行しにくいという制約も見られた。

(b)　産業競争力強化法によるストックオプション・プール特例
　　（株主総会における募集事項の決定の委任の緩和）

　ストックオプション・プールを達成しようとする際の会社法上の制約をふまえ，一定の要件を満たすスタートアップについては，取締役（会）に対して委任をすることができる内容の緩和や，委任期間を拡大する制度の導入について議論がなされた。その結果，2024年の産業競争力強化法の改正により，一定の「確認」制度が設けられ，一定のスタートアップは柔軟かつ機動的にストックオプションの発行ができるようになった[6]。

　具体的には，設立の日以後の期間が15年未満の株式会社で，一定の要件（以下の，いわゆるスタートアップ該当性）を満たす会社が，経済産業大臣及び法務大臣の確認を受けた場合に，①取締役（会）に対して募集事項の決定を委任することができる事項に，権利行使価額や権利行使期間も含まれることになる。②委任可能な期間も，割当日が株主総会決議の日から1年以内の日までの募集に限られなくなる。これにより，あらかじめ株主総会で定めた新株予約権の数の範囲内（ストックオプション・プール）で，税制適格要件を満たす形で権利行使価額や権利行使期間を取締役（会）が決定し，新株予約権を発行することができる。

　他方，既存株主や，将来の株主の保護のために，一定の通知義務が課せられることや，実際に発行しようとする新株予約権が有利発行に該当する場合には，原則に戻って株主総会の特別決議が必要になるといった制限もある。

6　確認制度の概要及び事前相談の流れ等が，経済産業省HPにおいて公表されている（https://www.meti.go.jp/policy/newbusiness/stockoptionpool/index.html）。申請から確認が行われるまでの標準処理期間は原則として1か月とされるが，事前相談において申請書等の修正に要する期間は別とされる。

416　第4部　役職員向けのインセンティブ設計―ストックオプション・持株会等

【産業競争力強化法によるストックオプション・プール特例（株主総会における募集事項の決定の委任の緩和）の概要】

対象	設立の日以後の期間が15年未満の株式会社（産競法21条の19第1項）
要件	株主の利益の確保に配慮しつつ産業競争力を強化することに資する場合として次の要件に該当することについて，経済産業大臣及び法務大臣の確認を受けること（同項，省令[7]1条） 　①　次のいずれかに該当すること（いわゆるスタートアップ該当性） 　　㋐　会社と株主の間・株主間で，上場[8]又は一定のM&Aに関する書面等による合意があること（合意をしている株主の有する議決権が総議決権の3分の2以上である場合に限る） 　　㋑　株式又は新株予約権が投資事業有限責任組合に保有されていること 　　㋒　残余財産の分配又は取得条項に関する定めのある種類株式を発行していること[9] 　②　会社又は子会社の役職員・会社の役務提供者に付与 　③　会社と株主の間・株主間で，新株予約権の発行の取扱いに関する書面等による合意があること（合意をしている株主の有する議決権が総議決権の3分の2以上である場合に限る） 　④　委任を行う株主総会において取締役がその旨を説明することとしていること
効果	①　取締役（会）に募集事項の決定を委任する際に株主総会の特別決議で決定するべき新株予約権の内容から，次の事項を除く（＝これらも取締役（会）で決定できるようになる）（産競法21条の19第1項） 　㋐　権利行使価額又はその算定方法 　㋑　権利行使期間 ②　委任の効力期間に制限がない（＝割当日が株主総会決議の日から1年以内の日までの募集に限られなくなる）（同項）

7　産業競争力強化法に基づく募集新株予約権の機動的な発行に関する省令。

8　パブリックコメント回答によれば，例えば，投資契約や株主間契約で「発行会社及び創業株主は，［　］年［　］月末日までに金融商品取引所に上場をする努力義務を負う」といった条項が設けられている場合，要件を満たすと考えられるが，個別具体的に判断されるとされる（令和6年9月2日経済産業省パブコメ回答1番）。合意の主体となる株主はVC等に限定されない（同2番）。

9　スタートアップに典型的な，優先残余財産分配（第3部第2章第3節）やIPO申請時の取得条項（第3部第2章第4節3(1)）を念頭に置いている。

第4章　ストックオプションの発行に係るプロセスと規制　417

③　①で緩和された事項を株主総会で決定した場合，その後株主・新株予約権者となろうとする者に対し，その者を知った後速やかに，当該決議があった旨を通知し又はインターネット上で不特定多数の者が提供を受けることができる状態に置く措置を講じなければならない（同条2項，省令3条，5条）

④　委任に基づき取締役（会）が募集事項を決定した場合，割当日の2週間前までに，株主に対し，当該募集事項を通知しなければならない（産競法21条の19第3項）

⑤　発行しようとする新株予約権が有利発行に該当する場合，原則に戻り株主総会の特別決議が必要

(3)　ストックオプションと有利発行規制

　有償ストックオプション以外の場合，通常は，付与対象者である役職員からの払込みは行われない（法律構成については第2章第3節2(3)参照）。「特に有利な条件」での発行（いわゆる有利発行）に該当する場合，募集事項の決定又は委任を行う株主総会で理由を説明する必要があるが（会社法238条3項1号，239条2項1号），役務提供に対するインセンティブとして付与される場合，通常は有利発行には該当しないと考えられていることが多いと思われる[10]。

　有償ストックオプションの場合は，公正な価額が現実に払い込まれる限りにおいて，「特に有利な条件」での発行には該当しないと実務上整理されている。

(4)　ストックオプションと役員報酬規制

(a)　無償ストックオプション（税制適格・非適格）

　ストックオプションは付与対象者である役職員に対する報酬の性格を有することから，取締役に対して付与する場合，役員報酬規制（会社法361条1項）の対象となり，一定の事項について株主総会で決議をする必要がある[11, 12]。

　すなわち，確定額報酬又は不確定額報酬として株主総会決議を行う必要があ

10　M&A戦略270頁参照。もっとも，非公開会社であるスタートアップでは，有利発行でなくとも，新株予約権の募集事項の決定又はその委任を株主総会における特別決議により行う必要があることから（会社法238条2項，239条1項，309条2項6号），実務上は保守的に，あわせて有利発行に係る理由の説明を行うこともある。

11　取締役の報酬等について，株主総会決議の代わりに定款で定めることも可能である。もっとも，通常のスタートアップではあまり見受けられない。

418 第4部 役職員向けのインセンティブ設計—ストックオプション・持株会等

る（同項1号・2号）。また，令和元年改正会社法において役員報酬等に関する決議事項が改正された一環で，ストックオプションとして新株予約権を付与する場合の決議についても明確化・追加された。具体的には，取締役に対して新株予約権を報酬等として付与する場合や（無償構成），新株予約権と引換えにするための金銭を付与する場合（相殺構成）のいずれも，新株予約権の数の上限等の一定の事項を決議する必要がある（会社法361条1項4号・5号ロ，会社規98条の3，98条の4）。

このうち，スタートアップでも特に問題になり得る株主総会決議事項として，新株予約権の行使条件や取得条項の概要が含まれている。ストックオプションの行使条件や取得条項は，新株予約権の内容や募集事項を記載したいわゆる「発行要項」だけではなく，割当契約と一体となって要件が定められていることもある。そのため，株主総会では，募集事項の決定の際に通常決議される発行要項だけではなく，該当する事項の概要を割当契約から抜き出して決議することや，割当契約のドラフトを示した上で株主総会決議を行うといった対応を検討することになる。

(b) 有償ストックオプション

有償ストックオプションは，付与対象者（役職員等）が付与時における新株予約権の公正な価額を実際に払い込むことから，会社法上の「報酬等」には該当せず，会社法361条の規制の適用を受けないと考えられてきた。もっとも，会計上，従業員等に対して有償ストックオプションを付与する取引は，企業が，従業員等から払い込まれる金銭や，従業員等から受ける労働や業務執行等のサービスの対価として付与するものと整理され，その対価を費用計上すると の考え方が示された[13]。これを契機として，会社法上も，有償ストックオプションが「報酬等」に該当しないか議論されることがある。この点，会社法上の役員報酬規制と会計上の費用計上に関する考え方は異なる目的に基づくものであり，両者は必ずしも一致せず，直ちに会社法上の報酬等への該当性に影響を与

---

12 監査役に対してストックオプションを付与する場合も見受けられる。監査役の報酬等は，定款にその額を定めていないときは，株主総会の決議によって定める（会社法387条1項）。監査役が2名以上いる場合，個別の監査役の報酬等については，定款の定め，株主総会の決議，又は決められた報酬等の枠の範囲内で監査役の協議によって定める（同条2項）。

13 企業会計基準委員会「従業員等に対して権利確定条件付き有償新株予約権を付与する取引に関する取扱い」（平成30年1月12日）（以下「有償ストックオプション実務対応報告」という。）

えるものではないと考えられる[14]。

　もっとも，上場会社において株主総会を開催し，役員報酬等として決議をする必要がある場合の負担に比べて，非上場で株主数が相対的に少ないスタートアップでは，仮に役員報酬規制が適用された場合でも，株主総会を開催して承認決議を得る負担は相対的には重くない。そのため，実務上は，有償ストックオプションを発行する場合でも，保守的に，取締役の報酬等としての株主総会決議をあわせて取得することもある。

　株主総会決議を取得する場合，前述の通り，無償ストックオプション（税制適格・非適格）と同様，令和元年会社法改正をふまえた対応が必要になる。

(5)　ストックオプションと取締役の利益相反規制

　取締役が自己又は第三者のために会社と取引しようとするとき（直接取引）のほか，会社との利益が相反する取引をしようとするときは，取締役は，株主総会（取締役会設置会社の場合は取締役会）において重要な事実を開示し，承認を受けなければならない（会社法356条1項2号・3号，365条1項）。取締役会設置会社の場合，さらに取引後遅滞なく，重要な事実を取締役会に報告しなければならない（同条2項）。

　取締役に対するストックオプションの発行も，会社と取締役との間の直接取引として，利益相反取引規制に服するという考え方もある。役員報酬規制と重複する部分も多いが，実務上は，特に取締役会設置会社において，この利益相反取引の開示・承認を得ることがある。

　なお，取締役が任務を怠ったときは会社に対して損害賠償責任を負うところ（会社法423条1項），直接取引を含む利益相反取引によって会社に損害が生じたときは，取引を行った取締役や，決定・賛成した取締役は，その任務を怠ったものと推定される（同条3項）。ただし，監査等委員会設置会社の場合，監査等委員でない取締役が，利益相反取引について監査等委員会の承認を受けたときは，その任務を怠ったものと推定されなくなるため（同条4項）[15]，監査等委員会設置会社に移行しているスタートアップではこの承認を取得することもある。

14　有償ストックオプション実務対応報告は「当該取引に関する法律的な解釈を示すことを目的とするものではなく」としている。弥永真生「いわゆる有償ストック・オプションと『報酬等』規制」商事法務2158号（2018年）5頁も参照。

15　監査等委員である取締役については，このような例外は設けられていない。

2　取締役会決議とストックオプションの割当て・総数引受契約

(1)　会社法上のプロセス

　株式の発行と同様に，ストックオプションを個々の役職員等に割り当てる際に，以下のプロセスが求められる（会社法242条1項・2項，243条1項・3項）。

✓　発行会社は，ストックオプションの引受けの申込みをしようとする者に対して，一定の事項を通知する
✓　申込者は，一定の事項を記載した書面を発行会社に対して交付する
✓　発行会社は，ストックオプションの割当数等を決定し，割当日の前日までに申込者に通知する

　他方，これも株式の発行と同様に，発行会社とストックオプションを引き受けようとする者との間で総数引受契約を締結する場合には，かかる通知や申込みの手続は不要とされる（会社法244条1項）。実務上は，総数引受契約を締結することが多い。

　割当先の決定も，総数引受契約の締結の承認も，非公開会社であるスタートアップでは，原則として取締役会（取締役会非設置会社では株主総会の特別決議）で決議する必要がある（会社法243条2項，244条3項，309条2項6号）。

　なお，発行会社は，新株予約権を発行した日以後遅滞なく，新株予約権原簿を作成し，一定の事項を記載又は記録しなければならない（会社法249条）。また，登記事項に変更が生じることから，当該変更後2週間以内に，本店所在地において変更の登記をしなければならない（同法911条3項12号，915条1項）。

(2)　付与契約と総数引受契約

　税制適格ストックオプションを発行する場合，付与契約（割当契約）に一定の事項を規定することが，税制適格要件の一つになっている点に注意が必要である（租特法29条の2第1項，第2章第3節2(1)）。

　実務上は，ストックオプションの発行に関する登記申請に用いられるシンプルな総数引受契約と，ベスティング等の具体的な内容を定めた比較的詳細な割当契約の，2種類を締結することも多い。株式の発行において，表明保証等を内容とする詳細な株式引受契約と，シンプルな総数引受契約を締結することがあるのと同様である。

第2節　契約上のストックオプション・プールの処理

　実務上，株主間契約において，スタートアップ・経営株主と投資家との合意として，ストックオプションをはじめとしたエクイティ・インセンティブを役職員等に付与することができる「枠」としてのストックオプション・プールを設けることが多い（第3部第4章第3節4）。

　そして，スタンダードな株主間契約では，このストックオプション・プールの枠内（多くは完全希釈化後株式総数の10〜20％相当）の発行であれば，多数投資家による事前承諾事項や，投資家による新株引受権（Pre-emptive Right）の対象外となっており，株主間契約上の特別のプロセスは要しないことが多い。投資家としては，株主として株主総会決議での承認や，投資家派遣取締役やオブザーバーを通じて取締役会決議での承認を通じて関与・モニタリングすることになる。ただ，例えば，事前承諾事項として新株予約権の発行一般がカーブアウト（除外）なく定められていることもあり，締結している契約を注意して確認する必要がある。

　また，株主間契約上の定めと連動する形で，定款の優先株式の内容としての希釈化防止条項（アンチ・ダイリューション）においても，ストックオプション・プールの枠内でのエクイティ・インセンティブの発行であれば，希釈化防止条項が発動しないようにカーブアウトされているのが通例である（第3部第2章第4節2(2)(c)(i)）。カーブアウトされていないと，優先株式よりも低い権利行使価額が定められることが通例であるストックオプションの発行が，優先株式の希釈化防止条項を発動させてしまい得る。定款と株主間契約のテンプレートに齟齬があったり，株主間契約が変更された際に定款規定の修正をしていなかったりと，両者が連動していない場合も見受けられるので念のため注意が必要である。

　なお，段階的資金調達のもと，資金調達が進むたびに完全希釈化後株式総数も増加するため，ストックオプション・プールが完全希釈化後株式総数の割合として定められている限り，付与できる新株予約権の数も増加する。もっとも，ストックオプション・プールの拡大よりも早くストックオプションを多く付与してしまうことや，そもそも資金調達が進まずにストックオプション・プールが拡大しなかったり，次回の資金調達を行う際にリード投資家からストックオ

プション・プールの割合（％）を引き下げることを求められたりする等，ストックオプション・プールの枠を使い切ってしまう場合がある。そのため，プールの枠を超えないように，人事・資本政策として，資金調達の段階ごとに役職員等に対するストックオプションの配分を慎重に検討していく必要がある。

第3節　金融商品取引法の規制（勧誘規制・開示）

　ストックオプションでも，金融商品取引法（金商法）上の開示義務について注意が必要である。税制適格要件を満たす典型的な役職員の場合，金商法上の開示特例も設けられている。他方，必ずしも両者の要件は一致しておらず，注意が必要になる。また，税制適格要件を満たさない外部協力者等を付与対象者として，税制非適格・有償ストックオプションを付与する場合にも，注意が必要になる。

1　金商法の規制の概要

　株式と同様，新株予約権も，金商法上はいわゆる一項有価証券に該当し（金商法2条1項9号，2項本文），金商法に基づく取得勧誘等に関する規制（業規制・開示規制）を受ける。

(1)　業規制

　株式を発行する場合，発行会社自身による取得勧誘（自己募集・自己私募）は第一種金融商品取引業等の金融商品取引業に該当せず，金融商品取引業者としての登録は不要であった（第3部第5章第3節1）。これと同様に，新株予約権の発行を行うスタートアップも，それだけで金融商品取引業者としての登録が必要になるわけではない（金商法2条8項7号等参照）。

(2)　開示規制

　他方，新株予約権の付与・発行に伴う取得勧誘が金商法上の「募集」に該当する場合，原則として，有価証券届出書の提出が必要となる（金商法4条，5条1項）。有価証券届出書の提出義務がある場合，有価証券届出書の提出前に新株予約権に係る取得勧誘を行ってはならない（同法4条1項）。また，有価証券届出書の提出後，原則として一定の待機期間を経るまで新株予約権を取得さ

せること（その合意を含む）は禁止されている（同法15条 1 項）。

　新規上場申請前のスタートアップが，ストックオプションを発行するために有価証券届出書の提出等の開示を行うことはかなりの負担であり，基本的に想定されない。そのため，ストックオプションの付与対象者の範囲や，付与のタイムライン・プロセスの検討に際して，開示義務を負わない範囲で行われるように常に確認する必要がある。

　実務上は，①付与対象者がスタートアップの役職員であれば，いわゆる「ストックオプション開示特例」の要件を満たすように行われ，②これを満たすことができない業務委託先等の場合には，開示義務を負わない少人数私募として行われることが多い[16]。

【ストックオプション発行の際の開示規制】

> 原則：開示義務（有価証券届出書の提出）
> 例外（実務上行われる手法）：
> 　①　ストックオプション開示特例（役職員向け）
> 　②　少人数私募（業務委託先等向け）

2　ストックオプション開示特例

(1)　概要と実務上の対応

　新株予約権の発行が「募集」に該当する場合でも，一定の場合には有価証券届出書の提出義務を負わない例外が設けられている[17]。

　そのうち，いわゆる「ストックオプション開示特例」（以下「SO開示特例」という。）として，譲渡制限等の一定の要件を満たす新株予約権の募集の相手方が，発行会社やその完全子会社・完全孫会社（それらの発行済株式の全てを保有している場合の会社）の，取締役，執行役，監査役，会計参与又は使用人

16　そのほか，適格機関投資家私募，特定投資家私募といった類型もあるが，省略する。

17　本文で言及したSO開示特例以外の開示義務の例外として，例えば，当該新株予約権の発行価額の総額と行使価額の総額の合計が 1 億円未満である場合（金商法 4 条 1 項 5 号，開示府令 2 条 5 項 1 号）等がある。ただし，総額1,000万円超の場合は有価証券通知書が必要となる（金商法 4 条 6 項，開示府令 4 条 5 項）。

である場合には，有価証券届出書の提出義務を負わない（金商法4条1項1号，金商令2条の12第2号，開示府令2条2項・3項）。募集の相手方が，有価証券届出書の記載事項に関する情報を既に取得し，又は容易に取得することができることに基づく。

　ストックオプションの付与対象者に1名でもこれらに該当しない者が含まれている場合，そのストックオプションの発行全体についてSO開示特例が適用されず，有価証券届出書の提出が必要になってしまうことに注意が必要である（開示ガイドラインB4-2②）。そのため，税務上の取扱いとして税制適格か否かとは別の問題として[18]，付与対象者に業務委託先や，まだスタートアップの従業員（使用人）となっていない内定者等，SO開示特例を用いることができない外部の者が存在しないかは，十分確認が必要である[19]。

　実務的には，付与対象者によって決議を分ける等，SO開示特例の対象となる者と，少人数私募の対象となる者の，それぞれに対して別の募集が行われるようにし，開示義務を負わないようにする対応がとられる[20]。

18　税務上は，付与対象者ごとに税制適格要件が判断され，税制適格の対象外である者以外の役職員等が取得したストックオプションは，税制適格として取り扱われる。

19　本文では，説明のわかりやすさのために，新株予約権の「発行」や「付与」といった，金商法の概念に必ずしも対応していない説明を行っている。もっとも，金商法上，新株予約権の「募集」に該当するかどうかは，実際の発行・付与時ではなく，その手前の取得勧誘時に判断される。そのため，厳密には，求職者や内定者に対してストックオプションをインセンティブとして提示する場合でも，新株予約権の「取得勧誘」に至ってしまう程度の行為を行わないことも重要である。

20　パブリックコメント回答によれば，取締役会でその相手方の区分ごとに，SO開示特例を用いることができる役職員とそれ以外について，別議案として発行決議をする場合や，翌日に決議を行う場合には，基本的にいずれの新株予約権についても届出は不要とされている（平成23年4月6日金融庁パブコメ回答2～5番）。

　　もっとも，同一の取締役会において相手方の区分ごとに別議案として発行決議をする場合や，翌日に別の取締役会決議を行う場合であっても，投資者保護の観点から1つの新株予約権の募集として取り扱うことが適切である場合もあるとされ，留保がある。1つの新株予約権の募集として扱われると，役職員に対するストックオプションを含む全体の発行がSO開示特例を用いることができず，本文で述べた少人数私募における3か月・49人通算における算定に含まれる。

　　どのような場合が「投資者保護の観点から1つの新株予約権の募集として取り扱うことが適切」かは明らかにされていない。そのため，実務上，上場を控えている等の理由で保守的に対応する場合には，別日の取締役会決議としたり，行使価額や行使期間等を異なるものとすること等で，実質的に1つの新株予約権の募集と解釈されないような処理を行うこともある。

第4章　ストックオプションの発行に係るプロセスと規制　425

(2)　税制適格要件との関係

　なお，税制適格ストックオプションの対象となる付与対象者と，SO開示特例の対象となる付与対象者の範囲は，異なることに注意が必要である。

　発行会社であるスタートアップ自身の取締役や従業員である限り，いずれも満たすことが通常であるが，例えば，役職員がスタートアップの大口株主（非上場会社であれば発行済株式総数の3分の1を超える数の保有者）やその親族等の特別関係者である場合，税制適格要件を満たさない。

　他方，「子会社」や「孫会社」の役職員にストックオプションを付与しようとする場合，発行会社が直接・間接に50％超の議決権付株式を保有している子会社等であれば税制適格要件を満たすが，SO開示特例の対象となるのは完全子会社や完全孫会社（発行会社が発行済株式の総数を直接・間接に保有している場合）の役職員に限られる。

　税務上と金商法上の双方の観点から，付与対象者の属性について常に慎重に確認する必要がある。

【税制適格要件とSO開示特例の差異】

	対象者の所属会社	対象者の地位
税制適格 ストックオプション （租税特別措置法）	・発行会社 ・発行会社が<u>直接・間接に50％超の株式</u>（議決権のあるものに限る）を保有する法人	・取締役，執行役，使用人 ・認定を受けた場合の<u>一定の社外高度人材</u> ×<u>付与決議日における大口株主やその特別関係者</u> ×<u>会計参与，監査役</u>
ストックオプション 開示特例 （金融商品取引法）	・発行法人 ・完全子会社又は完全孫会社（<u>発行会社が発行済株式の総数を直接・間接に保有</u>） ×<u>議決権50％超にとどまる子会社</u>	・取締役，<u>会計参与，監査役</u>，執行役又は使用人 ×<u>社外高度人材を含む社外者</u>

3 少人数私募

(1) 概要と実務上の対応

SO開示特例は，新株予約権の発行が仮に「募集」に該当するとしても，開示が不要になる特例であった。これに対して，スタートアップが発行するストックオプション目的による新株予約権の発行がそもそも「募集」に該当しない主な場合として，いわゆる少人数私募がある。

少人数私募に該当するためには，以下の要件を満たす必要がある（金商法2条3項1号・2号ハ，金商令1条の5・1条の7第2号ロ(1)・イ(1)）。

(i) 新株予約権の目的である種類の株式について，有価証券報告書提出義務の発生事由に該当したことがないこと
(ii) 勧誘対象者の人数が50名未満であること

非上場のスタートアップであれば通常は(i)は満たすことができるが，(ii)勧誘対象者の人数が50名未満であることが問題となる場合がある。「勧誘対象者の人数が50名未満」に該当するかの算定は，1回の発行だけでなく，株式の場合の少人数私募と同様（第3部第5章第3節2），3か月以内に発行された「同一種類の有価証券」についての取得勧誘を通算して，50名以上を相手方として取得勧誘をすることになる場合，開示が求められる（金商令1条の6）。

そして，新株予約権の場合，「同一種類の有価証券」かどうかは，新株予約権の行使により取得される株式に係る①剰余金の配当，②残余財産の分配，③株式の買受け，④議決権を行使することができる事項が同一であるかどうかにより判断される（定義府令10条の2第1項4号ロ・10号，2項）。

そのため，異なる回号のストックオプションでも，典型的な普通株式を取得するものである限り，全て「同一種類の有価証券」として整理され，少人数私募における通算の対象となり得る。そのため，発行時期と人数に注意が必要である。

ただし，SO開示特例によって勧誘された対象者は，ここでは通算されない。前述の通り，SO開示特例を用いることができない業務委託先等の付与対象者については適切に区別して勧誘・決議・発行を行った上で，それらの対象者への発行について時期・人数が抵触しないかを確認することになる。特にメンバーが増え，インセンティブとしてのストックオプションを発行することも増える

第4章　ストックオプションの発行に係るプロセスと規制　427

レイターやプレIPO時等で注意が必要である。

(2)　参考：転売制限・告知義務

　なお，少人数私募に該当するためには，金商法上，一定の有価証券については，一括して譲渡する場合以外に譲渡することが禁止される旨等の「転売制限」[21]が課せられている必要がある。加えて，原則として勧誘時に，相手方に対して，その有価証券に転売制限が付されている旨等を告知し，また発行時までに，当該告知すべき事項を記載した書面（いわゆる「告知書」）を交付しなければならないとされている（告知義務〔金商法23条の13第4項・5項，開示府令14条の15〕）。

　新株予約権に関連するものとして，新株予約権付社債であれば，転売制限と告知義務が課せられている（金商法2条3項2号ハ，金商令1条の7第2号ロ(4)，定義府令13条1項・2項2号）。他方で，新株予約権そのものを発行する場合には，転売制限と告知義務が課せられていない[22]。これにより，ストックオプションやコンバーティブル・エクイティ型有償新株予約権を発行する場合には，転売制限と告知義務に服さずに，少人数私募として行うことができる。

　ただし，新株予約権の内容や，契約において，新株予約権の譲渡制限が課せられている場合があり，その場合は，別途，会社法や契約に従った譲渡承認等のプロセスを経る必要がある。

第4節　取引所の規則（ロックアップ・開示等）

　上場前の一定期間内に割り当てられたストックオプションとしての新株予約権については，証券取引所の規則により，取得者が一定期間の継続所有の確約をすること（制度ロックアップ）や，発行会社が割当てについての開示や帳簿保存をすることが求められている。概要は以下の通りである。詳細については，

21　一般的に譲渡を行おうとするときに取締役会や株主総会の譲渡承認が必要とされるという，会社法上の「譲渡制限」とは異なり，「転売制限」は金商法の規制である。

22　金商令1条の7第2号ロ(2)で「当該新株予約権証券等（新株予約権証券及び新投資口予約権証券を除く。以下ロにおいて同じ。）」とされており，「新株予約権証券等」という文言にもかかわらず，新株予約権（証券）そのものの少人数私募には転売制限は課せられていない。また，少人数私募により，社債を発行せずに新株予約権そのものを発行する場合，告知義務は課せられていない（金商法23条の13第4項・5項）。

428 第4部 役職員向けのインセンティブ設計―ストックオプション・持株会等

IPOに関するパートを参照（第6部第5章第1節2(2)）。

	対象となるストックオプション	規制の概要
継続所有・確約	上場申請日の直前事業年度の末日の1年前の日以後に割り当てられたストックオプションとしての新株予約権（上場日の前日までに行使・転換された株式等を含む）	取得者は，新株予約権の割当日から上場日の前日又は当該新株予約権の行使を行う日のいずれか早い日まで所有すること（継続所有）の確約
開示・帳簿保存	上場申請日の直前事業年度の末日の2年前の日から上場日の前日までの期間に割り当てられた新株予約権[23]	✓ 上場申請会社は，割当ての状況を，新規上場申請のための有価証券報告書（Iの部）に記載 ✓ 上場申請会社は，上場日から5年間，割当ての状況に関する記載の内容についての記録を保存する義務。また，東証が必要に応じて行う提出請求に応じる義務。

　特に，ストックオプションとしての新株予約権の割当てを受けた者が，新株予約権やその行使による株式について，確約に基づく所有を現に行っていない場合には，一定の場合を除き，東証は，上場申請の不受理又は受理の取消しの措置をとるとされている等，重大な影響を及ぼすため，注意が必要である。

　ストックオプションを含む第三者割当等による新株予約権の割当てを行った場合，割当日より継続所有の義務が生じるため，確約は割当日前に原則として締結することが求められている[24]。付与対象者の数が多くなることから，実務上の負担を減らしつつ漏れなく確約を取得する工夫が必要となり得る。例えば，従業員説明会において各種書類に対して一括でサインを求めたり，電子署名により割当契約を締結する場合にはあわせて確約書への電子署名を求めたりする

23　この新株予約権は，ストックオプションとしての新株予約権に限られない。
24　新規上場ガイドブック（グロース市場編）152頁Q4。

なお，いわゆる一般的な「ストックオプション」として割当てを受けた新株予約権であっても，取引所規則上は，発行会社又はその子会社の役員又は従業員以外の者（業務委託先等）については，上の概要と異なり，むしろ投資家等に割り当てられた株式（募集株式）と同様の取扱いを受ける（募集新株予約権）。具体的には，継続所有期間が長くなる（割当てを受けた日から上場日以後6か月間を経過する日又は割当日以後1年間を経過する日のいずれか長い方まで）等の違いが出るため，注意が必要になる。詳細については，前述の通りIPOに関するパートを参照。

〈参考〉上場前の第三者割当増資等に関する規制の概略

区分	確約対象となる割当期間	継続所有期間	提出書類
株式	基準事業年度の末日の1年前の日以降	上場日以後6か月又は1年	継続所有等に係る確約を証する書類
新株予約権		上場日前日まで	上記に加え，割当てに係る取締役会議事録及び譲渡制限を証する書類
ストックオプション			

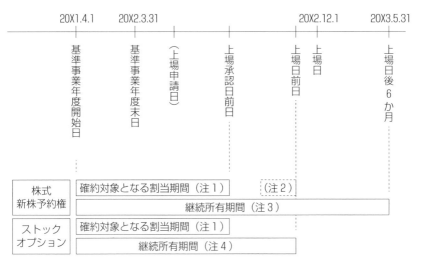

（注1）　上場申請日の直前事業年度末日の1年前の日以後において割り当てられた募集株式，募集新株予約権，ストックオプションとしての新株予約権が確約の対象となる。

（注2）　新規上場時の公募・売出しと並行して行われる第三者割当（当該公募・売出しにおける発行価格と同一の条件の場合に限る）に関しては，割当予定の株式に係る継続所有等の確約を証する書類を上場承認の前日までに提出することで実施可能となる。

（注3）　割当日から上場日以後6か月間を経過する日までが継続所有期間となる。なお，上場日以後6か月間を経過する日が割当日から1年間を経過していない場合は，割当日から1年間経過する日までが継続所有期間となる。

（注4）　割当日から上場日の前日までが継続所有期間となる。

出典：新規上場ガイドブック（グロース市場編）

第5章

従業員持株会

非上場スタートアップにおいて従業員持株会を設置することは可能か。
従業員持株会に対して適用される法規制で留意すべき事項は何か。

　非上場スタートアップにおけるストックオプション以外のインセンティブとして，従業員持株会が設けられることがある。従業員は，従業員持株会に加入することで，自らの手元資金と発行会社からの奨励金等を原資とし，株式を購入することができる。従業員は，特に上場後，配当を受領したり，自身の証券口座に株式を振り替えて売却したりすることによって，会社の成長から利益を得る。

　上場を目指すスタートアップにおいて従業員持株会を設立・運営する場合，上場後の従業員持株会において問題になる各種の規制（金商法や取引所規則）を念頭に，証券会社等が設立・運営の支援を行い，上場後の運営を見据えつつ非上場時についての調整を加えた規約[1]等を制定して運営がなされることが多い。そして，持株制度の運営を適正かつ円滑な運営に資するよう，日本証券業協会が，会員（証券会社）が取り扱う持株制度に係る事務の取扱いに関する指針として「持株制度に関するガイドライン」（以下「持株制度ガイドライン」という。）を定めており，証券会社等が支援を行う規約や運営は，持株制度ガイドラインに沿ったものとなっている。以下では，そのような典型的な従業員持株会についていくつかの留意点を簡単に検討する[2]。

1　典型的には，上場会社の従業員持株会向けの規約に，非上場時に異なる取扱いをする
　事項についての附則を設けている。

432　第4部　役職員向けのインセンティブ設計—ストックオプション・持株会等

第1節　概　要

　上場を目指すスタートアップにおける従業員持株会は，典型的には，参加する従業員の全員を組合員とする，民法上の組合（民法667条1条）として設立される（全員組合員方式）[3]。この場合，組合員である会員は，自己資金や会社からの奨励金を持株会に拠出し，その拠出金は組合財産となる。

　非上場会社における，全員組合員方式の従業員持株会の主な特徴は，以下の通りである。

持株会の財産	組合である持株会は，会員（組合員）による拠出金や報奨金をもとに株式を取得し，この株式も組合財産となる。
名義・管理	取得した株式は，会員全員を共同委託者，理事長を受託者とする管理信託財産として保管される[4]。
議決権の行使等	✓　理事長は，株主総会招集通知の内容を会員に周知させ，議決権を行使する。 ✓　各会員は総会ごとに理事長に対して議決権の行使をする旨の指示ができる（そのため，理事長が株式ごとに議決権を不統一行使する場合がある）。
会員の金銭的リターン	✓　持分に応じた配当を受けられるほか，会員の持分が売買単位相当に達した場合，申出によって株式の会員名義への書換えを受けて直接保有することができる。 ✓　もっとも，非上場の間は，規約において会員名義への書換えを制限する旨定めることが多い。

2　いわゆる持株会には，拡大従業員持株会，役員持株会や取引先持株会も存在する（持株制度ガイドラインI第1章3.参照）。本書では，上場を目指すスタートアップや場合によってはその子会社の従業員を対象とする，従業員持株会について記載する。

3　「全員組合員方式」に対して，一部の従業員のみを会員として持株会を組織し，その他の従業員はその参加者となる「少数組合員方式」や，持株会の会員が信託銀行と信託契約を締結することにより株式の売買や管理を委ねる「信託銀行方式」も存在するが，本書では省略する。

4　持株制度ガイドラインI第2章12.参照。なお，従業員は組合員として株式を共有（民法上の合有）し，組合持分を有しており，同じく組合員である理事長に対しては，組合持分が信託されていると考えられる（太田洋監修『新しい持株会設立・運営の実務〔第2版〕』17頁参照）。

| 脱退・払戻し | ✓ 会員が，退職等により資格を失った場合，従業員持株会を退会する。 |
| | ✓ 非上場の場合，売買単位相当かそれ未満かにかかわらず，従業員持株会が一定額（通常は取得価格）で株式を買い取ることができる旨を規約に定め，金銭による精算を行うことが通常である[5]。 |

第2節　従業員持株会に対する規制

　組合として従業員持株会を設立・運営する場合には一定の規制に留意する必要がある。特に，金融商品取引法や取引所規則等の規制が問題になる。例えば，組合持分が集団投資スキーム持分（有価証券）に該当し得るため，その勧誘（持株会の設立や加入）について金融商品取引法（金商法）上の規制が問題になる（下記1）。

　また，従業員持株会のインセンティブとしての機能を発揮するためには，発行会社による一定の奨励金が支払われる例がある。これを原資に株式を発行する以上，会社法制や労働法制の論点は生じる（下記2）。

　加えて，上場を目指すスタートアップに特有の論点として，取引所規則による上場前規制（下記3）や，上場時の募集・売出しに際して従業員持株会が引き受ける，いわゆる「親引け」の問題（下記4）もある。

　なお，従業員持株会は発行会社の株式の取得・売買を行うため，上場会社の場合は公開買付規制，大量保有報告規制，インサイダー取引規制等の規制も問題になる。上場を目指す非上場のスタートアップにおけるインセンティブとしての従業員持株会について検討する本章では，これらは省略する（上場株式を取引する際の規制の概略については，第6部第8章第1節も参照）。

1　集団投資スキーム持分と適用除外

　従業員持株会を，民法上の組合として設立し，従業員が会員として権利（組

5　持株制度ガイドラインⅠ第2章16.参照。なお，このような売渡強制条項について，裁判例では有効性が肯定されているが，持株会の目的や売渡強制条項の合理性，市場価格のない株式の時価評価の困難性，キャピタルゲインの保障の程度，配当実績等を総合的に考慮していることが指摘されている（太田監修・前掲注4）207～209頁参照）。

434　第4部　役職員向けのインセンティブ設計―ストックオプション・持株会等

合持分）を取得する場合，その持分は，金商法上の集団投資スキーム持分として，いわゆる二項有価証券に該当し得る（金商法2条2項5号）。

　　民法上の組合持分が，集団投資スキーム持分に該当するための要件は，おおむね以下の通りである。

【（組合における）集団投資スキーム持分の要件】

> ✓　出資者（組合員）が出資・拠出した金銭等を充てて事業を行うこと
> ✓　当該事業から生ずる収益の配当・事業に係る財産の分配を受けることができる権利であること
> ✓　一定の例外に該当しないこと（従業員持株会について，以下参照）

　　従業員が拠出した金銭をもとに（事業として）株式を取得し，配当や売却による収益を分配する従業員持株会の持分は，これに該当し得る。

　　集団投資スキーム持分に該当すると，その発行者（従業員持株会の運営者）は，次のように金商法上の業規制（登録等の義務）と開示規制（有価証券届出書や有価証券報告書の提出義務）を受ける場合がある。

【集団投資スキーム持分に対する金商法上の規制】

業規制	✓　自己募集・自己私募：第二種金融商品取引業の登録（金商法2条8項7号ヘ，28条2項1号，29条） ✓　主として有価証券等に係る権利に対する投資として行う自己運用：投資運用業の登録（金商法2条8項15号ハ，28条4項3号，29条）
開示規制	出資対象が主として有価証券に対する投資を行う事業（※）である場合（金商法3条3号イ(1)，4条1項，金商令2条の9第1項） （※）出資・拠出した金銭等の財産の合計額の50%超を充てて有価証券に対する投資を行う事業

　　もっとも，従業員持株会の運営者が，金融商品取引業者としての登録を受けることや，有価証券届出書等の開示を行うことは現実的ではない。金商法上，一定の要件を満たす権利は，規制を受ける有価証券から除外されている。従業員持株会の場合は，以下の要件を満たす必要がある（金商法2条2項5号ニ，金商令1条の3の3第5号，定義府令6条）。

第5章　従業員持株会　435

【従業員持株会が集団投資スキーム持分から除外される場合】

対象者	株式の発行会社・子会社の役員・従業員（役員等）
内容	他の役員等と共同して当該発行会社の株式の買付けを，一定の計画に従い，個別の投資判断に基づかず，継続的に行うことを約する契約
出資金額	各役員等の1回当たりの拠出金額が200万円に満たないもの[6]

　持株制度ガイドラインではこれを具体化・詳細化しており，証券会社等が用意する規約類はそれに従ったものとなっている。スタートアップとしては，証券会社等の支援も受けながら，前広に具体的な事案（特に資金調達がある場合等）において支援を求めていくことになる。

2　奨励金

　上場会社の持株会は，市場（取引所）において随時株式を取得することが可能である。これに対して非上場会社であるスタートアップの持株会は，主に新株の発行（新たな資金調達）の際に株式を取得することになる。

　この場合，インセンティブとしての性質を強めるために，持株会を通じた株式取得に際し，発行会社（又は発行会社の子会社）が会員である従業員に付与する金銭として，奨励金が付与される場合がある[7]。この奨励金は，福利厚生制度の一環として取り扱われる。

　奨励金を付与することは，会社から従業員に対して利益を付与することであることから，例えば，以下のような会社法や労働法上の論点が生じ，また税務上の取扱いも問題になる。

6　2025年1月1日から施行（それまでの100万円から引き上げ）。
7　持株制度ガイドラインⅠ第1章3．定義参照。

436　第4部　役職員向けのインセンティブ設計—ストックオプション・持株会等

株主平等原則 （会社法109条1項）	持株会の会員が一般株主よりも多くの配当金を受領し，不平等になることを避けるために，奨励金は定時拠出金に関して付与され，臨時拠出や配当金の再投資の際には付与されないことが通常である[8]。
株主の権利行使に関する利益供与の禁止 （会社法120条1項） 取締役の善管注意義務 （会社法330条，民法644条）	奨励金の付与という財産上の利益を（従業員）株主に供与することは，それが株主の権利行使に関し行われた場合，違法な利益供与となる。また，過大な額の奨励金を支払うことは，取締役の善管注意義務違反の問題も生じ得る。 これらの観点から，奨励金の付与が相当であるかは，少なくともビークルや従業員による議決権行使の独立性が確保されていることに加え，従業員の参加・脱退，あるいは保有株式の処分に対する制約や，財政的支援の内容が，従業員の福利厚生やインセンティブ確保という目的からみて合理的なものであることといったことが必要になると考えられている[9]。
特に有利な金額による株式の発行に係る規制 （会社法199条3項）	払込金額自体が特に有利な金額に該当しない限り，新株発行や自己株式処分の際に取得者に対する財政支援を行うことで，直ちに有利発行に該当するものではないと考えられている[10]。
賃金通貨払いの原則 （労基法24条）	従業員持株会への入退会が真に従業員の自由意思に委ねられている限り，奨励金が労基法上の賃金に当たらないことから，当該奨励金によって取得した株式も賃金に当たらず，賃金の「通貨払いの原則」に抵触することはないものと考えられている[11]。
税務上の取扱い	報奨金は，実務上，会員である従業員各個人の給与所得として課税される[12]。

8　持株制度ガイドラインI第2章9.(1)参照。

9　経済産業省・新たな自社株式保有スキーム検討会「新たな自社株式保有スキームに関する報告書」（平成20年11月17日）19〜21頁。なお，太田監修・前掲注4）71〜74頁では，従業員が拠出した額に対する割合や，会社の規模，経営・財務状態，従業員の給与・賞与水準，他の福利厚生制度の金額，競合他社における状態等の諸般の事情を考慮して，従業員の福利厚生という導入目的から相当かどうかを判断する旨も示されている。

10　前掲注9の経済産業省報告書22頁。

11　前掲注9の経済産業省報告書23頁。

12　持株制度ガイドラインII1.参照。

3　上場前規制

　従業員持株会も，株式を取得し，市場で売却することが想定されているところ，個々の投資家等が株式を引き受けたり譲り受けたりする場合と同様，従業員持株会についても，上場前の一定の期間に行われた第三者割当や株式の移動状況について，一定の制限や，発行会社による開示義務が課される。これらは，従業員持株会以外でも同様に問題になることから，詳細については第6部第5章第1節を参照。

4　上場時の従業員持株会による株式の引受け（親引け）

　「親引け」とは，株券等（株式）の募集・売出しの際の引受けに関して行われる，発行者（スタートアップ）が指定する販売先への売付けをいう。

　日本証券業協会の「株券等の募集等の引受け等に係る顧客への配分等に関する規則」（以下「配分規則」という。）によれば，証券会社は，募集等の引受け等を行うにあたっては，市場の実勢，投資需要の動向等を十分に勘案した上で，当該募集等の引受け等に係る株券等の配分が，公正を旨とし，合理的な理由なく特定の投資家に偏ることのないよう努めなければならないとされており，原則として親引けは禁止されている[13]。

　もっとも，株式の募集又は売出しの場合で，当該募集及び売出しに係る株式数の10%を限度として持株会等を対象とするときには，一定の要件を満たす限り，親引けは例外的に許容されている[14]。従業員持株会が，上場時に株式を取得する方法として，実務上用いられている。

13　配分規則2条1項・2項本文。
14　日本証券業協会「親引けガイドライン」3項(1)ニ。

第**5**部
▼
デット（負債）を用いた
資金調達

序

　スタートアップは事業のリスクが高いため，特に日本のスタートアップにおいて，資金調達の方法は，伝統的には借入れや社債の発行といったデット（負債）よりも，株式や有償の新株予約権の発行といったエクイティ（資本）が中心であった。

　一方，日本のスタートアップでも，デットによる資金調達は行われてきた。スタートアップに限らない中小企業向けと同様の融資や与信（通常の銀行借入れや当座貸越等）も，信用力次第で利用されてきた。他方，スタートアップに特徴的な類型として，伝統的には創業期スタートアップの支援のために政策的に設けられた融資や，ブリッジファイナンスによるつなぎ融資・救済融資が目立った。

　これに対して，近年，日本のスタートアップでも，海外と同様，創業期に限られない積極的な事業拡大を目的とした，金融機関による融資や，デットファンド等への社債の発行による資金調達も拡大してきている。近時は，通常の銀行融資を含めたスタートアップによるデット性の資金調達方法を，広く「ベンチャーデット」と呼ぶことも増えているが，近時盛んになってきたこの類型，特にスタートアップの特性をふまえた商品設計を，特にベンチャーデットと呼ぶことも多い。日本では，米国のSilicon Valley Bank（SVB）等のスタートアップ向け金融機関により定着している資金調達手法として注目が高まったと思われる。日本の非上場スタートアップでも，デットを用いた100億円規模の資金調達も現れている。

【スタートアップによるデット性の資金調達の主な類型】

> ①　通常の銀行融資・当座貸越等
> ②　スタートアップ振興のための融資制度（政策金融公庫・信用保証協会）
> ③　ブリッジファイナンス（つなぎ融資）
> ④　事業拡大のための成長性に着目した融資（ベンチャーデット）

　スタートアップによるデット性の資金調達のうち，通常の銀行融資・当座貸越等以外について，以下の順で見ていく。まず，近時拡充されているスタートアップ振興のための融資制度として，政策金融公庫からの融資や，信用保証協

会を用いた民間金融機関からの運転資金の借入れを見る（第1章）。次に，スタートアップにおいて伝統的に用いられてきた，転換社債型の新株予約権付社債等を用いた「つなぎ融資」としてのブリッジファイナンスについて検討する（第2章）。

また，特にスタートアップ等の中小企業が融資を受ける際に伝統的に課題とされてきた，経営者保証と現在の状況について触れる（第3章）。関連して，今後，経営者保証に依存しない融資慣行となることが期待されるにあたって，不動産等を持たないスタートアップにおいて活用が見込まれる，会社の総財産を担保目的財産とする新たな担保制度としての「企業価値担保権」について簡単に紹介する。

その上で，近時増加している，いわゆるベンチャーデットについて検討する。欧米での活用状況や，そのうち新株予約権（ワラント）を用いることが多い狭義のベンチャーデットの発展と主要タームについて検討するほか，日本におけるスタートアップ向けのデットファイナンスの実例や，規制上の留意点について検討する（第4章）。

第1章　スタートアップ振興のための融資制度
第2章　ブリッジファイナンス
第3章　経営者保証・新たな担保制度（企業価値担保権）
第4章　ベンチャーデット

442　第5部　デット（負債）を用いた資金調達

第1章

スタートアップ振興のための融資制度（政策金融公庫・信用保証協会）

> 創業期やシード期のスタートアップが活用しやすい融資にはどのようなものがあるか。シード期以降でも利用可能か。民間金融機関の融資でスタートアップ向けの制度は存在するか。

　創業期やシード期のスタートアップが活用しやすい融資として，日本政策金融公庫が提供するスタートアップ向け融資や，信用保証協会を利用した金融機関からの融資が存在する[1]。これらは，経営者保証に依存しないスタートアップ・創業融資の促進（詳細は第3章を参照）の一環として近時導入・拡充されているところ，シリーズA以降やミドル期，上場が視野に入ったスタートアップが活用できる制度も設けられている。

【スタートアップ振興のための融資・保証】

(1)　日本政策金融公庫のスタートアップ向け融資
(2)　信用保証協会による保証と「スタートアップ創出促進保証制度」

1　その他，市区町村が金融機関に対して低金利で融資を受けられるようにあっせんする中小企業事業資金融資あっせん制度等も存在する。

第1章　スタートアップ振興のための融資制度（政策金融公庫・信用保証協会）　443

第1節　日本政策金融公庫のスタートアップ向け融資

　日本政策金融公庫のスタートアップ向け融資には，従来からスタートアップ等の中小企業向け融資で求められてきた経営者による個人保証（経営者保証，詳細について第3章第1節参照）が，不要とされているものも多い。創業期～シード期によく利用されているほか，近時はシリーズAからミドル期，上場が視野に入ってきたスタートアップが活用できる制度もある。主に，以下のような制度がある。それぞれの制度については，日本政策金融公庫のHP等から最新の情報を取得されたい。なお，日本政策金融公庫は「民業補完」を目的としており[2]，原則は民間と協調融資になる。

① 新規開業資金
② スタートアップ支援資金
③ 新株予約権付融資制度（スタートアップ支援資金）
④ 新事業育成資金
⑤ 資本性ローン

　①新規開業資金は，新規事業開始～事業開始後おおむね7年以内までの事業者が，7,200万円（うち運転資金4,800万円）を融資限度額[3]として利用可能な制度である。特に，新規事業開始～税務申告2期終了までのスタートアップについては，無担保かつ経営者保証を不要とし，金利優遇等も受けられる。

対象者	新規事業開始～事業開始後おおむね7年以内までの事業者
資金使途	新規事業開始，又は事業開始後に必要とする設備資金及び運転資金
融資限度額	7,200万円（うち運転資金4,800万円）
利率	基準利率。ただし，起業促進のための一定の要件に該当する場合，特別利率

2　株式会社日本政策金融公庫法1条の設置目的も参照（「一般の金融機関が行う金融を補完することを旨としつつ」）。

3　2024年4月に，融資限度額3,000万円（旧：新事業融資制度）から拡充された。その他，運転資金目的の返済期間の延長や，自己資金要件の撤廃等の拡充が行われた。

担保・保証	新規事業開始〜税務申告２期終了までは原則として無担保・経営者保証は不要

②スタートアップ支援資金は，一定のVCファンドから出資を受けていたり，J-Startupプログラム等の選定対象であったりするスタートアップが，事業計画書を策定し，事業の成長を図ることを前提に，20億円[4]を上限に，経営者保証を不要として融資を行う。①新規開業資金の次のステージでの活用が想定され，シリーズA以降のVC等によるエクイティ性の資金調達と併せて行われることも多い。

また，スタートアップ支援資金のうち，③新株予約権付融資制度は，融資（社債又は貸付け）の際に，スタートアップが新たに発行する新株予約権を公庫が取得する代わりに，必要な資金を無担保・無保証で供給する仕組みである。メカニズムとしては，ブリッジファイナンスとしてのコンバーティブル・デット（第２章第２節）やワラント付きベンチャーデット（第４章）が参考になるが，公庫は，新株予約権を行使して株式を取得することは行わず，株式の時価が行使価額の２倍以上となった場合又はIPO時のいずれか（タイミングは融資時に選択）に，経営責任者又はそのあっせんした者に新株予約権のまま売却をするため[5]，非上場時には基本的には希釈化が起こらないことが特徴となる[6]。

4　2024年２月に，それ以前の上限14億４千万円から拡充が図られた。

5　大株主である経営陣が上場後に新株予約権を取得しようとする場合，強制公開買付け（TOB）等のルールに留意する必要がある。自社株TOB，分配可能額といった規制がかからない発行会社による新株予約権の取得が選択される場合もある。なお，2024年の金融商品取引法改正で，強制公開買付けの要件が，株券等所有割合３分の１超から30%に引き下げられ，立会内取引も適用対象とされる一方，一定の除外事由が設けられる等の改正がなされた（金商法27条の２第１項等，公布から２年以内施行）。

6　実務上は，公庫が取得する新株予約権は，通常は株主間契約のストックオプション・プールによる投資家の事前承諾事項や優先引受権の対象外とはされていないため，対応が必要になる（第３部第４章第３節４，同第７章第３節３，４参照）。また，融資金額によっては融資自体が事前承諾事項となっている場合もある。

第1章　スタートアップ振興のための融資制度（政策金融公庫・信用保証協会）　445

【日本政策金融公庫の新株予約権付融資制度（スタートアップ支援資金）】

融資限度額	20億円
権利行使価額	新株予約権取得時（融資時）の株式の時価
利率（年）	基準利率（上限2.5%）
返済期間	20年以内（うち据置期間10年以内）
予約権割合（権利行使価額の総額/融資金額）	原則として100%とし，個別事情を勘案の上，10%を下限に決定する
新株予約権の行使等	・公庫は，新株予約権を行使して株式を取得しない。 ・原則として，IPO等の一定の条件に達した場合に経営責任者等に新株予約権を売却する。 （新株予約権の売却時期：株式の時価が行使価額の2倍以上となった場合又はIPOのいずれかを，融資時に選択）

　④新事業育成資金は，新たな事業を事業化させておおむね7年以内の事業者で，公庫の成長新事業育成審査会から事業の新規性・成長性の認定を受けた者等が，7.2億円を限度額として融資を受けられる。ただし，一定の要件に該当すると個人保証が必要となる場合がある。

　⑤資本性ローンは，金融検査上，一定の金額を自己資本としてみなすことができる債務であるという特徴がある。ただし，会計上の分類はあくまで「借入金」となることに注意が必要である。

第2節　信用保証協会による保証とスタートアップ創出促進保証制度

　信用保証協会を利用した金融機関からの融資は，中小企業が金融機関から融資を受ける際，信用保証協会が債務保証をする制度である。金融機関や各都道府県等の信用保証協会が窓口となる。

【信用保証制度の例（東京都の例）】

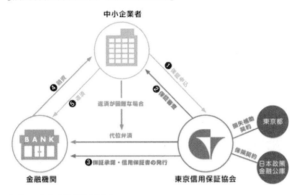

出典：東京信用保証協会HP

　スタートアップが利用する制度として，伝統的には，事業を営む前や創業後5年未満の法人等が，保証限度額3,500万円まで利用可能な「創業関連保証」が用いられてきた。各信用保証協会所定の保証料率を支払うこととなる[7]。
　ただし，代表取締役等による個人保証（経営者保証）も求められる場合も多く，起業・創業の促進に限界があることも指摘されてきた。そこで，無担保かつ経営者保証を不要とする創業時の新しい信用保証制度として，2023年3月から「スタートアップ創出促進保証制度」の保証取扱いが開始された[8]。

【スタートアップ創出促進保証制度の概要】

保証対象者	・創業予定者，創業後5年未満の法人・法人成り企業 ・分社化予定者，分社化後5年未満の法人
保証限度額	3,500万円
保証期間	10年以内
据置期間	1年以内（一定の条件を満たす場合には3年以内）
金利	金融機関所定

7　東京信用保証協会の創業関連保証で，0.35〜0.60%程度とされる。
8　https://www.chusho.meti.go.jp/kinyu/2023/230220startup.html

第1章　スタートアップ振興のための融資制度（政策金融公庫・信用保証協会）　447

保証料率	各信用保証協会所定の創業関連保証の保証料率に0.2%上乗せした保証料率
担保・保証人	不要
その他	・創業計画書（スタートアップ創出促進保証制度用）の提出が必要。 ・保証申込受付時点において税務申告1期未終了の創業者にあっては創業資金総額の1/10以上の自己資金を有していることを要する。 ・本制度による信用保証付融資を受けた者は，原則として会社を設立して3年目と5年目のタイミングで中小企業活性化協議会による「ガバナンス体制の整備に関するチェックシート」に基づいた確認・助言を受けることを要する。

第3節　新たな信用保証制度等（保証料率の上乗せによる経営者保証の撤廃）

　後述（第3章第1節）の経営者保証改革プログラムをふまえて，全国銀行協会と日本商工会議所の経営者保証ガイドラインで定められている，経営者保証を提供することなく資金調達を受ける場合の要件（①法人・個人の資産分離，②財務基盤の強化，③経営の透明性確保）の全てを充足していない場合でも，経営者保証の機能を代替する手法を用いることで，中小企業者が経営者保証を解除することを選択できる制度が設けられた。具体的には，2024年3月に，信用保証付融資において，一定の要件を備えた中小企業者が保証料率の上乗せを条件として経営者保証を提供しないことを選択できる制度（事業者選択型経営者保証非提供制度）が創設された[9]。

　併せて，この新たな信用保証制度の活用を促進するため，以下の2つの制度も創設されている。以上について，第3章第1節5も参照。

✓　当初3年間（2027年3月末まで）の時限措置として，上乗せされる保証料率の一部を国が補助する信用保証制度

✓　信用保証協会の保証なし・経営者保証付きの既往の融資（プロパー融資）から，信用保証付き・経営者保証なしの融資への借換えを認める保証制度（プロパー融資借換特別保証制度）

9　https://www.chusho.meti.go.jp/kinyu/2024/240315.html

第2章

ブリッジファイナンス

> ブリッジファイナンス（つなぎ融資）は，どのような場面で利用されるか。
> ブリッジファイナンスを行うメリットは何か。
> シード期のコンバーティブル・エクイティとの異同は何か。

【ブリッジファイナンス】

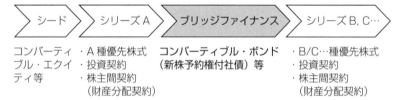

第1節　ブリッジファイナンスの意義

　スタートアップでは伝統的に，株式による資金調達の間の運転資金を確保するために，新株予約権付社債等を用いた「つなぎ融資」としてのブリッジファイナンスが行われてきた。スタートアップのブリッジファイナンスには，主に2つの意義がある。

【ブリッジファイナンスの意義】

① ランウェイ（キャッシュが尽きるまでの期間）の延長
② バリュエーションの繰延べやダウンラウンドの防止

1つは，①シンプルに資金ニーズを早期に満たすことである。中長期的な成長の可能性は失われていないものの，一時的な資金の枯渇や集中的な設備投資を行う必要等によりキャッシュ（現金）が不足して，ランウェイ（キャッシュが尽きるまでの期間）が終わるまでに次のエクイティ調達ができない事態は，スタートアップでは珍しくない。先般のコロナ禍のような一時の市況により，十分なポテンシャルを有する企業が資金調達を行うことが困難である場合等がある[1]。

このような場合に，（スタートアップが返済義務を負わない）株式では資金の提供をするのは難しいが，（返済義務を負い，かつ株主よりも優先して支払が行われる）負債性の資金であれば，比較的速やかに提供できる投資家が存在する場合もある。特に，そのスタートアップの情報を十分に有しており，キャッシュ不足で倒産状態には陥ってほしくない既存投資家等が有力な候補になる。このような「つなぎ」融資により，スタートアップと投資家の両者のニーズを満たし得る場合がある。なお，ランウェイの延長は，「つなぎ」融資にとどまらず，デット性の資金調達一般にも当てはまる。

また，ブリッジファイナンスの特徴として，②株式による出資では不可欠な企業価値評価（株式価値評価，バリュエーション）が，新株予約権付社債等を用いたブリッジファイナンスでは不要，あるいは簡易で済む点がある。これは，シード期のコンバーティブル・エクイティのメリットでもあった（第2部第2章第3節）[2]。バリュエーションの簡素化は，将来，新株予約権が株式に転換する性質によるもので，負債が付随しているか否かに必ずしも左右されない。

その上で，バリュエーションの繰延べが，シード期と異なるニーズにもつながる。すなわち，既に外部投資家からの株式による本格的な資金調達（シリーズA等）を行っている状態では，その資金調達ラウンド時からバリュエーションが低下した形で新たに株式により資金調達を行うこと，すなわち「ダウンラウンド」を避けたいというインセンティブが，スタートアップや投資家に存在し得る。まず，ダウンラウンドが行われたこと自体が，スタートアップのレピュテーションを悪化させ得る。加えて，シリーズA等の優先株式による本格

1　コンバーティブル・ガイドライン46頁参照。
2　バリュエーションの繰延べを活用しつつ，株式への転換条件を工夫することで，事業会社とのオープンイノベーションを目指した資本・業務提携にもコンバーティブル・デットを応用する余地があった。第3部第9章第1節参照。

450 第5部 デット（負債）を用いた資金調達

的な資金調達が行われる場合，優先株式の内容として希釈化防止条項（アンチ・ダイリューション条項）が設けられることが通常であった（第3部第2章第4節2(2)）。希釈化防止条項が発動すると，その優先株式の普通株式への転換比率（得られる普通株式の数）が増加するため，希釈化防止条項のない普通株式を有する創業者や，新規に出資する投資家は，相対的に持分が低下して不利益を被る。ブリッジファイナンスでは，バリュエーションを繰り延べ，ダウンラウンドを避けるニーズも大きい。

第2節　新株予約権付社債（コンバーティブル・ボンド，CB）の主要ターム

スタートアップにおけるブリッジファイナンスでは，新株予約権付社債が用いられることが多い。シード期のコンバーティブル・エクイティ（有償の新株予約権）とは，負債性を有するという違いにより，設計に差異が生じる。また，次回資金調達ラウンドに向けたつなぎ融資としてのコンバーティブル・デットと，破綻期におけるものでは，リスクの高さに伴い，設計も異なってくる。

1　次回資金調達ラウンドに向けたコンバーティブル・デット

ブリッジファイナンスで通常用いられるコンバーティブル・デットである，転換社債型[3]新株予約権付社債（コンバーティブル・ボンド，CB）を念頭に，コンバーティブル・エクイティ（CE）と比較した主要タームは以下の通りである。CEと共通・類似する点については，引用している該当箇所を参照。

3　平成13年商法改正により「転換社債」という用語は法令上用いられなくなったが，現在でも，新株予約権の権利行使時に，新たに権利行使額が払い込まれずに社債を現物出資することで，いわば社債が「転換」されて株式を取得する新株予約権付社債を，「転換社債（型）」と実務上呼ぶことも多い。

第2章　ブリッジファイナンス　451

CBの主要ターム	概要	CEの説明箇所（第2部第2章第3節3(3)）
満期（償還期限）	社債の償還が行われる期限（弁済期）	—
適格資金調達	株式への転換が行われる次回資金調達ラウンドの条件	(a)
転換される株式の数の算定方法	・ディスカウント ・キャップ	(b) (c)
転換される株式の種類	適格資金調達により発行される想定の株式の種類（例：B種）を基準に，ディスカウントやキャップにより転換価額を調整した派生的な種類の株式（例：B2種）が想定される	(d)
M&A発生時の取扱い	主に以下のいずれかによる回収（投資家は有利な方を選択する）ことが想定される ・発行会社から償還や一定倍率の金額の支払い ・投資家は株式への転換（新株予約権の行使）が可能 ※シード期CEと異なり，A種優先株式等の優先株式が発行されている場合があるため，当該優先株式を基準とした転換を定める等の対応もある。	(e)
株式への転換期限	基本的には満期（償還期限）と同様	(f)
契約上の権利	・情報請求権 ・優先引受権 ・表明保証　等 ※シード期CEの契約上の権利と比較すると，投資家が保有する権利が手厚いことが多い	(g)

　CEに対するCBの基本的かつ主要な差異は，社債の償還が行われる期限（弁済期）として，満期（償還期限）が設定されることにある。満期までに一定の要件を満たした株式による資金調達（適格資金調達）がなされない場合，投資家は，基本的には発行会社に対して元本の償還＋利息の支払（弁済）を求めることができる[4]。ただし，投資家側から一定のキャップ等に基づいて株式への転換を選択できるよう設計される場合がある。また，満期までにM&Aが発生

する場合，発行会社からの償還や一定額の支払を求めるか，株式へ転換することのいずれかを投資家が選択できる場合が多い。

加えて，既にシリーズA等の株式による資金調達ラウンドを経ていることを念頭に置くと，シード期CEよりも，投資家が保有する契約上の権利（表明・保証等含む）が手厚いことが多い。

2　スタートアップの破綻期における救済融資

スタートアップが破綻間際の局面であり，買収先を探す等のラスト・チャンスの期間を確保するためのつなぎ融資（救済融資）として，コンバーティブル・デットが用いられることもある。このような場合，高いリスクを負うことに見合った，投資家に有利な条件が設定されることも多い。例えば，資金調達ラウンドが発生した場合のディープ・ディスカウントが設けられたり，買収成功時には他の投資家よりも最優先で，かつ負債の元本額を大きく超えるリターンが分配されるよう定められたりすることがある[5]。また，契約上のアレンジとして，コンバーティブル・デットの保有者が，ボードメンバーの交代（取締役の選解任）に関与することができる権限が付与されることもある。

米国では，このような局面におけるブリッジ・ローンでは，株式におけるPay to Play条項（次回の資金調達時にプロラタで出資をしない限り，一定の権利を失うこと等を内容とする条項〔第3部第4章第3節1(4)参照〕）に類似の条項が設けられることもあるとされている[6]。

4　特に海外のブリッジファイナンス（Convertible Note等）では，スタートアップが金融機関から円滑に借入れをできるように，債務不履行・倒産時の償還において，金融機関からの借入れに劣後（subordinate）する旨が定められることも多い。優先する債権の範囲や詳細な順位，劣後条件等が交渉されることもある。

5　日本法の下では，これらのアレンジメントが，利息制限法や出資法に抵触しないかという検討も必要になる。新株予約権付社債としての法形式かつ実質が確保され，スタートアップと投資家との間で真摯に条件交渉が行われる限り，「社債の発行の目的，募集事項の内容，その決定の経緯等に照らし，当該社債の発行が利息制限法の規制を潜脱することを企図して行われたものと認められるなどの特段の事情がある場合」を除き，利息制限法は社債に対して適用されない旨を判示した最高裁判例（最判令和3年1月26日民集75巻1号1頁）等に依拠することが考えられるが，具体的場面に応じた慎重な検討が必要になる。

6　Venture Deals 126頁

第2章　ブリッジファイナンス　453

第3節　社債と会社法の規制・発行手続

　新株予約権付社債の発行は，社債と新株予約権のそれぞれの発行を意味し，会社法の各規律に従う必要がある。新株予約権の発行についての会社法の規律については前述したが（第4部第4章第1節），社債の内容や手続についても会社法の規制がある。例えば，株式や新株予約権と同様，募集社債について定めるべき事項が法定されており，実務上は発行要項のような形で契約に定められる。割当てや引受け，社債原簿の記載といった手続も法定されている。

1　発行手続

(1)　募集事項の決定（原則：取締役会決議）

　会社法上，社債の発行時に，発行会社は社債の「募集事項」（金額や利率，償還期限等）を決定する必要がある（会社法676条，会社規162条）。

　株式や新株予約権の募集事項の決定と異なり，社債の募集事項の決定は，業務執行の決定として取締役会決議事項（取締役会非設置会社の場合は取締役の決定）とされている（会社法348条，362条2項1号）。その上で，取締役会設置会社では一定事項を決定した上で，募集事項の決定を取締役に委任することもできる（同条4項5号，会社規99条）。

(2)　割当て・引受け（総額引受契約の締結）

　株式や新株予約権の発行と同様に，社債を個々の投資家に割り当てる際に，以下のプロセスをふむこととされている（会社法677条，678条）。

> ✓　発行会社は，社債の引受けの申込みをしようとする者に対して，一定の事項を通知する
> ✓　申込者は，一定の事項を記載した書面を発行会社に対して交付する
> ✓　発行会社は，社債の割当金額・数等を決定し，割当日の前日までに申込者に通知する

　他方，これも株式や新株予約権の発行と同様に，発行会社と社債を引き受けようとする者との間でその総額を引き受ける，総額引受契約を締結する場合には，かかる通知や申込みの手続は不要とされる（会社法679条）。実務上は，総

額引受契約を締結することが多い。新株予約権付社債では1つの割当契約（引受契約）が締結され，会社法上の内容を定めた社債と新株予約権の発行要項が添付されることが多いと思われる。社債の割当先の決定も，総額引受契約の締結の承認も，業務執行の決定として，取締役会決議事項（取締役会非設置会社の場合は取締役の決定）となる（同法348条，362条2項1号）[7]。

2　社債原簿と社債の譲渡

　発行会社は，社債を発行した日以後遅滞なく，社債原簿を作成し，一定の事項を記載し，又は記録しなければならない（会社法681条）。社債原簿は原則として本店に備え置かれる（同法684条1項）。

　なお，社債券を発行するときに限ってその旨を募集事項で決定する必要があり（会社法676条6号），社債券を発行しないことが原則である。スタートアップも通常は社債券を発行しない。その上で，社債券を発行する旨の定めがない限り，社債の譲渡は，その社債を取得した者の氏名又は名称及び住所を社債原簿に記載又は記録しなければ，社債発行会社その他の第三者に対抗することができない（同法688条1項）。社債原簿の書換請求は，社債の譲渡人と譲受人が共同して行うのが原則である（同法691条）。

3　社債管理者

　社債では，原則として社債管理者を定める必要があることが特徴的である（会社法702条本文）。社債管理者は，発行会社からの委託を受けて，社債権者のために，弁済の受領，債権の保全その他の社債の管理を行う者である。

　ただし，社債管理者の権限が広範であり（会社法705条），公平誠実義務や善管注意義務等を負うため（同法704条），社債管理者の担い手が少ないこと等もあり，スタートアップに限らず，社債管理者を設置しない例が多い。

　社債管理者を設置しなくてよい場合は，①各社債の金額が1億円以上である場合か，②社債1口（ある種類の社債の総額÷当該種類の各社債の金額の最低額）が50を下回る場合である（会社法702条ただし書，会社規169条）[8]。そのため，

7　ただし，新株予約権の総数引受契約の締結の承認には，定款に別段の定めがない限り，取締役会設置会社では取締役会決議，取締役会非設置会社では株主総会の特別決議が必要となる（会社法243条2項，244条3項1号，309条2項6号）。その他，新株予約権付社債では社債に関する規律に加え，新株予約権に関する規律に留意する必要がある。

スタートアップの実務上は，社債管理者の設置義務を負わないよう，各社債1口を分割しすぎないように注意する必要がある[9]。

第4節 社債における金融商品取引法上の留意点[10]

新株予約権付社債は，株式や新株予約権そのものと同様，金商法上はいわゆる一項有価証券に該当し（金商法2条1項5号・9号，2項本文），金商法に基づく規制（業規制・開示規制）を受ける。その上で，特に開示規制との関係で，株式やコンバーティブル・エクイティ（新株予約権そのもの）よりも遵守すべき規制が追加されているため留意が必要である。

1 業規制

一項有価証券である株式を発行する場合，発行会社自身による取得勧誘（自己募集・自己私募）は金融商品取引業に該当せず，金融商品取引業者としての登録は不要であった（第3部第5章第3節1）。これと同様に，スタートアップ自身が一項有価証券である新株予約権付社債の取得勧誘を行う場合，株式会社の資金調達を阻害しないためという趣旨により，金融商品取引業には該当せず[11]，金融商品取引業者として登録をする必要はない（金商法2条8項7号参照）。

2 開示規制（少人数私募）

他方，新株予約権付社債の発行に伴う取得勧誘が金商法上の「募集」に該当する場合，原則として有価証券届出書の提出が必要となる（金商法4条，5条

---

8 このような例外は，1口当たりの社債金額が大きい場合には各社債権者が自ら社債を管理する能力とインセンティブがあることや，社債権者の数が少ない場合には協力することが容易であるためとされている（会社法コンメ（16）130頁〔藤田友敬〕参照）。

9 社債管理者を設置しなくてよい場合は，担保付社債を除き，社債管理補助者を定め，社債権者のために，社債の管理の補助を委託することができる（会社法714条の2）。もっとも，スタートアップでは社債管理補助者を設置する例も少ないと思われる。

10 金商法の問題に加え，投資家が外国投資家である場合，デットであっても例えば以下の取引をしようとする場合には外為法に基づく事前届出が必要になり得る。外為法の手続については，第3部第5章第4節参照。
 ➢ 国内法人に対する返済・償還期限が1年を超える金銭の貸付け・社債の引受け，かつ
 ➢ 残高が1億円相当額かつ発行会社の負債の50%を超える場合

11 金商法コンメ(1)152頁〔松尾直彦〕参照。

1項）[12]。

　新規上場申請前のスタートアップが，新株予約権付社債を発行するために有価証券届出書の提出等の開示を行うことはかなりの負担であって，基本的に想定されない。実務上は，開示義務が不要である一類型としての「少人数私募」として行われることが多い[13]。

　新株予約権付社債の取得勧誘が少人数私募に該当するためには，以下の要件を満たす必要がある（金商法2条3項1号・2号ハ，金商令1条の5，1条の7第1号・2号ロ）。

(i)　新株予約権の目的である種類の株式について，有価証券報告書提出義務の発生事由に該当したことがないこと

(ii)　勧誘対象者の人数が50名未満であること[14]

(iii)　転売制限・告知義務

　株式や有償新株予約権そのものと異なる，新株予約権付社債の少人数私募に特有の要件として，(iii)の転売制限と告知義務に注意が必要である[15]。①まず，新株予約権付社債を一括して他の一の者に譲渡する場合以外に譲渡すること

12　証券取引所に上場している会社では，適時開示が必要となる等，別途の考慮も必要になる。

13　そのほか，適格機関投資家私募や特定投資家私募もあるが，本書では省略する。なお，発行総額1億円未満の場合の募集で一定の場合は届出が不要であるが（金商法4条1項5号），1,000万円超の場合は有価証券通知書の提出が必要となる（同条6項，開示府令4条5項）。

14　投資家が組合型ファンド（いわゆるベンチャーデット・ファンド等）の場合に，ファンドの個々の組合員ごとに取得勧誘の相手方の人数と数えて49名以下でなくてはならないのかという問題がある。基本的には，いわゆるターゲット型ファンド（適格機関投資家以外の組合員に現物配当することを目的として，特定の有価証券の取得のみのために組成された組合型ファンド，開示ガイドラインB4-5④及び⑤参照）のような潜脱的場合を除き，組合については業務執行者を1名として取得勧誘の相手方の人数と数えてよいと考えられる。株式の少人数私募に関する第3部第5章の注35を参照。髙尾知達「ベンチャーデット・ファンドのスキーム設計をめぐる法的論点」金融法務事情2221号（2023年）22～23頁も参照。

15　株式の少人数私募には転売制限（金商令1条の7第2項イ）や告知義務は課されていない（金商法23条の13第4項・5項）。新株予約権（証券）そのものの少人数私募にも転売制限や告知義務は課せられていない（転売制限について金商令1条の7第2項ロ(2)参照）。ストックオプション（第4部第4章第3節3(2)）やコンバーティブル・エクイティ（第2部第2章第3節3(2)）の該当箇所を参照。

が禁止される旨等の「転売制限」[16]が課せられている必要がある（金商法2条3項2号ハ，金商令1条の7第2号ロ(4)，定義府令13条1項・2項2号）[17]。②加えて，勧誘時に，相手方に対して，その有価証券について有価証券届出書を通じた開示がなされていないことや，転売制限が付されている旨を告知し，また発行時までに，当該告知すべき事項を記載した書面（いわゆる告知書）を交付しなければならない（告知義務〔金商法23条の13第4項・5項，開示府令14条の15〕）。ただし，勧誘を行う日以前1か月以内に行われた同一の種類の有価証券の少人数向け勧誘に係る発行価額等を合算し，発行価額が1億円未満である場合には告知義務は免除される（金商法23条の13第4項ただし書，開示府令14条の15第2項）。

　実務上は，告知書を作成して交付したり，新株予約権付社債の引受契約に転売制限・告知書の要件を満たす文言を組み込んだりする対応が行われる。

第5節　ブリッジファイナンスにおけるコンバーティブル・エクイティ

　シード期ファイナンスからのある種の逆輸入のような形で，ブリッジファイナンスにおいて，社債や貸付けが含まれない，コンバーティブル・エクイティ型の有償の新株予約権を用いて資金を提供する例も見受けられる。

　例えば，投資家から見て，貸付けの返済や社債の償還が最初から期待できないような高いリスクに陥っている状態で，負債としない代わりに，新株予約権が転換する株式数を相対的に多くなる仕組みにすることで，高いリスクに見合ったリターンを得ようというシード期のリスク・リターンに近づく面もある。

　また，シード期のコンバーティブル・エクイティでも，金銭を対価とする新株予約権の取得請求権・取得条項を設けることで，M&A発生時に，出資額の一定額（J-KISSひな形であれば2倍）の金銭支払義務を発生させることができた（第2部第2章第3節3(3)(e)）。ブリッジファイナンスにおけるコンバーティ

16　一般的に譲渡を行おうとするときに取締役会や株主総会の譲渡承認が必要とされるという，会社法上の「譲渡制限」とは異なる。「転売制限」は金商法の規制である。

17　その有価証券に係る権利が，電子情報処理組織を用いて移転することができる財産的価値に表示される場合には，その財産的価値を一括して移転する場合以外に移転することができないようにする技術的措置がとられていることが求められる（いわゆるセキュリティートークン〔定義府令13条1項1号，2項2号イ等〕）。

ブル・エクイティでも同様に，一定のトリガー事由が発生した場合に，金銭を対価とする新株予約権の取得請求権・取得条項を通じて，金銭の支払義務を発生させることも考えられる。

これらの経済条件やニーズに応じて，ブリッジファイナンスを設計する必要がある。なお，J-KISSひな形は，シード期の資金調達を想定したひな形であるため，新株予約権の内容（発行要項）や，引受契約（契約上の権利）のひな形を実態に合わせて調整する必要があることが多い。

【ブリッジファイナンスにおけるコンバーティブル・エクイティの考慮要素の例】

✓　負債（貸付・社債）の弁済がそもそも期待できるか

✓　負債の返済ではない高いリターン（株式への転換数・転換比率）を求めるか

✓　M&A等の一定のトリガー事由における金銭による償還義務を定めるか

第3章

経営者保証と事業性融資・企業価値担保権

融資実務において経営者保証はどのような意義を有してきたか。経営者保証に依存しない融資を促進するためにどのような取組みが行われてきたか。
経営者保証に依存しない，スタートアップ等への融資に活用が期待される企業価値担保権とはどのような制度か。

第1節　経営者保証

　スタートアップが創業初期に金融機関から運転資金等の目的で借入れを行う際に，代表取締役等の個人が連帯保証人となること（経営者保証）が伝統的に求められてきた。

　経営者保証は，有限責任である法人に対する経営への規律付けや，信用補完として資金調達を円滑にする面がある。その一方，経営者がリスクを恐れて事業展開に委縮したり，経営が窮境に陥った場合に個人責任を恐れて早期の事業再生を妨げる要因になっている等の制約が指摘されてきた。起業関心層が考える失敗時のリスクとして，約8割が個人保証を挙げているとされる[1]。また，経営者保証がついている融資の割合は徐々に減少しているものの，2022年度で民間金融機関の新規融資のうち約64％，2023年度で約53％に，経営者保証が付されているとされる[2]。

1　日本政策金融公庫「2019年度起業と起業意識に関する調査」，内閣官房「新しい資本主義のグランドデザイン及び実行計画（2023改訂版）」（令和5年6月16日）。

460　第5部　デット（負債）を用いた資金調達

　近時，金融庁による経営者保証改革プログラムの策定や監督指針の改正や，全国銀行協会による「スタートアップ支援に関する申し合わせについて」の公表等，経営者保証に依存しない創業融資の促進や新たな融資手法の検討等が重点的な取組みとされている。これらは新規融資における経営者保証の減少に寄与していると考えられる。

【経営者保証等に関する政府・全銀協等の主な取組み】

> ①　経営者保証に関するガイドライン（全銀協・日本商工会議所）
> ②　経営者保証改革プログラム（金融庁）
> ③　監督指針の改正（金融庁）
> ④　スタートアップ支援に関する申し合わせ（全銀協）

1　経営者保証に関するガイドライン

　全国銀行協会と日本商工会議所は2013年12月に「経営者保証に関するガイドライン」（経営者保証ガイドライン）[3]を公表している。経営者保証ガイドラインは，合理的な経営者保証の在り方を示し，債務整理局面における経営者保証債務の整理を公正かつ迅速に行うための関係者の自主ルールとして定められた。
　経営者保証ガイドラインは，主たる債務者である法人において，以下のような要件が将来にわたって充足すると認められると見込まれるときは，要件の充足度合いに応じて，経営者保証を求めないことや，保証の代替手法の活用を検討することを規定している[4]。

> ①　法人と経営者個人の資産・経理が明確に分離されている
> ②　法人と経営者の間の資金のやりとりが，社会通念上適切な範囲を超えない
> ③　法人のみの資産・収益力で借入返済が可能と判断し得る
> ④　法人から適時適切に財務情報等が提供されている
> ⑤　経営者等から十分な物的担保の提供がある

2　金融庁「『経営者保証に関するガイドライン』等の活用実績について」（2024年6月27日公表）。
3　https://www.zenginkyo.or.jp/fileadmin/res/abstract/adr/sme/guideline.pdf
4　経営者保証ガイドライン4項(2)。

金融庁も，金融機関に対し，経営者保証ガイドラインの趣旨や内容を十分に
ふまえた適切な対応を行うことで，融資慣行として浸透・定着させていくこと
を求めていたが，かかる対応が十分に行われているとはいい切れないという指
摘もあった。

2　経営者保証改革プログラム

こうした状況をふまえ，金融庁は，経営者保証に依存しない融資慣行の確立
をさらに加速させるため，経済産業省・財務省と連携の下，2022年12月に「経
営者保証改革プログラム」[5]を策定した。経営者保証改革プログラムでは，以
下の事項が挙げられている。

---

① 　経営者保証を徴求しないスタートアップ・創業融資の促進
② 　民間金融機関による融資における保証徴求手続の厳格化や意識改革
③ 　信用保証付融資において経営者保証の提供を選択できる環境の整備（希望
　しない経営者保証の縮小）
④ 　中小企業のガバナンス体制の整備を通じた持続的な企業価値向上の実現

このプログラムは，既存の取組みを厳格化・周知するとともに，新たな取組
みを新設するパッケージとしてアナウンスされた。これに基づいて，金融機関
に対し，信用保証付融資を行う場合には，経営者保証を解除することができる
現行制度の活用を検討するよう要請・周知がなされるとともに，監督指針の改
正や，創業期融資の拡充，新たな信用保証制度等が具体化されている。

3　監督指針の改正

金融庁は，経営者保証改革プログラムの一環として，各金融機関向けの監督
指針を改正した（2023年4月1日から適用）[6]。この改正では，安易な個人保証
に依存した融資を抑制するとともに，事業者・保証人の納得感を向上させるた
め，金融機関からの借入れにあたって経営者保証を設定する際の説明を強化す
るとされている。

すなわち，従前の監督指針において金融機関に求められていた説明内容が抽

5　https://www.fsa.go.jp/news/r4/ginkou/20221223-3/01.pdf
6　https://www.fsa.go.jp/news/r4/ginkou/20221223-4/20221223-4.html

象的であったのに対し，改正後は，経営者保証ガイドラインに基づき，以下の
事項を個別具体的に説明することが求められている。

> (1) 経営者保証ガイドライン（上記1）の①から⑤のどの部分が十分ではない
>   ために保証契約が必要となるのか
> (2) 経営者保証ガイドライン（上記1）の①から⑤をどう改善すれば保証契約
>   の変更・解除の可能性が高まるのか

　これらの説明に際しては，可能な限り，中小企業等の資産・収益力に関する
定量的な目線や，その他の要素に関する客観的・具体的な目線を示すことが望
ましいとされている。また，金融機関は，これらの説明の結果等を記録するこ
とや，記録件数を金融庁に報告することも求められる。

　これを受けて，スタートアップとしては，経営者保証を希望しない場合，監
督指針や経営者保証改革プログラムの趣旨・目的をふまえて，金融機関に対し，
自社にとって経営者保証が必要とされる理由や，経営者保証が不要となる可能
性を高めるために必要な自社の改善事項につき個別具体的な説明を求め，無保
証での融資の実現や，経営者保証の早期解消に向け継続的な協議を行うことが
考えられる。金融機関から経営者保証に関する適切な説明がない場合等は，金
融庁が設置した経営者保証ホットライン（相談窓口）[7]への相談も可能となっ
ている。

4　スタートアップ支援に関する申し合わせ

　また，金融庁は，金融関係団体等に対して個人保証に依存しない融資慣行の
確立に向けた取組みの促進について要請し[8]，これを受け，2023年1月に全国
銀行協会が「スタートアップ支援に関する申し合わせ」を公表した[9]。申し合
わせには，スタートアップや創業企業については，早期に強固な財務基盤を確
立した状態とすることが困難であることを勘案し，ガバナンス上懸念がない等

---

[7] 「経営者保証ホットラインの開設について」（https://www.fsa.go.jp/receipt/k_hotline/k_
  hotline.html）参照。ただし，他機関の紹介や論点の整理等のアドバイスを行うことはでき
  るが，個別の事案に関するあっせん・仲介・調停を行うことはできない。
[8] 金融庁「個人保証に依存しない融資慣行の確立に向けた取組の促進について」（https://
  www.fsa.go.jp/news/r4/ginkou/20221223-5/20221223yousei.pdf）
[9] https://www.zenginkyo.or.jp/news/2023/n011902/

第3章　経営者保証と事業性融資・企業価値担保権　463

の一定の要件を満たす場合には，個人保証を求めないことを検討する，といった内容が盛り込まれている。

【「スタートアップ支援に関する申し合わせ」における保証・担保等の考え方】

対象・範囲	➤　設立後3年以上10年未満を目安 ➤　優れたアイデアや技術による事業を通じて，社会の発展やイノベーションを起こすことに貢献することが期待できる企業
融資判断	物的担保や財務実績のみによらず，事業価値や将来性をふまえて行う。
保証・担保についての考え方	➤　経営者保証に関するガイドラインの趣旨をふまえた対応を前提とし，合理的な範囲で経営者等からの個人保証を求めることを妨げるものではない。 ➤　ただし，業歴が浅いことや赤字であること，経営者等から十分な物的担保の提供がないことのみをもって，経営者等からの個人保証を求めることとせず，創業間もない企業は，早期に強固な財務基盤を確立した状態とすることが困難であることを勘案して，個人保証の要否を判断する。 ➤　具体的には，経営者等からの個人保証が，経営への規律付けや信用補完に寄与するものと位置付けられることに鑑み，法人と経営者との関係の明確な区分・分離，及び，財務状況の正確な把握，適時適切な情報開示等による経営の透明性確保が確認できる状況であることに加え，以下の要素を勘案しつつ，個人保証を求めないことを検討する。 ⑴　企業経営のガバナンスに懸念がないと判断できること（以下いずれかのような場合を含め，これらに限られない） 　　㋐　外部の投資家（ベンチャーキャピタル等）から一定の出資を受けており，社外取締役等が配置されている 　　㋑　創業者本人が一定額（総額500万円等）以上を出資していることに加え，親族を除くエンジェル投資家等の外部投資家から一定の出資を受けており，経営の重要事項に係る意思決定について，外部からの牽制が効いている ⑵　法人の事業価値やその将来性により返済が期待できること（以下いずれかのような場合を含め，これらに限られない） 　　㋐　実現可能性が高いと判断できる事業計画やビジネスプラン等が策定（必要な見直しを含む）されており，事業に対する経営陣のコミットメントや，事業計画を履行可能な体

	制が構築されている (イ) IPO等による今後の蓋然性の高い資金調達計画が策定され，将来的な財務基盤の強化が見込まれる
金利	資金使途，期間，収益力，将来性，保全状況等をふまえ，リスクに応じて設定する。

　金融機関は，経営者保証の必要性や解消のための改善措置について個別具体的な検討・説明，結果の記録及び金融庁への報告を求められる。とりわけ，今後，スタートアップへの融資については，経営者保証が行われないケースが従前より多くなるものと思われ，金融機関は，今後不動産担保や経営者保証に過度に依存しない，債務者の事業性そのものに着目した新たな融資手法に取り組んでいくことが重要になる。

5　新たな信用保証制度等

　経営者保証改革プログラムをふまえて，経営者保証ガイドラインが定める経営者保証を提供することなく資金調達を受ける場合の要件（①法人・個人の資産分離，②財務基盤の強化，③経営の透明性確保）の全てを充足していない場合でも，経営者保証の機能を代替する手法を用いることで，経営者保証の解除を中小企業者が選択できる制度が設けられた。

　すなわち，信用保証付融資において，一定の要件を備えた中小企業者が，保証料率の上乗せを条件として，経営者保証を提供しないことを選択できる制度（事業者選択型経営者保証非提供制度）が2024年３月に創設された[10]。

【事業者選択型経営者保証非提供制度の概要】

要件	次の要件のいずれにも該当すること(*) (1) 過去２年間（法人の設立日から２年経過していない場合は，その期間）において決算書等を申込金融機関の求めに応じて提出していること。 (2) 直近の決算において代表者への貸付金等がなく，かつ，代表者への役員報酬，賞与，配当等が社会通念上相当と認められる額を

10　https://www.chusho.meti.go.jp/kinyu/2024/240315.html

	超えていないこと。
	(3)　①直近の決算において債務超過でない（純資産の額がゼロ以上である）こと②又は直近 2 期の決算において減価償却前経常利益が連続して赤字でないこと。
	(4)　上記(1)及び(2)については継続的に充足することを誓約する書面を提出していること。
	(5)　中小企業者が，保証料率の上乗せにより保証人の保証を提供しないことを希望していること。
	（＊）法人の設立後最初の決算が未了の者の場合にあっては(1)から(3)までに掲げるものを，法人の設立後最初の 2 期分の決算が未了の者にあっては(3)に掲げるものをそれぞれ除く。
保証料率	(1)　上記要件の(3)の両方を満たす場合 　　信用保証協会所定の保証料率に0.25％上乗せ (2)　上記要件の(3)①②のいずれか一方を満たす場合又は法人の設立後 2 事業年度の決算がない場合 　　信用保証協会所定の保証料率に0.45％上乗せ
保証人	不要
対象となる保証	無担保保険（限度額8,000万円）に係る保証等
その他	原則として，本制度を適用する個別の保証制度等の取扱いに準じる

　この制度の活用を促進するため，併せて，当初 3 年間（2027年 3 月末まで）の時限措置として，上乗せされる保証料率の一部を国が補助する信用保証制度も創設された。

　また，同様に2027年 3 月末までの時限措置として，民間金融機関における取組浸透を促すために，信用保証なし・経営者保証付きの既往の融資（プロパー融資）から，信用保証付き・経営者保証なしの融資への借換を認める保証制度（プロパー融資借換特別保証制度）も創設された。

第 2 節　事業性融資・企業価値担保権

1　経緯・概要

　スタートアップ等に対する融資を後押しするための施策の 1 つとして，2024

466　第5部　デット（負債）を用いた資金調達

年6月に「事業性融資の推進等に関する法律」（以下「事業性融資推進法」という）が成立し，公布された[11]。事業性融資推進法は，事業性融資の推進等に関し，基本理念，国の責務，基本方針の策定，企業価値担保権の創設，事業性融資推進支援業務に係る認定制度の創設，事業性融資推進本部の設置等について定める法律である。

　日本の融資実務は，不動産担保や経営者保証に過度に依存しているといった課題が指摘されてきたところ，成長や再生の局面等にある企業に対して，借り手の事業性に着目した融資（事業性融資）を行うことを求める声が強くなってきた。

　これを受け，諸外国の融資実務等も参考としつつ，事業性融資を後押しするための制度的な枠組みとして，ノウハウや顧客基盤等の無形資産を含めた事業全体に対する担保制度やその運用のあり方が模索されてきた結果，事業性融資推進法が成立し，「企業価値担保権」が創設された[12]。

　なお，事業性融資は，貸し手と借り手の継続的なコミュニケーションやリスク管理が重要となることから，事業性融資推進法では，事業性融資について専門的知見を有し，事業者や金融機関等に対して助言・指導等を行う機関（認定事業性融資推進支援機関）の認定制度を設けている（同法第4章）。

2　企業価値担保権の概要[13]

(1)　活用のイメージ

　不動産担保や経営者保証等に過度に依存した融資では，有形資産に乏しいスタートアップ等は十分な融資を受けることが難しい。また，貸し手は担保価値に着目し，事業に対する関心が限定的で，経営改善支援が遅れる恐れもある。そのため，企業価値担保権は，不動産担保・個人保証に依存した融資慣行の是正及び資金調達等の円滑化を図り，会社の事業の継続及び成長発展を支えるため，事業性融資を制度的に動機付けることを主な目的とする制度として創設さ

11　施行は，公布日から2年半以内とされる。

12　新たな担保権の設計と求められる融資実務についてなされてきた議論の過程では「事業成長担保権」という名称が用いられていたところ，コンセプトには変動はないものの最終的には「企業価値担保権」という名称による担保権が創設された。

13　企業価値担保権の制度概要については，水谷登美男ほか「事業性融資の推進等に関する法律の解説（上）（下）─企業価値担保権を中心に」NBL 1270号・1271号（2024年）も参照。

れた（事業性融資推進法1条参照。以下，本2では法律名省略）。

　企業価値担保権は，会社の総財産（事業活動から生まれる将来キャッシュフローも含む。）を一体としてその目的とする。その上で，担保権の実行手続において，担保目的財産の換価は，原則として，営業又は事業の譲渡によってなされ（157条1項），企業価値担保権者は他の債権者に先立って配当を受ける権利を有する（7条1項・2項）。このような制度により，企業価値担保権を利用する場合には，ノウハウや顧客基盤等の無形資産も担保として把握していると捉えることができ，事業性融資の推進につながるほか，事業に対する貸し手の関心が高まり，タイムリーな経営改善支援が期待される。

　このような企業価値担保権の特性から，活用が期待される例として，有形資産に乏しいスタートアップ等や，新たな事業展開を企図する事業承継や事業再生の局面が挙げられている（海外のベンチャーデットでは全資産担保が用いられていることについて，第4章第3節5参照）。その他，プロジェクトファイナンスやM&Aに際してのLBOファイナンスにおいて，全資産担保の取得の方法として活用することも考えられる。なお，いわゆる株式担保が，会社の株主がその株式に担保を設定し，担保権者が株主価値（株式価値）を担保価値として把握するのと異なり，企業価値担保権は，会社（事業者）自身がその総財産に担保を設定し，担保権者が事業全体の価値を担保価値として把握すること（いわゆる全資産担保）が大まかに異なる。

(2)　企業価値担保権の設定及び効力等

　企業価値担保権の設定及び効力等についての概要は，以下の通りである。

項目	企業価値担保権について
担保目的財産と実行・優先権	✓　会社の総財産（事業活動から生まれる将来キャッシュフローも含む）（7条1項） ✓　実行手続は原則として，営業又は事業の譲渡によってなされる（157条1項） ✓　企業価値担保権者は他の債権者に先立って配当を受ける権利を有する（7条2項・3項）

468 第5部 デット（負債）を用いた資金調達

借り手（債務者・設定者・委託者）	✓ 会社（株式会社・持分会社）（2条2項，6条1項，会社法2条1項）[14]
	✓ 自己の債務を担保するためにのみ設定可（物上保証の禁止。13条1項）
借り手の権限	✓ 通常の事業活動の範囲で会社の総財産の使用・収益・処分が可能（20条1項）
	✓ 当該範囲を超える行為について担保権者の同意を要する（違反した場合は無効，善意無重過失の第三者には対抗不可）（20条2項・3項）
貸し手	✓ 制限なし（貸金業等の規制はあり）
貸し手の権限制約	✓ 粉飾等があった場合を除き，個人保証の権利行使や個人の財産に対する担保権実行を制限（個人保証等の制限）（12条）
被担保債権者（受益者）	✓ 特定被担保債権者（金融機関等の貸し手を想定）
	✓ 不特定被担保債権者（一般債権者等）
担保権者（受託者）・設定方法	✓ 受託者：企業価値担保権信託会社（免許，みなし免許）（32条，33条）
	✓ 信託契約による担保権設定（セキュリティ・トラスト）
対抗要件	✓ 商業登記簿への登記（15条）
	✓ 他の担保権との優劣は対抗要件具備の先後等（18条等）

　企業価値担保権の設定は，債務者を委託者とし，一定の信託会社（企業価値担保権信託会社）を受託者として，両者の間で締結される信託契約（企業価値担保権信託契約〔6条3項〕）によらなければならない（8条1項）。いわゆる担保権信託（セキュリティ・トラスト）を前提としている（信託法3条1号，55条参照）。

　これは，貸し手を限定しない一方，担保権者兼受託者を一定の金融機関等に限定し，行為規制を課すことで，委託者に対する説明義務等を通じて企業価値担保権の濫用的な設定を防止すること等を目的としている。

　このように信託を利用する場合，各種コストやリスクが生じ得るところ，制度の利用が事実上困難とならないよう，一定のみなし免許を設けるほか（33

14　個人等は設定できない。

条), 受託者の業務内容を定型的・簡素なものとし, 信託業法よりも簡易な規制の下でその業務を行うことができることとしている[15]。

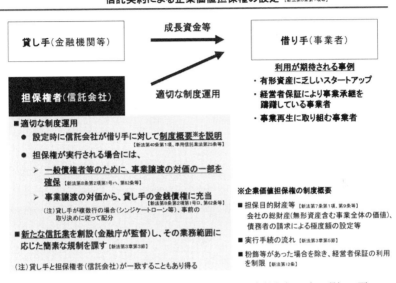

出典：金融庁「事業性融資の推進等に関する法律案 説明資料」(2024年3月) 4頁

---

15 資本金の額 (1,000万円) を含む, 一定の免許の基準を設け (35条, 36条), 業務範囲規制が課されるほか (39条), 説明義務等の行為規制について, 信託業法の全てではなく, 一部を読み替えて準用している (40条1項)。
　また, 社債を特定被担保債権として企業価値担保権を設定する場合, 事業性融資推進法と担保法の両法律が重ねて適用されることを前提としつつ, 両法律の共通点・相違点の整理をふまえ, 両法律の読替えや適用除外を行っている (225条)。ベンチャーデットで新株予約権付社債 (CB) を用いようとする場合, この点が問題になる。

470　第5部　デット（負債）を用いた資金調達

第4章

ベンチャーデット

ベンチャーデットとは何か。スタートアップのデット性の資金調達のうち，どのような性質を有するものか。
諸外国におけるベンチャーデットの活用状況や内容はどのようなものか。日本における活用状況や，活用しようとする場合の法規制にはどのようなものがあるか。

第1節　総　論

1　狭義のベンチャーデット：概要

　「ベンチャーデット」は多義的に用いられるが，例えば，米国では主に，VCからの資金調達を受けた比較的早期・高い成長性を有するスタートアップ向けにデザインされた，金融機関やノンバンクからの融資の一種を指すものとされている[1]。

　米国のベンチャーデットは，VC業界の誕生後の早い時期に登場したとされる[2]。日本のスタートアップでは，伝統的に負債による資金調達は未成熟といわれてきたが[3]，近時は100億円規模の融資等による資金調達の事例も現れている。グローバルでは，スタートアップの資金調達でも，デットとエクイティの最適なバランスが資本政策において重要であることが強調されており，日本

1　Venture Deals 145頁参照。
2　Venture Deals 149頁参照。

でも今後活用されることが期待される。

　狭義のベンチャーデットは，伝統的な融資と異なり，足下のキャッシュフローや不動産等の担保への依存度が低く，将来のVC等からの資金調達の可能性を重視するスタートアップ向けの融資という特徴がある。すなわち，伝統的なタームローンやクレジットラインが，借り手の足下のキャッシュフローやワーキングキャピタルに依存しているのに対して，ベンチャーデットでは，債務者のネット・キャッシュフローはマイナスであることも多く，貸し手は「融資対象となるスタートアップが，VCから将来的にエクイティによる資金調達を受ける見込みがあるか」（エクイティへのアクセス）に着目しているとされる[4]。そのため，狭義のベンチャーデットの特徴として，エクイティ出資とセットであり附従すること，すなわち独自の融資であったり，出資に置き換わるものではないことが挙げられる[5]。

【エクイティとデットの性質】[6]

	エクイティ（株式・新株予約権）	デット（融資・社債）
返済義務	原則として返済義務がない（償還義務は通常設けられない）	・原則として返済義務がある ・財務コベナンツ，弁済期その他のクレジットリスクに対応する条件が付される
資金使途	比較的緩やか	資金利用目的の特定や限定が強い
再構成	一度受け入れると資本の再構成が難しい（ビジネスプランとの齟齬が生じるリスク）	借り手の状況に応じて（交渉により）リファイナンス等の再構成が可能
性質	長期的な資本	短期的，長期的の双方になり得る資本

3　経済産業省委託調査「令和元年度 企業の長期成長に向けた資金調達環境の在り方に関する調査検討 −報告書−」（アクセンチュア株式会社，令和2年2月）（https://www.meti.go.jp/meti_lib/report/2019FY/000431.pdf）。

4　これと異なるタイプのベンチャーデットとして，経常収益融資（recurring revenue loan）がある。スタートアップがSaaSをはじめとしたソフトウェア，サブスクリプションモデル等，標準化されたプロダクトを提供しており，定期的な収入が生じるモデルにおいて活用されている（Venture Deals 149〜150頁参照）。

5　Venture Deals 146頁参照。

6　同上。

2　タイミング：エクイティ出資の伴走・補完

　グローバルでの狭義のベンチャーデットの特徴の一つは，タイミングにある。株式による資金調達ラウンドが終了した直後は，スタートアップの財務状態に対して信用力があり，スタートアップの金融機関に対する交渉力が高い。金融機関側も，与信審査において「融資対象となるスタートアップが，VCから将来的にエクイティによる資金調達を受ける見込みがあるか」（エクイティへのアクセス）を重視する。そのため，ベンチャーデットの契約は，VCによるエクイティラウンドと同時又は直後に締結されることが多いとされる[7]。すなわち，エクイティラウンドにおけるタームシートの議論を開始すると，ベンチャーデットの貸し手候補との間でも協議がされる。

　このように，狭義のベンチャーデットは通常のエクイティラウンドに並走・附従するという点で，CB等を用いたブリッジファイナンスや，一般的な融資（キャッシュフロー等に着目した独立した融資）と異なる。

【ベンチャーデット】

　ベンチャーデットの可否や，ローン金額，ディールターム（条件）は，借り手がVC等の機関投資家から追加的にエクイティ調達ができる見込みについての，貸し手による見積もりに左右される。その意味で，機関投資家として洗練されたVCは，透明性があり予見可能性の高い資本リソースといえる。貸し手はVCのトラックレコードや投資行動にも着目するため，十分な開示を行っているVCから資金調達を受けているスタートアップは，ベンチャーデットによる融資も受けやすくなる。優れた貸し手はVCと良好な関係を築いており，与信審査やその後のモニタリングにおいてサプライズが生じにくい[8]。そのため，

---

[7] Silicon Valley Bank "What is venture debt? Answering startups' common questions"（https://www.svb.com/startup-insights/venture-debt/what-is-venture-debt/）参照。

日本のベンチャーデットの発展は，VC業界のさらなる発展と両輪といえる。

3　ベンチャーデットの利点とリスク

(1)　スタートアップ・関係者にとっての利点

　スタートアップがベンチャーデットを利用する利点として，株式に比べた資本コストの低減に加えて，創業者による株式持分の希釈化（ダイリューション）を大幅に生じさせることなく，キャッシュ不足に陥るまでの残存期間（ランウェイ）を引き延ばし，バーンレートを下げることができる点が指摘されている。

　ただし，日本では，創業者の持分が米国よりも高い水準を維持したままエグジットするケースが多く，経営者へのガバナンス上の規律が弱いとして，ベンチャーデットにおける経営者の希釈化防止という利点を前面に出すことへの懸念が指摘されることもある。

　また，スタートアップの業態・ステージによっては，大規模な研究開発・設備投資や，短期的な市場動向や業績の変動に備えるため，一定規模の現金を調達する必要が生じることも少なくない。スタートアップとしては，ベンチャーデットによって事業資金を十分に確保しておくことで，好ましいタイミングでVCとのエクイティラウンドに進み，企業価値を高く維持しておく狙いもある[9]。

【ベンチャーデットの関係者に対する利点】

関係当事者	主な利点
スタート アップ	✔　資本コストの低減 ✔　キャッシュ不足に陥るまでの残存期間（ランウェイ）を引き延ばし，次回の資金調達に余裕を持たせること ✔　企業価値評価を高く維持すること
創業者	✔　株式持分の希釈化を防止すること ✔　会社の支配権（コントロール）を維持すること ✔　ハンズオフ・アプローチの確保（資金供給者による直接的な経営への介入を最小限にすること）

8　以上の記述について，Venture Deals 150頁を参照。なお，ベンチャーデットの貸し手を選択する際の視点として，貸し手の「辛抱強さ」や，当局の業規制に服しているか，過去の市況悪化時の行動といった点が重要であると指摘される（前掲注7参照）。

9　野村資本市場研究所「ベンチャー・ファイナンスの多様化に係る調査」（2021年3月31日）40頁参照。

エクイティ投資家	✓ エクイティ出資を補完すること
	✓ IRRを向上させること
	✓ 株式持分の希釈化を防止すること
	✓ 会社の支配権（コントロール）を維持すること
	✓ （長期の貸付けの場合）株式による投資タイミングと平仄をあわせられること

(2) スタートアップ・関係者にとってのリスク

　ベンチャーデットの場合，エクイティと異なり，スタートアップは元本と利息の返済義務を負う。返済義務を履行できなくなると債務不履行となり（デフォルト），場合によっては倒産手続に移行するという意味で最大のリスクである。

　このような違いは，投資家（貸し手）によるポートフォリオ管理の面からもリスクにつながる。後述のワラントから得られるリターンを除けば，ベンチャーデットによって貸し手が得られる超過リターンは通常，年率数%の利息にとどまる。貸倒れが1社でも生じると，ベンチャーデットの供給主体である銀行やファンドのポートフォリオに対する影響が大きい。そのため，個々の融資からの回収可能性を厳しく判断することになり得る。VCを中心としたエクイティ投資家において，ポートフォリオ投資のうちの一部の高いキャピタルゲインにより，ポートフォリオ全体の投資回収が図られることもあり得ることと，相対的には異なる。

　特に米国では，2022年下期の経済情勢の悪化に伴い，ベンチャーデットの貸し手は，より多様で厳格なコベナンツを要求することが増えたという指摘もある[10]。要請される財務目標や業績目標が達成できないと，コベナンツ違反により期限の利益を喪失し，債務の弁済期が到来したものと扱われることもあるため，早期返済を求められるリスクも高まる。

　また，ベンチャーデットによる借入れが過大であると，その後のVCによるエクイティ出資に影響を及ぼす可能性もある。貸し手は，VCからのエクイティ出資による調達金額を借入金の返済原資として期待するが，VCは，資金を企業の成長に使われることを望むからである[11]。また，エクイティ出資は，

10　Leah Hodgson "Investors point to risks of venture debt"（https://pitchbook.com/news/articles/venture-debt-risks）参照。

11　ただし，次回ラウンド以降でも安定してベンチャーデットによる借入れを行うことが一般的になれば，このような懸念も緩和され得る。

デットである借入れに対する弁済に劣後して分配を受けることも挙げられる。

第2節　欧米におけるベンチャーデット

1　米国のベンチャーデットの状況

(1)　金額・件数

前述の通り，米国では，VC業界の誕生後早い時期にベンチャーデットも登場したとされている。米国のベンチャーデットの市場規模は，金額ベースでは2019年から2023年に至るまで5年連続で300億ドルを超える水準で推移している[12]。ただし，2023年には金利の上昇による資金調達コストの増加等の要因もあり，金額・件数ベースともに2022年から4分の3程度に低下している。もっとも，2023年における米国のスタートアップ・ファイナンスの総額（約1,706億ドル）のうち，ベンチャーデット（約302億ドル）が占める割合は約17.7%となっており，引き続きエクイティを補完する資金調達手段として重要な位置を占めている。

【米国のベンチャーデットの金額・件数の推移】

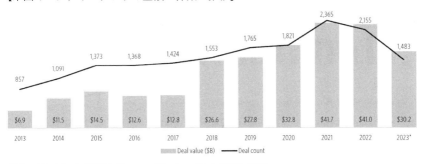

出典：PitchBook-NVCA Venture Monitor（Q4 2023）33頁

業種別では，テック企業やヘルスケア企業が代表的なベンチャーデットの借り手とされるが，テック企業の金額規模（2023年で272億ドル）が，ヘルスケ

12　PitchBook-NVCA Venture Monitor（Q4 2023）（https://pitchbook.com/news/reports/q4-2023-pitchbook-nvca-venture-monitor）33頁参照。

ア企業の金額規模（2023年で32億ドル）を大きく上回っている。テック企業では、SaaS等の比較的安定した収益が見込めるビジネスモデルを提供する場合、ある程度将来のキャッシュフローを予測することが可能である。そのため、初期投資負担が重く、将来の売上予測が立ちづらいヘルスケア企業等と比較すると、貸付けにあたってのリスク評価がしやすいという指摘がある[13]。

(2) 成長ステージ

　近時の米国のベンチャーデットによる資金調達金額のうちの大部分は、レイターやグロース・ステージにおける調達で占められている。

【米国のベンチャーデットの金額（各ステージごと）】

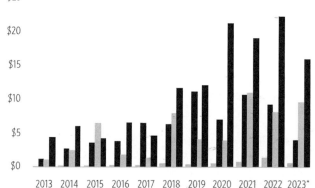

出典：PitchBook-NVCA Venture Monitor（Q４ 2023）34頁

　ただし、件数ベースでは、シード、アーリー、レイター、グロースのそれぞれのステージで、ベンチャーデットは比較的、均等に活用されている。金額ベースでレイターやグロース・ステージにおける調達が多額になるのは自然である

13　PitchBook "Q１ 2021 Pitchbook Analyst Note: Venture Debt a Maturing Market in VC"（https://pitchbook.com/news/reports/q1-2021-pitchbook-analyst-note-venture-debt-a-maturing-market-in-vc）７頁参照。なお、テック企業の中でもビジネスモデルやキャッシュフロー等は細分化される（SVBのHP（https://www.svb.com/industry-solutions/）も参照）。

ところ，シードやアーリー・ステージでもベンチャーデットが活用されていることが窺われる。

【米国のベンチャーデットの件数（各ステージごと）】

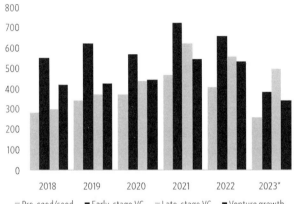

出典：PitchBook-NVCA Venture Monitor（Q4 2023）34頁

アーリー・ステージでのベンチャーデットでは，スタートアップ融資を主要に取り扱う金融機関（Silicon Valley Bank等）や，ノンバンクのうちベンチャーデット・ファンド（Western Technology InvestmentやHercules Capital等）が主な貸し手とされてきた[14]。なお，Silicon Valley Bank（SVB）は，米国西海岸のスタートアップ・エコシステムにおいて，単なる貸付けにとどまらない重要な役割を果たしてきたことが指摘されてきたが，2023年3月に経営破綻したことで日本でも注目された（ただし，ベンチャーデットのリスクが現実化したことに伴う破綻ではなく，急拡大とそれに伴う金利リスク・流動性リスクのミスマネジメント等が原因として指摘される[15]）。事業を引き継いだ米国の銀行であるFirst Citizens Bancsharesは，引き続きベンチャーデットに積極的に取り組んでいくことを表明している。

14　前掲注13）のPitchBook 5頁参照。
15　SVBの破綻原因等については，Board of Governors of the Federal System（FRB）"Review of the Federal Reserve's Supervision and Regulation of Silicon Valley Bank"（April 2023）も参照。

478 第5部 デット（負債）を用いた資金調達

アーリー・ステージでは，融資判断の対象となる業績のトラックレコードが短いことから，スタートアップの足下のキャッシュフローや個別担保に依拠せず，「融資対象となるスタートアップが，VCから将来的にエクイティによる資金調達を受ける見込みがあるか」（エクイティへのアクセス）という点が，貸し手にとって重要な判断要素となる[16]。この観点から，エクイティ投資家の属性，直近のエクイティラウンドの状況，トラックレコード，既存投資家によるフォローオンラウンドへのコミット度合いや，予想バーンレート等が重視されるとされる[17]。また，アーリー・ステージにあるスタートアップに対する融資契約において，厳しいマイルストーンやコベナンツが課されることは多くないとされる。代わりに，ワラントが求められる（後述）[18]。

一方，米国のレイター・ステージにおけるベンチャーデットでは，既にある程度の収益基盤を有する中小企業に対する融資のリスク判断を得意としている商業銀行や上場BDC[19]による貸付けも行われているとされる[20]。これらのベンチャーデットでは，新規投資家から希釈化の程度が低い資本を調達する能力がより一層重視されるほか[21]，収益や業績についてより厳格なコベナンツが求められることや，一定のマイルストーンを達成することによって個別のローン実行（ドローダウン）が可能になるというアレンジがなされることもある。

2 欧州のベンチャーデット市場の状況

欧州でも，民間金融機関やファンドによるベンチャーデットの提供が行われているが[22]，特にEU圏では，EUの機関である欧州投資銀行（EIB：European Investment Bank）が積極的にベンチャーデットによる投資を行っていること

---

16 Venture Deals 146頁参照。
17 前掲注7参照。
18 Venture Deals 157頁参照。ただし，近時，多様で厳格なコベナンツが求められる傾向について，前掲注10参照。
19 米国の1940年投資会社法を根拠として中小・新興企業への資金供給等を促進する目的で設立された投資会社（Business Development Companies）。
20 前掲注13）のPitchBook 5頁参照。プライベートマーケットで資金を調達する，Small Business Investment Companyという形式をとる例もあるとされている（Venture Deals 147頁参照）。
21 前掲注7参照。
22 英国でも，民間金融機関やファンドがベンチャーデットの主要な資金供給主体とされている。前掲注3）の経済産業省委託調査194〜196頁参照。

が特徴的である[23]。

EU圏におけるベンチャーデットの貸付額は，2022年時点で，VC投資家による年間投資額の3％程度と見積もられており[24]，米国と比べると相対的には低い割合にとどまる。このうち，EIBのベンチャーデットの貸付額は，2019年10月時点ではあるが，累計21億ユーロとされている[25]。

EIBが提供するベンチャーデットは，イノベーティブな技術，ソリューションやプラットフォームを提供する中小・中堅企業（small and medium-sized enterprises and mid-caps）を対象としている。また，機関投資家からエクイティ投資を受けており，サステナブルなビジネスモデルや事業計画を有し，健全なコーポレート・ガバナンスを有している必要がある。EU域内でR&Dが行われる必要があり，原則として商業化のステージ（レイターからグロース）に入っている必要があるが，EUにとって戦略的に重要な領域における技術を開発する企業であれば，それ以前のステージでも対象になるとされる。

なお，特に，開発段階を終え，市場拡大を目指すステージである，シリーズB，Cラウンドを経たスタートアップに最も適しているという指摘もある[26]。

【EIBのベンチャーデットの概要[27]】

ターム	概要
対象企業	従業員3,000人以下
資金使途	会社の成長に資する投資計画である必要があり，CAPEXやOPEXといった費用や，土地以外の資産取得，運転資本，市場拡大等

23　EIB は，EU 圏における経済発展，雇用創出，格差是正，また EU 圏だけでなく途上国の人々も含めた生活の質の向上を目指しており，公的機関・民間企業を問わず，気候・環境問題，イノベーションやインフラ等の分野への経済的支援を行っている。前掲注9）の野村資本市場研究所調査42頁参照。

24　European Investment Bank "What is venture debt?"（https://www.eib.org/en/stories/what-is-venture-debt）参照。なお，ベンチャーデットの定義があいまいであることもあり，市場規模の正確なデータは存在しないことも指摘される。後掲注25参照。

25　European Investment Bank "EIB Venture Debt as Growth Capital"（https://www.eib.org/attachments/general/events/eib-venture-debt-oct-19.pdf）参照。

26　European Investment Bank "Impact assessment of EIB venture debt"（https://www.eib.org/en/publications/impact-assessment-of-eib-venture-debt）4 頁参照。

27　前掲注25参照。

共同投資	EIBは対象となる投資計画の50%までの資金を提供し，それ以外は他の投資家又は自己資金で賄う必要がある
融資額	750万～5,000万ユーロ
弁済	融資実行から通常4～6年[28]を弁済期とし，一括返済又は元利弁済
融資実行	契約締結後30か月（個別事情に応じて長期にも）
プライシング	リスクに応じて，以下のいずれか又は組み合わせ ✓ ワラント又は利益参加 ✓ 現金による元利弁済
担保	あり／なし
フィー	一定のフィー
査定期間	通常5～7か月

【EU圏におけるベンチャーデット，グロースローンの比較[29]】

	伝統的な ベンチャーデット	グロースローン	EIBの ベンチャーデット
事業者の特性	ミドル～レイター ステージ	レイター～グロー スステージ	レイター～グロー スステージ
融資額	50万～2,000万 ユーロ	500万～5,000万 ユーロ	750万～5,000万 ユーロ
弁済	1～4年	3～5年	5～7年
利率（ワラントを除く）	9～15%	6～12%	3～10%
ワラントによる希釈化	通常1.5%未満	通常1%未満	通常わずか
財務 コベナンツ	なし	1,2個 （P/LやB/S関係）	なし
対象領域	・テクノロジー，ヘルスケアその他 ・将来の収益性にフォーカス	・テクノロジー，ヘルスケアその他 ・将来の収益性にフォーカス	R&Dを重視するバイオテック，ソフトウェア，再生エネルギー等

28 下表の通り，別資料では弁済期は5～7年という記述もある。

29 European Investment Bank・前掲注26）5頁参照。

第4章　ベンチャーデット　481

第3節　ベンチャーデットの主な条件（ターム）

　日本ではベンチャーデットが発展途上であることもあり，欧米の実務も参考に，ベンチャーデットにおける主な条件の特徴をいくつか検討する。本節では，主に積極的な事業拡大に向けた資金を，負債によって調達する場面を対象とする。

【ベンチャーデットにおける主要ターム・検討事項】

```
(1)  金額規模
(2)  償還期限
(3)  利息・手数料
(4)  ワラント（新株予約権）
(5)  担保
(6)  コベナンツ
```

　以下で数値例に触れる場合は，事例が積み重ねられて統計や実務家の感覚が共有されている欧米のデータが中心であり，日本において必ずしも当てはまるものではない。また，金額水準等は，個別具体的な事情や，今後の実務の蓄積によって変動し得る。具体的な設計をする際にはあくまで参考にとどめられたい。

【米国と日本のベンチャーデットの特徴[30]】

	米国	日本
融資額（/件）	500万US$以上	1～3億円以上
期間	3～5年	2～5年
金利	10%以上	5％未満

30　金融庁「全資産担保を活用した融資・事業再生実務に関する研究会」報告書資料「海外インタビュー調査最終報告書（株式会社野村総合研究所）」及び第2回研究会（2022年10月14日）プレゼンテーション資料（あおぞら企業投資株式会社）参照。

ワラントカバー率 (ローン額面に対するワラント付与率)	5〜10%	5〜30%
担保	有	一部有
保証	無	一部有

1 金額規模

米国では，一般的にベンチャーデットで調達する資金の額は，500万US$以上（現状の日本では1〜3億円から）とされる[31]。相対的な金額規模の基準として，文献によって若干異なるものの，直近のエクイティラウンドで調達した金額の20〜40%程度[32]や25〜50%程度[33]であると言われている。ステージによってエクイティの調達額も異なる以上，この比率も異なり得る。

それ以外の基準として，直近の資金調達ラウンドにおいて算定されたバリュエーション（企業価値）の6〜8%程度が資金額の水準であるという指摘や，特に元本の償還が始まった場合の返済額が，ネットバーン（1か月当たりのキャッシュアウトの純額）の25%以下にとどまるようにすべきという指摘もある[34]。

2 償還期限

米国では，償還期限はおおむね3〜5年と設定されるケースが多いとされ[35]，EUでは短いもので1〜4年，EIBが提供するベンチャーデットで5〜7年と

---

31 前掲注30参照。

32 Silicon Valley Bank "Striking a balance – What's the right amount of venture debt for your startup?"（https://www.svb.com/business-growth/access-to-capital/right-amount-of-venture-debt/）参照。

33 Venture Deals 146頁参照。

34 前掲注32参照。ベンチャーデットはランウェイの「延長」を目的としており，ランウェイの唯一のソースとするべきではないことも強調される。

35 前掲注30の他，Venture Deals 149頁（3〜4年とする）やSilicon Valley Bank "When is venture debt right for your business?"（https://www.svb.com/startup-insights/venture-debt/when-is-venture-debt-right-for-your-business/）（4〜5年とする）等。

されるが[36]，スタートアップの成長ステージや返済能力によっても異なる。

返済にあたっては，①融資の実行が行われる引出期間（Draw Period）と，②利息のみを支払う期間（Interest-Only Period）を経て，③その後は通常，毎月利息と元本の返済が行われる[37]。米国では，①引出期間と②利息支払期間は，いずれも契約時から6〜12か月間で同期間とされることが多いとされる。

【ベンチャーデットのタイムライン】

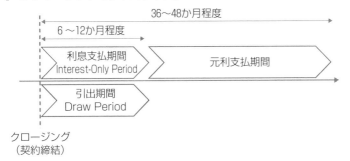

①引出期間の開始が遅くなるほど，利息の支払も遅くなるため，借り手に有利となる。他方，貸し手は利益を確保するために，クロージング直後からコミットメント額に応じたフィーの支払を求めたり，そもそもクロージングと同時に全額の融資実行を行うことを求めたりすることもある。また，引出期間が長いほど，スタートアップの資金が尽きて追加キャッシュの引出しが実行される可能性が高くなるため，貸し手にとってのリスクが高くなる[38]。

②Interest-Only Periodは，借り手はできる限り元本の返済期限を遅らせるために長く設定することを望むことが多い。これらの期間は借り手であるスタートアップのキャッシュフローやランウェイに直結する条件であるため，後述のワラントの条件とともに，重要な交渉事項とされる[39]。

Interest-Only Period後は，③利息と元本の両方の支払（amortization）が開始する。米国のベンチャーデットでは，元本の支払期間は，Interest-Only

---

36 European Investment Bank・前掲注26）5頁参照。
37 Venture Deals 154〜156頁参照。
38 Venture Deals 155頁参照。
39 同上。なお，貸し手の中には，スタートアップが一定のマイルストーンを達成することを条件に，Interest-Only Periodを延長すること（3〜9か月程度）を認める例もある。

Periodと合わせて36〜48か月程度の期間が多いとされる。すなわち，Interest-Only Periodが12か月程度，その後の元本の支払期間が36か月程度となるのが典型とされる。なお，支払は元本均等（straight-line amortization）が多いとされる。この元本支払期間も，銀行とデットファンドでは柔軟さが異なる。銀行は，監督当局による規制に服しているため，返済スケジュールに敏感であり，既存の融資の返済スケジュールを変更するよりも，その時の市況に基づいて条件を設定した新たな融資によるリファイナンスを好む。これに対して，デットファンド等のノンバンクでは，規制による制約の度合いは低いため[40]，リファイナンスよりも，既存の融資の弁済期を変更すること等のストラクチャーの変更に対して柔軟であるとされる。

3　利息・手数料

ベンチャーデットにおける主要なコスト（プライシングの要素）として，①利息，②手数料（オリジネーション・フィーやコミットメント・フィー）及び③ワラントの３つが主に挙げられる[41]。以下では①②について述べる。③ワラントについては下記４参照。

①利息について，米国のベンチャーデットでは固定金利は少なく，変動金利が選択されることが多いとされる[42]。水準としては，キャッシュフローや担保となり得る資産が十分ではない状況における相応のリスクに見合った支払利息の水準が設定される。米国では，銀行の場合は７〜12%程度とされている[43]。デットファンドの場合，貸付原資の資金調達コストが相対的に高いことも反映し，相対的に金利が高くなる。EUでは，典型的なベンチャーデット（ミドル〜レイター）が９〜15%，グロース・ステージのローンが６〜12%，EIBの提供するベンチャーデット（レイター〜グロース）が３〜10%程度とされる[44]。

また，②オリジネーション・フィーやコミットメント・フィーが設定されることもある。金額規模は，借入金額やストラクチャーに大きく左右される。米

40　米国でも，会計基準（GAAP）により，不良債権でないこと（performing assetsであること）が求められているという制約はある（Venture Deals 156頁参照）。

41　前掲注７参照。なお，財務コベナンツやマイルストーン，担保等のローンストラクチャーも，コスト（プライシング）に影響するとされている。

42　Venture Deals 152頁参照。借り手が金利変動のリスクを負うことになる。

43　前掲注35のSVBの記事参照。

44　European Investment Bank・前掲注26）５頁参照。

国では，伝統的なキャッシュフローに依拠した融資の場合よりも低い水準（ロー
ン金額の0.25〜0.75％程度）が一般的とされる[45]。なお，フィーの支払開始日
については当事者間で交渉が行われる。スタートアップ側は，可能な限りキャッ
シュアウトを繰り延べるために資金実行が開始されたときからの支払を要求す
る一方，貸し手は，コミットメント時（契約時）からの支払を要求する。

　最終支払（final payments）の水準も，コストに影響する。ローンの最後の
弁済時に，コミットメント金額の一定割合の形で支払われることが典型的であ
る。スタートアップとしては一定金額を最終支払まで繰り延べられる方が通常
有利である。また，貸し手の側も，最終支払を設けておくことで，借り手が同
じ貸し手からのリファイナンスを求める誘因となるため，メリットがあること
が指摘されている[46]。

　そのほか，繰上返済（prepayments）も，ベンチャーデットにおける交渉事
項となる。米国では，1年目に繰上返済をすると融資残高の3％をフィーとし，
2年目の場合は2％，3年目の場合は1％（いわゆる「3-2-1」）が多いと
される[47]。貸し手としては，繰上返済により利息相当額の回収ができなくなる
ことを防止するとともに，同じ貸し手との間のリファイナンスの交渉をするイ
ンセンティブにするため，繰上返済に係るフィーの設定を求めることが指摘さ
れている。

4　ワラント（新株予約権）

　ベンチャーデットでは，成長ステージにもよるが，多くの場合，貸し手に対
して，あらかじめ設定した価格を将来払い込んでスタートアップの株式を取得
することができる権利（ワラント）が付与される[48]。前述の通り，特に早期の
ステージではワラントが多く引き受けられ，レイターやグロースになるにつれ

45　Venture Deals 152頁参照。
46　Venture Deals 154頁参照。
47　同上。
48　ベンチャーデットにワラントが付与されることは必然ではなく，スタートアップとし
　ては，株主の希釈化を防止するためにはワラントを付さないことが望ましいことも多い。
　もっとも，特にアーリー・ステージにおいて，貸し手が財務コベナンツによるプロテクショ
　ンを重視しない代わりに，ワラントを付与することでコストを下げるといった考慮も行わ
　れる。伝統的な金融機関は財務コベナンツを重視し，また収益性の高い企業に対して融資
　を行うことを中心とするため，トレードオフの関係にある。これに対し，デットファンドは，
　リターンの源泉となるワラントを重視するとされる（Venture Deals 152頁参照）。

て少なくなる傾向があるとされる。

　貸し手は，ベンチャーデットに特有の高いリスクに対応しつつ，スタートアップの急速な成長による高いリターンを享受するために，前述の利率・手数料（フィー）による収入に加えて，ワラントの行使により取得した株式を売却することによるキャピタルゲインも期待リターンに組み込む。

【ワラントの経済条件（米国の例）】

項目	特徴
ワラントや株式の数・割合	（米国の銀行の場合）[49] アーリー・ステージ：完全希釈化後株式の0.1〜0.15% レイター・ステージ：完全希釈化後株式の0.02〜0.05% ※デットファンドはより高い割合を求める
転換対象株式の種類	普通株式 or 優先株式
権利行使価額 （strike price）	・スタートアップ：次回の株式資金調達ラウンドの株価を基準としたい ・貸し手：直近の株式資金調達ラウンドの株価を用いたい（企業の成長を見込んでいる場合）
権利行使期間	付与日から7〜10年程度（ステージにもよる）

　米国において，銀行によるベンチャーデットでは，完全希釈化後ベースで，アーリー・ステージに対して0.1〜0.5%，レイター・ステージに対して0.02〜0.05%相当の株式を取得できるワラントが設定される[50]。ファンドは，資金調達コストが高いこともあり，より高い水準を求めるとされる。希釈化がこの程度に抑えられるという点は，通常のエクイティ出資では資金調達額の全額が持分を希釈化させることや，コンバーティブル・デット（主に，転換社債型の新株予約権付社債）によるつなぎ融資では，弁済がされない場合に融資額（＋累積利息）全額が株式に転換されて希釈化させること[51]との，大きな差異といえる。

　なお，ワラントの目的となる株式は，借り手の普通株式・優先株式どちらもあり得るとされる。優先株式のメリットの一つは，ダウンラウンドの資金調達

49　EUの場合，若干〜1.5%未満とされる。European Investment Bank・前掲注26）5頁参照。
50　Venture Deals 153頁参照。

が行われた際の，希釈化防止条項（アンチ・ダイリューション）であった（第3部第2章第4節2(2)）。伝統的な銀行はワラントを行使しないか，行使しても株式として保有する期間は短い一方，ファンドはワラントを行使して株式を取得するため優先株式のメリットをより重視し，考慮要素となり得る[52]。

【ブリッジファイナンスとベンチャーデットの新株予約権】

	ブリッジファイナンス	狭義のベンチャーデット
次回株式資金調達の見込み	不明	十分（貸出しの前提）
新株予約権や転換後株式の数・割合	多い（融資金額相当）	少ない
他の株主の希釈化（ダイリューション）の度合い	相対的に高い	相対的に低い[53]
新株予約権の転換時の新規資金注入	なし（社債等の転換）	あり（新株予約権の権利行使価額の払込み）

5　担　保

(1)　全資産担保とその意義

　米国のベンチャーデットでは，借り手の全資産に担保（第一順位）を設定することが一般的であるとされる[54]。米国では，1つの担保権設定契約により担

51　コンバーティブル・デットでは，通常，次回の株式資金調達ラウンドよりも前に資金を提供するというリスクに見合った，一定のディスカウントを行った転換価額をもとに，相対的に多い数の株式に転換されるため（第2章第2節），さらに相対的に希釈化の度合いが高まる。また，株式への転換時に新たな資金は払い込まれないことが通常である。

52　米国でも，銀行には株式保有規制があることから，IPOやM&Aに際し，ワラントそのものの譲渡や，行使してすぐに株式を売却することでワラントを換金する。これに対して，ファンドが株式保有規制に服していることは多くないため，ワラントの満期が近づくと行使して株式を取得し，長期間株式を保有することがある。このような場合，優先株式の内容である各種のプロテクションの価値が相対的に高まる（Venture Deals 153頁参照）。

53　あくまでコンセプトベースであり，絶対的な金額規模により希釈化の規模も異なり得ることに注意が必要である。

54　Silicon Valley Bank "Guide to Financing Growth"，金融庁「全資産担保を活用した融資・事業再生実務に関する研究会」報告書等参照。

保権を包括的に設定し，公示も包括的に行うことが可能な制度が設けられている[55]。全資産担保が果たす機能として，以下のような3点があげられることがある[56]。

- ✓ 貸し手が借り手とのリレーションを築く動機付け
- ✓ 借り手・経営者による事業の価値の維持・向上の動機付け
- ✓ リストラクチャリング時の交渉過程における貸し手・借り手間の事業継続に向けた目的の共有

すなわち，①借り手の財務上の問題を早期に特定するためには，貸し手として借り手と良好なコミュニケーションを維持することが重要であり，定期的なモニタリング等を通じてそれを実現している[57]。全資産担保が設定されている場合では，財務状況のモニタリング等が貸し手と借り手の間のコミュニケーションツールとして使用されており，借り手とのリレーションを築く動機付けとなっている。

また，②特に第一順位の全資産担保が設定されている場合には，シニアレンダーとしての貸し手は，借り手，特に経営者に対する規律を求める。借り手としては，貸し手による担保権の実行を回避するため，事業の価値の維持・向上（財務コベナンツが付されている場合はその遵守を含む）に強い動機付けを有することになる。

加えて，③リストラクチャリング時の交渉過程（約定の見直し・追加融資等）において，貸し手と借り手が事業継続に向けた目的を共有することで，両者で建設的な交渉を行うことができ，適切なデット・ガバナンスが機能し得る。借

55　統一商事法典（UCC: Uniform Commercial Code）第9編や，知的財産権に関する連邦法，不動産に関する州法等に従う。事業資産は，その種類ごとに，個別に担保権の対象とする必要があるが，1通の担保権設定契約により設定（attach）することが可能であり，その中では将来取得する財産も担保の対象とすることができる。また，日本における登記等に相当する公示についても，州に登録するUCC-1 financing statementにおいて，原則として債務者の「全ての資産」等として公示（perfection）することができ，将来財産を取得するたびに繰り返し登録する必要はない。詳細について，前掲注54）報告書及び資料（野村総合研究所）参照。

56　前掲注54）報告書及び資料（野村総合研究所）参照。

57　米国のベンチャーデットでは，最頻で週次の財務情報のモニタリングがなされ，借り手とのミーティングも月次で実施されるものとされている。前掲注54）報告書資料（野村総合研究所）参照。

り手の信用状況が悪化した際において，担保権の実行等の法的な措置をとらず，経営陣やVC等と協力して，経営改善のための措置や，場合によってはスポンサー等への任意の事業譲渡等をスムーズに実行することによって，企業価値を維持し，貸倒れを避けるということも期待される。

　日本において，一般的な融資において全資産に一括して担保を設定する制度が存在しなかったこともあり，ベンチャーデットでは全資産担保は活用されてこなかった。企業価値担保権が創設されたことから（第3章第2節），施行後，ベンチャーデットにおける活用も期待される。

(2)　知的財産の取扱い

　全資産担保が一般的である米国でも，知的財産（IP）が担保の対象となるかどうかは交渉事項であるとされる[58]。起業家やエクイティ投資家は，IPに対して担保が設定されることを好まない。他方，高リスクの取引で，スタートアップの企業価値においてIPが重要である場合は，貸し手はIPに担保を設定し，対抗要件の具備まで求めることもあるとされる。

　このような交渉の結果として，いわゆる「ネガティブ・プレッジ」（negative pledge）が多く見られるとされる。この場合，貸し手はIPを担保に取らない一方で，スタートアップは，第三者に対してIPを担保に供しないことを誓約する。これにより，通常の事業活動の範囲において，第三者に対するライセンス供与を含めてスタートアップがIPを活用することができる。ネガティブ・プレッジは，新たな貸し手が現れたときに，再交渉を行い，ローンの条件を見直す契機としても機能する。

6　コベナンツ

(1)　財務コベナンツとワラントのトレードオフ

　一般に融資において，借り手が財務コベナンツ（一定の財務基準を下回らない義務）に抵触すると，貸し手は期限の利益の喪失による返済義務の履行や担保実行等を求めることができるよう設計される。

　米国では，将来の予測がつきにくいアーリー・ステージのIT系スタートアップに対するベンチャーデットでは，財務コベナンツが設けられない，あるいは

58　Venture Deals 161頁参照。

シンプルになることも多いとされる[59]。代わりに，貸し手はワラントを取得することにより，高リスクに見合ったリターンを求める傾向にある。

これに対して，レイター・ステージでは，ワラントを付与しない一方で，財務コベナンツを設ける例もあるとされる。

(2) アファーマティブ・コベナンツとネガティブ・コベナンツ

コベナンツは，主にアファーマティブ・コベナンツ（affirmative covenants）と，ネガティブ・コベナンツ（negative covenants）に分類することができる。

アファーマティブ・コベナンツは，主に，スタートアップが一定の積極的行動をとる義務である。

【アファーマティブ・コベナンツの例】

- ✓ 法規制の遵守
- ✓ 許認可の取得・維持
- ✓ 報告，財務情報の提出
- ✓ 保険への加入
- ✓ 一定の口座開設・維持
- ✓ 財務コベナンツ（一定の水準の維持）
- ✓ 知的財産（IP）の登録，防衛，維持，他のIP侵害の防止

ネガティブ・コベナンツは，スタートアップが一定の行動をとらない義務（禁止・制限）である。契約上，スタートアップが一定の行動をとろうとする際に，貸し手の同意・承諾を事前に取得する義務という形で設けられることが多い。この同意を取得する必要がある範囲には，一定の重要性の基準（閾値）が設けられ，通常の事業活動の範囲（ordinary course of business）については同意を不要とすることが多い。もっとも，この重要性の基準は，必ずしも一義的な数値として設定されないことも多く，具体的場面で貸し手との交渉が生じることや，保守的に同意を得る対応がとられることもある[60]。

59　Venture Deals 157頁参照。財務コベナンツが要求される場合，エクイティ投資家はベンチャーデットにより調達をすることを支援しないこともあると指摘される。ただし，前述の通り，特に米国では，2022年下期の経済情勢の悪化に伴い，ベンチャーデットの貸し手は，より多様で厳格なコベナンツを要求することが増えたという指摘もある（前掲注10参照）。

第4章　ベンチャーデット　491

【ネガティブ・コベナンツの例】

- ✓ 事業や資産，担保の処分の制限（一定金額以上等）
- ✓ 支配権移転や資本構成の変更の制限
- ✓ M&Aの制限
- ✓ 新たな債務負担の制限（一定金額以上等）
- ✓ 担保提供の制限（典型的なものを除く等）
- ✓ 配当や分配の制限
- ✓ 新たな投資活動の制限（一定金額以上等）
- ✓ 事前の合意に従わない劣後債権者への弁済の制限
- ✓ MAC（Material Adverse Change）条項[61]

7　金融機関とベンチャーデット・ファンドの諸条件の対比

　必ずしも一般化することはできないが，金融機関と，デットファンドが提供するベンチャーデットでは，例えば米国では以下のような傾向があるとされる。なお，米国では伝統的に，預金を原資とする金融機関よりも，投資家から原資を得るデットファンドの方が，資金調達コストが高いことが指摘されている[62]。

60　なお，スタートアップは不確実性が高いため，契約の文言に形式的に従うと，相当数のスタートアップが，融資契約における期限の利益の喪失事由（デフォルト事由）に該当することが避けられない場合があることも指摘される。米国のベンチャーデットでは，そういった実情もふまえつつ，貸し手が機械的な対応をとるのではなく，取引内容の見直し（restructuring）等の実際上の対応を幅広く柔軟にとることが求められているという指摘がある（Venture Deals 164～165頁参照）。

61　MAC条項は，ベンチャーデットにおいて特に議論になるとされる。米国の実務上は，貸し手のポリシーに従うためMAC条項を削除する交渉は容易ではないが，MAC条項に該当するか否かの判定や，該当した場合の貸し手の行動には幅があるため，貸し手のポリシーや，過去にスタートアップに対してMAC条項を理由に不合理な要求をした経歴がないかといった，貸し手のレピュテーションを判断する一要素になると指摘される（Venture Deals 161頁参照）。

62　Venture Deals 148頁参照。

492　第5部　デット（負債）を用いた資金調達

	銀行	ベンチャーデット・ファンド
貸し手の資金調達方法	預金	投資家からの出資
資金調達コスト	低	高
リスクテイク	低	高
プロテクション	財務コベナンツを重視	担保取得による強い法的プロテクション
貸出し規模	大	小
ワラントの取得	△	○

8　補論：ディールの再構築

　スタートアップの不確実性は高く，財務予測が100%現実になることは考えにくい。このような場合に，満期前にベンチャーデットの経済条件等の変更やリファイナンスがあり得る。特にベンチャーデットでは貸し手と借り手の継続的関係が強調され，貸し手としても不合理な対応をとることによってスタートアップ・エコシステムにおける評判が悪化すると，他のディールに参加することが難しくなる。この点はVCも同様であるが，エクイティ出資の場合は弁済義務がないのに対して，融資の場合は弁済期までの継続的関係が仕組み上不可欠であるため，このような継続的関係がより重要になる。

　また，継続的にスタートアップをモニタリングする中で，追加のエクイティを調達することによって単独での成長を目指すよりも，M&Aによる事業売却が最適である場合や，清算が必要な場合もあり得る。ベンチャーデットの貸し手，エクイティ投資家や起業家・マネジメント等との間で十分な議論が行われる必要があるところ，エクイティ投資家や起業家・マネジメント，従業員は，出資した金額の返済を受ける権利を元々有しておらず，その責任も基本的には出資した金額に限定されることから，これ以上失うものがないという意味で，企業価値が極小になっていることを客観的な目で認めたり，売却や清算を行うという決定を自ら行ったりすることは難しく，リスクの高い投資判断を行うこともあるため（有限責任のジレンマ），ベンチャーデットの貸し手が議論をリードする必要性が高い場面も多い。

第4章　ベンチャーデット　493

第4節　日本におけるスタートアップ向けデットファイナンス

1　総　論

　金融機関やファンドによりベンチャーデットの市場及び一定のプラクティスが確立してきた米国等と比べ，日本においてベンチャーデット市場は未成熟といわれてきた。前述の通り，スタートアップの資金調達においてベンチャーデットが占める割合は，米国では17.7%（第2節1(1)），EU圏では約3％（第2節2）とも言われる中，日本では1％未満にとどまるともされる[63]。もっとも，近時，ベンチャーデット・ファンドや，銀行によるスタートアップへの融資等の負債性の資金提供も広がってきている[64]。

　前述の通り，金融機関は，今後一層，不動産担保や個人保証に過度に頼らず，企業の成長性といった事業そのものを評価することが求められていく。日本でも，そのような成長性に着目したベンチャーデットの活用による成長資金の供給が促進されることが期待される。米国では，SVBをはじめとした，長期的にスタートアップ・エコシステムにコミットする金融機関が，長い期間をかけて信用を得て，融資による資金提供における主要なプレイヤーとなっていったことが強調される[65]。日本でもベンチャーデットが定着するためには，このような長期的な取組みが不可欠となる。

　このような取組みに資するために，以下では，日本におけるスタートアップ向けのデットファイナンスの法規制や実例について見ていく[66]。金融機関やそ

63　前掲注54）報告書資料（あおぞら企業投資）参照。

64　STARTUP DBの調査によれば，スタートアップによる資金調達のうち，エクイティファイナンスを除いた金額（デットファイナンスやクラウドファンディング，補助金等の合計）は，2022年に約2,669億円，2023年に約1,182億円であったとされる（https://journal.startup-db.com/articles/investment-report-2023）。

65　良い貸し手を判断する4つの "C" として，Capital（資本），Commitment（コミットメント），Consultative（相談），Consistency（一貫性）が挙げられることがある（詳細については，前掲注35のSilicon Valley Bankによる記事参照）。

66　前述の通り，通常のコーポレート・ローンや，当座貸越等も活用されている。もっとも，本書の性質上，一定のエグジットを目指すスタートアップにおいて特徴的なデットファイナンスを中心に紹介する。

のグループ会社によるスタートアップ向け資金提供は，新株予約権付融資や社債を用いた，狭義のベンチャーデットに類するものや（下記2・3），近時はレイター・ステージ向けのシンジケートローン，融資枠の設定による大型の融資も目立つ（下記4）。一方，ベンチャーデット・ファンドも存在感を増しており，その実例や法規制について簡単に検討する（下記5）。最後に，特に特許等の無形資産の価値が大きいディープテック系のスタートアップが大型資金調達をする応用的手法として，事業価値証券化について簡単に紹介する（下記6）。

2　新株予約権付融資と新株予約権付社債

　日本法の下で「デット＋ワラント」という性質を持つベンチャーデットを設計する方法としては，新株予約権付融資（貸付け）や新株予約権付社債がある。いずれも，元本である融資や社債に加えて，新株予約権が発行される。新株予約権を行使して取得した株式や，新株予約権そのものを売却したときのキャピタルゲインが，貸し手にとって，金銭で支払われる利息に加えた利益になる。

　新株予約権付融資では，融資契約と新株予約権の割当契約（新株予約権の発行要項を含む）が締結され，新株予約権が発行されることが多いと思われる。新株予約権付社債も同様であるが，一個の割当契約（引受契約）が締結され，会社法上の内容を定めた社債と新株予約権の発行要項が添付されることが多いと思われる。ベンチャーデットにおける新株予約権付社債について，ブリッジファイナンスにおける転換社債型新株予約権付社債（新たに権利行使価額が払い込まれずに社債が「転換」されて株式を取得するもの）との異同については既に検討した（第3節4）。

　新株予約権付融資と新株予約権付社債は経済的にはほぼ同じであるが，規制が異なる。融資（貸付け）を業として（反復継続して）行う場合，貸金業法に基づく貸金業者としての登録を受けるか，銀行や信用金庫といった免許を受けた金融機関が根拠法（銀行法や信用金庫法等）に基づいて行うことを要する。後者は，新株予約権を行使して株式を取得する場合は，その取得する割合として，後述の通り，いわゆる5％ルールの制約を受ける。また，いずれも利息制限法や出資法による上限金利も正面から問題になる。

　これに対して，新株予約権付社債は，まず社債の内容や手続について会社法の規制がある（ブリッジファイナンスと同様であり，第2章第3節参照）。また，新株予約権付社債（社債と新株予約権のそれぞれ）は金融商品取引法（金商法）

上の有価証券であり，その発行について金商法の規制が適用される（ブリッジ
ファイナンスと同様であり，第2章第4節参照）。社債は発行者（勧誘者）側に規
制がなされているため，融資（貸付け）を行う事業者と異なり，社債を引き受
けて金銭を交付する資金提供者は，必ずしも許認可・登録を受ける必要はない。
そのため，金融機関ではないベンチャーデット・ファンドや事業会社等が主に
社債を用いる。なお，社債については，原則として利息制限法の適用はないと
いうのが判例である[67]。社債を被担保債権として担保権を設定しようとする場
合には，担保付社債信託法に基づく信託によらなければならない[68]。また，社
債を発行しようとするスタートアップが貸金業者としての登録を受けている場
合，いわゆるノンバンク社債法の適用を受けるため，資本金要件や人的要件を
満たした上で別個の登録を受ける必要があることに注意が必要である[69]。

---

[67] 「社債の発行の目的，募集事項の内容，その決定の経緯等に照らし，当該社債の発行が
利息制限法の規制を潜脱することを企図して行われたものと認められるなどの特段の事
情がある場合」を除き，利息制限法は社債に対して適用されない旨を判示した最高裁判例
（最判令和3年1月26日民集75巻1号1頁）参照。なお，出資法が社債に適用されるか否
かについて，判例は明示していない。もっとも，出資法の上限金利は「金銭の貸付け」（金
銭消費貸借）に課せられるところ（5条），刑罰法規である出資法に抵触するかどうかの
解釈は，罪刑法定主義に基づき，抑制的に考えられるべきと思われる。

[68] 社債を被担保債権として企業価値担保権を設定しようとする場合もこの適用がある。第
3章の注15参照。

[69] 貸金業者が社債により資金調達を行おうとする場合，「金融業者の貸付業務のための社
債の発行等に関する法律」（ノンバンク社債法）が適用され，「特定金融会社等」として
登録を受ける必要がある（3条）。要件として，資本金が10億円以上の法人であることや，
金銭の貸付けに係る審査業務に3年以上従事した者が，2名以上その法人で審査業務に従
事していること等がある（6条1項2号，金融業者の貸付業務のための社債の発行等に関
する法律施行令4条，5条）。このような規制が，貸金業者としての登録を受けたFinTech
企業が社債により資金調達を行うことの妨げになっているという指摘もある。第2章の注
14）髙尾24頁参照。

496　第5部　デット（負債）を用いた資金調達

【新株予約権付融資と新株予約権付社債の法規制】

	新株予約権付融資（貸付け）	新株予約権付社債
資金提供の法形式	貸付け（金銭消費貸借）	社債（金銭消費貸借類似・会社法に基づく）
契約	融資契約＋新株予約権割当契約	新株予約権付社債割当契約
法規制・業規制	会社法（新株予約権） 銀行法等・貸金業法 利息制限法・出資法	会社法（社債・新株予約権） 金融商品取引法 担保付社債信託法 ノンバンク社債法 （利息制限法・出資法）
資金提供者（利用者）	銀行等の金融機関・貸金業者	デットファンド・事業会社等

3　金融機関による新株予約権付融資等

　日本の銀行でも，近時，スタートアップ向けの（新株予約権付）融資を商品ラインナップとして提供する例が増えてきている。また，子会社等を通じて（新株予約権付）社債を引き受ける例等もある。

　日本の銀行でも，スタートアップに対する融資に際して重視するのは成長性であり，市場規模や経営陣の顔ぶれ，次回ラウンドでエクイティ調達を行うことができる潜在力等を確認しており，「VCに近い目線で見ている」という指摘がある[70]。これは，欧米等のグローバルでのベンチャーデットの原則に沿っている。ただし，金融機関であることによる一定の規制に服する。

(1)　銀行法等の規制（5％ルール，投資専門子会社等）

　銀行がスタートアップへの融資等に伴い新株予約権を取得する場合，銀行法・独占禁止法上の規制に留意する必要がある。すなわち，銀行又はその子会社は，銀行が子会社にすることができる一定の会社（金融関連業務のみを行う会社等）を除いて，合算して，国内の会社の議決権の5％を超えて取得又は保有するこ

70　高橋史弥「国内スタートアップのデット性資金調達の現状～主にベンチャーデットの広がりと課題について～」（https://www.vec.or.jp/venture_news/2023081612）参照。

とが禁止されている（銀行法16条の4第1項）。また，独占禁止法上，銀行本体が，国内の会社の議決権の5％を超えて取得又は保有することが禁止されている（独禁法11条1項）[71]。これらを「5％ルール」ということが多い[72]。

　新株予約権を保有している限り，議決権を保有していることにはならないため，5％ルールに抵触することはない。もっとも，転換社債型新株予約権付社債の転換や，ワラントとしての新株予約権の行使によって株式を取得する場合，議決権を取得することになるのが通常である。そのため，5％ルールに抵触しない範囲でしか株式を保有できない（次表①）。銀行が新株予約権付融資等により資金を提供する場合，スタートアップや他の株主との間でこのような5％ルールを遵守する旨の契約条項を設けることや，場合によっては新株予約権自体の買取り等による換金方法についてあらかじめ合意をしておくといった対応が考えられる。

　また，銀行本体ではなく，いわゆる投資専門子会社や，その運用するファンドを通じて，デット性の資金を提供しつつ，新株予約権を取得・保有するという方法もある。前提として，銀行子会社を通じても原則として銀行法上の5％ルールが適用されるため，抵触しないようにする必要がある（次表③）。ただし，一定の子会社（いわゆる投資専門子会社[73]）を設立し，投資専門子会社を通じて，又は投資専門子会社がファンドのGPとなった上で当該ファンドを通じて，一定の要件を満たすスタートアップの議決権を保有すること（最長15年）は，例

71　独占禁止法では，銀行が投資事業有限責任組合（LPS）を通じて投資先の議決権を有している場合には，有限責任組合員（LP）が議決権を行使することができる場合，議決権の行使についてLPがLPSの無限責任組合員（GP）に指図を行うことができる場合及び当該議決権を有することとなった日から10年を超えて当該議決権を保有する場合を除き，独占禁止法上の5％ルールに抵触しないとされている（独禁法11条1項4号，独禁令17条）。10年を超えて議決権を保有する場合には公正取引委員会の認可が必要とされているため，銀行がLPとなる組合契約で，個別の株式の保有期間の上限を10年とする旨を定める例も多い。

72　銀行持株会社グループには，類似の「15％ルール」が存在する（銀行法52条の24第1項）。また，保険会社グループには，類似の「10％ルール」が存在する（保険業法107条1項）。本文に記載する，銀行の投資専門子会社や，その運用するファンドを通じたスタートアップへの投資に関する規制も，基本的に類似となっている。

73　投資専門子会社として取り扱われるためには，その業務は株式の取得等の投資・出融資業務（ファンドのGP業務を含む）や，投資先・投資先候補に対して主として行うコンサルティング業務及びこれらに附帯する業務に限定する必要がある（銀行法16条の2第1項12号，銀行規17条の2第14項，17条の3第2項12号）。2024年の改正により「主として」として，投資先や投資先候補以外にもコンサルティング業務を行えるように緩和がなされた。

外的に5％ルールに抵触しない（下表④⑤。銀行法16条の2第1項12号，16条の4第7項，銀行規17条の2第5項・12項）。

【銀行グループによるスタートアップへの投資手法と留意点】

投資手法	留意点
① 銀行及び子会社（投資専門子会社以外）による直接投資	議決権5％ルールの範囲内の制約（5％ルール）
② 銀行がファンドのLP投資家となりファンドを通じた投資（ファンド運営に関与しない場合）	・5％ルールが適用されないためには，銀行による投資先に対する議決権の行使やGPへの指図は不可[74] ・投資先が監督指針上の子法人等や関連法人等の業務範囲規制に該当しないため，LP出資の50％以下にとどめる等[75]
③ 銀行がファンドのLP出資をしつつ，GP会社（投資専門子会社以外）[76]にも出資	・5％ルールが適用されないためには，GPが銀行子会社に至らない範囲の出資である必要 ・LP出資を行う場合，②と同様
④ 銀行の投資専門子会社を通じた直接投資	投資対象企業に一定の制約（新事業活動を行う中小企業者で，設立等の日から20年[77]以内等。議決権保有期間は15年まで）
⑤ 投資専門子会社がGP会社となるファンドを通じた投資	

　これらのうち，ファンドを通じた投資（融資）を行う場合は，ベンチャーデット・ファンドに関する法規制も問題になるため，後述する。

74　銀行規1条の3第1項3号。なお，2024年の改正により，投資事業有限責任組合に類似する外国籍ファンドを通じた投資も同様の取扱いとされることが明確化された。

75　銀行規14条の7第3項。企業会計基準適用指針第22号「連結財務諸表における子会社及び関連会社の範囲の決定に関する適用指針」16項(4)のいわゆるベンチャーキャピタル条項の適用がある投資先は，子法人等や関連法人等に該当しないことになる。

76　銀行規17条の3第2項4号・12号の業務を営む会社となる。

77　2024年の改正で10年から緩和された（銀行規17条の2第5項）。

(2) 新株予約権部分についての利息制限法の適用

　特に早期のステージにおけるベンチャーデットでは，資金提供者は，利息に加えてワラント（新株予約権）の付与を受けることが多いことが特徴であった。日本法上は，特に，金融機関が新株予約権付融資により融資を行う場合に，新株予約権部分が利息制限法[78]や出資法[79]上の「利息」に該当し，一定の利率を超過した場合にこれらの法律に違反するかどうかは問題になる。

　利息とは，元本の使用料，すなわち金銭その他の代替物である元本を利用し得る対価として，元本額と経過期間（債権の存続期間）に比例して一定の利率に応じて支払われる金銭その他の代替物であるとされる[80]。新株予約権付融資の場合，キャッシュフローの安定しないスタートアップが，成長によるアップサイドを取得できる新株予約権を付与することによって初めて金融機関から元本の貸付けを受けられるのであり，またその際には融資期間においてその新株予約権から得られるリターンの見込みをふまえて融資判断がなされるということ等をふまえ，実務上は，保守的に検討されることも多いようにも思われる。もっとも，新株予約権の割当契約が利息契約とは別のものとして締結され，金銭による利息部分に代替しない形で新株予約権のリスク・リターンが設計されている場合は，元本額と経過期間に比例して支払われる元本の対価には該当しない余地もあるのではないかという指摘もある[81]。

78　利息制限法1条は，元本の金額に応じて，年15～20%の利息を超過する部分について，無効とする。なお，利息制限法及び出資法上，金銭を目的とする消費貸借に関し債権者の受ける元本以外の金銭は，手数料等いかなる名義によるかを問わず，利息とみなされる（利息制限法3条，出資法5条の4柱書。いわゆる「みなし利息」）。もっとも「金銭」とされている以上，金銭ではない新株予約権を受け取ることは，それが金銭の交付を潜脱するような場合等でない限り，みなし利息には該当しないと考えることが合理的であると思われる。第2章の注14）髙尾24頁脚注34参照。

79　出資法5条。金銭の貸付けを行う者が，一定の割合を超える利息の契約をした時には罰則が科せられる。銀行等の金融機関や貸金業者といった，金銭の貸付けを業として行う場合は，年20%が上限金利となる（同条2項）。みなし利息については，前掲注78参照。

80　中田裕康『債権総論〔第4版〕』（岩波書店，2020年）61～62頁参照。利息制限法や出資法でも利息の意義について同様の解釈が前提とされている。森泉章『判例利息制限法〔増補第2版〕』（一粒社，1982年）31頁，齋藤正和編著『新出資法—条文解釈と判例解説—』（青林書院，2012年）217頁等参照。

81　第2章の注14）髙尾24頁参照。

4 金融機関によるレイター・ステージの融資（シンジケートローン・融資枠等）

　日本のスタートアップでも，特にレイター・ステージにおいて，金融機関からの融資枠（コミットメント・ライン）の設定等により，大型の借入れが行われる例も現れている。2022年に大型のデット調達が目立ったほか[82]，2024年1月の資金調達では，調達金額として，デットによる資金調達が，スタートアップによる資金調達額の上位2社を占めているという調査結果もある[83]。

　これらの事例では，比較的大きな規模の融資を行うために，複数の金融機関がシンジケーションを組み，融資枠を設定することで，契約の締結後の資金ニーズに従って貸付けが実行されることが想定されているケースが目立つ。2024年の2社の事例のように，プロダクトが固まり，拡大・量産フェーズの資金を調達している例が目立つところ[84]，これらは，狭義のベンチャーデットの典型モデルとされる，エクイティラウンドと同時に行われたものではない。むしろ通常のコーポレート・ローンの性格を有するものであり，必ずしもスタートアップが常に用いることができるわけではない。もっとも，特にレイター，成長期のスタートアップが，非上場のまま企業価値を高めていくにあたってのエクイティ以外の資金調達手法として有効であり，資本コストもふまえた選択肢として普及することが期待される。

82　UPSIDER（金融機関4社からの467億円の融資枠追加。なお2023年にも80億円のシンジケートローンによる調達を行っている）や，タイミー（金融機関からの合計183億円の長期借入れ，コミットメントライン）の事例。なお，タイミーについては年利1.0％未満，無担保・無保証，新株予約権の付与もないとされている。いずれもプレスリリースに基づく。

83　スマートニュース（三井住友銀行からの100億円の融資枠設定）及びパワーエックス（複数の金融機関からの95億円の融資）の事例。STARTUP DBによる調査結果（https://prtimes.jp/main/html/rd/p/000000306.000032589.html）参照。

84　プレスリリースによれば，スマートニュースの資金使途は，米国における広告事業の拡大に向けた営業基盤の強化や，日米でのプロダクトの機能拡充やユーザー体験の向上のための事業成長投資を行うものとされている。また，パワーエックスの資金使途は，蓄電池型超急速充電器や定置用蓄電池等の蓄電池製品の量産等とされている。

第4章　ベンチャーデット　501

5　ベンチャーデット・ファンド

(1)　ベンチャーデット・ファンドの実例

　金融機関による融資が，主に預金者からの預金を原資としているのに対し，株式投資におけるベンチャー・キャピタル・ファンド（VCファンド）のように，投資家から資金を調達した上で，その資金をスタートアップに対して提供するベンチャーデット・ファンドも，ベンチャーデットにおける有力なプレイヤーとなりつつある。

　日本におけるデットファンドは，金融機関を母体とするものも多いが[85]，独立系のファンドも現れている[86]。

(2)　ベンチャーデット・ファンドのストラクチャー

　金融機関が主に融資としてベンチャーデットを提供するのに対し，ベンチャーデット・ファンドは，①融資（貸付け，金銭消費貸借）の形態と，②スタートアップから私募の形で社債を引き受ける形態をとることがある。貸付けによる場合には貸金業の登録が，社債を引き受ける場合には金融商品取引法（金商法）上の登録・届出や開示が，それぞれ問題になり得る。社債（や新株予約権）に投資する場合，基本的にはVCファンドの組成に関する議論が当てはまる（第3部第10章第1節・第2節）。

　ベンチャーデット・ファンドも，融資・社債とともに新株予約権（ワラント）を付随して取得することがあり得るため規制がある。また，融資（貸付け）として行う場合，各業法や貸金業法に基づき，融資に際して行うべき行為義務や禁止行為（行為規制）がある。

85　あおぞら銀行の100％子会社である，あおぞら企業投資は，国内で最初にベンチャーデットに特化したファンドを立ち上げたとされる。また，2023年5月には三菱UFJ銀行が，2023年11月にはみずほフィナンシャルグループが，それぞれ外部事業者（三菱UFJ銀行はイスラエルのFinTech企業である Liquidity Capital，みずほFGは日本のFinTech企業である UPSIDER）と連携して，それぞれ100億円以上の規模の日本のスタートアップ向けのベンチャーデット・ファンド事業を本格化している。

86　日本で最初の独立系デットファンドを立ち上げたとされるSDFキャピタル等。

502　第5部　デット（負債）を用いた資金調達

| | 投資家に対する持分の取得勧誘 | | 資金の運用・貸付け | ワラント（新株予約権）の取得 |
	業規制	開示規制		
貸付型ファンド	・第二種金融商品取引業登録 or ・適格機関投資家等特例業務届出（特例業務：自己私募に限る）	基本的になし	貸金業登録（LPS又はGP）	○（LP投資家の属性により銀行法等に注意。上記3参照）
社債型ファンド		一定の場合あり	・投資運用業登録 or ・適格機関投資家等特例業務届出（特例業務：自己運用に限る）	

　日本におけるベンチャーデット・ファンドの法形式としては，組合型ファンド，特に投資事業有限責任組合（LPS）が主に用いられる（LPS法3条）。LPSは民法上の組合（民法667条）の特例であるところ，民法上の組合では全組合員が出資額を上限とせずに無限責任を負う（同法674条）のと異なり，LPSでは無限責任組合員（GP: General Partner）と有限責任組合員（LP: Limited Partner）が区別されることから（LPS法9条），スタートアップの株式等に投資するVC等の投資ビークルとして用いられる[87]。ファンドの運営者がGPに，資金提供者である投資家がLPになることが通常である。

　ファンドの活動は，主に二段階に分けられる。

---
① ファンドによる資金調達
　GPが，LPとなる投資家から資金を集めてファンド（LPS等）を組成する
② ファンドによる資金提供
　ファンドが，スタートアップに対して資金を提供する
---

　①のファンドによる資金調達では，GPが投資家に対してファンド持分の取得を勧誘し，投資家はファンド持分の取得の対価として資金を提供し，分配を受けることができる地位を得る。このようなファンド持分の取得勧誘に対しては，金商法上，(a)一定の業規制（登録・届出義務）や，(b)有価証券届出書の提

87　LPSは組合であることから，税務上いわゆるパススルーとして取り扱われ（所基通36・37 共 -19，法基通14-1-1），各組合員に直接損益が帰属し，二重課税が生じないことも，投資ビークルとして用いられる大きな理由である。

出のような開示規制が問題になる。

　また，②ファンドによるスタートアップへの資金提供（貸付けや社債の引受け）は，投資家から集めた資金の運用であるため，一定の規制が及ぶ。

　⒜　ファンドによる資金の調達（ファンド持分の取得勧誘）に関する規制

⒤業規制　　金商法上，LPSの組合持分（ファンド持分）の発行者であるGPが自ら業としてファンド持分の取得の勧誘を行う場合には，第二種金融商品取引業に該当する（金商法28条2項1号，2条8項7号ヘ）。そのため，第二種金融商品取引業者としての登録を要するのが原則である（同法29条）。もっとも，第二種金融商品取引業者として登録を受けるためには，金商法等の法令及び監督指針に従い，一定の人的・財務要件（例えば，資本金の額又は出資の総額が1,000万円以上）を具備した上で，態勢整備を行わなければならない等，負担が大きい。

　そのため，ベンチャーデット・ファンドを設立して投資活動をしようとする場合，登録の例外として「適格機関投資家等特例業務」（以下，単に「特例業務」という。）の届出の枠内で，自らファンド持分の取得勧誘（自己私募）を行うことが考えられる[88]。対象となる投資家が限定されるため，「プロ向けファンド」とも呼ばれる。

　特例業務の届出を行った者は，自ら私募を行うこと（自己私募）のみが認められる。組合型ファンド持分の「私募」とは，新たに発行されるファンド持分の取得の申込みの勧誘（取得勧誘）のうち「募集」に該当しないもの，すなわち勧誘に応じてファンド持分を取得する投資家が500名未満となる，新たに発行するファンド持分の取得勧誘をいう（金商法2条3項3号，金商令1条の7の2）。そのうち，特例業務の届出で行うことができるのは，以下の要件を満たす「自己私募」である（金商法63条1項1号，金商令17条の12，業府令233条の2以下）。

---

[88]　登録を受けている他の第二種金融商品取引業者にファンド持分の取得勧誘を委託し（募集の取扱い，私募の取扱い〔金商法2条8項9号〕），自らは勧誘を行わないことで，登録・届出をしないことも考えられる。

504 第5部 デット（負債）を用いた資金調達

【適格機関投資家等特例業務において，組合型ファンドの持分を取得する者の要件】

> ✓ 組合型ファンドの持分を取得する者が500名未満（「私募」としての要件）
> ✓ 投資家の属性（特例業務固有の要件）
> > ➢ 適格機関投資家1名以上が含まれる
> > ➢ 適格機関投資家でない者は，（一定の要件を満たす投資家である）特例業務対象投資家であり，かつ49名以下である必要

　適格機関投資家や，特例業務対象投資家の範囲については，第3部第10章第2節1(1)(b)を参照。なお，特例業務として行う場合でも，説明義務等の一定の行為規制は第二種金融商品取引業のものが準用される（金商法63条11項）。

(ii)開示規制　　ファンド財産の50%を超える額を充てて有価証券に対する投資を行う場合には，そのようなファンド持分は「有価証券投資事業権利等」に該当し，ファンド持分の「募集」又は「売出し」[89]を行う場合に，（上場企業における開示のような）有価証券届出書を提出することによる公衆への開示が必要となり得る（金商法3条3号イ(1)(2)，金商令2条の9第1項，2条の10第1項5号）。ファンドが取得することになる社債（及び新株予約権）は一項有価証券であるため（金商法2条1項5号・9号，2項柱書），この開示が問題になり得る[90]。

　もっとも，特例業務の枠内でファンド持分の取得勧誘を行う場合，前述のように，募集に該当しない「私募」（自己私募）として行う必要がある以上，開示も不要となる[91]。

(b) ファンドによる資金提供（社債・貸付け）に関する規制

(i)ファンドが社債・新株予約権付社債の引受けを行う場合　　ファンド持分の発行者であるGPが，ファンドの資産を，主として（基本的に，運用財産の

---

89 「売出し」とは，原則として，既発行のファンド持分の売付け・買付けの申込みの勧誘のうち，その勧誘に応じることによって，勧誘に係るファンド持分を500名以上の者が所有することとなる場合をいう（金商法2条4項3号，金商令1条の8の5）。

90 貸付型ファンドでも，ワラントを取得する場合（新株予約権付融資）には問題となり得る。ただし，基本的にファンド財産の50%超を新株予約権に対する投資として行っている（「出資又は拠出をした金銭その他の財産の価額の合計額の100分の50を超える額を充てて有価証券に対する投資を行う」場合）と評価される場面は少ないように思われる。

91 なお，社債の発行会社であるスタートアップにおける少人数私募該当性との関係で，投資家がファンドの場合に，ファンドの個々の組合員を，少人数私募に該当するか否かの人数に算入するかどうかという問題がある。この点については第2章の注14参照。

50％超を）有価証券又はデリバティブに係る権利に対する投資として，自ら運用する場合には，「自己運用」として投資運用業に該当する（金商法28条4項3号，2条8項15号ハ，平成19年7月31日金融庁パブコメ回答79～80頁190-192番）。ファンドが取得することになる社債及び新株予約権は一項有価証券であるため，投資運用業者としての登録を要するのが原則である（金商法29条）。

　もっとも，自己運用については，前述のファンド持分の自己私募と同様に，一定の要件を満たした上で，特例業務の届出を行うことによって，投資運用業の登録を受けずに行うことが可能となる。特例業務の届出により行うことができる自己運用は，主に，以下の要件を満たす場合である（金商法2条8項15号ハ，63条1項2号・2項，金商令17条の12）。なお，特例業務として行う場合でも，分別管理義務等の一定の行為規制は投資運用業のものが準用される（金商法63条11項）。

【特例業務における自己運用の要件】

> ✓　自己運用の要件
>> ➤　金融商品の価値等の分析に基づく投資判断に基づいて
>> ➤　主として（基本的にファンド財産の50％超を）有価証券又はデリバティブ取引に係る権利に対する投資として
>> ➤　ファンドに係る権利（持分）を有する者から出資又は拠出を受けた金銭その他の財産の運用を行うこと
> ✓　投資家の属性（特例業務固有の要件）
>> ➤　適格機関投資家1名以上が含まれる
>> ➤　適格機関投資家でない者は，（一定の要件を満たす投資家である）特例業務対象投資家であり，かつ49名以下である必要

(ii)ファンドが貸付けを行う場合　　ファンドが貸付け（融資，金銭消費貸借）の形式によりスタートアップに対して資金を提供する場合，前述の自己運用，すなわち貸付け以外に主として（基本的にファンド財産の50％超を）社債・新株予約権等の有価証券に対する投資として行っている場合でない限り，資金提供の側面に対して金商法の規制は受けない[92]。他方，ファンドが貸付けを業として行っているとして（貸金業法2条1項，3条1項），LPS又はGPが貸金業の登録を受ける必要がある[93]。

【デットファンドの活動とファンド持分の勧誘・運用規制】

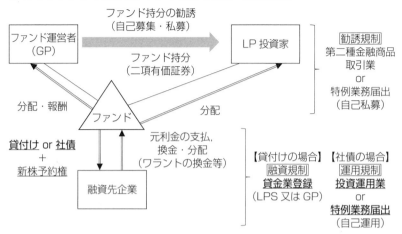

6 事業価値証券化

　スタートアップが有する知的財産等の無形資産の価値を最大限活用し，大規模資金調達を実施する手法として，「事業価値証券化」といった手法も存在する。バイオスタートアップであるSpiberが，2020年に融資により250億円の調達を行った際に用いた手法として注目された。

　事業価値証券化とは，証券化（企業が保有する資産を証券の形に変えて資金調達を行う手法）の一種で，特に，事業が生み出すキャッシュフローや有形・無形資産を裏付けにするものである[94]。事業価値証券化による融資のメリットは，株式による資金調達ではないため株式の希釈化が生じない一方，スタートアップの法人としての企業価値を裏付けとする通常のコーポレート・ローンに

92　貸付型ファンドでも，ワラントを取得する場合（新株予約権付融資）には問題となり得る。ただし，基本的にファンド財産の50％超を新株予約権に対する投資として行っている（「主として有価証券……に対する投資として……出資又は拠出を受けた金銭その他の財産の運用を行う」場合）と評価される場面は少ないように思われる。

93　貸付型ファンドについては，近時，法人格のないLPS自体とGPのいずれであっても貸金業登録が許容されることが明確化された。日本貸金業協会＝第二種金融商品取引業協会「貸付型ファンドに関するQ&A【改訂版】」（2023年8月4日）脚注3参照。

94　INITIAL「Spiber，新スキームで250億円の資金調達。メリットは？」（https://initial.inc/articles/briefing15）参照。

比べて，強力な特許や高い技術を有するスタートアップにとっては，それらを裏付けとする[95]ことにより大型の調達ができることとされる。Spiberの場合は，研究開発設備，タイの量産プラント等の有形資産，知的財産等の無形資産を担保にし，将来のキャッシュフローを裏付けとして調達を行ったとされる。

　事業価値証券化は，単なる特許等の知的財産を個別に担保とした融資ではなく，価値の源泉となる有形資産や無形資産をパッケージ化し，事業戦略・計画をもとにした事業価値をベースに，DCF法的な考え方に基づいて事業価値を評価する手法であるため，金融機関から，対象事業に対する深い理解を得ることが不可欠であることに加え，対象分野の市場が巨大であること，そこで圧倒的な競争優位性があること，インパクトと戦略があることが重要であることが指摘される[96]。そのため，複雑性を有するが，特にディープテック系スタートアップが大規模な資金調達を行う際の手法として検討に値する[97]。

95　資金調達を受けるSPV（Special Purpose Vehicle，特別目的事業体）を組成することが考えられる。

96　内閣府知的財産戦略推進事務局「知財投資・活用戦略の有効な開示及びガバナンスに関する検討会」第8回事務局説明資料①において挙げられた意見参照（https://www.kantei.go.jp/jp/singi/titeki2/tyousakai/tousi_kentokai/dai8/siryou3.pdf）。

97　事業価値証券化においても，スキーム次第で，対象事業に対する担保権設定に企業価値担保権（第3章第2節）を活用することも考えられる。

第**6**部
▼
プレ IPO ファイナンス・IPO

序

　非上場スタートアップ及びその株主等の利害関係者にとって，その株式を取引所に上場させること（IPO：Initial Public Offering，株式公開）は，M&Aと並ぶスタートアップの「エグジット（exit）」と呼ばれる一つの大きなメルクマール（到達点・通過点）である。

　IPOは，基本的には非上場スタートアップが広く公衆から新たな資金調達を行うことを目的としており，また，その価値が表章された株式が自由に取引され，異なるステージに移行するイベントである。日本では特に，上場による会社の信頼性向上に伴う取引先拡大や従業員採用強化の側面も重視されてきた。また，スタートアップだけではなく，非上場時からの投資家や，金銭給与・報酬に代わるインセンティブとしてストックオプションを付与されてきた役職員等にとっては，株式を換金することによって貢献に見合ったリターンを現実化しやすくなる意味を有する。他方，上場後の企業の成長や株価の上昇に必ずしもつながっていない実態が「上場ゴール」と評されたり，IPOを目的化する風潮に対して「ゴールではなくスタートである（べき）」として相対化されたりすることもある。その意味で，IPOは中間的なゴールや中間的なエグジットと呼ばれることもある。

　反面，一般投資家も自由に参加できる証券取引所（金融商品取引所）[1]に株式を上場することで，一般投資家保護のための各種の規制に服する。前提となる入口において，上場申請や上場承認，上場に際しての公募・売出しに法令や取引所規則等の規制が設けられている。また，上場後の公正な取引を阻害することがないよう，上場前から，一定の規制（開示書類提出前の勧誘の禁止や，上場前一定期間の取引の制限や開示義務等）が課されている。

　本書は，上場制度や実務の詳細を細かく解説する書籍ではないため，紙幅の関係上簡潔なものにとどめるが[2]，以下では，IPOや，それに伴うIPO前の規制や契約内容等の実務について，簡単に検討したい。

　具体的には，まず東京証券取引所のグロース市場への上場を念頭に，IPOの通常のスケジュールや概要を述べた上で（第1章），上場前・上場時に遵守し

1　有価証券に限らず，市場デリバティブといった金融商品を取引する市場として，現在の金融商品取引法上の用語は「金融商品取引所」である。もっとも，本書では有価証券である株式の取引所での取引を対象としており，また，表現になじみもあることから，「証券取引所」と「金融商品取引所」を特段区別せず，いずれの用語も用いている。

なければならない金融商品取引法（金商法）上の規制を検討する（第2章）。その上で，上場前に遵守すべき金商法上の規制の範囲内で，投資家候補と具体的にどのようなコミュニケーションを行うことができるかを検討し（第3章），そのようなコミュニケーションに基づき，上場前に投資家に株式等を発行して資金調達を行うレイター・プレIPOファイナンスに際しての契約内容等の実務を検討する（第4章）。IPO前の一定期間内に取得した株式や新株予約権には，その後の取引の制限や（ロックアップ），開示義務が課せられる（第5章）。また，上場時の公募で一定の投資家（親引け・コーナーストーン投資家等）が株式を引き受ける場合に留意すべき事項もある（第6章）。加えて，上場できる株式は基本的には普通株式であるところ，上場申請や上場中止・停止の際に，発行済みの優先株式の処理が問題になる（第7章）。最後に，上場後の金商法や取引所規則における規制も，上場を見据えた体制整備や上場後の投資家等によるエグジットに不可欠な前提知識であるため，簡単に触れる（第8章）。

　なお，日本の取引所に上場することを念頭に置いた外国会社のコーポレート・インバージョン（及び，対比したJDR上場等）については，組織再編として，次の第7部第10章で取り扱う。

第1章　IPOの概要・スケジュール
第2章　上場前における金融商品取引法の規制
第3章　上場承認前・届出書提出前の投資家コミュニケーション
第4章　レイター・プレIPOファイナンスのアレンジ
第5章　上場前ファイナンスにおける開示とロックアップ
第6章　IPO時の投資家への配分
第7章　上場申請・上場中止時における優先株式・株主間契約の処理
第8章　上場後の諸規制

2　東京証券取引所の上場審査の考え方や手続を解説したものとして，東京証券取引所「新規上場ガイドブック」（プライム市場編，スタンダード編，グロース市場編等）がある。また，IPOを目指す企業が会計監査を受ける前に準備すべきポイント等を整理したものとして，日本公認会計士協会「株式新規上場（IPO）のための事前準備ガイドブック」もある。IPOに限らないエクイティ・ファイナンスの法制度や規制，実務について解説したものとして，エクイティ・ファイナンスの理論と実務等参照。

第1章

IPO の概要・スケジュール

上場（IPO）に向けたスケジュールはどのようになるか。上場をするにあたって検討すべき経済条件にはいかなるものがあり，どのように決定されるか。海外投資家に株式を販売するためにはどのような規制に留意する必要があるか。

第1節　上場準備から上場までのスケジュール

　以下では，(1)上場申請までのスケジュール・準備や，(2)上場審査[1]から上場承認まで，(3)上場承認（届出書提出）から上場までの，それぞれの概要について簡単に述べる。

1　上場申請までのスケジュール・準備

　日本国内の証券取引所を念頭に，上場（IPO）を目指すことが具体的に視野に入ってきた場合，上場申請までの準備に数年を要する。この準備は，上場後に必要な姿から逆算して考える必要がある。すなわち，上場会社として投資家を保護し，社会的責任を果たすため，非上場時には適用がなされなかった法律や取引所規則，その他のソフトロー（コーポレートガバナンス・コード等）が設けられており，上場審査ではそれらを果たすことができるかどうか，形式要件や実質審査基準（後述）に照らして審査がなされる。例えば，上場申請の直

1　以下，特段の断りがない限り，上場審査は，主幹事証券会社による審査ではなく，東証等の取引所による審査を指す。

前々期（N-2期）・直前期（N-1期）の2期分の財務諸表等について，上場後の金融商品取引法の規定に準ずる監査（準金商法監査）を受けて，監査報告書（N-2期は無限定適正意見又は除外事項を付した限定付適正意見，N-1期は無限定適正意見）を取得する等の必要があり，その前提として課題を抽出・改善し，内部管理体制やコンプライアンス体制を整備する必要がある。このような整備や監査に数年を要する。

上場審査において必要な監査・体制整備をふまえ，典型的には，例えば，以下のようなスケジュールとなる。余裕を持った準備の必要性が説かれるが，会社の置かれた状況により，実際はタイトな対応とならざるを得ない場合も見受けられる。

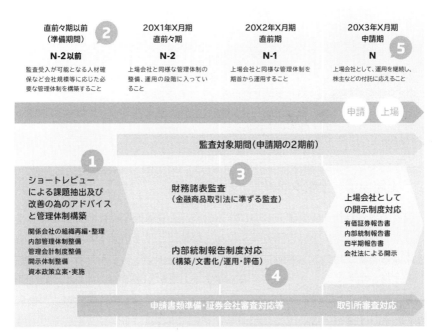

出典：日本公認会計士協会「株式新規上場（IPO）のための事前準備ガイドブック」をもとに筆者加工

514 第6部 プレIPOファイナンス・IPO

【上場準備の数年間で必要な主要項目[2]】

主要項目	概要
① ショートレビュー・アドバイザリー契約の締結	監査法人やアドバイザーがIPOについての課題抽出を行い（ショートレビュー），その後アドバイスを受けながら解決を目指す。対応した監査法人に上場に向けた会計監査を依頼することも多い。
② 内部管理体制の整備・運用	会計監査を受けるために，自社の事業や規模に応じて体制整備を行い，適切に運用されるようにする。
③ 会計監査（財務諸表監査）	申請期（いわゆるN期）の直前2期間（N-2期，N-1期）について監査法人による監査証明が必要となる。そのため，監査法人と金融商品取引法に準ずる監査に係る契約を締結し会計監査を受ける。
④ 内部統制報告制度対応	上場後，内部統制報告書の提出と内部統制監査（原則）が必要とされる。
⑤ コンプライアンス体制の整備・運用	コンプライアンス体制が整備・運用されていることについて，上場審査において主幹事証券会社や証券取引所の審査を受ける。上場後も，上場会社として法令や取引所の規則等を遵守する必要がある（概要について第8章参照）。

2 上場申請～上場承認まで

　後述の形式要件や実質審査基準に照らして，上場審査を受けることができる見込みが立ったら，上場申請のエントリーに進む。上場申請前の主幹事証券会社による審査が通常5～6か月，東証による上場審査が約3か月程度見込まれる。上場申請のエントリーから上場承認までのモデルスケジュールは，以下の通りとされている。実務上，上場申請前の準備過程において，主幹事証券会社等を通じ，東証等の取引所に，準備過程で表れた論点の事前相談を行うことも重要になる。

2　日本公認会計士協会「株式新規上場（IPO）のための事前準備ガイドブック」参照。

【上場申請のエントリーから上場承認までのモデルスケジュール】

＜前半＞

（X）月

日付	曜日	摘要
1	水	
2	木	
3	金	
4	土	
5	日	
6	月	
7	火	
8	水	
9	木	
10	金	
11	土	
12	日	
13	月	
14	火	
15	水	
16	木	上場申請エントリー
17	金	
18	土	
19	日	
20	月	
21	火	
22	水	事前確認、スケジュール調整（1週間程度）
23	木	
24	金	
25	土	2週間程度
26	日	
27	月	
28	火	
29	水	上場申請、申請書類受領、ヒアリング
30	木	
31	金	

（X＋1）月

日付	曜日	摘要
1	土	
2	日	
3	月	
4	火	第1回質問事項送付
5	水	
6	木	中8営業日
7	金	
8	土	
9	日	
10	月	
11	火	
12	水	第1回答書期日、ヒアリング
13	木	
14	金	
15	土	
16	日	
17	月	第2回質問事項送付
18	火	
19	水	
20	木	
21	金	
22	土	
23	日	第2回答書期日、ヒアリング、実査
24	月	
25	火	
26	水	
27	木	第3回質問事項送付
28	金	
29	土	
30	日	

＜後半＞

（X＋2）月

日付	曜日	摘要
1	月	
2	火	
3	水	
4	木	第3回答書期日、ヒアリング
5	金	
6	土	
7	日	
8	月	
9	火	
10	水	
11	木	
12	金	各種面談
13	土	
14	日	中7営業日
15	月	
16	火	
17	水	
18	木	
19	金	
20	土	
21	日	
22	月	
23	火	社長説明会
24	水	
25	木	中3営業日
26	金	
27	土	
28	日	
29	月	上場承認
30	火	
31	水	

出典：新規上場ガイドブック（グロース市場編）7、8頁

516　第6部　プレIPOファイナンス・IPO

【上場申請準備から上場までの主要なプロセス[3]】

主要項目	概要
① 上場申請準備	主幹事証券会社や監査法人等の指導を受けながら上場申請に向けた準備を行う。主幹事証券会社等を通じて，取引所に対して事前相談を行うことも多い。
② 上場申請に係る事前確認	上場申請の1週間以上前に，主幹事証券会社と日本取引所自主規制法人の審査担当者の間で，主に以下の事項について事前確認が行われる。 ・申請会社の高い成長性に係る事項 ・主幹事証券会社による公開指導・引受審査の内容に関する報告 ・反社会的勢力との関係の確認 ・申請日程の確認
③ 上場申請	必要書類を提出し申請を行う（通常申請）。一部の書類を先行して提出する予備申請を用いることもできる。
④ 上場審査	上場審査の過程で，以下のような事項が行われる。 ・申請会社に対するヒアリング（3回を基準とするが追加もあり得る） ・実地調査（実査） ・eラーニングの受講 ・会計監査人に対するヒアリング ・社長面談，監査役面談，独立役員面談等 ・社長説明会 ・報告未了事項の確認
⑤ 上場承認〜上場	取引所が申請会社に対して上場承認の決定を連絡した上で，取引所HP等で上場承認及び上場予定日を発表する。上場後も引き続き継続提出書類の提出や報告を行う必要がある。 その後，東証上場部や自主規制法人との面談等が行われ，東証との間で上場契約を締結し，上場が行われる。

　以上が概要であるが，近時，上場審査から上場までのタイムラインについて柔軟化が図られているため，第2節で詳述する。

3　新規上場ガイドブック（グロース市場編）9〜18頁参照。

第1章　IPOの概要・スケジュール　517

3　有価証券届出書提出・上場承認〜上場まで

　後述の通り，金融商品取引法（金商法）上，有価証券届出書を財務局に提出し（発行開示のうちの間接開示），投資家に対し目論見書を交付しなければ（直接開示），有価証券の募集又は売出し，すなわち新規株式上場を行うことができない。伝統的に，有価証券届出書の交付や目論見書の交付は，取引所による上場承認日に行われるため，この日を「ローンチ日」とも呼ぶ。

　もっとも，これまでの実務では，上場承認日から上場日までの期間が長いことや柔軟性を欠き，問題も指摘されてきた。これを受けて，近時，上場承認前の機関投資家向けの需要の状況に関する調査や上場日程の柔軟化を目的として，上場承認前に有価証券届出書（承認前届出書）を提出することも可能となった（承認前提出方式，S-1方式）。

　すなわち，日本証券業協会「公開価格の設定プロセスのあり方等に関するワーキング・グループ」報告書（2022年2月28日）（以下「公開価格WG報告書」という）[4]では，市場環境等をふまえ，時機をとらえた上場を行うためには，上場日程の短縮化や柔軟化の必要性が指摘された。報告書では，これまでの実務では，主に以下のような問題が生じていることが指摘され，改善策が示された。

✓　IPOの上場承認日から上場日までの期間が長いこと（30日程度）により，投資者や発行会社は市場環境等の変化による価格変動リスクを負うこととなり，そのリスクが公開価格に織り込まれることによりディスカウントが大きくなっていること

✓　有価証券届出書提出（上場承認）後，上場日を変更するためには，現在は，当該届出書に係る募集又は売出しの中止を決議し，上場申請を取り下げた上で，改めて上場申請を行い，上場審査を再度経ている場合もあること

　これを受けて取りまとめられた金融審議会「市場制度ワーキング・グループ」中間整理（2022年6月）等もふまえ，2023年にかけ，上場株式の取扱いを定める「社債，株式等の振替に関する法律」（振替法）や，開示に関連して，企業

4　https://www.jsda.or.jp/about/kaigi/jisyukisei/gijigaiyou/files/koukaikakaku_houkokusho.pdf

518 第6部 プレIPOファイナンス・IPO

内容等の開示に関する内閣府令（開示府令）や金融庁企画市場局「企業内容等の開示に関する留意事項について」（開示ガイドライン），日本証券業協会の自主規制規則，東京証券取引所の有価証券上場規程等の改正がなされ，上場承認日前に有価証券届出書を提出することを選択すること（承認前提出方式，S-1方式）が可能となる等，上場制度についての見直しが行われた。

これにより，2023年10月以降のIPOより，次の改善策が実施された。概要は以下の通りである[5]。

> (1) 仮条件の範囲外での公開価格設定，売出株式数の柔軟な変更
> (2) 上場日程の期間短縮（承認前提出方式の導入）
> (3) 上場日程の柔軟化（承認前提出方式・承認時提出方式共通）

(1) 仮条件の範囲外での公開価格設定，売出株式数の柔軟な変更

前提として，日本では，IPO時の価格（公開価格）の形成手法としては，ほぼブックビルディング方式が用いられている。ブックビルディング方式は，需要積み上げ方式とも呼ばれ，一般的に下表のようなプロセスで価格決定を行う[6]。

プロセス	概要
インフォメーション・ミーティングやプレ・ヒアリングの実施	勧誘に当たらない範囲で投資家へ株式の潜在需要を調査（第3章参照）
想定発行価格の決定	有価証券届出書に想定発行価格を記載
ロードショーの開催	投資家から想定発行価格を含む上場条件に関して意見聴取
仮条件の設定	公開価格案である「仮条件」の設定（通常，レンジを持たせて決定される）
ブックビルディングの実施	投資家による希望価格・量の提示に基づき，最終需要を推計
公開価格設定	最終需要推計に基づき公開価格を決定
IPO	

---

5 日本証券業協会「IPO における公開価格の設定プロセスの変更点・留意点等について」
（https://www.jsda.or.jp/shijyo/minasama/koukaikakaku.html）参照。
6 経産省・成長ファイナンス41頁参照。

日本のIPOでは，有価証券届出書に記載される想定発行価格が，仮条件の設定に大きな影響を与えていることが指摘されてきた[7]。その上で，日本のブックビルディングでは，投資家が仮条件レンジの外で希望価格を申請することは非常に稀であり，その結果をふまえて決定される公開価格も，ほとんどが仮条件レンジ内で設定されることが指摘されてきた。

これに対して，前述の上場制度についての見直しの一環により，より需要をふまえた公開価格等を決定できるようにする観点から，一定の範囲内であれば，ブックビルディングをやり直すことなく，「仮条件の範囲外での公開価格の設定」及び「公開価格の設定と同時に売出株式数の変更」ができることが明確化された。

ブックビルディングをやり直すことなく設定される可能性のある公開価格，変更される可能性のある売出株式数や，オファリングサイズの具体的な範囲は，有価証券届出書や目論見書に記載される。

(2) 上場日程の期間短縮（承認前提出方式，S-1方式）

上場承認日から上場日までの期間を短縮し，市場環境等の変化による価格変動リスクを低減するため，従前は上場承認日に提出している有価証券届出書を，上場承認前に提出し，必要な手続を早期化する方式での上場が可能となった（承認前提出方式，S-1方式）。

承認前提出方式では，従前は1か月程度であった上場承認日から上場日までの期間を21日程度に短縮することが可能となる[8]。発行会社は，この承認前提出方式と，従来の上場承認日に有価証券届出書を提出する方式（承認時提出方式，従来方式）のどちらかを選択することが可能となった。

---

7 金子隆『IPOの経済分析』（東洋経済新聞社，2019年）142～144頁によれば，日本の2001年から2017年のIPOにおいて，想定発行価格と仮条件レンジの中間値の相関係数が約0.99と高い相関がみられたとされる。

8 あわせて，2023年11月に行われた「社債，株式等の振替に関する法律」（振替法）の改正によっても，上場承認から上場までの期間を短縮できることとなった。すなわち，上場株式を証券保管振替機構（ほふり）の取扱対象とするために，発行会社から既存株主に振替株式の交付先の口座情報を求める通知において，法令上は証券会社における既存株主の口座通知取次請求の受付期間の下限日数のみを定めることができるとし（振替法131条1項），証券会社等の実務上の対応により事務処理期間を短縮することとあわせて，振替法の通知から上場日までの期間を1か月よりも短縮することができるようになった。

520 第6部 プレIPOファイナンス・IPO

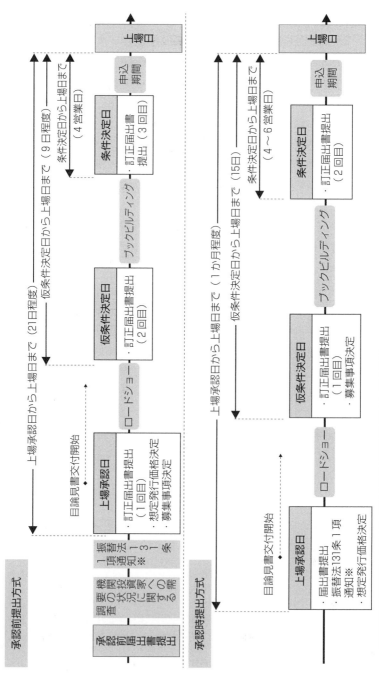

第1章　IPOの概要・スケジュール　521

(3)　上場日程の柔軟化（承認前提出方式・承認時提出方式共通）

　これまで上場承認時の有価証券届出書や目論見書に特定の上場日を記載していた実務について，一定の期間（1週間程度の範囲内）の上場日程（条件決定日，申込期間，払込期日，株式受渡期日，上場日等）を記載することが可能となった。

　また，上場承認後の市場環境等をふまえ，時機をとらえた上場を可能とする観点から，金融商品取引所への上場申請を取り下げることなく，訂正届出書の提出（及び訂正目論見書の交付）による上場日の変更等が可能となった。

【各見直し項目のまとめ】

見直し項目	見直し前	見直し後
(1)　仮条件の範囲外での公開価格設定や，公開価格の設定と同時に売出株式数の変更が可能であることの明確化	公開価格は仮条件の範囲内で設定されていた	一定の範囲で，以下が可能であることが明確化 ✓　公開価格が仮条件の範囲外で設定されること ✓　公開価格の設定と同時に売出株式数が変更されること[9]
(2)　上場承認日から上場日までの期間を短縮する方式の上場が可能に（上場前提出方式）	上場承認日から上場日までの期間：1か月程度 ※有価証券届出書は上場承認時に提出	上場承認日から上場日までの期間：21日程度に短縮可 ※有価証券届出書を上場承認前に提出することによる（従来方式と選択可）[10]
(3)　上場日程の柔軟化（上場前提出方式・従来方式共通）	上場承認時点で特定の上場日が目論見書等に記載	最終的に公開価格等の条件が決定するまでは，1週間程度の幅を持った上場日が目論見書等に記載される可能性（確定した上場日は，条件決定時の目論見書等で確認することが可能）

9　設定される可能性のある公開価格，変更される可能性のある売出株式数の具体的な範囲は，目論見書等に記載される。

10　承認前提出方式では，上場承認前に有価証券届出書が提出された後，証券会社等から機関投資家への需要状況に関する調査等が行われることがあるが，目論見書等を用いた一般投資家に対する案内は，上場承認日以降に行われる。また，ブックビルディングやIPOへの申込みは，上場承認日以降のブックビルディング期間及び申込期間に行われる。

	上場日は，上場承認時に提出される届出書・目論見書に記載の日付から変更されない（上場日を延期する場合，一旦上場申請を取り下げ，再度上場申請）	訂正届出書・訂正目論見書により，上場申請を取り下げることなく数週間～数か月程度の上場日の延期可能（条件決定日以降に大幅に上場日が延期される場合，再度ブックビルディングが行われる）

【変更後の有価証券届出書の各提出方式に係る留意点[11]】

	承認前提出方式の留意点	承認時提出方式の留意点[12]
承認前届出書提出～上場承認前	✓ 上場承認前に提出される有価証券届出書（承認前届出書）の提出時点では金融商品取引所による上場承認が行われることは確定していない。 ✓ 承認前届出書提出時点から上場承認時までの期間は，投資家の価格目線を調査するため，需要の状況に関する調査を行うことを目的とした期間であり，価格算定能力が高いと推定される機関投資家や親引け候補先とコミュニケーションを行うことがあるが，IPOへの申込みを行うことはできない。 ✓ 目論見書等を用いた一般投資家に対する案内は上場承認日以降に行われる。 ✓ 承認前届出書では，上場日程を一定の目途として記載することや，証券情報の記載を簡素化し，これらを後日提出される訂正届出書により変更することが可能となっている。そのため，詳細な上場日程や発行条件等は上場承認時に開示される。	✓ 有価証券届出書の提出前（上場承認前）には勧誘を行うことはできない。
上場承認	詳細な上場日程や発行条件等が開示される。上場日については，特定の上場日，又は一定の期間（1週間程度の範囲内）が開示される。	

---

11 日本証券業協会「IPOにおける公開価格の設定プロセスの変更点・留意点等について」4～5頁参照。

12 承認時提出方式における基本的な流れは，従前のIPOの手続と同様になる。

仮条件決定	✓ 上場日については，特定の上場日，又は一定の期間（1週間程度の範囲内）が開示される。 ✓ ブックビルディングをやり直すことなく設定される可能性のある公開価格，変更される可能性のある売出株式数，オファリングサイズの具体的な範囲が開示されるため，目論見書等で確認する必要がある。
条件決定	✓ 上場日については，特定の上場日が公表される。 ✓ 目論見書に公開価格等の公表方法を記載することにより，公開価格決定時の訂正目論見書の交付が省略される場合がある。詳細は目論見書の内容を確認し，目論見書に記載された方法により公開価格等を確認する必要がある。

第2節　上場審査と上場時期

　上場申請及び上場承認・上場のタイムラインは，事業年度や，監査・株主総会決議による決算の確定との関係で設定される。この点，従前は，新規上場申請から上場承認日の間に，定時株主総会をまたぐ日程を設定することができなかった。また，上場に際して業績予想を公表するため，申請期の業績の進捗を長く確認して上場するケースが多いという実態があり，上場時期は3月や12月に集中していた。もっとも，上場スケジュールを柔軟に設定するニーズが高まる中で，東京証券取引所の有価証券上場規程の改正等により，2023年3月以降は定時株主総会と上場申請・審査の関係が緩やかになり，上場審査のスケジュールが柔軟になった。ただし，引き続き申請期の業績の進捗を確認するニーズは実務上あり，期末に近い時期に集中する傾向は見られる。

改正前	改正後
新規上場申請者は，定時株主総会により確定した決算をもとに上場審査を行う必要があり，新規上場申請から上場承認日の間に，定時株主総会をまたぐ日程を設定することができなかった。	新規上場申請者は，定時株主総会の到来（決算の確定）にかかわらず，新規上場申請日から1年の間は，改めて新規上場申請を行わず上場審査を継続できる（上場規程201条3項・205条5号，217条5号）。

524 第6部 プレIPOファイナンス・IPO

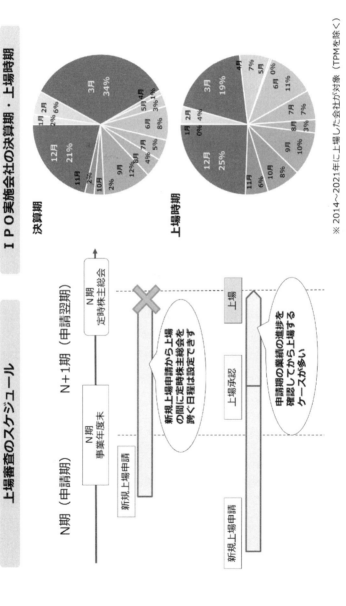

第1章 IPOの概要・スケジュール 525

[改正後の上場審査のスケジュールと制度内容]

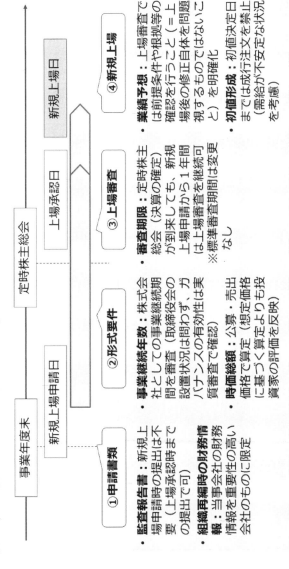

出典：東京証券取引所「IPO等に関する見直しの概要」(2022年12月)[14]より筆者加工

526　第6部　プレIPOファイナンス・IPO

　上場申請にあたっては，①いわゆる「形式要件」（上場規程217条各号）に適合することを前提に，②「実質審査基準」（上場規程219条）に掲げる事項に基づいて，審査が行われる。グロース市場の①形式要件は，以下の通りである[15]。形式要件に関する適合状況については，申請会社が上場申請時等に提出する資料によりその充足状況を確認することとされている。

【グロース市場の形式要件】

項目	基準の内容
①株主数 （上場時見込み）	150人以上
②流通株式 （上場時見込み）	a．流通株式数 1,000単位以上 b．流通株式時価総額 5億円以上 　（原則として上場に係る公募等の見込み価格等に，上場時において見込まれる流通株式数を乗じて得た額） c．流通株式数（比率）上場株券等の25%以上
③公募の実施	500単位以上の新規上場申請に係る株券等の公募を行うこと （上場日における時価総額が250億円以上の場合等を除く）
④事業継続年数	1か年以前から株式会社として継続的に事業活動をしていること
⑤虚偽記載又は 不適正意見等	a．「新規上場申請のための有価証券報告書」に添付される監査報告書（最近1年間に終了する事業年度及び連結会計年度の財務諸表等に添付されるものを除く。）における記載が「無限定適正意見」又は「除外事項を付した限定付適正意見」 b．「新規上場申請のための有価証券報告書」に添付される監査報告書（最近1年間に終了する事業年度及び連結会計年度の財務諸表等に添付されるものに限る。）及び中間監査報告書又は期中レビュー報告書における記載が，「無限定適正意見」，「中間財務諸表等が有用な情報を表示している旨の意見」又は「無限定の結論」 c．a及びbに規定する監査報告書，中間監査報告書又は期中レビュー報告書に係る財務諸表等又は中間財務諸表等が記載又は参照される有価証券報告書等に「虚偽記載」なし

13　https://www.jpx.co.jp/corporate/news/news-releases/1020/20220824-01.html
14　https://www.jpx.co.jp/rules-participants/public-comment/detail/d1/co3pgt0000003o2k-att/co3pgt0000003o57.pdf
15　新規上場ガイドブック（グロース市場編）25～26頁参照。

	d．申請会社に係る株券等が国内の他の金融商品取引所に上場されている場合にあっては，次の(a)及び(b)に該当するものでないこと (a) 最近1年間に終了する事業年度に係る内部統制報告書に「評価結果を表明できない」旨の記載 (b) 最近1年間に終了する事業年度に係る内部統制監査報告書に「意見の表明をしない」旨の記載
⑥登録上場会社等監査人による監査	「新規上場申請のための有価証券報告書」に記載及び添付される財務諸表等及び中間財務諸表等について，登録上場会社等監査人（日本公認会計士協会の品質管理レビューを受けた者に限る。）（東証が適当でないと認める者を除く。）による金融商品取引法第193条の2の規定に準ずる監査，中間監査又は期中レビューを受けていること
⑦株式事務代行機関の設置	東証の承認する株式事務代行機関に委託しているか，又は当該株式事務代行機関から株式事務を受託する旨の内諾を得ていること
⑧単元株式数	単元株式数が，100株となる見込みのあること
⑨株券等の種類	新規上場申請に係る内国株券が，次のaからcのいずれかであること a．議決権付株式を1種類のみ発行している会社における当該議決権付株式 b．複数の種類の議決権付株式を発行している会社において，経済的利益を受ける権利の価額等が他のいずれかの種類の議決権付株式よりも高い種類の議決権付株式 c．無議決権株式
⑩株式の譲渡制限	新規上場申請に係る株式の譲渡につき制限を行っていないこと又は上場の時までに制限を行わないこととなる見込みのあること
⑪指定振替機関における取扱い	指定振替機関の振替業における取扱いの対象であること又は取扱いの対象となる見込みのあること

528　第6部　プレIPOファイナンス・IPO

　また，グロース市場の②実質審査基準は，大要，以下の通りである[16]。

【グロース市場の実質審査基準】

上場規程219条	上場審査ガイドラインⅣ（要約）
1．企業内容，リスク情報等の開示の適切性 企業内容，リスク情報等の開示を適切に行うことができる状況にあること。	⑴経営に重大な影響を与える事実等の会社情報を管理し，当該会社情報を適時，適切に開示することができる状況にあること。また，内部者取引等の未然防止に向けた体制が適切に整備，運用されていること。
	⑵企業内容の開示に係る書類が法令等に準じて作成されており，かつ，投資者の投資判断に重要な影響を及ぼす可能性のある事項，リスク要因として考慮されるべき事項，事業計画及び成長可能性に関する事項について投資者の投資判断上有用な事項，主要な事業活動の前提となる事項について分かりやすく記載されていること。
	⑶関連当事者その他の特定の者との間の取引行為又は株式の所有割合の調整等により，企業グループの実態の開示を歪めていないこと。
	⑷親会社等を有している場合，申請会社の経営に重要な影響を与える親会社等に関する事実等の会社情報を申請会社が適切に把握することができ，かつ，投資者に対して適時，適切に開示できる状況にあること。
2．企業経営の健全性 事業を公正かつ忠実に遂行していること。	⑴特定の者に対し，取引行為その他の経営活動を通じて不当に利益を供与又は享受していないこと。
	⑵親族関係，他の会社等の役職員等との兼職の状況が，役員としての公正，忠実かつ十分な職務の執行又は有効な監査の実施を損なう状況でないこと。
	⑶親会社等を有している場合，申請会社の経営活動が親会社等からの独立性を有する状況にあること。
3．企業のコーポレート・ガバナンス及び内部管理体制の有効性	⑴役員の適正な職務の執行を確保するための体制が相応に整備され，適切に運用されている状況にあること。
	⑵経営活動を有効に行うため，その内部管理体制が相応に整備され，適切に運用されている状況にあること。

16　新規上場ガイドブック（グロース市場編）48～49頁参照。

コーポレート・ガバナンス及び内部管理体制が，企業の規模や成熟度等に応じて整備され，適切に機能していること。	(3)経営活動の安定かつ継続的な遂行，内部管理体制の維持のために必要な人員が確保されている状況にあること。
	(4)実態に即した会計処理基準を採用し，かつ会計組織が適切に整備，運用されている状況にあること。
	(5)法令等を遵守するための有効な体制が適切に整備，運用され，また最近において重大な法令違反を犯しておらず，今後においても重大な法令違反となるおそれのある行為を行っていないこと。
4．事業計画の合理性 相応に合理的な事業計画を策定しており，当該事業計画を遂行するために必要な事業基盤を整備していること又は整備する合理的な見込みのあること。	(1)事業計画が，そのビジネスモデル，事業環境，リスク要因等をふまえて，適切に策定されていると認められること。
	(2)事業計画を遂行するために必要な事業基盤が整備されていると認められること又は整備される合理的な見込みがあると認められること。
5．その他公益又は投資者保護の観点から東証が必要と認める事項	(1)株主等の権利内容及びその行使の状況が，公益又は投資者保護の観点で適当と認められること。
	(2)経営活動や業績に重大な影響を与える係争又は紛争を抱えていないこと。
	(3)主要な事業活動の前提となる事項について，その継続に支障を来す要因が発生していないこと。
	(4)反社会的勢力による経営活動への関与を防止するための社内体制を整備し，当該関与の防止に努めていること及びその実態が公益又は投資者保護の観点から適当と認められること。
	(5)新規上場申請に係る内国株券が，無議決権株式（当該内国株券以外に新規上場申請を行う銘柄がない場合に限る。）又は議決権の少ない株式である場合は，ガイドラインIV　6．(5)に掲げる事項のいずれにも適合すること。
	(6)新規上場申請に係る内国株券が，無議決権株式である場合（当該内国株券以外に新規上場申請を行う銘柄がある場合に限る。）は，ガイドラインIV　6．(6)に掲げる事項のいずれにも適合すること。
	(7)その他公益又は投資者保護の観点から適当と認められること。

530　第6部　プレIPOファイナンス・IPO

第3節　募集と売出し

　新規株式上場時（株式公開時）に，証券取引所に放出されて取引がなされる株式（公開株式）は，いわゆる①公募株式と②売出株式に分けられる。金商法上は，募集と売出しに分類され，募集を実務上「公募」ということが多い。①公募株式は，発行会社が新規に発行する株式（プライマリー）であり，投資家が支払った金額（のうち手数料等を除いた一定額）が発行会社にニューマネーとして払い込まれる。②売出株式は，既発行株式が譲渡されるもの（セカンダリー）であり，投資家が支払った金額は，売出しを行った既存株主に支払われ，発行会社には払い込まれない。売出株式は，非上場時の投資家や役職員の換金（エグジット）手段である。

　公開株式（募集＋売出し）の規模（金額，株式数や発行済株式に占める割合。オファリングサイズともいう）や，公開株式における募集の比率（公募比率）と売出し比率は，上場直後の株価に影響を与え得る。公開株式の規模が小さい場合，需給がひっ迫しやすく，企業の実態よりも株価が高くなるケースが多いとされる。また，公募比率が低く，売出し比率が高い場合，既存株主がその新規上場会社の将来性に期待をしていないことの表れであるとして，株価が高くならない場合もある[17]。

　公募や売出しの規模・比率に加えて，上場後に一定の株主が一定期間株式を売却することができないようにする取決め（後述の，いわゆるロックアップ）も，株価に影響を与える。特に，いわゆる任意ロックアップの解除後，大株主であ

17　2012年から2021年までに旧マザーズ市場でIPOを行った銘柄で，IPO時の公募比率が50％以上の企業は，公募比率50％未満の企業に比べて，一定の企業規模グループごとに比較すると，どの規模でも，長期収益率が上回っているとされる（岡村秀夫「グロース市場の活性化に不可欠なIPOでの資金調達促進」（金融財政事情2023年4月25日号）18頁）。これに対して，2018年から2022年までに旧マザーズ・グロース市場でIPOを行った銘柄では，IPO時の公募比率が50％未満の企業の方が58％と多かったとされる（東京証券取引所「市場区分の見直しに関するフォローアップ会議」第8回資料2東証説明資料①9頁）。なお，既存株主からの売出しも，オファリングサイズを拡大し，流動性を増やすことによって機関投資家からの投資家を確保することには有益であり，既存株主に対して，売出しによって海外投資家等が入ることができ，結果的に株価が上がり，成長につながるといったストーリーをもってコミュニケーションすることが有効であるという指摘もある（経産省・成長ファイナンス44〜45頁参照）。

るVC等が一気に売却をし，株価が下落する例が目立つという指摘もある。一方で，公募比率が高く売出しが少ない場合や，任意ロックアップが厳しすぎる場合，既存投資家はIPOに対して抵抗をすることもあり得る。

こういった，どの株式（公募・売出し）を，誰に（国内・国外，リテール・機関投資家），どれぐらいの数・比率で販売するのか，また任意ロックアップ期間や解除の条件をどのように設定するのか，といった新規株式公開時の資金調達方法の設計は，オファリングストラクチャーとも呼ばれる[18]。オファリングストラクチャーは主幹事証券会社が主導するが，その際にリード投資家は他の投資家を代表して，主幹事・経営チームと株主との間での合意形成や，ロックアップの条件等の調整に寄与する。

なお，日本のスタートアップでは，いわゆる「小規模上場」が多いという指摘もある。小規模上場の水準として決まった金額規模があるわけではないが，（大型）機関投資家の投資検討スコープとなりづらい上場規模を指すことが多い。例えば，上場時の時価総額が200億円以下の上場を指して小規模上場とする資料もある[19]。

第4節　価格決定メカニズムと主幹事証券会社・競争政策

1　公開価格と初値の乖離

上場前後における株式の価格として，「公開価格」と「初値」の2種類が存在する。

18　GCP 134頁参照。

19　経済産業省・経済産業政策局産業資金課「スタートアップ・ファイナンス研究会（事務局説明資料）」（2023年12月5日）3頁参照。なお，東京証券取引所の，市場区分の見直しに関するフォローアップ会議では，機関投資家からは，例えば，（投資基準で全株式の10%未満が購入限度であることもふまえると）時価総額50億円～100億円程度が投資基準に照らした投資可能ハードルであるという意見も見られる。また，セルサイド・アナリストにおいては，基本的には時価総額500億円以上の会社を対象にアナリストカバレッジを行っており，例外的に今後成長が見込まれるようであれば100億円以下でも対象とするが，継続的にカバーを行うわけではないといった意見も見られる。以上について，東京証券取引所「市場区分の見直しに関するフォローアップ会議」第13回資料2 東証説明資料①（グロース市場関係者へのヒアリングの状況）参照。

532 第6部 プレIPOファイナンス・IPO

> ✓ 公開価格：上場前の公募・売出しの価格（発行会社・既存株主が得る対価）
> ✓ 初値：上場後初めて市場で取引が成立する価格

　初値が公開価格を上回った場合，公開価格で株式を取得し，初値で売却した特定の投資家が差益を得るが，スタートアップや既存株主は公開価格でのみ募集・売出しを行っているため，その差益は利益とならない。公開価格による販売合計額から証券会社の手数料を差し引いた額を受け取る。仮に初値と同額で募集（・売出し）を行うことができた場合，スタートアップは，より多くの資金調達が可能であったといえる。2021年に政府が公表した成長戦略実行計画では，日本のIPOにおける初値が公開価格を大幅に上回っており（+48.8%），米国（+17.2%）や英国（+15.8%）等，諸外国と比べても非常に高い水準であることが指摘されていた[20]。

　このような指摘をふまえ，日本証券業協会においてワーキング・グループが開催され，前述の公開価格WG報告書が公表された。前述のIPOのスケジュールの見直し等も，従来の公開価格の設定プロセスに改善の余地があるという問題意識をふまえた，公開価格設定プロセスの見直しの一環である。ただし，報告書では，WGにおける議論において，日本のIPO銘柄における上場から一定期間経過後のパフォーマンスとして，市場への影響や投資リターンといった観点からオファリングサイズによる加重を行った平均値や中央値では米国と同水準であって異常な水準ではないという指摘や，日本のマーケットの特徴，特に小型IPOによる上場後一定期間の株価高騰が個人投資家を中心とする旧マザーズ市場固有の市場特性にあり，小型銘柄では業績が不透明であることや個人投資家の割合が多いこと等をふまえると初値と公開価格の乖離はある程度はやむを得ない部分もあるという考えや，サイズの大きなIPOを増やすことやIPO後の成長性の高い企業を増やすこと以外は本質的な解決はないといった指摘もあったとされる。また，発行会社の視点からも，単純な公開価格の引上げを希望するのではなく，主幹事証券会社との間で納得感のあるプライシングを求めているのではないかという指摘もあったとされる[21]。

---

20 「成長戦略実行計画」（令和3年6月18日）。なお，日本証券業協会は，IPOについて，発行会社における主幹事証券会社の選定の1つの参考情報とすること等を目的として，2022年4月以降の主幹事証券会社別の公開価格及び上場後株価等（公開価格に対する初値等の平均収益率を含む）を公表している。

2 公開価格の決定プロセスにおける主幹事証券会社との関係

　こうした価格決定における主幹事証券会社と発行会社（新規上場会社）の関係では，競争政策・独占禁止法上の問題も生じ得る。すなわち，新規上場会社の企業の価値や需要に見合った公開価格が設定されること等により，新規上場会社が，自らの事業を成長させていくために必要な資金を調達しやすくし，市場における成長を促進する環境を整えることは，ひいては日本の経済全体の活性化につながると考えられ，競争政策上望ましい。さらには，主幹事証券会社と新規上場会社との力関係に照らして，独占禁止法上の優越的地位の濫用（独禁法19条，2条9項5号ハ）と評価されるおそれがある場合もある。

　こうした問題意識の下，公正取引委員会では，初値が公開価格を大幅に上回る要因となり得ると考えられる事項について，競争政策・独占禁止法上の課題の有無を検討するために，公開価格の設定に係る実態，上場のための選択肢の多様性に係る実態及びIPOに係る取引慣行における独占禁止法上の論点について実態把握を行った。その上で，2022年1月に公表された「新規株式公開（IPO）における公開価格設定プロセス等に関する実態把握について」[22]では，IPOにおける取引の現状と競争政策・独占禁止法上の考え方が示された。

　この考え方は，日証協の公開価格WG報告書にも反映されている。この中で，「主幹事証券会社との間で納得感のあるプライシング」を形成するために，主幹事証券会社との関係についても数点言及されている。これを受けて，日本証券業協会の自主規制規則が改正される等の対応がなされた。

【公開価格の決定プロセスにおける発行会社と主幹事証券の関係の改善策[23]】

項目	従前と対応
実名による需要情報等の提供	【従前】 ・配分規則により，機関投資家への配分結果については，発行会社に対して提供することが規定されているが，需要情報等の提供については規定されていない

21　公開価格 WG報告書2～3頁。
22　https://www.jftc.go.jp/houdou/pressrelease/2022/jan/220128_IPO.html
23　公開価格 WG報告書15～18頁，概要資料10～11頁参照。

	【対応】 ・主幹事証券会社は，原則として，ロードショーにおけるフィードバックやブックビルディングにおける需要情報等について，機関投資家の同意を得て実名により発行会社に対して提供するよう配分規則を改正[24]
発行会社への公開価格等の納得感のある説明	【従前】 ・公開価格等の算定根拠や主幹事証券会社の引受割合について，一部の発行会社は納得感がないとの意見があった 【対応】 ・主幹事証券会社が，想定発行価格，仮条件又は公開価格の提案に際し，その根拠を発行会社へ説明することを規則化するとともに，主幹事証券会社の引受割合を発行会社と十分に協議した上で決定されるよう規則化[25] ※上記「実名による需要情報等の提供」も発行会社の納得感の向上に繋がる
主幹事証券会社の追加・変更等	【従前】 ・発行会社との力関係により主幹事証券会社が設定した公開価格に不満があっても，主幹事証券会社を変更しにくいのではないかとの意見があった ・共同主幹事証券会社が加わることや，主幹事証券会社以外の証券会社からセカンドオピニオンを聴取することで，より客観的な視点から価格の妥当性を検討すること等が可能になるのではないかとの意見があった 【対応】 ・主幹事証券会社は，主幹事契約の締結前に発行会社の主幹事契約に対する考え方を確認の上，発行会社と認識をあわせるとともに，新規上場プロセスの早い段階で将来設定する公開価格の考え方及びその時点における水準について協議を行い，必要な資料を提供する等，発行会社の納得感を得られるように努める ・主幹事証券会社は，合理的な理由なく主幹事証券会社の追加・変更及びセカンドオピニオンの聴取を阻害せず，発行会社が希望する場合には，上場申請業務に係る資料を提供し，主幹事証券会社の追加・変更可能性に配慮する ※ただし，上場スケジュールの見直しや上場申請に係るサポート費用の体系の変更等，主幹事証券会社の変更に伴うデメリットもある ※安易に主幹事証券会社を変更することにより，発行会社に十分な上場適格性があるかを審査する機能が損なわれることを懸念する意見がある

---

24 日本証券業協会「株券等の募集等の引受け等に係る顧客への配分等に関する規則」5条，6条（2022年12月20日改正）。

25 日本証券業協会「有価証券の引受け等に関する規則」26条1項・2項（2022年6月10日改正）。

なお，2023年4月には，IPOにおける主幹事証券会社を務めた証券会社に対し，公正取引委員会が，独占禁止法上の優越的地位の濫用につながるおそれがあるとして，注意を行った事例がある[26]。本件では，主幹事証券会社が優越的地位にあったと認められる可能性がある新規上場会社に対して行った一定の行為が，優越的地位の濫用につながるおそれがあると指摘された。

✓ 新規上場会社（A社）から，他の証券会社のセカンドオピニオンに基づき十分に検討された想定発行価格の算出方法や水準等について説明を受けたにもかかわらず，当該説明について十分な検討を行わずに，A社が主張した価格を下回る想定発行価格を設定し，A社に対し，当該価格を受け入れるよう要請した。

✓ 仮条件の設定にあたって，機関投資家から妥当と考えられる新規上場会社（B社）の株価等に関する意見を電話ヒアリングにより聴取した際，意見を聴取した機関投資家のうち1社がB社の類似会社との比較に基づき，B社の株価を想定発行価格よりも高く評価していたにもかかわらず，当該機関投資家に想定発行価格が受入れ可能かどうかを確認し，受入れ可能との回答を得たことのみをもって，想定発行価格と同額が妥当と考えられる株価であるとする意見を得たこととした。

　また，仮条件を設定するに当たり参考にできるのは自らが回収した機関投資家の意見のみであるとして，B社から，B社が会社説明会において機関投資家と面談した結果を提示されたにもかかわらず，当該面談結果を考慮しない理由について十分な説明を行うことなく，B社が主張した価格を下回る仮条件を設定し，B社に対し，当該仮条件を受け入れるよう要請した。

今後も，公正取引委員会では，前述の「実態把握について」報告書において指摘した独占禁止法上問題となる行為に係る情報に接した場合には，厳正・的確に対処していくとしており，引き続き，スタートアップと主幹事証券会社その他の関係者の間で，透明性・納得感のある議論が求められる。

26　公正取引委員会 HP（https://www.jftc.go.jp/houdou/pressrelease/2023/apr/20230413dai2.html）参照。

第5節　海外投資家への販売（旧臨時報告書方式・グローバルオファリング）

　IPO（及びその後の資金調達）における海外投資家の受け入れでは，(1)旧臨時報告書方式（旧臨報方式）及び(2)グローバルオファリング（Regulation S/Rule 144A）の実施が選択肢となる。各手法は，企業価値・オファリングの規模もふまえ，リーチしたい海外投資家の範囲の広さと，反面として増加するコスト等をふまえて選択がなされる。

　(1)旧臨時報告書方式は，国内募集・売出しに際し，募集又は売出しに係る株式のうちの一部を，英文目論見書の作成・交付を行わずに，国内募集の引受証券会社の海外の関係会社等を通じ，米国を除く海外市場の海外投資家に対して販売する手法である。以前は，国内募集に係る有価証券届出書とは別に，海外募集に係る臨時報告書の提出が必要であった。2017年の開示府令改正により，国内募集に係る有価証券届出書において海外募集に係る事項を記載することにより，海外募集に係る臨時報告書の提出は不要になったことから，省略されることが多い。そのため，「旧」臨時報告書方式と呼ばれる。

　これに対して，米国の投資家に対して勧誘を行うかどうかの検討に際しては，米国における証券規制にも服する必要がある[27]。米国証券法（Securities Act of 1933）上，米国における証券募集では原則としてSECへの登録（registration）による開示を行う必要がある（5条，6条）。他方，この開示負担が重いことから，(2)いわゆるグローバルオファリングを行う際には，米国での開示（登録）義務の免除規定に依拠して行われることが一般的である。主に，①米国向け勧誘を行わないオフショア取引に係る米国証券法規則のRegulation S（RegSとも呼ばれる）[28]や，②米国向け勧誘が認められる適格機関購入者（Qualified Institutional Buyer）向け私募に係る米国証券法規則144A条（Rule 144A）[29]の2種類が存在する。

　①Regulation Sでは，米国において米国投資家向け販売行為が行われていない等の一定の要件を満たす，オフショア取引としての米国外での証券の勧誘又

27　米国証券法の規制について，エクイティ・ファイナンスの理論と実務274〜278頁参照。
28　17 C.F.R. § 230.901〜905。
29　17 C.F.R. § 230.144A。

は売付けを行う場合に，米国での登録義務が免除される。

②Rule 144Aでは，米国投資家のうち適格機関購入者に対してのみ私募・売出しを行い，（登録届出書は不要であるが）一定の情報を提供する等の一定の要件を満たす場合に，米国での登録義務が免除される。Rule 144Aにより取得された証券には一定期間の転売が制限され，その期間内には，他の適格機関購入者への転売や，Regulation Sに基づいて米国外での転売といった方法に限られるという制約がある。北米を含めた世界各国の投資家にリーチできるRule 144Aは，投資家へのアクセス機会の多さというリターンと引換えに，海外専門家の報酬等，相応に費用もかかる。

【海外投資家に対するオファリング手法の概要[30]】

	旧臨時報告書方式	グローバルオファリング	
		RegS	RegS+144A
対象海外投資家			
欧州・アジア	△	○	○
北米[31]	―	―	○
海外投資家への販売活動			
	・欧州・アジアの投資家のうち当該方式に参加可能な投資家を対象に，ロードショーを含めた販売活動を実施 ・国内募集案件と異なり人数の制限は無い	欧州・アジアの投資家を対象に，ロードショーを含めた販売活動を実施	欧州・アジアに加え，北米の投資家を対象に，ロードショーを含めた販売活動を実施
国内IPOに加えた作成書類・資料（例）			

30　経産省・成長ファイナンス31頁の図表をもとに筆者加工。
31　カナダにおいても，米国証券法と同様の規制があることから，米国投資家を対象としない場合，通常はカナダの投資家も対象外とする。

目論見書	—	英文目論見書（英文監査済財務諸表含む）
契約書	—	海外引受契約書等（英文）
ロードショー資料	英文スライド	
法律事務所	日本法・海外法とも必要（コストには差）	

　グローバルオファリングを検討する際には，必要な期数分（上場申請前3期分等）の監査報告書を準備する必要がある等，年単位で事前に対処すべき課題も存在する。また，上場後の海外投資家とのコミュニケーション機会を確保するため，必要な増加コストはIPO時点のみではなくIPO後も検討する必要もある。

　加えて，グローバルオファリングの規模には実施の目安となる水準感も存在している。例えば，海外投資家は，流動性の観点から時価総額500億円〜1,000億円以上が見込める企業のIPOでないと参加しにくいのが実情であるという指摘もある[32]。自社の現状の企業価値と，今後の成長見込みに照らして，適切な手法を選択する必要がある。

第6節　参考：TOKYO PRO Market

　これまで，基本的にはスタートアップの典型的な国内IPOとして，東証グロース市場への株式上場と，海外機関投資家への株式の販売について言及してきたが，近時，東証が運営しているプロ向け市場であるTOKYO PRO Market（TPM）も着目されている。2024年7月現在で114社が上場しているところ，そのうち27社は2024年の半年強で上場しており（2022年には21社，2023年には32社），流動性に課題があるものの選択肢として検討されつつある[33]。

　TPMは，平成20年（2008年）金商法改正により導入された「プロ向け市場制度」に基づき，東証とロンドン証券取引所の共同出資により2009年6月に開設されたTOKYO AIMを母体とする。日本やアジアにおける成長力のある企業に新たな資金調達の場と他市場にはないメリットを提供すること，国内外のプロ投資家に新たな投資機会を提供すること，日本の金融市場の活性化及び

32　経産省・成長ファイナンス31頁参照。
33　TPMから東京証券取引所や名古屋証券取引所の一般市場へ，いわゆるステップアップ上場した企業も存在する。

国際化を図ることを目的としている。2012年7月からはTPMとして，TOKYO AIMの市場コンセプトを継承し，東証が市場運営を行っている。

TPM において直接買付けが可能な投資家は，プロ投資家（特定投資家[34]及び非居住者[35]）に限られ，一般投資家は取引所に直接買注文を入れることはできない。その一方で，上場に際して株主数・流通株式・利益の額等の形式基準（数値基準）がなく，柔軟なガバナンス設計による上場も可能とされている。また，上場審査主体が東証ではなく，東証が一定の資格を認証したJ-Adviser[36]が行うことも特徴的である。

---

[34] 「特定投資家」とは，適格機関投資家，国，日本銀行，及び投資者保護基金その他の内閣府令で定める法人をいい，上場会社や資本金の額が5億円以上であると見込まれる株式会社等が含まれる（金商法2条31項，定義府令23条）。個人は原則として特定投資家ではないが，一定の要件を満たす個人は，いわゆる「プロ成り」を行うことにより特定投資家に移行できる（金商法34条の4第6項，34条の3第4項，業府令61条，62条）。

[35] 非居住者は，日本国内に住所又は居所を持たない個人及び日本国内に主たる事業所を持たない法人であり，国内投資家と異なり特定投資家のような限定が課されていない。

[36] J-Adviserは担当する上場会社に対して，上場前の上場適格性の調査確認や上場後の適時開示の助言・指導，上場維持要件の適合状況の調査を実施する。2024年7月現在で19社存在する。証券会社が多いが，M&Aアドバイザリーやファイナンシャルアドバイザーも存在する。

540　第6部　プレIPOファイナンス・IPO

項目	TOKYO PRO Market	（参考）東証他市場
開示言語	英語又は日本語	日本語
上場基準	形式基準：なし 実質基準：あり	形式基準：あり（株主数，流通株式等） 実質基準：あり
審査主体	J-Adviser	主幹事証券会社，東証
上場申請から上場承認までの期間	10営業日（上場申請前にJ-Adviserによる意向表明手続あり）	2，3か月程度（標準審査期間）
上場前の監査期間	最近1年間	最近2年間
内部統制報告書	任意	必須
四半期開示	任意	必須
主な投資家	特定投資家等（いわゆる「プロ投資家」）	一般投資家

出典：日本取引所HP「TOKYO PRO Marketの主な特徴」

541

第2章

上場前における金融商品取引法の規制（届出前勧誘規制・開示規制）

上場前の投資家の勧誘において金融商品取引法上注意すべき点は何か。有価証券届出書等の開示が必要になり得る「勧誘」とは何か。
上場申請予定時期が近づいている場合，投資家候補とのコミュニケーションにおいてどのような点に留意すべきか。

第1節　届出前勧誘規制

　金融商品取引法（金商法）は，有価証券の募集・売出しについて原則として有価証券届出書の提出を要求しており，有価証券届出書を提出する前に，有価証券の取得勧誘又は売付け勧誘等（「勧誘」行為）を行うことは禁止されている（金商法4条1項）。「ガン・ジャンピング規制」とも呼ばれる。届出前勧誘が禁止されている趣旨は，多数の者に対して有価証券の勧誘が行われる場合，勧誘対象者である投資者は投資判断に必要な情報を有しておらず，これを要求する取引上の地位にないことが通常であるところ，投資者が不確実・不十分な情報に基づく投資判断を強いられる事態を防止することにあるとされている[1]。

　もっとも，金商法上，「勧誘」の定義規定は設けられていない。具体的にどのような行為が「勧誘」に該当するかは解釈に委ねられている。その上で，「勧誘」とは，特定の有価証券について投資者の関心を高め，その取得・買付けを促進することとなる行為を広く含むように解されており，有価証券の発行時期や発

1　金商法コンメ(1) 333頁〔谷口義幸〕，エクイティ・ファイナンスの理論と実務189頁参照。

542　第6部　プレIPOファイナンス・IPO

行価格等の取引条件を表示することも必要とされていない[2]。勧誘に該当するか否かは，行為態様，発行会社，勧誘者及び被勧誘者の置かれた客観的・主観的状況，有価証券の内容，取引態様に応じて異なり得るもので，実際の判断は難しい[3]。IPOの準備期間中において，投資家に対して会社の事業，財政状態や経営成績又はその見込み等に関する情報を提供することは勧誘に該当するリスクがあるため，実務上，慎重な対応がとられている。

　いかなる場合に金商法が禁止する勧誘行為に該当するかという点については，最終的には個別案件ごとの判断が必要となるが，IPOが視野に入ってきた段階における，上場承認前の投資家とのコミュニケーションでは，主に2つの観点からの実務上の対応が検討される。

---

(1)　「勧誘」に該当しない行為類型の範囲での行為
(2)　勧誘場所に着目した行為（いわゆる「外＝外」）

1　「勧誘」に該当しない行為類型

　前述の通り，金商法上，「勧誘」の定義規定は設けられておらず，具体的にどのような行為が「勧誘」に該当するかは解釈に委ねられている。他方で，常にアドホックな解釈を強いられるとすると，実務上の対応が困難になることから，開示ガイドラインにおいて，金商法上の「勧誘」に該当しない一定の行為類型が8種類例示されている（開示ガイドラインB2-12①～⑧）。IPOの準備期

2　神崎克郎ほか『金融商品取引法』（青林書院，2012年）317頁，金商法コンメ(1) 91頁〔谷口義幸〕，エクイティ・ファイナンスの理論と実務190，271頁参照。金商法5条1項ただし書も参照。開示ガイドラインB4-1では，有価証券の募集又は売出しに関する文書を頒布すること，株主等に対する増資説明会において口頭による説明をすること及び新聞，雑誌，立看板，テレビ，ラジオ，インターネット等により有価証券の募集又は売出しに係る広告をすることは，有価証券の募集又は売出し行為に該当するとしており，広い範囲がカバーされている。ただし，近時，インターネット上で広告により勧誘をする場合で，投資家に一定の限定が課されている等の場合，届出前勧誘に該当しないことが明確化されている。

3　株式の場合，株式が会社の企業価値に対する割合的単位と捉えられることから，明示的に株式の募集・売出しや株式に言及していない場合であっても，発行会社についての投資者の関心を喚起するために行われる情報提供は，届出前の勧誘に該当するおそれがあり，保守的に検討すべき旨の指摘もある（エクイティ・ファイナンスの理論と実務190頁参照）。

間中における投資家とのコミュニケーションであっても，これらの行為類型に該当する限りは「勧誘」には該当せず，届出前勧誘規制に違反するものではないとされている。

ただし，以下はあくまで例示であり，ある行為が当該類型のいずれにも該当しない場合であっても，直ちに「勧誘」と評価されるわけではなく，行為の実態をふまえて個別に「勧誘」ではないと整理する余地がある（例えば，親引けの検討をする際の事前協議について，第6章第1節3参照）[4]。

① （既開示会社による）第三者割当の準備行為

> 第三者割当を行う場合であって，割当予定先が限定され，当該割当予定先から当該第三者割当に係る有価証券が直ちに転売されるおそれが少ない場合（例えば，資本提携を行う場合，親会社が子会社株式を引き受ける場合等）に該当するときにおける，割当予定先を選定し，又は当該割当予定先の概況を把握することを目的とした届出前の割当予定先に対する調査，当該第三者割当の内容等に関する割当予定先との協議その他これに類する行為

第三者割当（スタートアップが典型的に行う，特定の投資家からの株式による資金調達）の割当予定先の選定等を目的とした調査や協議等は，勧誘に該当しないとされる。ただし，第三者割当一般をカバーするわけではなく，割当予定先が限定され，かつ，割り当てた有価証券が直ちに転売されるおそれが少ない場合でなければならないといった限定があることに注意が必要である。

4　例えば，株主間契約に基づく取締役派遣・オブザーバーや情報請求権に従って株主に対する情報提供を行う場合，株主である既存投資家がIPOに参加する可能性がある場合には，上場に関する取締役会での議論を知っていることが，事前勧誘規制に違反するのではないかという点が理論上は問題になり得る。実務上，この論点について必ずしも厳密な議論がなされているわけではないようにも思われるが，既存株主は，類型的に発行会社であるスタートアップの情報を一定程度把握していることが想定されるため，事前勧誘規制の趣旨である，情報の非対称性による投資家保護という問題が顕在化することは少なく，新規投資家に対する情報提供と比べると，情報提供を厳しく抑制するべきとは捉えられていないようにも思われる（例えば，届出書等提出1か月以上前の情報開示であれば開示ガイドラインB2-12③，それ以外であっても同⑤（定期的なIR）や同⑦（発行会社による受動的な回答）と整理できる場合等もあると思われる）。

② プレ・ヒアリング（需要調査）

> 募集（第三者割当に係るものを除く。）又は売出しを行おうとする有価証券に対する投資者の需要の見込みに関する調査であって，特定投資家（当該調査を行う金融商品取引業者等において，金融商品取引業等に関する内閣府令（平成19年内閣府令第52号）第53条第1号に掲げる契約の種類に属する金融商品取引契約に関して法第34条の2第5項の規定により特定投資家以外の顧客として取り扱う者を除き，法第34条の3第4項（法第34条の4第6項において準用する場合を含む。）の規定により特定投資家として取り扱う者を含む。）（国，日本銀行及び適格機関投資家以外の特定投資家については，金融商品取引業者等が当該募集又は売出しを行おうとする顧客からの委託により又は自己のために当該調査を行う場合に限る。）又は法第27条の23第4項に規定する株券等保有割合が5％以上である者を当該調査の対象者とし，かつ，同令第117条第1項第15号に規定する措置又はこれに準ずる措置を講じて行われるもの

　募集・売出し（主にIPOの場面。上記の①第三者割当は除かれている）に対する投資家側の「需要の見込み」の調査は，勧誘に該当しないとされる。ただし，「需要の見込み」に関する調査であって「需要」の調査は対象外であるほか，調査対象が，特定投資家や一定の既存大株主（販売圧力を受けにくい投資家）に限定されている。また，調査の実施に際しては証券会社がプレ・ヒアリングを行う際に法令上要求されている措置を講ずる必要があるとされており（第3章第3節），発行会社や売出人自身による需要の見込み調査目的での投資家とのコンタクトに利用しづらい面がある。

③ 届出書等提出1か月以上前の情報開示

> 有価証券届出書又は発行登録書の提出日の1月前の応当日以前において行われる当該有価証券届出書又は発行登録書に係る有価証券の発行者に関する情報（当該発行者の発行する有価証券の募集又は売出しに係る情報を除く。）の発信（当該発信に係る媒体が継続的に掲示される場合にあっては当該情報の発信が行われる時点は当該掲示が開始される時点とする。以下③において同じ。）であって，他の者によって再び当該情報の発信が行われることが想定される場合にあっては，当該応当日の翌日から有価証券届出書又は発行登録書の提出までの間に当該発信が行われることを防止するための合理的な措置を講じて行われるもの

第2章　上場前における金融商品取引法の規制（届出前勧誘規制・開示規制）　545

　有価証券届出書等を提出する1か月前までに行われる一定の情報開示は勧誘に該当しないとされており，実務上，後述のインフォメーション・ミーティングやプレディール・リサーチレポート等に用いられる（第3章第2節参照）。ただし，ガイドライン上「発行者に関する情報」の発信は認められているが，「有価証券の募集又は売出しに係る情報」については認められていない[5]。

④　法令，取引所規則等に基づく開示

> 法若しくは法に基づく命令又は金融商品取引所の定款その他の規則に基づく情報の開示

⑤　定期的なIR

> 発行者により通常の業務の過程において行われる定期的な当該発行者に関する情報（当該発行者の発行する有価証券の募集又は売出しに係る情報を除く。）の発信

⑥　通常の製品・サービスの公表

> 発行者により通常の業務の過程において行われる新製品又は新サービスの発表

⑦　発行会社による受動的な回答

> 発行者に対する自発的な問合せに対して当該発行者により行われる，その製品・サービスその他の事業・財務の状況に関する回答

5　パブリックコメント回答では，単に上場準備をしている旨や上場申請を行った旨等の事実に係る情報の発信であれば，「有価証券の募集又は売出しに係る情報」には該当しないとされている（平成26年8月27日金融庁パブコメ回答22番）。

546　第6部　プレIPOファイナンス・IPO

⑧　アナリスト・レポート

> 金融商品取引業者等により通常の業務の過程において行われる上場会社である発行者に係るアナリスト・レポート（個別の企業の分析及び評価に関する資料であって，多数の者に対する情報の提供を目的とするものをいう。以下⑧において同じ。）の配布又は公表（当該金融商品取引業者等において，執筆を担当する者をアナリスト・レポートの対象となる企業の発行する有価証券の募集又は売出しに係る取得勧誘又は売付け勧誘等に関する未公表の情報の伝達から遮断するための適切な措置を講じている場合に限り，当該発行者に係るアナリスト・レポートの配布若しくは公表を開始する場合又はその配布若しくは公表を中断した後に再び開始する場合を除く。）

2　海外勧誘（いわゆる「外＝外」）

　次に，海外投資家に対して勧誘を行う場合の留意事項を見る。日本のスタートアップの資金調達でも，大規模な資金提供者である海外の機関投資家の存在感は増しており，特に，レイター・ステージからプレIPOステージにおけるリスクマネーの重要な供給主体として位置付けられる。海外の機関投資家は，IPOの前後を通じて投資をし，上場後も中長期で株式を保有する「クロスオーバー投資家」（第4章第2節）や，IPO時に新規に引き受ける機関投資家で，IPO後も中長期の保有を確約している「コーナーストーン投資家」（第6章第1節）といった形で現れることも多い。

　海外投資家に対し，上場準備期間に勧誘その他のコミュニケーションをとろうとする場合，国内投資家を対象とする場合とは異なる考慮が必要になる[6]。すなわち，有価証券届出書は，日本国内で行われる募集・売出しについてのみ提出が求められ，海外で行われる募集・売出しについては有価証券届出書の提出義務は無い。そのため，届出前勧誘規制（ガン・ジャンピング規制）も，海外で行われる募集・売出しについては適用されない[7,8]。そのため，IPOの届出前に募集・売出し＝勧誘行為がどこで行われたか（日本国内で勧誘行為が行われていないか）という点も実務上は問題になる。

6　なお，海外投資家から資金調達を受ける場合，外国為替及び外国貿易法（外為法）上の対内直接投資等の規制も問題になり得る（第3部第5章第4節参照）。

第2章　上場前における金融商品取引法の規制（届出前勧誘規制・開示規制）　547

　勧誘行為がどこで実施されたかという基準について，金商法は特段の規定を設けていない。特に，海外投資家とのやりとりは国際電話やEメール，Web会議等で行われ，勧誘行為の実施場所が日本国内か海外かを明確に決定することが容易でない場合も多い。この点，金商法は，基本的には国内投資家の保護を目的として規定されていることをふまえ[9]，日本国内で勧誘が行われたかどうかの判断は，第一義的には，保護の対象である勧誘行為の相手方（投資家）の所在地を基準とするのが合理的であると考えられている[10]。

第2節　プレIPOラウンドにおける考慮（開示資料の虚偽記載等リスク・情報の目的外利用の禁止等）

　上場前の対投資家コミュニケーションでは，開示書類を提出する前に勧誘が禁止されるという事前勧誘規制に加え，発行会社が実際に提出した開示書類に虚偽記載がある場合や記載すべき重要な事実・誤解を生じさせないために必要な重要な事実の記載が欠けている場合（虚偽記載等）の損害賠償責任，行政責任，刑事責任等の法的責任に係るリスク（liabilityリスク）も問題になる。すなわち，有価証券届出書の記載内容に虚偽記載等がある場合には，訂正届出書提出命令や課徴金といった行政責任や，刑事罰に加え，発行市場・流通市場における投資家からの損害賠償の対象にもなり得る[11, 12]。

7　開示ガイドラインB4-23は「海外の相手方に勧誘を行ったが，当該相手方の代理等を行う金融商品取引業者に対する勧誘が国内で行われる等実態に鑑み，海外での募集又は売出しとはみなされないにもかかわらず，有価証券届出書等を提出しない場合」を無届募集等の例としている。

8　米国等の他国の投資家に対して勧誘を行おうとする場合は，他国の勧誘規制が適用され得るため，その開示（登録）の例外や免除規定に基づき販売を行う等の対応が必要になる。この点については第1章第5節も参照。

9　開示規制に関するものではないが，平成19年7月31日金融庁パブコメ回答65頁136番（「金商法は，基本的には我が国居住者である投資者を保護するものである」）等参照。

10　ただし，金融商品取引業者等が非居住者に対して日本国内から勧誘・販売する場合のように，国内行為主体が国内において行為を開始し，国境を越えてその結果が日本国外において生じる「内＝外」取引については，国内行為主体が日本国内で行為をしていると考えることができることから，属地主義（主観的属地主義）のもとで，金商法令が適用されるという指摘もある（松尾直彦『金融商品取引法〔第7版〕』（商事法務，2023年）102～103頁）。

11　金商法10条，18条1項，172条の2第1項，197条1項1号，200条1項2号，207条1項1号・5号等。

548　第6部　プレIPOファイナンス・IPO

　プレIPOラウンドにおける勧誘に際して機関投資家に提供する情報・資料が，上場時の開示書類における記載と矛盾・不整合が生じたり，開示書類に記載されない情報が含まれたりすると，開示書類に虚偽記載等があったとして金商法上の責任が生じ得る。そのため，プレIPOラウンドにおいて提供する情報の範囲や内容には，特に慎重に検討する必要がある。

　なお，特にクロスオーバー投資家（後述）をプレIPOラウンドにおいて招く場合は，プレIPO投資のデュー・ディリジェンスや条件交渉の際に，IPOにも関連する一定の情報を求められる場合もある。その際には，提供する情報の範囲について慎重に検討するとともに，発行会社が提供する情報の利用目的を明示することや，目的外利用を禁止する旨の条項をNDAや投資契約に設ける等の対応を行うことが考えられる（第4章第2節2参照）。

12　投資家に対して交付される直接開示の手段である目論見書も，虚偽記載等は許されず，行政責任や刑事罰，投資家からの損害賠償の対象となり得る（金商法13条，18条2項，172条の2第4項，205条1号等）。

第3章

上場承認前・届出書提出前の投資家コミュニケーション

上場前における金商法の規制をふまえて，上場承認前や有価証券届出書提出前にはどのような形で投資家とのコミュニケーションを図るべきか。「インフォメーション・ミーティング」や「プレ・ヒアリング」とは何か。

第1節　上場承認前・届出書提出前の投資家コミュニケーションの重要性

　上場会社の株式と異なり，上場前のスタートアップの株式には客観的・明確な市場価格が通常は存在しない。そのため，新規上場時の公開価格をいくらに設定するかは困難を伴う。

　前述の通り，金商法上の届出前勧誘規制等の制約があるところ，需要サイドである投資家から価格について意見を聴取できるのは，伝統的には「有価証券届出書の提出時＝上場承認（案件公表）時」の後であり，その前にIPOを実施するか否かや，想定発行価格を決定する必要があった。そのため，安定的なIPOの実現や適正な公開価格の設定という観点からは，上場承認前に，届出前勧誘規制に違反しない形で，特に「価格発見能力」が高いとされる機関投資家の目線を十分に織り込めるかどうかが重要であった。

　近時の公開価格の設定プロセスの見直しにより，上場承認前に有価証券届出書を提出することが実務上可能になったことにより（承認前提出方式，S-1方式），有価証券届出書を提出し，届出前勧誘規制に違反せずに勧誘行為を行うことができる時期が前倒しできるようにもなった。もっとも，従来方式と併

550　第6部　プレIPOファイナンス・IPO

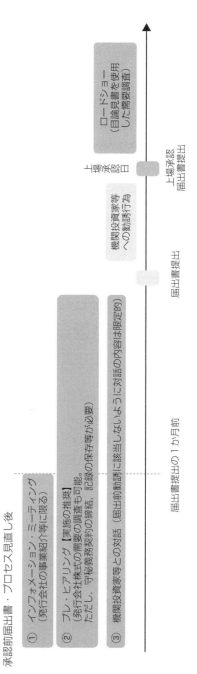

出典：日本証券業協会「『公開価格の設定プロセスのあり方等に関するワーキング・グループ』報告書の概要について」（2022年2月28日）をもとに筆者加工

存することに加え，いずれにしても引き続き，有価証券届出書の提出前の機関投資家等とのコミュニケーションの重要性には変わりはない[1]。

日本証券業協会の資料で，有価証券届出書の提出前の投資家コミュニケーションの代表例として挙げられているのは，①インフォメーション・ミーティング（IM）や，②プレ・ヒアリング，③機関投資家との対話である。以下では，①IMに加えて，同じく開示ガイドラインのセーフハーバーに基づき作成・公表される中期経営計画とプレディール・リサーチレポートや，②プレ・ヒアリングについて簡単に述べる。

第2節　インフォメーション・ミーティング等

上場承認前の投資家コミュニケーションのツールとして，開示ガイドラインのセーフハーバーに基づき定着しているものとして，インフォメーション・ミーティングや中期経営計画，プレディール・リサーチレポートがある。

1　インフォメーション・ミーティングと中期経営計画

インフォメーション・ミーティング（IM）は，主に機関投資家を相手として，上場準備会社の経営陣が，自社の企業内容の紹介を行うプレゼンテーションやディスカッションの場である[2]。IMの実施後に，参加した機関投資家からのフィードバックを取得し，フィードバックをふまえて，エクイティストーリーやバリュエーションの参考となる機関投資家の目線をIPO準備段階で取り込むことが可能となる。典型的には，IPOの半年～3か月前に行われるとされる[3]。

金商法上の届出前勧誘規制との関係では，有価証券届出書の提出の1か月前までに行う発行者に関する情報発信として，開示ガイドラインのセーフハー

1　有価証券届出書の提出時期が上場承認の相当前であると，その後の事情変更等により，情報の正確性が低下するおそれもあり，注意が必要になる。他方で，機関投資家からのフィードバックをふまえ，新たに重要性が認識される企業情報が顕出される等，当初届出書の記載について一定の見直しを行う必要性が生じる場合も十分想定されることから，当初届出書の記載内容の合理的な変更が制約又は萎縮されるべきではないとも考えられる。

2　IMのことを実務的に「プレIPOロードショー」と呼ぶこともある。他方，IPOにおける募集・売出しを前提とした投資家とのミーティングではないことを明確にするため，「プレIPO」という呼称を避けて「インフォメーション・ミーティング」と呼ぶことも多い。

3　現状では国内オファリングのみのIPOでのIMの実施事例は少ないということも指摘される（経産省・成長ファイナンス35頁参照）。

バー（開示ガイドラインB2-12③）に準拠して行われる（第2章第1節1参照）。セーフハーバーに準拠する以上，前述の通りミーティング参加投資家に対してIPOの募集・売出しに係る情報を伝えることはできず，あくまで企業内容の紹介にとどまる必要があるほか，伝える内容について届出書との整合性や，記載内容に虚偽・誤認が含まれないかといったliabilityリスク（損害賠償責任等）にも注意が必要となる（第2章第2節参照）。

　また，IMに盛り込む内容の代表例として，中期経営計画がある。すなわち，未上場のスタートアップにおいても，自社の将来の成長可能性を外部にアナウンスするために，中期経営計画を策定し，IMや，それ以外の方法により公表することがある。この場合，IMに参加する投資家や，IPOに参加する投資家も閲覧することが可能になるため，届出前勧誘規制との関係で，IMと同様，有価証券届出書の提出の1か月前までに行う発行者に関する情報発信として，開示ガイドラインのセーフハーバーの範囲内で作成・公表される。

2　プレディール・リサーチレポート

　プレディール・リサーチレポートとは，証券会社のリサーチアナリストが作成し，機関投資家に対して配布する，上場準備会社のアナリスト・レポートである。企業情報が，企業評価について専門性を有する第三者であるリサーチアナリストを通じて機関投資家に対して伝達されることにより，機関投資家の理解を促進する効果が期待される。

　これもIMと同様，開示ガイドラインのセーフハーバーに基づき，有価証券届出書の提出の1か月前までに行う発行者に関する情報発信として行われる。他のセーフハーバーである「アナリスト・レポート」（開示ガイドラインB2-12⑧，第2章第1節1参照）とは異なる。そのため，IMや中期経営計画と同様，IPOの募集・売出しとは形式・実質ともに切り離して考える必要があり，IPOの募集・売出しに係る情報について言及してはならないといった制約がある。

第3節　プレ・ヒアリング

　有価証券届出書の提出前に行われる，当該募集に係る有価証券に対する投資者の需要の見込みに関する調査を「プレ・ヒアリング」と呼ぶことが多い[4]。「需要の見込みに関する調査」を行うことができるため，IPOの募集・売出しに係

る情報を伝えることはできないIM等よりも，価格形成に有益になり得る[5]。

　もっとも，小規模上場案件が多い日本のIPOは機関投資家の投資対象とならない場合も多く，機関投資家にプレ・ヒアリングに応じるニーズがない一方，証券会社としても届出前勧誘規制のセーフハーバーの1つである「需要の見込みに関する調査」（開示ガイドラインB2-12②，第2章第1節1）としてできる行為が必ずしも明確ではなく，届出前勧誘規制に抵触するおそれがあること等から，積極的に活用されてこなかった[6]。実務上はIMが重視されてきたといえる。

　これに対して，公開価格WG報告書では，プレ・ヒアリングを実施する慣行が広まれば，ロードショー実施時に機関投資家の価格目線を織り込むことが可能との意見や，プレ・ヒアリングの実施にあたり投資者に提供できる情報の範囲等を明確化する必要があるとの意見があったとされる。また，法人関係情報（上場会社等に関する一定の情報）[7]を提供して行うプレ・ヒアリングは日本証券業協会の自主規制規則で原則として禁止されているが，通常の非上場会社のIPOに係る有価証券に対する投資者の需要の見込みに関する調査は自主規制規則でも禁止されておらず，この点について周知すべきとの意見があった。

　これを受け，2023年2月には日本証券業協会の「協会員におけるプレ・ヒアリングの適正な取扱いに関する規則」（プレヒア規則）が改正され，国内募集に係る法人関係情報を提供して行うプレ・ヒアリングのうち，IPOに係るもの（子会社上場等に係るプレ・ヒアリング）は禁止の対象とされないことも明確化された（プレヒア規則9条かっこ書）。

4　公開価格WG報告書脚注35参照。

5　IMとプレ・ヒアリングは混同されやすく，IMは投資家とのコミュニケーション機会である一方で，プレ・ヒアリングは需要の見込みに関する調査であり，別のイベントである点に留意する必要があることも指摘される（経産省・成長ファイナンス35頁参照）。

6　自主規制規則（後述のプレヒア規則）上求められる，コンプライアンス部門の承認，取引制限や守秘義務の確約，記録の保持といった規制も，負担であると指摘される。

7　「法人関係情報」とは，「上場会社等の運営，業務又は財産に関する公表されていない重要な情報であって顧客の投資判断に影響を及ぼすと認められるもので募集に係るもの」をいう（プレヒア規則2条1項）。そのため，非上場会社であるスタートアップの新規上場においては，投資者の需要の見込みに関する調査に関するプレヒア規制は，基本的に適用がなされない。ただし，IPOを行おうとする非上場会社の株主に上場会社がいるような場合，IPOを実施するという事実が，株主である上場会社にとっての法人関係情報に該当する可能性があるため，留意が必要となる。

554 第6部 プレIPOファイナンス・IPO

第 4 章

レイター・プレ IPO ファイナンス のアレンジ

レイター・プレIPO期に株式による資金調達を行う際に検討すべきディール・ストラクチャーや規制にはどのようなものがあるか。
上場前のセカンダリー譲渡はどのような形で用いられるか。クロスオーバー投資家とその意義は何か。「ダウンラウンドIPO」とそれに対応する「IPOラチェット」とは何か。

　本章では，これまで見てきた金商法等の規制のもとでの投資家コミュニケーションや勧誘を経て，上場時の募集・売出し前に株式による資金調達を実行する場合，いわゆるレイター・プレIPOファイナンス時における契約や規制等の実務上の留意点について検討する。

第1節　ディール・ストラクチャーと規制

　新規上場予定が近づいてきた段階における，いわゆるレイター・ステージや，株式による最後の資金調達ラウンドであるプレIPOステージにおけるファイナンス（プレIPOファイナンス）も，原則としてはそれ以前の株式による資金調達ラウンドとエコノミクス上の違いがあるわけではない。もっとも，新規上場，すなわち証券取引所における一般公衆に対する株式の募集・売出しというイベントが近づいてきていることから，募集・売出しを見据えた経済条件を検討してディール・ストラクチャーを組成することに加えて，金商法や証券取引所の規制にも特に留意する必要がある。

1　投資家の属性

　シリーズAラウンド以降，ミドル・ステージ付近までのラウンドでは，一般的にVCが投資家の中心になる。これに対して，レイター・ステージ及びIPO以降に新たに登場する投資家は投資戦略が異なる。

　すなわち，レイター・ステージ以降の投資家として，①国内・国外を問わず，VCは基本的には，非上場時に投資し，上場後に市場で売却する（ロックアップに関する第5章も参照）。また，②事業会社は，政策保有株式として保有の合理性を明確にする必要があるものの，上場後も事業シナジーを期待し保有しているケースも見られる。近時は，③上場後の成長を期待し，未上場時だけでなく上場後も保有し続ける金融投資家として，クロスオーバー投資家（後述）も現れている。

　これらの属性もふまえて，レイター・ステージやプレIPOステージで投資家を確保する際には，IPO後も見据えることが必要となる。安定株主としては②事業会社や③クロスオーバー投資家の確保が重要になるが，①VCも，価格形成をリードしたり，IPO実施時の対外/対内向け調整のサポートで貢献を行ったりすることや，特に海外VCであれば海外展開において販路開拓や拠点整備等で貢献できる場合もある。スタートアップ自身が投資家にどのような要素を期待するか，投資家候補の探索の際には（それ以前のラウンドでも当然ながら重要であるものの，一層強く）検討することが重要となる。

2　発行・取引する株式の種類

　プレIPOファイナンスも，原則としてはそれ以前の株式による資金調達ラウンドと異なるわけではない。複数の投資家に対して，少人数私募や，証券会社による特定投資家私募の取扱い（J-Ships，下記3参照）等により，有価証券届出書を提出することなく勧誘した上で，株式を発行して資金調達を行う。もっとも，既存株主の持分の希釈化を避けつつ，いわゆるダウンラウンドIPO（IPO時における公開価格が，最終の非上場ラウンドにおける発行価額を下回るIPO）を避けるため，バリュエーションに気を配る必要がある。上場時には通常，優先株式は全て普通株式に転換され[1]，また公開価格自体は主幹事証券会社が類似会社の株価と比準して株価を算定し，ブックビルディングにより条件を決めていくことから，プレIPOラウンドにおいて発行する種類株式の内容により

556　第6部　プレIPOファイナンス・IPO

エコノミクスを大幅に変えることは難しい。

　もっとも，仮に優先株式を発行して，最優先の優先残余財産分配権を設けたり，普通株式との按分において参加型としたりする場合，理論上，一株当たりの公正価格は相対的に上昇し得る。そのため，上場予定時期が近づいてきた段階では，優先株式を発行する場合でも，優先残余財産分配権を既存の優先株式と同順位や，非参加型とすることで，一株当たりの発行価格を引き下げることもある[2]。投資家としても，IPOの確度が高まっているのであれば，優先分配や参加型によるプロテクションを確保する要請は弱まる。

　さらに進めて，プレIPOラウンドでは投資家の選好に応じて，優先株式と普通株式の組み合わせや，普通株式のみで資金調達が行われることも珍しくない。IPOの確度が高まっていれば，優先株式は全て普通株式に転換される見込みが高まっているため，優先残余財産分配権に対する経済的価値・期待が薄れ，同時期に発行・譲渡される優先株式と普通株式の価格差がつかずにディールが行われることもある。

3　金融商品取引業者によるプロ投資家向け勧誘（J-Ships）

　株式を発行するスタートアップ（発行会社）が株式の取得勧誘（自己募集・自己私募）を行う場合，発行会社自身に業規制は適用されず，金融商品取引業者としての登録は不要である（金商法2条8項7号参照）。これは，株式会社の資金調達を阻害しないようにする観点から，株式，新株予約権，社債等の株式会社による典型的な資金調達手段に係る自己募集・自己私募が，金融商品取引業に該当しないものとされていることに基づく[3]。

　他方，発行会社以外の者が，発行会社の株式の取得勧誘を業として行う場合には，通常は発行会社からの委託に基づき募集又は私募の取扱い（金商法2条8項9号）を業として行っていると扱われ，原則として第一種金融商品取引業の登録を受けている者（典型的には証券会社）でなければ行うことができない

1　スタートアップの優先株式の内容は，通常は，上場規程上，例外的に発行したまま普通株式を上場できる場合にも該当しない。ただし，CYBERDINEは，安定的なガバナンスが特に必要と認められ，単元株式数を用いて，上場している普通株式の10倍の数の議決権を有するB種優先株式（非上場）を発行している。

2　経産省・主たる留意事項24頁参照。

3　金商法コンメ(1) 152頁〔松尾直彦〕参照。

（同法28条1項1号）。

　また，金商法に加え，日本証券業協会の自主規制レベルで，証券会社が非上場スタートアップの株式の勧誘の取扱いを行うことについて規制がある。伝統的には，投資家保護の観点から，証券会社は非上場株式の勧誘の取扱いを行うことが原則として禁止され，例外的に(a)適格機関投資家に対する投資勧誘[4]や，(b)企業価値評価等が可能な特定投資家に対する投資勧誘[5]等が認められていたが[6]，スタートアップの資金調達において活用は少なかった。近時，2022年に自主規制規則である「店頭有価証券等の特定投資家に対する投資勧誘等に関する規則」（以下，本3において「規則」という）が施行され，(c)特定投資家（いわゆるプロ投資家）[7]を対象とした，非上場株式等についての特定投資家私募[8]・特定投資家向け売付け勧誘等[9]やこれらの取扱いについて規定し，プライマリー・セカンダリー市場の整備が図られる形で，いわゆるプロ向けに非上場株式の取扱いが可能となった（特定投資家向け銘柄制度（J-Ships））[10]。

　J-Shipsでは，①証券会社[11]による審査と，②発行会社による一定の情報提供又は公表（発行開示）がなされる。すなわち，①この制度で取り扱われる銘柄は，証券会社が事前に企業の財務状況や投資にあたってのリスク等について審

4　店頭有価証券に関する規則4条

5　店頭有価証券に関する規則4条の2。後述の，新たに整備された(c)特定投資家私募と異なり，投資家が，自らの責任において企業価値評価等を行う能力を有することを，証券会社（協会員）が認めた者である必要がある。

6　本文に挙げた例外以外に，株主コミュニティや，株式投資型クラウドファンディング業務等が認められている（店頭有価証券に関する規則3条）。

7　「特定投資家」とは，適格機関投資家，国，日本銀行，及び投資者保護基金その他の内閣府令で定める法人をいい，上場会社や資本金の額が5億円以上であると見込まれる株式会社等が含まれる（金商法2条31項，定義府令23条）。J-Shipsにより特定投資家私募や特定投資家向け売付け勧誘等を行う場合，「プロ成り」を行って特定投資家になった個人（金商法34条の4第6項，34条の3第4項）に対する勧誘も認められる。

8　特定投資家私募（又はその取扱い）とは，大まかには，特定投資家のみを相手方として行い，一定の譲渡制限等の要件を満たす，株式の発行（プライマリー）に係る取得勧誘である（金商法2条3項2号ロ，金商令1条の5の2，定義府令11条の2，12条）。その上で，証券会社等の発行会社以外の第三者が他人のために勧誘を行う場合が「取扱い」である。

9　特定投資家向け売付け勧誘等（又はその取扱い）とは，大まかには，特定投資家のみを相手方として行い，一定の譲渡制限等の要件を満たす，株式の譲渡（セカンダリー）の勧誘である（金商法2条4項2号ロ，金商令1条の8の2，定義府令13条の5，13条の6）。その上で，証券会社等の発行会社以外の第三者が他人のために勧誘を行う場合が「取扱い」である。

査を行うこととされている（規則3条）。また，②企業の会社概要や財務状況について記載した書面である特定証券情報（発行開示）が提供又は公表されている場合に限り取り扱うことができ，また原則として企業の会社概要や財務状況について記載した書面である発行者情報（継続開示）が事業年度ごとに提供又は公表されることとなっている（規則6条，7条）。ただし，③有価証券届出書と異なり，会計監査人による監査は任意であることが特徴的である[12]。

　J-Shipsでは特定証券情報等の一定の開示が求められることから，現状，典型的には，上場に向けて開示に係る体制整備が整ってきたレイター・ステージ以降の資金調達等で用いられてきている。実際に，J-Ships制度を用いたレイター・ステージにおける資金調達として，株式による約30〜50億円規模の資金調達の事例も現れている[13]。

4　セカンダリー譲渡（株主構成の組み換え）

(1)　上場前の株主構成の組み換えニーズ

　ひとたびスタートアップの株式が取引所に上場して取引されるようになると，流動性が高まり換金しやすくなることから，IPOは既存株主にとってのエグジット機会として強調される。他方で，上場前からの株主は，一定の時期に割り当てられた株式について短期利得を防止するために取引所の規則で設けられている制度ロックアップ（第5章第1節）や，需給バランスに基づき安定的

10　証券会社が関与することで，プロ成りを行った個人等にもアプローチしやすくなった一方，個人投資家がバリュエーションを行うことは難しい。価格形成を主導する機関投資家に対して発行会社自身が少人数私募を並行して行い，そこで形成された価格も参考に特定投資家私募における販売価格を決定することが考えられる。ただし，少人数私募における取得勧誘対象49人以下の制限に際して，少人数私募により発行される株式と同一種類の株式が，当該少人数私募による発行の3か月以内に特定投資家私募により発行された場合の取得勧誘の相手方の人数は通算されてしまうため（金商法2条3項1号・2号ハ，金商令1条の5・1条の6），募集に該当するリスクがある。少人数私募と特定投資家私募を「同一種類の株式」（剰余金の配当，残余財産の分配，株式の買受け及び議決権を行使することができる事項が同じ場合。定義府令10条の2第1項4号ロ・9号）としない等，一定の工夫が必要になる。
11　J-Ships制度は，取扱協会員として指定された証券会社のみが取扱いを行うことが認められている。2024年4月時点で，5社が指定されている。
12　計算書類について会計監査報告がない場合はその旨を注記することとされている。
13　野村證券が2024年3月に五常・アンド・カンパニー及びエレファンテックの株式の，7月にNOT A HOTELの株式の，それぞれ勧誘・販売を扱った事例等。

な価格を形成するために主幹事証券会社と大口投資家等との間の合意でアレンジされる任意ロックアップ（第5章第2節）により，株式の処分が一定期間制限される場合がある。これらの対象になると上場後一定期間は価格変動リスクにさらされるため，VC等の投資家は，非上場株式と上場株式のリスクプロファイルの違いを重視し，上場前に一定数の株式を換金することも考えられる。

　他方，発行会社であるスタートアップ側も，上場後に株主でなくなるVCよりも，上場後も安定的に株式を保有することが期待される事業会社や機関投資家に，上場前から継続して株式を保有してもらうニーズもある。

　このような各関係者のニーズにより，プレIPOラウンドにおいて株主構成を組み替えるためのセカンダリー譲渡がアレンジされることがある。ただし，IPOを控えた状態においてセカンダリー譲渡を行う場合，譲渡価格がIPOにおける公開価格に影響するといった経済的な問題に加え，一定の留意点がある。

(2)　制度ロックアップ・開示

　一定期間内に取得された株式は，取引所の規則により制度ロックアップの対象となる（第5章第1節）。投資家が第三者に対し制度ロックアップの対象となっている株式を譲渡することがあれば，上場申請の不受理又は受理の取消しがなされる（上場規程施行規則269条1項）。制度ロックアップの対象となっている投資家は，継続所有の確約書を提出し，一定の例外を除き処分をすることができないため，通常はこのような処分は行われない。もっとも，例えば，プレIPOラウンドで株式を引き受けた後に，一旦上場申請が行われたが，上場が延期され，一定期間の経過後に再度の上場申請を行う前（制度ロックアップの対象期間内）に株式を処分したいような投資家について，処分の可否について検討せざるを得ないことがある[14]。

　他方，制度ロックアップの対象ではない株式のうち，一定時期に取得した株式を投資家が第三者に譲渡する場合，新規上場における有価証券届出書における開示の対象になることがある。これ自体が上場に悪影響をもたらすわけではないが，上場直前に取引が行われると開示書類への反映が間に合わなくなる等，スケジュールは実務上重要になる。また，それ以前のラウンドでも同様である

14　例えば，海外の政府系ファンドがクロスオーバー投資家としてプレIPOラウンドに参加した場合に，本国法令の規制との関係でこのような検討がなされることがある。

が，反社会的勢力・反市場勢力に対して譲渡がされないように一層の注意を図る必要もある。なお，セカンダリー譲渡で譲り受けた株式は制度ロックアップの対象にはならないが，短期的な売買による需給の悪化を防止するため，任意ロックアップ（第5章第2節）に服してもらうことが望ましい場合も多いと思われる。

(3) 事前勧誘規制・開示書類の虚偽記載リスク等

　プレIPOラウンドにおいて，セカンダリー譲渡により株式を取得しようとする投資家は，発行会社であるスタートアップの業績や事業計画の開示を受けて投資判断を行いたいというニーズがある。他方，発行会社がこれらの情報を新規の投資家に提供しようとする場合，特に当該投資家が，近いうちに行われ得るIPOの募集・売出しにも参加する可能性があることから，有価証券届出書の届出前勧誘の禁止に抵触しないように留意するほか，IPO時の他の投資家と情報の非対称性の問題や，IPO時の開示書類に虚偽記載等が生じないように注意が必要になる。この点は，特にクロスオーバー投資家において問題になることが多いことから，次の第2節でも触れる。

　なお，このような問題が生じることから，IPO直前・プレIPOラウンドにおけるセカンダリー譲渡に際して，発行会社や証券会社は，実務上，謙抑的な関与にとどめていることも指摘される。これに対して，現在は非上場株式の流通活性化が政策として振興されており，2024年にも以下のような金商法の改正がなされている。こうした動きをふまえ，証券会社や発行会社によるセカンダリー譲渡への関与について，実務上どのような対応がなされるかが注目される。

(4) 非上場株式の流通活性化のための制度整備

　近時，非上場株式の流通活性化が政策として振興されている。2024年には金商法が改正され，非上場株式に係る仲介業者について，(a)非上場有価証券の仲介業者の登録要件緩和や，(b)非上場有価証券の電子的な取引の仲介業務（PTS）の参入要件緩和といった登録・参入要件の緩和が行われた。

　前記3の通り，日本証券業協会の自主規制レベルでは，2022年に，特定投資家を対象としてプライマリー・セカンダリー市場における非上場株式の取扱いを可能としており（特定投資家向け銘柄制度（J-Ships）），改正金商法は証券会社による非上場株式の取扱いをさらに促進することを企図している。

特にレイター・ステージ以降等の一定規模の非上場スタートアップの株式の流通が促進されること，ひいては上場前の流動性が高まることにより，投資家からスタートアップに対する短期間での上場圧力が緩和されることや，小規模上場が目立つことといった課題に対応し，一定の企業価値・取引規模を確保した形での上場が促進されることが期待される。

(a) 非上場有価証券の仲介業者の登録要件緩和

金商法改正により，プロ投資家（特定投資家等）を対象として（換金ニーズに応えるため，一般投資家も売却は可能），非上場有価証券の仲介業務に特化し，原則として有価証券や金銭の預託を受けない場合には，第一種金融商品取引業の登録要件等が緩和された[15]。

(b) 非上場有価証券の電子的な取引の仲介業務（PTS）の参入要件緩和

金融商品取引業者が，電子的技術を活用して取引の仲介サービスを提供する取引システムを提供する場合は，別途，私設取引システム（PTS: Proprietary Trading System）についての認可が必要とされる。金商法改正により，このPTSについて，非上場有価証券の電子的な取引の場を提供する場合で取引規模が限定的なときは，PTSの認可を要せず，第一種金融商品取引業の登録により運営可能とされた[16]。この際，現在のPTS認可で求めている追加的な資本金要件（3億円）を課さないこととするとともに，監督指針上のシステム要件等も緩和される予定である[17]。

15　改正金商法29条の4の4等。資本金要件の引下げ（現在の5,000万円を，例えば1,000万円にする等の政令改正が予定されている）や，自己資本比率規制の緩和等が予定されている。

16　改正金商法30条1項等。

17　本文のほか，2023年には，特定投資家向け有価証券のPTSでの売買が「売出し」から除外された（金商令1条の7の3第3号ロ）。この結果，PTSで当該有価証券を売買する都度の開示書類が必要とされることがなくなった。また，同年には，特定投資家向け有価証券のPTS取引に関する自主規制規則改正がなされている（私設取引システムにおける非上場有価証券の取引等に関する規則）。これらにより，今後，セカンダリーマーケットにおいて，PTSの機能を活用した特定投資家向け有価証券の流通性の向上も期待される。

562　第6部　プレIPOファイナンス・IPO

第2節　クロスオーバー投資

1　概　要

　近時，スタートアップの安定株主として注目される「クロスオーバー投資家」は多義的であるが，主に上場株式に対する投資家で非上場ラウンドでも投資を行う者，また非上場株式に対する投資家で上場後も中長期で保有し続ける者をいう[18]。主に一部のVC（非上場投資家），PEや海外機関投資家（上場投資家）が，クロスオーバー投資の担い手となっているとされる。クロスオーバー投資家から出資を受けることによって，価格形成や安定株主の確保に資することが指摘される。

【クロスオーバー投資家のメリット・デメリット[19]】

メリット	アンカリング効果	プレIPOラウンドに上場投資家の目線が加わることによって，バリュエーションの目線づくりができる
	アナウンスメント効果	著名な上場投資家が入ることによって，他の投資家を呼び込むアナウンスメントの効果が期待できる
	安定株主層の形成	上場後も中長期で保有し続ける投資家層を確保できることで，中長期的な成長を見据えた打ち手がとりやすくなる[20]
デメリット	流動性の枯渇	クロスオーバー投資家が多すぎるがゆえにIPOでオファリングサイズが作れず，市場での流動性が枯渇してしまう可能性

18　経産省・成長ファイナンス28頁参照。
19　同上。
20　ただし，上場株式投資家（ヘッジファンド等）が非上場株式を取得する場合でも，少なくとも上場後は非上場株式投資を行うVCとは異なるファンド構造・投資方針を有しており（例えば，背後の投資家へのファンド満期に関わらない償還義務や，市況に応じた柔軟な売却等），必ずしも長期保有が保証されるわけではないという指摘もある。

なお，日本では法令上，投資信託に非上場株式を組み入れることは禁止されていないが，非上場株式の評価方法等が明確になっておらず，非上場株式の組入れが行われてこなかった。これに対して，2023年12月に投資信託協会の自主規制規則が改正され，非上場株式の評価については，公正価値測定を用いて時価で評価するものとされた上で，非上場株式については一定の審査を行った上で，原則として純資産総額の15%を超えない範囲で，投資信託財産への非上場株式の組入れ（VCファンド持分を通じた間接保有を含む）が認められることとされた（投資信託等の運用に関する規則11条）。このような投資信託も，クロスオーバー投資家となり得る。

2　金商法等の留意点

(1)　届出前勧誘規制

　クロスオーバー投資家によるプレIPOラウンドの資金調達において典型的に議論されるのは，有価証券届出書の提出前に株式等の勧誘が禁止される，届出前勧誘規制（第2章第1節）である。クロスオーバー投資家は，IPOにも参加をして追加で株式を取得する可能性があるところ，クロスオーバー投資家がプレIPOラウンドで出資の検討をする際に，発行会社であるスタートアップから情報を提供することは，例えば数か月〜半年後に行われるIPOとの関係でも連続性を持った一連の勧誘がなされているとして，有価証券届出書の提出前の事前勧誘に該当し，禁止されないかという点が問題になる。

　1つの対応として，開示ガイドラインにおけるセーフハーバー（第2章第1節1）に依拠する場合が多い。すなわち，上場直前のファイナンスにおける勧誘行為が，上場時の有価証券届出書の提出日の1か月以上前に行われる場合で，一定の要件を満たす場合には，禁止される届出前勧誘には該当しないものとされている（開示ガイドラインB2-12③）。もっとも，将来の上場スケジュールやIPO（募集・売出し）に関する情報等，開示する情報次第ではこのセーフハーバーに依拠することはできない。届出書提出予定日よりも十分に前の取引であっても，事前勧誘規制が問題になり得ることに留意が必要になる。

　また，実務上は，NDAや投資契約において，情報の目的外利用の禁止や守秘義務を設けることによって，IPOとの関係で連続性を持った一連の勧誘がなされているわけではないという実態を確保する方策がとられることもある。

564 第6部 プレIPOファイナンス・IPO

(2) 開示資料の虚偽記載等リスク・情報の目的外利用の禁止

事前勧誘規制とは別に，発行会社が上場時に提出する開示書類に虚偽記載等があった場合の損害賠償責任，行政責任，刑事責任等の法的責任に係るリスク（liabilityリスク）も問題になる。プレIPOラウンドにおける勧誘に際して機関投資家に提供する情報・資料が，上場時の開示書類における記載と矛盾・不整合が生じたり，開示書類に記載されない情報が含まれていたりすると，開示書類に虚偽記載等があったとして金商法上の責任が生じ得る（第2章第2節参照）。

発行会社や証券会社が投資家に対し，IPO時の開示書類に記載されないような情報（例えば事業計画等の将来情報）を提供すると，投資家が当該情報を用いてIPOにおける投資判断を行うことができてしまうため，IPO時の他の投資家と情報の非対称性（重要な記載情報の欠缺等）が生じ，適切ではないという問題もある。

このような虚偽記載リスクや情報の非対称性の問題が生じないよう，実務上の対応としては，前述の対応と類似するが，クロスオーバー投資家との間で締結するNDAや投資契約において，プレIPOラウンドにおいて受領した情報は，将来のIPOにおける公募・売出しに参加をする際の検討には使用しない旨の合意（目的外利用の禁止の合意）をすることが行われる。

第3節 ダウンラウンドIPO とIPOラチェット条項

1 概 要

伝統的に，スタートアップの株主（既存投資家）にとってIPOはポジティブなエグジットであり，自らが投資した金額を上回るリターンを回収できることが多かった。もっとも，日本においても，2021年ごろにかけて，レイターやプレIPOステージにおける資金調達に，海外の機関投資家や日本国内のレイター向け大型ファンド，PEファンド等が参入し，多額のリスクマネーの提供主体として機能した一方で，非上場時におけるバリュエーションが過熱する事態が生じた[21]。これにより，IPO時における公募価格が最終の非上場ラウンドにおける発行価額を下回るダウンラウンドIPOも現れている[22]。ダウンラウンドIPO自体は必ずしも投資家の損失実現を確定するものではなく，企業価値を適正に評価した結果であれば，本来は必ずしも問題とはいえないこともある。もっと

も，十分な調達額を確保できなかったり，既存株主に希釈化等の影響を及ぼしたりする。

このような場合を想定し，米国等において，株式公開がなされた場合で，その公募価格（調達価額）が，優先株主の想定する目標価額を下回った場合に転換価額を調整する条項が規定されることがある。具体的には，IPO直前の最後の資金調達における一株当たりの発行価額に一定割合（例えば20%）を上乗せした価額を公募価格の目標値とし，実際の公募価格が目標値に達しない場合には，その差分に相当する株式を転換により当該投資家が得ることができるように，転換価額を調整するものである[23]。IPOに限らないダウンラウンドの際の転換価額の調整（ラチェット処理〔第3部第2章第4節2(2)〕）と類似の処理を行うことから，IPOラチェット条項とも呼ばれる。

IPOラチェット条項は，IPOの直前の資金調達に応じる投資家に対して，IPOが実現したときには，実際の公募価格にかかわらず，必ず一定割合のリターンを確保させるという機能をもたらすため，特にプレIPOステージまでにバリュエーションが過熱しているリスクがある場合等において投資家から要求されることがある。これに対しては，IPO後の一般株主の利益を犠牲にするものであるとの批判があり得る[24]。他方，発行会社であるスタートアップは，IPO直前の資金調達を実施することで，より大型のIPOが実現可能となること等を理由に，

21　レイター・ステージまでに株価・バリュエーションが実態と乖離して高くなっている（成長期待を加味して株価・バリュエーションを設定してきたが，実績が伴わない）と，レイター・ステージを対象とする投資家は投資を行いづらくなる。シードからミドル・ステージでは，エグジット時の評価は将来の問題であるため，スタートアップも出資者も解像度に限界があり，楽観的にバリュエーションを行うこともあるが，レイター・ステージではエグジットが近づいており，上場市場の類似業種等を基準とし，よりシビアな値付けがなされることに留意する必要があるという指摘もある。

22　なお，株主間契約上の拒否権（事前承諾事項）として，IPOの時期等が対象とされることが多いが（第3部第4章第6節2），多数投資家の賛同によりIPOが行われる場合や，市場環境等によりIPOを早期にせざるを得ない場合等もあり得る。

23　宍戸＝VLF 64〜65頁，会社・株主間契約177頁参照。例えば，SQUARE, INC.のForm S-1から窺えるIPOラチェット条項の例として，宍戸＝VLF 65頁注48参照。

24　竹内新紀＝小川周哉「米国における種類株式の実務動向」商事法務2128号（2017年）51頁参照。一方で，同論考では，証券市場に対する信頼を前提としつつ，公募価格が通常妥当と認められる範囲に収まる結果になる可能性が高まるのであれば合理性が必ずしも否定できないことや，上昇しすぎたバリュエーションに対する調整弁として機能する側面も否定はできないことも指摘されている。

566　第6部　プレIPOファイナンス・IPO

こうした条項を投資家に付与してでも，IPOの前の最後の資金調達を実現したいということがあり得る。

　日本では，実務上，新規上場申請時に，原則として全ての種類株式が普通株式に転換されていることを求められるところ（第7章参照），公募価格が定まる前に転換が行われるため，当該条項を規定しても有効に機能させることは困難であり，活用されてこなかった。もっとも，日本においてもダウンラウンドIPOも現れていることに伴い，投資家から，一定の工夫を行いダイリューション防止のためのIPOラチェット条項を求められる例も見られる。ただし，公募価格の決定や，一般投資家向けの開示等のハードルから，主幹事証券会社等が謙抑的な対応をとる場合もあり，用いようとする際には慎重な検討が必要になる。

2　手　法

　IPOラチェット処理を行うためには，いくつかの方法が考えられる。

- ✓　種類株式の内容
- ✓　新株予約権（コンバーティブル・エクイティ）
- ✓　契約（合意）

　主に，優先株式や新株予約権（コンバーティブル・エクイティ）を用いる場合は，普通株式への転換価額を調整するメカニズムを設けることによって，転換される株式数を増加させる。優先株式におけるダウンラウンド・プロテクション（第3部第2章第4節2(2)）や，コンバーティブル・エクイティにおける次回資金調達時のディスカウント（第2部第2章第3節3(3)(b)）と類似の処理が想定される。

　他方，株主間契約（合意）による方法では，ダイリューション防止のための新株引受権・優先引受権（第3部第4章第3節1）の発想に近く，一定の場合に投資家に対して普通株式を追加で発行するような処理が見られる。

(1)　種類株式形式

　種類株式を用いる方法では，IPOラチェットが，普通株式に対する転換価額（取得価額）を調整するダウンラウンド・プロテクションの一環として設けられることがある。このような規定を設ける場合には，日本の新規上場実務上，

上場申請が行われて優先株式が普通株式に転換される時点では公開価格が確定していないこと等をふまえて，主幹事証券会社が提示する時価総額の見込みとしての参照時価総額や，公開価格の見込み等，実際に有効に発動する数値を用いて設計をする必要がある。

IPOラチェット条項を設ける場合，普通株式を対価とする取得条項（第3部第2章第4節3）においても，適格株式公開（Qualified IPO）のような数値基準を，取得条項の発動要件として併せて規定する場合もある[25]。

⑵　新株予約権形式（コンバーティブル・エクイティ）

シード期の資金調達で用いられるコンバーティブル・エクイティ型新株予約権（J-KISS型新株予約権）は，次回資金調達時の株式の発行価額を基準に，一定のディスカウントやキャップによって転換価額を引き下げることで，転換株式数を相対的に増加させ，早い時期に出資を行ったリスクに見合ったリターンを与える設計となっていた。このような転換価額の調整のメカニズムを，IPOラチェットにおいて用いることも考えられる。

なお，新株予約権として発行する場合，引き受ける投資家は株主でないことから，契約上どのような権利義務関係を定めるかといった問題が生じる[26]。

また，想定どおりに上場申請に至らない場合に，IPOラチェットが設けられた新株予約権が残存していると，資本政策の変更が難しくなることも想定される。その時点の状況に応じて，新株予約権の内容を変更したり，株式に転換したりすることによって，資本構成の組み替えを行うことができるよう，新株予

25　なお，上場申請を決議する取締役会後，取得条項が発動し優先株式の転換がされるが，転換の効力が発生する日（通常は，取得通知から14日以降）までの間にIPOラチェット条項を含む優先株式の取得請求権が行使された場合，取得条項による転換の前にその優先株式が普通株式に転換してしまう（取得条項と異なり，取得請求権は行使時に直ちに効力を発生する）。このような転換が起きると，他の優先株式の希釈化防止条項にヒットし，調整がなされかねない。このような事態を避けるべく，IPOラチェット条項を含む優先株式においては，普通株式を対価とする取得請求権の行使に一定の制約をかけ，他の優先株式が残存している場合は，取得請求権の行使ができない等の工夫が必要になり得る。

26　株主でない新株予約権者は，ブリッジ投資家として，既存の株主間契約には参加しないことが原則的な取扱いになる。そのため，情報請求権等の一定の権利を，別途個別契約で定める必要がある。ただし，特定の株主に特別な権利を付与する契約は原則として上場申請前に解消されることもふまえると（第3部第4章第7節1⑵），株主間契約で投資家株主がフルセットで保有している株式等の処理やガバナンスに関する詳細な権利は，原則として保有しないことが自然なようにも思われる。

約権の内容や，少なくとも契約等で一定の手当をしておくことも考えられる。

(3) 契約形式

　株式や新株予約権は，会社法に基づき定められる事項に制約があり，また定めた内容のうち一定の事項は登記により公衆に開示される。現状の上場実務において，一定の数値基準が明確に定めにくいこともふまえると，IPOラチェットのような複雑な処理をあらかじめ定めなければならないようなニーズがあるのであれば，柔軟に対応できる契約・合意ベースで処理を行うことも考えられる。

　例えば，IPO承認決議前に主幹事証券会社から提示された公開価格の予定額が一定の額を下回るような場合に，あらかじめ合意した水準の普通株式の数を得られるように，優先株式が普通株式に転換する際の転換価額・転換比率を調整する優先株式の内容変更を行う旨の合意をしておくことや，追加で普通株式を発行する優先引受権を株主間契約等で定めておくような処理である。

　このような契約上の処理を行う場合，経営陣や，希釈化する他の既存株主が合意に違反し，想定された処理に協力しない場合に，実効的なエンフォースメントが確保できるかどうかという問題が生じる。もっとも，上場申請直前にそのような事態が生じること自体が，関係者の間で上場後も見据えた企業の在り方についてコンセンサスが取れていないということを意味する。そのような状態で仮に法的なエンフォースメントに頼っても，順調に上場承認へと進む事態も考えにくい。このように考えると，関係者のコミュニケーション・パスとして機能させることを最低限の達成目標とした上で，契約上の処理にとどめるという処理も十分に考えられる。

第5章

上場前ファイナンスにおける開示とロックアップ

> 上場前の株主構成や資本構成について，上場時にどのような開示がなされるか。
> 上場予定時期が近づいてきた際の資本政策に対して，金融商品取引法や取引所規則等はどのように規制をしているか。
> 上場前に取得した株式や新株予約権は，上場後，無制限に処分をすることができるか。制度ロックアップと任意ロックアップとは何か。

　上場前に新規に発行された株式や，一定の大口株主が保有する株式は，上場後，短期間に売却がなされると，需給バランスが崩れて上場後に株式を取得した投資家の保護に欠けたり，特定の既存株主が短期利得を図ることで市場の公正性に悪影響を及ぼしたりし得る。こうした考慮は，上場前にセカンダリー取引により株式等を取得した場合にも一定程度当てはまる。

　そのため，上場前の一定の取引により取得した株式等については，取引所規則に基づくロックアップ（制度ロックアップ）や開示制度が設けられている。また，制度ロックアップの対象になるか否かにかかわらず，大口株主が保有している株式等についても，主幹事証券会社との合意によるロックアップ（任意ロックアップ）が行われることが多い。任意ロックアップは取得時期にかかわらないものであり，必ずしもレイター・プレIPOファイナンスによって発行された株式等に限られないが，制度ロックアップと対比するために，ここで記載する。

570　第6部　プレ IPO ファイナンス・IPO

【制度ロックアップと任意ロックアップの概要】

	制度ロックアップ	任意ロックアップ
対象	上場前の一定の期間に行われた株式・新株予約権の新規発行	大口株主等の保有する株式・新株予約権
根拠	取引所規則による確約	主幹事証券会社との合意
解除条件	一定期間の経過（6か月 or 1年）	・一定期間の経過（90日，180日等） ・株価一定額以上（例：公開価格の1.5倍等） ・主幹事証券会社による同意 等

第1節　制度ロックアップ・開示（取引所規則）

　東京証券取引所（東証）等の証券取引所では，新規上場（IPO）を申請する場合，IPOの公正性を確保する観点から，特定の者が株式上場に際して短期間に利益を得る行為を防止するため，①上場前のセカンダリー取引（「上場前の株式等の譲受け又は譲渡」）と，②株式・新株予約権の新規発行（「上場前の第三者割当等による募集株式の割当て等」）の2つの場面について規制を定めている[1]。

上場前の取引内容	取引所規則に基づく規制
①　上場前の一定の期間に行われたセカンダリー取引等	✓　開示（下記1）
②　上場前の一定の期間に行われた株式・新株予約権の新規発行	✓　株式・新株予約権を一定期間継続的に所有（保有）すること （制度ロックアップ，下記2(1)，(2)） ✓　開示（下記2(3)）

1　グロース市場の例として，新規上場ガイドブック（グロース市場編）「Ⅶ.上場前の株式等の譲受け又は譲渡及び第三者割当等による募集株式の割当て等について」参照。

第5章　上場前ファイナンスにおける開示とロックアップ　571

1　上場前の株式等の譲受け又は譲渡（開示）

　上場前の一定期間内に行われた株式等の譲受け又は譲渡（いわゆるセカンダリー取引だが，後述のように新株予約権の行使を含む。）については，開示や帳簿保存・提出が求められる。

---

(1)　新規上場申請のための有価証券報告書（Ⅰの部）への記載
(2)　上場日から5年間の記録の保存・東証の要請に従った提出

---

(1)　上場前の株式等の移動の状況に関する記載

　特別利害関係者等[2]が，上場申請日の直前事業年度の末日の2年前の日（例えば，上場申請日がX年12月で，直前事業年度の末日がX年3月31日の場合，その2年前であるX-2年4月1日）から上場日の前日までの期間において，新規上場を申請する会社（申請会社）の発行する株式又は新株予約権の譲受け又は譲渡（いわゆるセカンダリー取引だが，新株予約権の行使を含む。以下「株式等の移動」という。）を行っている場合には，当該株式等の移動の状況を，新規上場申請のための有価証券報告書（Ⅰの部）の「株式公開情報　第1　特別利害関係者等の株式等の移動状況」に記載することが求められる（上場規程施行規則266条）[3]。

(2)　上場前の株式等の移動に関する記録の保存等

　申請会社は，上場日から5年間，上場前の株式等の移動の状況に関する記載の内容についての記録を保存し，東証が必要に応じて行う提出請求に応じなければならない（上場規程施行規則267条）。申請会社が記録の提出に応じない場合や株式等の移動の状況に関する記載の内容が明らかに正確でなかったと認められるときは，東証は，一定の公表措置をとることができるとされている。

2　「特別利害関係者等」とは次に掲げる者をいう（開示府令1条31号）。
　①申請会社の特別利害関係者
　②申請会社の大株主上位10名
　③申請会社の人的関係会社及び資本的関係会社並びにこれらの役員
　④金融商品取引業者等並びにその役員，人的関係会社及び資本的関係会社
3　ただし，申請会社の発行する株式が，TOKYO PRO Market（特定取引所金融商品市場）に上場している場合を除く。

572　第6部　プレIPOファイナンス・IPO

2　上場前の第三者割当等による募集株式の割当て等（制度ロックアップ・開示）

(1)　募集株式の割当て及び所有に関する規制（制度ロックアップ）

(a)　規制内容

　申請会社が，上場申請日の直前事業年度の末日の1年前の日（例えば，上場申請日がX年12月で，直前事業年度の末日がX年3月31日の場合，その1年前であるX-1年4月1日）以後において，第三者割当等による募集株式の割当て[4]を行っている場合には，申請会社と，割当てを受けた者（株主となった者）が，一定の事項（後述）について確約を行い，確約を証する書類を東証に提出することが求められる。典型的には，レイター・ステージやプレIPOステージにおける株式による資金調達で問題になる。

　実際上は，割当てを受けた者は，「継続所有に関する確約書」（実務上単に「確約書」とも呼ばれる）を申請会社に提出する。確約書は，原則として払込期日又は払込期間の最終日（株式の場合）か，割当日（後述の募集新株予約権の場合）以前に締結することが求められる[5]。

　その上で，申請会社は，確約を証する書類[6]を，上場申請日前に募集株式の割当てを行っている場合は上場申請日に，上場申請日以後に割当てを行っている場合は当該割当後遅滞なく（上場承認日の前日までに），東証に提出しなければならない（上場規程施行規則268条2項）。申請会社が，確約を証する書類の提出を行わないときには，東証は，原則として上場申請の不受理又は受理の取消しの措置をとるとされている（〔同条3項〕下記(b)参照）。そのため，上場を行おうとするスタートアップにとって，株主や新株予約権者となろうとする者

4　会社法199条1項に規定する募集株式の割当てのうち，株主割当以外の方法をいう。

5　新規上場ガイドブック（グロース市場編）152頁Q4参照。優先株式を取得する場合でも，普通株式に転換されて上場することが想定されている限り，確約書の対象になる（Q6参照）。

6　確約を証する書類は，割当対象者から確約書を取得している趣旨を記載した，申請会社代表者による東証宛ての書類及び当該割当対象者の氏名等が記載された一覧表が想定されている。グロース市場の例では，東証ウェブサイト「第三者割当，ストックオプションの付与等に係る提出書類」（https://www.jpx.co.jp/equities/listing-on-tse/documents/03.html）にフォーマットが掲載されている。ただし，割当対象者との間で個々に締結した継続所有に係る確約書の写しを全て提出することも可能とされている。

から，確実に確約書を取得することが極めて重要になる。

　このような規制があるため，実務上，レイター・ステージや，プレIPOステージにおける投資契約（株式引受契約）で，確約書を発行会社に対して提出することを義務付け，場合によっては確約書の提出を投資実行の前提条件（CP：Conditions Precedent）とする場合がある。

【投資契約の条項例】株式のロックアップ

【制度ロックアップ】
1．投資家は，払込期日までに，発行会社に対し，本株式（本株式の転換により取得した株式を含む。）について，別紙●の様式【注：東証が公表している確約書のフォーマットを想定】により，本株式の割当日から発行会社の株式公開後一定の期間を経過する日まで，第三者に譲渡しないことに同意する旨の確約書を交付するものとする。

【任意ロックアップ】
2．投資家は，発行会社が株式公開を行う場合で，かつ，主幹事証券会社から要請を受けた場合，かかる要請に基づき，投資家の保有する株式等を株式公開後必要な期間処分しない旨を定めた確約書を締結することに同意する。当該確約書に係る条件の詳細については，投資家は，主幹事証券会社の指定する条件に従う。

　確約書において確約が求められる事項は，以下の通りである（上場規程施行規則268条1項）。なお，実際の確約書のフォーマットは，東証のウェブサイトにも掲載されており[7]，常に最新のものを確認する必要がある。

　特に重要な点として，継続所有がある。原則として，株式の割当てを受けた者は，割当てを受けた株式を，割当てを受けた日から上場日以後6か月間を経過する日（当該日において割当株式に係る払込期日又は払込期間の最終日以後1年間を経過していない場合には，当該1年間を経過する日）まで所有することが求められている（タイムラインについて，後掲図表参照）。

7　例えば，グロース市場における確約書について，前掲注6の東証ウェブサイト参照。

574　第6部　プレIPOファイナンス・IPO

【確約書において確約が求められる事項】

イ　継続所有
ロ　譲渡等を行う場合の申請会社への報告
ハ　譲渡等を行う場合の東証への報告書の提出
ニ　所有状況についての東証からの照会に対する申請会社の東証への報告
ホ　所有状況についての東証からの照会に対する割当てを受けた者の申請会社
　　への報告
ヘ　公衆縦覧の同意
ト　その他東証が必要と認める事項

(b)　違反があった場合

第三者割当等による募集株式の割当てを受けた者が，確約に基づく所有を現に行っていない場合には，東証は上場申請の不受理又は受理の取消しの措置をとることとされている（上場規程施行規則269条1項）。ただし，割当てを受けた者が，以下のいずれかに該当し，かつ，確約に基づく所有を行っていないことが適当であると認められる場合はこの限りでなく（同項ただし書各号），確約書における継続所有期間においても，募集株式の移動が認められることがある。

① その経営の著しい不振により割当株式又は取得株式等の譲渡を行う場合
② その他社会通念上やむを得ないと認められる場合

「その他社会通念上やむを得ないと認められる場合」として，新規上場ガイドブックでは次の例が挙げられている[8]。これらの例以外にも，確約書にかかわらず継続所有の対象期間中に投資家による株式等の処分が認められた事例もあり[9]，また，いずれにしてもこれらと事情が完全に同一でない場合の方が多いであろうことから，確約に基づく所有状況に変動が生じる可能性が生じた場合は，実務上は主幹事証券会社と協力し，事前に十分な時間的余裕をもって，取引所に対して上場に差し支えがないかを確認をする必要がある。

8　新規上場ガイドブック（グロース市場編）153〜155頁。ガイドブックにおいては，各事項の条件や確認書類も記載されている。なお，「その他社会通念上やむを得ないと認められる場合」は，第三者割当等による募集新株予約権の割当てを行っている場合についても準用される（上場規程施行規則271条1項2号）。
9　例えば，外国籍ソブリンファンドの設立準拠法令等に基づき株式等を処分する場合等。

【「その他社会通念上やむを得ないと認められる場合」の例】

1. 割当株式の移動前後の所有者に実態的な同一性が認められるケース
   【例1】　新たに100%子会社のベンチャー・キャピタルを設立し，当該子会社へ投資事業を譲渡する場合
   【例2】　持株会社化による100%子会社の新設に伴う事業譲渡の場合
2. 譲渡による割当株式の移動が実質的な所有者は変わらない形式的な移動であると認められるケース
   【例1】　従業員持株会からの従業員の脱退に伴う割当株式の譲渡の場合
   【例2】　A社の厚生年金基金の積立額不足に充当するために，第三者割当等により割り当てられた募集株式を退職給付信託に拠出するために信託銀行等に形式的に当該割当株式を移動する場合
3. 募集株式の割当時において当該割当株式の継続所有に係る確約を行っていないやむを得ない事情が認められるケース
   【例】　公開予定時期の前倒しにより過去に行われた第三者割当等による募集株式の割当てについて継続所有義務が事後的に発生する場合
4. 株式報酬としての譲渡制限付株式のケース
   【例】　割当てを受けた者が退職等により譲渡制限付株式の無償取得事由に該当し，申請会社が当該株式の無償取得を行う場合
5. 関係解消に伴い申請会社が買戻しを行うケース
   【例1】資本提携の解消に伴う申請会社による買戻し
   【例2】役職員の退任・退職に伴う申請会社による買戻し

　上場後の事例として，確約書に基づき制度ロックアップの対象となっていることを失念する等して，株主が確約書に違反して制度ロックアップアップ期間中に株式の売却を行ってしまった事例も複数公表されている。上場後は，第三者割当等による募集株式の割当てを受けた者が確約期間内に当該募集株式の譲渡を行った場合でも，新規上場申請の不受理又は受理の取消しの措置の対象とはならないが，発行会社は東証に対して「第三者割当により割り当てられた株式の譲渡に関する報告書」を提出し，適時開示を行うことになる（上場規程施行規則269条2項～4項参照）。実際の事例では，有価証券届出書の虚偽記載等に対する金融庁の課徴金のルールを準用して売却金額総額の一定割合を発行会社に支払うことで合意した事例もある[10]。また，証券会社が，株主による制度ロッ

10　適時開示によれば，「東証に対する支払は現実的に難しい」ことを理由に，東証に対する支払は行われなかったとされている。

576　第6部　プレIPOファイナンス・IPO

クアップの対象であるかという照会に対して誤って回答したこと等に基づき，株主が誤って売却したという事例もある。これらの制度についての理解が重要であることを示す事案である。

(2)　募集新株予約権及びストックオプションの割当て及び所有に関する規制（制度ロックアップ）

上場前の一定期間内に割り当てられた新株予約権についても，取得者による一定の継続所有・確約や，申請会社による開示・帳簿保存義務が設けられている。ストックオプション目的の新株予約権（下記(b)）と，それ以外の新株予約権（募集新株予約権，下記(a)）で，継続所有の期間が異なる等の違いがあるため，注意が必要である。後述の通り「ストックオプション」の範囲も，実務上の取扱いにかかわらず，取引所規則上の定義により範囲が決まるため，注意が必要となる。

(a)　募集新株予約権の割当て及び所有に関する規制

上場申請日の直前事業年度の末日の1年前の日（例えば，上場申請日の直前事業年度の末日がX年3月31日の場合，X-1年4月1日）以後における第三者割当等による募集新株予約権の割当て[11]は，第三者割当等による募集株式の割当てと同様の規制がなされている（上場規程施行規則270条）[12]。

これに対して，ストックオプションとしての新株予約権は，下記(b)の通り，継続所有期間等において取扱いが異なる。ストックオプションとしてではなく，募集株式と同様の規制を受ける新株予約権は，主に資金調達目的で有償の払込価額により発行されるコンバーティブル・エクイティ型新株予約権等が考えられる[13,14]。

実務上の対応として，投資契約（引受契約）において，確約書を発行会社に対して提出することを義務付けることや，投資実行の前提条件とすることが考

11　募集新株予約権の割当てと同様の効果を有すると認められる自己新株予約権の割当てを含む。

12　なお，募集新株予約権の割当てを行っているかどうかの認定は，割当日を基準として行うとされており，会社法の割当日と一致している。

13　役員又は従業員等を対象とする，いわゆる信託型ストックオプション（第4部第2章第5節）は，取引所規則上は，ストックオプション目的での新株予約権ではなく，募集新株予約権としての継続所有に係る確約の締結が必要とされているほか，一定の留意事項がある（新規上場ガイドブック（グロース市場編）156頁Q4）。

えられる。

【投資契約の条項例】コンバーティブル・エクイティ型新株予約権のロックアップ

> 【制度ロックアップについて】
> 1．投資家は，払込期日までに，発行会社に対し，引受新株予約権（引受新株予約権の転換により取得した株式等を含む。）について，別紙●【注：東証が公表している各薬師所のフォーマットを想定】の様式により，引受新株予約権の割当日から発行会社の株式公開後一定の期間を経過する日まで，第三者に譲渡しないことに同意する旨の確約書を交付するものとする。
>
> 【任意ロックアップについて】
> 2．投資家は，発行会社が株式公開を行う場合で，かつ，主幹事証券会社から要請を受けた場合，かかる要請に基づき，投資家の保有する株式等を株式公開後必要な期間処分しない旨を定めた確約書を締結することに同意する。当該確約書に係る条件の詳細については，投資家は，主幹事証券会社の指定する条件に従う。

なお，以上と異なり，フリー期間（基準事業年度の末日の1年前の日の前日以前）に割り当てられた募集新株予約権について他の種類の株式等への転換又は行使が行われたときには，当該株式等については，継続所有に係る確約の締結は必要ない[15]。

(b) **ストックオプションとしての新株予約権の割当て及び所有に関する規制**

ストックオプションの場合，(i)ストックオプション自体に対する規制と，(ii)ストックオプションの行使又は転換によって交付を行った株式又は新株予約権に関する規制のそれぞれについて留意する必要がある。

14　その他，例えばクロスボーダー案件で，外国子会社の役職員に対して親会社（日本法人）の新株予約権を交付する場合に，現地法・税制上の理由による規制に服する場合がある（例えば，現地の信託受託者に対して新株予約権を発行し，役職員は受益者とする必要がある等）。このような場合に，実質としてはいわゆる「ストックオプション」目的であっても，取引所規則上はストックオプション目的での新株予約権ではなく，募集新株予約権としての継続所有に係る確約書を取得することを求められる場合もあり得る（上の例では，法的には当該子会社の役職員ではない現地の信託会社が新株予約権の割当先になるため）。クロスボーダー案件等では，十分な時間的余裕を持った検討と，事前の取引所への確認が重要となる。

15　新規上場ガイドブック（グロース市場編）156頁Q3。

（i）ストックオプション自体に対する規制　　上場申請日の直前事業年度の末日の1年前の日（例えば，上場申請日の直前事業年度の末日がX年3月31日の場合，X−1年4月1日）以後における第三者割当等による募集新株予約権のうち，ストックオプションとしての新株予約権は，継続所有期間や確約の内容等で，それ以外の募集新株予約権（上記(a)）と異なる取扱いを受ける。

　ストックオプションとしての新株予約権とは，申請会社が自ら又はその子会社の役員又は従業員[16]に報酬として割り当てた[17]新株予約権をいう[18]。そのため，いわゆる一般的な「ストックオプション」として割当てを受けた新株予約権であっても，取引所規則上は，発行会社又はその子会社の役員又は従業員以外の者（業務委託先等）については，むしろ上記(a)の募集新株予約権としての取扱いを受けることに注意が必要である。

　ストックオプションとしての新株予約権については，割当てを受けた者が，当該新株予約権を，原則として当該新株予約権の割当日から上場日の前日又は当該新株予約権の行使を行う日のいずれか早い日まで所有することを確約する必要がある（後掲581頁のタイムライン参照）。その他を含め，確約が求められる事項は，以下の通りである（上場規程施行規則272条1項1号）。確約書のフォーマットは，東証のウェブサイトにも掲載されており[19]，常に最新のものを確認する必要がある。

16　規則上「役員又は従業員等」とされ，申請会社又はその子会社の役員又は従業員で，東証が適当と認めるものをいう（上場規程施行規則272条1項）。ここでの役員とは，規則上，取締役，会計参与（会計参与が法人であるときは，その職務を行うべき社員を含む。），監査役，執行役等をいう。弁護士，公認会計士，顧問，大学教授等の会社協力者等や入社前の者は「役員又は従業員等」には該当しない。また，契約社員についても，原則「役員又は従業員等」には該当しない。

17　報酬としての割当てには，役員又は従業員等に新株予約権の発行価格に相当する額の金銭を支給し，当該役員又は従業員等に新株予約権を有償で割り当てる場合その他の有償で割り当てる場合を含む（上場規程施行規則272条3項）。

18　一定の条件が充足された場合に株式の交付を受ける権利である，いわゆる譲渡制限株式ユニット（RSU）や業績連動型株式ユニット（PSU）等については，株式上場に際して利益を得られる点でストックオプションとしての新株予約権と同様であることから，ストックオプションとしての新株予約権に係る規制に準じて継続所有に関する確約等を要請することがあるとされている。また，役員又は従業員等以外に割り当てる場合については，ストックオプションでない新株予約権に係る規制に準じて継続所有に関する確約等を要請することがあるとされている（新規上場ガイドブック（グロース市場編）157頁）。

19　例えば，グロース市場における確約書について，前掲注6の東証ウェブサイト参照。

【確約書において確約が求められる事項】

イ　継続所有

ロ　譲渡等を行う場合の東証への報告書類の提出

ハ　所有状況についての東証からの照会に対する申請会社の東証への報告

ニ　所有状況についての東証からの照会に対するストックオプションとしての新株予約権の割当等を受けた者の申請会社への報告

ホ　その他東証が必要と認める事項

　申請会社は，上場申請日前にストックオプションとしての新株予約権の割当てを行っている場合は上場申請日に，上場申請日以後に割当てを行っている場合は当該割当後遅滞なく（東証が上場を承認する日の前日まで〔上場規程施行規則272条2項各号〕），確約を証する書類や決議内容を証する書類等（同条1項2号aからc）を東証に提出する。

　申請会社からストックオプションとしての新株予約権の割当てを受けた者が，確約に基づく所有を現に行っていない場合には，東証は，上場申請の不受理又は受理の取消しの措置をとるとされている（同条1項）。

　ただし，東証が適当と認める場合には，上場申請の不受理又は受理の取消しの措置がとられない場合がある。具体的には，確約に基づく所有を行っていた者が，当該確約の対象となっているストックオプションとしての新株予約権を譲渡した後，申請会社が当該譲渡に係るストックオプションとしての新株予約権を速やかに適正な手続により失効させており，かつ，当該ストックオプションとしての新株予約権の行使が行われていない場合とされている。

　ストックオプションを含む，第三者割当等による新株予約権の割当てを行った場合にも，割当日より継続所有の義務が生じるため，確約は割当日前に原則として締結することが求められている[20]。上記(1)で述べたような，投資家に対する資金調達目的での株式等の割当てと異なり，役職員向けのストックオプションの割当契約で実行の前提条件にする等の対応をとる必要性は必ずしも高くないと思われる一方，付与対象者の数が多くなることから，実務上の負担を減らしつつ漏れなく確約を取得する工夫が必要となり得る。例えば，従業員説明会において各種書類に対して一括でサインを求めたり，電子署名により割当

20　新規上場ガイドブック（グロース市場編）152頁Q4。

契約を締結する場合には併せて確約書への電子署名を求めたりする等の対応が考えられる[21]。

(ii)ストックオプションの行使又は転換によって交付を行った株式又は新株予約権に関する規制　　以上の，取引所規則の継続所有の対象となるストックオプションの付与対象期間内（上場申請日の直前事業年度の末日の1年前の日以後）に付与されたストックオプションとしての新株予約権が，上場日の前日までに行使又は転換され，申請会社が株式又は新株予約権の交付を行っている場合，その株式及び新株予約権も，上場日の前日まで，第三者割当等による募集株式の割当てと同様の規制を受ける（上場規程施行規則273条）。

すなわち，継続所有等に関する確約書等の一定の書類を提出することが求められ，当該書類の提出を行わないときは，東証は上場申請の不受理又は受理の取消しの措置をとるとされている[22]。また，ストックオプションとしての新株予約権の行使又は転換による株式又は新株予約権の交付を受けた者が，確約に基づく所有を現に行っていない場合には，一定の場合（経営不振による譲渡やその他社会通念上やむを得ないと認められる場合）を除き，東証は，上場申請の不受理又は受理の取消しの措置をとるとされている。

なお，上場申請日の直前事業年度の末日の1年前の日以後に付与され，上場日の前日までに行使されるストックオプションは，税制適格ストックオプションの権利行使期間の要件（付与決議の日後2年が経過した日以後）を満たさないため（第4部第2章第3節2(4)参照），通常，この規制が問題になるのは，税制非適格ストックオプションや時価発行型有償ストックオプションということになる。

21　継続所有の確約を電子契約で行うことも認められており，留意事項としては書面での場合と大きく変わるものではないが，電子契約で確約を行う場合においても，申請予定会社と割当てを受けた者の双方が確約の趣旨や確約内容を十分に理解し，合意の上で確約がなされる仕組みが構築されている必要があるとされている（新規上場ガイドブック（グロース市場編）152頁Q5）。

22　ただし，「継続所有等に関する確約を証する書類」を申請日に提出し，転換後も継続所有する旨と公衆の縦覧に供されることについて確約をしている場合には，別途の確約書の提出は不要とされているところ，東証のウェブサイト（グロース市場について前掲注6参照）で公表されているストックオプション目的での新株予約権についての確約書のフォーマットには，転換後の株式や新株予約権についての確約に関する条項も含まれている。

第5章 上場前ファイナンスにおける開示とロックアップ 581

〈参考〉上場前の第三者割当増資等に関する規制の概略

区分	確約対象となる割当期間	継続所有期間	提出書類
株式	上場申請日の直前事業年度の末日の1年前の日以降	上場日以後6か月又は1年	継続所有等に係る確約を証する書類
新株予約権		上場日前日まで	上記に加え、割当てに係る取締役会議事録及び譲渡制限を証する書類
ストックオプション			

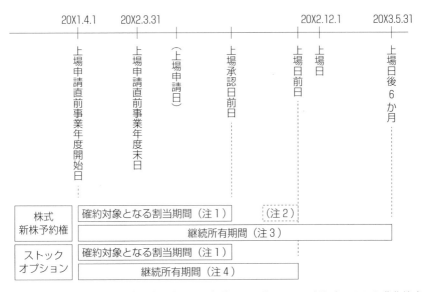

(注1) 上場申請日の直前事業年度末日の1年前の日以後において割り当てられた募集株式、募集新株予約権、ストックオプションとしての新株予約権が確約の対象となる。
(注2) 新規上場時の公募・売出しと並行して行われる第三者割当(当該公募・売出しにおける発行価格と同一の条件の場合に限る)に関しては、割当予定の株式に係る継続所有等の確約を証する書類を上場承認の前日までに提出することで実施可能となる。
(注3) 割当日から上場日以後6か月間を経過する日までが継続所有期間となる。なお、上場日以後6か月間を経過する日が割当日から1年間を経過していない場合は、割当日から1年間経過する日までが継続所有期間となる。
(注4) 割当日から上場日の前日までが継続所有期間となる。
出典:新規上場ガイドブック(グロース市場編)

582　第6部　プレIPOファイナンス・IPO

【ストックオプションに関する継続所有と開示】

	対象となるストックオプション	規制の概要
継続所有・確約	上場申請日の直前事業年度の末日の1年前の日以後に割り当てられたストックオプションとしての新株予約権（上場日の前日までに行使・転換された株式等を含む）	取得者は，新株予約権の割当日から上場日の前日又は当該新株予約権の行使を行う日のいずれか早い日まで所有すること（継続所有）の確約
開示・帳簿保存	上場申請日の直前事業年度の末日の2年前の日から上場日の前日までの期間に割り当てられた新株予約権[23]	✓ 上場申請会社は，割当ての状況を，新規上場申請のための有価証券報告書（Ⅰの部）に記載 ✓ 上場申請会社は，上場日から5年間，割当ての状況に関する記載の内容についての記録を保存する義務。また，東証が必要に応じて行う提出請求に応じる義務

⑶　第三者割当等による募集株式等の割当ての状況に関する記載等（開示）

⒜　第三者割当等による募集株式等の割当ての状況に関する記載

　申請会社は，上場申請日の直前事業年度の末日の2年前の日（例えば，上場申請日の直前事業年度の末日がX年3月31日の場合，X-2年4月1日）から上場日の前日までの期間において，第三者割当等による募集株式の割当て又は新株予約権の割当て（以下「第三者割当等による募集株式等の割当て」という。）を行っている場合には，当該第三者割当等による募集株式等の割当ての状況を，新規上場申請のための有価証券報告書（Ⅰの部）の「株式公開情報　第2　第三者割当等の概況」において記載する必要がある（上場規程施行規則275条）[24, 25]。

23　この新株予約権は，ストックオプションとしての新株予約権に限られない。

24　この際，価格の算定根拠の記載に当たっては，上場規程施行規則別添7「価格の算定根拠の記載について」及び「具体的記載例」を参考として，投資者にとってわかりやすい内容となるように配慮することが求められている（上場規程施行規則275条2項）。

(b) 第三者割当等による募集株式等の割当ての状況に関する記録の保存等

申請会社は，上場日から5年間，第三者割当等による募集株式等の割当ての状況に関する記載の内容についての記録を保存する必要がある（上場規程施行規則276条，267条）。申請会社は，この記録について，東証が必要に応じて行う提出請求に応じなければならない。申請会社が記録の提出に応じない場合や株式等の移動の状況に関する記載の内容が明らかに正確でなかったと認められるときは，東証は，一定の公表措置をとることができるとされている。

第2節　任意ロックアップ

制度ロックアップの対象となるか否かにかかわらず，主幹事証券会社が定め，株式の保有者が同意する，任意ロックアップが設けられる例も多い。これは，既存株主のうち，市場における価格形成に影響を与え得る大口株主について問題になる。任意ロックアップは，取引がなされた時期にかかわらずに設定されることがあり，必ずしもレイター・プレIPOファイナンスによって発行された株式等に限られないが，制度ロックアップと対比するために，ここで記載する。

任意ロックアップの条件は，リード投資家をはじめとした投資家と，発行会社・主幹事証券との間で合意される。既存投資家が保有し，市場に供給されることが予定されている株式の割合をはじめとした需給の見込みによって，個別に条件が検討されるが，任意ロックアップの解除条件は，主に次の3つに設定される。

---

① 一定期間が経過したこと
② 株価が一定額に達したこと
③ 主幹事証券会社が同意したこと

任意ロックアップは，①一定期間が終了すると解除されることが基本となる。主に90日や180日が多いが，1年等の例も見られる。また，②株価が一定額に達した場合には，早期に解除がなされるよう定められることもあり，この条件によっても①の一定期間は変わり得る。ここで定められる株価の代表例として，

25　ただし，申請会社の発行する株式が，TOKYO PRO Market（特定取引所金融商品市場）に上場している場合を除く。

公開価格の1.5倍に達した場合には任意ロックアップが解除されるという場合が見られる[26]。さらに，③ロックアップの期間・株価の条件を満たしていなくても，主幹事証券会社の同意がある際は，ロックアップが解除できるよう定められることがあるが，実際にこの定めにより解除されることは多くないと思われる。

任意ロックアップの対象となった株主や解除条件は，有価証券届出書や目論見書等において開示される[27]。

なお，特に任意ロックアップの解除後，大株主であるVC等が一気に売却をし，株価が下落する例が目立つという指摘もある。これに対しては，投資先企業が株式を上場した後，VCが保有株式を売却する場合には，その売却価値が最大となるよう，売却時期や手法について十分に検討することが期待されるほか，VCの戦略や投資先企業の意向によって適切な場合には，情報管理を含め必要な体制を整備した上で，投資先企業が株式を上場した後も，ガバナンスを支え，さらなる成長の果実を共有するために一定程度株式を保有し続けること（クロスオーバー投資）を検討することが期待されるといった指摘や[28]，例えば米国では，ロックアップ終了後もVCが市場で換金してLP投資家に現金を分配するのではなく，株式を現物分配する実務があるという指摘もあり[29]，インサイダー取引規制（第8章第1節2）やLP投資家のニーズ等に照らして，上場後の株式の売却・換金に関する実務が精緻化されることが期待される。

26　例えば，東京証券取引所「市場区分の見直しに関するフォローアップ会議」では，株価が公開価格の1.5倍以上になると任意ロックアップが解除される慣行は日本固有のもので，既存株主が長期的に保有するよう，この慣行を止めるべきといった国内VCからの意見もあったとされる（第13回資料2東証説明資料①（グロース市場関係者へのヒアリングの状況）参照）。また，ロックアップ前後での株価の動きについて，経済産業省・経済産業政策局産業資金課「スタートアップ・ファイナンス研究会」第2回事務局説明資料（2023年12月5日）11頁も参照。

27　有価証券届出書では「第一部 証券情報」「第1　募集要項」又は「第2　売出要項」の次に設けられる「募集又は売出しに関する特別記載事項」において「ロックアップについて」として開示される（開示ガイドラインB5-3）。

28　VC推奨・期待事項10〜11頁。

29　前掲注26）経済産業省資料参照。

第6章

IPO時の投資家への配分

上場時の募集・売出しに際して，機関投資家に対して株式を配分するためにはどのような方法があるか。「親引け」と「コーナーストーン投資家」にはどのような関係があるか。Indication of Interest（IoI）とは何か。

これまで，主に上場（新規株式の募集・売出し）前の金商法や取引所規則における規制に基づき，上場承認前・有価証券届出書前の，プレIPOラウンドの資金調達や，IPO前の投資家コミュニケーションについて検討してきた。

これに対して，上場時の募集・売出しに際して，株式の配分を受けて引き受ける投資家として，どのような投資家を招聘できるかという点も，上場時の価格形成や，上場後の成長をサポートする安定株主を確保できるかといった点において重要になる。特に，上場時の価格形成に関しては，主に「親引け」の制度や，それを用いて招聘されるコーナーストーン投資家のほか，投資家候補の関心を事前に開示するIndication of Interest（IoI）が問題になる。

第1節　親引け・コーナーストーン投資家

1　親引けの概要

「親引け」とは，株式の募集・売出しの際の引受けに関して行われる，発行者（スタートアップ）が指定する販売先への売付けをいう（日本証券業協会「株券等の募集等の引受け等に係る顧客への配分等に関する規則」（以下「配分規則」という。）1条14項参照）。

586 第6部 プレIPOファイナンス・IPO

　親引けも，非上場時のファイナンスと同様，スタートアップが指定する特定の引受先（事業会社等）が株式を取得しようとするものである。もっとも，プレIPOステージにおける第三者割当増資と異なり，親引けは，まさに新規上場（IPO）において新規発行又はセカンダリーで売出しがなされる株式の配分先をどうするかという問題である。

　そのため，親引けが行われる際に，これまでのスタートアップの資金調達ラウンドと同様の投資関連契約（株式引受契約・株主間契約）が締結されるわけではなく，また株式の取得価格について引受先候補とスタートアップとの間で個別に交渉が行われるわけではない。また，IPOの際の株式の新規発行・譲渡であるため，届出前勧誘規制との関係で，引受先候補が親引けについて打診を受けても，引受先候補が得られる（スタートアップないし幹事証券会社が提供できる）情報には限界もある。

　親引けが検討される際には，(a)日本証券業協会の規則・ガイドラインにおいて，証券会社が親引けを行うことができる場合に該当するか否か（下記2），(b)親引けを行うことができる場合の候補先とのコミュニケーションが，金商法の届出前勧誘規制に抵触しないか（下記3），投資家間の公平性に反したり，有価証券届出書・目論見書に記載される情報と整合しなかったりする問題が生じないか（下記4）といった点が問題になる。

2　親引けが認められる場合とコーナーストーン投資家

　配分規則では，証券会社は，募集等の引受け等を行うにあたっては，市場の実勢，投資需要の動向等を十分に勘案した上で，当該募集等の引受け等に係る株券等の配分が，公正を旨とし，合理的な理由なく特定の投資者に偏ることのないように努めなければならないとされ，原則として親引けは禁止されている（配分規則2条1項・2項本文）。

　もっとも，以下の3要件を満たす場合には，例外的に親引けが認められる（同項各号）。

① 　当該親引けを行ったとしても，配分規則が定める適切な配分の趣旨に反するものとならないと証券会社が判断したこと
② 　株券等の発行者が，親引け予定先の状況，親引けに係る株式等の譲渡制限，親引け後の大株主の状況，株式併合等の予定の有無及び内容，その他参考に

なる事項を適切に公表すること
③ 募集に係る払込期日若しくは払込期間の最終日等から180日を経過する日まで継続して所有することの確約を，主幹事証券会社が親引け予定先から書面により取得すること（ロックアップ）

その上で，日本証券業協会の「親引けガイドライン」によれば，例えば，以下のような場合に親引けを行うことは認められるとされている（親引けガイドライン3項(1)）。

イ 連結関係又は持分法適用関係を維持するために必要な場合
ロ 企業グループ全体での持株比率を維持するために必要な場合
ハ 業務提携の関係にある株主がその持株比率を維持するため又は当該関係を形成しようとする者が一定の株式を保有するために必要な場合
ニ 株券の募集又は売出しの場合で，当該募集及び売出しに係る株式数の10%を限度として持株会等を対象とするとき。
ホ 発行者（連結子会社又は持分法適用会社を含む。）の取締役等又は従業員若しくはその予定者に報酬，給与又は賞与として新株予約権を配分する場合
ヘ 発行者のコーポレートガバナンス向上又は企業価値の向上（発行者の信用力の向上によるものを含む。）に資する機関投資家等に配分する場合

親引けは，従来，既存投資家の持分比率維持や，資本業務提携を行う事業会社等による引受けのために利用されてきた。上場後の成長をサポートする安定株主を確保するためには，重要な役割を果たす制度である。
これに加えて，近年，新規の機関投資家で，IPO後も中長期の保有を確約している投資家（いわゆる「コーナーストーン投資家」）への割当てに活用されるケースも見られてきた[1]。
このような実態をふまえ，公開価格WG報告書を受けて，2022年6月に親引けガイドラインの見直しがなされ，コーナーストーン投資家に配分する場合等を想定して，上記「ヘ」の「発行者のコーポレートガバナンス向上又は企業価値の向上（発行者の信用力の向上によるものを含む。）に資する機関投資家等

---

1 著名な例として，freee，セーフィー，ココナラの上場事例等。セーフィーの事例について，経産省・成長ファイナンス34頁も参照。

に配分する場合」が追加される等の緩和がなされた。

　価格算定能力の高いコーナーストーン投資家が発行会社の株主として参画する予定が開示されることで，IPOに対する市場の信頼性の向上に資することや，実際にコーナーストーン投資家が株主として参画することにより，発行会社のコーポレート・ガバナンスや（アナウンスメント効果を含めた）企業価値向上が期待されるとされている[2]。

　なお，親引けガイドラインの改正は，親引け規制についてのこれまでの考え方を変更するものではない。改正後も親引けは原則として禁止されており，親引けを行ったとしても配分規則2条1項の規定に反する配分とならないと引受証券会社が判断し，かつ上記の①から③の全ての要件に該当する場合に限り，例外的に親引けを行うことが認められる[3]。

3　届出前勧誘規制との関係

　また，金商法上の規制も問題となる。すなわち，親引けにより株式を取得する者に対する接触については，届出前勧誘規制（ガン・ジャンピング規制〔第2章第1節〕）との関係上，「勧誘」は有価証券届出書の提出後に行われるべきことになる。もっとも，実際にはローンチ前に潜在的な投資者の探索が行われているところ，親引けの規模の検討に際して一定のオファリング情報はやり取りせざるを得ないほか，前述の日証協の配分規則における要件②によって求められる親引け先の概要の公表のためにも，候補先との間で一定のやり取りは必要になる。このようなやり取りについて，届出前勧誘規制との関係ではどのように整理されるかは不明瞭さが残る。

　この点については，外国投資家であればいわゆる「外＝外」でのコミュニケーション（第2章第1節2参照）を行い，届出前勧誘規制の適用対象外の範囲で行うことが考えられる。他方，親引けの議論や交渉は，国内企業である発行会社が行わざるを得ないことを考えると，それ以外の整理も検討する必要が

2　日本証券業協会「『親引けガイドライン』の改正に係るQ&A」（2022年6月29日，2023年6月30日改訂）Q5（https://www.jsda.or.jp/shijyo/seido/jishukisei/web-handbook/105_kabushiki/files/20230630_oyabikegl_qa.pdf）。

3　直近の有価証券届出書及び訂正有価証券届出書の開示内容の例として，ソラコムや，西武技研，ノイルイミューンバイオテック等がある（いずれも「第一部 証券情報」「第2 売出要項」の次に設けられる「募集又は売出しに関する特別記載事項」「5. 当社指定販売先への売付け（親引け）について」）。

ある。例えば，第三者割当を行う場合におけるセーフハーバー（開示ガイドラインB2-12①，第2章第1節1参照）と同程度の必要性と許容性のある範囲での行為については，親引けにおける事前協議が届出前勧誘規制に抵触しない場面があると整理し得るようにも思われるが，実際の案件の具体的な事情に照らして，慎重に検討をする必要がある。

4　投資家への情報提供に関する論点

　コーナーストーン投資家が，親引けにおける引受先としてだけでなく，一般投資家としてIPOに参加する場合もあり得るところ，コーナーストーン投資家に対して，個別にどこまでの範囲の情報を提供してよいかが問題になる。仮に，目論見書以上に詳細な情報を提供する場合には，投資家間の公平性や，当該情報や有価証券届出書・目論見書に記載される情報に虚偽記載や，記載すべき重要な事項又は誤解を生じさせないために必要な重要な事実の記載が欠けていないかといった点が問題になる。プレIPOラウンドにおける投資家への情報開示と類似の問題でもある（第2章第2節参照）。

5　親引け・コーナーストーン投資家の参加が中止になった場合

　親引けによってコーナーストーン投資家を招聘する場合，届出書において関連する情報が開示される。そのため，仮にコーナーストーン投資家が翻意して親引けが中止になった場合，開示書類の訂正が必要になる場合があり得る。仮に届出書の訂正が必要となった場合，即日又は翌日の効力発生が認められるか不透明であり，また，実質的に案件そのものの遂行が困難になるおそれもあるため，慎重な検討が必要となる。

第2節　Indication of Interest（IoI）

　Indication of Interest（IoI）とは，IPOに際して，投資家が対象銘柄について一定量の「関心」（Interest）を有していることを示す実務上の対応をいう。著名な機関投資家による一種のお墨付きがあることを示すことにより，好条件のプライシングが期待できるとして，近時活用される例がみられる。親引けが，発行会社が指定する販売先への売付けであり，基本的には発行会社がコミュニケーションを主導するのに対して，IoIは，Joint Global Coordinator（JGC）が

機関投資家候補との間でコミュニケーションを行う。IoIにおける投資家候補の関心については，ローンチ（有価証券届出書の提出）時又はそれ以降の開示書類に記載される[4]。

この時，機関投資家による投資意向を確認するため，関心の開示に先立って一定のコミュニケーションは必要であるため，届出前勧誘規制との関係も問題になる。IoIは，JGCがコミュニケーションを主導するため，発行会社による事前協議が行われる親引けと比べても，届出前勧誘規制に注意する必要がある。実務上は，JGCによる「外＝外」でのコミュニケーション（第2章第1節2参照）を行うことや，「勧誘」に該当するような行為はあくまで有価証券届出書の提出後に行うといった対応が必要となる。

また，IoIの場合，あくまで「関心」の表明であることから，親引けによるコーナーストーン投資家の招聘以上に，コミットメントの確度が問題になる。ひとたび届出書による開示を行った場合，後で当該投資家が引受に参加しないこととなった場合に開示書類の訂正が必要となり得ることや，その場合に実質的に案件の遂行が困難になるおそれもふまえて，慎重な検討が必要になる。

4　近時は，訂正有価証券届出書の「第一部 証券情報」「第2 売出要項」の次に設けられる「募集又は売出しに関する特別記載事項」において，「国内投資家による国内募集，引受人の買取引受による国内売出し及びオーバーアロットメントによる売出しにおける関心の表明について」といった形で，機関投資家が株式を購入することへの関心を表明している旨を開示する例がある（2024年の例として，アストロスケールホールディングスやタイミー等）。

第7章

上場申請・上場中止時における
優先株式・株主間契約の処理

> 上場申請時や，上場中止・延期がなされた場合に，従前の優先株式や株主間契約はどのように処理されるか。

　日本の実務上，上場申請時には原則として優先株式は普通株式に転換し，株主間契約の効力も停止することが求められる。そのまま上場承認がなされ，上場がなされた場合には，株主間契約の効力は終了し，普通株式が取引所で取引されるため，問題は生じない。

　他方，上場申請後，市場環境等により上場を延期・中止する例も見られる。このような場合には，普通株式に転換した優先株式や，株主間契約の処理が問題になる。特に，上場申請時に一旦優先株式が普通株式に転換することを求められている実務との関係で，上場が延期・中止された場合の処理には課題が多い。

　これらの詳細については，第3部第4章第7節を参照。

592　第6部　プレIPOファイナンス・IPO

第8章

上場後の諸規制

> 非上場スタートアップが上場するにあたって，スタートアップや株主があらかじ
> め意識しておくべき上場後の規制にはどのようなものがあるか。上場会社に対し
> て，どのような開示やコーポレート・ガバナンスが求められているか。

　本書では主に非上場スタートアップにおけるファイナンス上の留意点を扱っ
ている。もっとも，非上場時に株式を取得した投資家は，主に，上場後に取引
所で株式を売却することにより投資回収を図るため，上場株式に適用される規
制に服する。また，スタートアップ自身も，上場準備の過程で，特にガバナン
スをはじめとして上場会社に適用・期待される体制を整備することが不可欠に
なる。そのため，上場株式や上場会社について適用される諸規制について，以
下で若干のみ触れる。

第1節　上場株式を取引する際の金商法や取引所規則の規制

　上場株式を取引する際には，金商法や証券取引所規則の規制を受ける。多く
の規制が存在するが，代表的なものとしては以下のものがある[1]。

1　上場株式を取引する際の諸規制について解説したものとして，例えば森・濱田松本法
律事務所キャピタル・マーケッツ・プラクティスグループ編『上場株式取引の法務［第2
版］』（中央経済社，2021年）等。

第8章　上場後の諸規制　593

---

① 公開買付け（TOB）規制
② 大量保有報告
③ 売出し規制
④ インサイダー取引規制
⑤ フェア・ディスクロージャー・ルール
⑥ 短期売買利益供与義務・売買報告書
⑦ 相場操縦，空売り規制
⑧ 取引所規制（支配株主との取引，不適当な合併等に関する規則）

　非上場時から株主である投資家等が，上場株式を保有し，売却しようとする場合，②大量保有報告や④インサイダー取引規制等が主に問題になる[2]。

1　大量保有報告

　②大量保有報告制度は，経営に関する影響力等の観点から重要な投資情報である大量保有に関する情報を投資者に対して迅速に提供することにより，市場の公正性や透明性を高め，投資者を保護することを目的とする。

　この趣旨に基づき，上場会社等の「株券等」の「保有者」で「株券等保有割合」が5％を超える場合は，大量保有報告書の提出が必要になる（金商法27条の23）。また，その後，株券等保有割合が1％以上増減した場合や，記載事項に重要な変更があった場合は，変更報告書の提出が必要になる（同法27条の25）。

　「株券等」「保有者」や「株券等保有割合」等の概念は，金商法で細かく定められており，共同保有者の保有分を合算する必要がある等留意すべき点が多いことから，実際の案件において具体的に検討する必要がある。大量保有報告書を提出しなかったり，虚偽記載等があったりする場合には，課徴金や罰則も設けられている。

2　③売出し規制も，上場株式を売却する場合には問題になる。売出し規制の対象になると，発行開示と同様に，有価証券届出書や有価証券通知書，目論見書の提出が必要になる場合がある。もっとも，証券取引所における売買（ToSTNet取引）やPTSによる売買等の適用除外取引があるほか，「発行者関係者等」が行うものでなければ売出し規制には該当しないため，VC等の投資家が市場で売却する限り，通常は開示規制の適用はない。

2 インサイダー取引規制

　④インサイダー取引規制は，上場会社の役員等，会社と一定の関係のあるものが重要事実を知って，公表前に上場株式の取引を行うことは，投資家に不公平で，市場に対する信頼を著しく損なうことから設けられている。

　上場株式において禁止されるインサイダー取引は，上場会社の「会社関係者等」が，その職務等に関して上場会社の重要事実を知りながら，その公表前に，株式の売買を行うことである（〔金商法166条〕なお一定の適用除外がある）。「会社関係者等」には，会社関係者や元会社関係者，これらからの一次情報受領者が含まれる。会社関係者には，上場会社の役職員や，帳簿閲覧権を有する株主やその役職員，上場会社に対して法令に基づく権限を有する者，契約を締結している者等が含まれる。会社関係者であるときに未公表の重要事実を知った者で，会社関係者でなくなってから1年以内の者は，元会社関係者とされる。

　そのため，例えばVCの派遣取締役が退任し，単なる少数株主となっても，引き続き会社関係者や元会社関係者，これらからの一次情報受領者に該当する可能性がある。インサイダー取引規制に対する体制整備が十分でないVC等は，ロックアップ期間が終了し，重要事実が「公表」された場合，実務上は有価証券報告書や通期・四半期決算短信の開示直後等に機械的に売却することが多い。もっとも，近時は，機械的に売却するのではなく，投資先スタートアップやLPの双方のために，売却価値が最大になるよう，売却時期や手法について十分に検討すべきことが期待されるという指摘もある[3]。

第2節　上場会社に適用される開示やコーポレート・ガバナンスに関する規制

　上場会社には，一般投資家を保護し，市場の健全性を図るという観点から，企業内容やリスク情報等の開示や，コーポレート・ガバナンスや法令遵守等について，証券取引所の規則を含めて，非上場会社よりも厳しい規制が課される。

　この観点から，IPO時の上場審査も，形式要件を満たしていることに加えて，実質審査基準として，開示や，コーポレート・ガバナンス等について適切な体

3　VC推奨・期待事項10〜11頁

制が整備されていることが審査される（第1章第2節）。例えば，グロース市場の新規上場審査は，新規上場申請者及びその企業グループに関する次の事項（実質審査基準）に従って行うものとされている（上場規程219条，上場審査ガイドラインIV）。特に，開示やコーポレート・ガバナンス，内部管理体制の有効性が重要になる。

---

(1) 企業内容，リスク情報等の開示の適切性
　　企業内容，リスク情報等の開示を適切に行うことができる状況にあること。
(2) 企業経営の健全性
　　事業を公正かつ忠実に遂行していること。
(3) 企業のコーポレート・ガバナンス及び内部管理体制の有効性
　　コーポレート・ガバナンス及び内部管理体制が，企業の規模や成熟度等に応じて整備され，適切に機能していること。
(4) 事業計画の合理性
　　相応に合理的な事業計画を策定しており，当該事業計画を遂行するために必要な事業基盤を整備していること又は整備する合理的な見込みのあること。
(5) その他公益又は投資者保護の観点から取引所が必要と認める事項
　　※　事業の継続性や，反社会的勢力の排除等

1　開示とその適切性・体制整備

　上場会社には，有価証券報告書や半期報告書の提出による，継続開示義務が課せられる。なお，2024年4月から，四半期報告書の提出義務は廃止され，証券取引所の規制に基づく四半期決算短信に一本化された。その他の法定開示書類として，公益又は投資者保護のため必要かつ適当な一定の場合に提出する必要がある臨時報告書や，親会社等状況報告書等も存在する。

　また，法定開示とは別に，証券取引所の規則に基づく適時開示を行うことも義務付けられている[4]。

4　適時開示実務上の取扱いや，開示の手順，関係する上場諸制度の概要については，東京証券取引所「会社情報適時開示ガイドブック」も参照。また，適時開示上の軽微基準，インサイダー取引規制上の軽微基準，臨時報告書の提出要件を対比してまとめている「適時開示項目に関連する条文一覧」も公開されている（https://faq.jpx.co.jp/disclo/tse/web/knowledge7904.html）。

これらの開示が求められることから，上場審査においても企業内容やリスク情報等の開示を適切に行うことができる状況にあることが審査される（〔上場審査ガイドラインⅣ 1.〕内容について第1章第2節も参照）。

近時は，東証プライム市場・スタンダード市場の全上場会社に対して，資本コストや株価を意識した経営の実現に向けて，自社の資本コストや資本収益性について現状分析を行い，PBR（株価純資産倍率）が1倍を割れている等，十分な水準に達していない場合に改善に向けた計画策定と開示を行い，当該計画に基づいた取組みの実行と毎年の開示のアップデートが要請されている[5]。

2　コーポレート・ガバナンス及び内部管理体制

近時は，会社が，株主をはじめ顧客・従業員・地域社会等の立場をふまえた上で，透明・公正かつ迅速・果断な意思決定を行うための仕組みとしてのコーポレート・ガバナンスの重要性が増している。東京証券取引所は，実効的なコーポレート・ガバナンスの実現に資する主要な原則を取りまとめた「コーポレートガバナンス・コード」を2015年に策定し，改正を重ね，ステークホルダーを含めた幅広い価値を尊重し，上場会社が会社の持続的な成長と中長期的な企業価値の創出を図ることを求めている[6]。コーポレートガバナンス・コードでは，いわゆる「コンプライ・オア・エクスプレイン」を採用し，コーポレートガバナンス・コードを実施するか，実施しない場合の理由を「コーポレート・ガバナンスに関する報告書」において説明することが求められている。

証券取引所における上場審査においても，申請会社及びそのグループにおけるコーポレート・ガバナンス及び内部管理体制が，企業規模や成熟度等に照らして相応に整備されているか否かについて確認される。コーポレート・ガバナンスに関しては，(a)申請者の企業グループの役員の職務の執行に対する有効な

5　東証上場部「資本コストや株価を意識した経営の実現に向けた対応について」（2023年3月31日）

6　なお，機関投資家向けに，投資先企業との建設的な「目的を持った対話」を通じて，企業価値の向上や持続的成長を促すことにより，「顧客・受益者」の中長期的な投資リターンの拡大を図る責任を果たすにあたり有用と考えられる諸原則を定めた「責任ある機関投資家」の諸原則（日本版スチュワードシップ・コード）や，スチュワードシップ・コード及びコーポレートガバナンス・コードが求める持続的な成長と中長期的な企業価値の向上に向けた機関投資家と企業の対話において，重点的に議論することが期待される事項を取りまとめた「投資家と企業の対話ガイドライン」が金融庁から公表されている。

牽制及び監査が実施できる機関設計及び役員構成であることや，(b)申請者の企業グループにおいて，効率的な経営のために役員の職務の執行に対する牽制及び監査が実施され，有効に機能していることが求められる（上場審査ガイドラインIV 3.(1)参照）。このうち(a)については，例えば，東証の上場規程において遵守することが求められている一定の事項（上場規程436条の2～439条）を勘案して審査が行われることから，上場準備段階から十分な準備が必要になる。

【上場規程におけるコーポレート・ガバナンスに関する遵守事項】

項目	概要
独立役員の確保	一般株主保護のため，独立役員を1名以上確保すること
コーポレートガバナンス・コードを実施するか，実施しない場合の理由の説明	以下の区分に従い，コーポレートガバナンス・コードを実施するか，実施しない場合の理由を，「コーポレート・ガバナンスに関する報告書」において説明すること a．スタンダード市場及びプライム市場の上場内国会社 　基本原則・原則・補充原則 b．グロース市場の上場内国会社 　基本原則
上場内国会社の機関	以下の機関を置くこと a．取締役会 b．監査役会，監査等委員会又は指名委員会等 c．会計監査人
社外取締役の確保	社外取締役を1名以上確保すること
公認会計士等	会計監査人を，有価証券報告書又は半期報告書に記載される財務諸表等又は中間財務諸表等の監査証明等を行う公認会計士等として選任すること
業務の適正を確保するために必要な体制整備	取締役，執行役又は理事の職務の執行が法令及び定款に適合することを確保するための体制その他上場内国会社の業務並びに当該上場内国会社及びその子会社から成る企業集団の業務の適正を確保するために必要な体制の整備を決定するとともに，当該体制を適切に構築し運用すること

598　第6部　プレIPOファイナンス・IPO

　また，内部管理体制についても，上場審査時に，新規上場申請者の企業グループの経営活動の効率性及び内部牽制機能を確保するにあたって必要な経営管理組織や，企業グループの内部監査体制等から，内部管理体制が相応に整備され，適切に運用されている状況にあると認められることが求められる（上場審査ガイドラインⅣ 3.⑵参照）。

第**7**部

▼

スタートアップのM&A・
組織再編

序

本第7部では，IPOと並ぶスタートアップの2大エグジットのうちの1つであるM&A（Merger & Acquisition，買収）について見ていく。日本のスタートアップにおけるエグジットはIPOが主流であったが，近時はM&Aによるものも増えている[1]。

IPOとM&Aのいずれを選択するかについては後述するが，それぞれの特徴・考慮要素の例として，以下のような事項が挙げられる。

【IPOとM&Aの考慮要素】[2]

	IPO	M&A
スタートアップの独立性	独立企業としての経営を維持	買収者グループに加入
事業成長	独立企業としての成長	買収者グループとのシナジーが生まれる余地
タイムライン	数年の準備期間が必要	最短で数か月程度の実行も可能
ガバナンス・管理体制	取引所の審査，上場後の法令，取引所規則やコード，ガイドラインに耐え得る体制構築が必要	比較的簡素なままでのエグジットが可能（買収者グループ次第）
株主へのリターン	株式数（持株比率）に比例したリターン（創業者に有利）	優先株式を保有する投資家に優先分配（一定の規模以上＋非参加型優先分配の場合，創業者とプロラタも。また，一定のカーブアウトによる創業者への分配は可能）
キャッシュ化のタイミング・難易度	・創業者：換金に一定の制約 ・投資家：インサイダー取引規制や需給による制約	相対的に容易（コミット確保のために一定期間のリテンション策が設けられる場合に留意）
プライシング・バリュエーション	日本ではバリュエーションが相対的に大きくなるケースが多い（マルチプル法における高いマルチプルや長期の利益算定期間等）	日本ではバリュエーションが相対的に小さくなるケースも多い（マルチプル法におけるマルチプルの低さや利益算定期間が短期になる等）

---

1 一般財団法人ベンチャーエンタープライズセンター「ベンチャー白書2023」によれば，VCの投資先のエグジット方法として，2022年度（2022年4月〜2023年3月）にはIPOが119件，M&Aが60件とされる。なお，第三者やセカンダリーファンドへの売却（122件）や償却・清算（102件），会社経営者等による買戻し（48件）もみられる。

2 GCP 140〜146頁も参照。

601

第1章

スタートアップ M&A の特徴①：
プロセスとリスク管理

通常のM&Aとスタートアップを買収するM&Aは異なるのか。
スタートアップM&Aの初期段階で，特にどのような点に留意する必要があるか。
M&Aに影響を与える株主の権利にはどのようなものがあるか。これまで見てき
た多数投資家の権利関係が，買収プロセスにどのような影響を与えるか。

第1節　初期的プロセスの重要性

1　通常のM&AとスタートアップM&Aの異同

　非上場のスタートアップM&Aの手順自体は，一般の非上場の中小企業の
M&Aにおける手順と大きく異なるものではない。スキームや案件により異な
るが，日本のスタートアップM&Aで最も多く用いられる株式譲渡の場合には，
以下の流れで行われることが多い（案件によって差異は生じる）。

> ✓　売主候補／買主候補の探索と初期的な選定
> ✓　秘密保持契約（NDA/CA）の締結
> ✓　基礎資料／インフォメーション・メモランダム（IM）の受領・検討
> ✓　意向表明書の提出・基本合意
> ✓　デュー・ディリジェンス（DD）の実施
> ✓　株式譲渡契約の交渉・締結
> ✓　株式譲渡の実行（クロージング）

なお，スタートアップのM&Aでも，いわゆる入札（ビッド，Bid）案件も増えてきている。その場合，上のプロセスは，入札候補者からの意向表明書の提出後，1次ビッド・2次ビッドに分けて入札手続が行われたり，基本合意が2次ビット後に行われたりすることもある等，入札案件としてのフローとなる。

他方，これらの手順が，表面的にはスタートアップ以外の非上場の中小企業の買収と似ていることが，かえってスタートアップのM&Aが失敗する要因でもあるという指摘もある[1]。安定したキャッシュフローの基盤ができあがっている中小企業や大企業の買収と，事業モデルも完成していないことの多いスタートアップの買収には異なる特徴もある。このような特徴を，スタートアップのM&Aで，プロセスやストラクチャーに意識的に反映すべきことになる。

すなわち，大企業によるオープンイノベーション戦略の一環として，「スタートアップの事業をグループに取り込むことで，イノベーションや新規事業を創造する」という戦略的な目標を実現するためにスタートアップを買収する場合，買収・M&Aの手法も，その目的に沿って設計される必要がある。例えば，ポイントとして，次の3点が挙げられる。

---

① スタートアップの企業文化を保存した形で買収する方策を考える
② スタートアップの企業文化を作り上げた創業者が買収から一定期間後に去ることを前提に買収の手法を考える
③ 実務運営を担うキーパーソンが，引き続き高いモチベーションで働く手法を考える

一般的なM&Aでは，買収によるシナジーの追求のために，重複部門や情報システムを共通化したり社内ルールを揃えたりすることで，買収した会社のグループへの統合を図る。これに対して，スタートアップの買収・M&Aが，オープンイノベーションの一環として，大企業が保有していないイノベーティブな事業をグループに取り込むことを目的として行われる場合は，どのように，買収者と異なる企業文化をグループ内に保ちつつ，グループ全体の価値向上につなげていくかという発想が重要になる。

1　詳細については，スタートアップ買収の実務112～116頁参照。

第1章　スタートアップM&Aの特徴①：プロセスとリスク管理　603

2　重要事項の合意のタイミング：基本合意

　スタートアップの買収・M&Aについて一定の条件が合意されるタイミングとして，「基本合意」すなわち基本合意書の協議や締結のタイミングがある[2]。基本合意書は，MOU（Memorandum of Understanding）やLOI（Letter of Intent，意向表明書）等の名称で締結されることがある。基本合意のフェーズでは，通常，買収ストラクチャーと買収価格の目安や，DDの合意，一定期間の独占交渉権，最終合意の締結からクロージングに至る大まかなスケジュールといった基本的事項が協議される。

　ここで，スタートアップ買収における基本合意では，一般的な事項に加えて，イノベーションを達成するために構築されたスタートアップの企業文化を含めた組織と事業全体を，買収者グループに取り込むという戦略的な目的を達成するために不可欠な事項を協議する必要があるという指摘がある。すなわち，買収後の買収者によるスタートアップの運営が，通常のM&Aの後に実施されるPMI（Post Merger Integration，買収後の経営統合）と同じような目線で執り行われると，企業文化が保全されずに組織がバラバラになり，スタートアップの企業価値を大きく毀損してM&Aが失敗するリスクがあることから，企業文化を保全しつつ，スタートアップ特有のPMIを行う必要がある。

　翻って，基本合意書の協議の段階から，企業文化の保全についてスタートアップ・経営陣と，買収者が合意することが重要となる。すなわち，買収者である大企業の社内の意思決定メカニズムに照らして，大企業がスタートアップを買収することにつき初期的に組織的意思決定をする段階である，基本合意書を締結するフェーズの稟議書に反映されるように，企業文化の保全に関係する具体的な条件を，買収者と合意しておくことが重要であることが指摘される[3]。

2　スタートアップ側として，まず基本合意書を締結することの重要性について，大企業の組織内のプロセスを踏まえた説明として，スタートアップ買収の実務118~119頁も参照。

3　以上について，スタートアップ買収の実務119~124頁参照。同書では，基本合意書において合意すべき事項として，買収後のスタートアップの事業・組織の統合のための移行期間を18~24か月程度設けた上で，企業文化の保全のための合意事項として，移行期間における経営陣の構成や，移行期間中に子会社管理規程の適用につき一定の例外事項を設定すること，移行期間中にオフィスや社内システムを統合しないこと等を挙げている。

604　第7部　スタートアップの M&A・組織再編

【基本合意書・意向表明書の記載事項の例】

- ✓ 買収者の概要及び実績
- ✓ 買収者にとっての本件取引の目的・戦略的意義
- ✓ 取引後の成長戦略・対象会社のメリット
- ✓ 取引ストラクチャー
- ✓ 取引希望価格・前提条件
- ✓ 取引後の事業再編，統合計画及び株式保有方針
- ✓ 従業員の処遇，ストックオプションの処理その他のインセンティブ・プラン
- ✓ ガバナンス・経営体制
- ✓ 買収資金の調達方法
- ✓ 表明保証保険の利用
- ✓ DDへの協力とDD項目
- ✓ 意思決定及び承認プロセス・規制対応
- ✓ 必要手続・期間
- ✓ 独占交渉権（期間）
- ✓ 法的拘束力の生じる事項
- ✓ 秘密保持

3　独占交渉権を設けるかどうか

　スタートアップにとって，上のような事項について基本合意に至る前には，M&A取引について買収者に独占交渉権を付与するべきではないことが指摘される。一度基本合意書を締結し独占交渉権が付与されれば，資金力や体力に相応の差のある買収者とスタートアップの間では，時間が経過することにより，スタートアップの交渉上の立場が弱まる方向に働く。スタートアップとしては，そのような独占交渉権を付与する前に，必要に応じて，投資家と次回ラウンドの資金調達やブリッジファイナンスの協議を並行し，キャッシュが尽きるまでの期間（ランウェイ）を確保しながら，買収者と協議するべきことになる。

　さらに広い選択肢として，IPOシナリオが達成できる見込みがないことからM&Aを選択するという消極的な選択ではなく，独立した企業として上場することと，買収者の傘下に入る選択肢をフラットに比較検討する事例（いわゆるDual Track）も日本のスタートアップM&Aで登場してきており[4]，一方の買

第1章　スタートアップM&Aの特徴①：プロセスとリスク管理　605

収者としても，スタートアップにそのような選択肢があることを念頭に戦略を構築する必要がある。

第2節　スタートアップM&Aにおけるデュー・ディリジェンス

1　スタートアップM&Aのデュー・ディリジェンス：総論

　スタートアップのM&Aでも，スタートアップを，ビジネス・事業，財務・会計，税務，法務・人事，IT等の観点から分析する，いわゆるデュー・ディリジェンス（Due Diligence: DD）が行われる。DDの主な目的は，①買収対象が現在抱えているリスクの抽出と，②買収後の経営統合（PMI）の準備にある。ただし，買収対象となるスタートアップは事業モデルの形成の過程にあることも多い。事業モデルが確立し，それを拡大していくためのガバナンスを運用するフェーズにある会社に対するDDとは異なる特徴があることに留意が必要となる。

　一般的には，DDで発見されたリスクについて，取引自体への影響を評価した上で，対応策を検討する。リスクの高低を測る画一的な基準はなく，初期的検討で検討した取引実行の重要な前提条件との関係で，予定していた取引の目的の達成をどの程度阻害するかどうかを相対的に判断し，DDで発見されたリスクごとに対応策を決定していく。DDにより検出された事項について，リスクの程度とそれに応じた契約やストラクチャーによる対策は，例えば以下のような分類がされることもある[5]。

リスク	対策例	
高	取引自体の中止	
	主要な取引条件の変更	取引価格の減額
		取引手法の変更[6]

4　後払い決済（BNPL）事業者であるPaidyが，東京証券取引所への上場直前に，米国の決済事業者であるPaypalによる買収に応じた例等。

5　特許庁「知的財産デュー・デリジェンス標準手順書及び解説」（平成30年3月）8頁参照。

中	契約書における リスクヘッジ	実行の前提条件の 変更・追加	実行前の義務の変更・追加
			表明保証条項
		実行後の義務の変更・追加	
低	出資等の後の統合作業（PMI）で対応すべき事項の検討		
	表明保証条項		

　スタートアップの買収の場合も同様であるが，スタートアップのDDやM&A取引の実行にあたっては，特に，リスクの高低の分類（許容度）や，検出されたリスクに対する対応が，買収者によって異なり得る。後述の通り，スタートアップのDDで注意を要する事項として，許認可や法令遵守（広い意味での法令遵守として，人事労務や無形資産関係を含む）に関する事項がある。スタートアップは，新規性の高い事業を短期間に急成長させていくため，既存の法規制の枠組みには収まらないことがあり，その適法性について確たる見解が未だ存在しないことや，ロビイング活動を含むルールメイキング自体も並行して行い，既存のルールの側を明確化・変更することで適法性を確保しようとしていることがある。また，スタートアップ内のコンプライアンス体制が十分に整っていない結果として，事業に適用される法令（人事労務関係を含む）への対応が十分になされていないこともあり得る。

　そのような過程にあるスタートアップを買収しようとする場合，買収者にとって（一定の契約上の義務や表明保証事項による対応をすることを前提としてもなお）最終的に買収ができるか否かの意思決定は，買収者のリスク許容度とその後のコミットメントの見込みにも大きく依拠する。

2　法務デュー・ディリジェンスの調査事項

　スタートアップにおける法務デュー・ディリジェンス（DD）における調査事項も特徴的なものになる。法務DDは，スタートアップの資本関係や事業モデルに，法令等の重大な違反がないか，隠れた債務が存在しないか，買収プ

6　例えば，対象会社の株式の全部を取得すると，潜在債務や問題のある事業まで引き受けるリスクが高いような場合に，事業譲渡の方法で潜在債務を承継するリスクを低減しつつ，将来性の高い事業を切り出して買い受けること等があり得る。

ロセスの実行に支障をきたす法的事情がないか，といった観点から実施される。一般的なM&Aにおける法務DDでは，例えば以下の事項についての調査が行われる。

- ✓ 会社の概要・組織等の基本的事項
- ✓ 株式・新株予約権等
- ✓ 許認可・法令遵守
- ✓ 資産（不動産，動産，知的財産権等の無形資産等）
- ✓ 負債
- ✓ 契約
- ✓ 人事労務・役職員
- ✓ 訴訟・紛争
- ✓ 環境
- ✓ 子会社・グループ会社

　本書の性質上，これらの一般的な説明は網羅しないが，スタートアップの買収における特徴的な事項の一部について検討する。例えば，株式譲渡によるスタートアップの買収における法務DDで，特にポイントとなる事項として以下のようなものがある。

(1)　株主・資本関係

(a)　株主の属性・資本構成

　非上場会社（非公開会社）の株式譲渡では，通常，買主は，売主となる各株主との間で株式譲渡を合意することになる。

　スタートアップの株主は，創業当初からの株主である創業者に加え，エンジェル投資家やVC，事業会社等の外部投資家で構成され，多数に及ぶこともある。例えば，経済合理性のある買収取引であっても，戦略的な目的で株式を保有している事業会社や，退職した役職員等の関係が良好ではない株主が譲渡に合意しないこともある。また，反社会的勢力や反市場勢力等，属性に問題のある株主が含まれている場合も否定できない。

　そこで，DDでは，株主構成を確認し，M&A取引の実行に際して支障をきたすことがないかを調査・分析することになる。また，下記(c)の通り，潜在株式の調査も必要になる。

(b) 定款（株式の内容）や株主間契約

　スタートアップと株主との間の，株式や会社運営に関する規律は，定款や株主間契約に規定されている。定款は，会社の基本的事項を定めるもので，記載すべき事項が会社法上決められている（会社法27条等）。特に，種類株式の内容が規定されていることから（同法108条2項），資金調達に優先株式を用いているスタートアップのDDでは，定款を確認し，買収対価が誰にどのように分配されるか等を確認する。その上で，株主間契約に，定款に従ったみなし清算条項が定められていることも多いため（第3部第2章第3節），併せて確認する。

　また，株主間契約には，定款に含まれていない，株主とスタートアップとの合意（権利義務関係）が規定されている。株主間契約では，大まかに，普通株式を保有する経営陣側の株主と，優先株式を保有する投資家側の株主に分類され，両者が会社の運営にどのように関与するのかという点（組織体制や役員の選解任，重要事項に係る投資家の拒否権等）や，発行会社による株式の発行や株主が株式を処分する際の関係をどのように規律するか（投資家による新株引受権・優先引受権や，創業者・投資家が株式譲渡を行う場合の他の投資家の先買権・共同売却権等）を定めるとともに，投資家間の意思決定のメカニズム（多数決や3分の2等）に関する事項が定められている。

　買収取引におけるストラクチャーやプロセスの検討に際して，これらの優先株式や株主間契約の内容を確認し，買収者が想定する買収ストラクチャーが実行可能かどうかや，投資家の同意取得等の取引実行までに必要となる手続を理解しておく必要がある。第3部でこれらの典型的な内容を見たが，M&A・買収の際に，個社の具体的な規律内容を確認することになる。

　なお，一部の事項は，「株式引受契約」や「投資契約」という形で，個別の株主との間の契約に定められていることもある。また，株主間の合意でも「買収分配合意書」等の名称で締結されている場合もある。そのため，DDの過程では，株主との間での権利関係が定められている可能性のある契約は全て開示されるように依頼し，確認する必要がある。以下では，運営や株式の取扱いについて定められている契約を「株主間契約」と総称する。

(c) 新株予約権（潜在株式）の内容

　スタートアップは役職員等に対してストックオプション（新株予約権）を報酬として付与するため，株主に加えて，潜在的な株主である新株予約権の保有者（新株予約権者）が相当数存在することが多い。

第1章　スタートアップM&Aの特徴①：プロセスとリスク管理　609

　また，スタートアップは，シードファイナンスやブリッジファイナンスの手段として，新株予約権付社債や，コンバーティブル・エクイティとしての有償の新株予約権を発行することもある。

　スタートアップのM&Aを検討する際には，これらの潜在株式（株式になる前の権利）の処理を検討する必要がある。法務DDでは，前提として潜在株式の発行状況や内容を調査・分析しておく必要がある。これまで典型的な内容について見てきたが（エクイティ・インセンティブについては第4部，コンバーティブル・エクイティについては第2部，コンバーティブル・デットについては第5部），M&A・買収の際に，個社の具体的な規律内容を確認することになる。

> ✓　ストックオプションの内容，付与対象者，買収時を想定した規定の有無と内容
> ✓　新株予約権付社債やコンバーティブル・エクイティの内容，付与対象者，買収時を想定した規定の有無と内容

(d)　小　括

　スタートアップ・ファイナンスにおける諸条件のうち，株主や潜在株主との間の権利関係について，買収・M&A時に問題になる主な事項を，改めて以下に列挙している。

【M&Aに影響するスタートアップ関係者の諸権利】

		主なポイント
対価の分配に係る権利	創業者株式	✓　各創業者の持株比率（第2部第1章第1節・第2節） ✓　創業者間契約における株式の処理（第2部第1章第3節） 　➤　ベスティング 　➤　アクセラレーション
	シード投資	✓　コンバーティブル・エクイティ（J-KISS型新株予約権）（第2部第2章第3節） ※主に，優先株式による投資が行われていない段階の早期買収で問題になる。

	投資家株式	✓ 創業者や他の投資家との対価分配の優先順位（みなし清算）（第2部第2章第2節，第3部第2章第3節）
	投資家による新株予約権付デット等	✓ コンバーティブル・デット（第5部第2章） ✓ ベンチャーデットその他の融資（第5部第4章）
	役職員のエクイティ	✓ ストックオプション（第4部） ➢ 税制 ➢ ベスティング ➢ アクセラレーション ✓ 普通株式（従業員持株会を含む）
プロセスに影響する権利	投資家による買収への拒否権等	✓ 優先株式の内容（種類株主総会）（第3部第2章第4節5） ✓ 株主間契約（事前承諾事項・共同売却権）（第3部第4章第2節5）
	買収の強制可否	✓ 売却強制権・同時売却請求権（ドラッグ・アロング）（第3部第4章第4節3）

(2) 事業モデルの適法性やコンプライアンス体制

　スタートアップのDDで注意を要するものとして，許認可・法令遵守に関する事項がある。スタートアップは，新規性の高い事業を短期間に急成長させていくため，既存の法規制の枠組みには収まらず，適法性について確たる見解が未だ存在しないことが起こり得る[7]。また，スタートアップ内のコンプライアンス体制が十分に整っていない結果として，事業に適用される法令への対応が十分になされていないこともあり得る。

　そのため，ビジネスDDや法務DDの結果，扱うビジネスの法令上の取扱いが不明確であることや，コンプライアンス体制が不十分であるといった評価がなされる（外部専門家から，そのような調査報告がなされる）ことも珍しくなく，

7　法規制が不明確な段階で市場・顧客の拡大を図りつつ，顧客の指示を梃子にして自社に望ましい法規制の整備を図る「ダイナミックコンプライアンス」について，スタートアップ買収の実務29～32頁参照。

当然に想定される。特にアーリーやミドル・ステージのスタートアップを買収しようとする企業は，そのような現状評価を前提に，買収後にどのようにスタートアップに投資していくことで，収益を伸ばしつつ法令上の取扱いを安定させたビジネスに成長させることができるか，またガバナンスによって法令遵守を確保できる体制を構築していくことができるか検討していく必要がある。

特に，スタートアップのビジネスモデルが法令に適合することを確保する方法として，既存の法令を確認して適合していくだけでなく，ロビイング活動を含むルールメイキングも並行して行い，既存のルールの側を明確化・変更することで実現することも多い。そのため，そのような過程にあるビジネスを行っているスタートアップを買収しようとする場合，買収者にとって最終的に買収ができるか否かの意思決定は，買収者のリスク許容度とその後のコミットメントの見込みにも大きく依拠する[8]。

(3) 知的財産・無形資産

スタートアップの企業価値は，いわゆる知的財産（権）や，広い意味での無形資産によって生み出される部分が多い。ここでいう「知的財産」は，創業期について検討したように（第2部第1章第2節），特許権のような，知的財産「権」等の法律上の「権利」に限らない。ソフトウェアやノウハウ・知見，データといった知的財産（権）が含まれる。また，後述の人材と労務戦略を含む企業文化も，無形資産に含めて考える例もある。

知的財産権には，日本では特許権，実用新案権，育成者権，意匠権，著作権や商標権といった法令により財産権として確立したもののほか，ノウハウ等のように一定の管理体制のもとに秘密に管理されることでその侵害が不法行為として認められる営業秘密や，流通を予定しつつ管理性を維持することで法的な保護の対象となる限定提供データ等が含まれる。

いずれにしても，スタートアップを買収する場合，買収者がこれらの価値を損なうことなく承継しなければならないため，前提として，スタートアップが保有している無形資産のアセスメントが必要になる。それぞれについて，スタートアップ買収の目線からのDDでは，例えば以下の点が問題になる。なお，スタートアップのビジネスごとに，どの知的財産・無形資産が重要かは異なる。形式

8　以上の記載とその詳細について，スタートアップ買収の実務136～138頁も参照。

612 第7部　スタートアップのM&A・組織再編

的・網羅的に全ての知的財産を書面上のDDで確認するよりも，ビジネス上重要な知的財産・無形資産に絞ることや，軽重をつけて重点的に深掘りをすることも重要であり，スコープの設定が肝要になる。

(a)　知的財産権の保有・権利関係

まず，特許権[9]や商標権のように，登録によって権利が発生し，権利の範囲も登録によって画されている知的財産権がある。典型的には，以下のような事項を確認する。

> ✓　各権利の取得・維持の状況
> ✓　無効その他の権利に瑕疵がないか
> ✓　各権利が第三者に侵害されていないか
> ✓　他者の保有する知的財産権を侵害していないか，その旨のクレームがないか
> ✓　他社からライセンスを受けている場合はそのライセンス状況
> ✓　他社にライセンスを行っている場合はそのライセンス状況

また，著作権は，出願・登録を受けずに，一定の要件（創作性等）を満たすことで権利として保護される。スタートアップでも，システムやソフトウェアでプログラムの著作物（著作権法10条1項9号）が関係してくる重要な権利である。確認事項としては，上のような，特許権のような登録によって権利が発生する知的財産権と同様の事項もあるが，固有の考慮もある。例えば，オープンソースのソフトウェアを用いている場合には，ソフトウェアライセンスの条件を満たしているかを確認する必要がある。また，様々なソフトウェアが統合されてシステムを構成している場合，それぞれのコンポーネントを構成するプログラムの著作物が適切に切り分けられ，レポジトリに管理されているかどうか，コードの管理状況を把握しておくことが重要になる。

権利の取得・維持の状況として，特許権も著作権も，会社の従業員が発明・創作した場合には，従業員との権利関係が問題になる。いずれの権利もスタートアップに帰属していることが重要であるが，一定の要件を満たしている必要

9　意匠権等の権利は，特許権と類似の規律がなされている。以下では単に登録によって権利が発生するもののうち，商標権（ロゴ・ネーミングに関する権利）以外の代表的な権利である特許権を中心に触れる。

第1章　スタートアップM&Aの特徴①：プロセスとリスク管理　613

があり，契約や勤務規則（職務発明規程等）を確認する必要がある[10]。

(b)　法律上の権利ではない無形資産

ノウハウや知見，顧客リスト，また近時はデータ等，知的財産「権」として法律上の権利として保護されない無形資産であっても，不正競争防止法上の営業秘密や限定提供データとして保護されることがある。一方で，データの属性に応じて，個人情報保護法等を遵守しなければならないこともある。

そのため，スタートアップが重要な資産として認識しているこれらの無形資産の内容がドキュメント化され，秘密として管理されているか，スタートアップの秘密管理体制の整備状況とともに確認する必要があるとともに，法令遵守体制の確認の中で，個人情報保護法等の遵守状況を確認する必要がある。

「営業秘密」として不正競争防止法上保護されるためには，①秘密として管理されていること（秘密管理性），②生産方法，販売方法その他の事業活動に有用な技術上又は営業上の情報であること（有用性），③公然と知られていないこと（非公知性）を満たす必要がある（2条6項）[11]。特に問題になるのが①秘密管理性である。秘密管理性が満たされるためには，企業の秘密管理意思が秘密管理措置によって従業員等に対して明確に示され，当該秘密管理意思に対する従業員等の認識可能性が確保される必要があるとされている。単に皆が主観的に「秘密である」「重要である」といった認識を持っているだけでは足りず，秘密情報であることを従業員等が客観的に認識可能となるよう，アクセス制限等の客観的措置が重要になる[12]。

データは属性により適用される法令が異なるため[13]，属性に応じたデータ管理体制が整備されていることを確認する必要がある。特に，平成30年の不正競

10　特許権について，従業員が職務上発明を行っても，特許を受ける権利及び特許権は発明を行った従業員に帰属するのが原則である（特許法35条1項）。これに対し，契約，勤務規則その他の定めにおいてあらかじめ会社に特許を受ける権利を取得させることを定めたときは，その特許を受ける権利は，その発生した時から当該会社に帰属する（同条3項）。この場合，従業員に相当の利益を支払う必要がある（同条4項）。典型的には職務発明規程で定めるが，シード期のスタートアップで規程類が整備されていない場合，個々の雇用契約に入れ込む必要がある。

　　これに対し，職務上の著作物（プログラムの著作物等）に係る著作権や著作者人格権は，一定の要件を満たした上で，その作成の時における契約，勤務規則その他に別段の定めがない限り，会社に帰属し（著作権法15条），特許権と原則・例外が逆になっている。

11　営業秘密の侵害行為は，民事上の差止め・損害賠償請求のほか，刑事罰の対象になる。

12　具体的にとり得る措置の詳細は，経済産業省「営業秘密管理指針」等を参照。

争防止法改正で，ビッグデータ等を念頭に，データのうち一定の要件を満たすもの（限定提供データ）も不正競争防止法で保護されることとなった。「限定提供データ」として保護されるためには，技術上又は営業上の情報（営業秘密を除く。）のうち，①業として特定の者に提供すること（限定提供性），②電磁的方法により相当量蓄積されること（相当蓄積性），及び③電磁的方法により管理されていること（電磁的管理性）を満たす必要がある（2条7項）[14]。限定提供データでも営業秘密と同様に一定の管理状況が求められるため，これを満たしているか確認を行う必要がある。

(c) 共同研究開発契約や知財ライセンス契約（オープンイノベーションの取組み）

無形資産に関してスタートアップに特徴的なトピックとして，オープンイノベーションの取組みがある。他の事業会社や大学等と連携してプロダクト開発や事業開発を手掛けることが多く，その成果も共有することになるケースが多いため，無形資産に対する権利関係が複雑化する傾向がある。これらのアレンジは，共同研究開発契約や知財ライセンス契約に規定されるため，スタートアップの無形資産に関する事業パートナーとの関係での権利や制約を正確に理解しておく必要がある（知財の共有関係，ライセンスイン・アウトやその条件，競業避止義務，独占供給義務等）。また，大規模な事業会社との提携等で，提携先との力関係等により，他社との提携の制限等，事業戦略を制約する条件も見られるため，内容を精査する必要がある。大企業との連携については第3部第9章も参照。

(4) 人材と労務戦略を含む企業文化

スタートアップでは，コンプライアンス体制の未整備に加えて，人的リソースの恒常的な不足や，意識的・無意識のハードワークによる成長という企業文

---

13 例えば個人データであれば個人情報保護法を遵守しなければならず，特定の業態に関して入手した個人データには各所管官庁から公表されている分野別の個人情報保護ガイドラインを遵守しなければならない。また，収集するデータに国外のデータが含まれる場合には，その国のデータ保護法制を遵守しなければならず，日本からのデータの持ち出しも，越境データルールに従って行う必要がある。

14 限定提供データを不正に取得・開示・使用等する行為は，刑事罰の対象にはならないものの，不正競争行為として，民事上の差止め・損害賠償請求の対象になる。

化がある場合等もあり，長時間労働の常態化や時間外給与の未払いを含む，労働法制に抵触していることも多い。労働時間管理がそもそも十分になされておらず，未払賃金の算定が難しいこともある。

IPOに向けた準備が進んでいれば，コンプライアンス体制を構築し，労働法制への抵触も解消していくが（第6部のIPO準備における過程を参照），M&Aの場合も買収者グループに収まる以上，労働法制の遵守は必須になる。買収者としても，買収後に何を是正すればよいかを見極め，必要なリソースを投じるため，現状を把握しておく必要がある。

なお，安定したキャッシュフローを創出するモデルが確立している伝統的企業を買収する場合，例えば時間外労働の把握漏れによる未払賃金が現実化するリスクを織り込むために，詳細な労務管理状況を調査するといったことが行われる。これにより，上記1のリスクに応じた対処の通り，未払賃金相当額を買収対価から減額したり，現実に請求等がなされた場合の売主による特別補償義務[15]を設けたりするほか，経営陣に取引実行前・後に違法状態を解消する義務を負わせたりする。

これに対して，スタートアップの買収対価は定性的・戦略的に定められる側面も強いため，法務・財務DDの重点を，未払賃金の算定に置くことが合理的かどうかは検討する必要がある。その上で，定量的・形式的な事項よりも，スタートアップの企業文化に着目して，労働法制を遵守した人事労務体制に移行した後も，そのスタートアップの強みとする企業文化を維持して，人材をモチベートし続けることができるかどうかという定性的・実質的な点を見極めるためのDDが肝要になる場合も多いという指摘もある[16]。

なお，企業文化の維持に関連して，一般的に，スタートアップにはその事業の成長に重要な影響を及ぼす人材が存在する。こうした人材が買収後すぐにスタートアップを去ってしまうと，事業の継続に支障が生じ得るため，これらの人材を「キーパーソン」と指定して，リテンションボーナス（第4章第3節2）等，そのリテンションについて買収取引の中で特別の措置を講ずることが行われることが多いため，後述する。

15　DDの過程で，契約締結時点で既に認識されている事項については，通常の表明保証違反に基づく補償責任を追及できない場合があり，通常の補償責任と異なる，特別補償条項を設けることがある（M&A契約172～173頁参照）。

16　スタートアップ買収の実務140～141頁参照。

616 第7部 スタートアップのM&A・組織再編

(5) スタートアップ優遇

独立企業としての（非上場）スタートアップに対してのみ適用される特別措置や，契約，実務慣習等が存在する。こうした優遇的な措置は，大企業の子会社には適用されないことも多いため，M&Aで大企業の子会社となり「スタートアップ」ではなくなるとその支援を受けられなくなったり，条件を撤回されたりすることもあり得る[17]。

これらが買収の妨げ・マイナスになるかどうかは，買収者がM&Aで得ようとする内容や案件の性質による。その判断を行う前提として，DDで現状を調査・分析しておく必要がある。必ずしも定型的なものではなく，実務慣習等も含まれるため，スタートアップの買収で，買収者とアドバイザーとの間でスコープや力点について目線をあわせる必要性も高い。

第3節 M&Aに影響を与える株主の権利

買収者がスタートアップの支配権を獲得しようとすると，多くの場合，株式の過半数やそれに近い多くの株式を保有している創業者ら経営陣・マネジメントチームとの交渉を開始することになる。

他方で，外部投資家を無視することはできない。外部投資家はエグジットの機会を求めており，資金調達の際にM&Aに対する拒否権（事前承諾事項〔第3部第4章第2節5〕）や，株式のタグ・アロング（共同売却権〔第3部第4章第4節2〕）等の権利を契約上有していることが多い。そのため，例えば，買収者が，過半数の株式を保有している創業者とのみコミュニケーションをとり，創業者のみから株式を買い取って支配権を獲得するといった，シンプルなプロセスでは通常は済まない。

また，第3部をはじめとした本書では，創業者・役職員・外部投資家の間で，買収・M&Aが起こる際の対価がどのように分配されるかを設計し，資本政策が組み立てられ，資金調達が行われるのかを見てきた。その上で，第2節2では，法務DDでこれらを調査する意義を述べた。調査で資本政策等が判明した

---

17 例えば，インキュベーション施設の入居要件を充足しなくなる場合や，低額のライセンス料で知財のライセンスを受けている場合にライセンス料を変更するよう求められる場合等がある。

ら，それらが実際のM&A取引の場面でどのようなインセンティブ構造として機能するのかを検討する必要がある。その応用として，株主（売主）間の既存の規律に機械的に従い，分配を売主側に任せてM&A取引が成功するのかどうか，取引の際に一定のインセンティブ調整が必要にならないか（例えば，マネジメント・カーブアウト（第4章第1節）を設ける必要性等），という点も問題になる。この点はプロセスにもかかわるが，実体的な内容については，以下の第4章で特に検討する。

第4節　多様な株主と買収プロセス

　買収先候補となるスタートアップでは，一定の想定リターンを持って投資する金融投資家や，事業上のシナジーを期待して投資する事業会社等の戦略投資家等，多くの株主が，様々な思惑で株式を保有していることが多い。そのため，買収者としては，これらの株主からどのように円滑に株式を取得するかが重要になる。

1　多数の株主の説得

　日本におけるスタートアップのM&Aの手法は株式譲渡が多いところ，スタートアップには，株式譲渡の売主として，様々な属性と選好を持つ株主が存在することを考慮する必要がある。

　例えば，ファイナンシャル・リターンを求めるVCは，純粋に株式の売却価格にフォーカスする。他方，事業会社である株主は，買収者の属性に着目する可能性がある。買収されることで新たな成長曲線を描くことを期待して，買収後も引き続き業務提携を模索しようとする場合もあれば，買収者候補がその事業会社の競合他社であることから買収に反対する場合もあり得る。このように，数が多く選好も異なり得る売主候補と，買収者が個別にやり取りをしようとすると，相当の労力が必要になる。

　そのため，買収者からすると，買収取引の窓口を創業者等の経営株主（株主でもあるマネジメント）とすることが良いことも多い。単純に交渉窓口を一本化できる利便性に加え，経営株主は株主との長期のリレーションを持っているので，交渉の窓口・ハブとして適任といえる。創業者・経営株主側としても，スムーズに取引を進められる利点があるほか，自らがイニシアチブをとること

で，あずかり知らないところで買収者と一部の株主が利己的な交渉を進める事態も避けやすくなる。

　ただし，創業者を交渉の窓口とすると，買収者の意向を投資家に対して適切に伝達できない可能性や，創業者と投資家との間で利益が相反する場合もある。例えば，創業者や初期の投資家は，ある程度の規模のバリュエーションを提示されたので買収に応じたいと考えたとしても，レイター・ステージで出資した投資家は，さらにバリュエーションが大きくならないと十分な投資回収ができなかったり，あるいはIPOを狙ってほしい等といった意向の食い違いがあったりする。そのため，案件によっては，大株主を巻き込んでディールを成立させるために戦略的に動く必要も生じる。

　なお，取締役である創業者や経営陣は，少数株主を含む株主全体に対して，その利益を最大化する義務（善管注意義務）も負うので（会社法330条，民法644条），その点にも注意する必要がある。特に，M&Aの際の分配について，多層の優先分配構造を有する優先株式と普通株式を発行しているスタートアップでは，必ずしも全員の経済的ポジションが一致するわけではないため，より一層困難な問題が生じる。

【創業者による交渉・とりまとめ】

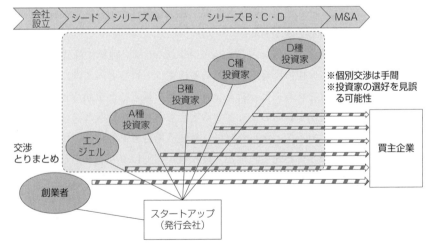

第1章　スタートアップ M&A の特徴①：プロセスとリスク管理　619

2　売主一本化とその限界

(1)　売主を創業者に一本化するニーズ

　創業者らが交渉窓口になるという点をさらに一歩進めると，2段階の株式譲渡を行うことも考えられる。

---
①　経営株主が既存株主から株式を一旦買い集める
②　経営株主が買収者に対して一対一の株式譲渡を行う

　買収者からすると，このような②の売主を創業者ら経営株主に一本化すること（売主一本化）によって，契約処理は少なくとも簡便になり得る。ただし，このような処理を行う場合には，多数の当事者が安心して取引を行うための工夫が必要になり得る。ここでいう「安心」にはプロセス面の安心と，事後的なリスクの軽減の側面がある。

　第一のプロセス面として，例えば創業者は，②の株式譲渡に係る対価がまだ得られていない①の買い集めの段階では，十分な買付資金を有していないのが通常であるため，買収者と既存株主の双方から，取引が円滑かつ確実に行われるか疑問が呈される場合がある。そのため，①と②の株式譲渡の実行を同日にすることや，②の株式譲渡契約におけるクロージングの前提条件として「①の買い集めが完了していること」を定めることもある。場合によっては，②の買収者による対価の支払いも，単純に経営株主に支払うのではなく，エスクロー口座を利用する方法も考えられる。このように，当事者間で契約上相互に拘束しあうことや，プロセスの工夫が必要となる。

　第二に，事後的なリスクの軽減という意味では，いわゆる表明保証と，それに違反した場合の補償請求が問題になる。買収者から見ると，誰にスタートアップの企業内容の表明保証をさせるべきか，また表明保証に違反した場合の補償請求を実効的に追求できるかといった点が，各当事者の立場と属性の違いから問題になる。創業者のみが売主になる場合，相手方である買収者との関係では，通常は，創業者のみが表明保証を行い，違反があった場合の補償責任を一元的に負うことになる。

【売主を創業者に一本化】

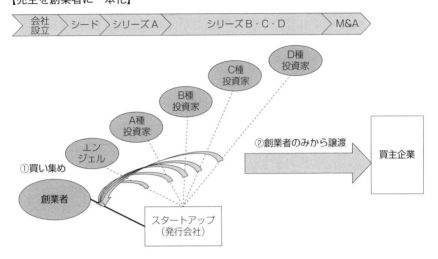

(2) 売主一本化の問題点と「株主代表」としての経営陣

　一方で，そもそも売主を一本化する実務はグローバルにはあまり見受けられず，経営株主に，表明保証とそれに違反した場合の補償責任を「寄せ」て，過剰にリスクを負わせることになっているという指摘がある。すなわち，買収者が売主を経営株主に一本化する目的の1つとして，マイノリティ株主である投資家がスタートアップの企業・事業内容について表明保証を行うことに応じられない場合に，企業・事業内容に瑕疵があった場合の補償責任を，全株式分・全額につき経営株主に負担させる考慮がある。この場合，上記①の既存株主からの買い集めを通じ，元々の経営株主の保有株式分以外の譲渡代金は他の株主に支払われる以上，②の買収者との関係で経営株主に全株式分の補償責任を負わせることが，対価に見合ったリスク分担といえるかという問題が生じる。

　また，売主一本化は，優先株主と普通株主に対して買収対価を現金のみにより支払う手法でしか用いることができず，買収対価を定めて外部投資家，経営陣及び従業員に適切に分配するという観点からは限界があることも指摘される[18]。すなわち，日本で多くみられる株式譲渡によるスタートアップ買収であっても，単に「一株当たりの株式価値を算定し，それに対して現金で一対一

18　スタートアップ買収の実務232〜234頁参照。

対応の対価を支払う」ということのみが「買収対価」の設定ではない。以下で述べる通り，アーンアウト（第2章第2節）による経営陣へのインセンティブを考慮した買収対価の決定，買収対価の支払方法としてホールドバック（第2章第4節1）やエスクロー（第2章第4節2）の活用や，さらには狭義の株式の譲渡対価ではない分配としてのマネジメント・カーブアウト（第4章第1節），キャッシュとエクイティ対価の組み合わせ（第6章）等，様々な手法を適切に組み合わせることによって，「スタートアップの価値全体」の買収対価を設定し，それを関係者に分配するという発想に立つのであれば，「『取引対象＝株式のみ』と考え，その売主を創業者に一本化し，一通の株式譲渡契約を締結する」という対応にはとどまらない。この点については，次の第2章で検討する。

　以上をふまえると，買収者が経営株主を交渉相手としてスタートアップの買収条件を協議するとしても，それはあくまで株主代表（Shareholder Representative）としての立場にとどまるべきであるという指摘がある。すなわち，買収者とスタートアップの株主が直接契約の当事者となるか否かにかかわらず，上記1で述べた通り，株式の売却に関する株主とのコミュニケーションは，そのような契約・取引の建付けに関係なく，スタートアップの経営陣がこれを担当するのが効率的である。そして，株主代表を立てた上で，取引条件を株主代表が株主に説明し，株主代表が株主から契約締結権限の授権を受けて取引を進める方法もグローバルでは広まっている[19]。その際には，多様な株主の属性・選好に留意し，まずは大株主である投資家との間で大まかな条件について協議して内諾を得る等，戦略的な動きをとる必要がある。

19　米国においてShareholder Representativeを置く実務について，Venture Deals 241〜242頁参照。同書では，買収後のエスクロー，アーンアウト，ワーキングキャピタル調整や表明保証違反に関する訴訟といった，買収後に果たす役割が大きいこともふまえて，創業者や専門会社がShareholder Representativeとなることもある実務を紹介している。

第2章

スタートアップM&Aの特徴②：買収対価と価格調整・リスク分配

スタートアップM&Aにおける買収対価はどのように決定されるか。
スタートアップM&Aの評価額や買収対価について合意が難しい場合に，どのような工夫が考えられるか。「アーンアウト」とは何か。
買収者と売主の間でリスクや責任を分配するためにはどのような方法があるか。「ホールドバック」や「エスクロー」，表明保証保険とは何か。

　第1章で検討したスタートアップのM&Aにおける特色をふまえ，第2章では，M&Aにおける買収対価の考え方とその工夫について総論的に検討する。まず，第1節では，これまで見てきたスタートアップの典型的な資本構成に基づき，M&A時に想定されている買収対価の分配について改めて確認しつつ，スタートアップのM&Aにおける「買収対価」の考え方を確認する。この際に，いわゆるアクイハイア（人材獲得）等を目的として，主に優先株式が発行されていない状態で行われる早期の事業買収における対価や分配の考え方も検討する。

　その上で，第2節では，主にマネジメント層である株主（創業者・経営株主）に対する対価の支払を念頭に，株式譲渡の対価の算定や支払方法を工夫することでインセンティブを確保する「アーンアウト」について見る。

　他方，買収者と売主（既存株主）の間のリスクの分配や，既存株主の間でも創業者と投資家の間のリスクや責任の分配が問題になるところ，これらに対処するための表明保証と，違反した場合の補償責任（第3節）や，「ホールドバック」や「エスクロー」の仕組み（第4節）について確認する。

　最後に，第5節では，買収者と売主の間のリスク分配の方法の1つとして，スタートアップM&Aでも活用が増えてきた表明保証保険について若干触れる。

第1節　スタートアップの「買収対価」の全体像

1　原則：エクイティ価値の分配

　これまで述べてきた通り，スタートアップの株主は，主として，創業当初からの株主である創業者・経営者等とその友人等のエンジェル投資家と，VCや事業会社等の外部投資家で構成される。

　さらに，スタートアップは，割安な普通株式を活用したエクイティ・インセンティブとして，多くの場合は新株予約権を用いたストックオプションを用いて優秀な人材の採用を図る。そのため，株主に加えて，役職員を中心とする新株予約権の保有者（潜在的な株主）が相当数存在する。

　これらをふまえて，本書の資金調達・資本政策に関するパートでは，スタートアップの創業や資金調達において，実務上，仮にM&Aが生じた場合に買収対価がどのように分配されるような規律を設けるかを検討してきた。すなわち，第2部では創業者間の株主価値の分配について，第3部では創業者と投資家の間での株主価値の分配について，第4部ではその他の役職員等の役務提供者への株主価値の分配について，エグジットに至るまでのダイナミズムの中で，事前の（ex ante）最適なアレンジとして採用されることの多い資金調達・資本構成の考え方を確認した。

　その上で，実際にM&Aが行われる際に，各プレイヤー間での株主価値の分配が検討される。その際には，IPO・株式上場よりも検討事項が比較的多い。すなわち，IPOの場合は，原則として投資家が保有する優先株式は全て普通株式に転換され，創業者やその他の役職員と投資家の分配に優先順位はなくなる（第3部第4章第7節）。これに対し，M&Aでは残余財産優先分配権とみなし清算（第3部第2章第3節）という，優先株式のコアの設計が実際に問題になり，プレイヤーごとの対価の割り付けを検討する必要がある。

　また，普通株式ではなく，新株予約権であるストックオプションを保有する役職員は，その権利を行使して株式を取得し，IPOを果たした市場で売却して金銭化することで，それまでの役務の提供によるリターンを得る。これに対して，非上場時のM&Aで事業が売却される場合，役職員は保有する潜在的な株式に割り付けられる価値の有無や額に強い関心を有する。

624　第7部　スタートアップのM&A·組織再編

　スタートアップの買収者は，これらの既存株主や潜在株主が有する利害関係を正確に理解した上で，買収後もその企業価値を毀損せずにコミットメントを得られる買収ストラクチャーを提案・実行する必要がある。以下では，このような買収対価の分配構造をふまえた取引条件について検討するが，優先株式が発行されている場合を念頭に置いた典型的な規律や，買収者が検討する際の視点の概要は，以下の通りである。

【優先残余財産分配・みなし清算による M&A対価の分配の規律[1]】

優先株式 （投資家）	✓ ラウンドごとにA, B, C, D種優先株式……と発行される。 ✓ 一株当たり発行価格の違いにより枝番号（例：A-1種, A-2種）が振られている場合がある。 ✓ 買収（M&A）時には，残余財産の優先分配の規律に従って，買収対価を各種株式に割り付ける。 ✓ ラウンド間の優先関係は，新規投資家と既存投資家との力関係による（新規投資がなければキャッシュが尽きる状況を利用して，新規投資家は既存投資家より優先する権利を要求することが通常）。 ✓ 優先分配後に，普通株式への分配に参加できる権利を持つ場合（参加型）と，持たない場合（非参加型）がある。非参加型の場合，優先分配以上の対価を得られる見込みがあれば普通株式に転換して分配を受ける。 ✓ 優先分配の金額は，投資元本（株式の発行価格）の場合が多いが，投資家の交渉力が強い場合には2倍，3倍となることもある。 ✓ 参加型であっても，優先株式への分配総額に上限（キャップ）が付されることもある。
普通株式 （創業者）	✓ 優先株主への優先分配後の残額につき分配を受ける。 ✓ 分配額に上限なし。
潜在株式 （役職員等）	✓ ストックオプション（新株予約権）の行使が可能であれば，普通株式を取得し，上の創業者と同様の取扱いを受けられる。 ✓ 権利行使期間やベスティングにより，ストックオプション（新株予約権）の行使が可能であるか否か，可能でない場合の取扱いについて検討する必要。

1　株式による本格的な資金調達に関する記載（第3部第2章第3節）の再掲に加え，潜在株式（ストック・オプション）の保有者である役職員等の考慮要素を記載している。詳細については以下の第3章で後述する。

第2章　スタートアップM&Aの特徴②：買収対価と価格調整・リスク分配　625

【優先残余財産分配・みなし清算の規律を検討する際の視点】

出資時（マイノリティ投資家）	マイノリティ投資としての資金調達ラウンドに参加するため，将来「自らがM&Aの売り手になった場合に，どのような優先順位で，どれだけの分配を受けられるか」という視点で，条件交渉を行い，その結果として投資判断を行う。
買収時（M&Aの買収者）	✓　既存株主の間では，自ら（買収者）が支払う対価が，誰に，どのように分配されるかのデフォルトルール（株主構成と優先順位）は決まっている。その状態を分析し，取引が成立するためのインセンティブ構造を見極める必要。 ✓　場合によっては，投資家である優先株主に多額の対価が支払われ，普通株式やストックオプションを保有する創業者・役職員には対価が十分に支払われない構造になっていることもある。このような場合に，マネジメント・カーブアウト（第4章第1節）等の工夫を提案する等，買収自体を実現するとともに，買収後の役職員のモチベーションを達成するような方策を検討する。

2　補足：早期事業売却の際の買収対価の分配

(1)　早期事業売却の特徴

　エクイティホルダー（株主・潜在株主）に対する買収対価の分配のうち，優先株式やストックオプションが発行されている上記1の典型例と若干異なるパターンとして，シードやアーリー期のスタートアップの買収（早期事業売却）について，本2で簡単に検討する。

　早期事業売却の場合には，通常の優先株式を発行したスタートアップのM&Aと比較して，主に2つの特徴が問題になる場合がある。

> ✓　優先株式による投資が行われておらず特殊なエクイティの分配の検討
> ✓　アクイハイア（タレント・アクイジション）とそれに応じたストラクチャーの検討

(2)　買収対価の分配：コンバーティブル型証券の処理

　スタートアップによる，優先株式による本格的な資金調達の前段階のシード

626　第7部　スタートアップのM&A・組織再編

ファイナンスの手段として,新株予約権付社債（コンバーティブル・デット）や,有償新株予約権（コンバーティブル・エクイティ）を利用する事例が増えている（第2部第2章第3節）。

　その上で,まだ優先株式の発行による資金調達が実施されていない段階で,早期のM&A・事業売却が行われる場合もあり得る。この場合,シード投資家が新株予約権付社債を保有していれば社債の償還や,有償新株予約権であれば一定額の金銭を対価とする新株予約権の取得又は行使による株式の取得（転換）という形で,普通株主とシード投資家との間で,買収対価の分配が行われる。

　例えば,コンバーティブル・エクイティとして日本で普及しているJ-KISS型新株予約権では,買収者がスタートアップを買収する際には,投資家は以下の2つの選択肢を持つように設計されている（第2部第2章第3節3(3)(e)）。

---

① 投資額の一定倍率（例：2倍[2]）で発行会社がコンバーティブル・エクイティを買い取る。
② シリーズA調達時の想定バリュエーションをベースに転換した普通株式を買収者に売却する。

　コンバーティブル・エクイティは,株式による資金調達（典型的にはシリーズAラウンド）が成功すれば優先株式に転換されるので,M&A時にコンバーティブル・エクイティの処理が必要になるのは,シリーズAラウンドが行われる前の早い段階のスタートアップであることが多い[3]。

　まず,①では,実際にはスタートアップには資金がないことが通常であるため,実務上は,スタートアップが負債を負うよりも,買収者が同額でコンバーティブル・エクイティを買い取るアレンジが想定されている。すなわち,契約・発行要項上はスタートアップが買い取るように定めておくが,これは,買収後に新株予約権が行使されると,既存投資家が株主になり,100%買収が達成できなくなる以上,実際には買収後にコンバーティブル・エクイティを残存させたくない買収者が買い取る誘引として設けられている。

　②は,新株予約権の行使条件として,M&Aの発生時に投資家が行使するこ

2　買取金額は,J-KISSでは出資金額の2倍,米国のSAFEひな形では1倍とされている。
3　ブリッジファイナンスにおいてコンバーティブル・エクイティが用いられる場合も近時は存在し（第5部第2章第5節）,その場合には,優先株式とコンバーティブル・エクイティの双方の処理が問題になることがある。この場合は本節を応用することになる。

とができる普通株式への転換権として設計されている。コンバーティブル・エクイティは，シリーズAラウンドまで資金調達のための時価総額の決定を一定期間（おおむね18〜24か月程度）猶予する仕組みである。これに対して，買収が起こることで，シリーズAラウンドが発生しないことが確定する。このようなパターンを想定した設計として，当初に合意していた，「猶予期間中にシリーズAラウンドが発生したとすれば投資家に保証されていた数」の株式を投資家に交付することとしている。コンバーティブル・エクイティでは，シリーズAにおける資金調達は優先株式によって行うことを想定しているが，早期事業売却によって優先株式が発行されることなく処理が行われるため，投資家には普通株式が交付される（その上で買収者が買い取ることで対価が分配される）よう設計されるのが通常である。

　日本のJ-KISS型新株予約権では，①で発行会社に発行価額の2倍での買い取りを義務付けつつ，②で投資家がその前に普通株式に転換することができるようにも設計されているため，投資家は，実質的にどちらか有利な方でエグジットすることができるようになっている。

(3)　アクイハイア（タレント・アクイジション）とストラクチャー

　早期のスタートアップの買収を行う場合，まだサービスやプロダクトがローンチされていないことや，プロトタイプも出来ていないことも多い。このような場合，買収者は，創業者や初期メンバーのエンジニアを中心とした人材を獲得することを目的としている場合がある。米国等の海外では，このような「アクイハイア」ないし「タレント・アクイジション」としての買収が行われることも比較的多くみられる。

　アクイハイアのような早期買収を行おうとする場合，通常の株式譲渡によって子会社化することも考えられるが，人材獲得が目的であれば，買収者グループに人材を直接取り込む方が直截な場合もある。また，株式譲渡の場合には必要ではない人材もまとめて引き継ぐことになり，後に人員整理を行うとしても法的なハードルやコストがかかる。このような場合には，株式譲渡ではなく事業譲渡として買収対価を支払い，必要な人材やコード等の資産等を承継した上で，切り出し元のスタートアップは清算することで，買収対価を株主に分配することが考えられる。事業譲渡を行う場合，譲渡対象となる資産・負債・契約関係を事業譲渡契約で特定するため，簿外債務等が存在する場合にも買収者が

628　第7部　スタートアップのM&A・組織再編

引き継がなくてよいというメリットもある。

　アクイハイアによる場合には，買収価格は大きくないことが多い。そのため，投資家がコンバーティブル・エクイティで投資している場合には，前述の通り（②の普通株式への転換ではなく）①の金銭を対価とした買取りにより投資回収を図ることが多い。仮にアクイハイア時に既に優先株式で投資している場合には，優先残余財産分配権・みなし清算により，創業者よりも優先して投資回収を図ることになる。

　なお，同種の事業に従事し，同種の顧客ベースを持つ買収者が，スタートアップの早期買収を検討する場合，それは将来の競合の芽をつぶす「キラーアクイジション」である可能性もある。キラーアクイジションは，スタートアップを買収し，十分な経営資源を注がないことによって事業成長を阻み，買収者が市場の支配力を維持することを図る戦略的な買収取引で，オープンイノベーションの対極にある望ましくない取引と考えられている。競争法（独占禁止法）の観点から問題視され得る取引でもあり，米国等では競争当局から問題視され，買収を断念する例も現れている（第8章第2節2参照）。

3　「買収対価」の再検討[4]

(1)　原則的な株主価値の分配とその調整の必要性

　上記1及び2の，エクイティホルダー（株主・潜在株主）に対するエクイティ価値の分配という原則をふまえつつ，本3では「買収対価」について，その原則から一定の調整をする必要について触れる。

　すなわち，上記1の通り，買収者は，既存株主や潜在株主が有する利害関係を正確に理解した上で，買収後もその企業価値を毀損せずにコミットメントを得られる買収ストラクチャーを提案・実行する必要がある。このようなストラクチャーを達成するためには，（M&A手法として株式譲渡によるにもかかわらず）スタートアップの「買収対価」は，必ずしも取得する株式価格の総和そのものを意味する狭義のものではない場合がある。

　例えば，後述のように，マネジメント・カーブアウトにより経営陣に提供される特別ボーナスや（第4章第1節），役職員に対するカーブアウト・ボーナス（第4章第2節），キーパーソンに対するリテンションボーナス（第4章第3節2）

4　以下の記載について，スタートアップ買収の実務203頁以下も参照。

等の，買収者がスタートアップの企業価値として評価する企業文化や自社開発システム，人材等の財務的・非財務的価値を，買収者グループが承継するために必要となる様々な対価が，買収対価として考慮される。その多くは，エクイティである株式や新株予約権の買収対価（株主価値[5]）として反映されることになるが，その全てを資本構成に従って機械的に割り付けるだけでは，必ずしも買収は成功しない。既存の定款・契約に基づき行われるはずの買収対価の分配が，関係者が株式等の円滑な売却に同意し，かつスタートアップの価値を保全して引き続き成長させるためのインセンティブ設計となっているかを確認し，そうでない場合は買収ストラクチャーを工夫する必要がある。

そのため，「株式譲渡契約」という名称か否かにかかわらず，M&A・買収の合意内容を拘束する最終契約には，単に株式の価格にとどまらない，スタートアップの買収によって関係者に交付される総体的な価格が，広い意味での買収対価として明記された上で，それがどのように関係者間で分配されることになるのかのメカニズムが規定される形で，取引条件が設定されることが，ベストプラクティスの1つとなる。

(2)　スタートアップ買収における対価の分配の全体像

ただし，思考の順序としては，①まずは，既存の定款・契約に従い，株主価値が株式や新株予約権に対してどのように分配されるかが出発点となる。

②その上で，そのような原理原則では創業者や役職員が十分な分配に与れない場合に納得が得られず，円滑なM&Aに支障が生じる場合，単なる株主価値の分配ではないアレンジを検討することになる。そして，常に創業者やキーパーソン，その他の役職員のリテンションに気を配る必要がある。

以上もふまえ，スタートアップ買収における，広い意味での対価の分配における全体像は，以下のようになる。

5　公認会計士協会・価値評価実務50頁等参照。

630 第7部 スタートアップのM&A・組織再編

買収対価の分配における考慮要素	本書の対応箇所
スタートアップの買収対価の総額の検討・交渉・確定	上記(1)
株主価値の分配構造：原則	
・投資家と創業者の分配 　優先株式と普通株式の優先劣後構造とみなし清算 　異なる優先株式間での優先劣後構造	第3部第2章第3節
・創業者に対する分配額の確定方法 　ベスティングとアクセラレーション	第2部第1章第4節
・役務提供者に対する価値の分配 　ストックオプションの処理	第4部第3章第4節
・早期事業売却（優先株式が発行されていない場合）の分配	上記2
バリュエーション・対価総額の工夫	
・アーンアウト	第2章第2節
買収対価の支払方法とリスク分配・減額調整	
・ホールドバック	第2章第4節1
・エスクロー	第2章第4節2
・表明保証・補償責任と売主一本化	第1章第4節2，本章第3節
・表明補償保険	第2章第5節
既存の分配構造に従うとディールが成立しない場合の工夫	
・マネジメント・カーブアウト	第4章第1節
・株式を有しない役職員向けカーブアウト	第4章第2節
・買収後のインセンティブ（業績連動型報酬・ボーナス等）	第4章第3節
スタートアップの段階的買収による円滑な買収と果実の分配	
・段階的買収	第5章第3節
・スイングバイ	第5章第4節
・支配しない群戦略	第5章第5節
スタートアップの買収対価を買収者の株式とすることによる買収後の果実の分配（株式対価M&A）	第6章

【スタートアップの株主価値の分配の概要（再掲）】

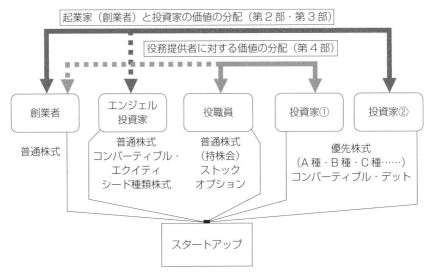

第2節　アーンアウト

1　バリュエーションの難しさと買収後のインセンティブ確保への対応

　スタートアップM&Aにおける主な特徴として，①バリュエーションの難しさと，②買収後のインセンティブ確保という問題がある。①について，スタートアップは事業モデルの開発途上であり，安定的に収益を生むためのモデルを組み立てる過程にあることが多く，将来の業績について売主と買収者との間で見解に相違が生じ易く，企業価値評価についての合意が容易でないことも多い。また，②について，M&Aによって，売主である経営陣の株式や，従業員の新株予約権が，全て現金や売却可能な資産に交換されて流動化してしまうと，キャピタルゲインの獲得を強力なインセンティブとしていた経営陣や従業員のモチベーションが大きく低下する。買収後も創業者や経営陣が役員として残留しても，買収者グループの通常の報酬体系に切り替わるだけであれば，「雇われ」と同程度のコミットメントしか引き出せないことにもなる。モチベーションが

632 第7部 スタートアップの M&A・組織再編

低下するリスクは，翻って，買収時のスタートアップの企業価値評価（バリュエーション）にも影響を及ぼしかねない。

そのため，創業者や経営陣が買収後も残存する場合，どのように買収後の事業運営に対する経済的インセンティブを確保するかが重要になる。主にスタートアップの全株式を一度に買収する場合を念頭に置くと，対価の支払方法等を工夫する必要が生じ得る。例えば，対価の一部を，一定の業績に連動して算定し，後払いで支払う「アーンアウト」があり，次の2以下で検討する。

なお，さらに進めて，スタートアップの全株式を一段階で取得して換金するのではなく，段階的に株式を取得していく「段階的買収（段階的M&A）」（第5章第3節）や，買収者が支払う対価の全部又は一部を，現金ではなく買収者側のエクイティとする，「株式対価買収（株式対価M&A）」（第6章）も視野に入るため，それぞれ後述する。

2　アーンアウトの概要と留意点

スタートアップM&Aでは，バリュエーションについての合意が容易でないことも多いことを述べた。そのような合意が困難な場合に用いられる1つの手法として，アーンアウト（earn-out）の手法がある。アーンアウトとは，買収対価の一部の支払を後払いとし，買収の実行後一定の期間内に，買収対象の企業・事業が特定の目標や，定量・定性的なKPI（Key Performance Indicator, 重要業績評価指標）を達成した場合に，あらかじめ定めた算定メカニズムに従って算定された残りの対価を支払うこととするアレンジをいう[6]。

例えば，海外では，バイオスタートアップを対象とする買収取引で，多くの案件でアーンアウトの仕組みが採用されている[7]。一般には，売上高，EBITDA，純利益その他の損益計算書の項目等を財務指標とする例が多いとされるが，売主と買収者の立場で希望する財務指標が異なることも多い。また，非財務指標として，例えば，バイオスタートアップで，新薬の開発のマイルストーンに合わせて，アーンアウトの支払が定められることがある。その他，顧

6　アーンアウトの詳細についてはM&A法大系239〜242頁，896〜897頁参照。

7　米国を中心としたバイオスタートアップの買収取引では，2008年から2023年の間，383件中272件（71.0％）でアーンアウトが用いられているとされている。SRS Acquiom "2023 SRS Acquiom Life Sciences M&A Study"（https://www.srsacquiom.com/our-insights/life-sciences-m-and-a-study/）参照。

第2章　スタートアップM&Aの特徴②：買収対価と価格調整・リスク分配　633

客数や製品の販売数といった指標もあり得る。このような非財務指標は，当該ケースで重要，かつ明確に判断ができる指標が存在する場合には有効となる。

　アーンアウトは，企業価値評価の難しいスタートアップに対するM&Aで，買収交渉時における売主と買収者の企業価値評価のギャップを埋めてM&Aを促進する効果がある。

【アーンアウトのメリット・デメリット】（経産省報告書より）

項目	買収企業	スタートアップ
メリット	・未知数な事業に対する過大な投資リスクを回避することができる ・スタートアップ経営者を留保するためのインセンティブを付与できる ・一度に多額の資金の支払を避けられる	・条件を達成すれば，一括で買収資金を受け取るよりも多くの資金を受け取ることができる可能性がある（業績向上のインセンティブ効果）
デメリット	・内容・手続が複雑になり時間がかかる ・適切な条件（業績達成条件，評価期間，買主側の再売却時の対応）を設定することが難しい ・IFRSを適用している場合，公正価値評価にかかる事務負担・コストがかかる	・内容・手続が複雑になり時間がかかる ・売却時に希望売却額の全額を手に入れることができない ・条件が達成できなかった場合，追加での支払を受けることができない

出典：経産省・スタートアップM&A調査報告書49頁

【アーンアウト条項を用いる場合の留意点】（経産省報告書より）

項目	内容
評価指標の合意	・アーンアウトの業績達成条件には，財務指標（売上高，EBITDA，当期純利益など），非財務指標（ユーザー数など）がある。 ・スタートアップ経営陣へのインセンティブ付与になる一方，業績達成条件の指標によっては，スタートアップ経営者が自社のスタンドアローンの価値上昇を追求し，買収企業側にシナジー効果が生じる取組みは後回しになる可能性もある点に留意が必要。

634　第 7 部　スタートアップの M&A・組織再編

評価期間	・予測不能な事態による影響をできる限り小さくするために，アーンアウトの評価期間は長すぎないように留意（3 年以内が一般的）
ロックアップの設定	・ロックアップとは，M&Aの実施後，スタートアップの経営陣が一定期間は会社に残り，経営に携わることを義務付ける期間のこと。 ・事業計画の蓋然性を高めるためには，ロックアップによってスタートアップの経営陣に一定期間残留してもらうことが重要な一方，必要以上に長いロックアップ期間はスタートアップ経営陣のモチベーションを下げかねないため，必要最低限で設定することが望ましい。 ・ロックアップとアーンアウト条項はセットで検討し，ロックアップ期間のスタートアップ経営陣のモチベーション維持に留意する。
税務の取扱い	・スタートアップ側の税務として，アーンアウトの収入時期は，原則，「アーンアウト条件の達成時」となるが，アーンアウトの条件によっては異なるケースがあるため，条件設定時に税理士に相談等するように留意する。その他，所得区分にも留意する。
適用会計基準による会計処理の違い	・アーンアウト条項に係る会計処理は，日本基準とIFRSとで異なる。 ・企業結合日に計上されるのれんは，IFRSの方が条件付取得対価の時価部分だけ日本基準より大きくなる。その後，条件達成の可能性が確実になったとき，日本基準ではのれんを追加計上して，のれんの残存償却期間に対応して償却される。一方，IFRSでは条件付対価を時価評価し（負債等に計上），変動金額は一時の損益になる。

出典：経産省・スタートアップM&A調査報告書50頁

　例えば経済産業省の報告書では，アーンアウト条項が付されている主な事例が挙げられており[8]，幅広い業種のスタートアップでのアーンアウトの活用事例が確認できる。

3　インセンティブとしてのアーンアウト

　このように，アーンアウトは，企業価値の評価額や買収対価についての合意が容易でない場合に，売主と買収者の認識のギャップを埋めて買収取引の合意を得やすくする手法として位置付けられる。さらに，スタートアップの買収の文脈では，創業者ら経営陣が多くの株式を保有している場合が多いため，買収

8　経産省・スタートアップ M&A調査報告書49頁以下参照。

後もスタートアップに残留する経営陣のインセンティブとしての側面にも着目してアーンアウトを設計することも行われる。

すなわち、スタートアップではない一般的な買収では、クロージング後は対象会社の経営権が売主から買収者に移転する一方で、アーンアウトで定められた指標の達成によって買収対価の追加的な支払がなされるか否かが決まるという仕組みも多い。この場合、自らがコントロールできない売主としては、少なくとも買収者がクロージング前と同様の態様で対象会社を運営することが確保されるよう希望する。また、買収者に対して、アーンアウトで定めた指標の達成について一定の努力義務を課したり、特定の事項について積極的な義務（例えば、十分な営業スタッフの確保、販売促進のためのプロモーションの実施等）を課したりすることも考えられる[9]。これに対し、買収者は、対象会社の経営権が自らに移転した以上、グループ内再編等を含めて、買収者が対象会社を自由に経営できることを望み、対象会社の経営への制約や、売主による経営への関与はできるだけ排除したいと考えることが多い。

これに対し、スタートアップの買収で、買収後も残留して経営に参画する経営陣のインセンティブとしてアーンアウトを活用しようとする場合には、異なる考慮が必要になる。例えば、買収者としては、買収後のスタートアップに対する経営陣による努力やコミットメントに連動・関連するKPIを、アーンアウトの支払条件や算定基準とすることを求める。他方、売主である経営陣からすると、経営から離脱する一般的な買収とは逆に、KPIを達成するための権限と裁量を買収者から確保することが重要になる。

このように、スタートアップのM&Aにおけるアーンアウトは、クロージング後に売主が経営から離脱するM&Aとは異なる発想・インセンティブに基づき、買収の実行前に十分に認識をすり合わせて契約に落とし込む必要がある。

4 補償責任の履行確保としてのアーンアウト

さらに、アーンアウトは、買収後に残存する創業者ら経営陣のインセンティブ目的に加えて、創業者らが表明保証・補償責任を負っている場合に、アーンアウトの追加的対価の額と相殺できる仕組みとしておくことで、買収者からの補償請求の実効性を確保する手段として用いる例もある。後述のホールドバッ

---

9 M&A法大系239〜242頁参照。

クやエスクロー（第4節）が目指すところと同様である。

　ただし，インセンティブ目的と，表明保証違反・補償責任の担保には緊張関係がある。買収者が買収後に表明保証違反を強く主張してアーンアウトの追加的対価を支払わない場合，創業者ら経営陣との間の信頼関係が損なわれ，事業運営に悪影響を与え得ることをふまえ，対応を検討することになる。

5　アーンアウトと税務・会計上の問題

(1)　個人である売主の所得区分

　アーンアウトの対象となる株式の売主が創業者や経営陣等の個人である場合，累進税率を採用している日本の個人所得税等の税務面を無視できない。アーンアウト条項に基づいて追加的に支払われる対価（以下「調整金」という）の所得区分については，次のような考え方があり得る[10]。

【アーンアウトの個人所得税における所得区分の考え方】

所得区分	考え方	帰結
①　譲渡所得	クロージング日に支払われる金額と同様と考えられるため	「一般株式等に係る譲渡所得等」として原則として15.315%（地方税とあわせて20.315%）の申告分離課税
②　一時所得	調整金は一時的な所得であるため	他の所得と合算され，通常の所得税の税率で課税されるが，50万円の控除があり，かつ，所得金額の2分の1のみ課税されるという優遇措置あり
③　雑所得	調整金は所得税法上の他のどの所得区分にも当てはまらないため	他の所得と合算され，通常の所得税の税率で課税

　この点について，クロージング後の対象会社のEBITDA業績値に応じて買収対価の一部を支払う契約条項に基づいて支払われた調整金が，①譲渡所得に該当すると判断した裁決がある[11]。もっとも，この裁決は，調整金が最終的に満

10　以下の記述については，M&A戦略25〜27頁も参照。

11　国税不服審判所平成29年2月2日裁決判例集未登載

額支払われることを想定して契約条項が設けられたと評価し，その結果，後払いとされている金額を含めてクロージング日に譲渡所得が実現したと判断している。そのため，必ずしも満額の支払が想定されていない一般的なアーンアウト条項に基づく調整金にこの裁決の考え方が妥当するかは議論があり得る。

また，調整金が③雑所得に区分される考え方を示唆する裁判例もある[12]。この判決は，特許を受ける権利の持分の譲渡契約で，一定の事由を達成した場合に売主に支払われる金員（マイルストーンペイメント）は，権利の移転時に客観的に権利の実現が可能になったとはいえないため，譲渡所得に当たらず，また，マイルストーンペイメントは資産の譲渡と密接に関連していることから，一時的な所得である一時所得にも該当しない一方で，「資産の譲渡の対価としての性質」を有する所得であるとして，雑所得に該当すると判断した。この判決を前提とすると，一般的なアーンアウト条項に基づく調整金も，雑所得に該当するとの結論になる可能性も否定できない。しかし，アーンアウト条項は，買収対価の一部の支払が一定の条件と紐づけられるもので，私法上は買収対価の一部と評価されるべきであり，クロージング日に支払われる対価と所得区分が異なることには疑問も生じる。

このように，調整金の所得区分については，様々な考え方があり，それぞれの案件におけるアーンアウト条項を設けた目的やその法的性格によって，どの所得区分になるかが判断されることになる。米国でも，調整金が雇用条件と連動する要素が多いか，株式の持分比率と連動する要素が多いかを総合的に考慮して役務提供の対価か買収対価の一部かを判断しているようである[13]。

⑵　法人である買収者の税務・会計上の考慮

これに対して，主に法人である買収者では，アーンアウト条項に基づいて支払った金額が，法人税法上，一時の費用となるのか，株式の取得価額に加算されるのかという課税上の問題がある。

12　大阪高判平成28年10月6日訟月63巻4号1205頁。なお，国税庁は内部の取扱いにおいて，買収対価の一部が「クロージング後一定期間経過後に，当事者間で合意された条件の成否・達成度に応じて支払われる（又は支払われない）」契約条項としてのアーンアウトに係る対価について，「原則，それぞれの対価の支払が確定した年分の雑所得となる」としている（国税庁資産課税課「株式譲渡益課税のあらましQ&A」資産課税課情報第3号（2019）問39（TAINS H310130-003））。

13　本部勝大「アーンアウトの課税に関する一考察」税法学581号（2019年）121〜122頁参照。

638　第7部　スタートアップのM&A・組織再編

　また，日本の会計基準上，「条件付取得対価」の会計処理について，「条件付
取得対価が企業結合契約締結後の将来の業績に依存する場合には，条件付取得
対価の交付又は引渡しが確実となり，その時価が合理的に決定可能となった時
点で，支払対価を取得原価として追加的に認識するとともに，のれん又は負の
のれんを追加的に認識する」とされていること[14]にも留意が必要となる。買収
者として，会計上のれんをクロージング時点でなるべく少なく計上したいとい
うニーズがある場合に，そのようなニーズを満たすためのアーンアウトの定め
方の要望と，売主の税務リスクを低減するためのアーンアウトの定め方の要望
が抵触する場合に，着地点が問題になる場合もある。

第3節　表明保証と補償責任

　アーンアウトが追加的な対価の支払によりバリュエーションやインセンティ
ブの問題に対応する方策である一方，事後的に対価を減額することにより売主
と買収者との間でリスク・責任の分担をする方策が，表明保証とそれに違反し
た場合の補償責任である。

1　M&Aにおける表明保証と補償責任：総論

　M&Aのいわゆる最終契約である株式譲渡契約で，株式の売主である既存株
主は，買収者に対し，一定の事項が真実かつ正確であることを表明し，保証す
るのが通常である（表明保証〔第7章第1節2(3)も参照〕）。

---

① 　売主に関する事項
　　例：売主の有効な設立・存続，契約の締結・履行権限，強制執行可能性，法
　　　　令等の不抵触，許認可等の取得，倒産手続等の不存在，反社会的勢力非
　　　　該当，株式の適法な保有等
② 　対象会社に関する事項
　　例：対象会社の基礎的事項，計算書類等，許認可・法令遵守，資産，負債，契約等，
　　　　人事労務，公租公課，保険，環境，紛争，関連当事者取引等

　このうち一定の事項は基礎的な表明保証（Fundamental Representations and

14　企業結合に関する会計基準27項(1)。

Warranties）とされており，これに違反があった場合には売主が基本的に全補償責任を負うものとされることが多い[15]。これに対して，例えば対象会社の事業や資産等についての一般的な表明保証は，対象会社の企業・事業内容に関する不確実な事項についての売主と買収者の間の責任分担を主眼とするものである。このような一般的な表明保証に違反があった場合の損失についての補償責任も，必ずしも売主が全ての責任を負うことにはならないよう，重要ポイントとして交渉され，アレンジメントが行われる。具体例としては，補償金額や期間，行使方法を制限することや，その場合のメカニズムを決めることがある[16]。

なお，買収者も，買収者に関する事項として，売主に関する基本的な事項と実質的に同等の内容を表明保証することが多い。

2 スタートアップM&Aにおける表明保証と補償責任：多様な株主がどのように責任を負うか

スタートアップは，株主が，創業者や役職員等の運営・事業側と，VCや事業会社等の投資家側に大きく二分され，かつ多数にわたり得るという株主構成が特徴であった。

スタートアップM&Aでは，このような売主側の株主構成により，誰がスタートアップの企業内容に関する表明保証責任と，それに違反した場合の補償義務を負うかがしばしば問題となる。

「売主と買主の情報の非対称性の解消」という表明保証の元来の機能からすれば，経営を担う大口株主である創業者・経営株主は，スタートアップの企業・事業内容に関する表明保証の主体となり，違反があった場合の補償責任を負うべきということになる。これに対して，投資家は，スタートアップの事業を遂行しておらず，モニタリングも限定的であることを理由に，スタートアップの企業・事業内容に関する表明保証を行わず，補償義務も負うべき立場にはないと主張することが見受けられる。

他方で，買収者としては，売主側による補償義務が実効的に果たされるため

---

15 基礎的な表明保証の例とされるものとして，売主の有効な設立・存続，契約の締結・履行権限，対象会社株式の適法な保有・担保権その他の負担の不存在等が含まれる。M&A法大系249頁，クロスボーダー M&A契約88頁，209頁参照。

16 例えば，補償金額の上限（Cap）や下限（BasketやFloor）等。詳細についてはM&A契約164〜167頁，クロスボーダー M&A契約88頁，207〜220頁参照。

の方策について検討する必要がある。個人である経営株主に責任を集約すると，資力に限界があるという面がある一方，ばらばらの売主が個別に確実に補償を果たすとも限らない。一方で，経営株主からすると，仮に経営株主が一旦全ての株式を買い集め，買収者との株式譲渡契約の当事者になって表明保証及び補償責任を負うと，他の既存株主からの買い集め対価を支払うため，最終的に買収対価の全てが手元に残るわけではない以上，表明保証に係る補償義務の全てを負うことが過大なリスクではないかという問題があった（第1章第4節2(2)）。

　これらのバランスをふまえ，グローバルには経営株主はあくまで株主代表（Shareholders Representative）の地位にとどまり，既存株主全員を売主とし，分配される買収対価に応じて比例的に表明保証・補償責任も負うこととすることも多い[17]。この場合，買収対価について，次のホールドバック（分割払い）やエスクローの利用により，各売主による補償義務の履行を一定程度担保する方策がとられることがある。

第4節　ホールドバックとエスクロー

1　起業家のリテンションとホールドバック

　買収条件を検討する際に，①DDの結果，定款や契約上の株主に対する買収対価の割り付けのメカニズム（投資家と経営株主の優先分配構造や，ベスティングやアクセラレーションの有無）が確認されたら，②次に，割り付けられる買収対価を具体的にどのような条件で支払うかという問題がある。これは，買収者と売主らの買収時の交渉によって決められるべき問題である。

　これまで述べた通り，経営株主（起業家）には，買収後も引き続き役職員にモチベーションを持って事業にコミットさせ，PMIとしてキーパーソンに役割を引き継ぎつつ，買収者グループに円滑な統合がなされるよう，少なくとも一定期間は必要な努力が求められる。経営株主への買収対価は，そのような努力の対価を含むことが合理的な場合もある。

　そのため，リテンション策として，経営株主に支払う買収対価の一定額を買収者側が留保して，その後の会社の経営への関与を条件に，留保額を一定期間

17　前章の注19参照。

かけて支払うこと（分割払い）とするとともに，仮に期間中に会社から離脱するような場合には，その時点で留保されている額を没収するという「ホールドバック」のアレンジがなされることもある。

ホールドバックされた金額は，株式譲渡契約等のM&Aの最終契約で，経営株主を含む売主が行った表明保証の違反等に基づく補償義務と相殺できるようにし，補償責任を担保するようアレンジされることがある。買収者が，売主を経営株主に一本化すること（第1章第4節2）を行い，経営株主に補償責任を全株式につき負わせる思惑と相まって，経営株主と買収者の間では，ホールドバックのアレンジメントをめぐり真剣な交渉が行われる。

また，このような留保の交渉は，経営株主が保有する株式のベスティング条件を免除することや，次のエスクローのアレンジメントとも連動して交渉が行われることもある。

2　エスクローのアレンジメント

前述の通り，買収者は，ホールドバックされた買収対価の支払時に，経営株主ら売主に補償義務が生じていれば，買収対価の支払債務と相殺することで補償を確保することがある。

他方，売主からは，買収者の資力の懸念や，買収者が大企業等で資力の問題がなくても，例えば表明保証違反を強引に主張して買収対価の支払を免れようとしないかといった懸念が残る。

そのような懸念を緩和しつつ両者のニーズを果たす方策としては，「エスクロー」を利用することも考えられる。エスクローでは，当事者が合意する第三者（金融機関等）をエスクロー・エージェントとし，留保金額を一定期間預けた上で，売主に補償責任があることが確定すれば補償責任に対応する金額が買収者に払い出されるが，そうでない限りは，一定期間後に買収対価の残額として売主に払い出される[18]。売主にとっては，単なる買収対価の分割払い・ホールドバックに比べると，買収者の信用が問題にならず，受け入れやすい面もある。

エスクローを活用する場合には，エスクロー・エージェントの報酬等のコストが生じるが，スムーズに両者の懸念を解消して買収取引を実行するための方

18　エスクローについて，M&A法大系295〜296頁，M&A契約51〜53頁，クロスボーダーM&A契約227〜235頁等参照。

642　第7部　スタートアップのM&A・組織再編

法として検討することが考えられる。

第5節　表明保証保険

　前述の通り，マイノリティ株主である投資家が，買収契約におけるスタートアップの企業・事業内容に関する表明保証責任を負うことを受け入れられないことも多い。他方で「企業・事業内容に瑕疵があった場合の補償責任を，全株式分につき経営株主に負わせる」という発想をとらない場合，マイノリティ株主と経営株主のいずれか一方にリスクを寄せるものではない方法として，表明保証保険を活用することも考えられる。表明保証保険とは，表明保証違反により買収者（又は売主）が被る損害を補償する保険である[19]。

　表明保証保険は，元来，バイアウト・ファンド（PEファンド）が売主となるエグジット等で多く用いられてきた。費用や手続の負担はあるが，日本のスタートアップのM&Aでも，補償義務の履行を確保する方法として，表明保証保険を利用する事例も現れてきている。

　これまで見てきたように，スタートアップのM&Aでは，スタートアップの創業者や役職員が，買収後も一定期間スタートアップの経営を担うことも多い。買収者としては，このような創業者や役職員に対して，クロージング後に表明保証違反が判明しても，補償責任を厳しく追及することは現実的ではないことも多い。また，株主構成によっては，表明保証及び補償責任の主体となり得る創業者や役職員株主の持株比率が低い場合があり，補償上限額が設けられていること等により[20]，補償によりカバーされる範囲が実質的に狭くなることがある。

　このような場合に，特に買収者は表明保証保険を購入することによって[21]，表明保証違反があった場合のリスクを低減することが考えられる。なお，表明保証保険でも，前述の株式譲渡契約における補償上限額と同様，保険金の上限

19　表明保証保険について，M&A法大系296〜300頁，M&A契約174〜176頁，クロスボーダー M&A契約120〜135頁等参照。

20　前掲注16参照。

21　売主が保険を購入し，売主が買収者から請求された補償義務を負う場合に，売主が保険会社に請求を行う場合もあるが，実務上は買収者が保険を購入することが多い。M&A契約174頁参照。

第2章　スタートアップM&Aの特徴②：買収対価と価格調整・リスク分配　643

及び下限が規定されることや，DDが実施されなかった事項等の一定の事項については保険の対象外とされること等の制約があるため留意が必要となる[22]。

　表明保証保険では，保険会社により実施される引受審査等の手続や保険料等のコストが問題になる。そのため，買収規模が大きくないM&Aでは活用に一定の限界もある。もっとも，スタートアップのM&Aでは，分散された株主構成と，株主間の優先分配構造によって，経営株主・役職員・主要な投資家・マイノリティ投資家といった形で必然的に株主間の利害関係が異なることになることから，表明保証保険を積極的に活用することで，フェアなディール条件を作り出し，取引が促進されることもあるため，有力な選択肢の1つとなる。

22　M&A法大系298頁，M&A契約175頁参照。

644　第7部　スタートアップのM&A·組織再編

第3章

ストックオプションの処理と
対価の分配

> M&Aに際してストックオプションはどのように処理されるか。権利行使できないストックオプションはどのように取り扱われるのか。
> 税制適格ストックオプションは税制適格の取扱いを受けられるのか。

　本書では，買収対価がスタートアップのエクイティホルダーにどのように分配されるかという観点から，スタートアップの事業に労力と時間をフルコミットする創業者を中心とする経営陣等の普通株主への分配の規律（第2部）や，VC等の外部投資家が有する優先株式への分配の規律（第3部）を説明した。

　本第3章では，キーパーソンを中心とする役職員や外部協力者に対する買収対価の分配の規律について説明する。これらの役職員等は，創業者らと同様にスタートアップの事業に一定の労力と時間をコミットし，エクイティを得る権利として新株予約権を付与されるものの，事業が失敗した場合の責任を負うことを含めたフルコミットまではせず，株式そのものを取得しない場合が多い。

　ただし，特にキーパーソンには普通株式そのものを付与することや，役職員が集合的に普通株式を保有するために従業員持株会等を設けるスタートアップも増えてきている（従業員持株会については第4部第5章参照）。こうした普通株式そのものを保有する関係者への対応は，創業者に対する買収対価の分配に類似するため，本章では省略する。

　本章では，新株予約権であるストックオプションを保有する役職員に対する買収対価の分配について検討する。第4部でも，M&A時を想定したストックオプションの内容について言及しているが（第4部第3章第3節，第4節，第7節等），本章では実際のM&A実行時の処理について検討する。

第3章　ストックオプションの処理と対価の分配　645

第1節　ストックオプションの処理：総論

1　確認：ベスティング（vesting）条項とアクセラレーション（acceleration）

　スタートアップの役職員に対してストックオプションを付与する場合，インセンティブ設計として次の仕組みがあった（詳細については，第4部第3章第3節参照）。

①　ベスティング（vesting，権利確定）	一定の期間が経過するまでの間は，役職員はストックオプションを確定的に取得できず，当該期間の経過前に会社を退職等した場合には，その時点で未確定（unvested）のストックオプションを，以後は一切行使できないこととする仕組み
②　早期確定条項（アクセラレーション）	ベスティング期間経過前にM&Aが行われることになった場合に，ベスティングが完了したものとみなす仕組み

　このとき，アクセラレーションにより，常にM&Aの時点で全ての権利が確定し，買収の対価として一括して現金を受領すると，役職員は，買収後のスタートアップで引き続き勤務をするインセンティブを失ってしまうおそれがある。そこで，ストックオプションの発行時点の内容としては「M&Aが発生した場合には，発行会社の裁量で，未確定な部分を権利放棄させることも，早期確定もいずれも可能である」ものと規定しておき，実際のM&Aの際には，スタートアップの創業者ら経営陣と，買収者が，従業員のリテンションを図るために交渉をし，役職員に対し，未確定な部分に対応する買収者のエクイティ・インセンティブ（ストックオプションや株式等）を新たにオファーするといった処理がなされることもある。

2　ベスティング状況に応じたストックオプションの処理の例

　M&A時に想定されるストックオプションの処理は，その時までにベスト（権利確定）して権利行使が可能であるものかどうかによって異なる。

646 第7部 スタートアップのM&A・組織再編

(1) M&Aまでに権利行使が可能なストックオプションの処理

M&A取引が実行される時までにベストして権利行使が可能なストックオプションは，保有者である役職員が行使をし，取得した株式を買収者に売却することが主に想定される。

もっとも，伝統的には，非上場時には株式の保管委託要件を満たせないことで，行使しても税制非適格として役職員が不利益な課税上の取扱いを受ける可能性があった（第4部第2章第3節2(7)(a)参照）[1]。税制適格のメリットを受けられないにもかかわらず，保有者に一旦権利行使価額を払い込ませた上で株式を譲渡することは煩雑であることや，そもそも権利行使価額を役職員が支払うことができるのかといった問題も生じる[2]。

そのため，買収対価の割り付けに基づき算定される普通株式の譲渡対価相当額から行使価格を差し引いた額（ネット・バリュー）で，買収者又はスタートアップ自身が，ストックオプションそのものを買い取ることもある[3]。

1　令和6年度税制改正により，保管委託以外の手段をとることも可能になった。詳細については第4部第2章第3節2(7)(b)参照。

2　スタートアップが保有者に対し，権利行使価額相当額を貸し付けることが検討されることもある。もっとも，スタートアップによる権利行使価額の貸付けは，①結果的に再度払い込まれる権利行使価額を実質的に新株予約権の発行会社であるスタートアップが支払っているとして，いわゆる資本充実の原則（資本金の額に相当する財産が，出資者から確実に拠出されること〔江頭39頁注1〕）や，②貸金業法に抵触しないかといった論点を検討する必要がある。

　　なお，貸金業法に基づき貸金業登録が必要となる「貸金業」とは，金銭の貸付けを業として行うものをいうが，「事業者がその従業者に対して行うもの」はその例外の一つとされているため（貸金業法2条4号），会社が役職員に対して貸し付ける場合には，貸金業の登録は不要となる。他方で，元従業員や業務委託先等の「従業者」ではない場合には別途整理を行う必要が生じる。

3　ストックオプションそのものを買収者に譲渡しようとする場合，ストックオプション（新株予約権）の譲渡制限を取締役会決議等で解除した日の属する事業年度に，給与所得として課税されるという，国税庁の質疑応答事例が存在する（国税庁質疑応答事例「被買収会社の従業員に付与されたストックオプションを買収会社が買い取る場合の課税関係」）。また，発行会社であるスタートアップ自身が，譲渡制限等の条件が付いたストックオプション取得する場合，その対価は給与所得として扱われる（所法41条の2）。条文上は税制非適格を対象とするように思われるが，税制適格ストックオプションの取得であっても同様に取り扱われるのが課税当局の見解であるという報道がある（「税制適格SOの買戻しも給与等課税」週刊T&A master No.1024（2024年4月22日号）8頁参照）。

第3章　ストックオプションの処理と対価の分配　647

⑵　M&Aまでに権利行使できないストックオプションの処理

　M&A取引が実行される時までにベストして権利行使が可能となっていない，アンベスト分のストックオプションについては，次のような処理が考えられる。

✓	発行時の設計	権利放棄や無償取得（ベスティングの貫徹）に加え，発行会社の選択で別途アクセラレーションの余地も残しておく
✓	M&A時の実際の処理	役職員のリテンションを図るために，買収者と交渉の上で，残りのベスティング期間等を参照しつつ，買収者のストックオプション等の新たなエクイティ・インセンティブを与えることがある

　なお，案件によっては，ストックオプションの内容としてM&Aが起こることを想定した規定を設けていなかったものの，買収時に役職員からストックオプションを剥奪する意図はなかったとして，新株予約権の内容変更を行い，ストックオプションを行使できるようにして株式譲渡の対象とする場合もある[4]。もっとも，この場合，もともとのストックオプションの条件に従えば得られなかったはずの利益を受けられることになるので，潜在株式を含めた買収対価の分配額が目減りする他の売主か，買収対価の総額を増加させることを求められる買収者の理解を得ることが必要になる。

第2節　税制適格ストックオプションとM&A

1　概　要

　ストックオプションの保有者が，以下のような課税上の取扱いを受けるストックオプションを「税制適格ストックオプション」と呼ぶことが多い。税制適格ストックオプションの要件の詳細は，第4部第2章第3節2を参照。

4　新株予約権の内容を変更するには，⒜新株予約権の発行決議をした機関において，当該新株予約権の内容を変更する旨の決議をすること，⒝取締役会（又は取締役の過半数の一致）により内容変更の決議をした場合において，株主以外の者に対し特に有利な条件となるときは，さらに，株主総会の特別決議を得ること，⒞原則として，新株予約権者全員の同意が必要と考えられているため（商業登記ハンドブック358頁），手間やコストがかかるほか，連絡がつかない新株予約権者がいると対応をとることが困難になる。

648　第7部　スタートアップのM&A・組織再編

【税制適格ストックオプション（SO）の保有者の課税上の取扱い】

①	SOの付与時	課税関係は生じない
②	SOの行使時	経済的利益（SOの値上がり益）は課税繰延べ
③	株式の売却時	株式譲渡所得等として申告分離課税

2　株式の保管委託要件・発行会社による株式管理要件 （令和6年度税制改正）

　スタートアップが非上場の間にM&Aにより買収される場合，伝統的に，税制適格ストックオプションの要件のうち，特に，株式の保管委託要件が問題になっていた。すなわち，M&Aの効力発生時までにベスト（権利確定）し，ストックオプションの行使ができる場合，行使して取得した株式をM&Aで売却することが想定されるが，非上場時に株式の保管委託を行う金融商品取引業者等が限られる等の理由で，株式の保管委託要件を満たすことが困難であった（詳細について，第4部第2章第3節2(7)(a)参照）。この場合，結果的に税制非適格としての取扱いを受ける。日本の税制適格ストックオプションがIPOに偏っている側面を示していた。

　これに対し，令和6年度税制改正では，株式の保管委託に加え，譲渡制限株式については，発行会社による株式管理も選択することができるようになった。もっとも，発行会社による株式管理では，発行会社自身が株主ごとに区分管理帳簿を作成・保存することや，税務署に対して異動調書を提出することが求められている等，発行会社の事務負担に留意する必要がある。発行会社による株式管理の詳細について，第4部第2章第3節2(7)(b)参照。

第3節　有償ストックオプションとM&A

1　税務上の取扱いの概要

　IPOかM&Aかの選択に対して税制適格ストックオプションが必ずしも中立的ではなく，M&Aの場合に課税上不利な取扱いを受ける可能性があることから，代替策として，スタートアップが，ストックオプションを，その時価の払

込みを受けて発行する，いわゆる（時価発行型）有償ストックオプションを発行する例もある。

　有償ストックオプションは，前述した株式の保管委託要件や発行会社による株式管理要件を満たすことが不要であり，また税制適格ストックオプションの付与対象者以外にも付与できる等，税制適格のデメリット・限界を乗り越えようという側面を持っている。そのため，勤務先から適正な時価で有償取得したストックオプションについて，M&Aをはじめとした売却の場合には，税制適格の場合とおおむね同様に，以下のような課税上の取扱いを受けられる（有償ストックオプションの要件や課税上の取扱いの詳細については第4部第2章第4節を参照）。このような処理は，近時の国税庁のQ&Aでも明確化された[5]。

【有償ストックオプション（SO）の保有者の課税上の取扱い】

①	SOの付与時	課税関係は生じない
②	SOの行使時	経済的利益（SOの値上がり益）は税務上認識しない
③	株式の売却時	株式譲渡所得等として分離課税

2　M&A時の有償ストックオプションの処理

　税務上の取扱いとは別途，非上場時のM&Aに際して有償ストックオプションを行使して譲渡できるか否かは，発行要項や契約上の制約に服する。これは，税制適格ストックオプションと基本的には同様である。すなわち，ストックオプション発行時の割当契約に従って，M&A時にベスト（権利確定）しているか，アンベスト（未確定）の状態かで，原則的な処理が異なる。

　M&A時にベスト（権利確定）しており，発行要項・契約上は行使できる有償ストックオプションは，行使して交付を受けた株式をM&Aにより譲渡することで，キャピタルゲイン課税を受けることが想定されている。M&A時のアクセラレーションによってベストする場合も同様である。

　他方で，アンベスト（未確定）の状態で，行使できない分のストックオプショ

5　ストックオプションQ&A問2。なお，有償ストックオプションは，Q&Aでは「税制非適格ストックオプション（有償型）」と呼称されている。

ンについては，典型的にはスタートアップ自身が割当契約や発行要項に従って無償取得をし，買収者によるインセンティブ報酬の引継ぎを検討することになる。これらの処理の考え方自体は，税制適格ストックオプションの場合と基本的には同様となる（第1節2(2)参照）。

第4章

エクイティの対価以外の分配・インセンティブ

スタートアップM&Aの対価は，譲渡される株式の代金にとどまるか。創業者や役職員が株式や新株予約権の代金だけでは十分な対価を得られない場合に，M&Aを実行するインセンティブを確保するためにはどのような方法があるか。

スタートアップを買収する際には，優先株式を保有する投資家，普通株式を保有する創業者，潜在株式であるストックオプションを有する役職員等の間における，対価の分配構造・優先順位を確認する必要があった。

思考の順序としては，まず，①DDで検出された既存の定款・契約に従って，株主価値が株式や新株予約権にどのように分配される状態かを正しく理解することが出発点となる。

②その上で，現状の原理原則では創業者や役職員が十分な分配を受けられない等，一定数の納得を得られず，M&Aを円滑に行うことに支障が生じ得る場合，単なる株主価値の分配ではないアレンジを検討することになる。その際には，創業者やキーパーソン，その他の役職員のリテンションに気を配る必要がある。

本第4章では，②のように，既存の定款・契約に従った株主価値の分配では創業者や役職員に十分な分配が図れず，インセンティブやリテンションに影響する場合に，M&A取引時に行うことができる工夫・インセンティブ調整について検討する。

652　第7部　スタートアップの M&A・組織再編

第1節　マネジメント・カーブアウト（創業者・経営陣）
第2節　株式を有しない役職員向けカーブアウト・プラン
第3節　その他のインセンティブ設計（業績連動型報酬，買収後のインセンティブ）

第1節　マネジメント・カーブアウト（Management Carve-out Plan, Change of Control Bonus）

1　マネジメント・カーブアウトの概要

　スタートアップの株式が，優先株式と普通株式という複層構造になっている場合，買収者が支払う買収対価の総額が優先残余財産分配額の総額に達しなければ，普通株式に対するリターンはゼロとなる。また，そのような極端な場合でなくても，買収対価が十分高額でない場合には，普通株式に対するリターンの総額がわずかとなり，普通株式を保有する創業者ら経営陣に，買収取引を実行するインセンティブを与えることができない。特にCap（上限）なしの「参加型」優先株式（第3部第2章第3節3）では，優先分配された残額につき，さらに優先株主が普通株主と比例的に対価の割り付けを受けることができるため，経営陣が得られるリターンが一層少なくなり，買収によるエグジットに経営陣が応じるインセンティブが低下する。

　そこで，マネジメント・カーブアウト（Management Carve-out Plan, あるいは買収取引において支配権が移転することに着目してChange of Control Bonusとも呼ばれる）として，スタートアップが買収される際に，創業者や経営陣に対して支払われる報酬，いわば特別ボーナスが支払われるように設計をする場合がある。

　形式上は，経営陣は株式の買収の対価としてこの報酬を受領するものではない。もっとも，この特別ボーナスは，買収されるスタートアップが支払義務を負うため，その分スタートアップの株主価値が減少し，買収者が株式の対価として支払う額は減少する（スタートアップが特別ボーナスの支払原資を有しなければ，最終的には買収者が支払うため，トータル負担は変わらない）。実務的にも，マネジメント・カーブアウトは，買収者が評価したスタートアップの買収対価を，投資家，経営陣，役職員らに分配しようとした際に，あらかじめ

定款・契約で定められたエクイティの階層構造に従って機械的に分配しようとすると経営陣がその買収に応じないという課題を解決する手段として活用されている。そのため，マネジメント・カーブアウトは，広い意味での買収対価の分配という文脈で検討することになる（「買収対価」の考え方については第2章参照）。マネジメント・カーブアウトは米国等の海外では浸透している[1]。

マネジメント・カーブアウトを採用し，M&Aに際して，優先株主や他の普通株主に優先して一定の報酬を経営陣に支払うことで，経営陣に買収取引の実現に向けた経営努力をするインセンティブを与えることが可能となる。

【例】

買収者がスタートアップの株主価値を30億円と評価しており，優先残余財産分配額の総額が35億円となる優先株式を発行している場合，全株式を買収して，みなし清算条項に従った処理を行うと，普通株式の買収対価は0円となる。

これに対して，買収に際して，スタートアップから経営陣に対し，総額3億円の現金報酬の支払義務を負うと，買収者はその分株主価値を下げ，優先株主には総額27億円のみ支払うことになる。すなわち，買収者として，（最終的には3億円の報酬も負担するため）スタートアップの買収に要する対価は30億円で変わらないが，これを優先株主が全て取得するのではなく，優先株主と経営陣で分配する。

1　マネジメント・カーブアウトは，新規資金調達の際，特にダウンラウンド（前回の資金調達よりも，投資家による企業価値評価が下がっているラウンド）の際に，経営陣の今後のインセンティブと買収に向けた努力がなされることを確保するために採用されることが多いことも指摘されている。Andrew Metrick & Ayako Yasuda, *Venture Capital & The Finance of Innovation*, 3rd ed.（2021）p.271参照。

・マネジメント・カーブアウト無し

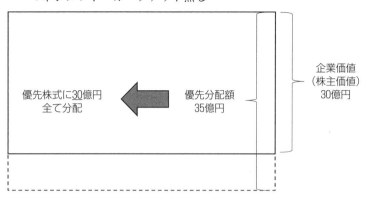

・マネジメント・カーブアウト有り

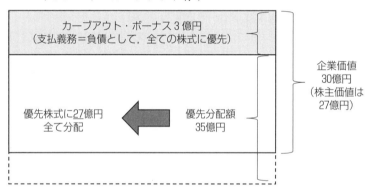

　マネジメント・カーブアウトの具体的な内容としては，「スタートアップの売却時に経営陣が買収対価の中から一定割合を受領する」という単純な仕組みのほか，金銭報酬（ボーナス）の支払について，「買収対価が一定額以上であること」や，「一定の業績目標が達成されていること」といった一定の条件を付すということも行われる[2]。

2　マネジメント・カーブアウトの税務

　マネジメント・カーブアウトに基づき経営陣に支払う金銭等は，広い意味で

2　Metrick & Yasuda, supra note 1, at 271, 274.

の「買収対価」としても，法的な整理としては，スタートアップからの賞与・ボーナスとして設計することが多い。

このとき，カーブアウト・ボーナスを受け取る経営陣が，法人税法の「役員」（会社法より広い）[3] に該当する場合，スタートアップの法人税の計算上，損金に算入できるかは問題になる。法人税法上，会社が役員への報酬・給与の形で恣意的・広範に利益分配を行うことができないように，役員に対する職務の対価としての給与やボーナス等の支払（法人税法上は「給与」）は，原則として損金算入が認められない。例外的に損金算入が認められるには，①定期同額給与（1か月以内の頻度で定期的に同額が支払われるもの），②事前確定届出給与（一定の事由を満たして支給される給与で，一定期間内に税務署に届出が必要なもの），③業績連動給与（一定の業績や株価指標に連動する給与）のいずれかに該当する必要がある（法法34条1項）。

このうち，カーブアウト・ボーナスが該当し得るものとして，②の事前確定届出給与が考えられる。ただし，既存の役員について支払うカーブアウト・ボーナスが事前確定届出給与に該当するためには，スケジュール上工夫が必要であり，容易ではない。そのほか，要件を満たしても「不相当に高額」な金額は損金に算入できない（法法34条2項）等の制約があることから，日本法の下でマネジメント・カーブアウト・ボーナスを設計する際には，法務・税務面において慎重な検討が必要になり，M&Aの検討開始後に設計するためには十分な時間的余裕も必要になる。

Column　みなし清算に基づく分配とスタートアップの役員の義務[4]

事業売却の際のみなし清算条項がスタートアップの定款や株主間契約に定められている場合，買収対価を優先的に受領する優先株主は利益を得られる反面，普通株主は対価を十分に得られないか，ゼロになる場合がある。普通株式は，多くの場合，創業者ら経営陣が保有するため，経営陣にとっては，買収取引を実施するよりも，スタートアップの企業価値が増大する可能性に賭け，独立した経営を継続する方が望ましいことがあり得る。

3　取締役や監査役のほか，使用人以外の者でその法人の経営に従事している者等，会社法上の役員より広いものとされている（法法2条15号，法令7条1号）。
4　以下の記載について，M&A法大系894〜895頁参照。

さらに，経営陣でもなく，自らの意向に反して買収が実行されることになる少数派の普通株主は，十分な対価の割当てがない買収取引が行われた場合，買収取引の実行を決定・承認した取締役に対して，普通株主の利益を勘案していないとして，善管注意義務（取締役が，少数株主を含む株主全体に対して負う，その利益を最大化する義務）に違反していることを理由に，責任追及を行う可能性も否定できない。マネジメント・カーブアウト等によって経営陣のみが普通株式の対価以外に利益を得るアレンジをする場合には，特にこのような利害対立が生じ得る。

このように，優先株主の利益と普通株主の利益が対立する場合，取締役はいずれの利益を優先するべきかという選択を迫られる。しかし，このような状況で，取締役がいかなる基準に基づいて行動するべきかは，必ずしも明らかではない。また，取締役も，経営株主，優先株主である投資家から派遣された者等様々であり，その属性によって様々な利害関係を有しているため，一概に論じることも難しい。

米国の裁判例では，優先株主の権利を契約的なものと捉え，優先株主の保護は定款に規定された優先権の確保によって行われ，定款に明記されない限り特別の保護は受けられず，他方で，取締役の信認義務は「主として」普通株主を保護するものであるという考え方が採用されていると指摘されている[5]。実際に，現金合併によるスタートアップの売却に関して，優先株主の利益を不当に普通株主の利益に優先させることは，取締役の信認義務違反となる可能性があるとした裁判例[6]が存在する（結論として，そのケースでは，普通株式の時価は合併の時点で無価値であったとして，取締役の責任を否定）。

これに対して，日本では，米国と同様に，取締役の行動基準として，種類株式を発行している会社で「普通株主」の利益の最大化という基準が用いられるかどうかは明らかではない[7]。もっとも，外部投資家である優先株主は，投資を行う際の交渉を通じて自らを保護するために必要な権利を契約的に確保できるという点は，日本でも，おおむね同様といえる。そのため，米国の裁判例で示されている考え方は，日本でも参考になると考えられる。

5　尾崎悠一「種類株式発行会社における利害調整－米国の裁判例における定款による利害調整と取締役の信認義務」（飯田秀総ほか編『商事法の新しい礎石（落合誠一先生古稀記念）』（有斐閣，2014年））223頁。

6　In Re Trados Incorporated Shareholder Litigation（73 A.3d 17〔Del. Ch. Aug. 16, 2013〕）

7　尾崎・前掲注5）225頁。

第4章　エクイティの対価以外の分配・インセンティブ　657

第2節　株式を有しない役職員へのカーブアウト・プラン

1　前提：株式を保有しない役職員へのM&A時のリターン

　マネジメント・カーブアウト（Management Carve-out Plan）は，主に普通株式を保有する創業者や経営陣に対して，費用性の支出をしたり負債を負ったりすることで，優先株式よりも優先的に広義のM&Aの対価（キャッシュ）を分配する手法であった。

　このように，優先株主にM&Aの対価が優先して支払われ，普通株式にはゼロ又はわずかなリターンしか発生しない場合に，M&Aを実行することに対してモチベーションが低下することは，普通株式を保有しない役職員でも同様である。ストックオプションや従業員持株会等を通じたエクイティ・インセンティブは，いずれも通常は普通株式を対象にしており，優先株式に劣後した分配しか受けられない。

　優先劣後のペイオフに照らして，M&A時に十分な分配がなされることが期待できないことを役職員が事前に（*ex ante*）認識すると，M&Aが実行されるタイミング，あるいはExitの方針が決まっていない早期の段階であっても，スタートアップから離脱することが考えられる。

　そのため，役職員のインセンティブを「事前に」確保するために，米国等では，例えば以下のような方策が挙げられている。

---

① 　一定期間までの継続雇用に報いるリテンション・ボーナスプランに，M&A時のアクセラレーションを設ける
② 　フルバリューの株式報酬を発行する（普通株式の株価が行使価格を下回ると価値がゼロになるストックオプションと異なり，株価が下落しても価値を維持できる）
③ 　役職員向けのカーブアウト・プランを採用する

---

　①アクセラレーションは日本でも浸透しており（第3章第1節1参照），②株式報酬も，従業員持株会の形等で一部採用されている。日本ではまだ少ないように思われるものとして，③役職員向けのカーブアウト・プラン（Carve-out Plan，あるいはChange-of-Control Bonus）は，「枠」として設けられることが

多いとされる[8]。カーブアウト・プランで付与されるのは，現金，エクイティや，それらの組み合わせが考えられる。以下では，米国等の実務ももとに，日本で考えられる，株式を有しない役職員向けカーブアウト・プランの設計を若干検討する。

2 株式を有しない役職員向けカーブアウト・プランの設計

(1) 総 論

前提として，普通株式を保有する創業者や経営陣は，M&Aを実行するか否かの決定権や，交渉上のポジションを有する[9]。そのため，M&Aの実現性が高まってきた段階や，M&Aの交渉時に創業者らのマネジメント・カーブアウトを検討しても，既存投資家や買収者との間で合意しやすい場合も多いように思われる。

他方で，一般の役職員は，M&Aの実行には大きな交渉力を有しないことや，従業員には直前までM&Aの実行を知らされないことが多い。そのため，M&Aの実行以前からカーブアウト・プランが存在しなければ，自らが十分に関与しないM&Aの交渉時に新たなカーブアウト・プランが設けられることを安易に期待・要求することも難しく，むしろ事前のインセンティブとして設けられる要請が強くなる。

日本のスタートアップでは，ストックオプションや従業員持株会等のエクイティ・インセンティブを付与することを超えて，このようなM&Aの実行時に備えた「事前の」カーブアウト・プランにより従業員に対してインセンティブを確保すべきかどうかという議論は，必ずしも多くなされてきたわけではないように思われる。

しかしながら，ダウンラウンドが現実に生じることで，優先株主が転換によって取得する普通株式の比率が増加し，役職員の潜在的な持株比率が低下したり[10]，優先分配が生じるM&AによるExitのシナリオが広まったりしている現

---

[8] Fenwick & West LLP "Carving Up the Pie: Using Change in Control Carve-Out Plans to Incentivize Startup Employees" (https://www.fenwick.com/insights/publications/carving-up-the-pie-using-change-in-control-carve-out-plans-to-incentivize-startup-employees)

[9] 仮に，ドラッグ・アロングやスクイーズ・アウト（後述）によって売却を強制される余地がある場合でも，事実上は，経営陣の協力なしにM&Aやその後のPMIを円滑に実行することは難しい。

在の日本では，ストックオプション等以外に役職員向けの「事前の」カーブアウト・プランについても真剣に検討をするニーズが高まっているように思われる。

⑵　役職員向けカーブアウト・プランの設計

　M&A取引に先立って事前にカーブアウト・プランを設けておくことができれば，法人としてのスタートアップにとっては，役職員に対する負債としての支払義務を負い，エクイティである優先株式への分配に優先して支払う義務を負う。M&Aの買収者も，その前提で株主価値（企業価値―負債価値）を検討して，スタートアップ株式の買収対価を決定することになる（スタートアップの買収・M&Aにおける「買収対価」を広く考えることの意義については第2章も参照）。

　カーブアウト・プランの設計に際して検討・反映させるべきポイントとして，例えば米国では以下のような点が挙げられている[11]。

- ✓ 事前に，役職員に支払われる金額や企業価値における割合を設定できるか
- ✓ 対象となる役職員の範囲
  - ➢ 職位
  - ➢ M&A後に残存する役職員に限定するか・退職理由により差をつけるか
- ✓ カーブアウト・プランの「枠」の大きさ・割合
- ✓ 優先株主と普通株主のいずれの対価を減少させてカーブアウト・プランに割り当てるか
- ✓ M&Aの対価の一部をエスクローに入れる場合に，カーブアウト・プラン分も同様にエスクローの対象とするか
- ✓ カーブアウト・プラン導入後に普通株式への分配想定額が増加した場合に，その増加分をプランから減額すべきか（cutback）
- ✓ プランに基づき与えられたインセンティブの内容を変更するために，全ての対象者の同意を要するとするか，過半数等一定以上の同意で足りるとするか
- ✓ 税務上の考慮[12]

10　ダウンラウンド・プロテクションにより優先株式が普通株式に転換される数が増加すると，反面，普通株式を目的とするストックオプションの保有者は自己の持分割合が低下し得る。ストックオプションにもダウンラウンド・プロテクション条項を設けるかどうかについては，第4部第3章第1節のコラム参照。

11　前掲注8参照。

第3節　その他のインセンティブ設計

1　業績連動型報酬（業績連動給与）

　スタートアップの買収後に引き続き会社の経営に関与する経営株主やその他の役職員に対して，買収後もインセンティブを確保するための動機付けの方法として，業績連動型報酬（業績連動給与）が考えられる。

　業績連動型報酬についても，報酬を受け取る経営陣にとって適切なインセンティブとなるような業績指標を設定する必要があり，また十分なインセンティブとなるような金額水準とする必要がある。仮に，買収者グループの社内ルールや報酬テーブルに照らして，事業創造という引き続きスタートアップの経営に期待されるコミットメントに見合った十分な金額水準を提供することが難しいのであれば，業績連動型報酬を経営陣に与えるという選択肢は難しくなる。

　また，業績連動型報酬を支払う買収者としては，支払った分が法人税法上の損金として計上できることも重要な要素になり得る。前述の通り，法人税法は，会社が役員への報酬・給与の形で恣意的・広範に利益分配を行うことができないように，役員への報酬・給与の損金算入を限定している。例外的に損金算入が認められる1つとして，業績連動給与が設けられている（法法34条1項3号・5項）。ただし，業績連動指標を基礎に算定される給与・報酬のうち，損金算入が認められるのは，適正性や透明性を担保するための一定の要件を満たした場合に限られている。

　業績連動給与一般の解説は省略するが[13]，例えば，上場会社が買収者となり，買収後のスタートアップの完全親会社となる場面を想定すると，経営陣にとって適切なインセンティブとなるような設計を貫こうとすると，反面として，業績連動給与として損金算入をするための要件を達成するのが難しくなる。例として，スタートアップが上場会社の完全子会社となった場合，上場会社の完全子会社がその役

---

[12]　日本においては，役員については一定の損金算入制限がある一方（法法34条），従業員については特殊関係がない限り，損金算入可能となる（同法36条）。受領する側の所得区分は給与所得となるのが通常と考えられる。

[13]　例えば給与を支払う法人やその完全親会社が非同族会社であることや，他の業務執行役員全員にも業績連動給与を支払う必要がある等の要件がある。

員に業績連動給与を交付する場合に損金算入が認められるためには，連動する指標は，完全親会社である上場会社の株式の市場価格の状況を示す指標や，上場会社の提出する有価証券報告書に記載される利益や売上高の状況を示す指標（営業利益，経常利益やEBITDA等）に限定されている。また，支給額の算定方法も，その指標を基礎とした客観的なもので，その内容が有価証券報告書への記載により開示されていること等の要件を満たす必要がある（法令69条11項，法規22条の3第6項）。そのため，純粋に子会社であるスタートアップそのものの業績に連動した給与とすると，法人レベルで損金算入ができず，税務上不利になることが多い。

　そのため，そのような税務上の不利益を甘受するか，あるいはスタートアップそのものではなく買収者グループでの業績に連動する形に設計することによっても買収後の経営陣のインセンティブとして適切かどうか，十分に検討・交渉をする必要が生じる。なお，買収者グループの株価・利益指標に連動することが十分なインセンティブになるかどうかは，スタートアップの株式を買収する対価として上場会社の株式を交付する，株式対価M&Aでも類似の論点が生じる（第6章参照）。

2　買収後のキーパーソンに対するインセンティブ

　創業者ら以外に，買収後も買収者グループに残留してほしいスタートアップの経営実務を担うキーパーソンが存在する場合，そのリテンション策も正面から検討する必要がある。

　例えば，キーパーソンに付与されていた，権利確定（ベスト）されずに消滅するスタートアップのストックオプションを引き継ぐ形で，新たに買収者グループのストックオプションや株式報酬を与えつつ，ベスティング期間を設けることは，1つの方法になる（第3章第1節(2)参照）。

　また，買収後の経営へのキーパーソンの関与がM&Aの成否を決めるような状況下では，より直接的な方法として，買収者が提示するキーパーソンのリテンション策をキーパーソンが応諾していることを，M&A実行の前提条件として設定することも考えられる。

　リテンション策を業績連動給与として設計する場合，役員についての税務上の論点は，上記1と同様である。また，それ以外にも，業績連動ではない継続勤務を条件とした定期同額給与の形で支払う設計や，役員ではなく従業員としてのボーナスの形で支払う等の対応もあり得る。

662　第7部　スタートアップのM&A・組織再編

第5章

スタートアップ M&A の
ストラクチャー

株主の多いスタートアップの全株式を円滑に取得するためにはどのような方法が
あるか。
M&Aに際してスタートアップの全株式を一度に取得する必要があるか。段階的
買収や「スイングバイ」とは何か。

第1節　ストラクチャー検討の重要性

　M&Aでは，買収先の「何が欲しいのか」によって，M&A後の最終的な出
来上がりの姿と，そこに至るまでの取引の実行プロセスが異なる[1]。すなわち，
スタートアップ買収ではない一般的なM&Aでは，既に事業・収益モデル・組
織ができあがっている企業を買収し，PMIを実行することが多い。

　これに対して，買収先がスタートアップである場合，外部投資家からのエク
イティ投資によって急速な成長を遂げようとしているものの，未だ収益モデル
や組織が完成していないことも多い。その上で，スタートアップの急速な成長
は，強力な個性を持つ創業者がエクイティ持分の多くを保有し，役職員もストッ
クオプション等を保有することを通じた，エクイティ・インセンティブに支え
られている。そのため，単純に全株式を取得して支配権を獲得しても，創業者
が直ちに離脱すると組織・文化が崩壊したり，キャピタルゲインが一度に実現

1　本書では，取引後の出来上がりの姿（グループ構成）のみならず，そこに至るまでの
　取引の実行プロセスを含めて広くストラクチャーと呼ぶ。

してしまうことで経済的なインセンティブが失われ，モチベーションの維持や事業運営が困難になったりする。

　大企業によるスタートアップ買収では，収益モデルと事業運営・ガバナンス体制が既に安定的に存在する買収者が，イノベーティブなプロダクトや組織を持ちエクイティ・インセンティブのもとにまとまっているスタートアップの長所・特徴を壊さずにどのように買収するか，という観点から，M&Aのストラクチャーを検討することが重要になる。

　この観点から，スタートアップの買収・M&Aのストラクチャーでは，①全株式を一気に買収する方法と，②創業者ら経営株主が保有する株式の一部を段階的に買収する，段階的買収があり得る。それぞれで，スタートアップの資本構成に照らしたプロセスや，買収後や段階的な買収を完了させることに向けたインセンティブ確保の方策が問題になる。

第2節　全株式の取得による買収とプロセス

1　総論：多数株主の存在と買収後のインセンティブ構造

　買収先候補となるスタートアップには，一定の想定リターンを持って投資する金融投資家（VC等）や，事業上のシナジーを狙って投資する戦略投資家（事業会社等）といった，様々な思惑で株式を保有する多くの株主がいる。そのため，どのように円滑に全株式を取得するかが重要になる。

　これに対して，M&A実行後の出来上がりの姿自体は，全株式を買収し，買収者の完全子会社とする場合，通常はシンプルになる。完全親会社である買収者グループが，完全子会社の全ての株式を保有し，コントロールを得るため，買収者との一体性が強くなる。

　もっとも，全てのエクイティを取得する場合，株式が現金や売却可能な資産に交換されて流動化するだけだと，キャピタルゲインの獲得を強力なインセンティブとしていた経営陣や従業員の，事業に参加するモチベーションが大きく低下する。仮に，創業者や経営陣が役員として残留するとしても，残留後は買収者グループの通常の報酬体系と同様の報酬体系に留まるのであれば，「雇われ」と同程度のコミットメントしか引き出せない。

　そうすると，特にスタートアップの全株式を取得するM&A取引では，以下

の課題を解決する必要がある。

---

① プロセス上の課題：どのように円滑に全株式を取得するか
② 出来上がりの姿の課題：創業者や経営陣が買収後も残存する場合，どのように買収後の事業運営に対する経済的インセンティブを確保するか

---

①プロセス上の課題については，ここまでで，スタートアップには様々な属性と選好を持つ株主が多数存在するため，創業者ら経営陣が窓口になって円滑に取引を進める必要性があることを述べた。その一環として，創業者らが株式を買い集めて売主を一本化する取引のニーズがある一方で，そのような売主一本化には創業者にリスクを集中させようとする問題点があることも検討した（第1章第4節参照）。

本第2節では，創業者ら経営陣が窓口になったとしてもなお，全株主の同意を得られないような場合における，全株式買収の方法について検討する。

その上で，②出来上がりの姿の課題としてのインセンティブ確保については，段階的買収やスイングバイといった，株式の取得手法について検討する（第3節・第4節）。次の第6章では，さらに進めて，買収者が支払う対価そのものの全部や一部を，買収者のエクイティで賄う，株式対価M&A（株式対価買収）についても検討する。

2　全株主の同意を得られない全株式買収

多様な属性と選好を持つ株主から株式を買い集めるスタートアップ買収では，深いリレーションを持っている経営株主が取得交渉の窓口に立っても，全株主から株式の売却につき同意を得られるとは限らず，それをふまえた対応を行わなければならないことも珍しくない。遡って，事前にそのようなリスクを検討した上で，買収ストラクチャーを考えておく必要も生じる。

全株主から株式の売却につき同意を得られない場合に全株式を取得する手法として，主に以下の2種類がある。

---

① 株主間契約に基づくドラッグ・アロング
② 会社法に基づくスクイーズ・アウト（キャッシュ・アウト）

⑴　ドラッグ・アロング（強制売却権・同時売却請求権）

　スタートアップ・ファイナンスの実務では，M&Aによるエグジットの確実性を期するため，株主間契約で，一定割合以上の投資家が株式譲渡を実行する場合，他の株主は，保有株式を全て同じ相手に譲渡しなければならない「ドラッグ・アロング」（「強制売却権」や「同時売却請求権」等とも呼ばれる）が合意されることが多くなっている。

　将来のM&Aに際しての規律をあらかじめ契約で定めておくことにより，以下の会社法上のスクイーズ・アウト手続に拠らずに買収者が全株式を取得することを可能にする手段である。ドラッグ・アロングの詳細については，株主間契約に関する第3部第4章第4節3を参照。

⑵　スクイーズ・アウト（キャッシュ・アウト）

　株主間で事前の合意としてドラッグ・アロングが定められ，当事者が合意の通りに株式売却を実行すれば，買収者による買収は円滑に進行する。しかし，ドラッグ・アロングが事前に定められていない例や，定められていても，売却に反対する株主が当事者に含まれていないケースもある。この場合，買収者としては，株式譲渡に応じる株主からできる限り株式を買い集め，スタートアップの支配権を取得した上で，株式譲渡に応じなかった少数株主をスクイーズ・アウトする必要がある場合も考えられる。スクイーズ・アウトは，金銭等を対価に支払い，株主の意思にかかわらず強制的に株式を取得する手法であるところ，特に，金銭を対価とする場合を「キャッシュ・アウト」と呼ぶことが多い。

　具体的には，以下の手法によって実現される[2]。

---

① 　全部取得条項付種類株式の取得
② 　株式の併合
③ 　金銭を対価とする株式交換等の組織再編行為
　　（以上，買収者が議決権の3分の2以上を保有した場合）
④ 　株式等売渡請求（買収者が議決権の10分の9以上を保有した場合）

　キャッシュ・アウトを行う際，取締役は少数株主の利益に配慮することが必要になり得る[3]。また，株式等売渡請求の場合，対象会社の取締役は，売渡株

2　各キャッシュ・アウトの手法の詳細については，M&A法大系507頁以下参照。

主等の利益に配慮し，株式等売渡請求の条件の適正さを検討する必要があるとされている[4]。

　スタートアップの買収取引では，優先株主であるVC等の外部投資家は，優先残余財産分配額相当分等の一定額を自らが回収できることが確保できれば，あえて，より一層高い企業価値での売却を行うインセンティブを持たない可能性がある。このような優先株主がリード・同意した，買収者が評価する企業価値に基づいて，普通株主に対するキャッシュ・アウトの価格が定められると，必ずしも公正価値とはいえないこともあり得る。普通株主である経営陣は，企業価値が十分に高く評価されずに自らのリターンが少なくなることを望まないはずだが，ドラッグ・アロングに拘束されている場合には，売却価格について交渉力を持つことができない場合がある。また，ドラッグ・アロングに従った処理が行われない場合でも，マネジメント・カーブアウト（第4章第1節参照）に従って経営陣が一定の報酬を得る場合や，買収者から買収後の地位を確約される場合等には，優先株主と買収者がリードすることによって示された企業価値をそのまま受け入れてしまうことも考えられる。したがって，キャッシュ・アウトにまでふみ込む場合には，スタートアップの取締役は改めて，買収者が評価した企業価値が公正なものであるか，慎重に検討することが求められる。

3　キャッシュ・アウトと拒否権

　全株式を売却する買収取引を立案しているにもかかわらず，株式の売却に同意しない株主への対処の方法としては，ドラッグ・アロングが合意されていればその行使を，合意がなかったり実効性が欠けていたりする場合にはスクイーズ・アウト（キャッシュ・アウト）を，それぞれ検討することになる。この際，会社法に基づく手続であるキャッシュ・アウトでは，優先株式を用いたスタートアップの資金調達実務に照らした特別な検討が必要になる場合がある。

　具体的には，(1)会社法に基づく各種類の優先株式による種類株主総会が必要

3　上場会社のMBO（マネジメント・バイアウト）の事案だが，レックス事件高裁判決（東京高判平成25年4月17日判時2190号96頁）は，MBO取引において取締役は公正な企業価値の移転を図らなければならない義務を負う旨を判示している（M&A法大系405頁以下参照）。

4　法務省民事局参事官室「会社法制見直しに関する中間試案の補足説明」第2部第3の1 (3)参照。

第5章 スタートアップM&Aのストラクチャー　667

とならないか，また⑵株主間契約や投資契約に基づく契約上の事前承諾が必要
とならないか，といった形で，いわゆる「拒否権」が問題になる。

(1) 種類株主総会

　第一に，キャッシュ・アウトを実施するために前記2⑵①の全部取得条項付
種類株式の取得による場合には，定款変更をして株式の内容として全部取得条
項を設けることについて，各優先株式につき種類株主総会の特別決議が必要
となる（会社法111条2項，324条2項1号）。それ以外の方法として②株式の併
合，③金銭を対価とする組織再編，④株式等売渡請求を利用する場合には，種
類株主総会の特別決議が必要となる可能性がある（同法322条1項1号の2・2
号・7号・11号，324条2項4号）。この種類株主総会は当該種類の株主に「損害
を及ぼすおそれがあるとき」に必要とされるところ，損害を及ぼすおそれがな
い，と確実に判断するのは難しい[5]。

　そのため，種類株主の機会主義的な拒否権の行使でキャッシュ・アウトが困
難とならないためには，あらかじめ定款で，種類株主総会の決議を要しない旨
を定めておく必要があり（会社法322条2項），実際にもそのように対応されて
いることも多い。スタートアップの定款では種類株主総会の決議事項は法定の
最小限のものに限定し，いわゆる投資家の「拒否権」は，契約上の権利として，
多数投資家（例えば，投資家の持分の過半数や3分の2）による事前承諾事
項として，株主間契約のみで定めることも近時は多い（第3部第4章第2節5）。
定款で限定がなされていれば，②から④までのキャッシュ・アウトで種類株主
総会は不要となる[6]。このような処理がされていれば拒否権の問題はクリアで
きているため，キャッシュ・アウトの実施を想定するM&A取引では，DDの際
に定款や株主間契約の定めをよく確認しておくべきことになる。

---

[5]　この点，種類株主には現金が交付されるので，他の種類株主との間で割合的権利関係
　　に変動が生ずるという意味での損害が及ぶことはない。しかし，株主価値に見合う対価で
　　あるかどうかが問題となり，この点が明らかではない場合には損害が及ぶとされる可能性
　　はある（会社法コンメ⑺348頁〔山下友信〕参照）。特に，株式の市場価格がない場合には，
　　株主価値に見合った対価であるとの立証は一般的には困難となる（江頭173頁注1参照）。
[6]　①の定款変更をして株式の内容として全部取得条項を設けることの種類株主総会の決
　　議は，②から④とは異なる種類株主総会であり（会社法111条2項，322条1項1号かっこ
　　書），定款で排除できない。もっとも，株式併合についてキャッシュ・アウトとしての規
　　定が整備され，株式等売渡請求が設けられた会社法改正後は，これらによることがほとん
　　どとなっている。

(2)　契約上の事前承諾事項

　前述の通り，株主間契約で，多数投資家による事前承諾事項として集約されていれば，その承諾を経て，少数株主の賛否にかかわらず，通常のキャッシュ・アウト手続を行えば，契約上の処理が果たされる。

　これに対して，個別の投資契約・株式引受契約で，個々の投資家がそれぞれキャッシュ・アウトに該当する行為に対する事前承諾権・拒否権を保有している場合，当該投資家の承諾も得なければ，その投資家との間での契約違反になる。また，株主間契約でも，一定の個別の投資家や各ラウンドの投資家による事前承諾事項とされている例も存在しないわけではない。契約上の義務違反に対して，株式買取請求権が定められていることもあるため，機械的に従うと，買取価格の定め方次第ではキャッシュ・アウトよりも高額となり，M&Aの妨げになる可能性がある。

　近時は，個別の投資家が拒否権を有するアレンジは少なくなってきたと思われるが，過去に結んだ契約で個別の拒否権が残っている例や，出資時に投資家の交渉力が強く要求される例もある。資金調達の際に，あらかじめエグジットの際の取扱いも念頭において契約条項を整備しておくことが重要である。

第3節　段階的買収

1　段階的買収の背景と特徴

　スタートアップの買収は，企業文化を保全しつつ，スタートアップの持つ価値をグループに取り込む。その過程で，買収したスタートアップのリーダーを，企業文化を創造・主導してきた起業家から，実務家であるスタートアップ側・買収者側双方のキーパーソンへと徐々に移行することにより，属人的な経営から組織的な経営に移行していくことが，スタートアップ買収のPMIにおける1つのモデルとなる。

　このような目的に対する手段として，スタートアップの株式を一気に100%買い取ること以外も考えられる。その1つが，「段階的買収」である。すなわち，前述の通り，スタートアップの支配権移転は，実際にはクロージングをスタート地点として，そこから時間をかけて段階的に行われる。そうであるとすれば，スタートアップ買収のストラクチャー自身も，段階的な支配権移転という実態

に合わせた形で組む発想があり得る。

　また，スタートアップの全株式を一括で取得することで買収を行う場合，みなし清算条項に基づき，優先株式を保有する投資家に優先的に対価が分配され，普通株式を保有する創業者や経営陣に対して，十分な対価を支払うことができない場合がある。対価の額自体が十分でなければ，例えばホールドバックやエスクローのように支払方法を工夫しても，買収後も経営陣に継続的に経営に関与してもらうインセンティブを十分に設計できず，結局，買収の成功確率は下がってしまう（これを調整するためのマネジメント・カーブアウトについては前述した）。

　これらの考慮をもとに，①一段階目の買収取引時に，買収者の子会社や持分法適用関連会社にするのに足りるだけの株式を取得し，②その後，一定の条件が達成された際に，創業者ら経営陣が引き続き保有していた残存株式を取得する段階的買収を行うことも考えられる。そして，一段階目の買収取引を行う際に，「買収後にスタートアップの業績が向上したり一定のKPIを達成したりした場合には，経営陣が保有する残存株式をその時の業績を加味した価格で取得する」ということをあらかじめ合意しておけば，一段階目の買収取引後も，経営陣に対して業績向上に対する一定のインセンティブを付与することができる。

　この場合の典型的なガバナンスとしては，第一段階としてスタートアップを子会社又は関連会社化して，買収者側が役員を1名程度送り込みつつ，将来的に第二段階として株式を買い増して子会社化することを想定し，契約等でそのための一定のアレンジを行うといった対応が考えられる。これについては後述する。

2　各フェーズで買取りの対象となる株式やプロセスの検討

⑴　株主の属性と買取対象株式の検討

　段階的買収の手法は，買収者による一段階目の取得に際して，将来の支配権移転の方向性が合意されていることが，通常のマイノリティ出資と異なる。買収者と起業家を含む株式の現保有者の双方が，二段階目以降の株式の売却にどの程度コミットするのかで，段階的買収には様々なバリエーションがあり得る。VC等の金融投資家はエグジットを前提に投資をしているため，保有株式が塩漬けにならないよう，買収者による株式買取りのコミットが欲しい。これに対して，事業会社等の戦略投資家は，事業戦略上の位置づけによっては引き

続き株式保有を通じた影響力を残しておきたいと考える可能性がある。起業家も，自身の会社経営への関与を継続するために株式保有の継続を希望する可能性がある反面，買収者の傘下に入るのであれば買収者に相応の価格で株式を買い取ってもらって自身は新たな事業創造に挑戦したいと考える可能性がある。

　このように考えると，通常，段階的買収の一段階目で買収者が買い取る株式は，VC等の外部投資家が保有する優先株式を中心としつつ，支配権の獲得に必要な追加分を，創業者らが保有する普通株式を買い取ることによって賄う。ただし，スタートアップの事業成長を確信している外部投資家の中には，買収者による将来の買収が見えているのであれば，一段階目で株式を売却しないでおきたいと考える者が出てくる可能性がある。また，事業提携の関係にある事業会社等の戦略投資家は，スタートアップの全株式を買い取る取引でなければ売却には参加しないと考える可能性もある。段階的買収を試みる場合には，このような可能性を考慮して，一段階目でどのくらいの株式の買い集めをするか（例えば，子会社化を目指すのか，まずは持分法適用を目指すのか）を設定して，投資家が売却に応じない場合には，普通株主から買い取ることにより目標となる株数を確保できるように，取引を検討する必要がある。

(2)　段階的買収を規律する既存のアレンジの確認と検討

　なお，買収対象のスタートアップにおいて締結されている株主間契約で，創業者（経営株主）の保有株式には，多数投資家等の事前承諾を要する譲渡制限や，先買権（Right of First Refusal）が付されているケースが多い。投資家の保有株式にも，抜け駆け的なエグジットを防止するために先買権やタグ・アロングが付されていることもある（第3部第4章第4節1・2参照）。そのため，株主間契約上の一定の手続を行うことや，投資家に先買権を放棄してもらうといった対応が必要になり得るため，DDの過程で株主間契約を確認し，必要なプロセスと交渉戦略を検討する必要がある。

(3)　段階的買収とストックオプション

　役職員が保有するストックオプションは，段階的買収の一段階目の時に，何らかの処理をしなければならないようには設計されていないことがある。無償取得等によるエクイティ・インセンティブの引継ぎ（第3章第1節）も，発行会社が任意に「できる」としていることが多い。他方，買収者側の事情として

も，一段階で100％買収を行うM&Aでは，将来行使されて株式に代わる可能性のあるストックオプションを残すことは想定されず，一定の処理をするインセンティブがあるのに対して，段階的買収の一段階目では，（仮にその後行使されて小口の株主が現れること自体は避けたいニーズがあるとしても）その時点で100％株主となっていないため，ストックオプションの処理が必須でない場合もある。

　もっとも，役職員がストックオプションの付与を受ける際には，スタートアップがIPOをしたときのキャピタルゲインを期待していることが通常である。また，M&Aの際にも，一定の換金や買収者側のエクイティ・インセンティブに転換されることを期待していることも珍しくない。そのため，IPOの可能性がなくなった，あるいは低下したことが明らかになる一段階目の買収で，役職員のモチベーションが低下することは避け難い。この課題に対処するため，一段階目の買収時に士気低下を回避する一定のインセンティブ施策を検討しなければならないこともある。この点は，将来のIPOを宣言する「スイングバイ」を志向した買収との異同が問題になる（第4節参照）。

3　段階的買収と追加的な買取オプション

　段階的買収を行おうとする買収者は，二段階目の取引の確実性を高めるため，一定の基準を満たした場合には，創業者や経営陣が保有する残余株式を買い取る権利（コール・オプション）を，買収契約で定めておくことを検討する必要がある。この追加的買取りの基準が明確になり，かつ残留する経営陣に適切なインセンティブとなる指標に基づいて買収に係る合意・契約を締結する必要があることは，アーンアウトの場合と同様である（第2章第2節参照）。「100％買収＋アーンアウト」のアレンジと，「段階的買収における追加買取り」の一番の相違点は，段階的買収では，買収者から見ると「残余株式については，買取りが完了するまでは株主ではない」ことになる。すなわち，段階的買収の場合は，買収者と残存株主との間で，追加的買取りの基準を満たしているか否かや，対価の算定について意見が対立すると，その間，買収者自身は100％株主としての行動をとることができない。合意に至らない場合，100％買収を望む買収者が，最終的には裁判所に訴訟を提起し，勝訴判決を得て，残存株主に対して強制執行をするというプロセスを経ることも必要になり得る。

　「100％買収＋アーンアウト」の手法でも，対価決定につき意見対立は起こり

得るが，株式は既に買収者に移転しているため，買収者の株主としての立場は安定している。基本的には，対価や，場合によっては株式の帰属を争う側である売主側が，法的手続に訴え出る必要があるという，デフォルト・ポジションの違いがある。

このように考えると，段階的買収では，買収者の立場からすると，「100％買収＋アーンアウト」の場合以上に，残存株式を買い取る権利（コール・オプション）をあらかじめ設定し，追加的買取りの基準や対価の算定式を明確にしておく必要性が高い。反対に，売主の立場からすると，残存株式が塩漬けにならないように，一定の基準を設けて買取請求権（プット・オプション）を求めることも考えられる。

なお，段階的買収のストラクチャーを採用する重要な動機の１つとして，まだ創業者から買収者グループに入ることについて，十分な納得が得られていないというケースが見られ，このような場合にはハードなオプションを買収者が得ることが難しいことも指摘される。このような場合には，買収者側としては，買収者が役員や資金，人材，顧客を提供し，スタートアップの業績向上のために買収者が欠くことができないという事実上の状況を創出しつつ，一段階目の株式の買い集めの段階で，残存株主である創業者らと締結する株主間契約で，買収後の株式処分を，買収が成功するケースと，失敗・セカンドオプションを要するケース等のいくつかのシナリオに分けて，シナリオごとに，株価算定の方法を含めた株式処分の規律を合意しておくことで，将来の不確実性を一定程度コントロールすることも考えられる。

4　段階的買収とアーンアウトの税務的考慮

段階的買収とアーンアウトには，税務面の差異もあり得る。アーンアウトにおいて支払われる対価が，個人である売主の所得税上どのような所得区分になるかや課税のタイミングは，アーンアウトの設計の仕方や事実関係によっても変わり得るもので，また裁判例や当局の取扱いも必ずしもはっきりしない部分が残る（第２章第２節５参照）。

特に，アーンアウトの税務上の難点の１つは，株式の売却取引が行われている一方で，対価の一部が後払いとされていることにある。これに対して，段階的買収における株式の追加的買取りは，残存株式の譲渡と追加的対価の支払が，二段階目の取引の際に対応して行われる想定なので，追加的対価は，売主の所

得税の計算上，譲渡所得に係る収入に区分されてキャピタルゲイン課税を受けるという取扱いが，比較的明確であるようにも思われる。アーンアウトにより創業者ら普通株主に買収後の業績向上のインセンティブを付与する方向で検討していたものの，税務上，その対価が個人である売主にとって譲渡所得として取り扱われることが極めて重要である場合，買収者において買収によって一度に100%獲得することが必須ではないのであれば，アーンアウトの代替手段として段階的買収を検討することも考えられる。

5 段階的買収と株式対価買収（株式交付）

段階的買収を行う際に，例えば一段階目の買収取引の際に，買収者の発行する株式を対価の全部又は一部として，スタートアップの株式を譲り受けることも考えられる。これにより，例えば一段階目の買収で，優先株主には現金を対価として支払いつつ，保有株式の一部を売却する創業者ら経営陣には買収者の株式を対価として交付することで，その後の，買収者グループの企業価値の向上に対するインセンティブを高める効果が期待できる[7]。このようなアレンジをするためには，定款や株主間契約等がこのようなアレンジを認めているかを確認した上で，場合によっては優先株主との交渉も発生する。

従前は，法制度上，株式を対価とする買収は，一括で100%の買収を行う場合でなければ難しかった。これに対して，2021年3月から導入された「株式交付」制度により，対象会社の全部ではなく一部の株式を，買収者の株式を対価として取得することや，一定の範囲で金銭を対価に含めても売主である株主の課税繰延べが可能となったことから，これを段階的買収で活用することも考えられる。株式交付制度の詳細については第6章第4節を参照。

---

7 この場合，対価の換金性・流動性が十分に高まるように，株式を対価として発行する買収者としては，基本的には上場企業が想定される。

674　第7部　スタートアップのM&A・組織再編

第4節　スイングバイ

1　スイングバイ：概要

スタートアップの買収実務における近年の例として，いわゆる「スイングバイ」の実務がある。スイングバイとは，もともと宇宙探査機が惑星の重力を利用して加速する航法を意味する言葉である。KDDIが，2017年8月にIoTプラットフォームを提供するスタートアップであるソラコムの買収をした際に，買収取引により大企業のグループ内でプロダクトや組織・販売体制を構築し，事業をグロースさせた上で，IPOによる二段階目のエグジットを目指すということを，宇宙探査機のスイングバイ航法になぞらえてスイングバイIPOと公称したことから，日本のスタートアップ業界で注目された。

ソラコムはその後，2022年11月の上場申請と2023年2月の一旦の上場申請取下げを経て，2024年3月に東京証券取引所グロース市場へ新規上場を果たしている。

2　段階的買収との相違—「オープン」な資本業務提携による成長モデル

段階的買収における一段階目の取引とスイングバイは，原則として優先株主がエグジットし，創業者ら経営陣は買収者の支配権獲得のために必要な範囲で株式を売却して手残り株式が生じる，という出来上がりとなる。この時点では，両者のストラクチャーは類似している。

他方で，段階的買収が，二段階目の取引を経た完了形としてスタートアップの100%買収により買収者グループへ完全に取り込むことを基本的に想定するのに対し，スイングバイは，完了形としてIPOを想定している点が大きく異なる。IPO後も，買収者が引き続きそのスタートアップを子会社や持分法適用関連会社とすることも考えられるが，その場合を含めて，基本的には上場企業であるスタートアップの経営の独立性は保たれ，買収者はよりオープンな形でスタートアップとの関係を築き上げることになる。

スタートアップ買収において，買収後のスタートアップの企業文化を保全するため，スタートアップに経営の独立性を確保することや，買収者グループへ

の参画後も引き続き経営陣が業績向上への強いモチベーションを維持する仕組みづくりが重要であった。スイングバイでは，将来的なIPOを目指すとパブリックに宣言することによって，買収者は，スタートアップを買収後も単なる買収者グループの子会社管理体制の一部とするのではなく，上場可能な独立企業として運営することを内外に示す。買収者内部でも，そのようなコンセンサスが取られた状態で買収後のスタートアップに向き合うという体制が取られることが重要である。

さらに，スイングバイでは，経営陣の手残り株式やストックオプションは，将来のIPOによって流動化を果たすことを買収者が市場に宣言することになる。これによって，ストックオプションを保有する従業員を含めて，スタートアップの役職員は引き続き事業成長によるIPOを目指して引き続きコミットをすることが期待でき，買収にあたって生じ得るモチベーションの低下や離職を防止することも可能となる。

また，スイングバイでは，将来のIPOを宣言することにより，買収者グループ内でのスタートアップの資本戦略についても，一定の柔軟性を確保する効果があることも指摘される。ソラコムの事例では，IPOの準備を本格化させる中で，KDDIの連結子会社であることは維持しつつも，それ以外の事業会社等と資本提携を含むパートナーシップを締結した旨が公表されている[8]。

なお，KDDIは，ソラコムが上場したのと同じく2024年3月に，AI事業を営むELYZAを連結子会社としたが，その際にもスイングバイIPOを目指すとしている。これらのほかにスイングバイを指向したスタートアップ買収の事例として，料理レシピアプリ「クラシル」を展開しヤフーの傘下入りしたdelyや，ブランドカバン等のレンタル「Laxus」を展開しワールドの傘下入りしたラクサス・テクノロジーズがある。

スタートアップの価値を企業グループ内に取り込むことを考えるにあたり，買収者1社でスタートアップを囲い込むのではなく，スタートアップをハブと

---

8 ソラコムの事例では，事業会社やVC計6社と，資本提携を含むパートナーシップを締結した旨が公表されている（https://soracom.com/ja-jp/news/20210610-1/）。各社の出資額は公表されていないが，KDDIの連結子会社からは外れないアレンジメントとなっており，VCを除く5社とはサービス面で具体的に事業上の提携をしてグローバル市場にリーチし，ソラコムとKDDIがインフラをそれぞれ担い，通信費を含めて回収するリカーリングモデルを構築するとの事業戦略が公表されている（https://thebridge.jp/2021/06/soracom-got-partnership-w-6-big-companies）。

して他社とオープンに提携する関係を作ることにより，結果として自らが得られる利益が囲い込む場合よりも大きくなる状態を作ろうとしたときに，スイングバイの手法を応用したオープンな形による買収戦略は，多くのスタートアップ買収の参考になると思われる。

3　スイングバイとセカンドオプション

　なお，ある案件を，スイングバイによる買収であると公表したとしても，実際に当初の計画どおりにIPOエグジットに至るとは限らない。起業家の目から見ると，過半数の株式を買収者に取得されることが想定されるため，買収者側の事情で，買収後のスタートアップの取締役を解任されることもあり得る。そのため，スイングバイが買収戦略というよりはマーケティング的な要素が強い手法ともなりかねない面もあることも指摘される。

　そのため，引き続きマイノリティの立場で株式を保有することとなる起業家としても，また起業家との間で円滑な協力体制（当初から想定されるIPOエグジットへ向けた協力だけでなく，その後の状況に応じた戦略転換にも協力してもらうための体制）を築きたい買収者としても，必要に応じて株主間契約等を締結した上で，起業家による保有株式のエグジットや経営への継続関与についてのルール，また戦略転換の場合の協議や場合によっての株式の処理等を定めておくことを検討することになる。

第5節　支配しない群戦略

　大企業によるスタートアップ買収の目的が，スタートアップの持つイノベーティブな事業や組織といった価値をグループ内に取り込むことにより，オープンイノベーションに取り組むことだとすると，買収取引も，スタートアップとの資本業務提携（いわゆるコーポレート・ベンチャリング）の一環であると考えることができる。このように考えた場合には，スタートアップの支配権の獲得に必ずしもこだわる必要はないという判断もあり得る。

　すなわち，事業会社やその出資組織であるCVCが，スタートアップに対するマイノリティ出資を行うとともに，業務提携・パートナーシップを形成することによる事業リターンと財務リターンを達成しようとするコーポレート・ベンチャリングを展開することによって，R&D機能の外部化をはじめとした，

自社グループのみでは達成できない技術・ビジネスの革新を達成しようとするオープンイノベーションを，一定程度達成することは可能である。このような取組みは，スタートアップを子会社に取り込まないことにより，スイングバイよりもさらにオープンな関係を期するものと位置付けることもできる。

　他方で，支配権を有しない個々のスタートアップと自社のみの一対一の関係だけでは，シナジー効果やネットワーク効果を活用したオープンイノベーションを最大限達成し，自社グループに還元することにも限界がある。そのような限界を，複数のマイノリティ投資先や自社グループを，一定の目的やビジョンの下で，ネットワーク的に結び付けることによって克服しようとする試みとして，いわゆる「群戦略」も挙げられる。詳細については別稿を参照[9]。

9　スタートアップ買収の実務251頁以下参照。

678　第7部　スタートアップのM&A・組織再編

第6章

株式対価による
スタートアップ買収

> スタートアップの株式を取得する際に，対価として買収者の株式等のエクイティ
> を用いることができるか。メリットは何か。手法としてどのようなものがあり得
> るか。

第1節　株式対価によるスタートアップ買収：総論

1　株式対価によるスタートアップ買収の意義

　第5章で，100％買収，段階的買収，スイングバイや，マイノリティ出資と
してのコーポレート・ベンチャリングとその応用である群戦略といった，「取
得する株式自体の割合やタイミング」に関する分類について検討した。これは，
金銭（現金）を対価としてスタートアップの株式を取得する買収を念頭に，ス
タートアップの特徴である，多様な属性と選好を持つ株主からどのようなス
テップで株式を取得すればよいか，またその際にスタートアップの強みである
イノベーティブな事業の創造を可能にする柔軟な組織や企業文化を引き続き発
展させていくために，どのようなストラクチャーを採用するのが良いか，とい
う問題をふまえたものである。

　これに対して，本第6章では，「取得する株式の対価」を，金銭に限らずど
のように設定するかについて，買収対価の種類に着目し，特に買収者の株式を
対価として，売主であるスタートアップの株主に交付するケースについて検討
する。スタートアップの株主は，最終的には流動性を持った投資回収を行うこ

とを想定しているが，支配権移転に伴う株式の流動化の方法として，キャッシュではなく，流動性の高い買収者の株式（エクイティ）を対価として受け取る方法も考えられる。エクイティを対価とする買収も，株式の取得対価の全てをエクイティで支払う方法から，キャッシュとエクイティを組み合わせる方法，数種類のエクイティを組み合わせる方法等，様々なバリエーションがある。

【第5章と第6章の関係】

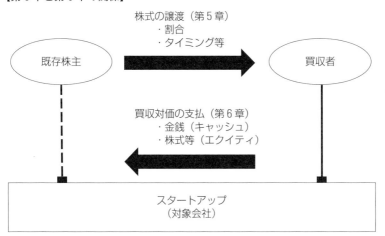

スタートアップ買収にとって，金銭以外の買収対価の種類を用いることには，単に支払手段の問題にとどまるものではなく，いくつかの利点がある。

① 交渉のギャップを埋めて取引そのものを成立させやすくすること
② 買収後もスタートアップの役職員がモチベーションを保ってグループに貢献することが期待できること
③ 買収者側がキャッシュを節約して積極投資を行うことができること

まず，①収益モデルが確立した社歴の長い会社に比べて企業価値評価が難しいスタートアップで，同様に価格が上下する買収者の株式を対価とすることによって，確定的な金額となるキャッシュによる買収よりも，買収対価の決め方に柔軟性を持たせることができる結果，買収の合意が成立しやすくなる効果が期待できる。

また，②スタートアップ買収後に，創業者ら経営陣，従業員のモチベーショ

ンが低下することによってスタートアップ買収が失敗する一要因は，保有するエクイティがキャッシュ化されてしまい，利益が確定してしまうことによる。買収後におけるスタートアップの事業活動が，非財務的な価値を含めて，買収者グループの企業価値向上に貢献することになるのであれば，スタートアップの役職員が，買収対価として買収者のエクイティを受け取ることで，買収後も引き続き高いモチベーションを保って，買収者グループの利益に貢献することが期待できる[1]。

　また，③買収者としては，キャッシュを節約することができるため，既存の事業に積極的な投資を行うためにキャッシュが必要な会社も，規模の大きなスタートアップの買収を積極的に行っていくことができるという利点もある[2]。

2　外部投資家との関係

　スタートアップの外部投資家のうちVC等の金融投資家は，シンプルに投資リターンを求める。非上場スタートアップの株式に投資をし，IPO後にこれを売却することによって投資リターンが確定することを想定しているので，投資していた非上場スタートアップの株式が，市場で売却可能な上場株式と適正価格で交換されるのであれば，通常は金融投資家にとっては受け入れ可能であるはずである。もっとも，日本では，実務的にはVC等の金融投資家も，キャッシュによるエグジットを選好する傾向が強いことも指摘されている[3]。

　これに対して，事業会社等の戦略投資家は，スタートアップが引き続きオー

1　買収者の株式を対価とすることが，起業家らに対する買収後のインセンティブとなることの裏返しとして，対価としてキャッシュを渡し切ることで，買収者である大企業側も，起業家のイノベーションを起こす力を本気でグループ内に取り込もうと考えていないというメッセージになってしまう可能性があるという指摘もある（スタートアップ買収の実務260～261頁参照）。

2　その他，「ロールアップ」（同業者を取り込んで市場シェアを獲得していく戦略）をとるスタートアップにとっては，エクイティを対価とする買収を行うことは，買収されるスタートアップの投資家に，引き続き同事業分野での投資機会を提供するとともに，規模の拡大によるIPOエグジットの可能性を高める取引として機能することも指摘されている。

3　日本ではVC等の金融投資家もキャッシュによるエグジットを選好する傾向が強いことの要因として，M&Aによるエグジットでは買収者のバリュエーション手法がIPOの場合と異なるため，企業価値評価が低くなる傾向があり，流動性について投資家がさらなるリスクを負うことを避けたいというニーズがあることや，金融商品取引法に定める上場株式の取引に関する諸規制の遵守体制等，上場株式のトレーディングのために必要な体制が十分に備わっていないことも影響しているという指摘もある（スタートアップ買収の実務259頁参照）。

プンイノベーションの戦略をとり続けるのであれば，買収者グループとのシナジーやスタートアップとの業務提携関係の継続が期待され，買収者が競合である等の属性の問題が生じない限り，買収者の株式を対価とする提案に強い拒否反応はないのではないかとも思われる。

ただし，スタートアップの既存投資家は多くの場合，買収取引について，株主間契約上の拒否権を持っている。また，株式譲渡の形で取引を行う場合，投資家が任意に合意しない場合，ドラッグ・アロングやスクイーズ・アウトといった手段を行使しない限り，買収が成立しない。このような制約の下で，キャッシュ以外により買収対価を支払おうと考える買収者は，現状の日本の実務を念頭に置くと，投資家に対しては，例えば対価を選択制にした提案とする等，柔軟な対価の提案を行うことも選択肢として必要となり得る。

第2節　株式対価による買収手法の概要

株式対価による買収の手法としては，一般的に以下のような方法が挙げられる。

---

① 株式交換

② 株式交付

③ 会社法に従った現物出資

④ 産業競争力強化法に基づく会社法の特例を用いた現物出資（③の派生形）

これらの手法ごとの特徴は次頁の表の通りである。いずれの手法を採用するかの一般的な考慮事項としては，表の項目のように，買収先である対象会社の株式の全部を買収するか部分買収か，買収先が日本の会社か外国会社か，株主総会決議の要否や反対株主の株式買取請求権の有無等の法律上の手続や，買収先の株主への課税の有無等が挙げられる。

その上で，スタートアップを買収する際に，自社株式を対価とする手法としては，それぞれ以下の手法が考えられる。以下，それぞれの手法をみていく。

---

(1) 国内スタートアップの100%買収：株式交換

(2) 国内スタートアップの一部買収　：株式交付

(3) 海外スタートアップの買収　　　：現物出資

　（※ただし(2)(3)は後述の通り株式交付に係る会社法改正が検討されている）

682　第7部　スタートアップのM&A・組織再編

【株式対価による買収手法の比較[4]】

		株式交換	株式交付	現物出資	産競法の特例を用いる現物出資
会社法上の規制の適用（有利発行規制・現物出資規制）		なし	なし	あり	なし
株主総会特別決議の要否	買収者	原則：必要 例外：不要（簡易要件を満たす場合）	原則：必要 例外：不要（簡易要件を満たす場合）	原則：必要（買収者が非公開会社の場合。公開会社でも，有利発行の場合は必要）	原則：必要 例外：不要（簡易要件を満たす場合）
	買収先（対象会社）	原則：必要 例外：不要（略式要件を満たす場合）	不要	不要	不要
税務上の取扱い	買収先の株主	自社株又は完全支配親会社株式のみを交換対価とするときは，株式譲渡損益につき課税繰延べ	金銭対価が20%以下である限り，株式対価に相当する部分についての株式譲渡損益につき，課税繰延べ	税制適格要件を満たさない場合，株式譲渡損益に課税	株式譲渡損益に課税
	買収先（対象会社）	非適格の場合は，対象会社に時価評価課税	時価評価課税なし	時価評価課税なし	時価評価課税なし
その他注意点		・全部買収に限る ・対象会社が日本の株式会社である場合に限る	・部分買収可 ・対象会社が日本の株式会社である場合に限る（※改正検討中）	・部分買収可 ・対象会社が海外の会社でも利用可	・部分買収可 ・対象会社が海外の会社でも利用可

4　M&A戦略186〜187頁参照。

第6章　株式対価によるスタートアップ買収　683

第3節　株式交換

1　概　要

　「株式交換」は，株式会社である買収者と買収先の会社の合意によって，買収者が買収先の発行済株式の全てを取得する制度をいう（会社法2条31号）。株式譲渡は，一般的に，買収先の各株主が売主となって株式譲渡について合意をし，株式譲渡契約（SPA）を締結することになる。これに対し，株式交換は，買収者と，買収先である対象会社の間で買収について合意をし，買収先の株主とは直接の合意をすることなく買収先の株式を取得することが特徴である。株主との個別の合意の代わりに，後で述べるように買収先の株主総会での承認が基本的に必要になる。

　株式交換は，以下の特徴を有している。

✓　買収者が買収先の株式を全て取得し，完全子会社化することが可能である
✓　反面，買収先の部分買収に用いることはできない
✓　買収者と買収先がともに日本の会社である必要があり，外国会社を直接の当事者とする場合には利用することができない[5]

　このような特徴から，株式を対価としてスタートアップを買収しようとする場面では，国内の買収者が，国内のスタートアップの株式の全部を取得する手法として想定される。

　株式交換では，買収により完全親会社になる買収者は「株式交換完全親会社」と，買収により完全子会社になる買収先スタートアップは「株式交換完全子会社」と，それぞれ法令上呼ばれる。模式図は次の図の通りとなる。

5　相澤哲編著『一問一答　新・会社法[改訂版]』（商事法務，2009年）212頁。

【株式交換の模式図】

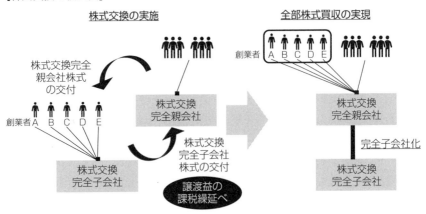

　自社の株式を対価として株式交換を行う場合のポイントは，おおむね以下の表の通りとなる[6]。

【株式交換における法務上・税務上のポイント】

法務	会社法上の手続	✓ 原則として株主総会決議が必要 ✓ 債権者保護手続は例外的な場合のみ必要 ✓ 反対株主の株式買取請求権あり
	金融商品取引法上の手続	✓ 募集規制あり
	独禁法上の手続	✓ 一定の株式交換については公正取引委員会への事前届出が必要となる（独禁法10条2項）
	契約の相手方からの承諾の取得	✓ 原則として不要（ただし，個別の契約にチェンジ・オブ・コントロール条項が定められている場合は必要となる場合がある）
	買収先の許認可	✓ 原則として買収先の許認可に影響はない
	買収先の潜在債務の承継リスク	✓ あり

6　M&A戦略118～119頁参照。

税務	買収先に対する課税	✓ 適格の場合は課税されないが，非適格の場合は時価評価課税 ✓ 繰越欠損金が消滅する場合あり
	買収先の株主に対する課税	✓ 常にみなし配当課税なし ✓ 対価が買収者又はその完全親会社の株式のみであれば譲渡益への課税は繰り延べられる ✓ 消費税は非課税
	買収者に対する課税	✓ 取得する株式の減価償却はない ✓ 資産調整勘定のメリットなし

なお，「株式交換」という名称であるにもかかわらず，実際に行われるのが「株式と株式の交換」ではない場合がある。株式交換の制度を用いる場合，買収先であるスタートアップの株式の全部を取得する対価として，買収者の株式以外，例えば金銭のみを対価として交付することもできる。そのため，前述の通り，金銭等を対価に支払い，スタートアップの株主の意思にかかわらず強制的に株式を取得する手法であるスクイーズ・アウト（キャッシュ・アウト）の手法としても，株式交換の制度が用いられる場合がある（第5章第2節2(2)）。

本第3節は，自社の株式を対価として交付することによるスタートアップの買収について見ており，文字どおりの「株式と株式の交換」の場面である。

2　手　続

株式交換を行うためには，会社法上，主に，以下の手続を経る必要がある。

✓ 買収者と買収先との間で株式交換契約を締結する（767条）
✓ 買収者と買収先の双方で事前開示書類を作成し，一定期間備え置く（782条1項，794条1項）
✓ 一定の場合には債権者保護手続が必要（789条1項3号，799条1項3号）
✓ 買収者と買収先の双方で，原則として株主総会の特別決議による承認が必要（783条1項，795条1項）
✓ 買収者と買収先のいずれでも，一定の要件を満たす反対株主は，公正な価額による株式買取請求権が認められる（785条1項，797条1項）
✓ 株式交換の実行後，買収者と買収先が共同して，事後開示書類を作成し，一定期間備え置く（791条1項2号・2項，801条3項3号）

686　第7部　スタートアップのM&A・組織再編

　なお，上場会社が自らの株式を対価とするスタートアップの買収では，いわゆる「簡易株式交換」を用いることができる場面も多いと思われる。簡易株式交換の大まかな要件は，買収者が買収先の株主に対して交付する対価が，譲渡制限のない株式（上場株式等）であり，対価の額が，買収者の純資産額の5分の1以下であり，いわゆる「差損」が生じない等の一定の要件である（会社法796条2項）。簡易交換に該当する場合の効果として，一定数の株主からの反対通知がなされない限り，買収者における株主総会の承認は不要となり，かつ，買収者の株主に反対株主としての株式買取請求権も認められない（同法797条1項ただし書）。

　公正な対価で買収が行われる限り，シンプルには，買収先スタートアップの企業価値が，買収者の純資産額の5分の1以下の規模である場合ということになるため，上場会社によるスタートアップの買収では，簡易株式交換に該当し，買収者側の手続が一定程度シンプルに行うことができる場合も多いと思われる。ただし，買収者側の手続負担の問題であり，買収先スタートアップの株主総会が必要になる等の負担は変わらないことには注意が必要である。

　また，これらの手続に加えて，買収者が上場会社で，非上場会社であるスタートアップに対して自社の上場株式を対価として株式交換を行う場合，買収者の株式の取得勧誘（募集）を行うことになるため，IPOで株式を公募する場合と同じように，有価証券届出書を提出することによる開示義務が問題になる（金商法4条1項）。もっとも，このような典型的な非上場スタートアップの買収で株式交換が行われる場合，対価として交付される上場株式について既に開示が行われている場合には，届出書の提出義務が免除されている（同項2号ロ）。

　ただし，届出書の提出義務の要否については具体的場面に応じて慎重に検討・確認をする必要があるほか，業務執行を決定する機関（マネジメント）が株式交換を行うことを決定した場合等一定の場合に，証券取引所の規則に従い適時開示を行う必要があること等，上場会社が当事者となる場合には，金商法や証券取引所の規則等について留意する必要がある。

3　税　務

　税務上の取扱いは，(a)買収先スタートアップ，(b)スタートアップの株主，(c)買収者において，それぞれ問題になる。成長途上のスタートアップを買収する場合，スタートアップの資産や，スタートアップの企業価値を示す株式には含

み益が生じている可能性があることから，株式交換のタイミングでは課税がなるべく生じずに将来に繰り延べられる方が望ましい場合が多いと思われる。本書の性質上，詳細な税務上の取扱いには立ち入らないが，スタートアップ買収の関係者が認識しておくべき基本的な点について触れる。

(1) 買収先スタートアップの課税関係

(a) 原則：非適格株式交換

原則として，買収先スタートアップは，スタートアップが株式交換の直前に保有する，時価評価の対象となる資産の評価益・評価損を，株式交換の日の属する事業年度の益金・損金の額に算入して，法人税を計算する（法法62条の9第1項）。株式交換では，スタートアップの株主が買収者の株式を直接取得するため，スタートアップに対しては何らのキャッシュも流入しないにもかかわらず，スタートアップに対して課税が生じ得る。

ただ，合併等と異なり，スタートアップが保有している全ての資産の評価損益を，税務上認識して課税がなされるわけではない。非適格株式交換で税務上の時価評価の対象となる資産は，固定資産，有価証券，金銭債権等に限定されている。また，資産の帳簿価額が1,000万円未満の場合には，時価評価の対象となる資産から除かれている（法令123条の11第1項4号）。したがって，例えば簿外資産であるのれん（自己創設営業権）等は時価評価資産に含まれないため，成長しているスタートアップであることだけを理由に，株式交換が行われた事業年度に法人税が課税されるわけではない[7]。

そのため，時価評価の対象となる資産に該当する資産を保有しない，あるいは少ないIT系スタートアップ等では，時価評価による法人税の課税が限定的であることから，非適格の株式交換による買収を選択する妨げにならない場合もある[8]。

7　ただし，有価証券である子会社株式は時価評価の対象となり得るため，買収先スタートアップがさらに子会社を有している場合は，時価評価を避けるために非適格株式交換を避けたい場合もあり得る。

8　同様の考慮によって，現金のみを対価とする非適格株式交換が，スタートアップの株式の全てを一段階で取得するキャッシュ・アウトの手法として選択肢となり得ることについて，第5章第2節2(2)を参照。

688　第7部　スタートアップのM&A・組織再編

(b)　例外：適格株式交換

　上の原則に対して，グループ内再編や，共同で事業を営むための株式交換に該当する場合等，いわゆる「適格」要件を満たす株式交換では，買収先が保有する時価評価の対象となる資産の評価益・評価損が，益金・損金の額に算入されない。

　本書の性質上，適格要件について詳細に記載することはしないが，大企業が株式交換を用いてスタートアップの買収を行おうとする場合，一旦50%超の支配権を取得してからグループ内再編として株式交換を行うような場面でない限り，事業規模等に照らして，適格要件を満たさない場合も多いと思われる[9]。

　なお，適格株式交換と非適格株式交換のいずれに該当するかは，適格要件を満たすかどうかによって自動的に決定される。適格要件を満たす場合に，例えば，意図的に評価損を計上するために非適格株式交換を選択することはできないし，あえて適格要件を充足しないようにスキームを設計した場合には，組織再編成に係る行為計算否認規定（法法132条の2）が適用される可能性がある。

(2)　スタートアップの株主の課税関係

　株式交換で，買収者の株式，又はその直接・間接の完全親会社の株式「のみ」が対価として交付される場合，買収先スタートアップの株主には，その時点では課税がなされない。株式交換で取得した買収者側の株式を処分する際まで，課税の繰延べがなされる（法法61条の2第9項，所法57条の4第1項）。株式を取得したのみで換金がなされていないことから，政策的に，課税上有利な取扱いが設けられている。

　これに対して，株式交換における買収の対価として，買収者の株式，又はその直接・間接の完全親会社の株式「以外」の資産が一部でも交付される場合，税務上は，スタートアップの株主は保有していたスタートアップの株式を譲渡したものとして取り扱われる。典型的には，現金を対価とするキャッシュ・アウトの手法として株式交換を用いる場合だが，株式を対価とする買収でも，買収者がスタートアップの発行済株式総数の3分の2以上を保有していない限り，対価の一部を現金等にしてしまうと同じ取扱いになる。これは，後述の株式交付と一部異なる。これにより，スタートアップの株主は，交付を受けた対価の

9　株式交換の適格要件については，M&A戦略122〜124頁参照。

第6章 株式対価によるスタートアップ買収 689

時価を譲渡対価とし，保有していたスタートアップ株式の簿価を譲渡原価として，おおむね差額について譲渡益・譲渡損が認識され，課税がなされる。

なお，合併や会社分割等の，買収先の会社から一定の分配を受ける組織再編成と異なり，株式交換では，文字どおり，買収者側の株式と，スタートアップの株主が保有していた株式が交換される以上，スタートアップの株主に対して，いわゆる「みなし配当」課税も行われない。消費税も非課税となる[10]。

株式交換によってスタートアップの株式を手放す株主にとっては，その株式交換がいわゆる「適格」か「非適格」かどうかで課税関係は変わらないため，受領する対価が買収者やその完全親会社の株式のみであるかどうかが重要になる。

(3) 買収者の課税関係

買収者である会社において，適格・非適格であっても，株式交換そのもののタイミングで課税は生じない。適格・非適格で差が出るのは，株式交換によって完全子会社化した買収先スタートアップ株式の,税務上の取得価額になる（法令119条1項10号・27号）。これにより，仮に買収先スタートアップを後で売却した際等に影響が生じる。

第4節　株式交付

1　概　要

株式交付（会社法2条32号の2）は，令和元年改正会社法によって創設された。対比すると，株式交換が，買収先スタートアップの全株主の同意があるか否かにかかわらず，その株式を全て取得して完全子会社化する手法である。これに対して，株式交付は，買収先の株主のうち自らの株式を任意に譲渡する者に対してのみ，買収者の株式等の対価を交付して，議決権比率が50％超となる子会社化をするもので，部分的な株式交換ともいわれている[11]。ただ，以下で説明するように，同意をする株主からのみ株式を取得し，手続としてはむしろ株式譲渡の一種といえる。また，株式交換よりも対価が柔軟に認められ，株式に加

10　消費税についても，株式交換はスタートアップの株主が保有していたスタートアップ株式を買収者に譲渡したものとみなされるので（消基通5-2-1），株式の譲渡と同様に非課税となる等（消法6条，別表第二第2号），株式譲渡と同じ取扱いを受ける。

えて一定程度金銭を対価にしても税務上のメリットがあることが特徴的である。

なお，株式交付は，株式交換と同様，買収者と買収先スタートアップの双方が日本の会社である必要があり，外国会社を直接の当事者とする場合には利用することができない[12]。

株式交付では，買収の結果として親会社になる買収者は「株式交付親会社」と，買収の結果として子会社になる買収先スタートアップは「株式交付子会社」と，それぞれ，法令上呼ばれる。模式図は以下の図表の通りである。

【株式交付の模式図】

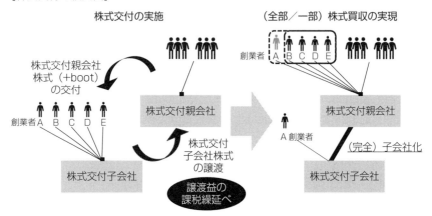

---

11 なお，株式交付は，その株式交付を行うことによって初めて買収先スタートアップの議決権比率50％超の子会社とするような株式取得にしか用いることができない。つまり，既に議決権比率50％超の株式を保有する子会社の株式を買い増す場面では株式交付を用いることはできない。また，議決権比率50％を超えていない実質支配基準での子会社の株式を買い増す場合には用いることができる一方，逆に議決権比率50％を超えない実質支配基準での子会社にとどまるような形で株式交付を行うことはできない。
　もっとも，規制改革推進会議の答申（「規制改革推進に関する答申～利用者起点の社会変革～」（令和6年5月31日））では，既に子会社である株式会社の株式を追加取得する場合や連結子会社化する場合にも株式交付を利用可能とすることを含め，株式対価M&Aの活性化に向けて令和6年度に会社法の改正を検討し，法制審議会への諮問等を行い，結論を得次第，法案を国会に提出するとされている。
12 規制改革推進会議の答申（前掲注11）における，株式対価M&Aの促進に向けた会社法改正の検討事項には，スタートアップ等の積極的な海外展開ニーズが高まっていることを踏まえ，外国会社を買収する場合にも利用可能とすることが含まれている。

第6章　株式対価によるスタートアップ買収　691

　買収者が，自社株式を対価としてスタートアップを買収して子会社化するものの，完全子会社とはせず，スタートアップの既存株主が一部の株式を継続して保有する場合には，株式交付を利用することが考えられる。スタートアップの経営陣に株式の継続保有を認めることにより，買収後もスタートアップの業績向上に対する直接のインセンティブを付与するような事例が典型的である[13]。

　この時，子会社となるスタートアップの株式を継続して保有することが意味のあるインセンティブになるためには，その株式に引き続きエグジット・換金の見込みがあることがポイントとなる。そのため，株式交付を，段階的買収や，スイングバイIPOを目指す場合等に用いることが考えられる（例えば，段階的買収と株式交付について，第5章第3節5参照）。

　なお，スタートアップが普通株式と優先株式を発行している場合，「みなし清算」条項の取扱いにおいて，通常は，株式交付は株式譲渡と同様の取扱いを受ける。

2　手　続

　1で述べた通り，株式交付は部分的な株式交換として整理されていることから，買収者（株式交付親会社）において会社法上必要な手続は，基本的に株式交換と同様となる。

- ✓　買収者が株式交付計画を作成する（774条の2，774条の3）
- ✓　買収者が事前開示書類を一定期間備え置く（816条の2）
- ✓　一定の場合には債権者保護手続が必要となる（816条の8第2項）
- ✓　買収者は，原則として株主総会の特別決議による承認が必要（816条の3）
- ✓　買収者の株主のうち，一定の要件を満たす反対株主は，公正な価額による株式買取請求権が認められる（816条の6）
- ✓　株式交付の実行後は，買収者が事後開示書類を作成し，一定期間備え置く（816条の10）

　これに対して，株式交換と異なり，買収先であるスタートアップ（株式交付子会社）においては，株式交付そのものについて，株主総会決議等の特段の手

13　上場会社の開示において，株式交付を用いて非上場のスタートアップの株式の一部を買収する場合に，このようなインセンティブ目的があることが示されていることも多い。

692 第7部 スタートアップのM&A・組織再編

続は不要である。株式交付も，買収先であるスタートアップの株主のうち，保有している株式を任意に譲渡する者に対してのみ，対価として買収者の株式等を交付する，株式譲渡の一種であることによる。

　もっとも，株式譲渡の一種である以上，そのための一定の手続や，スタートアップの経営陣の実際上の協力が必要になる。例えば，株式に譲渡制限が付されていることが通常であるところ，取締役会等による法令・定款に基づく譲渡承認が必要になる（会社法139条）。スタートアップの株主名簿の名義書換手続等も必要になる（同法130条）。

　また，株式交付においては，買収先であるスタートアップの株主からの申込みに基づいて株式を取得し，対価として買収者の株式を交付することになるが，この手続は，基本的に買収者の新株発行や自己株式の処分と同様の取扱いになる。

　なお，株式交換と同様，上場会社が株式交換を用いてスタートアップの買収を行う場合，いわゆる「簡易株式交付」を用いることができる場面も多いと思われる。大まかには，買収者が買収先の株主に対して交付する対価が，譲渡制限のない株式（上場株式等）であり，買収先スタートアップの企業価値が買収者の純資産額の5分の1以下の規模であり，かつ，いわゆる差損が生じない等の一定の要件を満たす場合には，一定数の買収者側株主から反対通知がなされない限り，いわゆる「簡易要件」を満たして，買収者において株主総会の承認は不要となり（会社法816条の4第1項），買収者の反対株主による株式買取請求権も認められない（同法816条の6第1項ただし書）[14]。

　また，上場会社が買収者となり株式交付を行う場合，買収者の株式の取得勧誘（募集）になることから，原則として金商法上の有価証券届出書の提出による開示が必要になる（金商法4条1項）。株式交換において設けられている届出義務の免除制度がない等，株式交換と若干異なる。他方，業務執行を決定する機関（マネジメント）が株式交付を行うことを決定した場合等の一定の場合に，証券取引所の規則に従い適時開示を行う必要があることは，株式交換と同様であり，いずれにしても上場会社が当事者となる場合には，金商法や証券取引所

14　規制改革推進会議の答申（前掲注11）における，株式対価M&Aの促進に向けた会社法改正の検討事項には，買収会社が上場会社である場合，市場における株式売却の機会が担保されていることを踏まえ，買収会社の反対株主の株式買取請求権を撤廃することが含まれている。

の規則等に留意する必要がある。

3　税　務

　株式交付において，税務上の取扱いは，株式交換と同じように(a)買収先スタートアップ，(b)スタートアップの株主，(c)買収者においてそれぞれ問題になり得るが，そのうち，(a)スタートアップと(c)買収者という2つの法人レベルでは，原則として課税は生じない。株式交付によるスタートアップ株式の移転は株式譲渡の一種であり，また一方で，対価として買収者の株式を交付することは第三者割当増資（自己株式の処分を含む）と類似の取引であることによる。

　その上で，税制上，(b)スタートアップの株主に対する課税が，緩やかな要件で繰り延べられることが認められている。具体的には，スタートアップの株主が交付を受けた買収者株式の価額が，株式交付による対価の合計額（典型的には買収者株式＋金銭）の80%以上であり，株式交付後に買収者が同族会社（非同族の同族会社を除く。おおまかには特定の一族が支配する会社等が該当する）に該当しない場合，対価である買収者株式の価額分について，譲渡損益の計上が繰り延べられる（租特法37条の13の4第1項，66条の2の2第1項）。シンプルに考えると，「スタートアップの株主が，株式交付の対価の20%分まで金銭で受け取っても，手放したスタートアップ株式のうち現金を受け取った部分のみ課税が生じ，株式で受け取った部分について課税繰延べが認められる」ということになる。株式交換においては，金銭を一部でも対価に含めた場合，全体として課税繰延べが認められないことと異なる。

第5節　現物出資

　現物出資は，買収者から見た場合，買収先スタートアップの株主から，スタートアップの株式を現物出資財産として受け入れて，対価として買収者の株式を発行する。会社法上は，単純に金銭の代わりに現物出資を受けて買収者が株式を発行するため，買収者において必要な手続は新株発行の場合と基本的に同様となる。また，買収先スタートアップの株主が行う行為であるため，買収先スタートアップにおいては株式の譲渡承認や株主名簿書換等を除き，特段の手続は必要ない。

　一方で，通常の現物出資は，買収者において有利発行として株主総会の特別

694 第7部 スタートアップのM&A・組織再編

決議が必要となる可能性があることや，検査役による調査にかかるコストや日程の不確定さ，また取引完了までに現物出資財産であるスタートアップ株式の価額に変動が生じた場合に売主や買収者の取締役等が不足額の填補責任を負う可能性がある等，実務上の支障が多く存在する。そのため，通常の現物出資は，株式対価による買収において用いることが困難とされてきた。

　これらの支障があるため，産業競争力強化法（産競法）は，買収者が「事業再編計画」の認定を受けて「認定事業者」となることにより，事業再編計画に基づいて行われる株式対価M&Aとして行う現物出資については，会社法による一定の規制を適用しないようにする特例を認めている（産競法30条）。

　もっとも，事業再編計画の認定を受ける負担等の理由で，株式交付の制度が導入されるまで，産競法に基づく特例は，公表事例によれば1件[15]しか用いられなかったとされている。また，詳細は省略するが，通常の現物出資も，産競法に基づく特例も，売主である株主について課税の繰り延べがされるための要件を満たすことは困難となる。

　このような理由から，現在は，簡易な手続で同様の効果を得られる株式交付制度が設けられ，課税上の優遇措置も設けられた。そのため，今後，実際にどこまで活用がなされるかは未知数だが，産競法に基づく特例を用いた現物出資を利用して株式を対価とする買収を行うことが考えられるのは，株式交付を用いることができない場面，例えば海外のスタートアップを買収する場合や，既に議決権比率50%超の株式を保有している子会社の株式を買い増す場合等があり得る（ただし，これらの点は株式交付に関して会社法改正による対応が検討されている[16]）。

15　データセクションによる，チリ法人であるJach Technologyの買収の事例。
16　前掲注11及び12参照。

第7章

買収契約と買収後の運営・株式の取扱い

> スタートアップM&Aの契約にはどのような内容が盛り込まれるか。M&A取引の実行や，実行後の会社運営や株式の取扱いに関する事項は，それぞれどのような特徴を有するか。

　ここまで，買収プロセス及びストラクチャーについて，スタートアップM&Aにおいて特徴的な点を中心に検討してきた。これらをふまえ，改めて，株式譲渡によることを念頭に，①M&A取引の実行についての最終契約（株式譲渡契約等）の典型的な内容と，②買収後の会社運営や，残存株式の取扱い等について定める契約とその内容について検討する。

　なお，このような①取引の実行それ自体と，②実行後の会社運営や株式の取扱い等についてそれぞれ規律する構造は，スタートアップの株式による資金調達ラウンドにおいて，①株式引受契約と，②株主間契約とに分類して締結される構造と，一定程度類似する面がある。

第1節　スタートアップの買収の実行に係る最終契約 （株式譲渡契約等）

1　最終契約：総論

　各種DDの完了後，又は並行して，買収の実行に係る最終契約（通常は，株式譲渡契約及び以下で述べる関連契約）の作成と交渉を進めることになる。最終契約では，まず株主や潜在株主が応じることができる買収ストラクチャーや

696 第7部 スタートアップのM&A・組織再編

買収価格を設定する。その上で，DDによって検出されたリスクを，買収者と売主である既存株主の間で分配したり，買収実行の前後を通じて当事者が協調してリスク低減を図るメカニズムを設計したりすることになる。

最終契約として，株式譲渡の手法による場合には，株式譲渡契約が締結される[1]。この際，株式に加えてストックオプション等の新株予約権を買い取る場合，そのための契約も締結する必要がある。新株予約権譲渡契約として別途締結することもあるが，新株予約権の譲渡を含めて1つの契約とすることもある。その場合は「株式等譲渡契約」等とすることも考えられるが[2]，以下では，説明の単純化のために「株式譲渡契約」と呼ぶ。

その上で，段階的買収等のストラクチャー次第で株主間契約や経営委任契約が締結されることになり，また，業務提携契約やライセンス契約が合わせて締結されることもある。株主間契約や経営委任契約については，次の第2節で検討する。

2 株式譲渡契約の内容

シンプルな株式譲渡契約では，一般的には以下のような条項が規定される。

---

(1) 株式の譲渡（株式の数や譲渡価額）
(2) クロージング（株式の譲渡の実行）
(3) 表明保証
(4) 誓約事項
(5) 前提条件
(6) 補償条項
(7) 解除条項・一般条項（秘密保持，準拠法等）

その上で，新株予約権の譲渡や，これまで見てきたスタートアップM&Aに特徴的な対価の支払やリスク分配についても定める場合，例えば，以下のよう

1　合併，株式交換，株式交付等の会社法上の組織再編の手法による場合は，会社法における法定事項を規定する契約（吸収合併契約，株式交換契約等）については比較的シンプル・標準的な内容で締結され，法定事項以外の合意事項については別途詳細な契約を締結する（統合契約等と呼称される）ことが一般的となる。
2　英文契約の場合，Stock Purchase Agreement（株式譲渡契約）の代わりに，Securities Purchase Agreementという名称及び形式とされることがある。

第7章　買収契約と買収後の運営・株式の取扱い　697

な内容となる。

---

(1)　株式・新株予約権の譲渡（株式・新株予約権の数や譲渡価額）
　✓　新株予約権の処理
　✓　クロージング時点の譲渡価額の調整
　✓　アーンアウト
(2)　クロージング（株式・新株予約権の譲渡の実行）
　✓　ホールドバック
　✓　エスクロー口座への支払
　✓　（必要があれば）クロージング後のスクイーズ・アウト
(3)　表明保証
(4)　誓約事項
　✓　株主間契約上の権利義務の処理
(5)　前提条件
(6)　補償条項
　✓　表明保証保険の取扱い
(7)　解除条項・一般条項（秘密保持，準拠法等）

---

(1)　株式・新株予約権の譲渡と譲渡価額

　大前提として，株式の譲渡（売買）を行うためには，目的物である譲渡の対象となる株式数と，その対価としての譲渡価額について合意する必要がある。

　この際に，ストックオプションやワラント等の新株予約権の譲渡についても併せて合意することがある。例えば，ベスト（権利確定）されたストックオプションはネット・バリューを対価として譲渡され，アンベスト（未確定）のストックオプションは買収者のエクイティ・インセンティブを代わりに交付する等の選択肢があった（第3章第1節2）。これらの処理について，狭義の譲渡や譲渡価額の定めではない事項も含め，ここで併せて規定することがある[3]。

　譲渡価額については，固定額で合意する場合のほか，スタートアップに限らないM&Aでの一般的な価格調整として，クロージング日時点の財務状況等に応じてクロージング後に譲渡価額の調整が行われる場合等がある（ワーキング

3　税制非適格ストックオプション（税制適格として発行されたが，保管委託要件を満たさないこと等により非適格として行使される場合を含む）のように行使をする場合に源泉徴収が必要であれば，その処理等について定める場合もある。

698　第7部　スタートアップのM&A・組織再編

キャピタル調整等)[4]。

　その上で,売主間での譲渡対価の割付けについても問題になる。スタートアップが対象会社である場合,優先残余財産分配権による株主間の分配や,ストックオプションのベスティングが進行すること等により,株主・新株予約権者の間における譲渡対価の割付けが複雑になり,最終契約の締結時には対価の割付けが確定しない(クロージング時に一旦確定をする)こともあり得る。そのため,株式譲渡契約において,株主・新株予約権者間で合意された譲渡対価の割付方法に基づいて,買収対価の総額をそれぞれの株主・新株予約権者に割り当てる一覧表(Consideration Spreadsheet)を,売主の責任においてクロージング時までに正確に作成することを義務付け,それに従って譲渡対価を割付けるという工夫をすることもある。

⑵　クロージング(株式・新株予約権の譲渡の実行)

　クロージングの条項では,売主によるスタートアップの株式や新株予約権の買収者に対する移転の時期及び方法と,反対に,買収者による売主に対する譲渡価額の支払の時期及び方法が規定される。通常はこれらが同時に行われること(引換給付)が明示される。

　売主による株式の移転の方法として,スタートアップの多くが該当する株券不発行会社である場合には,株主名簿の書換えを行うために,売主が記名押印済みの株主名簿の名義書換請求書(新株予約権については新株予約権原簿の名義書換請求書)を買収者に対して交付する旨が定められることが多い。

　買収者から売主に対する譲渡価額の支払は,クロージング日に買収者から売主に対して譲渡価額全額を支払う場合はシンプルである。他方,クロージング日には譲渡価額の一部を留保すること(ホールドバック)や,譲渡価額の一部を売主ではなくエスクローの目的で開設された口座に支払う場合もあることは前述した(第2章第4節)。また,アーンアウトの条項(第2章第2節)を設ける場合には,譲渡価額の後払いとしての規定を設けることになる。

　また,一段階で全株式の取得をする想定である場合,クロージング時までに全ての株主から譲渡についての合意が得られるとは限らない。このような場合を念頭に,クロージング後速やかにスクイーズ・アウト(キャッシュ・アウト)

4　M&A契約29頁以下参照。

第7章　買収契約と買収後の運営・株式の取扱い　699

を行うこと（第5章第2節2(2)），及び，売主やスタートアップはこれに必要な協力をすることについて合意をすることもある。

(3)　表明保証

表明保証の条項では，株式譲渡契約の各当事者が，一定の事項が真実かつ正確であることを相手方当事者に対して表明し，保証する旨が規定される。

売主による表明保証事項には，売主自らに関する事項及び売買の目的物であるスタートアップの株式に関する事項に加えて，譲渡価額の算定等の前提とされたスタートアップ（対象会社）の企業・事業・財務状況その他の状況も含まれ得る。スタートアップ自身が株式譲渡契約の当事者となり，これらの事項について表明保証を行う場合もある。なお，特に多数の株主が存在し得るスタートアップのM&Aにおいて，誰がどのようにスタートアップに関する表明保証を行い，違反した場合の補償責任を分担するかは論点であった（第2章第3節2参照）。

表明保証の内容は，例えば以下の事項が規定されるが，その範囲及び内容については案件ごとにより異なる。なお，買収者による表明保証は，売主に関する表明保証と，一部を除いて同程度[5]の内容となることが通常である。

売主（一部は買収者）に関する表明保証
➢　有効な設立・存続
➢　契約の締結及び履行に関する権限
➢　内部・外部手続の履践
➢　契約の有効性・執行可能性
➢　倒産手続等の不存在
➢　契約の締結・履行に関する法令・判決・契約等の違反の不存在
➢　反社会的勢力等との関係の不存在等
➢　譲渡の対象となる株式に関する事項
買収対象のスタートアップに関する表明保証
➢　スタートアップの有効な設立・存続

5　例えば，譲渡の対象となる株式に関する事項は，保有者である売主が表明保証すべき事項であり，買収者は表明保証を行わない。

700 第7部 スタートアップの M&A・組織再編

- ➤ 倒産手続の不存在
- ➤ 株式・潜在株式に関する事項
- ➤ 契約の締結・履行に関する法令・判決・契約等の違反の不存在
- ➤ 計算書類の正確性
- ➤ 直近の計算書類の基準日以降の後発事象の不存在等
- ➤ 潜在債務・偶発債務の不存在
- ➤ 法令等の遵守
- ➤ 事業に必要な許認可の状況
- ➤ 重要契約の存続・有効性
- ➤ 重要な資産（知的財産を含む）の保有及び状況に関する事項
- ➤ 人事労務・年金等に関する事項
- ➤ 訴訟・紛争に関する事項等
- ➤ 税務に関する事項
- ➤ 情報開示の正確性等

⑷ 誓約事項

　誓約事項の条項では，M&A取引の実行に向けて，クロージング日前に売主・買収者のそれぞれが行うべき行為や禁止行為が規定される。場合によっては，買収の実行後において両者の遵守すべき事項が規定されることもある。

　誓約事項として規定される事項としては，売主の誓約事項が中心になる。例えば以下の事項が挙げられるが，その範囲及び内容については案件ごとに異なる。スタートアップにおいては，特に株主間契約上の事前承諾事項等，M&A取引を実行する際に経るべきプロセスを履行することについて定めておくことが重要になる場合も多い。

クロージング前の誓約事項[6]

① スタートアップの運営に関する義務（通常業務の範囲内でのみ事業を行う義務）
② スタートアップにおける譲渡承認決議の取得
③ 法令等に基づき必要となる手続の履践
④ 契約に基づき必要となる手続の履践（株主間契約上の事前承諾事項や，第三者との契約におけるChange of Control（CoC）条項の対応）
⑤ スタートアップの役員等の変更に向けた手続の履践

6　これらのうち，①から⑧については売主の誓約事項，⑨⑩については売主及び買収者の誓約事項となることが通常である。

第7章　買収契約と買収後の運営・株式の取扱い　701

⑥　DDで発見された問題点の解消に関する義務
⑦　独占交渉義務
⑧　買収者側によるスタートアップの情報へのアクセスを認める義務
⑨　表明保証違反が判明した場合等の通知義務
⑩　前提条件を充足するための努力義務

クロージング後の誓約事項
①　売主による競業避止義務や勧誘禁止義務 ②　買収者によるスタートアップの雇用維持の（努力）義務等

(5)　前提条件

　通常，クロージングにおける売主及び買収者の義務の履行（売主による株主名簿名義書換請求書の引渡し，買収者による譲渡価額の支払等）に関し，前提条件が規定される。各当事者は，自らの義務の履行の前提条件が充足されない場合には，クロージングを行わないことができる。

　前提条件として規定される事項は，売主と買収者について，例えば以下の事項が挙げられるが，その範囲及び内容については案件ごとに異なる。

売主による義務の履行の前提条件
➤　買収者の表明保証が真実かつ正確であること ➤　買収者の誓約事項の違反の不存在 ➤　許認可・競争法上の届出等

買収者による義務の履行の前提条件
➤　売主の表明保証が真実かつ正確であること ➤　売主の誓約事項の違反の不存在 ➤　許認可・競争法上の届出等 ➤　株式譲渡の承認 ➤　関連契約（株主間契約／経営委任契約，業務提携契約）の締結等 ➤　一定割合の株主・新株予約権が売主として加入していること（後述） ➤　辞任役員の辞任届 ➤　第三者の同意の取得，第三者に対する通知（Change of Control（CoC）条項の対応） ➤　キーマン条項 ➤　スタートアップの財務状態，経営成績，事業等に重大な悪影響を及ぼす事由の不発生（いわゆるMAC条項）

(6) 補償条項

　補償条項では，ある当事者に株式譲渡契約の表明保証違反，誓約違反その他の義務違反があった場合に，当該違反による損害を補償・賠償等する旨の合意が規定される。

　売主としては，スタートアップの企業・事業内容に関する表明保証違反等によりクロージング後に過大な補償責任を負うことを避けるため，補償の制限（金額の制限及び期間の制限等）を求めることが多く，この点は交渉上のポイントとなる。表明保証保険を利用することによりリスク分配を図ることもあることは前述した（第2章第5節）。

(7) 解除条項・一般条項

　株式譲渡契約では，一定の解除事由が発生した場合に，クロージング前に限って契約を解除することができる旨が規定されることが通常である（解除条項）。クロージング後，すなわち株式の移転と，代金の一部又は全部の支払が完了した後は，M&Aに伴う事業活動も開始しており，法律上・事実上，取引がなかった状態に完全に巻き戻すことは困難であるため，一方当事者による解除を認めず，補償条項に従って金銭による解決をすることが通常である。

　解除事由としては，相手方による重大な表明保証違反や義務違反，相手方の倒産手続，一定の期限（Long Stop Date）までに取引が実行されない場合等が設けられる。

　また，いわゆる一般条項として，守秘義務や紛争になった場合の準拠法・裁判管轄等の規定も定められる。一般条項の例として，以下がある。

> ➢ 　守秘義務
> ➢ 　公表
> ➢ 　費用負担
> ➢ 　完全合意
> ➢ 　準拠法及び管轄

(8) 当事者と署名欄・加入契約

　(2)で見たように，一段階で全株式の取得をする想定である場合，クロージング時までに全ての株主から譲渡についての合意が得られるとは限らない。また，新株予約権の譲渡についても新株予約権者との間で合意がなされる場合がある。

第7章　買収契約と買収後の運営・株式の取扱い　703

このように，買収者が取得すべきスタートアップのエクイティの保有者（株主・新株予約権）が小口かつ多数に及ぶことから，スタートアップの株式譲渡契約では，①まずは，買収者と，創業者や大株主といった主要な売主との間で一本の株式譲渡契約を締結した上で，②その株式譲渡契約に，クロージングまでに，小口株主や新株予約権者が売主として参加するという形式をとることがある。出資に際して後続の投資家が株主間契約に追加的に加入するのと類似した方式であり，これらの追加売主は，署名欄やシンプルな加入契約書（Joinder）にサインをして交付をすることにより，株式譲渡契約の当初売主と同様の拘束を受けることになる。一定割合の株主・新株予約権者が売主として加入していることが，クロージングの前提条件（CP）の1つとされることもある[7]。このような方式は，グローバルなスタートアップの買収ではよく見られるが[8]，日本では，人数次第だが単純に売主ごとに株式譲渡契約と新株予約権譲渡契約が締結される場合も多い[9]。

第2節　スタートアップの買収後の運営・株式の取扱い

1　スタートアップの買収後を見据えた契約とその内容：総論

スタートアップ買収における最も重要な交渉事項の1つとして，買収後のスタートアップの運営に関する事項が挙げられる。「スタートアップの事業をグループに取り込むことで，イノベーションや新規事業を創造する」という戦略的な目標を実現するためにスタートアップを買収する際のポイントとして，例えば次の3点があった（第1章第1節1）。

7　例えば，キャッシュ・アウト（スクイーズ・アウト，第5章第2節2⑵）をするに足りる，議決権が3分の2以上や90%以上となる株主の加入をCPとする等。
8　前述したように売主を創業者に一本化する取引では（第1章第4節2），本文で述べたような形式はとられないことになる。
9　この場合，売主の目線からは，他の売主と内容が異ならないよう，（実質的に）同じ内容の株式譲渡契約や新株予約権譲渡契約が締結されていることがクロージングの前提条件とされ，クロージング時の交付書類としてそれらの写し全てを各売主にも交付することが想定される。

704　第7部　スタートアップのM&A・組織再編

> ① スタートアップの企業文化を保存した形で買収する方策を考える
> ② スタートアップの企業文化を作り上げた創業者が買収から一定期間後に
> 　去ってしまうことを前提に買収の手法を考える
> ③ 実務運営を担うキーパーソンが，高いモチベーションを持って引き続き働
> 　いてくれるような手法を考える

　スタートアップ買収では，経営株主が一定期間留任することが多く，経営株主と買収者の間で，スタートアップの運営に関する事項を規定した「経営委任契約」や「株主間契約」を締結する。経営委任契約と株主間契約の違いは，買収ストラクチャーによることが多い。経営株主がM&A後もスタートアップの株式を保有しない場合（全株式の取得）には「経営委任契約」のような名称・形式で締結されることが多い一方[10]，引き続き株式の一定割合を保有する場合（段階的な買収やスイングバイ）には，「株主間契約」のような名称・形式で締結されることもある。

　経営委任契約や株主間契約で規定される事項には，例えば以下がある。交渉にあたって重要なポイントは，上の通り，移行期間と企業文化の保全，買収後の経営株主対応，キーパーソン対応ということになる。これらのポイントを以下の事項にどのように反映させていくかを見ていく。

【買収時に買収者と創業者・経営株主の間で締結される契約】

経営委任契約で規定される事項の例（経営に関する事項）	
経営株主の義務・スタートアップの運営	・買収者から経営株主に対するスタートアップの経営の委任 ・スタートアップの機関設計／役員構成 ・経営陣の役職／任期／解任事由

10　典型的にはバイアウト・ファンドによる買収実務を念頭に，（ほぼ）全株式を取得して支配権を獲得した会社の経営を，従前の経営者や外部から招聘したプロ経営者に委ねるために，「経営委任契約」を締結することが多い。もっとも，このような「委任」という表現や前提となる思想が，買収者が資本の論理により「上」からの意向に従うことを求めることを示唆しているとして，オープンイノベーションを達成するためのスタートアップの買収においては，買収者と創業者が対等な当事者間のオープンな協力関係であることを正面から捉えた上で，契約形式や内容を構築すべきであるという指摘もある（スタートアップ買収の実務226頁注1参照）。

	・経営陣の善管注意義務／職務専念義務／競業避止義務／勧誘禁止
	・事前承諾事項（子会社管理規程の適用）
	・役員報酬その他のインセンティブ
株主間契約固有の事項の例（株式の取扱い）	
経営株主の株式の取扱い	・経営株主の株式の譲渡制限
	・経営株主の株式の買取り（エグジット）
	・買収者が第三者にスタートアップの株式を譲渡する場合のドラッグ・アロングやタグ・アロング

2　スタートアップの運営に関する合意

　スタートアップ買収における最も重要な交渉事項の１つとして，買収後のスタートアップの運営に関する事項が挙げられる。買収者としては，スタートアップのイノベーティブな組織体や事業の魅力をいかに損なわずに買収後の運営をするかは，買収の目的達成にとって重要になる。事業を売却する側である起業家も，自らのビジョンに基づき設立して育て上げてきた組織と事業が買収によって瓦解しないように，その運営に強い関心を持っている。また，買収後も，少なくとも一定期間は引き続き経営を主導することが多い。そのため，買収者と起業家（経営株主）との間で，買収スタートアップの運営について合意する必要性が高い。

　創業者はスタートアップの企業文化や人材に対して大きな影響力を有しており，このような有形・無形の影響力は，買収者が株式の全てや過半数を取得して，法的なコントロールを得ることだけで手に入るものではない。買収が実行されても，買収者と創業者は，双方が合意する共通のゴールに向かって，互いに協調し合う関係にあることが強調される。一方で，起業家である創業者は，買収後のグループ傘下で未来永劫「子会社社長」としての地位にとどまるよりも，新たな事業を創り出していくことの方が得意であり，移行期間が終わると経営から退くこともむしろ自然なことともいえる。

　そうすると，経営委任契約や株主間契約の役割は，あくまで移行期間におけるスタートアップの運営を合意するものであると位置付けた上で，経営株主の辞任を縛る期間についても移行期間と揃え，移行期間中は（仮に株式の100%

買収をしていたとしても），経営株主による従前の企業文化の良い面を守りながら買収者の企業文化にどう統合していくかを検討して実行し，移行期間の経過により，完全に買収者への統合が完了すると考えることが実務上望ましい。

このように考えると，スタートアップの買収は，一段階での100%買収か，段階的買収かといった株式に関係するストラクチャーに必ずしもかかわらず，一般的に，移行期間を経て段階的に買収が進展・完了していくものであるということも可能である[11]。

以上を前提に，経営株主の義務及びスタートアップの運営に関して，経営委任契約又は株主間契約で合意する内容の例として，以下のような内容が考えられる。当然ながら，他の契約以上に個別性が強く，事案に応じて設計する必要がある。

項目	内容の例
買収者から経営株主に対するスタートアップの経営委任	経営委任の期間は移行期間と揃える
スタートアップの機関設計／役員構成	・買収者は取締役会の過半数を派遣しないことも検討 ・買収者からの派遣役員は，親会社から十分な権限移譲がなされ，買収後のスタートアップのマネジメントにコミットし，スタートアップの経営陣からも信頼されている者が就任することが想定
経営陣の役職／任期／解任事由等	・役職は基本的に従前どおり ・任期は移行期間と揃える ・解任事由等は一般的な事項を規定
経営陣の善管注意義務／職務専念義務／競業避止義務／勧誘禁止	左記の義務も移行期間内に限定 ※競業避止義務／勧誘禁止義務は移行期間経過後一定期間となることもある
事前承諾事項	子会社管理規程の適用につき一定の例外事項を合意

---

11 このように考えると，スタートアップ買収のストラクチャーも，段階的買収とすることが基本となるという考えもあり得る。

第7章　買収契約と買収後の運営・株式の取扱い　707

役員報酬その他のインセンティブ	経営株主やキーパーソンに対するインセンティブ設計について合意（後述）
その他の事項	移行期間中，オフィスを買収者のもとに移さない 移行期間中，社内システムを買収者のものと統合しない

3　経営株主の株式の取扱い

　買収者が株式全部を一括して譲り受けず，経営株主等に手残りの株式が発生する場合には，買収契約や株主間契約で，株式の取扱いについて定める必要がある。定めるべき内容は，典型的には，以下のような事項を組み合わせて規定する。もっとも，具体的には，段階的買収やスイングバイ等，第一段階の株式譲受後にどのような想定をしているかによって異なる。

　なお，名称や権利内容は，第3部で述べた，スタートアップの資金調達における株主間契約で定められる株式の処理に関する事項と類似しているが，買収者が支配権を有している場面であることによる特色や留意点がある。

株主間契約で規定される株式の取扱いの例と留意点

(1)　経営株主の株式の譲渡制限
　　・一律の譲渡制限（譲渡承認を要する）
　　・一定の譲渡を認める場合の買収者による先買権（Right of First Refusal）
　　※　譲渡禁止期間は移行期間に合わせるか，それ以上とする場合は買取り等について合意しておくことが考えられる
(2)　経営株主の株式の買取り（買収の完了のためのステップ）
　　・買収者による株式売渡請求権（コール・オプション）
　　・経営株主による株式買取請求権（プット・オプション）
　　※　買取りのメカニズムの設計（イニシアチブ・発動条件・時期・価格等）を交渉して規定する必要
(3)　買収者が第三者にスタートアップの株式を譲渡する場合の処理
　　・買収者による強制売却権（ドラッグ・アロング）
　　※　規定する場合の発動条件を検討
　　・経営株主による共同売却権（タグ・アロング）

(1)　経営株主の株式の譲渡制限

　一段階目の買収取引の実行後，移行期間中であるかそれ以降かにかかわらず，買収者のあずかり知らないところで経営株主がその保有する株式を第三者に譲渡することは，買収を円滑に完了する妨げになるため，想定されない。そのため，株主間契約が存続する限り，経営株主の保有する株式に対する譲渡制限を設けることが通常と思われる。

　この際，経営株主の保有する株式に一定の譲渡を認めつつ，買収者やその指定した第三者が株式を買い取る権利である先買権（Right of First Refusal）を有するとすることもあり得る。ただし，スタートアップを創業し企業文化を作り上げ，買収後の移行期間も買収者グループへの協調を主導してきた創業者が保有する株式を，買収者以外の第三者に対して売却するべき場面も多くはないと思われる。移行期間後も残留するキーパーソンや新たなプロ経営者に対して，例えば買収後の再度のエグジットに向けたエクイティ・インセンティブとして株式を譲渡させることも考えられるが，先買権によらない事実上の対応や，新たな株式やストックオプションを発行することでも代替し得る場合もあると思われる。このように考えると，「先買権を設けた上で創業者に一定の譲渡を認める」というアレンジはあり得るものの，端的に譲渡制限を課す方が多いとも思われる。

(2)　経営株主の株式の買取り（買収の完了のためのステップ）

　移行期間が完了し，創業者である経営株主が買収後のスタートアップを去る段階を念頭に置くと，経営株主の保有する株式の買取りについても合意しておく必要がある。創業者が経営から離脱したのに引き続き株式を保有していると，移行期間後の買収者による経営の妨げになり得ることや，その後の企業価値の成長にフリーライドすることにもなりかねない。創業者としても，移行期間に買収者とスタートアップの企業文化を協調させ，その後の成長に道筋をつけたにもかかわらず，買収者が株式を買い取らない結果として（非上場の）スタートアップのマイノリティ株式を塩漬けで保有し続ける状態を望まないことも多いと思われる。

　そのため，買収者が経営株主の保有する株式の売渡しを求める権利（コール・オプション，株式売渡請求権）や，経営株主が買収者に株式の買取りを求める権利（プット・オプション，株式買取請求権）が規定されることが多い。

買収者と経営株主のいずれの権利・イニシアチブとするかや（いずれも設けることも含む），買取りのメカニズムの設計（発動条件や時期，価格決定メカニズム）が交渉事項になる。

(3)　買収者が第三者にスタートアップの株式を譲渡する場合の処理

　経営株主が一定数の株式を保有している期間内であっても，買収者による経営戦略の変更等により，完全買収を達成せずに，スタートアップをさらに他の事業者に売却することもあり得る。新たな買収候補者が100%買収を望んでいる場合には，一定数の株式を保有している経営株主が同意しなければM&Aが成立しなくなる。このような場合を念頭に，買収者がその保有するスタートアップの株式の全部を第三者に譲渡しようとする際に，経営株主に対しても同様の条件で売却をすることを求める，ドラッグ・アロング（強制売却権・同時売却請求権）を規定するよう求めることも考えられる。

　これに対し，経営株主としては，継続保有する持株比率にもよるが，そもそも買収者の買収後の戦略に共感して経営権を委譲しつつ，自らが作り上げた事業の売却や，従業員を含めた組織・企業文化の統合に同意して協力しているため，望まない第三者に対するさらなる事業売却を強制されたくない場合もあり得る。そのため，ドラッグ・アロングが定められること自体に応じないことや，発動条件に制限を加えること（期間や経済条件の制限や，売却についての説明・協議等）を求めることがあり得る。

　他方，経営株主としては，買収者が保有するスタートアップの株式を第三者に譲渡する場合，むしろ自身が保有している株式が買収の対象にならずに，塩漬けにされると困る場合も多いと思われる。そのため，経営株主の保有する株式も，第三者に対する譲渡に対して同条件で参加できる，タグ・アロング（共同売却権）を規定することも考えられる。

710　第7部　スタートアップのM&A・組織再編

第8章

M&Aの実行・クロージングに影響を与える事項

スタートアップM&Aの実行を完了するためにはどのような点に留意する必要があるか。スタートアップM&Aにおいても独占禁止法（競争法）は問題になるのか。外資規制にはどのようなものがあるか。

　最終契約の締結後は，M&A取引の実行（クロージング）に向けて，最終契約で規定したクロージングの前提条件の充足に向けた対応を行うことになる。なお，株式交付や株式交換等，会社法に定める組織再編が用いられる場合には，会社法所定の手続をクロージングまでに履践する必要がある。これに対して，株式譲渡契約に基づいてM&A取引を行う場合には，株式譲渡承認や株主名簿の名義書換手続が実務上は重要になる。

　また，M&Aの実行に先立って，競争法（独占禁止法）や外資規制（外為法）上の手続等の一定の行政手続が必要になる場合には，その手続をクロージングまでに履践することになる。

第1節　株式譲渡承認・名義書換請求

　非上場スタートアップでは，定款上，全ての種類の株式に会社法に基づく譲渡制限が付され（会社法2条17号），会社の機関（株主総会や取締役会）による譲渡承認がなされない限り，譲渡をすることはできない（会社法139条1項）。M&Aに際してストックオプション等の新株予約権のまま譲渡する場合も，新株予約権の内容として，譲渡による新株予約権の取得について会社の承認を要する旨の定めがあることが通常である（同法236条1項6号）。もっとも，株主

総会の議決権や取締役会のメンバーの多数派を創業者・経営株主がコントロールできる場合，投資家の反対にかかわらず，株式や新株予約権の譲渡承認をすることも法的には可能である。譲渡承認に賛成しない投資家は，M&Aによる自らの株式の譲渡にも応じないであろうことから，買収者や創業者・経営株主は，ドラッグ・アロングやキャッシュ・アウトを検討することになる。株式の譲渡承認がなされていること[1]や，場合によってはキャッシュ・アウトが可能となる一定割合の株主・新株予約権者が売主となること等が，譲渡実行の前提条件とされることは前述した（第7章第1節2(5)・(8)）。

また，株主名簿や新株予約権原簿の名義書換請求は，売主と買収者が共同して行うことが原則とされている（会社法133条2項，260条2項）。そのため，通常は全ての売主から名義書換請求書に対して署名又は記名押印を求める必要がある。クロージング手続として，売主による署名又は記名押印がなされた名義書換請求書が買収者に交付されることが多い。連絡のつきにくい退職した元役職員を含めて，株主や新株予約権者が多く存在することや，グローバルなスタートアップでは海外居住者が含まれていること等で，実務上手間がかかり，クロージングが遅れることもあり得る。

第2節　独占禁止法

1　競争制限行為と事前届出

日本の独禁法（私的独占の禁止及び公正取引の確保に関する法律）では，M&A（企業結合）を行う際に，売上高と議決権保有割合により公正取引委員会（公取委）への事前届出義務を設けている。以下を満たす株式取得の場合には，買収者が公取委に事前届出を行い，クリアランスを得る必要がある（独禁法10条2項，独禁令16条各項）。

1　株式や新株予約権を譲渡しようとする売主は，事前に譲渡承認請求をすることになる（会社法136条，262条）。

712　第7部　スタートアップのM&A・組織再編

【日本の独占禁止法に基づく事前届出義務（株式取得の場合）】

① 買収者グループの国内売上高：200億円超
② 対象会社グループの国内売上高：50億円超
③ 議決権保有割合が新たに20% or 50%を超える場合

　ただし，この届出要件を満たさない場合でも，実質的要件により独禁法違反となる場合はある（一定の取引分野における競争を実質的に制限することとなる場合，及び不公正な取引方法による企業結合が行われる場合〔株式取得について独禁法10条1項〕）。届出の対象となるか否かにかかわらず，公取委は，個々のM&Aが一定の取引分野における競争を実質的に制限することとなるかどうかの審査（企業結合審査）を行う。

　その観点から，公取委が企業結合審査に際して参照する企業結合ガイドラインが2019年に改正され，買収対価が400億円を超えると見込まれ，日本市場で活動する一定の要件を満たす場合には，公取委に相談することが推奨されている（企業結合審査の手続に関する対応方針6(2)）[2]。

【公正取引委員会への事前相談が望まれる場合】

　届出不要企業結合計画について，買収に係る対価の総額が400億円を超えると見込まれ，かつ，以下の①から③のいずれかを満たす等，当該届出不要企業結合計画が国内の需要者に影響を与えると見込まれる場合には，当該届出不要企業結合計画の当事会社は……当委員会に相談することが望まれる。
① 被買収会社の事業拠点や研究開発拠点等が国内に所在する場合
② 被買収会社が日本語のウェブサイトを開設したり，日本語のパンフレットを用いる等，国内の需要者を対象に営業活動を行っている場合
③ 被買収会社の国内売上高合計額が1億円を超える場合

　日本のスタートアップに関連して報道がなされた例として，グローバルIT企業が日本の決済スタートアップを買収しようとした際に，そのスタートアッ

2　対象となる会社から相談がない場合には，公取委は当該会社に資料の提出を求め，企業結合審査を行うとされている。また，これらの要件を満たさない場合でも，国内の競争に与える影響について精査する必要がある場合には公取委は企業結合審査を行うとされている。

プの売上高の規模は小さく，キャッシュレス決済市場でのシェアもわずかで
あったため，独禁法上の届出義務がないところ，公取委に対して特段の事前相
談等をしていなかった事例がある。公取委は，買収者が著名なグローバルIT
企業であることを重視し，職権で調査を進めることにした結果，審査が終わら
ず，当初予定していたクロージングよりも遅れたという事案が報じられた。

このような事案も存在するため，買収対価400億円を超えるようなスタート
アップ買収では，事前に任意の相談を行うことを含めて，公取委とのコミュニ
ケーションも重要になる。この際に，買収実行日（クロージング日）のターゲッ
トをあらかじめ伝え，それに向けて審査を可能な限り速やかに行うことを当局
に要望する等の対応が考えられる。このような，ターゲットを見据えたコミュ
ニケーションは，外為法上の事前届出によるクリアランスの取得でも行われる
ことがあるが，M&Aにおける独禁法上の審査でも有益な場合がある。

2　キラー・アクイジション

同種の事業に従事し，同種の顧客ベースを持つ買収者が，スタートアップ
の買収を検討する場合，将来の競合の芽をつぶす「キラー・アクイジション
（Killer Acquisition）」である可能性がある。キラー・アクイジションは，正確
に定義を行うことは難しいが，スタートアップを買収し，十分な経営資源を注
がないことによって事業成長を阻み，買収者が市場の支配力を維持することを
図る戦略的な買収取引ということができる。オープンイノベーションが，ス
タートアップの成長スピードを利用して全体として協働・成長をしていこうと
するコンセプトであるのに対して，キラー・アクイジションはむしろ早めにそ
の成長スピードをつぶそうという試みであり，オープンイノベーションの対極
にある望ましくない取引と考えられている。

日本ではまだ表立って問題視された事案は見受けられないと思われるが，企
業結合規制が懸念する競争制限行為といえる。米国では，競争当局により問題
視され，買収断念に至った事例もいくつか見られる[3]。

3　例えば，Visaによる，Plaid（口座接続ソリューションを提供する米国FinTech企業）
　買収の検討や，P&Gによる，Billie（女性向け美容製品の消費者直売事業）買収の検討に対
　して，いずれも，米国司法省が買収差止めを提訴した後，2021年1月に買収が断念されて
　いる。

第3節　外為法

外為法（外国為替及び外国貿易法）上，①外国投資家が，②指定業種を営む日本の会社について，③「対内直接投資等」又は「特定取得」を行う場合には，原則として，事前届出が義務付けられる。

外国投資家である買収者が，株式譲渡（セカンダリー譲渡）により非上場スタートアップの買収・M&Aを行う場合，売主が国内投資家であれば対内直接投資等，売主が外国投資家であれば特定取得としての事前届出が特に問題になり得る（第3部第5章第4節1）[4]。

これらの手続は，通常のマイノリティ株式のセカンダリー譲渡と同様であるが，買収の場合には外国投資家が国内のスタートアップの支配権を有することになるので，実務上は，事業所管官庁による細かい審査が行われることが考えられ，タイムラインに余裕を持つ必要がある。

4　対内直接投資等や特定取得に該当しない場合，居住者から非居住者による株式譲渡は，資本取引として，主に事後報告が問題になる（第3部第5章第4節2(2)）。なお，資本取引に係る「非居住者」は，「外国投資家」とは異なる概念であるため注意が必要である。

第9章

オープンイノベーション促進税制

> スタートアップM&Aで用いることが考えられる税制上の優遇措置にはどのようなものがあるか。

　スタートアップとのオープンイノベーションに向け，国内の事業会社やその国内CVCが，スタートアップの新規発行株式を一定額以上取得する場合，その株式の取得価額の25%が所得控除される「オープンイノベーション促進税制」が設けられている。一定の要件を満たした上で，経済産業大臣の証明を受ける必要がある[1]。

　当初は新規出資に適用が限定されていたが，令和5年度税制改正により，2023年4月1日以降に一定の要件を満たす形でスタートアップの成長に資するM&A（議決権の過半数の取得）を行った場合，その取得した発行済株式もオープンイノベーション促進税制の対象とされ，所得控除が認められる範囲が広がった。

第1節　新規出資（新規発行株式の取得）

　スタートアップとのオープンイノベーションに向け，国内の事業会社やその国内CVCが，スタートアップの新規発行株式を一定額以上取得する場合，その株式の取得価額の25%が所得控除される。税制改正により延長を重ね，令和6年度税制改正により，2026年3月31日の出資まで制度が延長されている。

1　2024年4月1日時点で，386件の出資及びM&Aについて，証明の実績が公表されている。

適用を受けるためには、①国内の事業会社やその国内CVCといった出資者の要件、②出資先スタートアップの要件、③出資の金額やオープンイノベーションに向けた取組みの一環で行われる出資であること等の出資要件、といった一定の要件を満たす必要がある。その上で、これらの要件を満たすことについて経済産業大臣の証明を受ける必要がある。

後述のM&A型と異なり、投資対象のスタートアップは、国内に限定されて

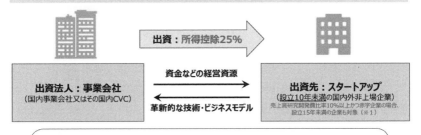

出典：経済産業省HP「オープンイノベーション促進税制」

【申請手続の流れ】

出典：経済産業省HP「オープンイノベーション促進税制」

第 9 章　オープンイノベーション促進税制　717

おらず，海外のスタートアップに対する出資も対象となっている。

第 2 節　M&A（既存株式の取得）

　オープンイノベーション促進税制は，スタートアップ自体に対して資金が供給されることを促進するため，当初は新規出資に限定されていた。これに対して，令和 5 年度税制改正により，2023年 4 月 1 日以降に一定の要件を満たす形でスタートアップの成長に資するM&A（議決権の過半数の取得）を行った場合，その取得した発行済株式についてもオープンイノベーション促進税制の対象とされ，所得控除が認められる範囲が広がった。令和 6 年度税制改正により延長がなされ，2026年 3 月31日までにスタートアップの株式を取得した（株式の引渡しを受けた）場合が対象とされている。

オープンイノベーション促進税制（M&A型）の概要

● 国内の対象法人等が、スタートアップ企業のM&A（議決権の過半数の取得）を行った場合、**取得した発行済株式の取得価額の25％を課税所得から控除**できる制度。

※令和 5 年 4 月 1 日以降のM&A（株式取得）が対象

M&A：所得控除25％
（発行済株式が対象）

資金などの経営資源
革新的な技術・ビジネスモデル

対象法人
（国内事業会社又はその国内CVC）

スタートアップ
（設立10年未満の国内非上場企業）
売上高研究開発費比率10％以上かつ赤字企業の場合設立15年未満の企業も対象。海外企業は対象外。

所得控除上限額
・ 1 件当たり50億円（取得額換算200億円）
・対象法人 1 社・ 1 年度当たり125億円以下
　（取得額換算500億円）（※）

株式取得行為の要件
・ 1 件当たりの株式取得額下限： 5 億円
・議決権の過半数の取得が対象
・純投資は対象外
・取得株式の 5 年以上の保有を予定していること

※：オープンイノベーション促進税制（新規出資型）と合算。

成長投資
（研究開発、設備投資）

5 年以内に成長投資・事業成長の要件を満たさなかった場合等は、所得控除分を一括取り戻し
（成長要件の詳細は次頁）

事業成長
（売上高）

出典：経済産業省HP「オープンイノベーション促進税制」

（参考）成長要件の全体像

● M&A後、**5年以内にスタートアップが成長投資・事業成長の要件を達成すること**を**条件**とする。要件は、スタートアップの成長段階に応じⒶ**売上高成長**、Ⓑ**成長投資**、Ⓒ**研究開発特化**の3類型。

類型	対象となるスタートアップ（M&A時点の要件）	5年以内に満たすべき要件	
		成長投資	事業成長
Ⓐ 売上高成長類型	－	－	● **売上高≥33億円** ● **売上高成長率≥1.7倍**
Ⓑ 成長投資類型	● **売上高≤10億円** ● **売上高に対する研究開発費＋設備投資（減価償却費）の比率≥5%**	● **研究開発費≥4.6億円** 　**研究開発費成長率≥1.9倍** 又は ● **設備投資**(減価償却費)**≥0.7億円** 　**設備投資**(減価償却費)**成長率≥3.0倍**	● **売上高≥1.5億円** ● **売上高成長率≥1.1倍**
Ⓒ 研究開発特化類型	● **売上高≤4.2億円** ● **売上高に対する研究開発費の比率≥10%** ● **営業利益＜0**	● **研究開発費≥6.5億円** ● **研究開発費成長率≥2.4倍** ● **研究開発増加額≥株式取得価格の15%**	－

（注1）各枠内に記載の内容は全て満たすことが必要です。（例：売上高成長類型の場合、売上高≥33億円と売上高成長率≥1.7倍の両方を満たすことが必要です。）
（注2）新規証明申請（初年度の申請）時には類型の選択は不要です。成長発展証明申請時に、どの要件を達成したかを示していただきます。

出典：経済産業省HP「オープンイノベーション促進税制」

第10章

コーポレート・インバージョン等
（クロスボーダー組織再編・上場）

日本から海外，海外から日本の取引所に上場するためにはどのような手法があるか。「コーポレート・インバージョン」とは何か。留意事項としてどのようなものがあるか。

　日本法人であるスタートアップが，米国等の外国投資家から出資を受けることを容易にし，ひいては外国の証券取引所に上場したい場合，既存の株主構成を変えず，外国法人が親会社・持株会社となるよう組織再編を行うことがある。

　反対に，外国法人であるスタートアップが，日本の証券取引所（主に東京証券取引所）に上場したい場合，株主構成を変えず，日本法人が親会社・持株会社となるよう組織再編を行い，当該日本法人の株式を上場させることがある。

　これらの株主構成を変えないクロスボーダーの組織再編を，コーポレート・インバージョンと呼ぶ。コーポレート・インバージョンでは，異なる国の根拠法に基づく権利義務・契約関係を可能な限り維持しつつ，株主やスタートアップ自身に課税が生じないように行うことが肝要となる。

　スタートアップが行うコーポレート・インバージョンは，最終的には上場を目指すための手段であり，エグジットとしてのM&Aとは異なる。もっとも，コーポレート・インバージョンは複雑な組織再編を伴うものであり，M&Aの応用として，この箇所で検討する。以下では，海外→日本，日本→海外のそれぞれのコーポレート・インバージョンのポイントについて，その他のクロスボーダーの上場方法と比較しつつ，簡単に検討する。

720　第7部　スタートアップのM&A・組織再編

第1節　海外→日本

1　日本の金融商品取引所に外国会社が上場する方法

　外国会社が東京証券取引所（東証）への上場を検討する場合，以下のような選択肢がある。

---

(1)　外国会社がそのまま東証に上場する
　　①　外国法に基づき発行された株式（原株式）を上場させる（原株式上場）
　　②　JDR（預託証券）を用いて上場する（JDR上場）
(2)　外国会社が組織再編（コーポレート・インバージョン）を行い，親会社である日本法人の株式を上場させる（インバージョン上場）

　上記3つの上場形態の主な事例は以下の通りである[1]。2011年から2024年6月までの東証上場事例では，外国籍企業が4社（うちJDR上場が3社），外国籍から日本籍へコーポレート・インバージョンを行った企業が8社とされている。近時は，外国会社のまま日本で上場する方法としては原株式上場よりもJDR上場がメジャーになっている。また，全体的にはコーポレート・インバージョンを行い，日本法人として株式を上場させる事例が増えている。

スキーム	会社	上場年度	上場市場	時価総額（公開価格）	原所在国
原株式上場	窪田製薬ホールディングス（旧アキュセラ）[2]	2014年	マザーズ	64,119百万円	米国
インバージョン上場	サンバイオ	2015年	マザーズ	87,240百万円	米国

1　日本取引所グループ「新規上場したクロスボーダー企業のご紹介」（https://www.jpx.co.jp/listing/ir-clips/relations-with-foreign-count/index.html），KPMGあずさ監査法人「外国会社の東京証券取引所上場（単独上場編）」（https://assets.kpmg.com/content/dam/kpmg/jp/pdf/2024/jp-listing-on-tokyo-stock-exchange-for-foreign-companies.pdf）等をもとに作成。
2　旧アキュセラ（米国法人）は，2014年にマザーズに原株式上場した後，2016年に本社を米国から日本に移転するコーポレート・インバージョンを行い，マザーズにテクニカル上場している（その際に社名を窪田製薬ホールディングスに変更している）。

JDR上場	テックポイント・インク	2017年	マザーズ	10,852百万円	米国
インバージョン上場	Kudan	2018年	マザーズ	25,542百万円	英国
インバージョン上場	モダリス	2020年	マザーズ	32,640百万円	米国
インバージョン上場	Kaizen Platform	2020年	マザーズ	17,738百万円	米国
インバージョン上場	Appier Group	2021年	マザーズ	159,795百万円	台湾
JDR上場	オムニ・プラス・システム・リミテッド	2021年	マザーズ	20,088百万円	シンガポール
JDR上場	YCPホールディングス（グローバル）リミテッド	2021年	マザーズ	16,290百万円	シンガポール
インバージョン上場	Anymind Group	2023年	グロース	56,986百万円	ケイマン諸島
インバージョン上場	アストロスケールホールディングス	2024年	グロース	99,059百万円	シンガポール

(1)　原株式上場とJDR上場

　JDR（Japanese Depositary Receipt）とは，日本型の預託証券であり，外国有価証券を受託有価証券として日本国内で信託法に基づき発行される受益証券発行信託の受益証券である。米国のADR（American Depositary Receipt）やヨーロッパのGDR（Global Depositary Receipt）と同様に，外国の株式や債券，ETF等を日本国内で円滑に流通させるために整備された[3]。JDRによる上場では，原株式の代わりにJDRが売買される。

　外国会社がそのまま東証に上場するパターンの中では，発行会社にとって，JDR制度を用いた場合，原株式上場と比較すると次のようなメリットがあるとされる。

> ①　外国会社が原株式を直接上場することが困難又は不都合である場合（例えば，原株式の発行国で外国投資家が当該発行国の会社の株式を取得すること

3　日本取引所グループ「JDRの概要」（https://www.jpx.co.jp/equities/listing-on-tse/new/basic/05.html）参照。

722 第7部 スタートアップのM&A・組織再編

が規制されている場合や原株式の発行国の国内法で国外の証券取引所における株式の上場が認められていない場合等）でも，JDRを上場させることによる資金調達が可能
② 日本国内の投資家がJDRの取扱いをする際，外国証券取引口座の開設が不要であるため，外国証券取引口座を有しない国内投資家からの投資を呼び込むことが可能

(2) 外国会社上場とインバージョン上場（コーポレート・インバージョン）

発行会社にとって，(1)外国会社が原株式上場やJDR上場により東証に上場する場合と，(2)コーポレート・インバージョンによって日本法人として株式を上場する場合とを比較すると，コストの性質・タイミングや上場プロセスが異なる。

すなわち，コーポレート・インバージョンを行う際には，外国会社の（旧）本国と日本の弁護士や税務専門家の関与が必須となる一方，その後の上場プロセスは，日本法人株式の上場であるため，（海外に子会社を有する）通常の日本法人の上場との差異は比較的小さい。留意点として，上場申請に際して監査済財務諸表が2期分必要になるため，コーポレート・インバージョン自体は上場申請直前ではなく，それ以前に行うことになる。インバージョン後，上場に向けてのファイナンスは，本書でこれまで述べてきた基本的な手法と同様となる。ただし，後述の通り，既存のファイナンスの内容や形式の影響を受ける。

これに対して，外国会社自体の上場は，日本法人が東証に上場する場合と比較して，上場プロセスにおける負担は重くなり得る。例えば，外国会社の本国と日本における法制度が異なっているため，有価証券届出書等の法定書類に外国会社の本国の法制度の概要を記載する必要があるほか（開示府令8条1項4号，第7号様式），有価証券届出書に外国会社の本国の弁護士による法律意見書を添付して提出する必要がある（開示府令10条1項4号ニ）。そのため，上場プロセスで対応できる主幹事証券会社が限られたり，外国会社の本国と日本の専門家が連携して関与する必要が生じたりする[4]。また，上場申請から上場後にかけても，Ⅰの部等の上場審査書類，目論見書等の開示書類，上場後の有価証券報告書等の法定書類や適時開示等について日本語翻訳が必須となるといった

---

4 外国会社の上場審査の考え方や手続については，東京証券取引所「外国籍会社向け新規上場パンフレット」も参照。

コスト等も生じる。

2 コーポレート・インバージョン

(1) 概　要

　スタートアップが外国法人である場合（外国法人が持株会社であり，各国に事業を行う子会社が存在する場合も含む）に，株主構成を変えず，日本法人を親会社とするためのコーポレート・インバージョンを行うためには，典型的には，当該外国にSPCとして完全子会社を設立した上で，当該外国の法令に基づく三角合併（Triangular Merger）を行うことが多い[5]。以下では，外国法に基づく三角合併によるコーポレート・インバージョンを念頭に検討する。典型的には，以下のようなプロセスを経る。

【海外→日本（三角合併時）】

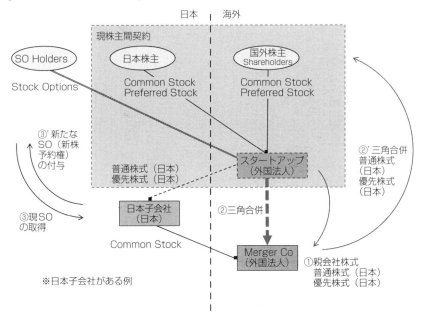

5　このほか，三角株式交換や，いわゆるスピンオフ（子会社株式の現物分配）等の手法が用いられることがある。日本と現地法に基づく法規制や課税上の取扱いにより，最適なストラクチャーが異なるため，ケースに応じて慎重に検討を行う必要がある。

① 外国で子会社（孫会社）として設立されたSPCが，親会社（※グループトップの外国スタートアップ・持株会社から見ると，子会社）である日本法人の株式を取得する。
② 次に，SPCが，自らを存続会社，外国スタートアップ（持株会社）を消滅会社とする，外国法に基づく吸収合併を行う。この際に，SPCは，外国スタートアップの株主に対して，自らの保有する親会社株式を対価として交付する（三角合併）。その結果，対象会社となる外国スタートアップの株主は，親会社である日本法人の株主となる。
③ また，外国スタートアップが発行していたその国の法律に基づくStock Optionsは，外国スタートアップが取得する。その上で，最終的な親会社となった日本法人が，旧Stock Options保有者に対して，実質的に同じ経済条件で，日本法に基づくストックオプション（新株予約権）を発行する。

【海外→日本（三角合併後）】

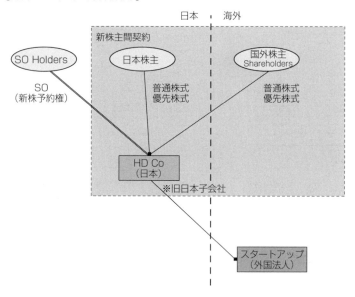

コーポレート・インバージョンでは，日本・関係国の法務・税務について多様な論点が問題になる。以下，いくつかの論点について検討する[6]。

(2) 三角合併の形式（正三角合併）

三角合併は，親会社（買収に際して三角合併が用いられる場合には買収者）が，

合併のために子会社を設立し（合併子会社），対象会社と合併子会社が吸収合併することにより，対象会社が親会社の子会社となる。対象会社の株主に対しては，対象会社株式の代わりに親会社の株式が交付され，親会社株主の一部となる。

　三角合併の種類は，国によって異なるが，例えば米国等には正三角合併（Forward Triangular Merger）と逆三角合併（Reverse Triangular Merger）が存在する。正三角合併は，合併子会社（S社）が合併における存続会社となり，既存の対象会社（T社）は消滅する。消滅する対象会社の株主には，存続会社の親会社（P社，本件での日本法人）の株式等を対価として交付する。ポイントとして，既存の対象会社（T社）が消滅した場合，米国では州により，契約及びその他の資産が譲渡又は移転されたものとみなされ，第三者（契約上の相手方等）の同意が必要となる可能性があるとされる[7]。そのため，既存の契約を精査し，同意の要否を確認し，必要があれば個別に同意を取得しなければならないのが原則となる。

　これに対して，逆三角合併は，対象会社（T社）が合併の存続会社となり（合併子会社（S社）は消滅する），存続会社の株主に対して，消滅会社の親会社（P社，本件での日本法人）の株式等を対価として交付する。逆三角合併では，既存の対象会社（T社）が存続会社となるため，第三者の同意を要する譲渡又は移転とみなされるおそれは基本的にないとされる[8]。

　そのため，米国における三角合併のほとんどで，逆三角合併の方法が採用されている。他方，日本では，逆三角合併は認められていないと考えられている[9]（次の，日本→海外のインバージョンで問題になる）。

　もっとも，日本の税務上の理由から，海外→日本のコーポレート・インバージョンでも，米国等の海外法上の正三角合併を用いざるを得ない場合が多い。例えば，米国における逆三角合併は，その類型に応じて，日本の租税法上の取

6　なお，以下で述べる点以外に，様々な実務上の検討事項がある。例えば，子会社（SPC）による親会社（日本法人）株式の取得に関する日本の会社法やSPCの準拠法上の規律等。会社法上は子会社による親会社株式の取得の原則禁止（135条1項）や，三角合併に際しての一定の例外（800条），日本法人株式を取得する際の資金調達における仮装払込み・現物出資規制，有利発行該当性等がある。

7　宍戸＝VLF 297頁参照。

8　同上。

9　M&A法大系938頁参照。

726 第7部 スタートアップのM&A・組織再編

扱いとしては，①合併子会社と対象会社の合併に加えて，②(ア)対象会社による自己株式取得，又は(イ)対象会社の株主が対象会社株式を譲渡して買収会社株式を取得する取引のいずれか，が行われたものとして取り扱うのが適当であると考えられている[10]。そのため，①合併のみであれば，日本の法人税法上，株主や対象会社（スタートアップ）の課税が繰り延べられる余地があるのに対して，②(ア)自己株式の取得の場合にはいわゆるみなし配当に対する課税が，(イ)株式譲渡であればキャピタルゲイン課税が，それぞれ生じ得る。これに対して，米国における正三角合併は，日本の税務上，合併として扱われると考えられている。

そのため，課税が生じないように，米国法上の正三角合併を用いざるを得ない場合は，前述の通り，既存の契約を精査し，第三者同意の要否を確認し，必要があれば個別に同意を取得しなければならない。

以上は米国の例であるが，外国法を準拠法として組織再編成が行われる場合，株主である日本法人に係る日本における課税関係を検討するためには，日本の租税法上，外国法を準拠法として行われる組織再編成を，日本における組織再編成と同様に取り扱ってよいのかどうか，すなわち，外国法を準拠法として行われた組織再編成がどのような要素等を備えた場合に日本の租税法上の組織再編成，つまり「合併」等に該当すると判断されるのか，という問題を個別に検討する必要がある[11]。

日本の租税法上の取扱いについては，日本の会社法上の合併を用いる日本→海外のコーポレート・インバージョンのパートで取り扱う（第2節4）。

(3)　株式の種類

消滅会社の株主に対して合併対価として交付される，日本法人である親会社の株式の内容は，既存の株式と実質的に同一の内容のものが交付されることが想定される。例えば米国からのインバージョンの場合，Common Stockの保有

10　外国における組織再編成の取扱いについての考え方を示した報告書である。日本租税研究協会国際的組織再編等課税問題検討会「外国における組織再編成に係る我が国租税法上の取扱いについて」（平成24年4月9日）参照。

11　基本的な考え方としては，外国における組織再編が，日本における組織再編の本質的要素と同じ要素を備えるものであれば，日本における組織再編の場合と同様の取扱いとすべきと考えられている。前掲注10の報告書参照。同報告書では，日本における合併と分割の本質的要素や，主に合併を念頭にいくつかの国における組織再編を日本における組織再編と同様の取扱いとすべきかどうかについて検討が加えられており，実務上参照される。

者に対して日本法の普通株式が，Preferred Stockの保有者に対して日本法の優先株式が交付される。特に種々の権利が設けられているPreferred Stockを保有していた投資家は，実質的に同一の内容の株式を求める。もっとも，日本法の下で有効に発行できる株式の内容である必要があり，工夫を要する場合がある[12]。

(4) 株主の同意・新たな株主間契約

外国法に基づく組織再編を行う場合，その外国法に基づき必要な株主の同意や株主総会決議等を経る必要がある。

また，外国スタートアップも当事者に含み，株主間で締結されていた既存の株主間契約は，親会社で新たな発行会社となる日本法人を当事者として，株主間で新たな株主間契約として締結し直される必要がある。新たな株主間契約の内容は，投資家に納得されるためには既存の株主間契約の権利義務内容を基準とすることになる。もっとも，優先株式の内容について日本法の観点からの調整が行われ得るのと同様，株主間契約の内容についても日本法に合わせた調整が行われることがある。後述の通り，日本→海外のインバージョンでは，グローバルの権利義務内容と乖離がある場合にはそれに合わせた調整が行われることもあるが，海外→日本の場合は，日本法に基づく技術的な変更がメインとなることも多い。

(5) ストックオプションの交付

既存のStock Options保有者に対して，上場を目指す親会社のストックオプションを新たに交付するのは必須である。そのため，保有者には，外国法に基づくStock Optionsに代わり，日本のストックオプションとしての新株予約権を交付する必要がある。交付方法は，合併の対価や，合併の枠外で日本法人から直接交付することが考えられる。

特に，例えば米国では税制優遇のあるISO（Incentive Stock Option）として交付されていることが多いところ[13]，合併前に保有している米国法人のStock Optionsと実質的に同一の内容である，親会社である日本のストックオプショ

---

12 非公開会社に認められている属人的定め（会社法109条2項）を用いる場合もある。属人的定めについては，第3部第2章第4節5(1)，同第7章第4節3(4)(c)等参照。

728　第7部　スタートアップの M&A・組織再編

ンを交付する限り，ストックオプション保有者に課税はなく，ISO としてのステータスも維持されるのが原則である。その他，従業員の居住地によって税務上の取扱いが異なる等，従業員にとっての税務上の問題が生じることから，慎重に検討を行う必要がある[14]。

　また，実務上，ベスティング期間については，既存のステータスを引き継いで権利行使期間を検討する必要がある。

(6)　開示規制

　日本の金融商品取引法上の開示が問題になる点として，まず，外国における三角合併が組織再編成交付手続（金商法2条の3第3項）に該当するかが問題になる。もっとも，組織再編成交付手続の対象となるのは，会社法上の会社の組織再編成行為に限定されており（同条1項・2項），規制の対象とならない。

　また，株式や新株予約権について，外国居住者への発行については，日本で勧誘行為がなされていなければ，計算から除外することも合理的と考えられる。他方，日本居住者については，取得勧誘の相手方の人数と3か月以内に発行された同種の新規発行証券の取得勧誘の相手方の人数との合計が49名以下であり，また，その他の要件を満たせば，少人数私募の要件（金商法2条3項1号・2号ハ，金商令1条の5，1条の6等）を充足し，有価証券届出書等の提出の必要はないことになる。

　これに対して，米国等の海外でも，合併や株式，新株予約権の交付の場面で，証券規制についての検討を要する（米国であれば，連邦証券法や州の証券法）。

(7)　外為法・外資規制

　外為法上，外国投資家が，事業目的に一定の事前届出業種が含まれている日本の非上場会社の株式を取得する場合，対内直接投資等として，当該取得の日

13　会社及び子会社の従業員のみに付与されていること，対象となる最大株式数が記載され，株主総会決議により承認された Stock Option Plan に基づき付与されていること，権利行使価額が付与時の Fair Market Value の100%（一定の場合は110%）以上であること等の要件が課されている。なお，ISO でないストックオプションを，NSO（Non-statutory Stock Option）と呼ぶ。

14　外国スタートアップが，Restricted Stock（RS）や，Restricted Stock Unit（RSU）等のストックオプション以外のインセンティブ・プランを付与している場合も，日本においてどのような形で達成するか，法務・税務上の慎重な検討が必要になる。

第10章　コーポレート・インバージョン等（クロスボーダー組織再編・上場）　729

前6か月以内に，財務大臣及び事業所管大臣に届出をしなければならない（外為法26条2項1号，27条1項，直投令3条2項・3項等）。対内直接投資等や事前届出については，第3部第5章第4節参照。

第2節　日本→海外

1　海外上場を目指す方法

　前節では，外国法人が株主構成を変えずに日本に親会社を設立するコーポレート・インバージョンについて検討した。逆に，日本の非上場スタートアップが，株主構成を変えずに，海外に親会社を設立するコーポレート・インバージョンが行われることもある。例えば，米国に親会社を設立し，米国での資金調達や上場を目指そうとする場合である。本節では，このようなインバージョンについて検討する。

　なお，日本のスタートアップが，米国等の海外の証券取引所に（実質的に）直接上場する方法として，いわゆるSPAC（Special Purpose Acquisition Company）を用いた手法もある。日本の証券取引所では，投資家保護等の観点から現状は認められていない手法であることから，海外の証券取引所に上場するための手法として検討される。いわゆるコロナ禍後，非上場スタートアップの早期の上場手法等として急増したが，例えば米国ではSEC（Securities and Exchange Commission）による投資家保護等の観点からの規制強化等もあり，再び減少している。本書では詳細については省略する[15]。

2　コーポレート・インバージョンの概要

　日本から海外へのインバージョンでは，日本に完全子会社を設立し，日本法に基づく三角合併が用いられることがある。外国法人が日本へインバージョンを行う際には，現地法に基づく三角合併等が行われるのと逆である。

　日本の会社法における三角合併は，存続会社から消滅会社の株主に支払う合

15　SPACについての概要・議論として，金融審議会「市場制度ワーキング・グループ中間整理」（2022年6月22日）9頁，東京証券取引所　SPAC制度の在り方等に関する研究会「SPAC上場制度の投資者保護上の論点整理」（2022年2月16日）等参照。

併の対価が，存続会社の株式ではなく，存続会社の親会社の株式である合併をいう（会社法749条1項2号ホ）。コーポレート・インバージョンで三角合併が用いられる場合の模式図は，以下の図の通りである。

【日本→海外（三角合併時）】

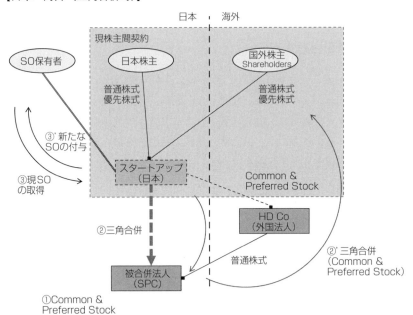

① 日本子会社（孫会社）として設立されたSPCが，直接の親会社（グループトップの日本法人（スタートアップ又は持株会社）から見ると子会社）である外国会社の株式を取得する。
② 次に，SPCが，自らを存続会社，対象会社であるスタートアップを消滅会社とする吸収合併を行う[16]。この際に，SPCは，日本のスタートアップ（又は持株会社）の株主に対して，自らの保有する親会社株式を対価として交付する（三角合併）。その結果，日本のスタートアップ（又は持株会社）の株主は，親会社である外国会社の株主となる。
③ スタートアップが発行していたストックオプション（新株予約権）は，スター

---

16 会社法上，吸収合併契約の当事者は，対象会社であるスタートアップと子会社であるSPCであり，親会社である外国会社は当事者ではない。しかし，実務的には，親会社を含めた三者間契約を締結し，子会社による親会社株式の取得等についても合意することがある。

トアップが取得する。その上で、最終的な親会社となった外国会社が、旧ストックオプション保有者に対して、実質的に同じ経済条件で、その国の法律に基づくStock Optionsを発行する。

【日本→海外（三角合併後）】

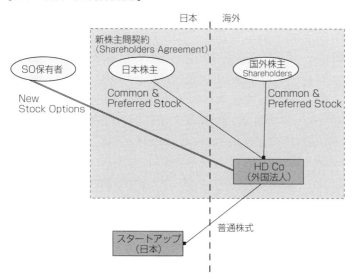

3 コーポレート・インバージョンの手続上の留意点

日本→海外のコーポレート・インバージョンでも、日本・関係国の法務・税務について多様な論点が問題になる。以下、いくつかの論点について検討する[17]。

(1) 会社法上の三角合併

日本の会社法上、子会社を存続会社、対象会社を消滅会社とする三角合併（正

---

17 なお、以下で述べる点以外に、様々な実務上の検討事項がある。例えば、子会社による親会社株式の取得に関する会社法や金商法、外国会社である親会社の対応する準拠法における規制、子会社が親会社株式を取得する際の資金調達の方法としての仮装払込みや登録免許税の問題（SPCを当初は合同会社として設立する等）・現物出資規制、有利発行該当性等がある。

三角合併）のみが認められている。これに対して，子会社を消滅会社，対象会社を存続会社とする三角合併（逆三角合併）は認められていない[18]。そのため，会社法の下で三角合併を行うと，逆三角合併と異なり，対象会社であるスタートアップの法人格が消滅するため，既に有していた許認可を承継できるかという問題や，資産や負債の承継の手続といった問題が生じることに注意が必要である[19]。

(2) 株式の種類

消滅会社の株主に対して合併対価として交付される，外国会社である親会社の株式の内容は，既存の株式と実質的に同一の内容のものが想定される。例えば米国へのインバージョンの場合，普通株式の保有者に対してCommon Stockが，優先株式の保有者に対してPreferred Stockが交付される。特に種々の権利が設けられている優先株式を保有していた投資家は，実質的に同一の内容の株式を求める。もっとも，特に海外へのインバージョンの目的の1つには，外国会社となった親会社が，その法域等のグローバルな投資家から今後円滑に資金調達をしようとすることにあるため，交渉の結果，実務に合わせた調整が行われることがある。例えば，米国にインバージョンをしようとする場合に，日本の実務上多い参加型の優先分配を内容とする優先株式を投資家が保有していたのに対し，米国では主流である，非参加型の優先分配を内容とする優先株式が交付されるよう交渉がなされるといったこともある。

(3) 株主の同意・新たな株主間契約

消滅会社の株主に対して，合併対価として外国会社である親会社の株式が交付され，その株式に譲渡制限が付されている場合は，会社法上，外国会社の株

---

18 前掲注9参照。

19 なお，これらの問題を生じさせないために，完全親会社になろうとする会社の親会社の株式を対価として用いる株式交換（三角株式交換）を利用することも考えられる。その場合，三角株式交換の後，さらに対象会社を存続会社，子会社を消滅会社とする吸収合併を行うことにより，逆三角合併と同じ結果を導くことができる。なお，令和元年度税制改正以前は，この場合は三角株式交換が税制非適格となるという問題があったが，令和元年度税制改正により，この場合でも三角株式交換を税制適格で行い得るように改正された（法令4条の3第19項1号ロ等）。三角株式交換と吸収合併を用いた取引の税務上の留意点については，M&A戦略229～230頁参照。

式が「持分等」として，消滅会社である総株主の同意が必要となると考えられる[20]（会社法783条2項，会社規185条）。

　また，日本法人であるスタートアップも当事者に含み，株主間で締結されていた既存の株主間契約は，親会社となる外国法人を当事者として，株主間で新たな株主間契約として締結しなおされる必要がある。投資家の納得を得るため，新たな株主間契約の内容は，既存の株主間契約における権利義務内容を基準とすることになる。もっとも，グローバルな投資家から今後円滑に資金調達をしようとするため，優先株式の内容について調整が行われることがあるのと同様，株主間契約の内容についても実務に合わせた調整が行われることもある。例えば米国にインバージョンをしようとする場合には，NVCAのひな形や西海岸の実務等をベースに，既存の株主間契約における権利義務からの調整について交渉が行われることもある。

⑷　ストックオプションの交付

　三角合併で，消滅会社の新株予約権者に交付できるのは，存続会社の新株予約権又は金銭に限られている。親会社が日本の会社か外国会社かにかかわらず，合併対価として存続会社の親会社の新株予約権を交付することができない（会社法749条1項4号）。

　一方で，スタートアップのストックオプション保有者に対して，上場を目指す親会社のStock Optionsを新たに交付するのは必須である。そのため，消滅会社の新株予約権者に対しては，合併対価を割り当てずに，親会社が消滅会社の新株予約権者に対して親会社の根拠法に基づくStock Optionsを別途（無償で）新たに交付することになる[21]。この場合の税務上の問題については下記4(2)(c)参照。

⑸　開示規制

　会社法で，存続会社の親会社株式を対価とする吸収合併に係る消滅会社の事前備置書類では，合併対価として親会社株式を選択した理由を記載する必要が

20　会社法コンメ（18）67頁〔柴田和史〕，M&A戦略224頁。
21　会社法749条1項2号と同項4号との条文構造の違いから，消滅会社の新株予約権者に対価を交付しないことが会社法上認められるかが問題となり得るが，これを否定する合理的理由はないと考えるべきように思われる（会社規191条2号参照）。

734　第7部　スタートアップのM&A・組織再編

あることや（会社規182条3項2号），親会社に関する詳細な情報開示を日本語
で行うことが求められる（同条4項2号）等，注意が必要となる。

　他方，非上場のスタートアップがインバージョン取引を行う場合には，通常
は，金融商品取引法の下で，合併に際して問題になる開示が求められる場面は
あまり考えられないが，具体的な案件で個別に検討をする必要がある[22]。

(6)　外為法・外資規制

　取引内容によっては，日本の外為法上の事前届出・事後報告が問題になる場
合がある。また，外国法人である親会社の株式を，それ以外の国の株主が保有
することになるため，親会社となる外国法人の根拠法に基づく外資規制（例え
ば，米国におけるCFIUSによる審査等）が問題になる場合がある。スケジュー
ル等にも影響するため，ストラクチャーや，スタートアップの事業内容に応じ
た検討が必要になる。

4　三角合併の税務・コーポレート・インバージョン対策税制

　インバージョン取引を行う際には，（その取引で現金を得るわけではない）
スタートアップや株主に課税がなされないことが極めて重要である。具体的な
案件の際に，法務・税務アドバイザーと慎重にストラクチャーを検討すること
になるが，例えば，以下のような課税関係や論点がある。

(1)　適格要件

　合併により移転する消滅会社の資産等の譲渡損益の課税が繰り延べられるた
めには，三角合併が税制適格要件を満たす必要がある。本書の性質上，税制適
格要件の詳細については記載しないが[23]，三角合併で，存続会社の親会社又は
間接親会社の株式のみを対価とする場合，税制適格要件のうちの対価要件を満
たす（法法2条12号の8柱書等）。

　その他，三角合併では，存続会社としてSPCを設立して用いる場合には，事
業関連性要件の不要な50％超の出資関係がある場合に限定される等，論点があ
る。

22　三角合併に関する会社法・金融商品取引法の開示について，M&A戦略225〜226頁参照。
23　三角合併における適格要件について，M&A戦略226〜227頁参照。

第10章　コーポレート・インバージョン等（クロスボーダー組織再編・上場）　735

(2)　基本的な課税関係

(a)　消滅会社（スタートアップ）の課税関係

適格合併の場合，合併により移転する消滅会社の資産等の譲渡損益の課税が繰り延べられる。

(b)　消滅会社（スタートアップ）の株主の課税関係

消滅会社の株主に対して存続会社の親会社株式のみが交付される場合は，合併が税制適格要件を満たすか否かに関係なく，譲渡益に対する課税繰延べが認められる（法法61条の2第2項，所令112条1項，租特法37条の10第3項1号）。なお，譲渡益に対する課税が繰り延べられる場合であっても，非適格合併の場合は，消滅会社株主に対するみなし配当課税が生じる（法法24条1項1号，所法25条1項1号）。

ただし，後述の通り，外国会社を利用した三角合併の場合にはコーポレート・インバージョン税制に注意が必要である。

(c)　消滅会社（スタートアップ）の新株予約権者の課税関係

前述の通り，消滅会社であるスタートアップの新株予約権者に対して存続会社の親会社である外国会社のStock Optionsを交付するという実務上の要請から，消滅会社の新株予約権者に対して合併対価を割り当てず，別途，親会社が消滅会社の新株予約権者に対してStock Optionsを無償で割り当てることは，認めてよいと思われる。

この場合，消滅会社の新株予約権者に課税の問題を生じるかという問題がある。この点は必ずしも明らかではないが，個人に付与された消滅会社のストックオプション（新株予約権）に譲渡制限が付されている場合，その新株予約権に代えて同種の親会社のStock Optionsが交付されても，課税の問題を生じないと考えるべきように思われる[24]。

(d)　存続会社（SPC）の課税関係

三角合併が行われる場合，存続会社については，親会社株式を合併の対価として交付する際の譲渡益に対する課税が問題となる。もっとも，適格合併の場合は，当該親会社株式をその簿価で譲渡したと取り扱われ，譲渡益には課税がされない（法法61条の2第6項）。

24　M&A戦略228頁参照。

(3) コーポレート・インバージョン税制

日本で外国会社を利用して三角合併等を行い，海外に親会社を設立する場合に，国際的な租税回避を防止するため，米国等と同様にコーポレート・インバージョン税制が存在することにも注意が必要である。

消滅会社と存続会社との間に特定支配関係（50％超の資本関係）がある企業グループ内で行われる三角合併のうち，軽課税国（租税負担割合が20％未満の国又は地域）に存在する外国会社（特定軽課税外国法人）である親会社やその間接親会社の株式が交付される場合，原則として[25]，税制適格要件を満たさない（租特法68条の2の3）。

これは，「特定軽課税外国法人等」の株式を対価とする三角合併による国際的な租税回避を防止するものである。コーポレート・インバージョン税制が適用される場合，税制非適格となることから，消滅会社（スタートアップ）には譲渡損益課税が行われ，消滅会社の日本株主（居住者・内国法人）には譲渡損益課税とみなし配当課税が生じるといった課税上の問題が生じる[26]。

---

25 事業関連性を含む一定の適用除外要件を満たす場合は税制適格性を維持できる。
26 コーポレート・インバージョン税制の詳細について，M&A戦略231〜233頁参照。なお，別途，外国人株主（非居住者・外国法人）が，三角合併により外国親会社の株式の交付を受ける場合に，消滅会社株式の譲渡益（日本で課税対象となる国内源泉所得に限る）に対して課税される場合がある。詳細は同書参照。

第11章　大企業からのスピンアウト　737

第11章

大企業からのスピンアウト

大企業におけるシーズを事業化するために，「スタートアップ」やそのファイナンス手法は，どのように活用できるか。大企業におけるシーズを切り出して「スタートアップ」を作るためにはどのような手法があるか。留意点は何か。

第1節　スピンアウト型スタートアップ：概要

　本書では，アイデアと志を持った個人の起業家が，ゼロから新たな法人を立ち上げ，資金調達を行っていき，独立企業として成長していく典型的なイメージのスタートアップを主に念頭に検討を加えてきた。

　これに対して，近時は，大企業や，大学等の教育・研究機関を母体に，一定の事業やそれには至らない技術・シーズを切り出す形で，新たな法人としてのスタートアップが立ち上げられる例も増えてきている。このような形でのスタートアップの立ち上げは，主に「スピンアウト」と呼ばれる（スピンオフや，カーブアウト[1]等と呼ばれることもある）。特に，日本では大企業や大学

1　本書でも検討している，自社組織の限界により事業化できない技術を事業化するために，事業会社とは別の法人としてのスタートアップを創設する（その上でVCから資金調達をして急速な事業成長を目指す）ことを，近時の経済産業省の報告書では「スタートアップ創出型カーブアウト」と呼称している。経済産業省・研究開発成果を活用した事業創造の手法としてのカーブアウトの戦略的活用に係る研究会「起業家主導型カーブアウト実践のガイダンス」（令和6年4月）（以下「カーブアウトガイダンス」という）参照。その上で，同ガイダンスは，「スタートアップ創出型カーブアウト」を「起業家主導型」と「事業会社主導型」に分類している。

等における研究開発費の占める割合が大きいにもかかわらず，特に事業会社発スタートアップの数が少ないとされており，自社では事業化に限界のある技術・シーズを外部化することのポテンシャルが指摘されている[2]。

　大企業が，ある事業に関して単に子会社を設立する例と，スピンアウト型スタートアップは，例えば以下の点で異なる。すなわち，スピンアウト型スタートアップは，設立時に，既にスピンアウト元で一定の初期事業化やシーズ化がなされており，知的財産がスピンアウト元に帰属していることも多い点で，個人の起業家による，いわば独立起業型スタートアップとは異なる。他方，スピンアウト後に期待される急速な成長や，それに必要な外部資金の供給とエクイティ・インセンティブの重要性，想定されるエグジット等は，独立起業型スタートアップと類似する面を持つ。この点をふまえ，グループ会社とは異なる「スタートアップ」としての人事，知財戦略，資本政策を検討することが重要になる[3]。

【スピンアウト型スタートアップの特徴】

		子会社化	スピンアウト型スタートアップ	（参考）独立起業型スタートアップ
概要	位置付け	企業グループの一法人	持分法適用会社や，企業グループからの独立を視野	独立企業
	事業内容	企業グループの事業の延長。シナジーが前提（連結会計におけるリスクの取り込み可能）	新規事業やシーズ。グループ内の既存事業との関連性は強くない場合（連結会計におけるリスクの取り込みが難しい等）	新規事業

2　日本の研究開発費の総額約20.7兆円のうち，企業が約15.1兆円，大学等が約3.8兆円を占めるとされる。また，民間企業による研究開発のうち，約9割が大企業によって担われているとされる。これに対して，大学発スタートアップは2022年度時点で3,582社に及ぶのに対して，技術をベースとする事業会社発のスタートアップは169社（2024年4月時点）にとどまるとされている（カーブアウトガイダンス7頁参照）。

3　カーブアウトガイダンス28頁以下参照。なお，同ガイダンスでは，「起業家主導型カーブアウト」は，「そもそも自社組織の限界により事業化できないもの」の事業化に取り組むことである以上，「事業化できたのにそうしなかったもの」という発想に基づき各種のアレンジを避けるべきことが指摘されている。

第11章　大企業からのスピンアウト　739

	モチベーション	主にトップダウン	主にボトムアップ（事業やシーズをリードしてきた役職員＝キーパーソン）	主にボトムアップ
キーパーソン	位置付け	子会社役職員	役職員＋株主	独立起業家・株主
	母体企業の関係	基本的に一体	一定の緊張関係（事業の評価額やエクイティ持分の割合等）	―
	インセンティブ設計	・グループの報酬体系に服する（サラリーパーソン的） ・場合により，グループの業績に連動する少量のエクイティ・インセンティブ	・グループの報酬体系に必ずしも縛られない ・相当量のエクイティ・インセンティブ（独立起業家よりは少量）	・企業グループと無関係 ・エクイティ・インセンティブが大部分を占める
資本政策・インセンティブ	資金提供者	企業グループ	スピンアウト元の企業グループ＋VC等の金融投資家等	VC等の金融投資家等（＋成長フェーズで事業会社も）
	役職員向けストックオプション	基本的に想定されない	基本的に想定される	基本的に想定される
エグジット		設立時点では基本的に想定されない	設立時点からIPOやM&Aも視野	設立時点からIPOやM&Aを想定

　このような設立時の特色と，それをふまえた戦略的な検討が，スピンアウト型スタートアップが成功するか否かにはクリティカルとなる。特に，スピンアウト元企業と，そこからある種の独立をするキーパーソンとは，スピンアウト対象となる知的財産等の事業やシーズの評価に基づき，スピンアウト型スタートアップのパイを分け合う，一種の緊張関係にある。このような評価にどのように納得を得て，株式等の構成を組み立てるか，独立起業型スタートアップと比べても，切り出し・設立当初における資本政策が極めて重要になる。以下では，大企業からのスピンアウト型スタートアップを念頭に，主にスピンアウト

時や初期の資本政策における留意点について検討する。

【スピンアウト型スタートアップの資本構成のイメージ】

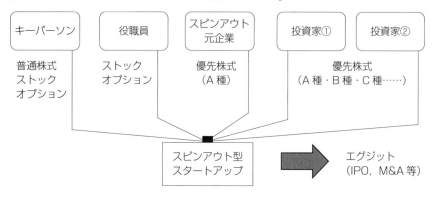

第2節 スピンアウト型スタートアップの設立～初期の資本政策

　前述の通り，スピンアウト型スタートアップは，設立時に既に，スピンアウト元企業で一定の初期事業化やシーズ化がなされている点で，個人の起業家による独立起業型スタートアップとは異なる。このような特徴から，スピンアウト型スタートアップの設立～初期の資本政策を検討するにあたり，例えば以下のような点が問題になる。

> ✓ 設立方法（キーパーソンが出資して設立するか，スピンアウト元企業がいったん子会社として設立するか）
> ✓ スピンアウト元企業が有している知的財産の帰属・ライセンス（典型的には，キーパーソンによる職務著作や職務発明等の職務上生み出された知的財産の取扱い）
> ✓ 知的財産・シーズをスピンアウト型スタートアップに帰属させる場合，その手法
> ✓ 知的財産・シーズを帰属させる対価の全部又は一部をスピンアウト型スタートアップのエクイティとする場合，持分割合と評価額
> ✓ VC等の金融投資家が当初からエクイティ性の出資を行うか否か

これらの点を考慮して、スピンアウト型スタートアップの設立〜初期のプロセスや資本構成は、例えば、以下のような例が考えられる[4]。以下、検討していく。

【スピンアウト型スタートアップの設立〜初期の資本構成の例】

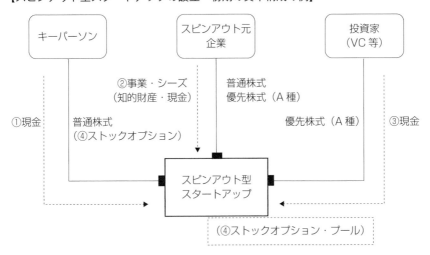

設立〜初期のアクション	取得する株式等の例
① キーパーソンが、少額の出資を行い、法人を設立する[5]	普通株式
② スピンアウト元企業が、知的財産を含む事業やシーズ（＋現金）を拠出する（手法について下記3参照）	（普通株式）優先株式
③ VC等の外部投資家が、エクイティ性の資金を拠出する	優先株式
④ （あらかじめ、キーパーソンや役職員向けの十分なストックオプション・プールを確保する）	（新株予約権）

---

4 キーパーソンによる設立以外の選択肢として、①キーパーソンとスピンアウト元企業がそれぞれ設立時株式を取得する形でスタートアップを設立する手法や、②スピンアウト元企業がまずスタートアップを子会社として設立し、事業を切り出す手法等も考えられる。小川周哉「スピンアウト・スタートアップを巡る諸問題」MARR Online（2023年3月29日）参照。
5 以下では、単純化のために、知的財産やシーズの創出を主導したキーパーソンが、スピンアウト型スタートアップの創業者（代表取締役、株主）となることを念頭に置く。別の類型として、キーパーソンは事業会社に残りCTOや技術顧問となり、経営実務は他の者（社内の他メンバー、客員起業家（Entrepreneur in Residence: EIR）、外部起業家）が担うパターンもある（カーブアウトガイダンス8頁、13頁参照）。キーパーソンの能力や性格によって適切なアレンジが検討される。

742 第7部 スタートアップのM&A·組織再編

1 キーパーソンとスピンアウト元企業の株式の価格差・持分割合

(1) キーパーソンとスピンアウト元企業の持分割合

　スピンアウト型スタートアップでは，設立時点から，スピンアウト元の企業グループからの一定の資本的独立が図られ，エグジットとしてはIPOや，場合によっては他の事業会社を含めた買収者によるM&Aも想定される。

　このようなエグジットを念頭に置くと，スピンアウト元企業以外の外部投資家から，段階的に資金調達がなされることが想定される。他方，創業時にスピンアウト元企業がキーパーソンに比して多くの持分割合（持株比率）を有していると，スピンアウト元企業による経営支配が行われ，（シーズが社内で十分に事業化がなされなかった）スピンアウト以前と変わりがないとして，外部投資家からの資金調達を受けられなくなるリスクもある。

　この観点から，経営リスクを負うキーパーソンが十分な持分割合のエクイティを有することが重要であるとともに，スピンアウト元企業は，過大な持分割合を有すること（事案によるが，例えば，創業段階で特段の考慮なしに20％以上の持分割合を有することは望ましくないという指摘がある[6]）や，過剰な権利（多くの事項に関する拒否権や強い競業避止等）を有することは望ましくないことが指摘される。この点について当初から認識を共有することが，スピンアウト型スタートアップの成否を左右する一方，これまで一定のコミットを行ってきたという考えがあるスピンアウト元企業や他の役職員と，スピンアウト型スタートアップのキーパーソンとの間での認識合わせが最大の難しい論点となる。

　また，仮にその点について認識が共有できたとして，スピンアウト元企業は一定の価値のある事業・シーズを拠出したり，また仮に価値が僅少・マイナスであっても，場合によってはスピンアウトに際し相当額の金銭を拠出したりする以上，少額の出資が想定されるキーパーソンに比してスピンアウト元企業の持分割合が低くなるためには工夫が必要になり得る。

6　カーブアウトガイダンス33頁，40頁参照。小川・前掲注4は，複数のキャピタリストからの意見として，ケースバイケースの前提はあるものの，20~30％程度が望ましいという意見も多かったとする。

(2) 株式の価格差・持分割合の正当化

　以上の考慮から，「スピンアウト元企業に事業・シーズや知的財産が帰属している状態」から，「キーパーソンに十分なインセンティブを与えるために一定割合の株式を低い価格で保有してもらう」（＝スピンアウト元企業は，基本的にはマジョリティではない割合の株式を，相対的に高い価格で取得する）ことを達成するためには，独立起業型スタートアップの設立時の議論を応用することが有益な場合がある。

　すなわち，上の例では，独立起業型スタートアップと同様に，①キーパーソンが，少額の出資を行い，法人を設立する。この際，一株当たり発行価格を低額として，100%の（普通）株式を取得する。

　その上で，②スピンアウト元企業が，知的財産を含む事業やシーズ，場合によっては一定額の現金を拠出し（切り出し），対価として株式を取得する。この際，例えば，優先残余財産分配権・みなし清算（第3部第2章第3節2）といった，独立起業型スタートアップが投資家に発行する経済的価値の高い典型的な優先株式を発行することで，一株当たり発行価格の差は正当化される[7]。場合によっては，支配権に関する懸念に対応するために，少なくとも一部は無議決権（第3部第2章第4節5(1)参照）とすることも考えられる。なお，優秀な人材を獲得するためのインセンティブについても，近時の税務通達に基づく実務に照らすと，優先残余財産分配権を内容とする優先株式を発行することで，今後の役職員に対し，④普通株式を目的とする税制適格ストックオプションを低い権利行使価額で効果的に発行することができる（第4部第2章第3節2(5)参照）。

　ただし，独立起業型スタートアップでは起業家自身が知的財産・無形資産を拠出しているのに対し，スピンアウト型スタートアップでは（キーパーソンもノウハウ等の一定の無形資産を有している一方で）スピンアウト元に知的財産が帰属している場合には，株式の内容だけでなく，プレマネーの評価自体にも一定の工夫が必要となる。場合によっては，スピンアウト元からの知的財産の切り出しは，全部又は一部を現金を対価とする譲渡やライセンスとし（下記3(2)も参照），③これにより上がった評価額をもとになされたVCからの出資金で，

7　このほか，スピンアウト型スタートアップが一定の業績達成等のマイルストーンを達成した場合に，スタートアップによる取得条項や，スピンアウト元企業による取得請求権を設けることで，現金対価で株式を買い取る設計とすることも考えられるという指摘もある（柴田堅太郎『中小企業買収の法務〔第2版〕』（中央経済社，2024年）357頁）。

744 第7部 スタートアップのM&A・組織再編

譲渡代金等を賄うこともあり得る[8]。また，バリュエーションとそれをふまえた株価・持分割合について折り合いがつかない場合，キーパーソンに対しても，普通株式だけでなくストックオプションを相対的に多く発行することで完全希釈化後ベースでの持分割合を高めておくことも考えられる[9]。

2 スピンアウト事業のバリュエーションと外部投資家の役割

スピンアウト元企業からの事業の切り出し時には，③VC等の外部投資家も重要な役割を果たすことが多い。すなわち，外部投資家は(i)スピンアウト後の成長資金の重要な供給源であるとともに，(ii)切り出した事業についての事業計画の策定を支援し，(iii)そのような事業計画をもとに，スピンアウト元企業から切り出す知的財産・事業価値の評価（バリュエーション）でも重要な役割を果たし得る。

スピンアウト元企業と，そこからある種の独立をするキーパーソンとは，スピンアウト対象となる知的財産等の事業やシーズの評価に基づき，スピンアウト型スタートアップのパイを分け合う，一種の緊張関係にある。何よりも心情的な対立が生じる，あるいは従前から生じている場合もある。両者のみで客観的かつ円滑にバリュエーションを行うことには困難が伴うことも予想され，スピンアウト型スタートアップの最初にして最大の障壁となる。この問題を解決するために，外部投資家が一種のスポンサーとなり，事業計画の策定，バリュエーションや，必要に応じてスピンアウトのスキームのアレンジ全体をリードすることが期待される。

すなわち，第一義的には，外部投資家は，当初はキーパーソンとスピンアウト元企業のいずれとも資本関係等に関して中立的な場合も多く，客観的な立場で，対象事業やシーズの評価に関する専門的知見を提供することが期待される。また，資金提供に際して，スピンアウト元企業による事業の切り出しとほぼ同タイミングで，例えばA種優先株式等，スピンアウト元企業と同種類の株式を同じ発行価格で取得することも多い。そのため，普通株式との価格差・持分割

8　カーブアウトガイダンス52頁参照。
9　非上場会社では，付与決議日に発行済株式総数の3分の1を超える数の株式を保有する大口株主には税制適格ストックオプションを発行できないことに注意が必要である（租特法29条の2第1項，租特令19条の3第3項2号）。キーパーソンがこれを超える場合，有償ストックオプション（第4部第2章第4節）等も選択肢になる。

合という点では，外部投資家はスピンアウト元企業の側と一定の利害を共有する。

　他方，VC等の外部投資家は，スピンアウト後の独立的・急速な成長とエグジットのために，独立起業型スタートアップと同様に，キーパーソンが十分なエクイティ・インセンティブを取得することや，スピンアウト元企業が過剰な介入・コントロールを試みないこと等の意義を理解しているはずである。そのため，VC等の外部投資家は，自らの短期的な持分割合・低い発行価格のみを追求しない，中長期的な視点からの資本政策に沿ったアレンジが可能であり，むしろスピンアウト型スタートアップの設立から初期段階に期待される大きな役割でもある。

【スピンアウトでVC等の外部投資家に期待される事項・特徴】

> ✓　キーパーソンとスピンアウト元企業と異なる外部者としての客観的な視点
> ✓　切り出し対象事業・シーズに関する専門的知見とそれに基づく事業計画の策定支援や評価手法の提供
> ✓　中長期的・全体最適の観点からの資本政策のリード・アレンジ

3　知的財産・シーズのスピンアウトの手法

(1)　会社分割・現物出資による株式の取得

　①キーパーソンが，少額の出資を行い，法人を設立して低い一株当たり価格で100％の普通株式を取得し，②スピンアウト元企業が，知的財産を含む事業やシーズ，場合によっては一定額の現金を拠出し（切り出し），対価として優先株式を取得する場合，②の切り出し方が問題になる。典型的には，会社法上の（分社型）吸収分割や現物出資が考えられる。

　分社型吸収分割（分割により分割承継会社の株式その他の資産が分割会社に交付される吸収分割。物的分割とも呼ばれる〔会社法758条〕）の場合，会社法上の組織再編行為として法定の手続が必要となり，実行完了・効力発生までに少なくとも1か月半程度は時間を要し[10]，さらに先立って各種の交渉や準備等

10　M&A戦略15〜16頁参照。

746　第7部　スタートアップのM&A・組織再編

を行う必要がある。

　他方，現物出資（会社法199条1項3号，207条）は，金銭以外の財産を出資の目的とすること以外は通常の株式の発行手続として行われる。ただし，評価額が適正でなければ発行会社や他の株主に不利益を及ぼし得ることから，会社法上，検査役による調査が原則として義務付けられている。もっとも，スピンアウトに限らず実務上は，検査役調査が円滑な手続の妨げになるとして，調査が不要とされる例外の類型（同条9項各号）によることが多い。スピンアウトで考えられるのは，例えば，割り当てる株式の総数が発行済株式の総数の10分の1を超えない場合（同項1号）である[11]。しかし，この程度の持分割合では，今後の外部資金調達によりスピンアウト元企業の持分が希釈化されることを想定すると，受け入れが難しいことも多いと思われる。

【吸収分割と現物出資の比較】

	吸収分割	現物出資
手続	手間・期間がかかる	（検査役調査がない限り）比較的手間は少ない
検査役調査	不要（割り当てる株式数等に制約なし）	・原則必要 ・実務上は，検査役調査が不要となる類型に依拠する

(2)　ライセンス・新株予約権（コンバーティブル・エクイティ）の活用

　上のように当初から株式を対価として切り出す手法のほか，以下のような方法で知的財産等をスタートアップに提供する手法も考えられる[12]。

11　その他に検査役調査が不要となる例として，出資の目的である金銭以外の財産の価額が500万円以下である場合（会社法207条9項2号）や，発行会社に対する弁済期が到来している金銭債権であって，当該金銭債権について定められた発行価額が金銭債権に係る負債の帳簿価額を超えない場合（いわゆるデット・エクイティ・スワップ（DES）。同項5号）等がある。ただし，スピンアウト型スタートアップへの事業の移管に用いる場合には論点もある（スタートアップが財産の譲渡を受けた上で，必要があれば代金債務の期限の利益を放棄し弁済期の到来の要件を満たすことは考えられる。ただし，現物出資規制の潜脱や善管注意義務といった問題は生じ得る）。

12　カーブアウトガイダンス30頁参照。

第11章 大企業からのスピンアウト **747**

- ✓ 創業段階で，関係する知的財産を，新株予約権を対価として譲渡する
- ✓ 創業段階で，関係する知的財産を排他的にライセンスアウトする。ライセンス料は，スタートアップが将来的に売上を計上した場合に，その売上の一定割合（数%）とする[13]
- ✓ 創業段階では，新株予約権等を対価として排他的にライセンスアウトする。その後，事業化の見込みが高くなった段階（PoCを複数回成功させる等）で譲渡する

　このうち，特にライセンスや知的財産の譲渡に関して，自社で事業化できない場合にスピンアウトを行う場合には，以下のような手法をとることは，スタートアップの急速な事業成長を阻害し，スピンアウトが失敗する要因になるという指摘がある[14]。

- ✓ 知的財産を非独占的にライセンスアウトする
- ✓ 排他的なライセンスだが，スタートアップのキャッシュフローを圧迫するほどのライセンス料を求める
- ✓ 創業段階で知的財産を譲渡する場合に，高額な現金対価や多数のエクイティ（例えば，特段の考慮なく研究開発費見合いで対価を設定する等）を求める
- ✓ 知的財産の譲渡又はライセンス契約において過度な競業避止義務を課す（例えば，元の事業会社の主たる事業に関わらない領域での競業避止義務を課す等）

　また，新株予約権を用いる手法は，特にシード期のスタートアップの資金調達に際して，バリュエーションの問題が生じる場合に，バリュエーションを将来に繰り延べるためにコンバーティブル・エクイティを用いる選択肢（第2部第2章第3節参照）の延長ともいえる。

　スピンアウト型スタートアップの場合，切り出し対象となる事業・シーズや知的財産のバリュエーションが困難である場合や，バリュエーションの繰延べ

13　ライセンスを行うにあたり，過度に一時金やマイルストーンペイメントの支払を求めると，キャッシュの流出によりスタートアップの成功率が低下するため，スタートアップの事業の成長速度の最適化という観点で，ライセンス料の水準等を含めた知的財産の提供方法を検討すべきとされる（カーブアウトガイダンス31頁参照）。

14　カーブアウトガイダンス30頁参照。

748　第7部　スタートアップのM&A・組織再編

により外部投資家が参加しやすくなる場合等には，スピンアウト元企業や外部投資家がコンバーティブル・エクイティを取得する方法によりスピンアウトを行うことも検討する価値がある[15, 16]。

　この場合，新株予約権としてのコンバーティブル・エクイティを保有している間は，株主総会における議決権を含む株主としての権利を有しないため，特にスピンアウト元企業の目から見て，ガバナンスやエグジットが問題になる。スピンアウトは独立企業としての成長を目指すために行うものであり，必要以上にスピンアウト元企業が過度に運営に関与しないという趣旨からすると，一定の制約も正当化される。もっとも，特にスピンアウト後の初期段階ではスピンアウト元企業の拠出する事業・シーズ・知的財産の貢献度合いが高く，初期の事業経営でその後の成長が大きく左右されるため，急に運営への関与がゼロになることは受け入れ難いことも多い。単なるシード期ではなく，事業会社やVC等から一定規模の金銭の出資・知的財産の拠出がなされる以上，例えばシリーズA段階の株主間契約の実務も参考に，ガバナンスや新株予約権の処分等に関する契約上のアレンジや，役員を派遣してモニタリングを図ることも考えられる。ただし，特にスピンアウト元企業からは，成長スピードを阻害しないために広範な事前承諾を求めないことや，厳しい条件の株式・新株予約権買取請求権や競合他社の出資・競業制限を設ける等の資本・業務への介入等は慎重になるべきこと等，基本的な考え方は出資方法にかかわらない。

15　コンバーティブル・エクイティを用いる場合も，特にバリュエーション・キャップを設ける場合には，次の資金調達ラウンドでのバリュエーションの目安を当事者があらかじめ有しておく必要があるため，キーパーソンとスピンアウト元企業との間の調整を，完全には先送りできないことには留意する必要がある。

16　現物出資により新株予約権を発行する場合，原則として新株予約権の発行の対価として金銭を払い込む必要があるが（会社法238条1項3号，246条1項），発行会社の承諾を得れば，払込金額に相当する金銭以外の財産を給付し，又は発行会社に対する債権をもって相殺できる（同条2項）。金銭以外の財産を新株予約権の「行使」時の出資の目的とする場合は，株式の発行と同様の現物出資規制（検査役調査の原則とその例外）があるが（同法236条1項3号，284条），有償で新株予約権を「発行」する際の払込みでは，発行会社による承諾のみが要件とされている。

第11章　大企業からのスピンアウト　749

第3節　スピンアウト型スタートアップの税務

　キーパーソンが設立したスタートアップの株式を，スピンアウト元企業が事業・シーズ等を対価に取得する場合を念頭に，税務について簡単に検討を加える。

【吸収分割の税務上の取扱いのポイント】

非適格吸収分割 （分社型分割）	①分割会社 分割会社が移転事業に係る資産・負債を「時価」で承継会社に譲渡（譲渡損益が実現し，認識される）
	②分割承継会社 ・分割承継会社は対価（株式）を分割会社に交付 ・分割承継会社が交付した対価（時価）が，承継した資産・負債の時価純資産価額を超えるときは，超える部分が資産調整勘定の金額となり，5年間にわたって均等減額・損金の額に算入される（法人税の減額）
適格吸収分割 （分社型分割）	①分割会社 分割会社が移転事業に係る資産・負債を「簿価」で承継会社に譲渡（譲渡損益を認識しない）
	②分割承継会社 ・分割承継会社は対価（株式）を分割会社に交付 ・分割会社の資産・負債が分割承継会社に対し「簿価」で引き継がれるため，資産調整勘定は計上されない

1　スピンアウト元企業（分割会社）

(1)　会社分割の場合

　スピンアウトで用いる会社分割は，通常は分社型分割（分割により分割承継会社の株式その他の資産が分割会社に交付される吸収分割。物的分割とも呼ばれる〔会社法758条〕）に該当する[17]。適格要件を満たすか否かで税務上の取扱いが変わるところ，適格分社型分割となるためには一定の要件を満たす必要がある（法法2条12号の11，法令4条の3第5項～8項）。分割会社と承継会社との

750　第7部　スタートアップのM&A・組織再編

間に，①100％の出資関係（完全支配関係）がある場合，②50％超100％未満の出資関係（支配関係）がある場合，③共同で事業を営むための分割に該当する場合の3種類に応じて，適格要件が異なる。なお，分社型分割ではなく新設分割等について，近時の改正で設けられたスピンオフ税制については後記コラム参照。

　本章で念頭に置いている，キーパーソンが切り出し先の法人を設立して100％の株式を保有している場合，吸収分割時にはスピンアウト元企業（分割会社）とスタートアップ（分割承継会社）との間に①完全支配関係も②支配関係も有しないため，③共同で事業を営むための分割としての適格要件を満たす必要がある[18]。共同で事業を営むための分割としての適格要件は，主に対価の要件，株式継続保有要件，分割事業に係る要件に分けられる。このうち，分割事業に係る要件を満たすことが難しい場合がある。例えば，吸収分割を行う際に，スピンアウト先で事業を営んでおり，その事業と吸収分割で承継する事業に関連性があることが求められるが（事業関連性要件），スピンアウト先で，承継する事業を開始するための準備行為にとどまっている場合，そもそも事業性が否定され，事業の関連性も否定される可能性がある[19]。また，事業規模要件（分割事業とスピンアウト先の事業の規模がおおむね5倍を超えないこと）や，それに代わる特定役員引継要件を満たすことができない場合も考えられる[20]。

【適格分社型分割のうち共同で事業を営むための分割に該当するための要件】

対価の要件	分割承継会社又はその直接又は間接の完全親会社株式以外の資産が分割会社に交付されないこと

17　これに対し，分割により分割会社が受け取った分割承継会社の株式その他の資産全てが分割会社の株主に交付される分割を，分割型分割（人的分割）という（会社法758条8号ロ）。

18　本文と異なり，前述の①キーパーソンとスピンアウト元企業がそれぞれ設立時株式を取得する形でスタートアップを設立する手法や，②スピンアウト元企業がまずスタートアップを子会社として設立し，事業を切り出す手法による場合は，完全支配関係や支配関係がある場合の適格分社型分割の要件を検討することになる。適格分社型分割の適格要件の詳細については，M&A戦略241〜244頁参照。

19　一定の事業関連性を満たす余地はある（法規3条）。

20　例えば，名目上，スピンアウト元の役員等がスタートアップの特定役員になるようなことは，組織再編成に係る行為計算否認規定（法法132条の2）が適用される可能性がある。

第11章　大企業からのスピンアウト　751

株式継続保有要件	交付を受けた分割承継会社株式又はその直接又は間接の完全親会社株式の全部が分割会社により継続して保有されることが見込まれること
分割事業に係る要件	分割事業と分割承継会社の事業が相互に関連すること（事業関連性要件）
	・分割事業とその事業に関連する分割承継会社の事業の規模がおおむね5倍を超えないこと（事業規模要件）又は, ・当該分割前の分割会社の役員等のいずれかと分割承継会社の特定役員（常務クラス以上）のいずれかとが,当該分割後に分割承継会社の特定役員となることが見込まれていること（特定役員引継要件）
	分割事業に係る分割直前の従業者のおおむね80％以上に相当する数の者が分割承継会社の業務（(a)分割承継会社と完全支配関係にある会社の業務,又は,(b)分割後に行われる適格合併によって主要な事業が当該適格合併の存続会社に移転することが見込まれている場合における当該存続会社及び当該存続会社と完全支配関係にある会社の業務も含む）に従事することが見込まれること
	分割事業が分割承継会社（(a)分割承継会社と完全支配関係にある会社,又は,(b)分割後に行われる適格合併によって主要な事業が当該適格合併の存続会社に移転することが見込まれている場合における当該存続会社及び当該存続会社と完全支配関係にある会社も含む）で引き続き営まれることが見込まれること
	分割事業に係る主要な資産及び負債が分割承継会社に移転すること

　適格分社型分割となる場合，スピンアウト元企業（分割会社）で，スタートアップ（分割承継会社）に移転する資産・負債について，簿価による時価があったものと取り扱われ，課税所得は認識されない（法法62条の3第1項）。

　非適格分社型分割となる場合，スピンアウト元企業（分割会社）で，スタートアップ（分割承継会社）に移転する資産・負債について，時価による譲渡があったものと取り扱われ，譲渡益又は譲渡損が実現し，認識される（法法62条）。スタートアップは，時価で分割対象の資産・負債の移転を受け入れることとなる。

　一般的に適格分割と非適格分割のいずれに該当するかは，適格要件を満たすかどうかによって自動的に決定され，適格要件を満たす場合に非適格分割を選

択することはできない。適格分割は，一般的には，移転される資産・負債に含み益がある場合は有利であるが，移転される資産・負債に含み損がある場合は，非適格分割の方が，譲渡損を認識できるために分割時点では有利となることがある。もっとも，適格分割・非適格分割では，資産調整勘定等の取扱いも異なり，会社分割後に分割会社が分割承継会社株式を譲渡する際に影響が出ること等もあるため，事前の慎重な検討が必要である。

なお，会社分割は，適格・非適格にかかわらず，消費税は不課税となる（消法2条1項8号，消令2条1項4号）。また，登録免許税及び不動産取得税は課される（ただし，不動産取得税については，一定の要件を満たすと非課税となる）。

Column　スピンオフ税制・パーシャルスピンオフ税制

いわゆるスピンオフ税制も平成29年度税制改正により導入された。これは支配株主のいない法人が，分割後も支配関係のない法人を作る新設分割（法法2条12号の11二，法令4条の3第9項）や，当該株主に対する完全子会社株式の株式分配（適格株式分配〔法法2条12号の15の3，法令4条の3第16項〕）により事業を切り出す場合に，税制適格要件を満たすことができるものである。いずれも，切り出し元・切り出し先の法人の株主（支配株主でない株主）が同一で，大企業のポートフォリオ再編等を念頭に置いており，本文で検討している組織内起業家が新たにスピンアウト先の株式を取得する場面とは異なるため，本書では省略する。

さらなる緩和として，一定の要件を満たして事業再編計画の認定を受ければ，スピンアウト元企業が20%未満を限度にスピンアウト先の株式を継続して保有しても税制適格要件を満たせる，いわゆる「パーシャルスピンオフ税制」も産業競争力強化法の改正で設けられた。これも，あくまでスピンアウト元企業の株主（支配株主でない株主）に対して完全子会社（スピンアウト先）株式を分配するものであり，本書では詳細は省略する（スピンアウト先の役職員に対してストックオプションを付与すること等の新事業活動要件があるため，活用の余地はあるが，外部株主が多くなる）。詳細について，経済産業省産業組織課『スピンオフ』の活用に関する手引」参照。

第11章　大企業からのスピンアウト　753

(2)　現物出資の場合

　法人税は，現物出資を用いる場合も同様である。現物出資も，原則として現物出資法人（切り出し元）に譲渡損益課税が生じるが（法法22条），例外的に適格現物出資では課税が繰り延べられる（同法62条の４第１項）。この適格現物出資の要件は会社分割と類似しているところ（同法２条12号の14，法令４条の３第10項～15項），まずキーパーソンが切り出し先の法人を設立して100％の株式を保有しているスピンアウト型スタートアップに対し，現物出資により事業を切り出す場合，会社分割と同様の理由により，共同で事業を営むための現物出資としての要件のうち，事業関連性要件を満たすことが難しいことや，事業規模要件又は特定役員引継要件を満たさない場合がある[21]。この場合は非適格現物出資に当たり，現物出資法人（切り出し元）で，譲渡益・譲渡損が認識される。

　ただし，消費税は会社分割と異なる。現物出資の場合，適格・非適格にかかわらず消費税が課税される。課税標準は，現物出資により取得する株式の取得の時における価額に相当する金額（時価）とされている（消法28条，消令45条２項３号）。

2　スタートアップ（分割承継会社）

　スピンアウト元企業からの会社分割が，適格分割となる場合，スタートアップはスピンアウト元企業における簿価で，分割対象の資産・負債を受け入れることとなる。これに対し，非適格分割となる場合，スタートアップは時価で分割対象の資産・負債の移転を受け入れることとなる。スピンアウト元企業からの切り出しが現物出資の方法による場合も，基本的に同様である。

　適格・非適格を問わず，会社分割による新株発行（又は自己株式の処分）は資本等取引に該当するため，株式の発行自体からは益金・損金は生じず，分割承継会社に税負担は発生しない（法法22条２項，３項，５項）。

　その他，(a)資本金等の額・利益積立金額や，(b)資産調整勘定の有無，(c)繰越欠損金の引継ぎ[22]といった点で，適格・非適格に応じた取扱いのポイントがあるが，本書では詳細は省略する[23]。

21　前掲注19，注20も参照。

754 第7部 スタートアップのM&A・組織再編

3 キーパーソン・外部投資家（分割承継会社の株主）

適正な対価（現金）を拠出し，それに見合ったスタートアップの株式を取得している限り，キーパーソンや外部投資家に対しては課税関係が生じないのが原則である。

もっとも，対価が適正でないと判断された場合に，株主間での利益移転，特にスピンアウト元企業からの利益移転や，逆にスピンアウト元企業に対する利益移転があったとして，課税（例えば，個人から個人の利益移転であれば贈与税，法人から法人の利益移転であれば時価評価課税と寄附金課税）が問題になる場面も否定はできないため，バリュエーションは税務上の観点からも重要になる。

---

22 各事業年度の損金の額が益金の額を超える場合のその超過額を欠損金といい，一定の条件を満たす場合，法人の規模（資本金の額が1億円を超えるか否か）に応じた額について，一定期間，繰り越して損金の額に算入することが可能である（法法57条1項・11項）。例えば，税制適格要件を満たす吸収合併については，（合併で事業全体が承継されるため）一定の場合に，合併消滅会社の繰越欠損金を合併存続会社が引き継ぐことはできる。これに対して，（事業の一部のみが承継される）吸収分割の場合は，繰越欠損金の引継ぎは認められていない。
23 詳細について，M&A戦略110～112頁参照。

索　引

英文

ADR（American Depositary Receipt）········· 721
Business Development Companies ·············· 478
BVCA ·· 104
Cap Table →資本政策表
CARE（Convertible Agreement Regarding
　　Equity）··· 71
Certificate of Incorporation（CoI）·············· 105
CFIUS ··· 734
Change of Control Bonus
　　→マネジメント・カーブアウト
CoC（Change-of-Control）···················· 700, 701
Common Stock ·· 726
Consideration Spreadsheet ························· 698
Covenants ·· 105
CVC（Corporate Venture Capital）············· 341
DCF 法 ·· 507
Debt ·· 5
Disclosure Schedule（開示別紙）················· 165
double-trigger acceleration ························· 394
Drag-Along Right →ドラッグ・アロング
Dual Track →デュアルトラック
EBITDA ··· 633
Employee Stock Option Plan（ESOP）········· 390
Equity ·· 5
Founder Market Fit ···································· 15
GDR（Global Depositary Receipt）··············· 721
Information Rights →情報請求権
IoI（Indication of Interest）························· 585
IPO（Initial Public Offering）··················· 9, 510
IPO ラチェット ·· 565
IR（Investors Relation）······························ 293
IRA（Investors' Rights Agreement）··········· 105
IRR（Internal Revenue Rate）····················· 7
ISO（Incentive Stock Option）····················· 727
JDR（Japanese Depositary Receipt）············· 721
JGC（Joint Global Coordinator）·················· 589
J-KISS ··· 18, 373
Joinder ·· 703
J-Ships ·· 555
J-Startup ·· 444
J カーブ ··· 4

Killer Acquisition →キラー・アクイジション
KISS（Keep it Simple Securities）··············· 18
KPI（Key Performance Indicator）·············· 633
LBO ファイナンス ······································ 467
liability リスク ··· 547
Limited Partner ··· 7
Limited Partnership ····························· 267, 328
LOI（Letter of Intent）······························ 603
Long Stop Date ··· 702
LP 投資家 ··· 7, 329
M&A ··· 2
MAC（Material Adverse Change）········ 166, 491
MAE（Material Adverse Effect）
　　→ MAC（Material Adverse Change）
Major Investor ·· 193
MBO（Management Buyout）······················ 666
MFN（Most Favored Nation Clause）··········· 236
MOU（Memorandum of Understanding）······ 603
MVP（Minimum Viable Product）················ 15
National Venture Capital Association（NVCA）
　　·· 104
NDA（秘密保持契約）·························· 318, 548
NSO（Non-statutory Stock Option）············· 728
Pay to Play ··· 140, 195, 452
PBR（株価純資産倍率）······························ 596
PE ファンド ··· 16, 564
PMI（Post Merger Integration）·················· 603
PoC（Proof of Concept）················· 72, 315, 316
Pre-emptive Right →優先引受権
Preferred Stock ··· 727
Protective Provisions →拒否権・事前承諾事項
PSF（Problem Solution Fit）······················· 15
R&D ··· 676
Registration Rights ···································· 105
Regulation S ··· 536
Reserved Matters →拒否権・事前承諾事項
Right of First Refusal →先買権
Right to First Offer ··································· 105
RoFR（Right of First Refusal and Co-Sale
　　Agreement）··· 105
Rule 144A ··· 536
SAFE（Simple Agreement for Future Equity）
　　·· 18

SEC（Securities and Exchange Commission）
················· 729
Shareholders' Agreement ················ 105
Silicon Valley Bank（SVB）················ 440
single-trigger acceleration ················ 394
SO 開示特例→ストックオプション開示特例
SPA（Stock Purchase Agreement）······ 105, 159
SPAC（Special Purpose Acquisition Company）
················· 729
SPV（Special Purpose Vehicle）············ 507
Subscription Agreement ············ 105, 159
Tag-along Right →タグ・アロング
TOKYO PRO Market ················ 538
ToSTNet 取引 ························ 593
VA（Voting Agreement）················ 105
VIMA ····························· 104
Waiver Letter ························ 188
Y Combinator ························· 2

あ行

アイデア ···························· 48
アウト・オブ・ザ・マネー ················ 363
アクイハイア ················ 83, 622, 627
アクセラレーション（acceleration）
················ 54, 392, 640, 645
アクセラレーター ······················ 2
アット・ザ・マネー ···················· 363
アップサイド ························ 115
アナリスト・レポート ·················· 552
アフォーマティブ・コベナンツ→コベナンツ
アーリー・ステージ ················ 13, 98
アーンアウト ···················· 621, 622
安全支配関係 ························ 750
アンチ・ダイリューション（anti-dilution）
　→ダウンラウンド・プロテクション
アンベスト ···················· 400, 649
移行期間 ···························· 705
意向表明書 ·························· 603
一時所得 ··························· 636
I の部 ···························· 571
一項有価証券 ······················· 422
一斉売却請求権→ドラッグ・アロング
一般条項 ··························· 702
委任状 ···························· 250
違約罰 ···························· 223
インカム・ゲイン ···················· 128
インキュベーション施設 ················ 616

インサイダー取引 ···················· 433
インサイダー取引規制 ·················· 593
イン・ザ・マネー ················ 349, 363
インセンティブ報酬 ··················· 650
インフォーメーション・ミーティング（IM）
················ 545, 551, 601
ウォッシュアウト・ファイナンス ··········· 145
売委託 ···························· 381
売出し ······················ 504, 530
売出株式 ··························· 530
売出し規制 ························· 593
営業秘密 ······················ 318, 613
エクイティ（Equity）···················· 5
エクイティ・インセンティブ ·············· 623
エクイティストーリー ·················· 551
エクイティ報酬 ······················· 18
エグジット（exit）··········· 2, 13, 173, 510
エクステンション・ラウンド ·············· 152
エスクロー ······················ 621, 622
エスクロー・エージェント ··············· 640
エンジェル税制 ··················· 49, 74
エンジェル投資家 ··················· 6, 98
欧州投資銀行（European Investment Bank：
　EIB）··························· 478
大口株主 ··························· 381
オーバーアロットメント ················ 193
オファリングサイズ ················ 519, 530
オファリングストラクチャー ·············· 531
オブザーバー ················ 172, 180, 421
オープンイノベーション ············ 313, 614
オープンイノベーション促進税制 ··········· 715
親会社等状況報告書 ··················· 595
親引け ··················· 433, 511, 585

か行

外形標準課税 ······················· 278
外国会社 ··························· 731
外国為替及び外国貿易法（外為法）······· 262, 546
外国集団投資スキーム持分 ··············· 333
外国籍ファンド ····················· 498
外国投資家 ····················· 262, 455
開示規制 ······················ 258, 361
外資規制 ··························· 262
会社関係者等 ······················· 594
会社分割 ··························· 745
概念実証→PoC（Proof of Concept）
外部投資家 ························· 616

確約書 …………………………………… 559	間接取引 …………………………………… 256
貸金業 …………………………………… 646	完全希釈化後株式数 ……………………… 81
貸金業法 …………………………………… 496	監督指針 …………………………………… 460
加重平均方式（コンバージョン・プライス方式）	元本 ………………………………………… 5
…………………………………… 134	勧誘 …………………………………… 260, 361
加入契約 …………………………………… 703	勧誘禁止 …………………………………… 706
ガバナンス体制 …………………………… 16	管理報酬 …………………………………… 330
カーブアウト ……………………………… 737	機関設計 …………………………………… 706
カーブアウト・プラン（Carve-out Plan）… 657	機関投資家 ………………………………… 472
株式会社 …………………………………… 36	起業家 ……………………………………… 37
株式買取請求権（反対株主）………… 235, 686	企業価値 ………………………………… 19, 21
株式買取請求権（プット・オプション）	企業価値担保権 ………………………… 441, 466
…………………… 161, 167, 173, 668	企業価値評価 ……………………………… 21
株式価値 ……………………………… 19, 21	企業結合審査 ……………………………… 712
株式公開 …………………………………… 510	議決権 ……………………………………… 148
株式交換 …………………………………… 681	期限の利益 ………………………………… 474
株式交換等 ………………………………… 665	希釈化（ダイリューション）………… 168, 473
株式交付 …………………………………… 681	希釈化防止条項
株式譲渡 …………………………………… 683	→ダウンラウンド・プロテクション
株式譲渡契約 ……………………………… 695	基準日 ……………………………………… 155
株式譲渡承認 ……………………………… 710	キーパーソン ……………………………… 602
株式対価 M&A ………………………… 630, 632	寄附金 ……………………………………… 754
株式対価買収→株式対価 M&A	客員起業家（Entrepreneur in Residence：EIR）
株式担保貸付け …………………………… 37	…………………………………… 741
株式等売渡請求権 ………………………… 665	逆三角合併（Reverse Triangular Merger）… 725
株式投資型クラウドファンディング …… 49, 63	キャッシュ・アウト …………………… 664
株式の併合 ………………………………… 665	キャッシュフロー ……………………… 478, 615
株式の保管委託要件 ……………………… 378	キャッシュマルチプル …………………… 8
株式引受契約 ……………………………… 102	キャップ（評価上限額）……… 77, 81, 316, 451
株式分割 …………………………………… 297	キャップテーブル→資本政策表
株式分配 …………………………………… 752	キャピタリスト ………………………… 8, 304
株式報酬 …………………………………… 372	キャピタルコール ………………………… 330
株式無償割当て …………………………… 298	キャピタルゲイン ……………………… 128, 354
株主価値 ……………………… 19, 21, 115, 347	キャリー（Carried Interest）…………… 330
株主間契約 …………………………… 102, 704	吸収分割 …………………………………… 745
株主総会 …………………………… 104, 149	給与等課税事由 …………………………… 355
株主代表（Shareholders Representative）… 621	旧臨時報告書方式（旧臨報方式）………… 536
株主代表訴訟 ……………………………… 223	業規制 …………………………………… 258, 434
株主平等原則 ………………………… 176, 436	競業避止義務 ……………… 172, 198, 614, 706
株主名簿 …………………………………… 29	（強制）転換条項 ……………………… 109, 131
仮条件 ……………………………………… 518	強制売却権→ドラッグ・アロング
監査等委員会設置会社 …………… 305, 310, 411	業績連動型報酬 ………………………… 652, 660
監査報告書 ………………………………… 513	業績連動給与 …………………………… 355, 655
監査法人 ……………………………… 184, 516	競争者に対する取引妨害 ………………… 318
監査役 ………………………………… 156, 418	競争法 ……………………………………… 628
監査役設置会社 …………………………… 310	共同研究開発 ……………………………… 312
ガン・ジャンピング規制→届出前勧誘規制	共同研究開発契約 ………………………… 614

共同創業者 …………………………… 61	権利確定日 ………………………… 394
共同売却権→タグ・アロング	権利行使価額 ………………… 141, 348, 363
業務執行 …………………………… 62	権利行使期間 ………………… 362, 414, 624
業務執行者 …………………… 260, 456	権利行使条件 ……………………… 397
業務提携 …………………………… 617	コア業種 …………………………… 263
業務提携等 ………………………… 312	行為計算否認規定 ………………… 688
業務範囲規制 ……………………… 469	公開会社 …………………………… 157
虚偽記載 …………………………… 547	公開買付け ………………… 433, 593
居住者 ……………………………… 273	公開価格 …………………… 519, 531
拒否権 ………………… 150, 185, 616	公告 ………………………… 155, 280
キラー・アクイジション ………… 83, 628, 713	行使条件 …………………………… 626
禁止期間（待機期間） …………… 262	公証人 ……………………… 37, 110
金融商品取引所（証券取引所） ……… 3, 510	公序良俗 …………………………… 59
金融商品取引業 …………………… 422	公序良俗違反 ……………………… 205
金融商品取引法（金商法） ……… 258	拘束条件付取引 …………………… 318
区分管理帳簿 ……………………… 379	合同会社 …………………………… 36
組合型ファンド ……………… 328, 456	公募株式 …………………………… 530
クラウドファンディング（CF） … 89	公募比率 …………………………… 530
クリフ ……………………………… 392	子会社管理 ………………………… 675
クレジットライン ………………… 471	告知義務 …………………… 76, 427
クロージング ……………………… 601	個人株主 …………………………… 92
クロスオーバー投資 ……………… 16	個人データ ………………………… 614
クロスオーバー投資家 ………… 99, 546, 562	コーナーストーン投資家 ………… 511, 546, 585
グローバルオファリング ………… 536	5％ルール ………………………… 497
群戦略 ………………… 630, 676	コベナンツ ………………………… 471
経営委任契約 ……………………… 704	コーポレート・インバージョン … 719
経営株主 …………………………… 159	コーポレート・ガバナンス ……… 588, 595
経営株主間契約→創業株主間契約	コーポレートガバナンス・コード ……… 596
経営者保証 ………………………… 441	コーポレート・ベンチャー・キャピタル
経営者保証ガイドライン ……… 447, 460	（CVC） ……………… 6, 98, 312
軽課税国 …………………………… 736	コーポレート・ベンチャリング … 676
経済安全保障 ……………………… 262	コミットメントフィー …………… 484
形式要件 …………………………… 512	コール・オプション …………… 384, 671
経常収益融資（recurring revenue loan）… 471	婚前契約 …………………………… 57
継続所有に関する確約書→確約書	コンバーティブル・エクイティ
契約自由の原則 ……………… 71, 205	（Convertible Equity） ……… 18, 63, 68, 427, 450
決議要件 …………………………… 176	コンバーティブル型証券 ……… 67, 315
決算短信 …………………………… 595	コンバーティブル・デット（Convertible Debt）
欠損金 ……………………………… 754	………………………………… 68, 444
原株式上場 ………………………… 721	コンバーティブル・ノート（Convertible Note）
研究開発費 ………………………… 738	………………………………… 68
検査役 ……………………………… 746	コンバーティブル・ボンド（Convertible Bond）
減資 ………………………………… 277	………………………………… 68, 450
源泉徴収 …………………………… 387	コンプライアンス ………………… 514
限定提供性 ………………………… 614	
現物出資 …………………… 43, 681	**さ行**
権利確定条件 ……………………… 394	最恵（国）待遇条項 …………… 88, 236

索　引　**759**

最恵待遇条項 ……………………… 172, 185	シード期 …………………………… 449
債権者保護手続 …………………… 279	シード種類株式 …………………… 66
財産分配契約 ………………… 103, 292	シード・ステージ ………………… 13
財産分与 …………………………… 58	シード・ラウンド ………………… 17
最終契約 …………………… 638, 695	シナジー …………………… 315, 617
サイドレター（Side Letter）……… 185	辞任・再任拒否 …………………… 198
財務情報 …………………………… 87	支配関係 …………………………… 750
財務リターン ……………………… 340	四半期報告書 ……………………… 595
在留資格 …………………………… 74	私募 ………………………………… 334
先買権（Right of First Refusal）	資本業務提携 ……………… 314, 676
……………… 172, 208, 670, 707	資本金 ……………………………… 276
雑所得 ……………………………… 636	資本コスト ………………………… 500
参加型 ……………………… 119, 368	資本充実の原則 …………………… 646
三角合併（Triangular Merger）…… 723	資本準備金 ………………………… 276
参加契約（Joinder）……………… 290	資本政策 …………………… 25, 144
産業競争力強化法 ………………… 681	資本政策表 ………………… 26, 104
残余財産 …………………………… 103	資本取引 …………………… 270, 275
──の分配 ……………………… 108	指名委員会等設置会社 …… 310, 411
時価発行型有償ストックオプション→有償SO	社外高度人材 ……………………… 358
事業価値 …………………… 21, 347	社外取締役 ………………… 177, 597
事業価値証券化 …………………… 494	社債管理者 ………………………… 454
事業関連性要件 …………………… 750	社債原簿 …………………… 29, 454
事業規模要件 ……………………… 750	従業員持株会 ……… 19, 346, 431, 644
事業計画 …………………………… 225	集団投資スキーム持分 …… 333, 433
事業再編計画 ……………………… 694	重要な業務執行 …………………… 254
事業性融資の推進等に関する法律 …… 466	主幹事証券会社 …………………… 516
資金使途 …………………………… 167	出資制限 …………………………… 203
資金調達ラウンド ………………… 177	出資法 ……………………………… 452
自己運用 …………………… 434, 505	出資約束期間 ……………… 8, 331
自己株式 …………………………… 130	出資約束金額 ……………………… 330
自己私募 …………………… 258, 422	取得勧誘 …………………………… 422
事後設立 …………………………… 43	取得条項 …………………… 78, 109
自己募集 …………………… 258, 422	取得請求権 ………………… 109, 458
資産管理会社 ……………………… 65	守秘義務→秘密保持義務
資産調整勘定 ……………………… 752	主要投資家 ………………… 87, 209
私設取引システム（Proprietary Trading	種類株式 …………………………… 107
System：PTS）………………… 259, 561	種類株主総会 ……………… 149, 667
事前確定届出給与 ………………… 355, 655	準金商法監査 ……………………… 513
事前協議 …………………… 172, 185	純資産価額等を参酌して算定した価額 ……… 370
事前承諾 ………………… 151, 172, 185, 668	純資産価額方式 …………………… 364
事前承諾事項 ……………… 413, 616	ジョイント・ベンチャー（JV・合弁）……… 171
事前届出 …………………………… 262	少額電子募集取扱業務 …………… 89
事前届出義務 ……………………… 712	少額募集 …………………………… 91
実行報告 …………………………… 264	償還期限 …………………………… 451
実質支配基準 ……………………… 690	償還条項 …………………………… 109
実質審査基準 ……………………… 512	償還請求権 ………………… 109, 131
指定業種 …………………………… 267	消却 ………………………………… 130

上場会社	271	ストックオプション・プール	201, 140, 411
上場準備	16	スピンアウト	737
上場前規制	433	スピンオフ	737
少数株主	618	スピンオフ税制	752
譲渡所得	636	制限株式（Restricted Stock）	51
譲渡制限	108, 157, 244, 352	正三角合併（Forward Triangular Merger）	725
譲渡制限株式	379	税制適格ストックオプション	65, 141, 348
少人数私募	423	税制適格要件	357, 734
承認前提出方式（S-1 方式）	517	税制非適格ストックオプション	348
消費税	752	成長ステージ	11, 485
商標権	611	成長戦略実行計画	532
情報管理	307	制度改革推進会議	690
情報請求権	75, 77, 172, 182	制度ロックアップ	427, 558
情報の非対称性	543, 639	誓約事項（コベナンツ）	165, 696
剰余金の配当	108	セカンダリー	9
奨励金	431	セカンダリー取引	300, 378
職業選択の自由	198	セカンダリーファンド	600
職務専念義務	196, 706	責任限定契約	308
職務発明規程	613	責任の減免	309
所得区分	636	セキュリティートークン	457
所得控除	715	セーフハーバー	353
ショートレビュー	184, 514	善管注意義務	179, 374, 618
書面決議	254	潜在株式	39, 647
シリコンバレー	2	全資産担保	488
シリーズ	11, 124	前提条件（Conditions Precedent：CP）	
シリーズ A ラウンド	97, 626		160, 573, 696
シリーズ B ラウンド	142	全部取得条項付種類株式	665
知る限り	164	戦略投資	617
新株等引受権→優先引受権		戦略リターン	340
新株引受権	421	早期確定条項	393
新株予約権原簿	29	早期事業売却	630
新株予約権付社債	6, 450	創業株主間契約	50, 51, 200, 397
新株予約権付融資	444	創業者	37, 97
新株予約権の内容	74, 388	創業者間契約→創業株主間契約	
申告分離課税	386	総合課税	378
シンジケートローン	494	相殺構成	362
新設分割	752	総数引受契約	192, 420
信託型ストックオプション	352	想定発行価格	518
信認義務	656	属人的定め	149, 297
信用保証協会	6, 442	組織再編	116, 399, 727
スイングバイ	630, 674	組織変更	36
スクイーズ・アウト→キャッシュ・アウト		ソーシング	329
スタートアップ・コミュニティ	41	措置命令	265
スチュワードシップ・コード	596	ソブリンファンド	574
ステークホルダー	144	損金算入	660
ストックオプション	19, 577, 625	存続期間	8
ストックオプション開示特例	423		

た行

第一種金融商品取引業 ················ 259, 422
対外直接投資 ···································· 275
第三者弁済 ······································ 224
第三者割当 ································ 242, 582
対内直接投資等 ···························· 262, 269
第二種金融商品取引業 ············ 92, 334, 434
代表取締役 ·· 62
代表取締役等住所非表示措置 ·············· 63
代理権 ·· 250
大量保有報告 ······························ 433, 593
ダウンサイド ··································· 115
ダウンラウンド ········ 22, 126, 293, 397, 449
ダウンラウンドIPO ··············· 144, 555, 564
ダウンラウンド・プロテクション ··· 126, 133, 390
タグ・アロング（売却参加権・共同売却権）
··························· 173, 211, 616, 670
ターゲット型ファンド ·················· 260, 456
多数投資家 ······································ 216
タームシート（Term Sheet）·············· 101
タームローン ··································· 471
タレント・アクイジション→アクイハイア
段階的M&A →段階的買収
段階的資金調達 ······························ 11, 97
段階的買収 ··························· 630, 632, 668
短期売買利益 ··································· 593
単元株 ······································ 149, 297
知的財産 ···································· 41, 611
中期経営計画 ··································· 551
忠実義務 ·· 179
直接投資 ·· 340
直接取引 ·· 256
著作権 ·· 611
賃金の全額払いの原則 ······················ 356
追加クロージング ······················ 161, 168
つなぎ融資→ブリッジファイナンス
定款 ································ 37, 101, 608
定期同額給与 ······························ 355, 655
定時株主総会 ··································· 155
ディスカウント ···················· 77, 316, 451
定足数 ······································ 156, 176
ディープテック ···················· 4, 264, 494
適格株式公開（Qualified IPO）·········· 143, 567
適格株式交換 ··································· 688
適格機関購入者（Qualified Institutional Buyer）
·· 536

適格機関投資家 ···················· 260, 335, 504
適格機関投資家等特例業務 ·················· 503
適格吸収分割 ··································· 749
適格現物出資 ··································· 753
適格資金調達 ················· 76, 77, 256, 451
適格新株予約権 ································ 355
適格投資家等特例業務 ······················ 334
適時開示 ································· 456, 575
デット（Debt）································· 5
デット・エクイティ・スワップ（DES）········ 746
デッドロック ··································· 190
デュアルトラック ······························ 232
デュー・ディリジェンス（DD）·········· 548, 601
転換価額 ····························· 79, 134, 295
転換期限 ·· 77
転換社債 ···································· 68, 441
転換条件 ·· 316
転換条項 ·· 78
転換請求権 ································ 109, 131
転換比率 ···································· 126, 295
電気通信事業 ··································· 269
電子署名 ·· 249
電磁的記録 ······································ 253
電磁的方法 ······································ 252
転売制限 ···································· 76, 427
同一種類の有価証券 ·························· 426
統一商事法典（Uniform Commercial Code：
UCC）·· 488
東京証券取引所（東証）······················ 3
投資委員会 ······································ 248
投資運用業 ······················ 92, 434, 505
投資期間 ···································· 8, 331
投資契約 ·· 101
投資先管理規程 ································ 182
投資事業有限責任組合（Limited Partnership：
LPS）······················ 266, 328, 497
投資専門子会社 ································ 497
投資担当者 ······································ 8
同時売却請求権→ドラッグ・アロング
同族株主 ·· 371
登録免許税 ······················ 277, 731, 752
独占供給義務 ··································· 614
独占禁止法 ······································ 533
独占交渉権（No-Shop Agreement）······· 101, 604
独占的利用権 ··································· 324
特定組合等 ······································ 266
特定取得 ··································· 262, 269

特定新株予約権 …………………… 355	
特定投資家 ……………………… 539	
特定投資家私募 …………… 260, 555	
特定投資家向け銘柄制度（J-Ships） …… 259, 557	
特定役員 ………………………… 750	
特別決議 ………………………… 251	
特別の利害関係 ………………… 286	
特別補償 ………………………… 615	
特別利害関係者等 ……………… 571	
匿名組合 …………………………… 92	
特有財産 …………………………… 58	
独立役員 ………………………… 597	
特例業務→適格機関投資家等特例業務	
特例業務対象投資家 ……… 336, 504	
特許権 …………………………… 611	
特許出願 ………………………… 321	
届出前勧誘規制 ………………… 541	
ドラッグ・アロング（強制売却権・同時売却	
請求権）………… 173, 215, 388, 658, 664	
トラックレコード ……………… 472	
取締役 …………………………… 156	
取締役会決議 …………………… 104	
取締役会設置会社 ……………… 173	
取締役会非設置会社 …………… 198	
取締役指名権 …………………… 176	
取引条項 ………………………… 458	
努力義務 ………………………… 229	

な行

内部管理体制 …………………… 513	
内部収益率（IRR）…………… 7, 331	
ナロー・ベース ………………… 134	
二項有価証券 …………………… 434	
二人組合 ………………………… 342	
日本政策金融公庫 ……………… 6, 442	
日本版 QSBS ……………………… 49	
日本標準産業分類 ……………… 267	
入札（Bid）……………………… 602	
任意的記載事項 ………………… 108	
任意ロックアップ ………… 531, 559	
ネガティブ・コベナンツ→コベナンツ	
ネガティブ・プレッジ（negative pledge）… 489	
ノウハウ ………………………… 48, 613	
ノックアウト条項 ……………… 384	
のれん …………………………… 638	
ノンバンク ……………………… 477	

は行

バイアウト・ファンド（PE ファンド）……… 642	
売却強制権→ドラッグ・アロング	
売却参加権→タグ・アロング	
買収 ………………………………… 2	
排他条件付取引 ………………… 318	
配当可能利益 ……………………… 38	
配当還元方式 …………………… 364	
売買実例 ………………………… 364	
派遣取締役 ………… 179, 303, 421	
パーシャルスピンオフ税制 …… 752	
発行会社による株式管理要件 … 378	
発行要項 ………………………… 161	
初値 ……………………………… 531	
払込期間 ………………………… 168	
払込期日 ………………………… 168	
払込金額 ………………………… 115	
パラレル・ファンド …………… 266	
パリパス ………………………… 125	
バリュエーション ……… 21, 124, 449	
反市場勢力 ……………………… 560	
反社会的勢力 …………………… 560	
ハンズオン ………………… 100, 330	
バーン …………………………… 202	
バーンレート …………………… 478	
引受計画 …………………………… 75	
非業務執行取締役 ……………… 177	
非居住者 ………………………… 273	
非公開会社 ………………… 240, 607	
非参加型 …………………… 119, 368	
非上場会社 ……………………… 271	
非適格株式交換 ………………… 687	
非適格吸収分割 ………………… 749	
ピボット（pivot）………………… 12	
秘密保持義務 …………………… 203	
秘密保持契約（NDA）………… 601	
表明保証（Representations and Warranties）	
……………………………… 160, 638	
表明保証保険 …………………… 642	
非累積型 ………………………… 129	
ファンド …………………………… 7	
ファンド満期 …………………… 222	
ファンド持分 …………………… 334	
フィナンシャル・リターン …… 617	
夫婦財産契約 ……………………… 57	
フェア・ディスクロージャー・ルール ……… 593	

索 引 763

フォローオン	478
不公正な取引方法	318
不正競争防止法	613
普通株式	625
ブックビルディング方式	518
プット・オプション	672
不動産取得税	752
負ののれん	638
付与契約	420
付与決議	378
フラット・ラウンド	248
振替口座	378
フリー期間	577
ブリッジファイナンス	17, 271, 301, 440, 444
フリーライド	708
フル・ラチェット方式	134
プレ IPO ステージ	99
プレ IPO ファイナンス	554
プレディール・リサーチレポート	545, 551
プレ・バリュー→プレ・マネー	
プレ・ヒアリング	544, 551
プレ・マネー	25, 293
プログラムの著作物	612
プロジェクトファイナンス	467
ブロード・ベース	134
プロ成り	539
プロファーマ・キャップテーブル	28
プロ向けファンド	503
プロラタ	120
分社型吸収分割	745
分配可能額	38, 128
分別管理義務	505
ベスティング（vesting, 権利確定）	
	50, 51, 391, 624, 640, 645
変更報告書	593
ベンチャー	2
ベンチャー・キャピタル（VC）	6, 98
ベンチャーキャピタル・ファンド	501
ベンチャーデット	6, 167, 440
ベンチャーデット・ファンド	495
ベンチャー白書	114
法人格否認の法理	223
募集	334, 422, 504, 530
募集事項	74, 242, 388
——の決定	414
——の決定の委任	414
補償（Indemnity）	161

補償契約	308
補償上限額	642
補償請求	619
ポスト・バリュー→ポスト・マネー	
ポスト・マネー	25, 293
ポートフォリオ	474
ポートフォリオ投資	330
ホールドバック	621, 622

ま行

マイノリティ株主→少数株主	
マイノリティ出資	164
マイルストーン	17, 315, 484, 632
マネジメント・カーブアウト（Management Carve-out Plan）	617, 652
マルチプル法	600
満期	72, 451
ミドル・ステージ（エクスパンション）	13
ミドル・ステージ（グロース）	13, 99
ミドル・バックオフィス業務	93
みなし決議→書面決議	
みなし清算（Deemed Liquidation）	
	111, 116, 630, 655, 691
みなし配当	688
みなし利息	499
民法上の組合	432
無形資産（intangible property）	41, 43, 611
無限責任組合員（General Partner：GP）	
	328, 497, 502
無償構成	362
無償取得	399
名義書換請求権	698, 710
メザニン	6
目的外利用	203, 548
目論見書	517
持株会社	719
モニタリング	100, 488

や行

役員選解任権	156
役員報酬規制	417
優越的地位の濫用	318, 535
有価証券通知書	423, 456
有価証券投資事業権利等	504
有価証券届出書	361, 517
有価証券報告書	355
有限責任	36, 459

有限責任組合員（Limited Partner：LP）
.... 7, 328, 497, 502
有限責任事業組合（LLP）.......................... 266
有償新株予約権 18
有償ストックオプション 351
融資枠（コミットメント・ライン）............... 500
優先株式 97, 107
優先残余財産分配 110, 111
優先配当 110, 127
優先引受権（Pre-emptive Right）
.... 75, 77, 172, 192, 289
優先劣後構造 630
有利発行 362

ら行

ライセンス 614, 616
ライセンス契約 614
ラウンド 11, 17, 124
ランウェイ 16, 448, 604
利益供与 436
利益相反規制 419
利益相反取引 255
利息 499
利息制限法 452

離脱創業者 50
リテンション 393, 615
リード投資家（リード・インベスター）
.... 100, 421, 583
リバース・ベスティング（reverse vesting）
.... 51, 391
リファイナンス 471
臨時報告書 536
類似業種比準方式 221, 367
累積型 129
累積投票制 176
レイター・ステージ 13, 99
連帯責任 222
ロックアップ 346, 427, 511
ロードショー 518, 553
ロビイング 606
ロールアップ 680
ローンチ 590
ローンチ日 517

わ行

ワーキングキャピタル調整 697
ワラント 302, 444, 474, 697
割当先 244

【著者略歴】

飯島　隆博（いいじま　たかひろ）

森・濱田松本法律事務所　外国法共同事業　弁護士（日本・ニューヨーク州）
2012年　東京大学法学部卒業，2013年　東京大学法科大学院中退。2020年　ハーバード大学ロースクール修了，ハーバード大学ロースクール International Postgraduate Researcher。2020〜2021年　国立研究開発法人宇宙航空研究開発機構（JAXA）非常勤招聘職員。2023〜2024年　金融庁企画市場局総務課信用制度参事官室課長補佐。東京大学法科大学院未修者指導講師（2015〜2019年，2021〜2024年），慶應義塾大学法学研究科宇宙法研究センター・宇宙航空研究開発機構（JAXA）「先端的な宇宙活動に関する法的課題研究会」メンバー（2021年〜現在），同「宇宙活動を規律する国際法規範の在り方に関する研究会」オブザーバー（2021年〜現在）。信託法学会，国際租税協会，公益社団法人日本証券アナリスト協会検定会員。

法務・税務・知財を統合した取引・M&A対応，スタートアップ業務全般，エクイティ／デットファイナンスその他の資金調達・資本政策対応，上場支援，金融規制をはじめとした規制対応，新規ビジネスモデル構築や政策への関与，ベンチャー・キャピタル／プライベート・エクイティ等の組合型ファンドの組成，関連する規制及び税務対応等を業務として取り扱う。

著書・論文にIn-Depth：Venture Capital Law-Edition 4 – Japan（Law Business Research, 2024, 共著），『非上場株式取引の法務・税務（相続・事業承継編）』（税務経理協会，2023年，共著），『スタートアップ買収の実務』（日本経済新聞出版社，2023年，共著），The Financial Technology Law Review 6th Edition – Japan Chapter（Law Business Research, 2023, 共著），『M&A法大系〔第2版〕』（有斐閣，2022年，共著），『ウェルス・マネジメントの法務・税務』（税務経理協会，2020年，共著）ほか多数。

スタートアップファイナンス・M&Aハンドブック

2024年12月25日　第1版第1刷発行
2025年3月5日　第1版第2刷発行

著　者	飯　島　隆　博
発行者	山　本　　　継
発行所	㈱中央経済社
発売元	㈱中央経済グループ パブリッシング

〒101-0051　東京都千代田区神田神保町1-35
電話 03 (3293) 3371 (編集代表)
　　　03 (3293) 3381 (営業代表)
https://www.chuokcizai.co.jp
印刷・製本／文唱堂印刷㈱

©2024
Printed in Japan

＊頁の「欠落」や「順序違い」などがありましたらお取り替えいた
しますので発売元までご送付ください。(送料小社負担)
ISBN978-4-502-52231-4　C3032

JCOPY〈出版者著作権管理機構委託出版物〉本書を無断で複写複製（コピー）することは，
著作権法上の例外を除き，禁じられています。本書をコピーされる場合は事前に出版者
著作権管理機構（JCOPY）の許諾を受けてください。
　JCOPY〈https://www.jcopy.or.jp　eメール：info@jcopy.or.jp〉

確かな基本を伝える定番・信頼のシリーズ

新・会社法
実務問題シリーズ
森・濱田松本法律事務所［編］

第1巻	**定款・各種規則の作成実務**［第4版］

藤原総一郎・堀 天子・小林雄介

第2巻	**株式・種類株式**［第2版］

戸嶋浩二

第3巻	**新株予約権・社債**［第3版］

安部健介

第4巻	**株主総会の準備事務と議事運営**［第5版］

宮谷 隆・奥山健志

第5巻	**機関設計・取締役・取締役会**［第2版］

渡辺邦広・邉 英基

第6巻	**監査役・監査委員会・監査等委員会**

奥田洋一・石井絵梨子・河島勇太

第7巻	**会社議事録の作り方**
	──株主総会・取締役会・監査役会・委員会［第3版］

松井秀樹

第8巻	**会社の計算**［第3版］

金丸和弘・藤津康彦・金丸由美

第9巻	**組織再編**［第3版］

石綿 学・石井裕介・小松岳志・邉 英基・髙谷知佐子・
戸嶋浩二・金丸祐子・藤田知也

中央経済社